Alexander Koron

# Macromedia Flash 5

# Das bhv Taschenbuch

Die Informationen im vorliegenden Buch werden ohne Rücksicht auf einen eventuellen Patentschutz veröffentlicht.

Warennamen werden ohne Gewährleistung der freien Verwendbarkeit benutzt.

Bei der Zusammenstellung von Texten und Abbildungen sowie Material auf dem beiliegenden Datenträger wurde mit größter Sorgfalt vorgegangen. Trotzdem können Fehler nicht vollständig ausgeschlossen werden. Verlag, Herausgeber und Autoren können für fehlerhafte Angaben und deren Folgen weder eine juristische Verantwortung noch irgendeine Haftung übernehmen.

Für Verbesserungsvorschläge und Hinweise auf Fehler sind Verleger und Herausgeber dankbar.

Alle Rechte vorbehalten, auch die der fotomechanischen Wiedergabe und der Speicherung in elektronischen Medien.

Die gewerbliche Nutzung der in diesem Buch und auf der beiliegenden CD gezeigten Modelle und Arbeiten ist nicht zulässig.

Dieses Buch wurde der Umwelt zuliebe auf chlorfrei gebleichtem Papier gedruckt.

Copyright © 2001 by
verlag moderne industrie Buch
AG & Co. KG, Landsberg
Novesiastraße 60
D – 41564 Kaarst
www.bhv.net

1. Auflage
05 04 03 02 01
10 9 8 7 6 5 4 3 2
ISBN 3-8266-8006-5
ISBN 3-8287-5058-3
Printed in Germany

# Inhaltsverzeichnis

|  |  | Vorwort | 13 |
|---|---|---|---|
| Teil I |  | **Installation und erste Schritte** | **15** |
|  | 1 | Aufbau des Buchs | 19 |
|  |  | Teil I: Installation und erste Schritte | 19 |
|  |  | Teil II: Techniken und Praxis | 20 |
|  |  | Teil III: Know-how für Fortgeschrittene | 20 |
|  |  | Teil IV: Tipps, Tricks und Tuning | 20 |
|  |  | Teil V: Anhang | 21 |
|  |  | Symbole und Schreibweisen | 21 |
|  |  | Buch-CD | 24 |
|  |  | Macintosh-Nutzer | 24 |
|  | 2 | Installation von Flash 5 | 27 |
|  |  | Systemvoraussetzungen | 27 |
|  |  | Das Plug-In | 29 |
|  | 3 | Erste Schritte | 33 |
|  |  | Der erste Start | 33 |
|  |  | Was ist Flash? | 33 |
|  |  | Die Oberfläche von Flash | 41 |
| Teil II |  | **Techniken und Praxis** | **47** |
|  | 4 | Werkzeuge | 51 |
|  |  | Pfeil-Werkzeug | 52 |
|  |  | Unterauswahl-Werkzeug | 69 |

| | |
|---|---|
| Linie | 73 |
| Lasso | 77 |
| Stift-Werkzeug | 85 |
| Text | 87 |
| Ellipse | 109 |
| Rechteck | 110 |
| Freihand-Werkzeug | 113 |
| Pinsel | 117 |
| Tintenfass | 123 |
| Farbeimer | 124 |
| Pipette | 131 |
| Radierer | 133 |
| Verschieben (Hand-Werkzeug) | 137 |
| Vergrößerung (Lupen-Werkzeug) | 138 |
| Farben | 141 |
| **5 Bibliotheken, Symbole und Instanzen** | **151** |
| Symbole und Instanzen | 151 |
| Bibliotheken | 167 |
| **6 Die Zeitleiste** | **191** |
| Zeit und Bildrate | 192 |
| Zeitleiste und Ebenen-Palette | 193 |
| Abspielkopf | 194 |
| Bilder und Schlüsselbilder | 195 |
| Zwiebelschalen | 211 |
| Darstellungsmöglichkeiten | 211 |
| Zeitleiste andocken und verschieben | 218 |
| Bibliotheken und Szenenanzeige | 220 |

## 7 Ebenen — 227

- Grundsätzliches — 228
- Ebenen erstellen und löschen — 230
- Ebeneneigenschaften — 232
- Kontextmenüeinträge — 240
- Maskierungen und Maskierungsebenen — 243

## 8 Tweenings und Animationen — 251

- Tweening — 251
- Bildrate (BpS) — 308
- Tweenings und Rechenleistung — 309
- GIF-Animationen — 311

## 9 Schaltflächen — 317

- Wie erstelle ich eine Schaltfläche? — 317
- Vier verschiedene Zustände — 320
- Kleine Skriptkunde — 324
- Symbole in Schaltflächen umwandeln — 338
- Schaltflächen in Schaltflächen — 339
- Animierte Schaltflächen — 339
- Menü-Schaltflächen — 343
- Zusammenfassung — 347

## 10 Menüs — 351

- Datei — 351
- Bearbeiten — 375
- Ansicht — 392
- Einfügen — 405
- Modifizieren — 417
- Text — 447
- Steuerung — 449
- Fenster — 456
- Hilfe — 463

# Teil III  Know-how für Fortgeschrittene                465

## 11 Sounds                                              469
Sounds importieren                                        469
Sounds platzieren                                         471
Platzierte Sounds bearbeiten                              475
Einzelne Exporteinstellungen                              483
Gesammelte Exporteinstellungen                            491
stopAllSounds                                             493
Durchgehende Hintergrundmusik                             494

## 12 Testen, testen, testen                              497
Film testen                                               497
Szene testen                                              498
Bandbreiten-Profiler                                      498
Vorschau für Veröffentlichungen (F12)                     510
Kontextmenü für ein Flash-Fenster                         512
Der Debugger                                              512
Wie erstellen Sie eine Ladeanzeige?                       513
Verschiedene Systeme                                      518

## 13 Aktionen und Skripten                               521
Verschiedene Eingabemodi und Umgang mit
dem Bildaktionen-Fenster                                  521
XML und XMLSocket                                         529
»Veraltete« Aktionen und Operatoren                       529
Aktionen eingeben und bearbeiten                          530
Basisaktionen                                             532
Aktionen                                                  551
Operatoren                                                574
Funktionen                                                579

|  |  |
|---|---|
| Objekte | 591 |
| Film-Explorer | 598 |
| Beispiele | 600 |

### 14 Veröffentlichen — 603

|  |  |
|---|---|
| Flash | 606 |
| HTML | 615 |
| GIF | 629 |
| JPEG | 632 |
| PNG | 634 |
| QuickTime | 638 |
| Real Player | 641 |
| Der Projektor | 642 |
| Generator | 643 |
| Exportieren | 644 |
| Film exportieren | 645 |
| Bild | 656 |
| Die möglichen Formate der unterschiedlichen Systeme | 658 |

## Teil IV   Tipps, Tricks und Tuning — 659

### 15 Zusammenarbeit mit anderen Programmen — 663

|  |  |
|---|---|
| Dreamweaver, Fireworks und Director | 663 |
| FreeHand | 665 |
| GoLive | 665 |
| Adobe Illustrator | 666 |
| Microsoft Word | 666 |
| Vecta3D | 667 |
| Screentime und andere Bildschirmschoner | 667 |

15 Projekt Internetseite 671
   Vorbereitung 671
   Home 676
   E-Mail-Formular 678
   Links 681
   Ladeanzeige 683
   Veröffentlichung 684
   Rechtliches 688

16 Layout und Design 693
   Kurze Wege sparen Zeit 693
   Schrift 694
   Farben 702
   Eine gerade Linie 704
   Lange Rede, kurzer Sinn 706

# Teil V  Anhang  707

A Internetseiten, bei denen sich ein Besuch lohnt 711
   Meine Favoriten 711
   Mehr Design und technische Versiertheit 712

B Tastenkombinationen 717

C Glossar 723

D HTML-Vorlagen 737
   Banner 3 hinzufügen 737
   Banner 4 hinzufügen 738
   Banner 5 hinzufügen 740
   Jedes Banner 5 741
   Nur Flash (Standard) 743

JavaPlayer 743
Flash mit FSCommand 744
Bildzuordnung 745
QuickTime 745
Benutzerauswahl 746
Die Parameter der Vorlagen 748

Index 751

# Vorwort

Mit der Version 5 ist Flash endgültig aus den Kinderschuhen gewachsen und zu einem extrem umfangreichen und vielseitigen Tool zur Gestaltung von Internetseiten geworden.

An vielen Stellen hat man alte Funktionsweisen überarbeitet und für ein hohes Maß an Übersichtlichkeit und Benutzerfreundlichkeit gesorgt. Neben der Einbindung von XML-Elementen und dem Béziertool aus Freehand sind wohl die zahlreichen Paletten zu den Dingen zu rechnen, die Flash 5 wirklich neu machen.

Das Grundgerüst von Flash jedoch ist dasselbe geblieben. Es ist noch immer ein Animationstool für Internetauftritte, das vorzugsweise mit Vektoren anstelle von Bitmap-Grafiken arbeitet. Den vielen Nutzern von Flash 4 hat man an manchen Stellen noch die Wahl zwischen Flash-4-Funktionen und Flash-5-Funktionen gelassen, aber nach einiger Einarbeitungszeit erweisen sich die neuen Funktionen meist als praktischer.

Musik und Soundeffekte lassen sich ab sofort nicht nur im MP3-Format exportieren, sondern auch der Import dieses Formats stellt keine Schwierigkeit mehr dar.

In diesem Buch werde ich versuchen möglichst alle Neuerungen aufzufangen und deren Funktionsweisen zu erklären. Was dieses Buch Ihnen jedoch nicht bieten wird, ist eine Schritt-für-Schritt-Einführung in das Thema Flash. Es soll eher denen als erklärende Referenz dienen, die bereits geringe Erfahrungen mit Flash haben. Grundidee dieses Buchs ist ein Nachschlagewerk, in dem sich nicht nur trockene Erklärungen wiederfinden, sondern bei dem man zu jedem Thema eine kurze, aber prägnante Erklärung findet. Sollte ich dabei etwas übersehen haben, so können Sie mir dies gern unter *koronea@gmx.de* mitteilen. Ich werde mich dann bemühen diese Anregungen in das nächste Buch mit aufzunehmen.

Letztendlich bleibt mir nur, Ihnen zu wünschen, dass Sie an Flash und diesem Buch Gefallen finden werden, und natürlich ein gutes Gelingen.

Alexander Koron

# TEIL 1

## Installation und erste Schritte

Der erste Teil dieses Buchs dient als Erklärung zu diesem Buch und den grundlegendsten Funktionen von Flash.

# KAPITEL 1

## Aufbau des Buchs

Für wen dieses Buch geeignet ist und was Sie von dem Inhalt dieses Buchs erwarten dürfen, soll in diesem Kapitel kurz umrissen werden.

# Aufbau des Buchs

In den fünf Teilen dieses Buchs werden Sie vieles finden, was bei der Arbeit mit Flash dienlich und nützlich ist. Jeder Teil des Buchs baut auf den vorherigen Teilen und Kapiteln auf. Es gibt aber auch Kapitel, die lediglich als Nachschlagewerke und Informationssammlung von Nutzen sein sollen.

Das Kapitel *Menüs* zum Beispiel liefert Ihnen neben nützlichen Informationen zu jedem Menüpunkt einige Hinweise, die Sie sonst nirgends finden werden. In diesem speziellen Fall werden Sie sogar einige Wiederholungen finden, die teilweise aus anderen Kapiteln stammen. So soll vermieden werden, dass Sie bei den vielen Verknüpfungen, die das Programm bietet, ständig hin und her blättern müssen. Immer dann, wenn ein Thema für das Kapitel zu komplex wird, wird auf das entsprechende Kapitel verwiesen, in dem Sie Näheres zum gewünschten Thema finden können. Solche Verweise sind grundsätzlich kursiv geschrieben und dadurch leichter auffindbar.

## Teil I: Installation und erste Schritte

Sie haben Flash 5 von Macromedia erworben und wollen nun beginnen dieses Programm auf Ihrem Rechner einzurichten. In diesem Teil finden Sie dazu alles, was Ihnen den Einstieg leicht macht. Zunächst werden Sie durch den Installationsprozess geführt und danach werden einige Begrifflichkeiten und die Oberfläche von Flash 5 erklärt. Für Neulinge sicher lesenswert, kann dieser Abschnitt des Buchs für den Fortgeschrittenen jedoch nur in speziellen Abschnitten von Interesse sein.

## Teil II: Techniken und Praxis

Flash verfügt über eine Vielzahl von Werkzeugen, die Ihnen in diesem Teil des Buchs mit ihren Funktionsweisen erklärt werden. Angefangen beim einfachen Pinsel-Werkzeug, über Sounds, Ebenen, Zeitleiste und Schaltflächen, bis hin zum Vorgehen für komplexe Animationen findet hier alles Erklärung, was Flash 5 ausmacht.

## Teil III: Know-how für Fortgeschrittene

Interaktivität ist für eine Homepage ebenso wichtig wie Schrift für ein Buch. Der Besucher Ihrer Homepage soll frei wählen können, was er lesen oder sich einfach nur ansehen will. Dazu brauchen Sie in Flash Skripten, die es Ihnen gestatten, Ihre Seite zu strukturieren und die Ablauffolge der verschiedenen Teile zu steuern. Dass dies mit Flash ein Kinderspiel sein kann, wird Ihnen in diesem Kapitel näher gebracht.

Sie bekommen aber auch Informationen darüber, wie Sie Ihre Flash-Dateien testen, damit bei einer Veröffentlichung nichts mehr schief gehen kann. In welchen Formaten Sie veröffentlichen und exportieren können, soll nicht verschwiegen werden und findet deshalb ebenso seinen Platz in diesem Teil.

## Teil IV: Tipps, Tricks und Tuning

Sie haben bereits einiges an Erfahrung mit Flash, beherrschen Skripten verschiedenster Art, wollen aber dem Ganzen noch einen letzten Schliff geben. Außerdem wollen Sie mit Flash Bildschirmschoner, Präsentationen und Werbefilme erstellen. Kein Problem mehr, denn im Teil IV dieses Buchs bekommen Sie eine Menge Tipps und Tricks, wie Sie diesen Unternehmungen zu Erfolg verhelfen.

Außerdem finden sich in diesem Teil noch allgemeine Tipps zum Aufbau und Design von Internetseiten und rechtliche Hinweise zum Gebrauch von Flash und anderen verbundenen Anwendungen und Medien.

# Teil V: Anhang

Eine Übersicht über die Tastenkombinationen in Flash 5, eine Erklärung der einzelnen Schaltflächen und Mauszeiger, inspirierende Flash-Seitenbeispiele, eine kurze Erklärung der Funktionsweisen des Flash Players, ein umfangreiches Glossar sowie der Index runden dieses Buch ab.

# Symbole und Schreibweisen

Im Text und am linken Rand der Seiten finden sich ab und an verschiedene Symbole oder unterschiedliche Schriftarten, die aus bestimmten Gründen an den entsprechenden Stellen so gewählt wurden.

## Symbole

> Überall, wo Sie dieses Symbol am Seitenrand neben einem Textabschnitt finden, handelt es sich bei dem Inhalt des Abschnitts um einen Hinweis besonderer Art. Das kann von Hinweisen zur Bedienung über Hinweise zu Besonderheiten von Flash 5 bis zu Hinweisen zu besonderen Vorgehensweisen reichen. Wenn Sie bereits über Kenntnisse in Flash 5 verfügen, dann finden Sie in diesen Absätzen sicher die eine oder andere hilfreiche Information.

> Wenn Sie dieses Symbol neben einem grau unterlegten Absatz sehen, handelt es sich bei diesem Absatz um etwas, was Sie auch auf der Buch-CD wiederfinden. So werden die Beispiele auf der Buch-CD wiederzufinden sein und sind deshalb auch mit einem solchen Symbol versehen.

> Dieses Symbol verweist auf Hintergrundwissen zum Thema oder Spezialinformationen.

# Schreibweisen

Über das gesamte Buch verteilt, werden Sie immer wieder auf verschiedene Wörter und Sätze stoßen, deren Schrifttyp nicht dem entspricht, was Sie aus dem sonstigen, üblichen Text gewohnt sind. Da kann es z. B. sein, dass Sie auf *kursive* Wörter, Texte in `Courier-Schrift` (einer Standardschriftart) oder umrahmte Buchstaben oder Buchstabenfolgen (z. B. `Strg` + `A`) treffen.

Weitgehend verzichtet wurde auf fette Schreibweise. Wenn Sie hier und da einmal ein Wort in fetter Schrift lesen, soll dieses Wort lediglich besonders betont werden.

Was die einzelnen Schrifttypen bedeuten, soll im Folgenden erklärt werden:

### Kursivschreibung

Handelt es sich bei einem Begriff um einen feststehenden Begriff für das Programm oder eine Funktion, wird dies dadurch kenntlich gemacht, dass dieser Begriff in kursiver Schrift geschrieben ist. Solche Begriffe und Funktionen sollten Sie meist im Glossar kurz definiert finden.

Verweise auf bestimmte Ordner und Dateinamen wurden ebenfalls in kursiver Schrift gesetzt. Bei Verweisen auf andere Kapitel, in denen mehr Informationen zu einem angeschnittenen Thema zu finden sind, wird ebenfalls eine kursive Schrift verwendet.

Beispiel: Mit der *Get URL-Aktion* lassen sich Dateien aufrufen. Zum Laden der Datei *Sounds.swf* geben Sie die entsprechende Bezeichnung im Fenster rechts ein. Weitere Informationen dazu finden Sie im Kapitel *Aktionen und Skripten*.

### Courierschrift

Ab dem Teil II: *Techniken und Praxis* und besonders in den Teilen III und IV werden viele so genannte Skripten in Ihrer Funktionsweise beschrieben. Ein Skript ist ein Text, den Sie über die ActionScript-Vorlage oder über die Tastatur eingeben. Immer da, wo solche Eingaben von Ihnen im Programm gemacht werden sollen, werden Sie die Courierschrift finden.

Wichtig ist dabei, dass Sie immer nur genau das eingeben, was auch in Courier geschrieben ist. Außerdem sollten Sie darauf achten, dass bei einem Zeilenumbruch, an dessen Ende sich kein Trennstrich befindet und hinter dem sich in der nächsten Zeile der einzugebende Text fortsetzt, ein Leerzeichen gesetzt werden muss, um die Worte der beiden Zeilen voneinander zu trennen. Bei falschen Eingaben kann es zu Fehlfunktionen in Ihrem Skript kommen, wenn Sie versuchen es zu starten. Da Ihnen der Ausdruck-Editor von Flash jedoch viel Schreibarbeit abnimmt, wird es wahrscheinlich nur selten dazu kommen, dass Sie sich vertippen.

Die Courierschriftart finden Sie aber auch an Stellen wieder, an denen Sie einfachen Text in Grafiken oder auf Ihren Seiten einfügen sollen.

Beispiel: Fügen Sie im Fenster *XYZ* die Zeile `Hier kann geschrieben werden` ein.

### Tastenkombinationen

Für das schnelle Arbeiten mit einer Software, und somit auch mit Flash 5, sind Tastenkombinationen hilfreich. Sie ersparen Ihnen oft das umständliche Heraussuchen von Befehlen aus Menüs und Untermenüs, indem Sie denselben Effekt durch eine Tastenkombination erreichen.

Überall dort, wo Sie auf eine Tastenkombination aufmerksam gemacht werden sollen oder wo es eine mögliche Tastenkombination gibt, wird sich Text in folgendem Format finden:

`Strg` + `A` (markiert alles)

Hierbei handelt es sich um eine Kombination der Steuerungstaste mit dem Buchstaben A auf der Tastatur. Das Plus zwischen den beiden Tasten bedeutet, dass Sie beide Tasten gleichzeitig drücken müssen, um den gewünschten und beschriebenen Effekt zu erhalten.

Die zweite Möglichkeit ist eine einzelne Taste

[F]

Selten auftreten wird eine Folge von hintereinander zu drückenden Tasten, was aber gegebenenfalls so aussehen würde.

[A], [B], [C]

# Buch-CD

Nachdem Sie die CD in Ihr Laufwerk gelegt haben, sollten Sie von einem kleinen Flash-Film begrüßt werden.

Auf der Buch-CD finden Sie neben zahlreichen Beispielen aus diesem Buch den Flash Player und Tryout-Versionen von: Macromedia Generator 2, Director 8, Flash 5, Fireworks 3 und Dreamweaver 3.

Sollte ein Beispiel auf der CD nicht so funktionieren, wie Sie sich das vorstellen, schicken Sie einfach eine E-Mail an die Adresse *koronea@gmx.de* oder suchen Sie auf der bhv-Seite nach Updates unter *http://www.bhv.net* .

# Macintosh-Nutzer

Als Grundlage für dieses Buch dient die Windows-Version von Flash. Tastenkombinationen werden dennoch jeweils in Klammern für die Macintosh-Variante angegeben.

Wo immer möglich wurde auf die geringen Unterschiede zwischen den beiden Versionen hingewiesen. Bei den Abbildungen werden sich erhebliche Unterschiede zeigen, was jedoch nicht dazu führen sollte, dass dieses Buch für einen Mac-User völlig unbrauchbar ist, da die Vorgehensweisen auf beiden Systemen dieselben sind.

# KAPITEL 2

## Installation von Flash 5

Sie haben die CDs aus der Verpackung geholt und wollen loslegen. Hier erfahren Sie, wie Sie bei der Installation am besten vorgehen und welche Alternativen sich Ihnen bieten.

# Installation von Flash 5

Es bedarf heutzutage keiner besonderen Kunstfertigkeit mehr, um eine Software zu installieren. Legen Sie Ihre CD ein und starten Sie das Installationsprogramm. Geben Sie während des Installationsvorgangs Ihre Daten ein und entscheiden Sie, an welchen Ort auf Ihrer Festplatte das Programm installiert werden soll.

## Systemvoraussetzungen

Bevor Sie mit der Installation beginnen, sollten Sie sich über folgende Voraussetzungen im Klaren sein, die gegeben sein sollten, wenn Sie mit Flash effektiv arbeiten wollen:

### Windows-Rechner

Intel Pentium Prozessor mit mindestens 133 MHz

Betriebssystem Windows 95, 98 oder NT 4

Mindestens 16 MB RAM (für Windows 95 und 98 empfohlen: 24 MB; für Windows NT 4 empfohlen: 32 MB)

45 MB verfügbarer Festplattenspeicher

CD-ROM-Laufwerk

Farbmonitor, 256 Farben, Auflösung 800 x 600 Pixel (Bei dieser Auflösung finden Sie allerdings kaum den Platz, um effektiv arbeiten zu können.)

### Macintosh-Rechner

Power-Macintosh-Rechner

MacOS 7.5 oder höher

Mindestens 32 MB RAM

45 MB verfügbarer Festplattenspeicher

CD-ROM-Laufwerk

Farbmonitor, 256 Farben, Auflösung 800 x 600 Pixel (Bei dieser Auflösung finden Sie allerdings kaum den Platz, um effektiv arbeiten zu können.)

## Für den Flash Player benötigen Sie mindestens

Windows-Betriebssystem 3.1 95 oder NT 3.5.1

Macintosh-Betriebssystem 7.1

Netscape 2 mit Flash-Plug-In

Java muss im Browser aktiviert sein, wenn die Java-Variante bei der Veröffentlichung gewählt wurde.

ActiveX Control für den Microsoft Internet Explorer 3 oder höher (bei der Verwendung von Windows NT, 95 oder 98)

## Das übliche Prozedere

Während der Installation haben Sie die Möglichkeit zwischen drei Varianten der Installation zu wählen. Es empfiehlt sich die Standardinstallation zu wählen, da in diesem Fall alle Dateien installiert werden. Die minimale Installation beschränkt sich lediglich auf die Dateien, die notwendig sind, um das Programm auszuführen.

Bei der benutzerdefinierten Installation können Sie zwischen den drei möglichen Komponenten wählen. Das heißt, Sie können sich entscheiden die Beispiele, Lektionen und Standardbibliotheken jeweils nicht mitzuinstallieren. Da aber selbst diese simplen Komponenten ab und an nützlich sein können, installieren Sie ganz einfach nach dem Standard und haben damit auch diese drei Komponenten auf Ihrem Rechner installiert, der mit 45 MB sowieso nicht sonderlich überlastet sein sollte.

# Das Plug-In

Bei der Installation werden Sie gebeten anzugeben, für welchen Browser das Flash-Player-Plug-In mitinstalliert werden soll. Sollte dies, warum auch immer, nicht funktioniert haben oder Sie wollen das Plug-In einfach nicht über Flash selbst installieren, finden Sie das aktuelle Plug-In auf jeden Fall auf der Homepage von Macromedia (*www.macromedia.com/de*), in der Download-Rubrik.

Der Download sollte Sie nicht besonders viel Online-Zeit kosten, weil das Plug-In nur 310 KB groß ist.

# KAPITEL 3

## Erste Schritte

Nach der erfolgreichen Installation von Flash müssen Sie sich zunächst mit der Oberfläche und dem Programm selbst vertraut machen. Eine Hilfestellung dazu in diesem Kapitel.

# Erste Schritte

Nachdem Sie die erste Hürde der Installation genommen haben, sind Sie sicher neugierig, was Flash Ihnen zu bieten hat. Zunächst jedoch sollten Sie sich mit der Umgebung vertraut machen, in der Sie in Zukunft arbeiten werden – wenn Ihnen Flash zusagt und Sie damit zurechtkommen.

## Der erste Start

Sobald Sie Flash das erste Mal nach der Installation starten, werden Sie gebeten Ihre persönlichen Eingaben zu machen, mit denen Sie sich dann auch bei Macromedia als Nutzer registrieren lassen können. Danach können Sie sich in Ruhe umsehen und einfach ein wenig mit den verschiedenen Werkzeugen herumspielen, um deren Effekte zu testen. Vielleicht versuchen Sie auch die eine oder andere Flash-Lektion aus dem *Hilfe*-Menü – wenn Sie diese mit installiert haben.

## Was ist Flash?

Macromedias Flash ist ein Programm, mit dem sich *vektororientierte Animationen* und *interaktive Elemente* erstellen lassen. Seine besonderen Qualitäten zeigt Flash im Internet, wo geringer Speicherplatz und Ladezeiten eine große Rolle spielen.

Ladezeiten werden zum einen dadurch überbrückt, dass Flash-Filme *gestreamt* angezeigt werden.

Der Speicherbedarf von Flash-Filmen ist deshalb so gering, weil *Tweenings* und andere Animationen in der Regel auf *Vektoren* basieren. Zudem lassen sich in Flash vektororientierte Grafiken erstellen, die weitaus weniger speicherintensiv sind als Bitmap-Grafiken.

Nun, das hätte jetzt gut ein Werbetext für Macromedia sein können, der noch immer zu wenig aussagt, um die Frage nach dem Was klären zu können. Zunächst einmal sollen deshalb einige spezielle Begriffe geklärt werden.

## Von Vektoren und Bitmaps

Von vielen anderen Grafik- und Internetprogrammen unterscheidet sich Flash grundsätzlich dadurch, dass es nicht nur Bitmap-Bilder, sondern auch vektororientierte Bilder verarbeiten kann. Mit Flash selbst können Sie allerdings nur Vektorbilder erzeugen. Bitmap-Bilder müssen Sie importieren, um mit ihnen arbeiten zu können.

Da stellen sich natürlich Fragen nach den Vor- und Nachteilen der einen oder anderen Darstellungsweise und den eigentlichen Begrifflichkeiten.

Jedes Bild, das von und mit einem Computer erstellt und am Monitor dargestellt wird, setzt sich aus einzelnen Punkten, so genannten *Pixeln*, zusammen. Stellen Sie bei Ihrem Rechner zum Beispiel die Auflösung von 800 x 600 ein, bedeutet dies, dass das Bild, das auf Ihren Monitor projiziert wird, aus in der Breite 800 und in der Höhe 600 Pixeln, also einzelnen Punkten, zusammengesetzt wird. Erhöhen Sie diese Auflösung bei demselben Monitor auf 1024 x 768, werden die dargestellten Punkte kleiner, da der Monitor ja noch immer dieselbe Darstellungsfläche zur Verfügung hat. Das gesamte Bild solcher Darstellungen würde dann aus 480.000 bzw. 786.432 einzelnen Punkten bestehen.

### Bitmap-Definition

Bitmap-Bilder kann man sich in diesem Raster als einzelne Punkteraster vorstellen. So kann ein Bitmap-Bild zum Beispiel die Fläche von 10 mal 10 Bildpunkten bedecken. Jeder Punkt eines solchen Bitmaps wird vom Computer mit seiner Farbinformation festgehalten, was im Beispiel insgesamt 100 festzuhaltende Farbpunkte ausmachen würde.

Selbst wenn dieses Bild nun nur aus einer diagonalen Linie durch dieses Raster bestehen würde, würden alle Punkte, auch die, die nicht zur Linie gehören, mit einer Information gespeichert. Alle

Punkte, die im Beispiel unten weiß erscheinen, wurden mit der Farbinformation *Weiß* gespeichert und alle anderen mit *Schwarz*. Insgesamt kämen Sie auf 90 weiße Punkte und 10 schwarze.

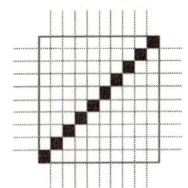

**Abbildung 3.1:** Ein Bitmap von 10 mal 10 Pixeln stark vergrößert

### Vektor-Definition

*Vektoren* beschreiben Bilder immer als einfarbige Flächen mit Größe und Umrisslinie. Eck- und Endpunkte werden dabei mit Punkten, so genannten *Vektorpunkten,* belegt. Linien zwischen Vektorpunkten oder um Flächen herum werden als Vektoren bezeichnet. Vektoren können mit *Linienfarbe, -stärke* und *-aussehen* näher umschrieben werden.

Eine *Linie* ist in diesem Fall ein einfacher Vektor mit zwei Vektorpunkten und einer Linienstärke. Genauer definiert wird sie durch Farbe und Aussehen der Linie.

Ein *Kreis* wird in Vektorform nur aus Radius, Mittelpunkt und Randlinie umschrieben. Ist der Kreis farbig gefüllt, wird die Farbe für die Fläche mit gespeichert. Außerdem kann die Randlinie des Kreises in Flash noch mit einer anderen Farbe und Beschaffenheit versehen werden.

Ein *Rechteck* wird durch seine vier Eckpunkte (Vektorpunkte) und die Linien (Vektoren) zwischen den Eckpunkten beschrieben. Auch bei einem Rechteck kann die Fläche mit einer Farbe gefüllt und die Randlinie definiert werden.

Für *Polygone* ließe sich das Ganze weiter erklären, da die Anzahl der Polygone jedoch gegen unendlich strebt, soll dies hier vermieden werden. Soviel sei aber noch erwähnt, dass auch Polygone nur mit Vektoren und Vektorpunkten umschrieben werden, deren Anzahl und Form von dem Polygon festgelegt wird.

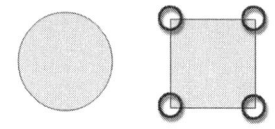

**Abbildung 3.2:** Die Vektorpunkte des Quadrats sind durch die kleinen Kreise markiert

Bei einem Vektorbild würden für die Linie aus dem Beispiel oben die Informationen für die beiden Endpunkte festgehalten. Zusätzlich bekäme das Bild noch die Information, dass zwischen diesen beiden Punkten eine Linie gezeichnet werden soll (der Vektor). Die Farbe Schwarz ist dann neben der Linienstärke die letzte noch fehlende Information für das Bild, in dem eine Linie dargestellt werden soll.

Die einzelnen Punkte der Linie zwischen den beiden Endpunkten werden dabei jedes Mal vom Rechner neu berechnet, sobald die Linie dargestellt werden soll. Die Endpunkte werden mit ihren Koordinaten festgehalten. Alle weißen Punkte werden hierbei nicht mit gespeichert, sondern es wird nur festgelegt, dass der Hintergrund der Linie weiß ist.

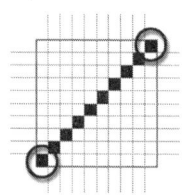

**Abbildung 3.3:** Die Endpunkte der Linie

Daraus ergibt sich, dass für ein Vektorbild weniger Informationsaufwand als für ein Bitmap-Bild anfällt, sofern es einen gewissen Komplexitätsgrad nicht überschreitet. Vektorbilder werden komplexer, je mehr Information auf einer kleinen Fläche festgehalten werden muss. Bestünde die Linie aus 10 verschiedenen Farbpunkten, würde jeder einzelne Punkt mit Farbe, Radius und Koordinaten festgehalten. Bei einem Vektorbild von 10 x 10 Pixeln, das aus 100 einzelnen kleinen Punkten beschrieben wird, ist der Aufwand sogar größer als bei dem Bitmap-Bild, da jeder Punkt mit Radius und Farbinformation gespeichert werden müsste.

**Vergrößerungen**

Ein weiterer Vorteil der Vektoren- gegenüber Bitmap-Bildern ist ihre Größenunabhängigkeit. Vergrößern Sie ein Bitmap, multiplizieren Sie einfach dessen einzelnen Bildpunkte mit dem Faktor, auf den Sie das Bild vergrößern. Die Qualität der *Vergrößerung* ist meist ungenügend. Vergrößern Sie Bitmaps, die nur oder überwiegend aus horizontalen und vertikalen Linien bestehen, ist der Effekt der Vergrößerung meist nicht ganz so dramatisch. Generell geht die Vergrößerung eines Bitmaps immer zulasten seiner Darstellungsqualität.

**Abbildung 3.4:** Links das Original, rechts der vergrößerte Bitmap-Kreis

Bei einem Vektorbild wird im Beispiel einfach nur ein Kreis beschrieben mit einem Radius und einer Füllfarbe. Vergrößern Sie den Kreis, wird einfach nur der Radius erhöht und mit diesem neuen Radius ein neuer Kreis vom Computer errechnet.

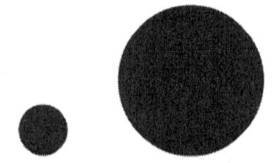

**Abbildung 3.5:** Original und Vergrößerung sind beide schön rund und glatt

Der vergrößerte Kreis könnte auch ein neu gezeichneter sein – was er ja auch ist. Bei Vektorbildern entstehen also keinerlei Verluste, wenn sie vergrößert werden.

Dem entgegen steht nun wieder, dass Vektorbilder immer nur aus farbigen Flächen bestehen und deshalb oft keine besondere *Farbtiefe* mit Vektorbildern zu erreichen ist. Fotos zum Beispiel lassen sich besser als Bitmap darstellen, weil die vielen unterschiedlichen Farbpunkte für das Vektorbild einen zu hohen Umschreibungsaufwand darstellen würden. Comics wiederum sind nahezu prädestiniert, um als Vektorbild dargestellt zu werden.

### JPEG und GIF

Diese beiden Dateiformate sind Bitmap-Bildformate, die häufig im Internet anzutreffen sind, da beide Formate über eine bestimmte Komprimierung entstehen, die die Bitmap-Datei erheblich zusammenschrumpfen lässt. Flash kann Bitmaps in beiden Formaten exportieren. Bei Veröffentlichungen wird für die Komprimierung von Bitmaps, die in Flash-Filmen enthalten sind, jedoch ausschließlich das JPEG-Format verwendet.

## Streaming

Ein Begriff, der oft in Zusammenhang mit Flash fällt, ist *Streaming*. Er bedeutet nichts anderes, als dass ein Flash-Film oder der Sound wiedergegeben wird, während er noch geladen wird.

## Macromedia und Flash

Die Wurzeln der Firma Macromedia liegen in der 1984 gegründeten Firma *MacroMind*. Die Schwerpunkte von MacroMind lagen zunächst eher im Musik- und Videospielbereich.

Mit dem Zusammenschluss von MacroMind und *Authorware* im Jahre 1992 entstand auch der neue Firmenname *Macromedia*, der bis heute geblieben ist.

Der Urvater von Flash wurde 1995 von der Firma *FutureWave* entwickelt und hieß *SmartSketch*. Dieses Programm war ähnlich wie Freehand, das 1995 durch die Übernahme der Firma Altsys zu Macromedia kam, ein vektororientiertes Zeichenprogramm.

Der *Future-Splash-Player* wurde ebenfalls von der Firma FutureWave im Jahr 1995 entwickelt und diente lediglich dazu, die SmartSketch-Illustrationen im Internet betrachten zu können.

1996 dann entwickelte die Firma den *FutureSplash Animator*, der zunächst noch Cel-Animator hieß und auf SmartSketch aufbaute. Noch im selben Jahr wurde die Firma FutureWave von Macromedia geschluckt und damit ein weiterer Grundstein für Flash gelegt.

Der FutureSplash Animator wurde getrennt unter den Bezeichnungen Flash und *Shockwave Flash* weiterentwickelt.

Flash 1 und 2 erschienen im Jahr 1997, Flash 3 1998, Flash 4 1999 und Flash 5 im Jahr 2000.

Der *Shockwave Player* enthält die Funktionen des Flash Players. Mit dem Flash Player allein lassen sich keine Shockwave-Dateien betrachten. Der Shockwave Player erlaubt jedoch die Anzeige von sowohl Flash-Filmen als auch Shockwave-Filmen.

## Welche Neuerungen gab es bei Flash 4 gegenüber Flash 3?

Gegenüber der Version 3 von Flash hat sich einiges getan, was im Folgenden kurz zusammengefasst werden soll:

- MP3-Streaming und Ereignissounds: Mit dem Komprimierungsverfahren lassen sich Sounds noch kleiner verpacken, ohne dass es zu hohen Qualitätsverlusten kommt. Mit Streaming-Sounds können Sie so eine effektvolle Untermalung Ihrer Filme erreichen, ohne die Bandbreite zu sehr zu beanspruchen.

- Bearbeitbare Textfelder ermöglichen das Erstellen von Formularen.
- Zusätzliche Aktionen, mit denen sich Ergebnisse und Informationen während eines Films auswerten lassen, sodass der Film noch individueller auf die Eingaben des Benutzers reagieren kann.
- Das Bibliotheken-Fenster ist komplett überarbeitet worden und liefert nun mehr Informationen als vorher.
- Eine vereinfachte Veröffentlichung für HTML ermöglicht es dem Benutzer von Flash, seine Ergebnisse ins Netz zu stellen, ohne dass dafür noch HTML-Kenntnisse vonnöten sind.
- Die Zeitleiste wurde überarbeitet und erlaubt nun eine schnellere Darstellung und Erstellung von Animationen. Außerdem kann die Zeitleiste jetzt in ein eigenes Fenster gezogen werden.
- Farbpaletten lassen sich im- und exportieren.
- Symbolbearbeitungsmodi erleichtern das Bearbeiten von Symbolen.
- Ellipse- und Rechteck-Werkzeug ermöglichen nun eine leichtere Erstellung dieser Elemente. Der Eckenradius erweitert die Möglichkeiten des Rechteck-Werkzeugs.
- Mit Objekt- und Transformieren-Inspektor lassen sich Objekte nun leichter und genauer drehen, neigen, positionieren und skalieren.

## Was ist neu bei Flash 5?

Die Version 5 von Flash zeigt sich in einem neuen Gewand, hier kurz zusammengefasst die neuen Möglichkeiten, die sich Ihnen bieten:

- Bedienfelder machen das Arbeiten mit Flash leichter und sorgen für einen flüssigeren Ablauf bei der Erstellung von Flash-Filmen.
- Stift-Werkzeug und Unterauswahl-Werkzeug
- Einbindung von XML

- ✓ Zahlreiche neue ActionScript-Befehle
- ✓ Der Movie-Explorer
- ✓ Die Syntax von ActionScript richtet sich nach der ECMA 262 und ist so für JavaScript-Kundige leichter zu verstehen und kompatibler.
- ✓ Smart-Clips erlauben das Auslagern von Skripten.
- ✓ Skripten können auch als einzelne Dateien geladen werden.

# Die Oberfläche von Flash

Wie jedes Programm hat auch Macromedias Flash seine eigene und typische *Oberfläche*. Am auffälligsten ist in diesem Fall wohl die Zeitleiste. Viele andere Elemente werden Sie von anderen Programmen bereits kennen. In diesem Abschnitt werden Sie einige generelle Informationen über die einzelnen Elemente von Flash erhalten. Meist haben die Elemente ihre eigenen Kapitel bekommen, in denen Sie alles Wissenswerte über die jeweiligen Elemente von Flash herausfinden werden.

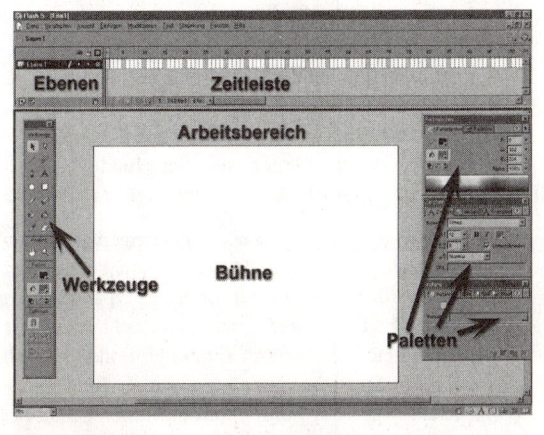

**Abbildung 3.6:** Die Oberfläche von Flash 5

## Arbeitsbereich und Bühne

Im Zentrum Ihres Bildschirms befindet sich die so genannte *Bühne* von Flash. Sie ist auf den weißen Bereich in der Mitte beschränkt. Um die Bühne herum befindet sich der graue *Arbeitsbereich*.

Auf der Bühne arrangieren Sie alle Objekte eines Films, so wie es Ihnen gefällt. Dabei wird alles, was auf der Bühne abgelegt wird, später auch zu sehen sein. Objekte auf der Arbeitsfläche werden zwar mit exportiert, sind später allerdings meist nicht sichtbar. Der Arbeitsbereich eignet sich gut dazu, Elemente auf ihm abzulegen, die man später noch auf der Bühne einbringen will oder die sich im Laufe eines Films von außen auf die Bühne bewegen sollen.

Der Arbeitsbereich ist in seiner Größe beschränkt und erstreckt sich circa um das 1,5fache in Breite und Höhe der Bühne um die Bühne herum. Sie können die Bühne über die Rollbalken, an der rechten und unteren Seite, oder mit dem Hand-Werkzeug aus dem sichtbaren Bereich herausscrollen, sodass Sie nur noch den Arbeitsbereich sehen.

## Die Werkzeuge

Mit *Werkzeugen* der Werkzeugleiste arbeiten Sie in Flash. Zum größten Teil handelt es sich bei den Elementen der Werkzeugleiste um Zeichenwerkzeuge. Mit der Lupe, dem Hand-Werkzeug, dem Auswahlpfeil und dem Lasso befinden sich dort jedoch auch Werkzeuge, die nicht zum Erstellen von Grafiken und Bildern gedacht sind, sondern mit deren Hilfe man die Ansicht vergrößert, sie verschiebt oder mit denen man verschiedene Objekte auf der Bühne oder der Arbeitsfläche auswählen und manipulieren kann.

Jedes Werkzeug verfügt über seine eigenen Optionen, mit denen die Funktionsweisen der Werkzeuge leicht verändert oder näher definiert werden können. Bei manchen Optionen wird die Funktion eines Werkzeugs so weit verändert, dass man es fast als eigenes Werkzeug bezeichnen könnte, andere Optionen sind aber auch erst unter bestimmten Bedingungen einsetzbar. Im Kapitel *Werkzeuge* finden Sie alle Werkzeuge und deren Optionen genau beschrieben.

# Die Menüs

Viele der wichtigen oder auch hilfreichen Funktionen von Flash sind in den *Menüs* versteckt und nicht in einer Symbolleiste oder dergleichen zu finden. Das Kapitel *Menüs* im Teil II dieses Buchs klärt Sie genauer darüber auf, was Sie ausschließlich in den Menüs finden und was Sie auch in Symbolleisten oder Inspektoren wiederfinden können.

**Abbildung 3.7:** Die Menüleiste

Am Ende des Menüs finden Sie die üblichen Symbole zum *Minimieren*, *Wiederherstellen* und *Schließen* eines Fensters. Mit diesen drei Symbolen in der Menüleiste beeinflussen Sie lediglich die Fenster von Filmen und nicht Flash selbst. Um Flash zum Beispiel mit solchen Schaltflächen zu schließen, müssen Sie dieselben Schaltflächen eine Zeile weiter oben verwenden. Haben Sie keinen Flash-Film geöffnet, befinden sich am Ende der Menüleiste auch nicht diese drei Schaltflächen und die Menüleiste wird um einige Einträge gekürzt.

> **HINWEIS**
>
> In der Mac-Version finden Sie diese Symbole natürlich nicht vor oder nur in stark abgewandelter Version, die Sie von der Arbeit mit Mac-Software gewohnt sind.

# Zeitleiste und Ebenen

Sobald Sie etwas bewegen, spielt Zeit eine Rolle, die Zeit, in der sich ein Element von A nach B bewegt. Die Geschwindigkeitseinheit der *Zeitleiste* sind Bilder pro Sekunde (BpS). Je nachdem wie hoch Sie diese Bildrate eingestellt haben, enthält eine Sekunde mehr oder weniger Bilder. Je mehr Bilder in einer Sekunde gezeigt werden, umso flüssiger erscheint eine Bewegung.

Jedes einzelne Bild wird in der Zeitleiste durch ein kleines Rechteck dargestellt. Zur Orientierungshilfe befindet sich am oberen Rand der Zeitleiste eine Skala, die die Bilder zählt, zur weiteren Vereinfachung ist jedes fünfte Bild etwas dunkler grau dargestellt.

In die Zeitleiste integriert ist das Ebenenmodell. Sie können Bewegung auf der Zeitleiste also nicht nur auf einer *Ebene* ablaufen lassen, sondern sogar auf mehreren, übereinander liegenden Ebenen. Jede Ebene bekommt dabei ihre eigene Zeitleiste oder besser einen eigenen Zeitstrang. Ebenen dienen jedoch in erster Linie dazu, Elemente über- und untereinander anzuordnen, ohne dass deren Form durch andere Elemente beeinflusst wird.

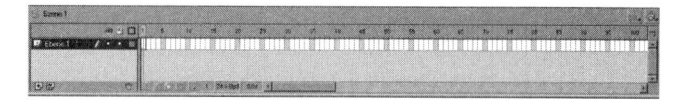

**Abbildung 3.8:** Die Zeitleiste inklusive der Ebenenansicht

# Szenen

Die einzelnen *Szenen* von Flash-Filmen kann man sich ungefähr so vorstellen wie einen unterschiedlichen Drehort oder einen anderen Kamerawinkel beim Film. Auf mit Flash erstellten Internetseiten können solche Szenen die einzelnen Unterseiten einer Seite bilden. Die Inhalte verschiedener Szenen eines Films können so unterschiedlich sein wie die Objekte, die Sie in einer Szene platzieren. Was bleibt sind die grundsätzlichen Vorgaben des Films, sprich die Bühne und deren Hintergrundfarbe. Die sind in jeder Szene eines Films gleich. Auch die Bildrate eines Films gilt für jede Szene.

# Filme

Eine Flash-Datei kann auch *Flash-Film* genannt werden. Ein Film kann, muss aber nicht, aus mehreren Szenen bestehen. Es ist durchaus möglich, sämtliche Elemente eines Films in einer Szene zu platzieren. Alle Szenen eines Films zusammengenommen machen den Film aus.

## Bibliotheken

In *Bibliotheken* werden Bitmap-Bilder, Symbole und Sounds aufbewahrt, bis Sie sich entschließen, diese Objekte auf der Bühne oder dem Arbeitsbereich zu platzieren. Objekte, die Sie in Ihrem Film platzieren, bleiben weiterhin in der Bibliothek erhalten und werden nicht aus ihr herausgenommen. Sie erstellen so eine Kopie des Objekts, die bei Flash *Instanz* genannt wird. Alle Objekte, die in der Bibliothek einer Datei liegen, werden bei einem Export in einen Flash-Player-Film nicht mit exportiert, wenn die Objekte im Film nicht verwendet wurden. Anders herum ausgedrückt bedeutet dies: Nur die verwendeten Objekte einer Bibliothek werden auch mitexportiert.

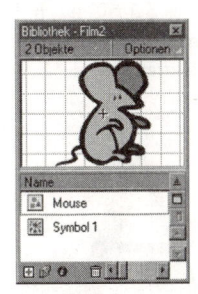

**Abbildung 3.9:** Ein Bibliothekenfenster

Sie können Objekte einer Bibliothek auch mehrmals auf der Bühne platzieren, jedes so platzierte Objekt wird als *Instanz* bezeichnet. Ein großer Vorteil dieser Instanzen ist, dass Sie nahezu unendlich viele Instanzen eines Objekts in einem Flash-Film platzieren können, das Objekt bei einem Export aber nur ein einziges Mal abgespeichert wird. So lässt sich effektiv der Speicherbedarf eines Flash-Films reduzieren, wenn Sie diese Option zu nutzen wissen. Wie Sie dies am günstigsten anstellen, erfahren Sie im Kapitel *Bibliotheken und Symbole*.

## Paletten

Die *Paletten*, auch Bedienfelder genannt, erleichtern die Arbeit mit Flash 5 und ersetzen zum großen Teil die Inspektoren aus Flash 4. Mit insgesamt 17 Paletten finden Sie in Flash 5 auch deutlich mehr solcher Bedienelemente, die alle möglichen Bereiche der Erstellung unterstützen, als in Flash 4, wo es lediglich fünf Paletten gab.

## Antialiasing

Im gesamten Buch und in Flash selbst werden Sie immer wieder auf den Begriff *Antialiasing* stoßen. Der Effekt, der damit umschrieben wird, ist eine Art von Kantenweichzeichnung. Bei Schriften sorgt das Antialiasing für ein ruhigeres Schriftbild, indem die Kanten der einzelnen Buchstaben leicht in den Hintergrund übergehen. Stark vergrößert lässt sich dieser Effekt gut sehen.

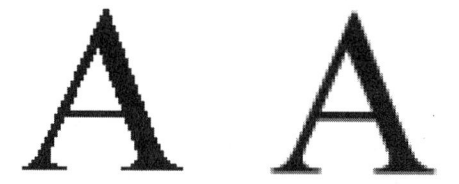

**Abbildung 3.10:** Der linke Buchstabe wurde nicht antialiased, der rechte schon

In Flash werden je nach Einstellung Texte, Vektor- oder sogar Bitmap-Bilder antialiased dargestellt.

# TEIL

## Techniken und Praxis

Die Möglichkeiten von Flash sind sehr umfassend. In diesem Teil lernen Sie den grundsätzlichen Umgang mit Werkzeugen und Funktionen.

II

# KAPITEL 4

## Werkzeuge

Die Werkzeuge-Palette enthält eine Reihe von Werkzeugen und einige haben ihre Eigenheiten. In diesem Kapitel werden alle mit ihren Grundlagen, Eigenarten und Optionen erklärt.

# Werkzeuge

Auf der rechten Seite des Flash-Bildschirms befindet sich die *Werkzeuge-Palette*. Auf ihr finden sich im oberen Teil allerlei Werkzeuge, mit denen sich Grafiken erstellen und bearbeiten lassen. Im unteren Teil werden die jeweiligen Optionen des gewählten Werkzeugs angezeigt. Um ein Werkzeug zu benutzen, klicken Sie auf das gewünschte Werkzeug. Sobald Sie gewählt haben, erscheinen im unteren Teil der Palette die Optionen des entsprechenden Werkzeugs.

**Abbildung 4.1:** Die Werkzeuge-Palette mit aktiviertem Pfeil-Werkzeug

Sie können die Werkzeuge-Palette mit der Maus an eine andere Position ziehen, indem Sie mit dem Mauszeiger darauf zeigen, die

Maustaste gedrückt halten und die Palette mit Bewegungen der Maus dorthin ziehen, wo Sie sie haben wollen. An den Rändern wird die Palette andocken, sprich sich an den Bildschirmrand legen, sobald Sie die Palette in die Nähe eines Bildschirmrands bewegen. Sie können die Palette allerdings auch als Fenster in der Mitte des Bildschirms platzieren. Als Fenster lässt sich die Palette nicht in ihrer Größe verändern.

Die Werkzeuge-Palette können Sie über das Menü *Fenster / Symbolleisten* ein- und ausblenden. Wird die Werkzeuge-Palette angezeigt, befindet sich rechts neben dem Menüeintrag ein kleines Häkchen.

# Pfeil-Werkzeug

Das *Pfeil-Werkzeug* ist ein universelles Bearbeitungswerkzeug. Sie können mit ihm bewegen, verzerren, auswählen und duplizieren. Je nach den Möglichkeiten, die Flash Ihnen an gegebener Stelle gibt, wird jedoch anstelle des kleinen Kästchens rechts unten am Pfeil des Mauszeigers ein anderes Symbol angezeigt. Im Folgenden werden alle diese Möglichkeiten ausführlich beschrieben. Alle folgenden Beschreibungen gehen davon aus, dass Sie das Pfeil-Werkzeug ausgewählt haben.

# Auswählen

Flash bietet Ihnen mit dem Pfeil-Werkzeug gleich mehrere Methoden die Elemente auf Bühne und Arbeitsbereich auszuwählen. Da es sich um wesentliche Arbeitsmethoden handelt, folgen an dieser Stelle ausführliche Beschreibungen dieser Methoden.

### Auswahlrahmen

Eine Möglichkeit, Elemente auf Bühne und Arbeitsbereich zu markieren, bietet sich Ihnen, wenn Sie die Maustaste gedrückt halten, die Maus bewegen und damit einen *Auswahlrahmen* aufziehen. Lassen Sie die Maustaste los, ist alles innerhalb dieses Rahmens ausgewählt. Der Startpunkt eines solchen Auswahlrahmens darf jedoch nicht in einem Element auf der Bühne liegen. Sie würden dadurch lediglich das am Startpunkt befindliche Element bewegen und keinen Auswahlrahmen erzeugen.

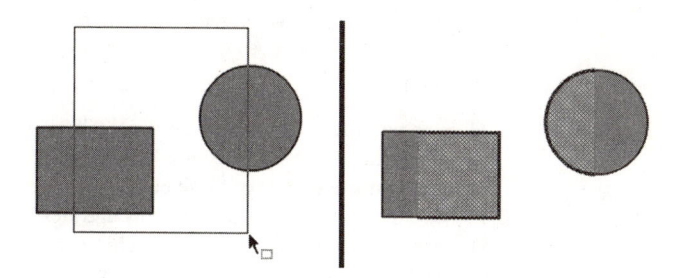

**Abbildung 4.2:** Links der aufgezogene Rahmen und rechts das Ergebnis

Bei gezeichneten Elementen wird auf diese Weise, wie in der Abbildung oben zu sehen, nur genau der Teil ausgewählt, der sich innerhalb des Rahmens befindet. Als gezeichnete Elemente kann man alles verstehen, was mit den Zeichenwerkzeugen von Flash erstellt und nicht in ein Symbol umgewandelt oder gruppiert wurde. Textblöcke werden so lange wie Gruppierungen behandelt, wie sie nicht geteilt werden.

Gruppierungen, Texte und Symbole müssen sich komplett in einem Auswahlrahmen befinden, um sie auf diese Weise auswählen zu können und damit zu aktivieren. Befindet sich nur ein Teil eines solchen Elements in einem Auswahlrahmen, wird die Gruppe oder das Symbol nicht ausgewählt. Ausgewählte Gruppen, Texte, Symbole und gezeichnete Elemente werden von Flash unterschiedlich dargestellt. So wissen Sie immer sofort, was Sie ausgewählt haben.

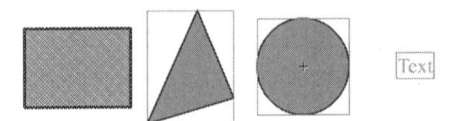

**Abbildung 4.3:** Links ein gezeichnetes Element, daneben eine Gruppierung, daneben ein Symbol und rechts Text

Gezeichnete Elemente werden an den Stellen, die ausgewählt wurden, mit einem Raster überzogen. Um Gruppierungen wird genau wie um Symbole und Textblöcke ein Rahmen gezogen, der alle Elemente der Gruppierung, des Symbols und des Textblocks umfasst. Bei dem Symbol wird allerdings noch ein Mittelpunkt durch ein kleines Kreuz angezeigt.

Auswahlrahmen funktionieren ebenenübergreifend. Das heißt, für Flash spielt es in diesem Fall keine Rolle, auf welcher Ebene sich ein Element innerhalb des Auswahlrahmens befindet, es werden alle ausgewählt. Auf der Zeitleiste werden alle Schlüsselbilder markiert, die von der Auswahl betroffen sind. Über Zeitleiste und die Schlüsselbilder darauf lesen Sie mehr im Kapitel *Zeitleiste*. Im Beispiel unten wurde eine Zeitleiste eingeblendet. Schlüsselbilder sind die kleinen Rechtecke mit einem Kreis darin.

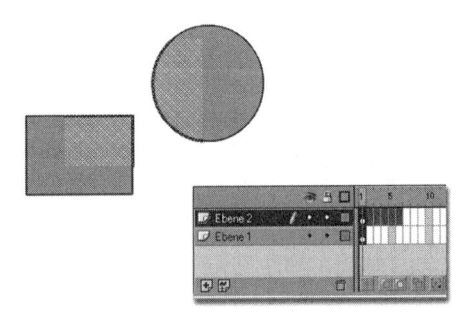

**Abbildung 4.4:** Eine Auswahl auf verschiedenen Ebenen

## Mausklick

Eine andere Möglichkeit, Elemente auf Bühne und Arbeitsbereich auszuwählen, besteht in einem simplen *Mausklick* mit der Maustaste, sobald Sie sich mit dem Mauszeiger über einem Element befinden. Diese Methode funktioniert ebenso ebenenübergreifend wie der Auswahlrahmen. Ansonsten ergeben sich allerdings unterschiedliche Effekte, je nachdem, wie oft Sie die Maustaste betätigen.

Für gezeichnete Elemente gilt:

✔ Verfügen sie nicht über Rahmenlinien, werden mit einem Mausklick alle zusammenhängenden Flächen gleicher Farbe komplett ausgewählt. Farbverläufe gelten als eine Farbfläche.

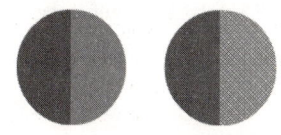

**Abbildung 4.5:** Links nicht ausgewählt; rechts nach einem Mausklick über dem rechten Teil des Kreises

✔ Verfügt sie über eine Rahmenlinie, wird mit dem ersten Mausklick nur die Fläche innerhalb des Rahmens – die Füllung – ausgewählt.

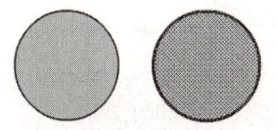

**Abbildung 4.6:** Links nicht ausgewählt; rechts nach einem Mausklick über der Füllung des Kreises

✓ Mit einem zweiten Mausklick werden außerdem die Rahmenlinien komplett ausgewählt.

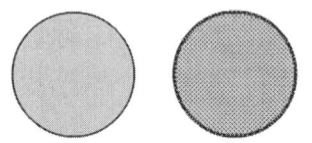

**Abbildung 4.7:** Links nicht ausgewählt; rechts nach zwei Mausklicks über der Füllung des Kreises

✓ Klicken Sie einmal auf die Rahmenlinien, werden nur die Rahmenlinien zwischen zwei Vektorpunkten ausgewählt. Kreise verfügen über keine Vektorpunkte auf ihrer Rahmenlinie, sodass deren Rahmenlinie schon mit dem ersten Mausklick komplett aktiviert wird.

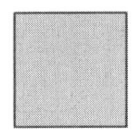

**Abbildung 4.8:** Links nicht ausgewählt; rechts nach einem Mausklick über dem rechten Teil der Rahmenlinie

Vektorpunkte liegen meist an Knickpunkten einer Linie. Im Beispiel oben liegt jeweils ein Vektorpunkt für die Rahmenlinie an jeder Ecke des Quadrats. Ein Vektorpunkt kann allerdings auch an einem Wendepunkt in einer Schlangenlinie liegen.

✓ Klicken Sie zweimal auf die Rahmenlinien, werden alle zusammenhängenden Rahmenlinien gleicher Farbe ausgewählt.

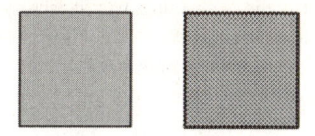

**Abbildung 4.9:** Links nicht ausgewählt; rechts nach zwei Mausklicks über der Rahmenlinie

Gruppierungen reagieren auf Mausklicks folgendermaßen:

- Klicken Sie einmal auf ein farbiges Element einer *Gruppierung*, wird sie komplett ausgewählt. Kenntlich wird dies durch einen Rahmen, der so um alle Elemente der Gruppe gelegt wird, dass er alle Elemente der Gruppe umfasst. Klicken Sie auf Stellen innerhalb einer Gruppierung, die nicht mit Farbe gefüllt sind, reagiert Flash nicht auf diesen Mausklick.

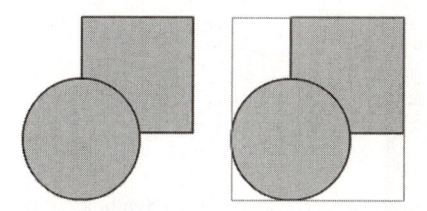

**Abbildung 4.10:** Links nicht ausgewählt; rechts nach einem Mausklick über einem der Gruppenelemente

- Klicken Sie zweimal auf ein farbiges Element einer Gruppierung, wechselt Flash in den *Gruppenbearbeitungsmodus*. Erkennen können Sie diesen Modus daran, dass alle übrigen Elemente leicht abgedämpft erscheinen und Sie diese Elemente auch nicht einfach durch einen Mausklick oder Auswahlrahmen aktivieren können. Außerdem sind alle Bestandteile der Gruppe ausgewählt und die Szenenanzeige zwischen Standardsymbolleiste und Zeitleiste zeigt ein Gruppensymbol an. Sie verlassen den Gruppenbearbeitungsmodus mit einem Doppelklick auf einer Stelle, an der sich keine Gruppenelemente befinden.

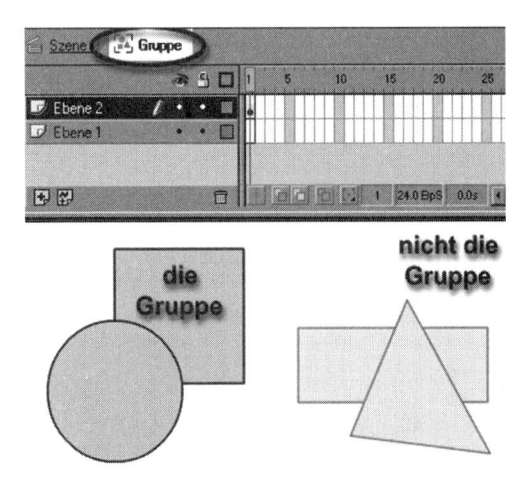

**Abbildung 4.11**: Eine Gruppe direkt nach einem Doppelklick im Gruppenbearbeitungsmodus

Mit Mausklicks erreichen Sie bei Symbolen Folgendes:

✓ Klicken Sie einmal auf ein Element eines *Symbols*, wird es komplett ausgewählt. Kenntlich wird dies durch einen Rahmen, der so um die Elemente des Symbols gelegt wird, dass er alle Elemente des Symbols umfasst. Außerdem wird der Mittelpunkt des Symbols angezeigt. Klicken Sie auf Stellen innerhalb eines Symbols, die nicht mit Farbe gefüllt sind, reagiert Flash nicht auf diesen Klick.

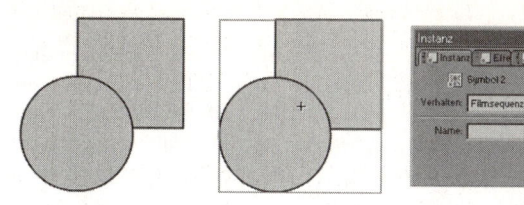

**Abbildung 4.12:** Links nicht ausgewählt; rechts nach einem Mausklick über einem der Symbolelemente

✔ Klicken Sie doppelt auf ein Symbol, öffnen Sie damit den Bearbeitungsmodus des entsprechenden Symbols. Alle anderen Elemente, die nicht im Symbol enthalten sind, werden wie im Bearbeitungsmodus für Gruppen leicht abgedämpft angezeigt.

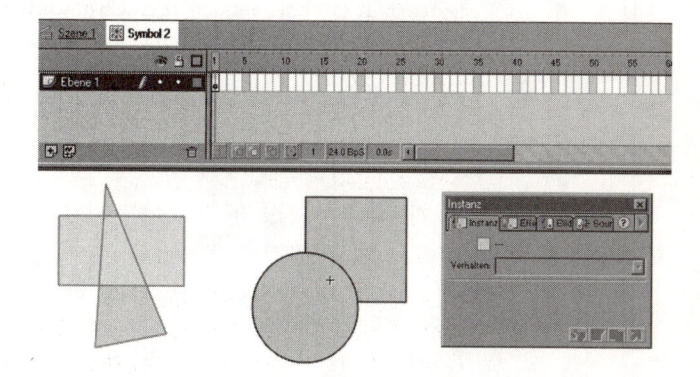

**Abbildung 4.13:** Der Symbolbearbeitungsmodus des rechten Symbols

Textblöcke:

- Klicken Sie einmal auf einen *Textblock* in der Nähe des enthaltenen Textes oder auf den Text selbst, wählen Sie den gesamten Textblock aus. Dies wird durch einen Rahmen markiert, der der Textfeldbegrenzung des Textblocks entspricht. Mehr dazu erfahren Sie weiter unten bei der Beschreibung des Text-Werkzeugs.

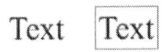

**Abbildung 4.14:** Links nicht ausgewählt; rechts nach einem Mausklick in der Nähe des Textes

- Klicken Sie zweimal auf einen Textblock in der Nähe des enthaltenen Textes oder auf den Text selbst, wechseln Sie automatisch in den *Textmodus* und damit in den Text hinein. Der Mauszeiger verändert sich und der Cursor befindet sich an der Stelle im Text, an der Sie den Doppelklick ausgeführt haben.

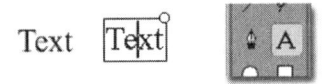

**Abbildung 4.15:** Links nicht ausgewählt; rechts nach zwei Mausklicks zwischen dem »e« und dem »x«

### Auswahl erweitern

Erzeugen Sie eine Auswahl, während eine andere Auswahl aktiv ist, deaktivieren Sie die vorherige Auswahl. Sie können allerdings eine Auswahl erweitern oder ihr Elemente hinzufügen, indem Sie die ⇧-Taste gedrückt halten, während Sie Elemente auswählen.

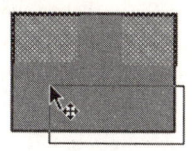

**Abbildung 4.16:** Zur Auswahl hinzufügen mit der ⇧-Taste

> Sie können die Möglichkeit, über die ⇧-Taste mehrere Elemente auszuwählen, auch ausschalten, indem Sie die Option *Mit Umschalttaste auswählen* im Menü *Datei / Einstellungen* deaktivieren.

> Um alle eingeblendeten Elemente auf einmal auszuwählen, können Sie auch die Tastenkombination Strg + A (⌘ + A) oder den Menübefehl *Bearbeiten / Alles markieren* nutzen.

> Elemente auf gesperrten und ausgeblendeten Ebenen lassen sich durch keine der beschriebenen Auswahlverfahren auswählen. Wie Sie Ebenen sperren und ausblenden, lesen Sie im Kapitel *Ebenen*.

## Verschieben

Neben den Auswahlmöglichkeiten können Sie mit dem Pfeil-Werkzeug auch Elemente auf Bühne und Arbeitsbereich hin und her bewegen.

Wollen Sie ein einzelnes Element, eine Gruppe, ein Symbol oder einen Text bewegen, müssen Sie sie nicht vorher auswählen, sondern bewegen einfach den Mauszeiger darüber. Der Mauszeiger verwandelt sich in einen Mauszeiger mit einem kleinen Symbol unten rechts, das in vier Richtungen zeigt. Drücken Sie die Maustaste, halten Sie sie gedrückt und verschieben Sie das Element mit Bewegungen der Maus dorthin, wo Sie es haben wollen. Das Element wird dabei automatisch ausgewählt. Während der Bewegung verbleibt das bewegte Element auf seiner Ursprungsposition und um den Mauszeiger herum wird Ihnen ein Umriss dieses Elements angezeigt. Sobald Sie die Maustaste loslassen, lassen Sie das bewegte Element an der Stelle des Mauszeigers fallen und es wird von seiner Ursprungsposition weggenommen.

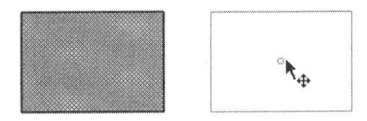

**Abbildung 4.17:** Verschieben eines einzelnen Elements

Wollen Sie eine Auswahl mehrerer Elemente bewegen, verfahren Sie genauso. Sie müssen allerdings vorher eine Auswahl erstellen. Bewegen Sie den Mauszeiger über eines der zu bewegenden Elemente der Auswahl und verfahren Sie dann wie beim Bewegen von einzelnen Elementen.

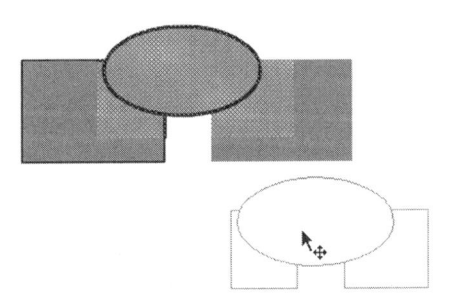

**Abbildung 4.18:** Der Umriss zeigt, was bewegt wird

## Verzerren

Bewegen Sie den Mauszeiger in die Randbereiche eines gezeichneten Elements, wird er an seinem unteren rechten Ende entweder ein Winkelsymbol oder ein Bogensymbol bekommen. Abhängig ist dies von dem Punkt, an dem Sie sich mit dem Mauszeiger befinden. Nur an einem Vektorpunkt wird sich das Winkelsymbol und nur auf einem Vektor zwischen diesen Linien wird sich das Bogensymbol zeigen. Bei einer Linie zwischen zwei Vektorpunkten muss es sich allerdings nicht um eine gerade Linie handeln, sondern es kann auch eine gebogene Linie sein. Was es mit Vektoren und Vektorpunkten auf sich hat, können Sie im Kapitel *Erste Schritte* nachlesen. Hier jedoch soviel: Vektorpunkte befinden sich meist an Eckpunkten eines Objekts und Vektoren verbinden diese Punkte miteinander.

> Das Verzerren funktioniert nicht mit Symbolen und Gruppen, solange diese nicht mit dem Befehl *Teilen* (Strg + B (⌘ + B)) zerlegt werden. Die einzelnen Elemente einer Gruppe lassen sich allerdings auch im Gruppenbearbeitungsmodus verzerren, wenn es sich bei den einzelnen Elementen nicht um Symbole oder weitere Gruppen handelt.

Sie können Vektoren, also Linien zwischen zwei Punkten, verzerren, sobald der Mauszeiger das Bogensymbol bekommt. Um welche Art von Linie es sich dabei handelt, spielt keinerlei Rolle. Halten Sie nun die Maustaste gedrückt und ziehen die Linie in eine beliebige Richtung, verzerren Sie sie damit. Während Sie die Maustaste gedrückt halten, wird Ihnen eine Vorschau des Vorgangs in einer Umrisslinie dargestellt. Lassen Sie die Maustaste los, wird das Ergebnis dieses Verzerrens von Flash berechnet und Ihnen angezeigt. Verzerren Sie die Umrisslinie eines Elements mit Farbfüllung, wird die neue Fläche nach der Verzerrung neu mit der Farbe des Elements gefüllt.

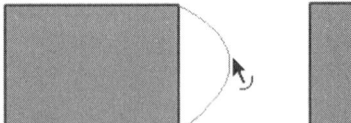

**Abbildung 4.19:** Linien verzerren

Einzelne Vektorpunkte können sowohl das Ende einer Linie sein oder auch Eckpunkte, in denen mehrere Linien enden. Bewegen Sie den Mauszeiger mit aktiviertem Pfeil-Werkzeug über einen dieser Eckpunkte, bekommt der Mauszeiger ein Winkelsymbol unten rechts, das Ihnen anzeigt, dass Sie diesen Punkt verzerren können. Sie müssen dazu, genau wie beim Verzerren von Linien, die Maustaste gedrückt halten. Auch hier wird während des Verzerrens nur eine Umrisslinie angezeigt und, sobald Sie die Maustaste loslassen, das Ergebnis berechnet.

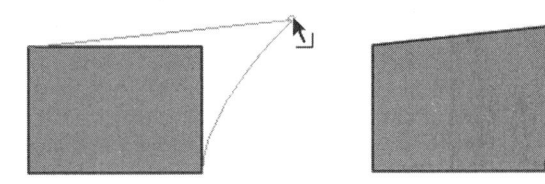

**Abbildung 4.20:** Ecken verzerren

Indem Sie einen Vektorpunkt verzerren, bewegen Sie gleichzeitig alle Linien, die in dem Vektorpunkt enden. Die entstehenden Ergebnisse werden interessanter, je mehr Linien in einen Punkt münden.

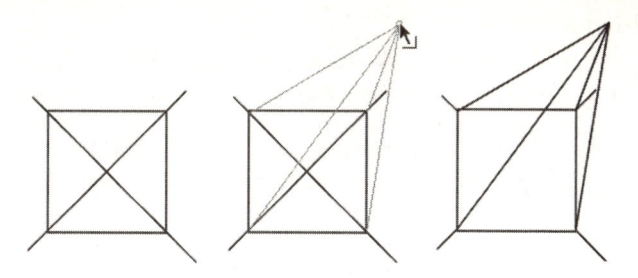

**Abbildung 4.21:** So lassen sich dreidimensional wirkende Elemente erzeugen

Verzerren Sie eine Rahmenlinie eines Objekts, wird die Füllung dieses Objekts mit verzerrt.

Kreuzen Sie mit den verzerrten Linien andere Linien, entstehen dadurch neue Vektorpunkte, die Sie erneut als Vektorpunkte verzerren können. Ein kleines, wenn auch abstraktes Beispiel für diesen Fakt zeigt eine Verwandlung in drei Arbeitsschritten. Experimentieren Sie ein wenig mit dieser Funktion. Es lassen sich so allerlei Elemente zaubern, für die Sie länger brauchen würden, wenn Sie sie zeichnen würden.

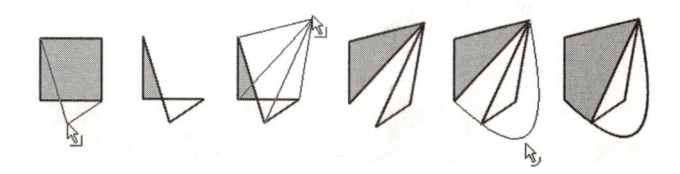

**Abbildung 4.22:** Ein Beispiel für gekreuzte Linien und das Verzerren mit dem Pfeil-Werkzeug

Verzerren von Linien funktioniert nicht bei ausgewählten Elementen. Heben Sie die Auswahl auf, bevor Sie etwas verzerren wollen.

## Duplizieren

Sie können das Pfeil-Werkzeug auch dazu benutzen, auf einfache Art und Weise Auswahlen zu duplizieren. Haben Sie eine Auswahl, welcher Art auch immer, erstellt, fahren Sie mit der Maustaste darüber. Drücken Sie nun die [Strg]-Taste ([Alt]-Taste). Ziehen Sie die Auswahl über den Bildschirm, als wollten Sie sie einfach nur verschieben. Das kleine Plus-Symbol am Mauszeiger zeigt Ihnen an, dass Sie nun diese Auswahl mit allen ihren Elementen duplizieren können. Sobald Sie die Maustaste loslassen, wird an der Stelle, an die Sie die Auswahl verschoben haben, ein Duplikat der Auswahl erstellt.

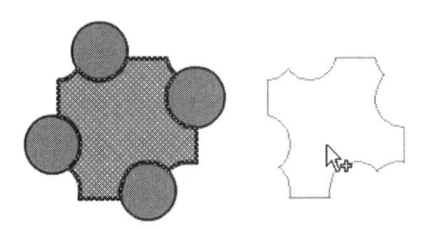

**Abbildung 4.23**: Duplizieren

Lassen Sie die [Strg]-Taste ([Alt]-Taste) los, bevor Sie die Maustaste loslassen, wird die Auswahl lediglich verschoben und nicht dupliziert.

> Auch wenn eine Auswahl über mehrere Ebenen hinweg reicht, können Sie auf diese Weise Duplikate erstellen. Die einzelnen Elemente der Auswahl werden dabei jeweils auf ihren Ebenen dupliziert.

# Optionen

Sämtliche *Optionen* des Pfeil-Werkzeugs entsprechen denselben Schaltflächen auf der Standardsymbolleiste.

**Abbildung 4.24:** Die Optionen des Pfeil-Werkzeugs

### Ausgerichtet

Ist diese Option aktiviert und das Gitternetz wird nicht angezeigt, werden bewegte Vektorpunkte im 90°-Winkel ausgerichtet, lassen sich aber auch an anderen Vektorlinien ausrichten.

Wird zusätzlich noch das Gitternetz angezeigt, werden bewegte Vektorpunkte am Gitternetz ausgerichtet. Außerdem werden duplizierte Auswahlen an dem Punkt am Gitternetz ausgerichtet, an dem Sie sie mit dem Mauszeiger angefasst haben.

### Glätten

Ausgewählte Elemente lassen sich so nachträglich glätten. Um diese Option zu erhalten, müssen Sie zunächst eine Auswahl erzeugen. Die Effekte des Glättens sind nicht immer ganz leicht vorauszusehen, wie das Beispiel unten zeigt. Beim Glätten werden Informationen aus Vektorgebilden herausgenommen, sodass sie danach meist glatter und klarer erscheinen.

## Begradigen

Ebenso wie beim Glätten lassen sich auf diesem Weg ausgewählte Elemente nachträglich begradigen. Damit diese Option auch zur Verfügung steht, müssen Sie eine Auswahl erstellen.

## Drehen

Egal, was Sie ausgewählt haben, mit dieser Option leiten Sie das Drehen dieser Auswahl ein. Die Auswahl bekommt einen rechteckigen Rahmen, an dessen Ecken sich Punkte befinden, mit denen Sie die Auswahl um ihren Mittelpunkt drehen können. In der Mitte der Rahmenlinie, die für das Drehen erstellt wurde, befinden sich Punkte, mit denen Sie eine Auswahl neigen können.

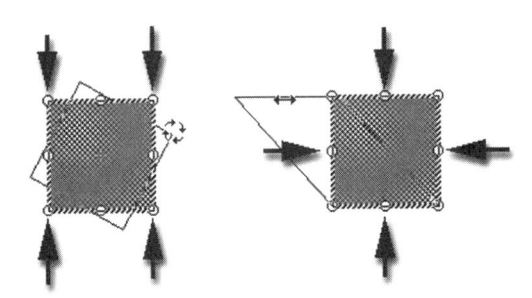

**Abbildung 4.25:** Links die Punkte zum Drehen, rechts die Punkte zum Neigen

## Skalieren

Wollen Sie eine Auswahl in ihrer Größe verändern, sollten Sie sie skalieren. Legen Sie nach dem Klick auf diese Schaltfläche fest, inwiefern Sie die Auswahl modifizieren wollen. Genau wie beim Drehen wird nach Betätigen der Schaltfläche *Skalieren* ein rechteckiger Rahmen um die Auswahl gelegt, auf dem 8 kleine Rechtecke platziert wurden. Mit den Rechtecken an den Ecken der Auswahl lässt sich eine Auswahl in zwei Dimensionen proportional verzerren. Mit den übrigen kleinen Rechtecken lässt sich eine Auswahl in eine Dimension skalieren, wodurch sämtliche Elemente der Auswahl entsprechend verzerrt werden.

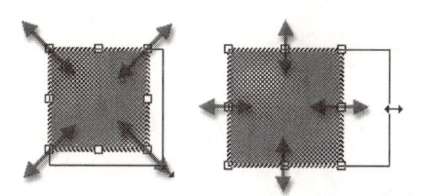

**Abbildung 4.26:** Links proportionales Skalieren, rechts Skalieren in eine Dimension

> Ausnahmslos jedes Werkzeug der Werkzeuge-Palette lässt sich vorübergehend in das Pfeil-Werkzeug mit nahezu all seinen Eigenschaften verwandeln, wenn Sie die [Strg]-Taste ([⌘]-Taste) drücken, während Sie ein anderes Werkzeug aktiviert haben. Sie können so allerdings nicht duplizieren, da Sie dafür ja bereits die [Strg]-Taste ([⌘]-Taste) gedrückt halten müssen. Sobald Sie die [Strg]-Taste ([⌘]-Taste) loslassen, verfügen Sie wieder über das eigentlich ausgewählte Werkzeug.

> Mit der [V]-Taste wechseln Sie von anderen Werkzeugen auf das Pfeil-Werkzeug.

# Unterauswahl-Werkzeug

Mit dem *Unterauswahl-Werkzeug* können Sie die Randvektoren von Pfaden bearbeiten. Der Pfeil reagiert auf zwei verschiedene Vektoreneigenschaften. Bei einem Eckpunkt eines Vektors bekommt der Pfeil ein kleines weißes Quadrat an der rechten unteren Ecke. Vektorlinien sorgen für ein schwarzes Quadrat an derselben Stelle.

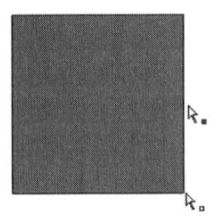

**Abbildung 4.27:** Das Unterauswahl-Werkzeug an zwei verschiedenen Vektorlinien-Eigenschaften

Mit einem Mausklick auf eine Randlinie aktivieren Sie die Randlinie und machen damit die einzelnen Vektorpunkte sichtbar. Je nachdem, ob Sie die Randlinie an einem Vektorpunkt oder an einem Vektor aktiviert haben, wird die Randlinie anders aktiviert. Klicken Sie direkt auf einen Vektorpunkt, wählen Sie diesen Punkt direkt aus. Mit Klicks auf Vektorlinien wird kein Vektorpunkt ausgewählt, sondern nur alle aktiviert.

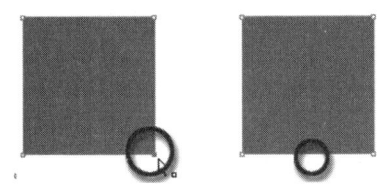

**Abbildung 4.28:** Links ein ausgewählter Vektorpunkt, rechts die aktivierten Vektoren

Haben Sie einen Vektorpunkt ausgewählt, können Sie diesen Punkt einzeln bewegen, indem Sie über diesem Punkt die Maustaste gedrückt halten und den Punkt in die gewünschte Richtung ziehen. Versuchen Sie dies über einer Randlinie mit aktivierten oder ausgewählten Vektorpunkten, verschieben Sie damit lediglich das gesamte Objekt.

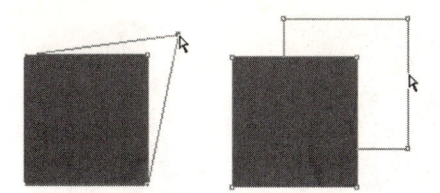

**Abbildung 4.29**: Links ein bewegter Vektorpunkt und rechts das gesamte Objekt

Ziehen Sie mit dem Unterauswahl-Werkzeug einen Rahmen auf, wählen Sie alle Vektorpunkte aus, die sich innerhalb des aufgezogenen Rahmens befinden.

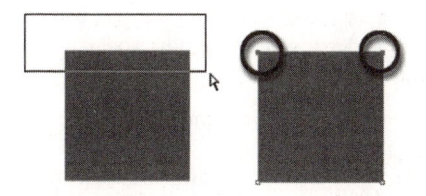

**Abbildung 4.30**: Links der Auswahlrahmen und rechts das Ergebnis

Leider bringt Ihnen diese Mehrfachauswahl keinen Vorteil, wenn es darum geht, diese Vektorpunkte zusammen mit der Maus zu verschieben. Sie können diese Punkte jedoch gemeinsam verschieben, indem Sie die Pfeiltasten Ihrer Tastatur verwenden. Dabei bleibt die Entfernung der Punkte zueinander bestehen.

Halten Sie an einem ausgewählten Vektorpunkt die Tasten ⇧ + Alt + Strg (⇧ + Alt + ⌘) gedrückt, können Sie diesem Vektorpunkt eine Richtung für die von ihm ausgehenden Linien geben. Wählen Sie einen Vektorpunkt aus, von dem aus sich bereits gebogene Linien entfernen, werden Ihnen diese Vektoren sofort angezeigt. Näheres dazu weiter unten unter *Stift-Werkzeug*.

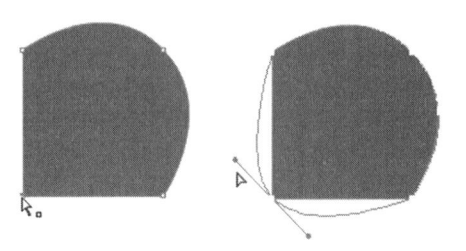

**Abbildung 4.31:** Links die Ausgangssituation und rechts das Erzeugen von Vektoren

Haben Sie einen Vektorpunkt ausgewählt, der bereits mit Vektoren ausgestattet ist, können Sie über das Unterauswahl-Werkzeug diese Vektoren sowohl einzeln als auch zusammen verändern. Im Normalfall bewegen Sie, wenn Sie einen der beiden Vektoren bewegen, auch den anderen gleichzeitig mit, sodass die beiden Vektoren immer eine Linie bilden.

Sie bewegen die Vektoren, indem Sie sie mit dem Unterauswahl-Werkzeug am Ende der Linie ziehen. Halten Sie dabei die [Alt]-Taste gedrückt, wird Ihnen nur eine Voransicht für den Vektor gezeigt, den sie gerade bewegen. Sobald Sie die Maustaste jedoch loslassen, wird auch der jeweils andere Vektor gezeichnet und die Linie zwischen den beiden Vektorpunkten verbogen.

Halten Sie die [Alt]- und [Strg]-Tasten ([Alt] + [⌘]) während des Verzerrens gleichzeitig mit der Bewegung, bewegen Sie nur einen der beiden Vektoren und sorgen für einen Eckpunkt. Die beiden vom Vektorpunkt ausgehenden Linien sind danach nicht mehr in einer Linie ausgerichtet, wenn sie es vorher waren, und werden auch bei den folgenden Bewegungen von einem der beiden Vektoren nicht mehr gemeinsam bewegt.

> Über die Taste [A] können Sie das Unterauswahl-Werkzeug ebenfalls aktivieren.

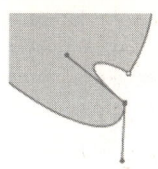

**Abbildung 4.32:** Ein Beispiel für zwei unabhängige Vektorlinien

# Linie

Mit dem *Linien-Werkzeug* können Sie einfache Geraden zeichnen, indem Sie an deren Startpunkt die linke Maustaste drücken und diese erst am Zielpunkt wieder loslassen. Während des Zeichenvorgangs wird lediglich eine dünne Vorschau des Verlaufs dieser Linie gezeigt. Sobald Sie die Maustaste loslassen, wird die Linie mit all ihren Einstellungen berechnet und auch angezeigt.

**Abbildung 4.33:** Eine Linie im Zeichenvorgang

**Abbildung 4.34:** Nach dem Loslassen der Maustaste die fertige Linie

Sie sollten bei allen folgenden Einstellungen darauf achten, möglichst wenig verschiedene Linieneinstellungen in einem Dokument zu verwenden, um den Datenaufwand gering zu halten.

Die Einstellungsmöglichkeiten sind im Übrigen dieselben wie bei den Optionen für Oval, Rechteck und Tinte. Außerdem werden die Linien-Einstellungen in einem Werkzeug automatisch für alle anderen auch übernommen.

**Abbildung 4.35**: Linienfarbe wird an diesen Stellen gewählt und angezeigt

In der obersten Schaltfläche der Farb-Optionen des Linien-Werkzeugs auf der Werkzeuge-Palette können Sie die Farbe der Linie festlegen. Dass es sich bei der Farbeinstellung um die Farbe für Linien handelt, wird zusätzlich kenntlich gemacht durch den kleinen Stift neben dem farbigen Feld. Sobald Sie die Schaltfläche links von der Schlangenlinie anklicken, öffnet sich die Farben-Palette, aus der Sie auswählen können. Für Linien stehen keine Farbverläufe zur Verfügung.

> Um eine Linie mit einem Farbverlauf zu versehen, müssen Sie sie über *Modifizieren / Form / Linien in Füllung* in Füllungen umwandeln. Sie können danach nicht mehr die Einstellungen für die Dicke einer Linie und ihr Aussehen festlegen. Dafür können Sie der Linie jedoch einen Farbverlauf zuordnen.

Die Linien-Palette bietet, neben den Farbeinstellungsmöglichkeiten, außerdem noch die Möglichkeit, den Linientyp und die Linienstärke zu bestimmen. Um die Linien-Palette zu öffnen bemühen Sie das Menü *Fenster / Bedienfelder / Linie*. Die Einheit für die *Linienstärke* ist *Punkt*.

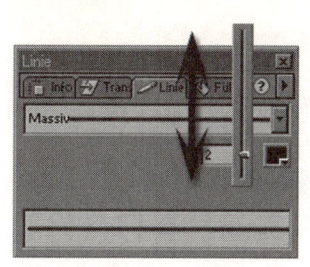

**Abbildung 4.36:** Linienstärken

Über der Linienstärke befindet sich eine Liste, aus der Sie die Linienart auswählen können. Einige dieser *Linientypen* liefern nicht immer dasselbe Ergebnis, sondern enthalten eine Zufallsvariable, was ihnen ein natürlicheres und unregelmäßiges Aussehen gibt. Auch bei den Linientypen gilt: Je mehr verschiedene Linientypen Sie in einem Dokument unterbringen, umso größer wird der Aufwand alle Linientypen zu umschreiben. Dieser Grundsatz gilt erst recht bei den benutzerdefinierten Linientypen.

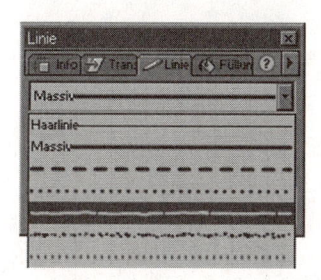

**Abbildung 4.37:** Eine Liste verschiedener Linientypen

Öffnen Sie die Option *Benutzerdefiniert* der Linien-Palette, öffnet sich ein Dialog, in dem Sie genaueste Einstellungen für Ihren ganz persönlichen Linientyp festlegen können.

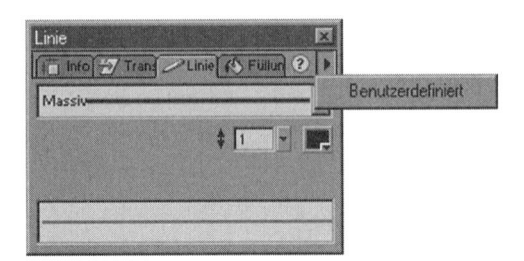

**Abbildung 4.38:** So kommen Sie zu den benutzerdefinierten Linientypen

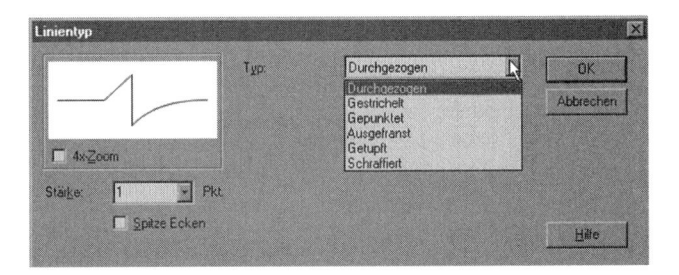

**Abbildung 4.39:** Benutzerdefinierte Linientypen

Insgesamt können Sie sechs verschiedene Linientypen verändern. Ihre Veränderungen werden in der Liste an entsprechender Stelle übernommen. Die verschiedenen Linientypen sind *Durchgezogen, Gestrichelt, Gepunktet, Ausgefranst, Getupft* und *Schraffiert*. Einige Linientypen verfügen über eine Vielzahl an Einstellungsmöglichkeiten und andere wiederum nicht. Probieren Sie einfach ein wenig herum, was Ihnen gefällt. Auf der linken Seite des Dialogs können Sie sich eine Vorschau Ihrer derzeitigen Einstellungen ansehen und diese mit der Option *4x-Zoom* auch um das Vierfache vergrößern lassen. Die Linienstärke, die Sie eingeben, ist ebenfalls nur für die Vorschau von Relevanz. Sie wird zwar in die Option der Linien übernommen, kann aber auch wieder zurückgestellt werden, ohne die restlichen Einstellungen der benutzerdefinierten Linie zu zerstören.

*Spitze Ecken* bewirkt, sofern es aktiviert ist, bei manchen Linientypen, dass die Enden einer Linie nicht abgerundet dargestellt werden. Diese Option wird allerdings von einigen Linientypen aufgrund ihrer Einstellungen und Gegebenheiten ignoriert.

Bei den Einstellungen für die übrigen Linientypen können Sie im Grunde nichts falsch machen, sodass Sie ruhig ein wenig herumprobieren können, auch wenn eine Schaltfläche oder Option fehlt, mit der sich die Einstellungen wieder auf den Standard zurückschalten lassen.

> **HINWEIS**
>
> Sie können auch mit der [N]-Taste in das Linien-Werkzeug wechseln.

# Lasso

Das *Lasso-Werkzeug* ist dem Pfeil-Werkzeug in einigen Punkten sehr ähnlich, zeichnet sich aber durch eine genauere Auswahlmöglichkeit aus. Sobald Sie das Lasso-Werkzeug ausgewählt haben, verwandelt sich der Mauszeiger in den des Lasso-Werkzeugs. Sie können mit dem Lasso-Werkzeug Auswahlen erstellen wie mit dem Pfeil-Werkzeug, mit dem Unterschied, dass die Linien, die Sie mit der Maus zeichnen, die Begrenzung der Auswahl darstellen. Sie zeichnen die Begrenzungslinien, indem Sie die Maustaste gedrückt halten und die Maus Ihren Wünschen entsprechend bewegen. Die Linien müssen nicht geschlossen werden. Lassen Sie die Maustaste los, bevor Sie den Startpunkt einer Auswahllinie erreicht haben, wird die Auswahllinie durch eine Gerade zwischen Start- und Endpunkt geschlossen und so eine Auswahl erstellt. Bereiche, in denen sich kein Element befindet, werden einer Auswahl nicht hinzugefügt.

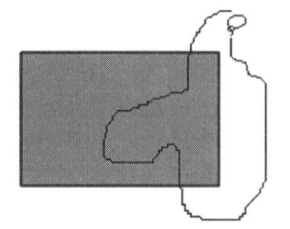

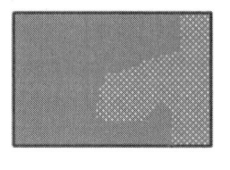

**Abbildung 4.40:** Links die Auswahl und rechts das Ergebnis

In Bruchstücken werden nur gezeichnete Elemente ausgewählt. Um ein Symbol, Textblöcke oder Gruppierungen mit dem Lasso-Werkzeug auszuwählen, muss sich, wie bei dem Pfeil-Werkzeug auch, das entsprechende Element komplett innerhalb der Auswahl befinden. Ebenfalls wie bei dem Pfeil-Werkzeug funktioniert das Lasso-Werkzeug ebenenübergreifend. Auch hier werden die betroffenen Schlüsselbilder auf den Zeitleisten der verschiedenen Ebenen markiert.

Fahren Sie mit dem Lasso-Mauszeiger über eine bereits existierende Auswahl, verwandelt sich der Mauszeiger automatisch in den des Pfeil-Werkzeugs zum Bewegen von Auswahlen. Sie können also auch das Lasso-Werkzeug zum Bewegen von ausgewählten Elementen auf Bühne und Arbeitsbereich nutzen.

## Polygon-Lasso

Halten Sie bei dem Lasso die [Alt]-Taste gedrückt oder schalten in den Optionen des Lasso-Werkzeugs die *Polygon-Option* ein, lassen sich die Begrenzungslinien einer Auswahl ähnlich Spinnenfäden aufziehen. Für den Startpunkt klicken Sie mit der Maustaste an die Stelle, an der Sie beginnen wollen. Wenn Sie den Mauszeiger jetzt bewegen, werden Sie feststellen, dass Sie einen Faden von dem Punkt des ersten Klicks hinter sich herziehen. Klicken Sie ein weiteres Mal, setzen Sie an der entsprechenden Stelle einen weiteren Eckpunkt der Auswahl. Um die Auswahl berechnen zu lassen, klicken Sie kurz doppelt an einer beliebigen Stelle. An dieser Stelle wird kein weiterer Eckpunkt gesetzt, sondern Sie verlassen diesen »Faden-Modus« und die Auswahl wird erstellt. Es gelten die gleichen Bedingungen wie bei dem normalen Lasso-Werkzeug für die Erstellung einer Auswahl.

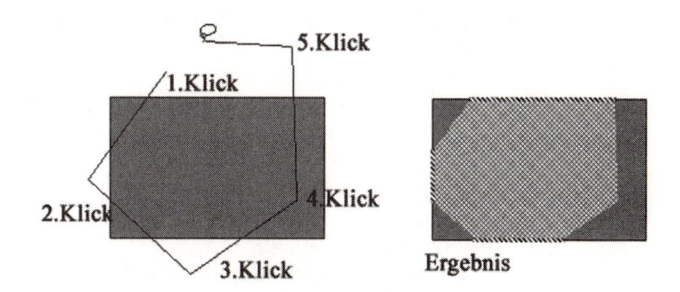

**Abbildung 4.41:** Polygon-Lasso

Drücken Sie bei normalem Lasso-Werkzeug lediglich die [Alt]-Taste, um den Polygon-Modus zu aktivieren, lassen sich freie Linienzeichnungen und Polygonlinien miteinander für eine Auswahl kombinieren. Dabei müssen Sie allerdings darauf achten, dass Sie, solange Sie die [Alt]-Taste gedrückt halten, die Maustaste loslassen dürfen, jedoch sofort eine Auswahl erstellen lassen, wenn Sie auch noch die [Alt]-Taste loslassen. Während Sie die [Alt]-Taste gedrückt halten, setzen Sie wie mit dem Polygon-Lasso Eckpunkte durch Mausklicks. Wollen Sie nun zum Beispiel die Auswahl der folgenden Abbildung erstellen, müssen Sie wie folgt vorgehen:

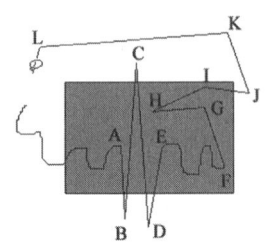

**Abbildung 4.42:** Ein Beispiel kombinierter Polygon- und Lasso-Auswahl

Sie aktivieren zunächst das Lasso-Werkzeug ohne die Polygon-Option. Ziehen Sie dann bis zu Punkt A mit gedrückter Maustaste eine beliebige Linie. An Punkt A drücken Sie zunächst die [Alt]-Taste und können dann die Maustaste loslassen. Durch das Drücken der [Alt]-Taste wurde die Polygon-Option aktiviert. Bewegen Sie nun die Maus nacheinander zu den Punkten B bis E und setzen Sie jeweils einen Eckpunkt durch einen Mausklick. Durch einen Doppelklick oder das Loslassen der [Alt]-Taste würde sofort eine Auswahl berechnet. An Punkt E setzen Sie zunächst einen Punkt, halten die Maustaste allerdings gedrückt. Jetzt können Sie die [Alt]-Taste loslassen und bis F eine beliebige Linie ziehen. Dort wiederholen Sie den Vorgang von Punkt A, also zunächst die [Alt]-Taste gedrückt halten, dann die Maustaste loslassen und mit Mausklicks die Punkte G bis L setzen. Lassen Sie nun die Maustaste los oder führen einen Doppelklick aus, wird die Auswahl berechnet, die so aussehen sollte.

**Abbildung 4.43:** Das Ergebnis des Beispiels von oben

## Zauberstab

Eine Option, die sicher auch gut ein vollständig eigenes Werkzeug hätte bekommen können, ist der *Zauberstab*. Als Option des Lasso-Werkzeugs geht sie ein wenig unter, da die Funktionsweise sich doch erheblich von der des Lassos unterscheidet. Haben Sie bereits mit dem Zauberstab aus Photoshop oder Ähnlichem gearbeitet, wird er Ihnen sicher bekannt vorkommen.

Mit dem Zauberstab lassen sich in Flash Bitmaps bearbeiten, oder besser, es lassen sich Auswahlen in importierten Bitmaps erstellen. Um den Zauberstab allerdings zur Anwendung bringen zu können, müssen Sie ein Bitmap zunächst mit dem Befehl *Modifizieren / Teilen* (Strg + B (⌘ + B)) zerlegen.

**Abbildung 4.44:** Ein aktiviertes Bitmap, nachdem es zerlegt wurde

Deaktivieren Sie die Auswahl, die über das Bitmap gelegt wurde, indem Sie einfach daneben auf eine freie Stelle klicken. Das Bitmap ließe sich nun wie ein gezeichnetes Element auswählen, verzerren usw. Versuchen Sie das einmal, es wird Sie überraschen, was dabei herauskommt. Wenn Sie jetzt im Lasso-Werkzeug die Option *Zauberstab* aktivieren und mit dem Mauszeiger über das Bitmap fahren, wird sich der Mauszeiger in einen kleinen Zauberstab verwandeln.

Klicken Sie nun mit dem Zauberstab in das Bitmap hinein, werden alle zusammenhängenden Flächen gleicher Farbe um den Mausklick herum ausgewählt. Der Zauberstab wählt also nach Farben aus, und dies je nach den Einstellungen, die später beschrieben werden.

**Abbildung 4.45:** Links der Punkt, an dem geklickt wurde, rechts das Ergebnis

Diese Auswahl können Sie nun mit den zur Verfügung stehenden Werkzeugen bearbeiten wie jede andere Auswahl auch. Sie könnten sie zum Beispiel mit dem Pfeil- oder Lasso-Werkzeug verschieben.

**Abbildung 4.46:** Verschieben der Auswahl im Bitmap

Rechts neben der Zauberstab-Option des Lasso-Werkzeugs können Sie einstellen, wie fein der Zauberstab im Bitmap Auswahlen erstellt. Klicken Sie auf die Schaltfläche, öffnet sich ein Dialog, in dem Sie diese Einstellungen vornehmen können.

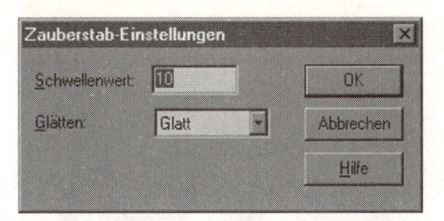

**Abbildung 4.47:** Zauberstab-Einstellungen

Als Schwellenwert lassen sich nur Werte zwischen 0 und 200 eingeben. 0 bedeutet dabei, dass der Zauberstab nur Auswahlen erstellt, mit denen exakt die Farbe abgedeckt wird, die an der Stelle des Mausklicks vorhanden ist. Je höher Sie den Wert angeben, umso mehr Farbvarianten werden mit in die Auswahl aufgenommen.

**Abbildung 4.48:** Glättungsmöglichkeiten

Die Einstellung *Glätten* beeinflusst den Glättungsgrad, in dem die berechnete Auswahl an ihren Rändern geglättet wird. *Pixel* ist dabei gleichbedeutend mit »die Auswahl wird nicht geglättet«. *Glatt* hingegen bedeutet, dass die Auswahl maximal geglättet wird. Um dies zu verdeutlichen, wurden die Auswahlen in den Abbildungen unten aus dem Bitmap herausbewegt. Oben sieht man jeden Pixel in Stufen, unten ist die Auswahl sehr glatt.

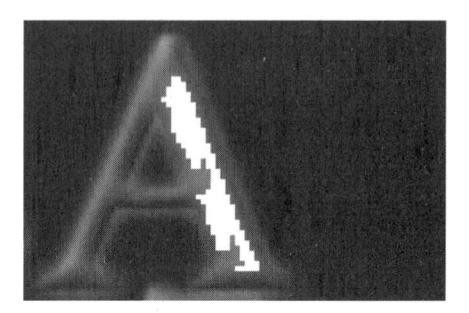

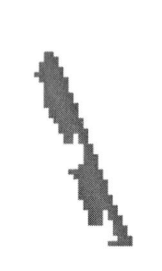

**Abbildung 4.49:** Bei selbem Schwellenwert wie unten hier die Einstellung *Glätten: Pixel*

**Abbildung 4.50:** Bei selbem Schwellenwert wie oben hier die Einstellung *Glätten: Glatt*

> Auch bei diesen zerlegten Bitmaps sollte man im Hinterkopf behalten, dass Bitmaps meist die Dateigröße eines Flash-Films enorm erhöhen, und je aufwändiger Sie mit Bitmaps arbeiten, umso langsamer wird auch Ihr Film, da Flash auch die Darstellung dieser Bitmaps berechnen muss.

> **HINWEIS:** Solange Sie sich mit dem Zauberstab-Werkzeug nicht über einem zerlegten Bitmap befinden, funktioniert das Werkzeug weiterhin wie das Lasso-Werkzeug.

> **KNOW-HOW:** Das Lasso-Werkzeug erreichen Sie auch, indem Sie einfach die Taste [L] drükken. Dabei werden die Einstellungen beibehalten, die Sie zuletzt verwendet haben. Haben Sie also zuletzt mit dem Polygon-Lasso gearbeitet und wählen das Lasso-Werkzeug erneut aus, sei es mit der Taste oder über die Maus, wählen Sie damit auch wieder das Polygon-Lasso aus.

# Stift-Werkzeug

Mit dem *Stift-Werkzeug* können Sie wie mit dem Linien-Werkzeug Linien erstellen. Es ist aber auch möglich, geschlossene Polygone damit zu erstellen.

Klicken Sie bei aktiviertem Werkzeug auf die Bühne, setzen Sie damit einen Vektorpunkt. Ein zweiter Klick an anderer Stelle setzt einen weiteren Vektorpunkt und verbindet beide Punkte durch eine gerade Linie. Bei jedem weiteren Punkt wird die Linie erweitert, wobei immer der letzte mit dem vorletzten Punkt verbunden wird. Fahren Sie mit dem Mauszeiger des Stift-Werkzeugs über einen Punkt oder eine Linie der gezeichneten Linie, bekommt der Mauszeiger einen kleinen Kreis an der rechten Seite. Wenn Sie nun den Mausknopf betätigen, schließen Sie das Zeichnen der Linie oder des Polygons ab.

Haben Sie den Zeichenvorgang so abgeschlossen, dass sich aus den Linien ein geschlossenes Element ergibt, wird die Fläche mit der ausgewählten Füllfarbe gefüllt.

**3. Klick**  **2. Klick**

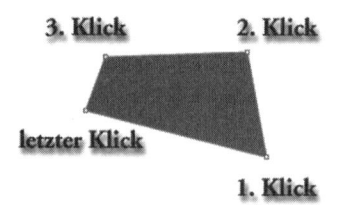

**letzter Klick**

**1. Klick**

**Abbildung 4.51:** Ein geschlossenes Polygon

Halten Sie die Maustaste beim Setzen eines Vektorpunkts gedrückt und ziehen so einen neuen Vektorpunkt auf, erzeugen Sie damit zwei Vektoren, die ihren Mittelpunkt im Vektorpunkt haben.

**Abbildung 4.52:** Ein »aufgezogener« Vektor

Verbinden Sie einen solchen Punkt mit einem zweiten, egal ob ebenfalls aufgezogen oder nicht, wird die Linie, die zwischen diesen beiden Punkten gezogen wird, auf jeden Fall eine gebogene Linie.

**Abbildung 4.53:** Nur der linke Punkt ist ein aufgezogener Vektor

Die Vektorlinien können Sie mit dem Unterauswahl-Werkzeug bearbeiten. Sie erreichen dieses Werkzeug jedoch auch kurzfristig, indem Sie die ⌃Strg⌄-Taste (⌘-Taste) gedrückt halten. Sobald Sie die ⌃Strg⌄-Taste (⌘-Taste) wieder loslassen, kehren Sie zum Stift-Werkzeug zurück.

Wenn Sie eine Linie abgeschlossen haben, können Sie ihr dennoch weitere Vektorpunkte hinzufügen, indem Sie mit dem Stift-Werkzeug über die Linien fahren. Der Mauszeiger erhält dann ein kleines Pluszeichen an der rechten Seite. Für jeden Klick wird ein Vektorpunkt hinzugefügt. An Vektorpunkten selbst können Sie keinen weiteren Punkt hinzufügen. Dafür ergeben sich dort andere Möglichkeiten der Bearbeitung.

Handelt es sich um einen Vektorpunkt ohne Vektoren, die für gebogene Linien sorgen, können Sie diesen Vektorpunkt mit einem Mausklick entfernen. Der Mauszeiger erhält in diesem Fall vor dem Entfernen ein kleines Minus auf der rechten Seite.

Vektorpunkte, die über Vektoren verfügen, können Sie durch einen Klick zu Eckpunkten machen. Das heißt, Sie entfernen die Vektoren. Danach können Sie diese Punkte so löschen, wie weiter oben beschrieben. Wenn Sie mit dem Mauszeiger über einen solchen Vektorpunkt fahren, wird ihm ein kleines, spitzes Winkelsymbol hinzugefügt.

Sie können auch mit der ⌃P⌄-Taste in das Linien-Werkzeug wechseln.

# Text

Egal was Sie mit Flash erstellen möchten, um *Texte* werden Sie kaum herumkommen, wenn Sie sich mitteilen wollen. Die Möglichkeiten mit Flash Texte zu animieren sind nahezu grenzenlos. Mit dem *Text-Werkzeug* erstellen Sie zunächst alle Texte. Dabei stehen Ihnen viele Möglichkeiten zur Verfügung, die Sie bereits aus verschiedenen Textverarbeitungsprogrammen kennen sollten. Wie Sie Ihre Texte platzieren und bearbeiten, wird im Folgenden erklärt.

Sie können Text auf zwei verschiedene Weisen auf Bühne oder Arbeitsbereich platzieren. Zum einen können Sie mit aktiviertem Text-Werkzeug einfach auf die gewünschte Stelle klicken und geben dort Ihren Text ein. Die Breite des Rahmens um den Text passt sich dabei automatisch der Menge des Textes an. Flash fügt dabei jedoch keine automatischen Umbrüche in den Text ein, sondern Sie schreiben so lange in einer Zeile weiter, bis Sie mit der ⏎-Taste einen Zeilenumbruch setzen.

Die andere Möglichkeit besteht darin, die Breite eines Textblocks bereits vor der Eingabe des Textes festzulegen, indem Sie mit gedrückter Maustaste einen *Textrahmen* aufziehen. Der Rahmen ist zunächst nur eine Zeile hoch, passt sich allerdings der Menge des Textes an. Geben Sie Texte ein, bricht Flash automatisch die Zeilen um, wenn ein Wort nicht mehr in die Zeile passt.

**Abbildung 4.54:** Ein einfach nur platzierter Textblock

**Abbildung 4.55:** Ein aufgezogener Textrahmen

Klicken Sie auf eine andere Stelle des Bildschirms, bevor Sie eine Texteingabe vorgenommen haben, wird der Textrahmen geschlossen und gelöscht. Sie haben also zu keinem Zeitpunkt leere Textrahmen in Ihrem Dokument, in diesem Fall aber auch nichts Besonderes vollbracht.

Sobald Sie einen Textrahmen mit dem Text-Werkzeug oder durch einen Doppelklick mit dem Pfeil-Werkzeug erneut aktivieren, können Sie die beiden Textrahmentypen anhand der kleinen Symbole in der oberen rechten Ecke unterscheiden und sie dort auch verändern.

Befindet sich in dieser Ecke ein kleiner Kreis, handelt es sich um einen Textrahmen, dessen Text **nicht** automatisch bei einer bestimmten Breite umbrochen wird. Der Rahmen wird im Folgenden *Endlosrahmen* genannt, weil der enthaltene Text endlos lang in einer Zeile geschrieben werden kann, wenn Sie keine manuellen Umbrüche mit der ⏎-Taste hervorrufen.

Ist das Symbol oben rechts ein kleines Quadrat, handelt sich um einen Rahmen, dessen Text umbrochen wird, sobald ein Wort nicht mehr in voller Länge in eine Zeile passt. Dabei wird nicht getrennt, sondern es werden immer vollständige Wörter in die nächste Zeile gestellt. Sie können Text allerdings auch künstlich trennen, um Umbrüche zu erhalten, die einen besseren Eindruck machen. Dazu fügen Sie einfach an gewünschter Stelle einen Trenn- oder auch Minusstrich ein. Dieser Textrahmentyp wird im Folgenden *Umbruchrahmen* genannt.

Sobald Sie mit dem Mauszeiger über eines der beiden Symbole fahren, verändert sich der Zeiger in einen Doppelpfeil nach rechts und links. Dieser Mauszeiger gibt damit gleichzeitig an, in welche Richtungen Sie den Textrahmen in seiner Größe verändern können. Halten Sie den Mausknopf über einem solchen Symbol gedrückt und bewegen die Maus nach links oder rechts, vergrößern oder verringern Sie den Rahmen damit in seiner Breite.

**Abbildung 4.56:** Veränderung der Breite eines Textrahmens

Die Höhe eines Textrahmens wird immer automatisch dem Textinhalt angepasst. Befindet sich genügend Text für zwei Zeilen im Rahmen, ist der Rahmen zwei Zeilen hoch.

```
┌─────────────────────────────────────┐
│ Um diesen Text darstellen zu können bedarf es │
│ zweier Zeilen dieser Breite.        │
└─────────────────────────────────────┘
```

**Abbildung 4.57:** Höhenbedarf: zwei Zeilen

Die minimale Rahmenbreite entspricht der Breite eines Buchstabens. Verringern Sie die Breite eines Rahmens auf dieses Maß, wird jeder Buchstabe in einer Zeile einzeln dargestellt, ohne Trennstriche am Ende einer Zeile.

```
┌─┐
│T│
│e│
│x│
│t│
└─┘
```

**Abbildung 4.58:** Rahmenbreite: ein Buchstabe

Verändern Sie die Breite eines Endlosrahmens, wird er automatisch zu einem Umbruchrahmen, weil Sie ja eine definitive Breite für den Rahmen festlegen. Durch einen Doppelklick auf das Quadrat-Symbol eines Umbruchrahmens verwandeln Sie ihn in einen Endlosrahmen.

> **HINWEIS**
>
> Künstliche Umbrüche bleiben dabei unberührt, also erhalten.
> Künstliche Trennstriche werden entfernt.

# Textoptionen

Für die Bearbeitung von Textfeldern gibt es eine eigene Palette, in der Sie festlegen können, wie Flash den entsprechenden Text behandelt.

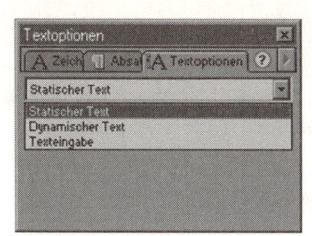

**Abbildung 4.59:** Die Textoptionen-Palette

### Statischer Text

Soll Text in einem Dokument nur dargestellt werden, verwenden Sie die standardmäßige Einstellung *Statischer Text*. Ein solcher Text kann vom Benutzer nicht ausgewählt oder bearbeitet werden.

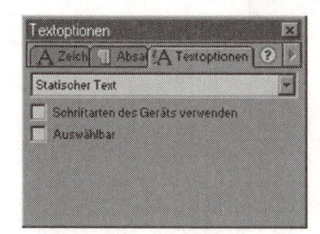

**Abbildung 4.60:** Statischer Text

#### Schriftarten des Geräts verwenden

Haben Sie die Option *Schriftarten des Geräts verwenden* ausgewählt, wird die Schrift, die Sie für das Textfeld verwendet haben, beim Betrachter durch eine Geräteschrift ersetzt. Das sorgt zwar dafür, dass Ihre Datei etwas kleiner wird, weil die entsprechenden Informationen nicht mitgespeichert werden müssen, macht den Text allerdings ein wenig unberechenbar. Umbrüche und Textfluss können erheblich anders ausfallen, als von Ihnen geplant.

**Auswählbar**

Über diese Option erlauben Sie einem Betrachter Ihre Texte zu markieren und zu kopieren. Ist diese Option nicht aktiviert, ist dies nicht möglich und Ihre Texte sind damit vor dem Kopieren geschützt.

**Dynamischer Text**

Wollen Sie Textfelder zur Anzeige von Werten erstellen, bietet sich die Option *Dynamischer Text* an. Hier können Sie Texte anzeigen lassen, die Sie im Feld *Variable* festlegen.

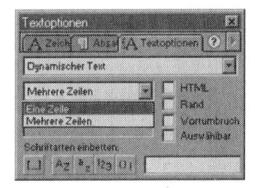

**Abbildung 4.61:** Dynamischer Text

**Eine Zeile**

Wollen Sie einen dynamischen Text maximal eine Zeile hoch darstellen, wählen Sie die Option *Eine Zeile*. Damit bewirken Sie allerdings, dass ein Text, der länger als das Textfeld ist, nicht mehr vollständig angezeigt wird.

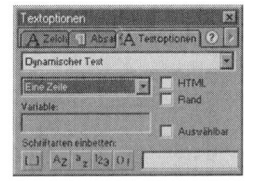

**Abbildung 4.62:** Eine Zeile

Wenn Sie hingegen *Mehrere Zeilen* wählen, wird der Text in die nächste Zeile gerückt, sobald er das hintere Ende des Textfelds erreicht.

**Abbildung 4.63:** Mehrere Zeilen

### HTML

Wenn Sie die Option *HTML* verwenden, können Sie den enthaltenen Text über HTML-Tags formatieren.

### Rand

Die Option *Rand* stellt ein Textfeld mit einem Rahmen dar und füllt den Hintergrund des Textfelds weiß.

### Wortumbruch

Die Option *Wortumbruch* bietet sich Ihnen nur, wenn Sie die Option *Mehrere Zeilen* gewählt haben. Aktiviert bewirkt sie, dass ein Wort nicht getrennt wird, wenn das Ende einer Zeile erreicht ist, sondern dass es komplett in die nächste Zeile rückt.

### Auswählbar

Über diese aktivierte Option werden Texte innerhalb des Textfelds vom Benutzer auswählbar. Auch wenn kein Text angezeigt wird, kann das Textfeld ausgewählt und Text durch Eingabe hinzugefügt werden.

**Variable**

Wollen Sie in dem Textfeld eine bestimmte Variable anzeigen lassen, geben Sie hier die Bezeichnung der Variablen oder mehrerer Variablen an. Zur Verkettung von Variablen lesen Sie mehr im Kapitel *ActionScript*.

**Schriftarten einbetten**

Wenn Sie den dynamischen Text in einer bestimmten Schrift anzeigen lassen wollen, bieten sich Ihnen hier verschiedene Optionen. Wählen Sie keine dieser Optionen, wird der Text in einer Geräteschriftart des Betrachters angezeigt.

Mit der ersten Option schließen Sie alle Schriftkonturen der Schrift ein, die Sie beim Erstellen des Textfelds festlegen. Bei dieser Option können Sie keine genauere Definition für einzelne Zeichen einer Schrift vornehmen wie bei den übrigen vier Optionen.

Die zweite Option sorgt für das Einschließen aller Schriftkonturen von Großbuchstaben des Alphabets, die dritte Option schließt alle kleinen Buchstaben ein. Dies schließt keinerlei Zahlen oder Satzzeichen mit ein.

Über die vierte Option können Sie die Konturen aller Zahlen einer Schrift einschließen.

Die letzte und fünfte Option schließt alle Satz- und Sonderzeichen in ihren Konturen mit ein.

Die letzten vier Optionen zur Einschließung von Schriftkonturen können Sie weiter dadurch beschränken, dass Sie im Feld hinter den Optionen die Zeichen angeben, deren Konturen mit eingeschlossen werden sollen. Sobald Sie das Feld verwenden, werden alle Konturen nicht eingeschlossen, die Sie nicht ausdrücklich im Feld eingegeben haben.

**Texteingabe**

Wollen Sie Textfelder für Formulare erstellen, bietet sich die Textoption *Texteingabe* an.

**Abbildung 4.64:** Texteingabe

### Eine Zeile

Wollen Sie die Texteingabe maximal eine Zeile hoch zulassen, wählen Sie die Option *Eine Zeile*. Damit bewirken Sie allerdings, dass ein Text, der länger als das Textfeld ist, nicht mehr vollständig angezeigt, sondern nach vorn weggerückt wird.

**Abbildung 4.65:** Eine Zeile

### Mehrere Zeilen

Wenn Sie hingegen *Mehrere Zeilen* wählen, wird der Text in die nächste Zeile gerückt, sobald er das hintere Ende des Textfelds erreicht.

**Abbildung 4.66:** Mehrere Zeilen

**Kennwort**

Ist die Option *Kennwort* eingeschaltet, werden sämtliche Inhalte, die der Anwender später im fertigen Film in das Feld einträgt, als Sternchen dargestellt, um zu verhindern, dass andere sehen, was an entsprechender Stelle eingetragen wird.

**Abbildung 4.67:** Sternchen anstelle von Buchstaben

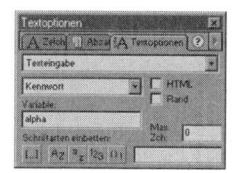

**Abbildung 4.68:** Kennwort

**HTML**

Wenn Sie die Option *HTML* verwenden, können Sie den enthaltenen Text über HTML-Tags formatieren.

**Rand**

Die Option *Rand* stellt ein Textfeld mit einem Rahmen dar und füllt den Hintergrund des Textfelds weiß.

**Wortumbruch**

Die Option *Wortumbruch* bietet sich Ihnen nur, wenn Sie die Option *Mehrere Zeilen* gewählt haben. Aktiviert bewirkt sie, dass ein Wort nicht getrennt wird, wenn das Ende einer Zeile erreicht ist, sondern dass es komplett in die nächste Zeile rückt.

### Variable

Wollen Sie in dem Textfeld eine bestimmte Variable anzeigen lassen, geben Sie hier die Bezeichnung der Variablen oder mehrerer Variablen an. Zur Verkettung von Variablen lesen Sie mehr im Kapitel *ActionScript*.

### Maximale Zeichenzahl

Über die Angabe *Maximale Zeichenzahl* können Sie die Anzahl der Zeichen begrenzen, die ein Benutzer im entsprechenden Textfeld eingeben kann. Auf diesem Wege vermeiden Sie, dass der Benutzer seine Memoiren in das Textfeld einträgt.

### Schriftarten einbetten

Wenn Sie den dynamischen Text in einer bestimmten Schrift anzeigen lassen wollen, bieten sich Ihnen hier verschiedene Optionen. Wählen Sie keine dieser Optionen, wird der Text in einer Geräteschriftart des Betrachters angezeigt.

Mit der ersten Option schließen Sie alle Schriftkonturen der Schrift ein, die Sie beim Erstellen des Textfelds festlegen. Bei dieser Option können Sie keine genauere Definition für einzelne Zeichen einer Schrift vornehmen wie bei den übrigen vier Optionen.

Die zweite Option sorgt für das Einschließen aller Schriftkonturen von Großbuchstaben des Alphabets, die dritte Option schließt alle kleinen Buchstaben ein. Dies schließt keinerlei Zahlen oder Satzzeichen mit ein.

Über die vierte Option können Sie die Konturen aller Zahlen einer Schrift einschließen.

Die letzte und fünfte Option schließt alle Satz- und Sonderzeichen in ihren Konturen mit ein.

Die letzten vier Optionen zur Einschließung von Schriftkonturen können Sie weiter dadurch beschränken, dass Sie im Feld hinter den Optionen die Zeichen angeben, deren Konturen mit eingeschlossen werden sollen. Sobald Sie das Feld verwenden, werden alle Konturen nicht eingeschlossen, die Sie nicht ausdrücklich im Feld eingegeben haben.

# Zeichen

Texte können wie in den meisten Textverarbeitungsprogrammen formatiert und damit in ihrem Aussehen beeinflusst werden. Dafür steht Ihnen die *Zeichen-Palette* zur Verfügung. Für zusätzliche Informationen zur Verwendbarkeit von Schriften und Formaten lesen Sie auch das Kapitel *Layout und Design*.

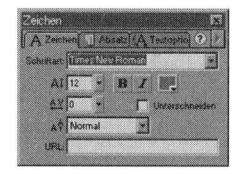

**Abbildung 4.69**: Die Optionen der Zeichen-Palette

Grundsätzlich gilt für die Optionen der Zeichen-Palette:

- Ist Text in einem Rahmen markiert, wird nur dieser entsprechend der Einstellungen verändert. Nicht markierter Text bleibt von neuen Einstellungen unberührt.

- Einstellungen, die verändert werden, werden ab Cursor wirksam, wenn kein Text markiert wurde. Nehmen Sie eine Einstellung vor und tippen danach einen Text ein, treffen die Einstellungen also nur auf den neuen Text zu.

Markige **Texte werden mit dem Text-Werkzeug markiert.**

**Abbildung 4.70**: Der markierte Text wurde fett gestellt

Sie können Texte allerdings auch einstellen, indem Sie nur den umgebenden Rahmen aktivieren. Dies funktioniert auch, wenn Sie mehrere Textfelder auswählen. Dabei wird allen enthaltenen Texten die entsprechende Veränderung zuteil.

**Schriftart**

Mit dem ersten Optionsfeld legen Sie die *Schriftart* fest. Dabei verfügt Flash nur über die Schriften, die auf Ihrem Rechner installiert wurden.

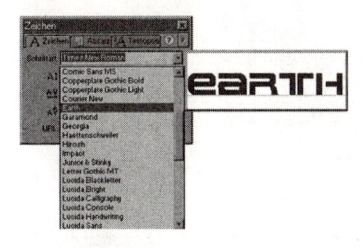

**Abbildung 4.71:** Schriften

Das Feld darunter ist zum Einstellen der *Schriftgröße* gedacht. Sie können dabei entweder aus den vorgegebenen Größenschritten wählen oder eigene zwischen oder über diesen Werten liegende Größen eingeben. Die Einheit der Schriftgröße wird in *Punkt* (*pt*) angegeben und die maximale Größe für Schriften beträgt 999 Punkt. Alternativ können Sie zum Verstellen der Schriftgröße den Regler neben dem Feld verwenden. Veränderungen der Schriftgröße werden in Echtzeit dargestellt, sind also sofort sichtbar.

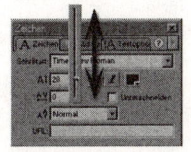

**Abbildung 4.72:** Schriftgröße

## Schriftfarbe

In dem Farbfeld auf der rechten Seite der Palette können Sie die Farbe, in der die Schrift dargestellt werden soll, wählen und einstellen. Die Farbe entspricht der Füllfarbe für Grafiken.

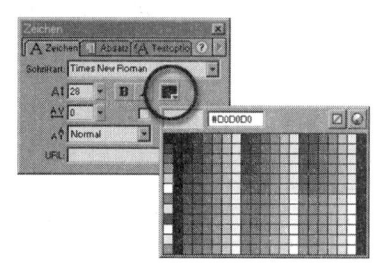

**Abbildung 4.73**: Schriftfarbe

> Text kann kein Farbverlauf zugewiesen werden, solange er noch als Text bearbeitbar ist. Um einen Farbverlauf in einen Text zu bekommen, müssen Sie ihn zunächst auswählen und dann per *Modifizieren / Teilen* ( Strg + B ( ⌘ + B )) in seine Bestandteile zerlegen. Der daraus entstandenen Auswahl des zerlegten Textes kann nun ein Farbverlauf zugewiesen werden. Sie können aber auch nur einen Teil der Buchstaben auswählen und dieser Auswahl einen zusammenhängenden oder einzelnen Farbverlauf zuweisen.

Und bin ich dann mal so da

**Abbildung 4.74**: Text mit Farbverlauf

Diese Methode sollte allerdings sehr sparsam eingesetzt werden, da sowohl zerlegter Text als auch Farbverläufe besonders speicherintensiv sind.

### Fett und Kursiv

Zwischen Schriftgröße und -farbe befinden sich zwei Schaltflächen, die Ihnen sicher aus anderen Textverarbeitungsprogrammen bereits bekannt vorkommen und mit denen Sie Schrift auf *fett* oder *kursiv* stellen können. Man hat lediglich die englischen Anfangsbuchstaben *B* für *Bold* (dt. fett) und *I* für *Italic* (dt. kursiv) so belassen, wie sie im englischen Original waren.

### Zeichenabstand

Unter der Schriftgröße können Sie den *Zeichenabstand* der einzelnen Zeichen eines Textes untereinander verändern. Wenn Sie einen Textabschnitt markiert haben, gelten die Einstellungen immer für alle markierten Buchstaben untereinander, plus dem Abstand des letzten markierten Buchstabens zum nächstfolgenden.

Maximal können Sie einen Abstand von +59 einstellen und minimal -59. In jedem Fall lässt sich der Zeichenabstand nur für statische Texte beeinflussen.

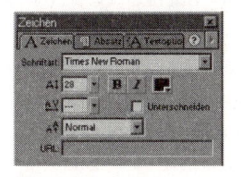

**Abbildung 4.75:** Zeichenabstand von oben nach unten: +20, 0, -20

### Unterschneiden

Die Option *Unterschneiden* sorgt im Regelfall dafür, dass bestimmte Buchstabenkombinationen näher zusammengerückt werden. Dabei werden lediglich übergroße Buchstabenabstände so verringert, dass sie annähernd gleich groß werden. So erzeugen Sie ein harmonischeres Textbild. Dem normalen Betrachter wird der Unterschied allerdings kaum auffallen. So müssen Sie im Beispiel unten auch genauer hinsehen, um den Unterschied zu erkennen. Besonders auffällig ist die Veränderung des Buchstabenabstands zwischen dem »T« und dem »e«. Nicht unbedingt zu empfehlen ist diese Option bei kleineren Schriftgrößen, weil ansonsten die Lesbarkeit des Textes abnimmt.

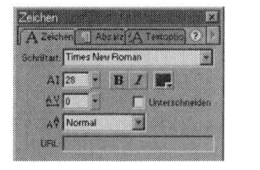

**Abbildung 4.76**: Unten unterschnitten, oben nicht

### Zeichenposition

Über die *Zeichenposition* lassen sich Zeichen im Vergleich zu normal dargestellten Zeichen höher- oder tieferstellen. Die Grundlinie und die Buchstabenhöhe solcher Buchstaben wird dabei verändert.

**Abbildung 4.77**: Zeichenpositionen

### URL

Sobald Sie einen Text markiert haben und für diesen im Feld *URL* einen Link eingeben, wird aus dem Text ein Link zu der entsprechenden URL. Klickt der Benutzer auf ein solchermaßen formatiertes Textstück, wird automatisch die eingegebene URL geöffnet.

# Absatz

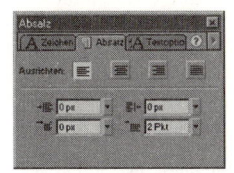

**Abbildung 4.78:** Die Optionen der Absatz-Palette

### Ausrichten

Ebenfalls aus der Textverarbeitung sollten Ihnen die Ausrichtungsmöglichkeiten der *Absatz-Palette* bekannt vorkommen.

Texte in Endlosrahmen werden von diesen Einstellungen nicht beeinträchtigt, sie werden ausschließlich linksbündig dargestellt.

In Umbruchrahmen trifft die Absatzeinstellung immer nur auf den Absatz zu, in dem der Cursor sich gerade befindet oder der gerade aktiviert ist. Um gleich mehrere Absätze in einem Textrahmen neu auszurichten, sollten Sie sie gemeinsam aktivieren. Vorangehende und folgende Absätze behalten ihre Einstellung bei.

Die Merkmale der verschiedenen Ausrichtungen sind folgende:

- *Linksbündig:* Der Text des Absatzes wird an dem linken Rand des Textblocks ausgerichtet.

> Und da bin ich dann mal so da
> langgegangen und hab gesagt, dass
> ich ja auch ganz gern links
> ausgerichtet wäre.

**Abbildung 4.79:** Links ausgerichteter Text

✓ *Zentriert:* Der Text des Absatzes wird an der vertikalen Mittellinie des Textblocks ausgerichtet.

```
Zhortakia, das Reich der Mitte,
    liegt im Herzen des
  Zentralkontinents von Koronea
  und ward einst Tresti genannt.
```

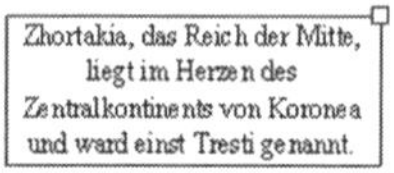

**Abbildung 4.80:** Zentriert ausgerichteter Text

✓ *Rechtsbündig*: Der Text des Absatzes wird an dem rechten Rand des Textblocks ausgerichtet.

```
        Der Draug, der ist ein
Wandersmann, der wandert auch
    zehn Jahre lang, immer am
        rechten Rand entlang
```

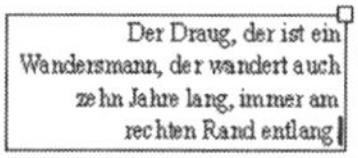

**Abbildung 4.81:** Rechts ausgerichteter Text

✓ *Blocksatz*: Der Text eines Absatzes wird sowohl am linken als auch am rechten Rand ausgerichtet. Sind in einer Zeile mindestens zwei durch einen Leerschritt getrennte Wörter enthalten, werden die Zwischenräume zwischen den Wörtern so weit erweitert, bis der Text die entsprechende Breite hat. Gibt es in einer Zeile nur ein Wort, dann werden die Abstände zwischen den Buchstaben dieses Worts so weit vergrößert, bis die Zeile eine ausreichende Breite hat, um an beiden Rändern gleichzeitig ausgerichtet zu sein. Vom Blocksatz ausgenommen ist die letzte Zeile des Absatzes.

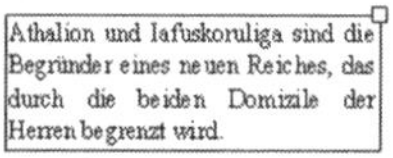

```
Athalion und Iafuskoruliga sind die
Begründer eines neuen Reiches, das
durch  die  beiden  Domizile  der
Herren begrenzt wird.
```

**Abbildung 4.82:** An beiden Rändern ausgerichteter Text

### Absatzeigenschaften

Im unteren Teil der Absatz-Palette finden Sie die *Absatzeigenschaften*. Einstellen lassen sich hier *rechter* und *linker Rand*, *Einzüge* der ersten Zeile und der *Zeilenabstand*. Alle Eingaben, die Sie vornehmen, werden in Punkt umgerechnet, sobald Sie eine andere Maßeinheit hinter einen Zahlenwert setzen. Geben Sie nur eine Zahl ein, geht Flash davon aus, dass Sie diese Eingabe in Punkt machen wollten.

Eingaben, die keinen Sinn ergeben, werden von Flash ignoriert oder in ein möglichst nah liegendes Ergebnis umgewandelt. Geben Sie zum Beispiel bei einem 120 mm breiten Textblock einen rechten Rand von 70 mm und einen linken von 60 mm ein, erzeugen Sie damit eine vertikale Buchstabenreihe, die aus jeweils einem Buchstaben besteht.

Sämtliche Angaben wirken sich immer nur auf den Absatz aus, in dem sich entweder der Cursor oder eine Markierung befinden. Sind mehrere Absätze markiert, werden alle markierten Absätze entsprechend Ihren Angaben formatiert.

### Ränder

Unter *Ränder* können Sie weder links noch rechts negative Werte eingeben. Maximal kann ein Rand 720 px breit sein. Sie können auch den Regler neben dem Eingabefeld zum Einstellen der Ränder verwenden.

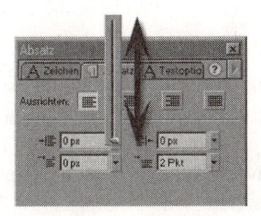

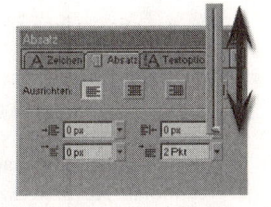

**Abbildung 4.83:** Links: linker Rand; rechts: rechter Rand

**Einzug**

Einzüge beziehen sich nur auf die erste Zeile eines Absatzes und können sowohl nach rechts als auch nach links über den Rand des Textes hinaus definiert werden. Um eine erste Zeile nach links »einzuziehen«, geben Sie einen negativen Wert ein. Positive Werte ergeben einen Einzug der ersten Zeile nach rechts. Ein Einzug der ersten Zeile nach links wird in seiner maximalen Größe von der Einstellung des linken Rands beschränkt. Haben Sie einen linken Rand von 5 mm eingestellt, können Sie demnach maximal einen Einzug der ersten Zeile von 5 mm nach links festlegen. Da der Maximalwert für den linken Rand 720 px beträgt, können Sie auch nur maximal einen Wert von 720 px für den Einzug festlegen – egal in welche Richtung. Einzüge der ersten Zeile nach rechts, die zu groß gewählt werden, produzieren einen einzelnen Buchstaben am Ende der ersten Zeile. Sie können auch den Regler neben dem Eingabefeld zum Einstellen der Ränder verwenden.

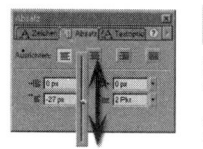

**Abbildung 4.84**: Einzüge der ersten Zeile von oben nach unten: -20, 0, +20

**Zeilenabstand**

Mit dem Zeilenabstand legen Sie den Abstand zwischen den einzelnen Textzeilen fest. Es wird also nicht wie sonst eher üblich der Abstand zwischen den einzelnen Grundlinien der Textzeilen verwendet. Wählen Sie negative Abstände, fließt der Text ineinander. Der minimale Abstand zwischen Zeilen beträgt -360 Pkt, der maximale 720 Pkt. Je größer Sie eine Schrift wählen, umso größer sollte auch der Abstand sein, um ein harmonisches Schriftbild zu erzeugen. Sie können auch den Regler neben dem Eingabefeld zum Einstellen der Ränder verwenden.

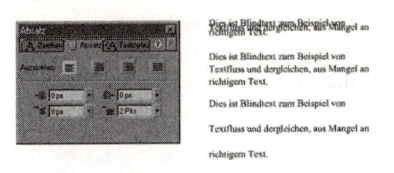

**Abbildung 4.85:** Zeilenabstände von oben nach unten: -20, 0, +20

### Textfelder

*Textfelder* (dynamischer Text und Texteingabe) lassen sich von normalen Textrahmen (statischer Text) anhand des Anfassers am rechten Rand unterscheiden. Textfelder haben den Anfasser unten und normale Textrahmen haben diesen Anfasser oben.

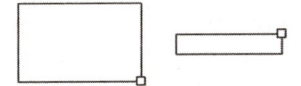

**Abbildung 4.86:** Links ein Textfeld und rechts ein Textrahmen

Nur Textfelder können auch in der Höhe verändert werden, selbst dann, wenn Sie keinen Text enthalten. Außerdem werden Textfelder nicht automatisch gelöscht, wenn Sie keinen Text enthalten und Sie den Textbearbeitungsmodus verlassen.

Textfelder reagieren in einer Veröffentlichung sensibel auf den Mauszeiger (bei dynamischem Text nur, wenn die Option *Auswählbar* aktiviert wurde). Sobald sich der Mauszeiger darüber bewegt, wird aus ihm ein Eingabe-Mauszeiger. Betätigt der Betrachter dann die Maustaste, wechselt er in einen Textmodus und kann über seine Tastatur Eingaben machen.

**Variable**

Mit der Variable geben Sie einem Textfeld eine Bezeichnung und erlauben es, dass die Eingaben, die in einem Textfeld vorgenommen werden, für Flash unter dieser Variable zur Verfügung stehen. Für ein Formular, mit dem Sie den Vornamen eines Betrachters erfragen wollen, setzen Sie ein Textfeld, dem Sie die Variable *Vorname* geben.

Sobald ein Betrachter in dieses Feld zum Beispiel den Namen Alexander eingibt, speichert Flash diese Eingabe auf folgende Weise:

Vorname="Alexander"

Dieses Speichern geschieht für den Betrachter unsichtbar. Aktionen können diese Variable weiterverwenden. Lassen Sie sich diese Variable zum Beispiel per Mail zukommen, bekommen Sie genau die oben angegebene Zeile. Sie sollten also auch hier auf eine sinnvolle Bezeichnungsauswahl achten. Als Standard wird an dieser Stelle TextField1 eingegeben. Die Zahl hinter der Bezeichnung ist abhängig von der Anzahl der Textfelder, die Sie vorher bereits erzeugt haben. Bei dem 65. Textfeld würde die automatische Bezeichnung also TextField65 lauten.

Bei Zahleneingaben können damit sogar Berechnungen ausgeführt werden. Mehr zur Verarbeitung von Variablen erfahren Sie im Kapitel *Aktionen und Skripten*.

**Textblöcke duplizieren**

Um ganze Textblöcke (egal ob Textfeld oder Textrahmen) mit dem Text-Werkzeug zu duplizieren, halten Sie die Tasten Strg + Alt (⌘ + Alt) gedrückt, bewegen den Mauszeiger über den zu kopierenden Textblock, drücken die Maustaste, halten sie gedrückt und verschieben die Kopie mit Mausbewegungen an die gewünschte Stelle.

Sie können das Text-Werkzeug auch mit der T-Taste aktivieren.

# Ellipse

Mit dem *Ellipsen-Werkzeug* erzeugen Sie geschlossene runde Elemente mit einem Rand. Halten Sie die ⇧-Taste gedrückt, zeichnen Sie einen perfekten Kreis anstatt einer Ellipse.

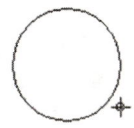

**Abbildung 4.87:** Ein Kreis mit dem Ellipsen-Werkzeug und der ⇧-Taste gezeichnet

Um eine solche Ellipse zu zeichnen, klicken Sie mit aktiviertem Ellipsen-Werkzeug auf eine Stelle der Bühne oder des Arbeitsbereichs, halten die linke Maustaste gedrückt, bewegen die Maus und ziehen so einen Kreis auf. Während des Zeichenvorgangs, solange Sie die Maustaste gedrückt halten, wird Ihnen ein Umriss der entstehenden Ellipse angezeigt. Sobald Sie die Maustaste loslassen, wird sie gezeichnet, sprich mit Füllung und Randlinie versehen. Die Eigenschaften der Randlinien und der Füllung legen Sie in den Farb-Optionen des Ellipsen-Werkzeugs auf der Werkzeuge-Palette fest.

**Abbildung 4.88:** Farb-Optionen des Ellipsen-Werkzeugs

Mit dem oberen Farbfeld legen Sie die Farbe der Randlinien fest, was durch den kleinen Stift neben dem Farbfeld verdeutlicht werden soll. Im unteren Farbfeld legen Sie die Füllfarbe der Ellipse fest. Das Feld neben dem unteren Farbfeld steht ebenfalls nur als Symbol für eine Füllfarbe. Die Füllfarbe kann im Gegensatz zu der Farbe der Randlinie auch ein Verlauf oder ein Bitmap-Bild sein.

> Haben Sie für eine der beiden Möglichkeiten *Keine Farbe* gewählt, wird an der entsprechenden Stelle keine Farbinformation festgehalten. Eine Farbe, die der Hintergrundfarbe der Bühne entspricht, wird mit Farbinformationen festgehalten. Transparente Bereiche können demnach auch nicht ausgewählt und verändert werden.

Die Einstellungen für die Randlinie entsprechen denen, die Sie auch für *Linien* vornehmen können. Es werden hier auch immer die zuletzt veränderten Linientypen ausgewählt, egal ob Veränderungen des Linientyps im Linien-, Stift-, Rechteck- oder Ellipsen-Werkzeug vorgenommen wurden.

Zur Farbpalette und Farbzuweisungen können Sie weiter unten unter *Farben* mehr lesen.

> Wollen Sie nicht mit dem Mauszeiger das Ellipsen-Werkzeug auswählen, können Sie dies auch mit der [O]-Taste tun.

# Rechteck

Geschlossene Objekte mit genau vier Ecken können Sie mit dem *Rechteck-Werkzeug* erzeugen.

**Abbildung 4.89**: Ein Rechteck, während des Zeichenvorgangs

Um ein Rechteck zu zeichnen, wählen Sie das Werkzeug aus, klicken in die erste Ecke des zu zeichnenden Rechtecks, halten die linke Maustaste gedrückt, bewegen den Mauszeiger und ziehen so ein Rechteck auf. Halten Sie die ⇧-Taste während des Zeichnens gedrückt, wird aus dem Rechteck ein Quadrat. Während des Zeichnens wird Ihnen eine Vorschau als Umriss des Rechtecks gezeigt. Sobald Sie die linke Maustaste loslassen, wird das Rechteck gezeichnet und somit mit Randlinie und Füllfarbe versehen.

Eigenschaften der Randlinien und der Füllfarbe legen Sie in den Farb-Optionen des Rechteck-Werkzeugs auf der Werkzeuge-Palette fest.

**Abbildung 4.90:** Die Optionen des Rechteck-Werkzeugs

Mit dem oberen Farbfeld legen Sie die Farbe der Randlinien fest, was durch den kleinen Stift neben dem Farbfeld verdeutlicht werden soll. Im unteren Farbfeld legen Sie die Füllfarbe des Rechtecks fest. Das Feld neben dem unteren Farbfeld steht ebenfalls nur als Symbol für eine Füllfarbe. Die Füllfarbe kann im Gegensatz zu der Farbe der Randlinie auch ein Verlauf oder ein Bitmap-Bild sein.

> Haben Sie für eine der beiden Möglichkeiten *Keine Farbe* gewählt, wird an der entsprechenden Stelle keine Farbinformation festgehalten. Eine Farbe, die der Hintergrundfarbe der Bühne entspricht, wird mit Farbinformationen festgehalten. Transparente Bereiche können demnach auch nicht ausgewählt und verändert werden.

Die Einstellungen für die Randlinie entsprechen denen, die Sie auch unter *Linien* vornehmen können. Es werden hier auch immer die zuletzt veränderten Linientypen ausgewählt, egal ob Veränderungen des Linientyps im Linien-, Stift-, Rechteck- oder Ellipsen-Werkzeug vorgenommen wurden.

Zur Farbpalette und Farbzuweisungen können Sie weiter unten unter *Farben* mehr lesen.

Mit der Eckradius-Schaltfläche öffnen Sie einen Dialog, in dem Sie einen *Eckradius* für die Rechtecke festlegen, die Sie mit dem Rechteck-Werkzeug erstellen. Die Einstellungen werden erst beim Zeichnen eines neuen Rechtecks wirksam. Außerdem lässt sich dies nicht für bereits bestehende Rechtecke anwenden. Wählen Sie einen sehr hohen Eckradius für ein kleines Rechteck, wird das Ergebnis eher einem Kreis oder einer Ellipse gleichen.

**Abbildung 4.91:** Einstellung des Eckradius für Rechtecke

Mit dem Eckradius legen Sie einen Radius für alle vier Ecken eines Rechtecks fest. Die Einstellungen werden ausschließlich in Punkt gemacht. In der Abbildung unten sehen Sie, wie Flash einen Eckradius anlegt. X ist dabei die Größe des Eckradius, den Sie eingeben.

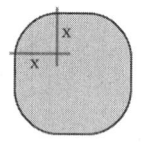

**Abbildung 4.92:** Beispiel für ein Quadrat mit »runden Ecken«

Große Eckradien werden immer dem gezeichneten Rechteck angepasst, wenn dieses in eine Richtung zu klein ist. Für das Rechteck in der Abbildung unten wurde der Eckradius zum Beispiel dem angepasst, der auf den kurzen linken und rechten Linien des Rechtecks maximal einzeichenbar war. Die Linien erscheinen so überhaupt nicht mehr als Linien, sondern als Halbkreise.

**Abbildung 4.93:** Automatisch reduzierte Eckradien

> Wollen Sie das Rechteck-Werkzeug nicht mit dem Mauszeiger auswählen, können Sie dies auch mit der [R]-Taste tun.

# Freihand-Werkzeug

Das *Freihand-Werkzeug* erlaubt es Ihnen, frei gezeichnete Linien zu erstellen, deren Linientyp Sie wie auch beim Ellipse-, Rechteck-, Tinte- und Linien-Werkzeug festlegen und verändern können. Wenn Sie dieses Werkzeug mit dem Pinsel-Werkzeug vergleichen, mit dem Sie ebenfalls frei gezeichnete Linien erzeugen können, liegt der Vorteil der Freihand-Linie in dem geringeren Speicheraufwand. Eine Freihand-Linie kann aus nur zwei Vektorpunkten bestehen, dieselbe Linie, mit einem Pinsel-Werkzeug erstellt, braucht auf jeden Fall mehr Vektorpunkte. Außerdem können Sie Linienstärke und -typ einer Freihand-Linie genauer definieren als bei einer Pinsel-Linie. Sie sollten aber darauf achten, nicht zu viele verschiedene Linientypen in einem Dokument zu verwenden, da das den Vorteil der Linien sehr schnell zunichte machen kann. Jeder Linientyp und jede Linienstärke wird in einem Flash-Dokument getrennt festgehalten, sodass sich bei vielen verschiedenen, komplexen Linientypen der Umschreibungs- und damit Speicheraufwand erhöht.

In den Farb-Optionen des Freihand-Werkzeugs auf der Werkzeuge-Palette können Sie wie auch beim Rechteck-, Ellipse-, Linien- und Tinte-Werkzeug die Linienfarbe, -stärke und den -typ festlegen.

**Abbildung 4.94:** Optionen des Freihand-Werkzeugs

Interessant wird das Freihand-Werkzeug durch die Optionen *Begradigen, Glätten* und die *Formerkennung*. Die ersten beiden lassen sich neben der Tinte-Option in den Optionen des Freihand-Werkzeugs einstellen.

Sie zeichnen eine Freihand-Linie, indem Sie die linke Maustaste gedrückt halten und den Mauszeiger bewegen. Der Mausspur folgend wird eine Vorschau der Linie gezeigt. Sobald Sie die Maustaste loslassen, wird je nach den eingestellten Optionen die endgültige Linie berechnet.

**Abbildung 4.95:** Freihand-Optionen

Klicken Sie auf die oberste Schaltfläche der Freihand-Optionen, öffnet sich das Menü der Abbildung oben. Eine der drei Optionen *Begradigen, Glätten* und *Tinte* ist immer aktiviert. Sie legen fest, auf welche Art Flash die von Ihnen gezeichneten Linien interpretiert und umwandelt. Die gewählte Option wird in der Schaltfläche dargestellt, ist in dem Menü als gedrückter Schalter und mit einem kleinen Häkchen auf der linken Seite markiert.

Haben Sie *Begradigen* ausgewählt, wird die Linie so berechnet, dass sie möglichst viele Geraden und Ecken enthält. Die Anzahl der Vektorpunkte solcher Linien ist relativ hoch, da mit vielen Geraden auch gleichzeitig viele Ecken erzeugt werden.

**Abbildung 4.96:** Begradigen

*Glätten* hingegen sorgt dafür, dass die von Ihnen gezeichneten Linien möglichst glatt und rund aussehen. Die Anzahl der Vektorpunkte ist bei solchen Linien meist geringer, da für Kurven weniger Vektorpunkte benötigt werden.

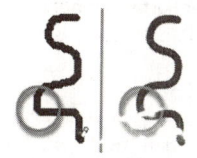

**Abbildung 4.97:** Glätten

Haben Sie die *Tinte*-Option aktiviert, wird die Linie so gezeichnet, wie Sie sie mit dem Mauszeiger vorgezeichnet haben. Eine geringe Glättung werden Sie gegenüber der Vorschau aber dennoch erkennen können. Solche Linien sind meist aufwändiger und bestehen aus mehr Vektorpunkten als geglättete Linien, da sie alle kleinen Unebenheiten einer Mausbewegung mit Vektorpunkten belegen. Mit einem Grafiktablett werden solche Linien etwas weniger aufwändig, da Linien damit schwungvoller und akkurater eingezeichnet werden können.

**Abbildung 4.98**: Tinte

# Form erkennen

Die *Formerkennung* ist eine Flash-eigene Option, die Sie nicht über die Optionen des Freihand-Werkzeugs kontrollieren können. Die Formerkennung sorgt dafür, dass eine mit dem Stift gezeichnete Linie mit einer geometrischen Form verglichen und, falls es passt, ihr angeglichen wird.

**Abbildung 4.99**: Bei normaler Formerkennung links die Zeichnung und rechts das Ergebnis

Wie fein die Formerkennung reagiert, können Sie im Menü *Bearbeiten / Einstellungen / Bearbeitung* festlegen. Wunder darf man jedoch von dieser Funktion nicht verlangen. Am besten funktioniert sie mit Ellipsen und Rechtecken, die lassen sich aber leichter über das Ellipsen- und Rechteck-Werkzeug erstellen.

Versuchen Sie die Funktion einfach mit anderen geometrischen Formen. Abhängig davon, wie genau Ihr Eingabewerkzeug (Maus, Zeichentablett, schnurlose Maus) funktioniert, wird die Formerkennung Ihnen gute Dienste leisten können. Aber gerade schnurlose Mäuse haben sich als ein wenig zu ungenau herausgestellt, um brauchbare Ergebnisse mit ihnen erzielen zu können.

> Sie können das Freihand-Werkzeug auch durch die [Y]-Taste aktivieren.

# Pinsel

Als reines Zeichenwerkzeug werden gezeichnete Elemente des *Pinsel-Werkzeugs* von Vektoren eingefasst, erhalten aber nicht automatisch eine Umrandungslinie. Die Ränder der mit dem Pinsel-Werkzeug erzeugten Elemente lassen sich durch das Pfeil-Werkzeug modifizieren.

Um mit dem Pinsel-Werkzeug Farbe auf der Bühne aufzubringen, halten Sie die linke Maustaste gedrückt und bewegen den Mauszeiger Ihren Wünschen entsprechend. Solange Sie die Maustaste gedrückt halten, wird Ihnen eine Vorschau angezeigt. Sobald Sie die Taste loslassen, wird das gezeichnete Element berechnet. Sie erkennen die Berechnung daran, dass die Kanten des gezeichneten Elements weichgezeichnet erscheinen. Im Vorschaumodus werden die Kanten leicht stufig angezeigt.

Außerdem werden Farbverläufe erst einberechnet, wenn das Element berechnet ist. Dies geschieht, weil Farbverläufe immer mittig in ein Element eingerechnet werden. Solange Sie noch zeichnen, lässt sich eine solche Mitte nicht festlegen.

> Wollen Sie einfache Linien zeichnen, sollten Sie eher das Freihand-Werkzeug dazu verwenden, da der Speicheraufwand für Linien, die mit dem Pinsel-Werkzeug erzeugt wurden, größer ist als der von Freihand-Linien. Für eine Feihand-Linie braucht Flash, selbst wenn sie gekrümmt ist, meist nur zwei Vektorpunkte. Eine Pinsel-Linie muss mit ihrem kompletten Umriss in Vektorpunkten beschrieben werden. Das können je nach Größe und Form der Linie sehr viele sein, es sind aber auf jeden Fall mehr als bei einer Freihand-Linie.

In den Optionen für das Pinsel-Werkzeug finden Sie zuoberst die Option für den *Malmodus*. Diese Modi werden im Folgenden erklärt, dabei werden aber die Möglichkeiten von verschiedenen Ebenen ausgeklammert und erst im Kapitel *Ebenen* erklärt.

**Abbildung 4.100:** Die Optionen des Pinsel-Werkzeugs

Da Gruppen und Symbole Ausnahmen bei der Bearbeitung mit dem Pinsel-Werkzeug darstellen, sie immer im Vordergrund stehen und nicht ohne weiteres mit dem Pinsel-Werkzeug übermalt oder bearbeitet werden können, wird auch dies an einer anderen Stelle behandelt. Siehe dazu *Zeichnen und Malen*.

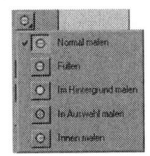

**Abbildung 4.101:** Die verschiedenen Möglichkeiten mit dem Pinsel-Werkzeug zu malen

## Normal malen

Im Modus *Normal malen* übermalen Sie ganz einfach alles, was sich bereits auf der Bühne oder dem Arbeitsbereich befindet.

**Abbildung 4.102:** Normal malen

# Füllen

Haben Sie die Option *Füllen* für das Pinsel-Werkzeug aktiviert, übermalen Sie mit dem Pinsel nur alle Füllfarben. Linien bleiben erhalten und werden nach der Berechnung wieder in den Vordergrund gestellt.

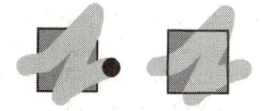

**Abbildung 4.103:** Links die Vorschau und rechts die Berechnung des Pinselstrichs

# Im Hintergrund malen

Wollen Sie die bereits existierenden Zeichnungselemente nicht übermalen, sondern eher etwas um sie herum malen, aktivieren Sie die Option *Im Hintergrund malen*. In der Vorschau wird Ihnen der gesamte Pinselstrich über den bereits existierenden Elementen angezeigt. Sobald Sie jedoch die Maustaste loslassen, werden die zuvor vorhandenen Elemente wieder in den Vordergrund geholt und der neu gezeichnete Pinselstrich in den Hintergrund gelegt.

**Abbildung 4.104:** Links der Pinselstrich und rechts das Ergebnis

# In Auswahl malen

Um für die Option *In Auswahl malen* ein sichtbares Ergebnis zu erhalten, müssen Sie zunächst mit dem Pfeil- oder Lasso-Werkzeug eine Auswahl erstellen. Wenn Sie nun bei aktivierter Auswahl zu zeichnen beginnen, wird Ihnen in der Vorschau wieder der gesamte Pinselstrich angezeigt. Lassen Sie die Maustaste los, wird das Ergebnis berechnet und nur das in die Zeichnungselemente übernommen, was innerhalb der Auswahl liegt. Alles andere wird einfach ignoriert. Deshalb werden Sie auch kein sichtbares Ergebnis erhalten, wenn Sie nicht vor dem Zeichnen eine Auswahl erstellt haben. Linien werden allerdings, selbst wenn sie Teil der Auswahl waren, bei der Berechnung wieder in den Vordergrund geholt und nicht übermalt.

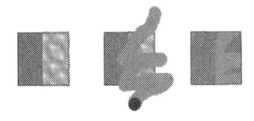

**Abbildung 4.105:** Links die Ausgangs-Auswahl, in der Mitte der Pinselstrich und rechts das Ergebnis

## Innen malen

Das *Innen malen* funktioniert ähnlich wie das Malen in einer Auswahl, hat aber seine eigenen Gesetzmäßigkeiten. Es kommt immer ganz darauf an, wo Sie zu malen beginnen, sprich die linke Maustaste drücken. In dem ersten Beispiel unten liegt der Startpunkt des Pinselstrichs innerhalb des Quadrats. In der Vorschau wird erneut der gesamte Pinselstrich angezeigt. Lassen Sie die Maustaste los, berechnet Flash das Ergebnis. Da der Startpunkt innerhalb des Quadrats lag, wird nur innerhalb des Quadrats gemalt, alles außerhalb wird einfach ignoriert. Linien werden in diesem Modus nicht übermalt und bei der Berechnung wieder in den Vordergrund geholt. Es ist auch nicht möglich, innerhalb von Linien mit dem Pinsel zu malen, solange die Linien Linien und keine Füllungen sind.

**Abbildung 4.106:** Hier liegt der Startpunkt des Pinselstrichs innerhalb des Quadrats

Im zweiten Beispiel liegt der Startpunkt außerhalb des Quadrats auf einer Fläche, die bisher keinerlei Füllfarbe enthält. In diesem Fall wird der Bereich außerhalb des Quadrats als Innen betrachtet. Das berechnete Ergebnis entspricht dem der Option *Im Hintergrund malen*. Das Quadrat bleibt genauso wie die Außenlinien des Quadrats unberührt.

**Abbildung 4.107:** Der Startpunkt des Pinselstrichs liegt hier außerhalb des Quadrats

# Werkzeugspitzen

Die oberen Werkzeugspitzen des Pinsel-Werkzeugs sind ganz einfach verschieden dicke, runde Pinselspitzen.

**Abbildung 4.108:** Pinselgrößen

Die unteren Werkzeugspitzen des Pinsel-Werkzeugs enthalten verschiedene, alternative Pinselformen. Zum größten Teil eignen sich diese Pinselspitzen dazu, kalligrafische Effekte zu erzeugen. Da es sich mit der Maus allerdings nur schwierig schreiben lässt, sollten Sie sich für solcherlei Effekte vielleicht ein Grafiktablett zulegen. Damit können Sie dann sicher die verschiedenen Pinselformen besser nutzen.

**Abbildung 4.109:** Pinselformen

Das Pinsel-Werkzeug wird nicht von der Option *Am Gitternetz ausrichten* beeinflusst.

## Druckempfindlicher Zeichenstift

Verfügen Sie über einen elektronischen Zeichenstift, wird den Optionen für das Pinsel-Werkzeug eine weitere Schaltfläche hinzugefügt. Ist diese Schaltfläche aktiviert, reagiert das Pinsel-Werkzeug druckempfindlich. Je heftiger Sie also mit dem Stift aufdrücken, umso dicker wird die gezeichnete Linie. Je weniger Sie aufdrücken, umso dünner wird die Linie.

Die maximale Linienstärke und die Pinselform werden dabei durch Ihre Einstellung festgelegt.

**Abbildung 4.110:** Ein Pinselstrich unterschiedlicher Linienstärke

> Mit der B-Taste aktivieren Sie das Pinsel-Werkzeug, wenn Sie sich nicht die Mühe mit dem Mauszeiger machen wollen. Halten Sie die ⇧-Taste während des Malens gedrückt, werden entstehende Pinsel-Linien so lange horizontal oder vertikal ausgerichtet, wie Sie die ⇧-Taste gedrückt halten. Lassen Sie sie wieder los, können Sie normal weitermalen.

# Tintenfass

Wollen Sie einer Fläche nachträglich Begrenzungslinien hinzufügen oder existierende Linien verändern, steht Ihnen mit dem *Tintenfass-Werkzeug* das richtige zur Verfügung.

Fahren Sie mit dem Tintenfass-Mauszeiger über eine farbige Fläche und klicken Sie einmal mit der linken Maustaste darauf, um der Fläche eine Begrenzungslinie hinzuzufügen oder eine existente zu verändern. Bei bereits bestehenden Begrenzungslinien funktioniert es auch, wenn Sie mit dem Mauszeiger auf die Linie klicken, um sie dem gewünschten Format anzupassen.

**Abbildung 4.111:** Dem Quadrat wurde mit dem Tintenfass-Werkzeug nachträglich eine Begrenzungslinie hinzugefügt

> Der auslösende Punkt (die Spitze) dieses Mauszeigers liegt am unteren Ende der auslaufenden Tinte.

**Abbildung 4.112:** Hier befindet sich die Spitze des Mauszeigers

In der Linien-Palette können Sie sowohl Linienfarbe und -stärke als auch die Art der Linie festlegen. Die Einstellungen entsprechen denen des Linien-Werkzeugs. Die Linien reagieren wie jede andere Linie, die Sie mit Werkzeugen außer dem Pinsel erstellen.

**Abbildung 4.113:** Die Optionen zum Tintenfass-Werkzeug

> Dieses Werkzeug funktioniert nicht auf einer Auswahl und auch nicht über komplett (100 %) transparenten Stellen, die von einer Begrenzungslinie umgeben sind. Der Mausklick wird in beiden Fällen einfach ignoriert.

> Sie gelangen auch zum Tintenfass-Werkzeug mit der [I]-Taste.

# Farbeimer

Mit dem *Farbeimer* lassen sich Flächen aufs Einfachste komplett einfärben. Dabei können die Füllfarben sowohl einfache Farben, Bitmaps als auch Farbverläufe sein.

**Abbildung 4.114:** Die Optionen des Farbeimer-Werkzeugs

In dem Farbfeld der Werkzeugoptionen legen Sie fest, mit welcher Farbe oder welchem Farbverlauf Sie eine Fläche füllen wollen.

Sie können mit dem Farbeimer bereits bestehende, farbige Flächen neu einfärben, Auswahlen einfärben oder auch transparente Bereiche zwischen Linien mit Farbe füllen.

## Lücken schließen

Mit der Option *Lücken schließen* bietet sich Ihnen die Möglichkeit, auch solche Flächen mit dem Farbeimer einzufärben, die nicht 100 %ig von anderen Elementen eingeschlossen werden oder deren Umrandungslinie Lücken aufweist. Dabei können Sie aus den Möglichkeiten *Lücken nicht schließen*, *Kleine Lücken schließen*, *Mittlere Lücken schließen* und *Große Lücken schließen* wählen.

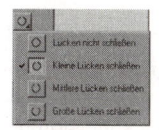

**Abbildung 4.115**: Lücken-Optionen

Haben Sie *Lücken nicht schließen* gewählt, können Sie nur komplett umschlossene Flächen mit dem Farbeimer füllen. Die Bezeichnungen »Kleine«, »Mittlere« und »Große Lücken« sind ein wenig vage. Allzu groß dürfen Lücken auch bei *Große Lücken schließen* nicht werden.

Im Beispiel unten wurde die Lücke erst ab der Einstellung *Mittlere Lücken schließen* geschlossen. Mit der Option *Kleine Lücken schließen* geschah einfach nichts.

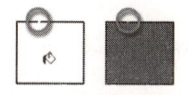

**Abbildung 4.116**: Diese Lücke wurde bei der Einstellung *Mittlere Lücken schließen* geschlossen

## Füllung sperren

Sperren Sie eine Füllung, lässt sie sich nach der Festlegung ihrer Position innerhalb eines Elements nicht mehr mittels des Farbeimer-Werkzeugs verändern, ohne dass Sie die Füllung darin transformieren. Verständlicherweise ergibt diese Option nur dann einen Sinn, wenn es sich bei der Füllfarbe um einen Farbverlauf handelt.

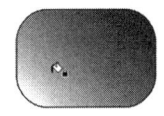

**Abbildung 4.117**: Element mit einer gesperrten Füllung

Ist in einem Element eine gesperrte Füllung vorhanden, wird die Sperrung durch ein kleines Schlosssymbol unten rechts am Farbeimer-Werkzeug gekennzeichnet. Sie können in diesem Fall zwar die Farbe des Verlaufs ändern, aber dessen Position bleibt so lange dieselbe, bis Sie entweder die Sperrung aufheben oder die Füllung transformieren. So lassen sich also gelungene Farbverlaufpositionen fixieren, wobei man die Farben noch genauer festlegen kann. Wie Sie Füllungen transformieren können, lesen Sie im Folgenden.

## Füllungen-Palette

In der *Füllungen-Palette* können Sie genauer festlegen, wie das Farbeimer-Werkzeug füllen soll oder wie Sie Füllungen umwandeln möchten. Näheres zu dieser Palette allerdings erst im Kapitel *Paletten*.

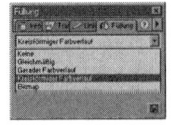

**Abbildung 4.118**: Die Füllungen-Palette

# Füllung transformieren

Wie schon bei der Sperrung der Füllung macht auch das *Transformieren* nur Sinn bei Verläufen oder Bitmap-Füllungen. Im Gegensatz zu der Option *Füllung sperren* lässt sich die Option *Füllung transformieren* auch nur bei Verläufen oder Bitmap-Füllungen anwenden und ignoriert Flächen, in denen keine Farbverläufe vorhanden sind. Für die Transformation einer Füllung lassen sich jedoch zwei unterschiedliche Verfahrensweisen für die beiden Farbverlauftypen, den linearen und den kreisförmigen Verlauf, festhalten. In beiden Fällen ist die Möglichkeit, die Füllung zu transformieren, erst dann gegeben, wenn Sie die Option mit der Schaltfläche aktiviert haben und den Mauszeiger danach über einen Farbverlauf oder ein Bitmap bewegen. Sichtbar wird dies durch das kleine Verlaufssymbol unten rechts am Mauszeiger.

Sobald Sie mit dem Farbeimer-Werkzeug und der aktivierten Option *Füllung transformieren* mit der linken Maustaste auf einen Farbverlauf geklickt haben, wird der Verlauf mit Hilfslinien versehen, die den Farbverlauf umranden.

### Lineare Verläufe

Bei einem *linearen Verlauf* kann das so aussehen wie in der Abbildung unten. Auf den Hilfs-Begrenzungslinien des Farbverlaufs befinden sich drei Punkte, an denen man den Farbverlauf verändern kann. Am Ende der rechten Hilfslinie befindet sich der Punkt, mit dem man einen Verlauf innerhalb eines Elements drehen kann. Sichtbar wird dies, sobald Sie mit dem Mauszeiger über den Punkt fahren, durch die vier Pfeile im Kreis. Drücken Sie die linke Maustaste, halten Sie sie gedrückt und bewegen Sie den Mauszeiger. Während Sie die Maustaste gedrückt halten, wird Ihnen eine Vorschau der neuen Position der Begrenzung des Verlaufs gezeigt. In der Abbildung unten sind die etwas dickeren Linien die ursprünglichen, mit den Transformationspunkten darauf. Die Vorschau wird als dünne Linie dargestellt. Lassen Sie die Maustaste los, wird der neue, gedrehte Verlauf berechnet und dargestellt. Sie befinden sich aber weiterhin im Modus für die Transformation der Füllung.

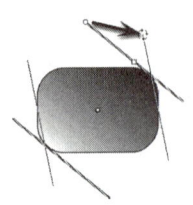

**Abbildung 4.119:** Verlauf drehen

Der quadratische Punkt in der Mitte der rechten Begrenzungslinie des Farbverlaufs kann dazu verwendet werden, die Ausdehnung des Farbverlaufs zu verändern. Fahren Sie mit dem Mauszeiger über diesen Punkt, verwandelt er sich in einen Doppelpfeil. Drücken Sie die Maustaste, halten Sie sie gedrückt und bewegen Sie den Mauszeiger in gewünschte Richtung, um den Farbverlauf entweder schmaler oder breiter zu ziehen. Beides geschieht um den Mittelpunkt des Verlaufs herum, der in der Mitte zwischen den beiden Begrenzungslinien angezeigt wird. Auch hier wird zunächst wieder eine Vorschau angezeigt, solange Sie die Maustaste gedrückt halten. Lassen Sie sie los, wird das Ergebnis berechnet.

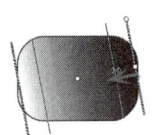

**Abbildung 4.120:** Verlauf in seiner Ausdehnung verändern

Über dem Mittelpunkt des Verlaufs, zwischen den beiden Begrenzungslinien, verwandelt sich der Mauszeiger in einen Vierfach-Pfeil, der verdeutlichen soll, dass man an diesem Punkt den Verlauf selbst innerhalb des Elements verschieben kann. Schieben Sie den Mittelpunkt ganz aus dem Element heraus, kann es gut sein, dass Sie nichts mehr von dem Farbverlauf sehen, die Informationen für den

Verlauf bleiben aber dennoch erhalten. Um einen Verlauf zu verschieben müssen Sie erneut die linke Maustaste über dem Mittelpunkt gedrückt halten, den Mauszeiger an die gewünschte Stelle bewegen und die Maustaste loslassen, sobald Sie den gewünschten Punkt erreicht haben. Beim Loslassen wird das Ergebnis berechnet.

Sie können den Transformationsmodus verlassen, indem Sie auf eine freie Stelle klicken.

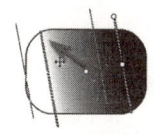

**Abbildung 4.121:** Verlaufsposition verschieben

### Kreisförmige Verläufe

Genau wie die linearen Verläufe lassen sich auch die *kreisförmigen Verläufe* in ihrer Position und Beschaffenheit verändern. Dazu müssen Sie, wie bereits oben erklärt, an einem Punkt des Verlaufs die Maustaste gedrückt halten und den Mauszeiger in die gewünschte Richtung bewegen.

Im Gegensatz zu dem linearen Farbverlauf lässt sich der kreisförmige in vier anstatt drei verschiedenen Varianten transformieren.

Drehen und Verschieben des Verlaufs funktionieren beim kreisförmigen Verlauf genauso wie bei dem linearen. Der Punkt zum Verschieben des kreisförmigen Verlaufs ist ebenfalls der Mittelpunkt.

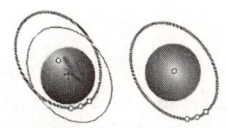

**Abbildung 4.122:** Verlaufsposition verschieben

Zum Drehen eines kreisförmigen Verlaufs verwenden Sie den runden Punkt auf der Begrenzungslinie des Farbverlaufs, der am weitesten von dem quadratischen entfernt liegt. Das Drehen eines kreisförmigen Verlaufs macht meist erst dann Sinn, wenn der Verlauf bereits zuvor in seiner Breite verändert wurde, da beim Drehen um den Mittelpunkt herum gedreht wird. Drehen Sie einen Kreis um seinen Mittelpunkt, werden Sie keine Veränderung feststellen. Eine Ellipse, die um ihren Mittelpunkt gedreht wird, kann in ihren verschiedenen Drehungen unterschieden werden.

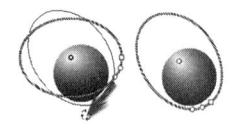

**Abbildung 4.123:** Verlauf drehen

Der runde Punkt in der Mitte auf der Begrenzungslinie dient zum Ausdehnen und Schrumpfen des Verlaufsdurchmessers. Sobald Sie mit dem Mauszeiger über den Punkt fahren, verwandelt der Zeiger sich in einen Kreis mit einem Pfeil nach unten rechts darin. Der Durchmesser wird um den Mittelpunkt des Farbverlaufs herum verändert.

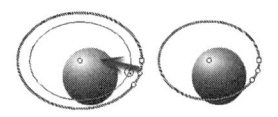

**Abbildung 4.124:** Verlaufsdurchmesser verändern

Mit dem quadratischen Punkt auf der Begrenzungslinie können Sie die Breite des Farbverlaufs verändern. Es gibt keinen Punkt für die Höhe, Sie können aber den Gesamtdurchmesser und damit neben der Breite auch die Höhe des Verlaufs ändern. Mit der Veränderung der Breite eines solchen Verlaufs machen Sie daraus einen ellipsenförmigen Farbverlauf.

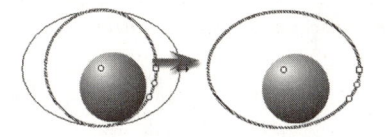

**Abbildung 4.125:** Verlaufsbreite verändern

## Ausgerichtete Verläufe erzeugen

Mit dem Farbeimer-Werkzeug lassen sich einer Füllung auch Farbverläufe zuweisen, die von Beginn an so ausgerichtet sind, wie Sie das wünschen. Dazu wählen Sie zunächst einen Farbverlauf aus.

Radiale Verläufe lassen sich mit Ihrem Mittelpunkt platzieren. Klicken Sie einfach an die Stelle des Objekts, an der Sie den Mittelpunkt des Verlaufs haben wollen. Der Mittelpunkt des Verlaufs liegt dann genau an der Stelle, an der sich der Mauszeiger befunden hat, als Sie die Maustaste gedrückt haben.

Lineare Verläufe lassen sich in ihrer Richtung festlegen. Dazu drücken Sie die Maustaste, halten sie gedrückt und bewegen den Mauszeiger. Es wird eine Linie erzeugt, deren Richtung der Verlauf folgt, sobald Sie die Maustaste loslassen.

> Wollen Sie das Farbeimer-Werkzeug anwählen, aber nicht die Maus dazu verwenden, erreichen Sie es auch über die [K]-Taste.

# Pipette

Mit der *Pipette* können Sie Farben aufnehmen, die bereits auf der Bühne oder dem Arbeitsbereich vorzufinden sind. Dabei lassen sich drei verschiedene Farbtypen unterscheiden: *Füllfarben*, *Textfarben* und *Linienfarben*. Um eine Farbe aufzunehmen bewegen Sie den

Mauszeiger mit der Pipette über den entsprechenden Farbbereich. Bewegen Sie die Pipette über einen Text, bekommt der Pipetten-Mauszeiger ein kleines A in der rechten unteren Ecke. Bei einer Füllung bekommt der Pipetten-Mauszeiger an derselben Stelle einen kleinen Pinsel und bei einer Linie einen Stift.

> **HINWEIS**
>
> Sie können keine Farben aus Gruppen oder Symbolen aufnehmen, wenn Sie sich nicht gerade im entsprechenden Bearbeitungsmodus befinden.

Sobald Sie die linke Maustaste über einer Farbe drücken, wird die entsprechende Farbe aufgenommen und Sie wechseln in das für die Farbe typische Bearbeitungswerkzeug. Bei *Textfarbe* springen Sie ins Text-Werkzeug, *Linienfarbe* transportiert Sie zum Tinte-Werkzeug und *Füllfarbe* lässt Sie ins Farbeimer-Werkzeug springen.

Beim Farbeimer-Werkzeug wird aber gleichzeitig die Option *Füllung sperren* aktiviert, damit Sie nicht aus Versehen mit einem zweiten Klick die Position eines Farbverlaufs ändern. Sie können mit dem Pipette-Werkzeug auch Farbverläufe für Füllfarben aufnehmen.

Verwenden Sie die Pipette über einem Bitmap-Bild, wird, solange Sie dieses Bild noch nicht über [Strg] + [B] geteilt haben, die entsprechende Farbe an der Werkzeugspitze aufgenommen und als Füllfarbe gesetzt. Interessante Effekte lassen sich erzielen, wenn Sie ein Bitmap teilen und es danach mit der Pipette aufnehmen. Anstelle der Farbe an der Werkzeugspitze wird in solchen Fällen nämlich das gesamte Bitmap-Bild als »Füllfarbe« gesetzt.

Sie können allerdings auch in der Füllungen-Palette ein Bitmap-Bild festlegen, das als Füllfarbe eines Objekts gesetzt wird.

**Abbildung 4.126:** Der einzelne Kreis in der Mitte diente als Vorlage

## Färben mit der Pipette

Sie können mit der Pipette auch Elemente einfärben. Dazu gehen Sie wie folgt vor. Aktivieren Sie zunächst einmal das Element, das gefärbt werden soll. Danach wählen Sie das Pipetten-Werkzeug und nehmen mit dem Werkzeug die neue Farbe auf, die das ausgewählte Element erhalten soll. Die aufgenommene Farbe wird sofort auf das ausgewählte Element übertragen. Linien- und Füllfarbe werden aber dennoch getrennt zugewiesen.

> Mit der [I]-Taste wechseln Sie zum Pipette-Werkzeug, ohne die Maus nutzen zu müssen.

# Radierer

Das *Radierer-Werkzeug* ist in seiner Funktion dem Pinsel-Werkzeug sehr ähnlich, nur dass es keine Farbe aufbringt, sondern sie löscht. Um zu radieren drücken Sie die linke Maustaste, halten sie gedrückt und bewegen den Mauszeiger über den gewünschten Bereich. Gruppierungen und Symbole können nur im entsprechenden Bearbeitungsmodus vom Radierer-Werkzeug bearbeitet werden, ansonsten ignoriert Flash das Radieren über Gruppen, Symbolen und Text.

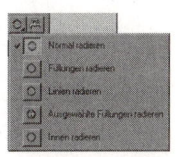

**Abbildung 4.127:** Die verschiedenen Radier-Optionen

## Normal radieren

Mit der Option *Normal radieren* radieren Sie alle gezeichneten Elemente und Linien, die nicht zu Gruppen und Symbolen gehören. Die Vorschau entspricht also auch gleich dem Ergebnis.

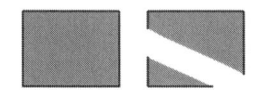

**Abbildung 4.128:** Links vorher, rechts nachher

## Füllungen radieren

Mit *Füllungen radieren* werden nur Füllfarben radiert und Linien belassen, wie sie sind.

**Abbildung 4.129:** Links vorher, rechts nachher

## Linien radieren

Mit *Linien radieren* werden nur Linien radiert und Füllungen belassen, wie sie sind.

**Abbildung 4.130:** Links: das Ausgangsbild, Mitte: Radiervorschau, rechts: das Ergebnis

## Ausgewählte Füllungen radieren

Für die Option *Ausgewählte Füllungen radieren* müssen Sie bereits eine Auswahl erstellt haben, in der Sie radieren können. Alles um die Auswahl herum bleibt genau wie Linien vom Radiervorgang unberührt.

**Abbildung 4.131:** Links: die Auswahl, Mitte: Radiervorschau, rechts: das Ergebnis

## Innen radieren

Genau wie beim *Innen malen* kommt es beim *Innen radieren* darauf an, wo Sie den Vorgang beginnen. Der Punkt, an dem Sie die linke Maustaste drücken und mit dem Radieren beginnen, wird als *Innen* definiert, alles andere als *Außen* und bleibt, genau wie Linien auch, vom Radiervorgang ausgeschlossen.

Im ersten Beispiel unten bleibt das Radieren ergebnislos, weil der Startpunkt außerhalb des Rechtecks liegt. Im zweiten liegt der Startpunkt innerhalb des Rechtecks und deshalb wird hier die Füllung radiert. Die Linie bleibt jedoch erhalten.

**Abbildung 4.132:** Links: der Vorgang, rechts: das »Ergebnis«

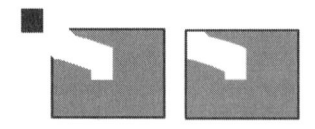

**Abbildung 4.133:** Links: der Vorgang, rechts: das Ergebnis

## Wasserhahn

Die Option *Wasserhahn* ist das Gegenteil des Farbeimer-Werkzeugs. Es lassen sich damit zusammenhängende Flächen einer Farbe oder Füllung, aber auch Linien löschen. Texte, Gruppen und Symbole bleiben von diesem Werkzeug unberührt. Die Spitze dieses Werkzeugs liegt im Wassertropfen. Bewegen Sie den Mauszeiger an die zu löschende Stelle und drücken Sie die linke Maustaste. Ist als Füllfarbe ein Farbverlauf festgelegt worden, kann auch dieser komplette Farbverlauf mit dem Wasserhahn gelöscht werden.

**Abbildung 4.134:** Links ein Rechteck mit einem Farbverlauf als Füllfarbe, rechts das Ergebnis

## Formen und Größen

Für das Radierer-Werkzeug stehen insgesamt zehn verschiedene Spitzen und Formen zur Verfügung.

> Mit der E-Taste wechseln Sie zum Radierer-Werkzeug ohne die Maus zu benutzen. Halten Sie die ⇧-Taste gedrückt, radieren Sie, solange Sie sie gedrückt halten, nur horizontal oder vertikal in einer Linie. Ausschlaggebend ist dabei die Richtung, in die Sie den Mauszeiger zu Beginn bewegen.

**Abbildung 4.135:** Radierer-Formen und -Größen

# Verschieben (Hand-Werkzeug)

Mit dem *Hand-Werkzeug* verschieben Sie die Bühne im Ansichtsbereich. Diese Möglichkeit ist vor allem dann zu gebrauchen, wenn Sie in einem hohen Vergrößerungsmodus arbeiten und nicht alle Inhalte Ihres Films im Ansichtsfenster von Flash dargestellt werden können. Es kann sich aber auch als praktisch herausstellen, wenn Sie Elemente auf dem Arbeitsbereich ablegen, diesen aber nicht auch noch komplett anzeigen lassen wollen.

Um die Ansicht innerhalb des Ansichtsfensters zu verschieben, klicken Sie mit dem Hand-Mauszeiger in das Ansichtsfenster, halten die Maustaste gedrückt und bewegen die Maustaste in die Richtung, in die Sie die Ansicht verschieben wollen. Die Verschiebung wird in Echtzeit angezeigt, es werden also keine Vorschauen der Verschiebung erzeugt. Auf den Inhalt der Bühne und des Arbeitsbereichs hat diese Verschiebung keinen Effekt.

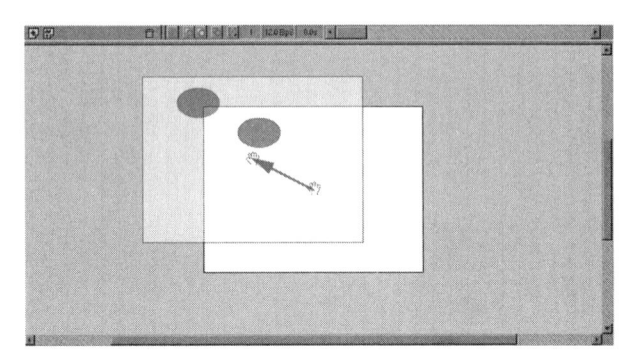

**Abbildung 4.136:** Die Bühne wird im Ansichtsfenster verschoben

Ist der Arbeitsbereich deaktiviert, funktioniert das Hand-Werkzeug nur, wenn die Bühne über den Bereich des Ansichtsfensters hinaus vergrößert wurde. Ragt die Bühne nur in einer Richtung über den Rand des Ansichtsfensters hinaus, lässt sich das Hand-Werkzeug auch nur zum Verschieben in die Richtung verwenden, in der die Bühne über das Ansichtsfenster hinausragt.

> Wollen Sie das Werkzeug nicht mit dem Mauszeiger aktivieren, können Sie auch die [H]-Taste verwenden, um es zu aktivieren.

# Vergrößerung (Lupen-Werkzeug)

Mit dem *Lupen-Werkzeug* können Sie die Größe der Ansicht von Bühne, Arbeitsbereich und den darauf befindlichen Elementen steuern. Haben Sie das Werkzeug ausgewählt, verwandelt sich der Mauszeiger bei der ersten Verwendung in ein Vergrößerungsglas.

Das Plus im runden Teil der Lupe zeigt Ihnen, dass Sie mit jedem Mausklick die Ansicht vergrößern. Genauer gesagt, verdoppeln Sie die Größe der Ansicht. Klicken Sie mit aktiviertem Lupen-Werkzeug auf die Bühne oder Arbeitsfläche, verdoppeln Sie die Prozentgröße, in der Ihnen die Inhalte Ihres Films angezeigt werden. Beträgt die Ansichtsgröße zum Beispiel vor dem Klick 100 %, werden Ihnen die Inhalte danach in 200 % angezeigt. Die Vergrößerung wird dabei um den Mausklick herum zentriert.

Die Ansichtsgröße können Sie am linken unteren Rand in der Statusleiste verfolgen.

**Abbildung 4.137:** Die maximale Ansichtsgröße beträgt 2000 %, minimal werden 8 % dargestellt.

In den Optionen des Lupen-Werkzeugs findet sich neben der Schaltfläche für die Vergrößerung die für die Verkleinerung. Beide Schaltflächen heben sich gegenseitig auf und es ist immer eine von beiden aktiv.

**Abbildung 4.138:** Optionen des Lupen-Werkzeugs

Haben Sie die Schaltfläche für die Verkleinerung aktiviert, wird anstatt einer Verdoppelung bei einem Mausklick eine Halbierung der Ansichtsgröße ausgelöst (100 % werden zum Beispiel zu 50 %).

Sie können den gegenteiligen Effekt eines Lupen-Werkzeugs auch dadurch erreichen, dass Sie die [Alt]-Taste gedrückt halten. Nachdem Sie die [Alt]-Taste wieder losgelassen haben, befinden Sie sich wieder in dem Werkzeug, das Sie in den Optionen ausgewählt haben. Die Einstellungen in den Optionen des Lupen-Werkzeugs bleiben so lange erhalten, bis Sie sie durch das Aktivieren der entsprechenden Schaltfläche wieder verändern. Das gilt auch, wenn Sie zwischendurch andere Werkzeuge wählen und damit arbeiten. Schließen Sie Flash jedoch und starten es neu, ist wieder die Schaltfläche für die Vergrößerung aktiviert.

Neben der Vergrößerung durch einzelne Mausklicks in Verdopplungsstufen können Sie auch bestimmte Bereiche vergrößern. Dazu ziehen Sie ganz einfach mit dem Lupen-Werkzeug einen Rahmen um den zu vergrößernden Bereich (Maustaste drücken, gedrückt halten und den Mauszeiger bewegen). Sobald Sie die Maustaste loslassen, wird Ihnen der gewählte Bereich in maximaler Größe angezeigt. Dazu ein kleines Beispiel.

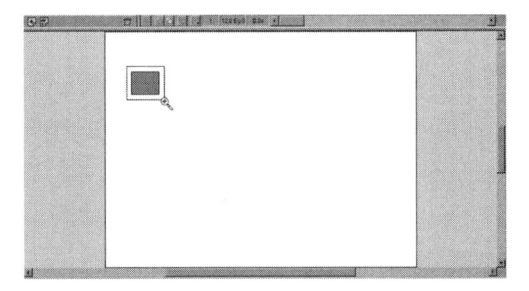

**Abbildung 4.139:** Die Auswahl des zu vergrößernden Bereichs

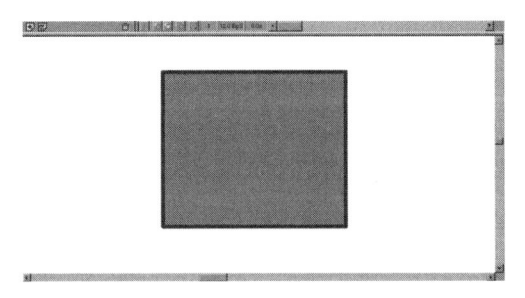

**Abbildung 4.140:** Nach der Vergrößerung

Die gesamte Darstellungsfläche wird verwendet, um den ausgewählten Vergrößerungsbereich möglichst groß darzustellen. Die Vergrößerung auf diesem Weg ist ein wenig flexibler als die Verdopplung mit einem Mausklick. Verkleinern können Sie auf diesem Weg nicht.

Eine weitere Möglichkeit, die Ansichtsgröße so genau wie möglich festzulegen, besteht darin, die gewünschte Ansichtsgröße einfach in die Ansichtsgrößenanzeige einzutragen. Klicken Sie auf die Anzeige, tippen 101 ein und bestätigen diese Eingabe durch die ⏎-Taste, wird Ihnen der Inhalt Ihres Films in genau 101 % angezeigt.

Im Menü *Ansicht* lassen sich festgelegte Ansichtsgrößen wählen. Die Funktionsweise dieser Menübefehle wird im Kapitel *Menüs* näher erklärt.

> Sie können mit der [M]-Taste auf das Lupen-Werkzeug umschalten.

# Farben

In Flash lässt sich alles farbig gestalten. Aktivieren Sie die Farbfelder im Bereich *Farben* der Werkzeuge-Palette, bekommen Sie für Linien folgende Farbpalette:

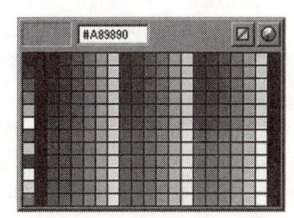

**Abbildung 4.141:** Farbauswahl für Linien

Die Standard-Palette bietet Ihnen die 216 Web-sicheren Farben an und erscheint für die Farben von Linien und Texten. Was Web-sichere Farben sind, wird weiter unten unter *Web 216* genauer erklärt. Die Farbfelder für Füllfarben verfügen auf der Farbpalette noch über den Zusatz der Farbverläufe.

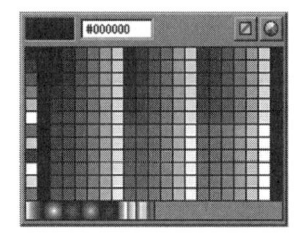

**Abbildung 4.142**: Die Zusätze *Transparent* und *Farbverlauf*

Wählen Sie das Feld oben links in der Ecke neben dem Farbkreis aus, wird der entsprechende Bereich transparent gezeichnet. Am unteren Rand finden sich die bisher festgelegten Farbverläufe. Farbverläufe können nur für Füllfarben von Ellipsen, Rechtecken, Pinselstrichen oder Farbeimerfüllungen gewählt werden.

Transparent steht neben den Füllungen für Rechtecke und Ellipsen auch für deren Begrenzungslinien zur Verfügung. Bereiche, die transparent berechnet werden, sind später nicht auswählbar. Sie werden einfach nicht erzeugt. So lassen sich dann auch Ellipsen und Rechtecke ohne die manchmal unerwünschten Randlinien zeichnen.

Klicken Sie auf den Farbkreis oben rechts in der Farbpalette, öffnen Sie damit einen Dialog, in dem sich genauere Farbeinstellungen und Veränderungen an der Palette selbst vornehmen lassen.

**Abbildung 4.143:** Farben einstellen

## Grundfarben bearbeiten

Im Register für *Grundfarben* werden Ihnen die 48 Standardfarben angezeigt. Die gerade gewählte Farbe ist durch einen kleinen schwarzen Kreis auf der Farbpalette gekennzeichnet. Unter dem großen Farbfeld finden Sie ein Vorschau-Feld (*Farbe/Basis*), in dem die ausgewählte Farbe dargestellt wird. Hier lassen sich die Veränderungen an der Farbe besser verfolgen als in dem kleinen Feld auf der Palette. Direkt daneben finden Sie die Zahlenwerte für die Farbe. Sie sind in der ersten Spalte in *HSB* (*Farbe, Sättigung, Helligkeit*) und in der zweiten Spalte in *RGB* (*Rot, Grün, Blau*) angegeben. Zum besseren Verständnis der Farbwerte folgt an dieser Stelle ein kleiner Exkurs in die Farblehre.

## RGB

Auf Computermonitoren werden Farben grundsätzlich im *RGB-Farbmodell* dargestellt. Das Modell baut auf dem additiven Lichteffekt der drei Farben Rot, Grün und Blau auf. *Additiv* bedeutet, dass die Farbwerte aufeinander aufgerechnet werden. So wird Weiß als hellste darstellbare Farbe aus den kombinierten Maximalwerten Rot: 255, Grün: 255 und Blau: 255 zusammengesetzt. Schwarz hingegen hat in allen drei Farben den Wert 0. 0 steht demnach für eine vollkommene Abwesenheit des Lichts der entsprechenden

Farbe. Als logische Folge ergibt sich bei Lichtwerten von 0 in allen drei Farben Schwarz und bei maximalen Lichtwerten von 255 Weiß.

Der maximale Wert für jede Farbe ist 255. Auf diese Weise lassen sich in Kombination insgesamt 16.581.375 Farben darstellen.

Weitere Beispiele für die Farbmischung im RGB-Modell:

- ✔ Rotes und grünes Licht ergeben gemischt Gelb.
- ✔ Grünes und blaues Licht ergeben gemischt Cyan (ein helles Grünblau).
- ✔ Blaues und rotes Licht ergeben gemischt Violett.

## HSB

Diese drei Buchstaben stehen für *Farbe* (*Hue*), *Sättigung* (*Saturation*) und *Helligkeit* (*Brightness*). Mit dem Wert *Farbe* wählen Sie eine bestimmte Farbe aus, die mit den anderen beiden Farbwerten *Helligkeit* und *Sättigung* modifiziert wird. Dabei stehen Ihnen 240 verschiedene Farben zur Verfügung, die Sie jeweils mit Helligkeitswerten von 0 bis 240 versehen können.

Dabei entspricht eine Helligkeit von 240 bei jeder Farbe der »Farbe« Weiß und eine Helligkeit von 0 der »Farbe« Schwarz.

Die *Sättigung* stellt den Grad der Farbsättigung ein, wobei der maximale Wert von 240 einer leuchtenden Farbe entspricht und 0 einem Grau mit entsprechenden Farbanteilen.

Wollen Sie das große Farbfeld in den Farbeinstellungen zum Einstellen eines HSB-Farbtons verwenden, entsprechen horizontale Veränderungen dem Wert *Farbe* (Hue), vertikale Veränderungen dem Wert *Sättigung* und die *Helligkeit* wird dabei mit dem Regler rechts neben dem Farbfeld verändert.

**Abbildung 4.144:** Farbfeld zum Einstellen eines HSB-Farbwerts

# Web 216

Verschiedene Softwaretypen, also auch verschiedene Browser, interpretieren diese Farbangaben jedoch unterschiedlich, sodass sich im Extremfall völlig andere Farbeffekte auf verschiedenen Browsern ergeben. Für diese Fälle hat man die so genannten *Web-sicheren Farben* gefunden, bei denen man sich sicher sein kann, dass sie auch auf unterschiedlichen Systemen mit unterschiedlicher Software gleich dargestellt werden. Diese Farben basieren weiterhin auf dem RGB-Farbmodell, reduzieren die Anzahl der möglichen Farben allerdings auf 216.

Die »Browsersprache« HTML verfügt für diese verschiedenen Farbwerte über eine eigene Einheit, die *Hexadezimalwerte*. Die Hexadezimalwerte beschränken sich auf 6 verschiedene Angaben für jede dieser 3 Farben. Die Angaben sind 00, 33, 66, 99, CC und FF. Insgesamt lassen sich also 3 x 6 x 6 = 216 Farben darstellen.

Dabei ergibt sich folgende Entsprechung:

| Hexadezimalwert | RGB-Entsprechung |
| --- | --- |
| 00 | 0 |
| 33 | 51 |
| 66 | 102 |
| 99 | 153 |
| CC | 204 |
| FF | 255 |

**Tabelle 4.1:** Hexadezimalwerte und ihre Entsprechungen

Wollen Sie demnach Weiß in Hexadezimalwerten darstellen, entspricht dies Rot: FF, Grün: FF und Blau: FF. Geben Sie Ihre Farben in Hexadezimalwerten an, können Sie sich sicher sein, dass die Darstellung der Farben überall gleich ist. Die Standardfarbpalette von Flash besteht aus diesen 216 Farben.

## Zurück zu den Grundfarben

Über dem Vorschaufenster für die gewählte Farbe befindet sich ein Farbfenster, in dem Sie mit der Maus eine Farbe auswählen. Die Darstellung enthält nahezu alle darstellbaren Farben des RGB-Spektrums. Um eine Farbe auszuwählen, fahren Sie einfach mit dem Mauszeiger über das Feld und klicken an gewünschter Stelle mit der linken Maustaste. Die Farbe im Vorschaufenster wird in diesem Farbfeld zusätzlich durch ein kleines Kreuz markiert. Die genaue Unterscheidung der Bewegungsrichtungen wurde unter *HSB* ja bereits erklärt.

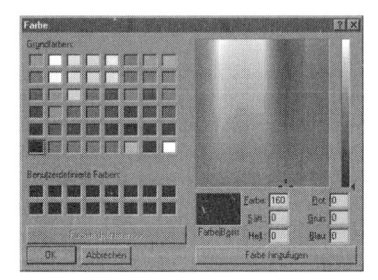

**Abbildung 4.145:** Grundfarben bearbeiten

Rechts neben dem Farbfeld befindet sich ein Regler zur Einstellung der gewählten Farbe. Befindet sich das kleine Dreieck neben dem Farbverlauf ganz oben, wird die Farbe hellstmöglich dargestellt, also weiß. Befindet es sich ganz unten, wird die Farbe dunkelstmöglich, also schwarz, dargestellt. Haben Sie im Farbfenster eine Farbe gewählt und das Vorschaufenster zeigt Ihnen lediglich Schwarz oder Weiß an, liegt dies meist an der Einstellung dieses Reglers.

Einen *Alpha-Wert* können Sie nur auf der *Farbmischer-Palette* einstellen. Ein Alpha-Wert von 100 % besagt, dass die entsprechende Farbe zu 100 % undurchsichtig dargestellt wird. 0 % würde bedeuten, dass die Farbe vollkommen durchsichtig dargestellt wird.

Senken Sie den Alpha-Wert unter 100 % über den Regler oder per Eingabe im Feld darunter, wird dies im Vorschaufenster durch ein Raster verdeutlicht, das je nach Einstellung verschieden stark durch die Farbe hindurchleuchtet.

**Abbildung 4.146:** Bei Alpha-Werten von unter 100 %

# Farbverläufe bearbeiten

Farbverläufe bearbeiten Sie ausschließlich auf der *Füllungen-Palette* in Zusammenarbeit mit der *Farbmischer-Palette*. Dabei legen Sie auf der ersten fest, an welcher Stelle eines Verlaufs eine bestimmte Farbe vorkommen soll und welche Art von Verlauf in der Füllfarbe dargestellt werden soll. Der Farbmischer dient dabei der Bearbeitung der einzelnen Farben.

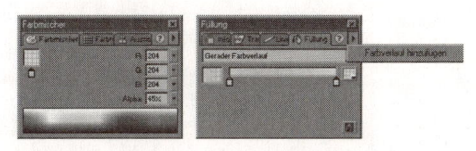

**Abbildung 4.147:** Farbverläufe bearbeiten

Sie können einem Farbverlauf eine neue Farbe hinzufügen, indem Sie ganz einfach auf eine Stelle unter dem dargestellten Farbverlauf klicken, an der sich noch kein kleines »Farbhäuschen«, der so genannte *Farbzeiger*, befindet. Klicken Sie direkt auf ein solches »Häuschen«, wird die Farbe als Füllfarbe ausgewählt und somit durch die Farbmischer-Palette veränderbar.

Sie können einem Verlauf beliebig viele neue Regler hinzufügen, der begrenzte Platz wird Ihnen aber den Raum auf der Leiste schnell zu eng werden lassen. Je mehr neue Farben Sie einem Verlauf hinzufügen, umso komplexer und damit speicherintensiver wird dieser Verlauf. Vermeiden Sie also zu komplexe Farbverläufe wo immer möglich.

Über der Reglerleiste befindet sich ein Menü, in dem Sie die Art des Verlaufs bestimmen können. Es gibt zwei verschiedene Arten von Verläufen, den *Geraden* und den *Kreisförmigen Farbverlauf*.

In dem kleinen Vorschaufenster links neben den Farbreglern werden Ihre Änderungen ständig aktualisiert und dargestellt.

**Abbildung 4.148:** Links die Vorschau des derzeitig eingestellten Farbverlaufs

# KAPITEL 5

## Bibliotheken, Symbole und Instanzen

Symbole werden in Bibliotheken zusammengefasst. Wie Sie aus Bibliotheken heraus Symbol-Instanzen und Symbole selbst erstellen, lesen Sie in diesem Kapitel.

# Bibliotheken, Symbole und Instanzen

*Symbole* erlauben es, in Verbindung mit *Bibliotheken* den Speicheraufwand eines Flash-Films zu reduzieren. Jedes Symbol wird in der Bibliothek eines Films festgehalten. Jedes Symbol, das auf Bühne oder Arbeitsbereich platziert wurde, wird als *Instanz* eines Symbols bezeichnet. Wie Sie mit Symbolen, ihren Instanzen und den Bibliotheken umgehen, werden Sie wissen, wenn Sie dieses Kapitel gelesen haben.

## Symbole und Instanzen

*Symbole* können entweder direkt auf Bühne oder Arbeitsbereich aus bestehenden Grafiken oder Texten erstellt werden oder auf den Befehl *Einfügen / Neues Symbol* in die Bibliothek hinein. Ein Symbol hat so lange keine Instanz, wie es nur in der Bibliothek zu finden ist. Bei einer Veröffentlichung werden nur die Symbole mit Instanzen exportiert. Symbole ohne Instanz werden nicht mit exportiert und belegen deshalb im Export auch keinen Platz.

*Instanzen* sind wie die Spiegel eines Symbols. In einem Export werden nur die Symbole festgehalten. Alle Instanzen eines Symbols verweisen lediglich auf das Symbol. Dabei spielt es keine Rolle, wie oft ein Symbol in einem Film platziert wurde. Jede platzierte Instanz eines Symbols muss also nur mit den Daten für den Verweis festgehalten werden und nicht jedes Mal mit den kompletten Bildinformationen. Der Speicheraufwand solcher Symbole ist also verschwindend gering. Je häufiger ein Symbol platziert wird, umso effektiver wird sein Einsatz im Vergleich zum Aufwand.

In der Abbildung unten sind alle fünf Bilder Instanzen von ein und demselben Symbol. Wäre jedes Bild einzeln platziert worden, wäre die gesamte Datei mit 25 KB belastet worden, so jedoch nur mit 5

KB für das Symbol des Bilds, abgesehen von wenigen Bytes, die die Position der Instanzen festhalten.

**Abbildung 5.1:** Fünf Instanzen eines Symbols

Auch wenn die Instanzen eines Symbols über die Effekt-Palette in ihrem Aussehen verändert wurden, werden die Symbole nur einmal geladen. Zu der Effekt-Palette im Verlauf dieses Kapitels mehr.

**Abbildung 5.2:** Fünf Instanzen desselben Symbols

# Symbole

Um ein Symbol zu erstellen, stehen Ihnen zwei Möglichkeiten zur Verfügung. Sie können entweder eine Auswahl in ein Symbol umwandeln, um so eine bereits bestehende Grafik in einen Symboltyp umzuwandeln. Dazu erstellen Sie zunächst eine Auswahl und wandeln diese dann mit dem Menübefehl *Einfügen / In Symbol konvertieren...* ([F8]) in ein Symbol um.

Die zweite Möglichkeit besteht darin, mit dem Befehl *Einfügen / Neues Symbol* ([Strg] + [F8]) zunächst festzulegen, welche Art von Symbol Sie erzeugen wollen, und danach das Aussehen dieses neuen Symbols im jeweiligen Bearbeitungsmodus festzulegen.

In beiden Fällen öffnen sich zunächst die *Symboleigenschaften*, in denen Sie festlegen, um welchen Symboltyp (*Verhalten*) es sich bei dem zu erstellenden Symbol handeln soll. Außerdem können Sie hier das Symbol sofort mit einer passenden Bezeichnung versehen. Bezeichnungen sollten auch hier mit Bedacht gewählt werden. Bei der Erstellung eines Symbols wird festgelegt, um welche Art eines Symbols es sich handelt. Insgesamt kann man drei verschiedene Arten unterscheiden: Grafik-, Schaltflächen- und Filmsequenz-Symbole.

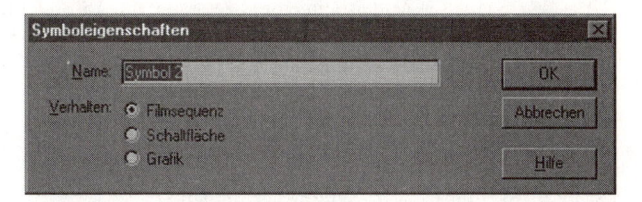

**Abbildung 5.3:** Symboleigenschaften

Symbolen selbst können keinerlei besondere Effekte zugewiesen werden außer ihrem Verhalten. So können einem Schaltflächen-Symbol zum Beispiel keine Aktionen zugewiesen werden. Für sämtliche Effekte und Aktionen von Symbolen sind deren Instanzen zuständig, da nur diese tatsächlich im Film dargestellt werden.

Jedes Symbol verfügt über einen eigenen *Symbolbearbeitungsmodus*. In den entsprechenden Symbolbearbeitungsmodus gelangen Sie entweder über einen Doppelklick auf das Symbol selbst, das Menü *Bearbeiten / Symbole bearbeiten* oder die Tastenkombination [Strg] + [E]. Über die Instanz-Palette erreichen Sie den Bearbeitungsmodus über die Stift-Schaltfläche. Es funktioniert allerdings auch mit einem Doppelklick auf das Symbol in der Bibliothek. Bearbeiten Sie ein Symbol, sind alle Instanzen von diesen Veränderungen betroffen.

### Grafik

Das *Grafik-Symbol* kann sowohl animiert als auch statisch sein. Es besitzt eine eigene Zeitleiste. Schaltflächen und Sounds können zwar in einem Grafik-Symbol platziert werden, werden jedoch komplett ignoriert. Sounds werden also nicht abgespielt und die Aktionen der Schaltflächen werden nicht ausgeführt.

Außerdem ist die Wiedergabe von Animationen eines Grafik-Symbols von der Zeitleiste des Films abhängig. Das bedeutet zum Beispiel, dass ein Grafik-Symbol mit einer Gesamtlänge von 30 Bildern auf der Zeitleiste in einer Szene, die nur 15 Bilder lang ist, auch nur 15 Bilder lang dargestellt wird, wenn das Grafik-Symbol im ersten Bild platziert wird.

Wollen Sie also schlichte und kurze Animationen mehrmals verwenden, bietet es sich durchaus an, diese als Grafik-Symbole anzulegen. Werden die Animationen länger als die Szene, sollten Sie ein Filmsequenz-Symbol verwenden.

### Filmsequenz

Ähnlich wie Grafik-Symbole können Sie auch die *Filmsequenz-Symbole* sowohl statisch als auch animiert gestalten. Auch das Filmsequenz-Symbol verfügt über seine eigene Zeitleiste, die unabhängig vom übrigen Film bearbeitet wird.

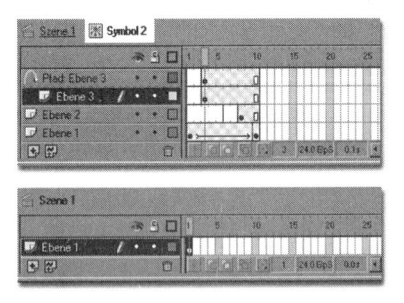

**Abbildung 5.4:** Ein Filmsequenz-Symbol und seine Zeitleiste, darunter die Zeitleiste des Films, in dem das Symbol platziert wurde

Filmsequenz-Symbole besitzen den Grafik-Symbolen gegenüber allerdings den Vorteil, dass sie nicht abhängig von der Zeitleiste abgespielt werden, sprich: wenn der Film an seinem Ende angehalten wird, spielen Filmsequenzen, die länger sind, weiter und werden nicht ebenfalls angehalten. Außerdem lassen sich in Filmsequenzen auch Schaltflächen und Sounds platzieren, die abgespielt werden und deren Aktionen ausgeführt werden.

Eine weitere Möglichkeit, die Ihnen Filmsequenzen bieten, ist die, dass Sie die Instanzen einer Filmsequenz mit einer Bezeichnung ausstatten können, auf die Aktionen zugreifen können. Mit *Drag Movie Clip* zum Beispiel lässt sich so eine Filmsequenz im fertigen Film per Mausklick über den Bildschirm ziehen.

**Schaltfläche**

Wie die Bezeichnung *Schaltflächen-Symbol* schon ausreichend definiert, können Sie diesen Symboltyp dazu verwenden, interaktive Schaltflächen zu erzeugen. Dabei können Sie die Schaltfläche für Mausereignisse, wie zum Beispiel Darüberrollen, Maustastendruck und Darüberziehen, empfindlich machen und drei verschiedene optische Zustände definieren.

Die drei optischen Zustände einer Schaltfläche können über Filmsequenz-Symbole animiert werden. Grafik-Symbole eignen sich dafür nicht, da ihnen für jeden Zustand einer Schaltfläche nur ein Schlüsselbild auf der Zeitleiste zur Verfügung steht.

**Abbildung 5.5:** Die vier möglichen Schlüsselbilder eines Schaltflächen-Symbols

## Instanzen erzeugen

Wenn ein Symbol noch nicht über eine Instanz auf Bühne oder Arbeitsbereich verfügt, können Sie eine Instanz erzeugen, indem Sie das Symbol aus dem Vorschaufenster einer Bibliothek oder der Liste der Bibliothek heraus auf die Bühne oder den Arbeitsbereich ziehen.

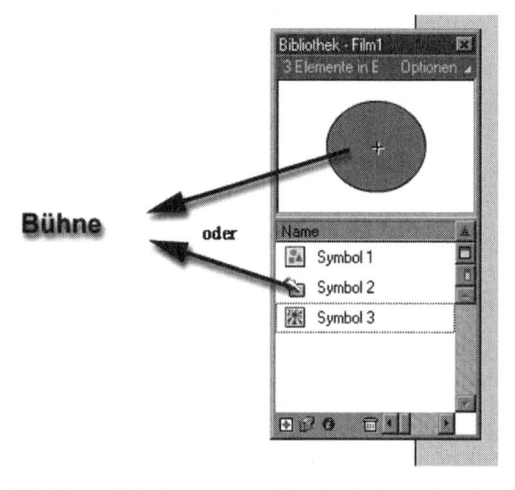

**Abbildung 5.6**: So erzeugen Sie eine Instanz eines Symbols

Haben Sie ein Symbol aus einem Objekt erzeugt, das auf Bühne oder Arbeitsbereich saß, so ist dieses Objekt die erste Instanz eines Symbols.

## Instanzen und ihre Eigenschaften

Jede Instanz hat ihre eigenen Eigenschaften, abhängig vom Symbol, das instanziert wurde. Auf der *Instanz-Palette* können Sie diese Eigenschaften beeinflussen und verändern.

Ändern Sie an dieser Stelle das Verhalten einer Instanz, verändern Sie damit nicht den Typ des Symbols, sondern lediglich das Verhalten seiner Instanz. Eine Schaltfläche zum Beispiel, der Sie über die Instanzeigenschaften (Instanz-Palette) das Verhalten einer Filmsequenz zugewiesen haben, bleibt weiterhin in ihren vier Zuständen bearbeitbar und reagiert auch entsprechend. Durch das Verhalten einer Filmsequenz wird sie allerdings durch die Aktion *Drag Movie Clip* bewegbar gemacht.

**Grafik**

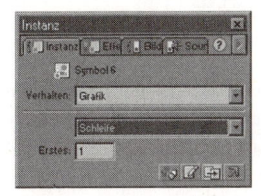

**Abbildung 5.7:** Die Instanz-Palette für eine Grafik-Symbol-Instanz

**Abbildung 5.8:** Einstellungsmöglichkeiten für Grafik-Symbole

Alle drei Optionen haben nur dann eine Auswirkung, wenn das Grafik-Symbol animiert wurde, sprich auf seiner Zeitleiste mehr als ein Bild angelegt wurde.

Die Option *Schleife* sorgt dafür, dass die Animation eines Grafik-Symbols genau so lang wiederholt wird, wie ihr Bilder auf der Zeitleiste zur Verfügung stehen. Stehen weniger Bilder in der Zeitleiste der Szene, in der das Symbol platziert wurde, zur Verfügung, als die Animation lang ist, wird sie entsprechend gekürzt dargestellt.

*Einmal abspielen* veranlasst ein animiertes Grafik-Symbol genau einmal abzuspielen und danach anzuhalten.

*Einzelbild* zeigt nur ein Bild der gesamten Animation.

Mit der Zahl, die Sie hinter *Erstes* eingeben, geben Sie das Bild eines animierten Grafik-Symbols an, das bei allen drei Optionen als Startbild verwendet wird. Für *Einzelbild* ist dies natürlich das einzige Bild, das dargestellt wird.

### Schaltfläche

Sämtliche Eigenschaften von Schaltflächen werden im Kapitel *Schaltflächen* beschrieben. Schaltflächen-Symbolen können Aktionen zugewiesen werden, die Sie sonst nur für Bilder der Zeitleiste festlegen können. Dies ist für spezielle Aktionen gedacht, die Sie mit Schaltflächen ausführen können, aber auch dazu mehr im Kapitel *Schaltflächen*.

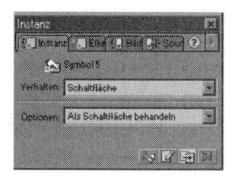

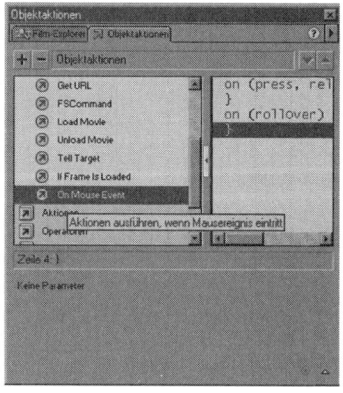

**Abbildung 5.9**: Instanz-Palette und Objektaktionen

### Filmsequenz

Einer Filmsequenz-Symbol-Instanz können Sie einen Namen geben, auf den verschiedene Aktionen, wie zum Beispiel *Drag Movie Clip*, zurückgreifen. Halten Sie ihn möglichst kurz, aber genau. Abkürzungen sind meist nur wenig aussagekräftig.

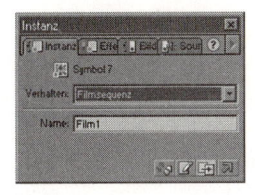

**Abbildung 5.10:** Die Instanz-Palette für eine Filmsequenz-Symbol-Instanz

## Instanzen durch andere ersetzen

Sie können eine Instanz mit der Instanz-Palette gegen die Instanz eines anderen Symbols ersetzen. Dazu verwenden Sie die *Symbol wechseln*-Schaltfläche. Es öffnet sich ein Dialogfeld, in dem Sie das Symbol bestimmen können, das anstelle des anderen sitzen soll.

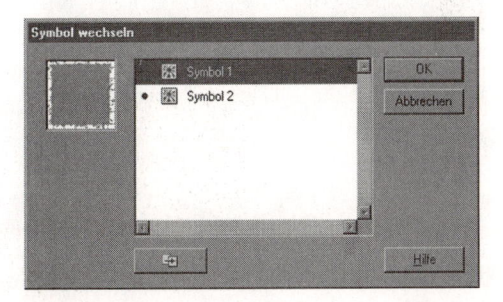

**Abbildung 5.11:** Symbol wechseln

Das Symbol der Instanz, für die Sie den Dialog geöffnet haben, ist durch einen Punkt vor Symbol und Bezeichnung markiert.

Markieren Sie in der Liste das Symbol, das Sie anstelle des Symbols setzen wollen. Danach klicken Sie auf die *Tauschen*-Schaltfläche. Sie können es sich aber auch leichter machen, indem Sie einfach auf das Symbol, das eingesetzt werden soll, in der Liste doppelklicken.

Die Instanz wird zu einer Instanz des neu gewählten Symbols, sobald Sie den Dialog mit *OK* verlassen.

## Symbole duplizieren

Mit der *Duplizieren*-Schaltfläche lassen sich Symbole der aktuellen Bibliothek duplizieren. Dazu markieren Sie einfach eines der Symbole in der Liste und klicken auf die Schaltfläche. Sie werden daraufhin aufgefordert, die Bezeichnung der Kopie näher zu definieren. Sie können auch den Standardeintrag übernehmen, bei dem hinter der Bezeichnung des Originals der Ausdruck *Kopie* gesetzt wird. Dadurch bleibt dieses Symbol weiterhin als Kopie erkennbar.

**Abbildung 5.12:** Zuweisung eines Namens für die Kopie eines Symbols

## Farbeffekte

Auf der Palette *Effekt* finden Sie zunächst nur eine kleine Auswahl verschiedener Farbeffekte. Sie können wählen aus *Kein, Helligkeit, Farbton, Alpha* und *Erweitert*. *Erweitert* verbindet dabei Alpha- und Farbeffekte miteinander.

Für alle Symbole stehen dieselben Farbeffekte zur Verfügung und deren Wirkungsweise ist auch für alle gleich. Bei animierten Symbolen gelten die Farbeffekte für alle Bilder der Animation.

**Abbildung 5.13:** Eine Auswahl verschiedener Effekte

### Helligkeit

Mit der *Helligkeit* können Sie die Helligkeit eines Symbols modifizieren. Die Einstellungen reichen von -100 bis +100, die sowohl über den Regler als auch durch Eingabe gemacht werden können. Eine Einstellung von -100 bedeutet, dass die Instanz des Symbols schwarz dargestellt wird. +100 lässt die Instanz weiß erscheinen.

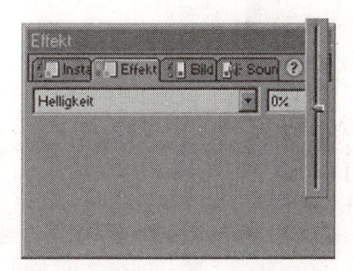

**Abbildung 5.14:** Die Option *Helligkeit* der Farbeffekte

**Abbildung 5.15:** Links: -100, Mitte: 0, rechts: +100

### Farbton

Mit dem *Farbton*-Farbeffekt können Sie eine Farbe festlegen, die über das Symbol gelegt wird. Mit dem Regler und dem Eingabefeld dahinter lässt sich die Transparenz des eingestellten Farbtons einstellen. 100 ist der maximal einstellbare Wert, der bedeutet, dass die gesamte Fläche der Instanz von dem Farbton zu 100 % überlagert und damit eingefärbt wird.

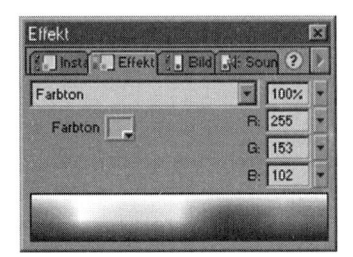

**Abbildung 5.16:** *Farbton*-Farbeffekt

Im Farbfeld lässt sich der Farbton mit dem Mauszeiger auswählen, der sich aber auch aus den Farben Rot, Grün und Blau, rechts neben dem Farbfeld, zusammenmischen lässt. Die Farbe wird im RGB-Modus eingegeben. Eingaben für Web-sichere Farben lassen sich hier nicht vornehmen. Die Eingaben CC und FF werden ignoriert und die Ziffern 33, 66 und 99 werden als solche genommen und nicht umgerechnet.

Rechts neben dem Farbfeld befindet sich noch ein zusätzlicher Regler für die Helligkeit des gewählten Farbtons.

> Als Standard ist eine Helligkeit von -100 eingestellt. Dadurch ergibt sich ein schwarzer Farbeffekt. Schieben Sie das kleine Dreieck ganz nach oben, entspricht das einer Helligkeit von +100 und dem Farbton Weiß. Um den eigentlichen Farbton der Einstellung zu erhalten, müssen Sie den Regler in die Mitte schieben.

### Alpha

Mit dem *Alpha*-Farbeffekt stellen Sie die Transparenz einer Instanz ein. Eingaben lassen sich über den Regler oder das Eingabefeld links daneben vornehmen.

**Abbildung 5.17:** *Alpha*-Farbeffekt

Einstellungen von 0 % sind gleichbedeutend mit einer völligen Durchsichtigkeit einer Instanz. Die Instanz bleibt aber weiterhin erhalten und auswählbar. 100 % *Alpha* stellt die Instanz zu 100 % so dar wie das Symbol, also in keinster Weise durchsichtig. Werte dazwischen sind entsprechend einzuordnen.

**Abbildung 5.18:** Alpha-Effekt: links: 100 %, Mitte: 50 %, rechts: 0 %

### Erweitert

Mit den oberen drei Optionen des *Erweitert*-Farbeffekts lassen sich die drei Grundfarben Rot, Grün und Blau einer Instanz einzeln bearbeiten. Die vorderen Regler lassen Einstellungen von -100 bis +100 zu, die Werte lassen sich allerdings genauer über die Eingabefelder links daneben eingeben. Einstellungen von 0 und weniger haben nur in Kombination mit den hinteren Reglern eine Auswirkung, da mit den vorderen Reglern die Helligkeit des entsprechenden Farbanteils eingestellt wird.

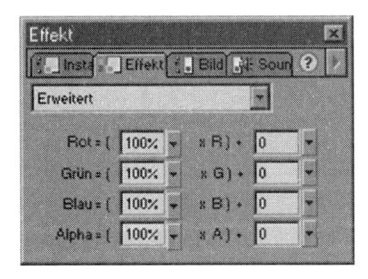

**Abbildung 5.19:** *Erweitert*-Farbeffekt

So lassen sich zum Beispiel auch aus einem Bitmap sämtliche Anteile einer Farbe zu einem Schwarz umwandeln, was in Kombination mit einem schwarzen Hintergrund von Fall zu Fall einen interessanten Effekt erzeugen kann.

Mit den Reglern auf der rechten Seite sind Einstellungen von -256 bis +256 machbar, die Eingabefelder erweisen sich aber auch hier als genauer. Die Wirkung der Regler ist ein Hinzumischen oder Herausnehmen der entsprechenden Farbe in die Instanz hinein oder aus ihr heraus.

In einem Beispiel wird so einer Fläche, die allein aus roter Farbe (256 Rot) besteht, zunächst 256 Grün und 256 Blau hinzugefügt. Das Ergebnis ist eine weiße Fläche (alle drei Farbangaben am Maximum). Der Rahmen des Kreises (vorher schwarz) in der Abbildung ist noch sichtbar (Cyan), da er jetzt aus 256 Grün und 256 Blau zusammengesetzt ist. In einem nächsten Versuch wird derselben Fläche 256 Rot entzogen, was dabei herauskommt ist ein schwarzer Kreis, dessen Randlinie nicht mehr vom Rest zu unterscheiden ist. Mehr zu den Farben können Sie im Kapitel *Werkzeuge* nachlesen.

**Abbildung 5.20:** Ein Beispielversuch mit dem Erweitert-Farbeffekt

Die Auswirkung des *Alpha*-Farbeffekts bei dem *Erweitert*-Farbeffekt entspricht der oben beschriebenen. Die negativen Einstellungen, die sich mit dem ersten der beiden Regler vornehmen lassen, bleiben ohne besondere Wirkung. Mit dem zweiten rechten Regler lässt sich der *Alpha*-Effekt anstatt in Werten von 0 bis 100 % in Werten von -256 bis +256 festlegen. Bis auf diese feinere Skala ist der erreichte Effekt jedoch derselbe.

## Instanzen teilen

Mit dem Befehl *Modifizieren / Teilen* (Strg + B (⌘ + B)) zerlegen Sie eine Instanz in ihre Bestandteile. Diese Bestandteile können weitere Instanzen, Gruppen oder gezeichnete Elemente sein, die ihrerseits weiter zerteilt werden können.

Indem Sie eine Instanz teilen, trennen Sie sie von dem Symbol und machen sie damit auch unempfindlich gegen Veränderungen am Symbol. Veränderungen am Symbol werden also nicht mehr automatisch übernommen.

Eine solche geteilte Instanz wird auch weiterhin nicht mehr als Instanz angesehen, sprich: sie besitzt keine Instanzeigenschaften (Instanz-Palette) mehr. Ihre Daten beziehen sich auch nicht mehr auf das Symbol, gehen also zu 100 % zulasten des Speicherplatzes in den Export mit ein.

Es kann sich jedoch als sehr praktisch erweisen, eine Instanz eines Symbols zu teilen, will man einen Großteil ihrer Elemente weiterhin verwenden und nicht neu erstellen müssen. Ein neues Symbol kann man aus den veränderten Elementen nach den Veränderungen immer noch erstellen.

> **HINWEIS**
>
> Sämtliche Effekte gehen beim Teilen einer Instanz verloren.

## Farbeffekte bei Bitmaps

Haben Sie ein Bitmap-Bild in ein Symbol umgewandelt, können Sie auch hier Farbeffekte anbringen. Dabei sollten Sie darauf achten, dass weiße Flächen nicht als durchsichtig, sondern als die Farbe Weiß (RGB 255, 255, 255) angesehen werden.

Eine Ausnahme bilden hier importierte GIFs, bei denen eine Farbe als *Transparent* definiert wurde. Solche Bereiche werden auch von den Farbeffekten als transparent angesehen.

# Bibliotheken

In den *Bibliotheken* eines Flash-Films werden alle wiederverwendbaren Elemente eines Films aufbewahrt. Dabei spielt es keine Rolle, ob die Elemente tatsächlich im Film platziert wurden oder nicht. Im Grunde ist es eine kleine Datenbank, in der Sie alles ablegen können, was Sie für den Film verwenden wollen, und aus der sich der Film im Bedarfsfall die einzelnen Elemente herauszieht. Sie sollten regen Gebrauch von den Bibliotheken-Funktionen machen, da sich dadurch unter Umständen der Speicheraufwand Ihrer exportierten Dateien erheblich verringern kann. Einiges davon haben Sie bereits im ersten Abschnitt dieses Kapitels kennen gelernt.

Wie Sie mit der Bibliothek selbst umgehen und was Sie darin finden können, im Folgenden.

## Ein- und Ausblenden

Sie können die Bibliothek eines Films über das Menü *Fenster / Bibliothek* öffnen. Da Sie jedoch die Bibliothek oft auch wieder aus- und einblenden werden, bietet sich die Tastenkombination [Strg] + [L] ([⌘] + [L]) an, die Sie sicher als eine der ersten auswendig lernen werden.

## Reduzierte und vollständige Darstellung

In der Standarddarstellung der Bibliothek erscheint sie reduziert. Das heißt, es werden Ihnen nur Ordner-, Bitmap-, Sound- und Symbol-Namen angezeigt. Im oberen Teil des Bibliothekenfensters wird Ihnen jeweils eine Vorschau des markierten Objekts aus der Liste unten gezeigt. Handelt es sich um animierte Objekte, können Sie sich in diesem Fenster auch eine Vorschau der Animation anzeigen lassen. Sound-Dateien und Videos können hier ebenfalls abgespielt werden. Ordner verfügen selbstverständlich über keinerlei Vorschau. Das Vorschaufenster reicht über die gesamte Breite des Fensters und der dargestellte Inhalt passt sich der Größe an.

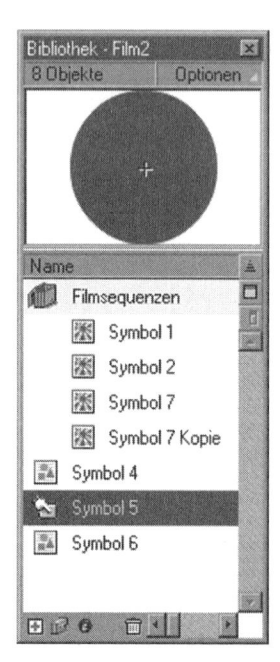

**Abbildung 5.21:** Eine Bibliothek im reduzierten Zustand

Die Höhe des Vorschaufensters innerhalb des Bibliothekenfensters lässt sich wie bei normalen Fenstern auch an seinem unteren Rand verstellen, sobald Sie diesen mit gedrückter Maustaste weiter aufziehen. Auf diesem Weg erreichen Sie jedoch maximal eine Höhe, bei der noch mindestens 4 Zeilen in der Liste der Bibliothekinhalte zu sehen sind. Die Vorschau wird, wie Sie sehr schnell feststellen werden, der Höhe angepasst. Dabei wird jedoch darauf geachtet, dass kein Teil der Vorschau über einen Rand hinausragt.

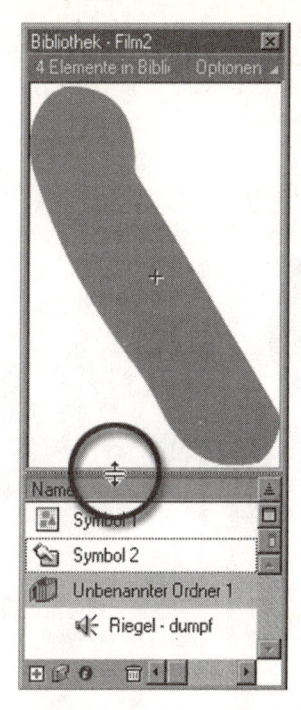

**Abbildung 5.22:** Am unteren Rand des Vorschaufensters kann dessen Größe verändert werden

Diese Maximalgröße des Vorschaufensters lässt sich auch überlisten, indem Sie das gesamte Bibliothekenfenster mit seiner unteren rechten Ecke in der Größe verändern. Halten Sie dort die Maustaste gedrückt und verändern dort die Größe des Bibliothekenfensters, verändert sich dabei das Vorschaufenster zwar mit und es gibt noch immer eine Minimalgröße des gesamten Fensters, aber Sie können die Einträge der Bibliothek auch komplett ausblenden. Dazu vergrößern Sie das Vorschaufenster zunächst und verkleinern das Gesamtfenster.

Mit einem Doppelklick auf die Trennlinie zwischen Liste und Vorschaufenster wird das Vorschaufenster auf eine Größe gezogen, in der entweder das gewählte Symbol in voller Höhe oder möglichst hoher Breite dargestellt wird.

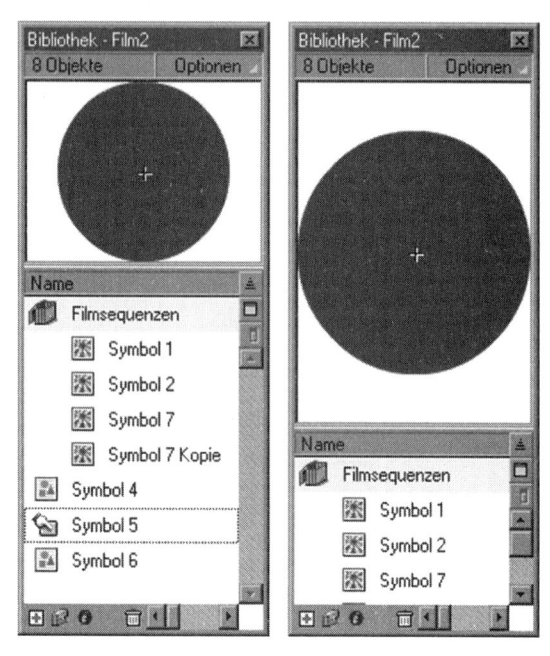

**Abbildung 5.23:** Doppelklicks bei diesem Symbol

Klicken Sie auf die Schaltflächen unterhalb der *Sortieren*-Schaltfläche am rechten Rand des Bibliothekenfensters.

Klicken Sie auf *Vergrößern*, wird die Breite des Fensters so weit nach links oder rechts aufgezogen, dass Sie neben der Spalte *Name* auch die Spalten *Art*, *Zugriffe*, *Verknüpfung* und *Änderungsdatum* sehen können.

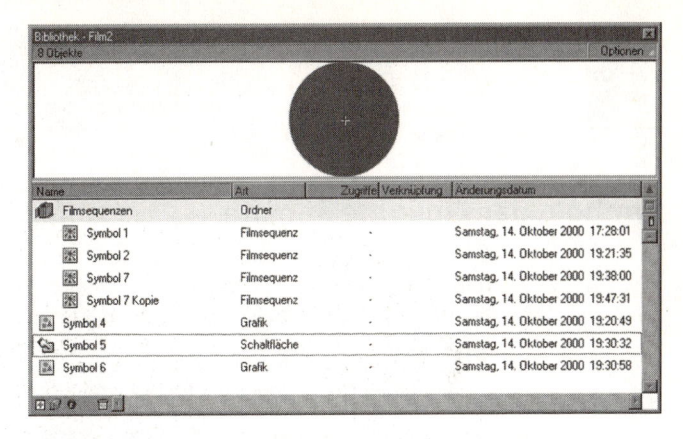

**Abbildung 5.24:** Eine Bibliothek mit allen Informationen ihrer Inhalte

Die Spalte *Art* enthält Informationen darüber, um welche Art von Eintrag der Liste es sich handelt, also ob es sich bei dem Objekt der Liste um einen Ordner, einen Sound, ein Bitmap oder ein Filmsequenz-, Grafik- oder Schaltflächen-Symbol handelt.

*Zugriffe* hält die Anzahl des Objekts im gesamten Film fest. Wie aktuell diese Liste in dieser Spalte gehalten wird, können Sie in den Optionen des Bibliothekenfensters einstellen.

In der Spalte *Verknüpfung* wird Ihnen bei Bitmaps oder Sounds angezeigt, wo sich das entsprechende Objekt auf Ihrer Festplatte befindet.

Um zu überprüfen, wann ein Objekt das letzte Mal aktualisiert wurde, können Sie in der Spalte *Änderungsdatum* nachsehen. Dabei entspricht das Datum importierter Dateien dem Erstellungsdatum und nicht dem Datum, an dem die Datei importiert wurde. Bei Symbolen wird das Datum angegeben, zu dem Sie ein letztes Mal eine effektive Veränderung am Objekt vorgenommen haben, und nicht das Datum, an dem Sie das letzte Mal den Bearbeitungsmodus des Symbols geöffnet haben.

> **HINWEIS**
>
> Änderungen an einem Objekt der Bibliothek werden zwar sofort in die Vorschau eingezeichnet, allerdings wird die Größe der Vorschau erst dem Fenster angepasst, wenn Sie das Objekt in der Liste erneut markieren.

## Symbole der Bibliothekinhalte

Die Objekte in der Bibliothek werden, neben Ihrem Namen, auch mit einem Symbol für die Art des Objekts festgehalten. Insgesamt können Sie acht Symbole in der Liste unterscheiden und wie folgt einordnen:

- ✔ Grafik: Diese Symbol steht für ein Grafik-Symbol.

- ✔ Schaltfläche: Dieses Symbol steht für ein Schaltflächen-Symbol.

- ✔ Filmsequenz: Dieses Symbol steht für ein Filmsequenz-Symbol.

- ✔ Sound: Sounds, die ebenfalls in der Bibliothek eines Films festgehalten werden, werden durch dieses Symbol kenntlich gemacht.

- ✔ Bitmap: Importierte Bitmaps werden mit diesem Symbol versehen.

- ✔ Leerer Ordner: Ordner der Bibliothek, in denen sich kein Inhalt befindet, werden durch diese etwas magere Mappe symbolisiert.

- ✔ Gefüllter Ordner (geschlossen): Wenn ein Ordner Bitmaps, Sounds und Symbole enthält, dieser Inhalt jedoch nicht zur Ansicht steht, wird ein geschlossener, gefüllter Ordner angezeigt.

- ✔ Gefüllter Ordner (offen): Solche Ordner zeigen offen ihren Inhalt, sprich alles, was Sie unterhalb des Ordners leicht eingerückt in der Liste sehen, gehört zum Inhalt des Ordners.

# Kontextmenü für das Vorschaufenster

Das Vorschaufenster verfügt über ein eigenes Kontextmenü, mit dem sich die Anzeige der Vorschau beeinflussen lässt.

Zum einen können Sie wählen, ob Sie die Vorschau lieber auf der Hintergrundfarbe des Films sehen wollen oder auf blankem Weiß. Diese beiden Möglichkeiten schließen sich natürlich gegenseitig aus und die jeweils aktive ist durch einen Punkt links vom Menüeintrag markiert.

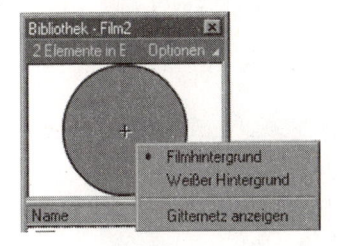

**Abbildung 5.25:** Das Kontextmenü für das Vorschaufenster

Zusätzlich lässt sich noch ein Gitternetz einblenden. Die Farbe dieser Gitternetzlinien und der Abstand zwischen den einzelnen Linien entspricht denen, die Sie auch für die Bühnen-Gitternetzlinien eingestellt haben. Im Menü *Modifizieren / Film...* lässt sich diese Einstellung verändern.

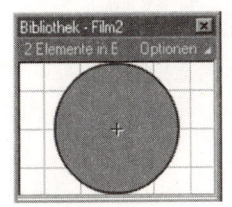

**Abbildung 5.26:** Ein Vorschaufenster mit Gitternetzlinien

## Optionen

In der rechten oberen Ecke des Bibliothekenfensters befindet sich ein Menü, mit dem sich die *Optionen* für das Bibliothekenfenster einblenden lassen. Über dieses Menü lassen sich sowohl Informationen über die Objekte in der Bibliothek abrufen, als auch Befehle auslösen.

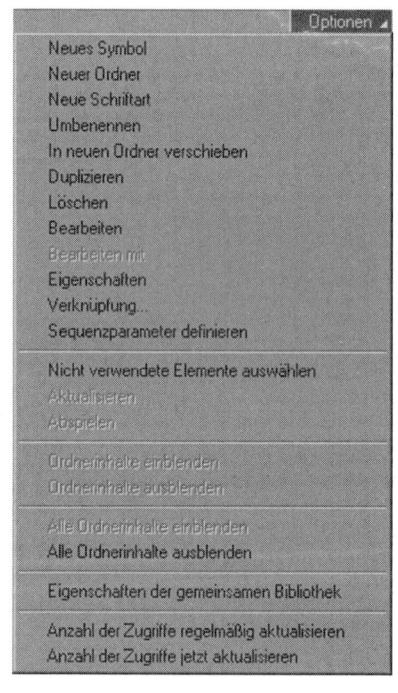

**Abbildung 5.27:** Das Optionen-Menü einer Bibliothek

### Neue Schriftart

Mit diesem Eintrag erzeugen Sie ein neues Schriftartsymbol, mit dem Sie eine Schrift in ein Dokument einbetten.

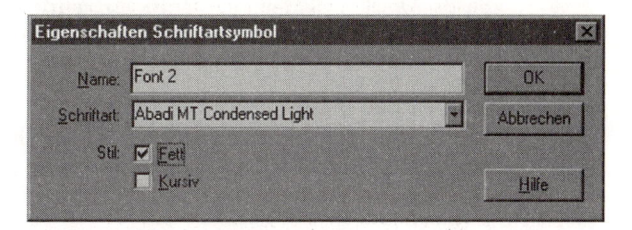

**Abbildung 5.28:** Schriftartsymbol

### In neuen Ordner verschieben

Wählen Sie diesen Eintrag aus dem Menü, werden Sie gebeten den neuen Ordner zu benennen. Sobald Sie die Eingabe des Ordnernamens mit *OK* bestätigen, wird ein neuer Ordner in der Bibliothek erzeugt und das zuvor markierte Element in diesen Ordner verschoben.

**Abbildung 5.29:** In neuen Ordner verschieben

### Duplizieren

Es lassen sich grundsätzlich nur Symbole in einer Bibliothek duplizieren. Bevor Sie die exakte Kopie der Vorlage jedoch erstellen, werden Sie noch gebeten eine neue Bezeichnung einzugeben. Wollen Sie das Objekt weiterhin als Kopie des Originals kenntlich machen, sollten Sie die automatisch gewählte neue Bezeichnung übernehmen, in der hinter der Bezeichnung des Originals das Wort *Kopie* gesetzt wird.

Die Kopien des Symbols sind nicht automatisch mit den Instanzen des Originals verbunden, also können Sie an dem Duplikat Veränderungen vornehmen, ohne dass es die Instanzen des Originals beeinflusst.

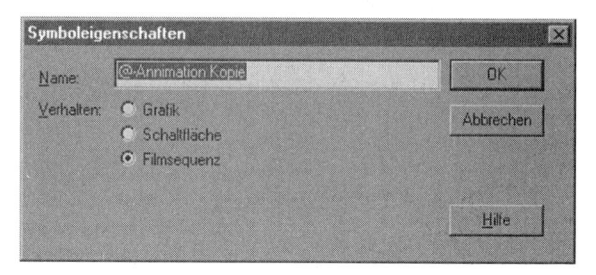

**Abbildung 5.30**: Duplizieren

### Nicht verwendete Elemente auswählen

Um mit einem Mal herauszufinden, welche Objekte in einer Bibliothek nicht verwendet werden, um sie eventuell zu löschen, wählen Sie den Menüeintrag *Nicht verwendete Elemente auswählen*. Auf diesem Weg lassen sich auch Elemente der Bibliothek auswählen, die nicht direkt untereinander stehen.

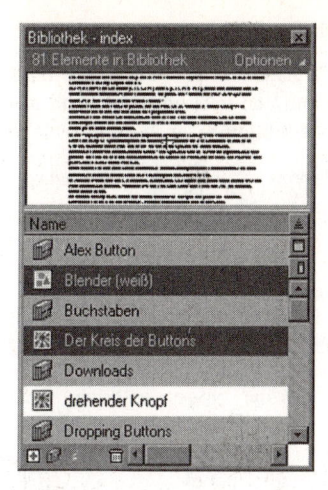

**Abbildung 5.31:** Nicht verwendete Elemente auswählen

**Bearbeiten**

Über den Befehl *Bearbeiten* gelangen Sie direkt in den Bearbeitungsmodus für das ausgewählte Symbol. Es können auf diesem Wege nur Symbole bearbeitet werden. Bitmaps und Sounds lassen sich in Flash nicht bearbeiten.

**Ordnerinhalte ein- / ausblenden**

Um die Inhalte von Ordnern ein- oder auszublenden können Sie zum einen einfach doppelt auf das Ordnersymbol klicken, dessen Inhalt Sie ein- oder ausblenden wollen. Sie können aber auch einen Ordner markieren und über das Optionen-Menü seinen Inhalt ein- und ausblenden.

Mit den Befehlen *Alle Ordnerinhalte einblenden* bzw. *Alle Ordnerinhalte ausblenden* werden alle Ordner geschlossen oder geöffnet und so deren Inhalte angezeigt oder eben auch nicht.

**Anzahl der Zugriffe aktualisieren**

Die Anzahl der Zugriffe auf ein Objekt wird im Standard nicht aktualisiert, Sie bekommen entsprechend dann auch keine Angaben in dieser Spalte der Bibliothek.

Mit *Anzahl der Zugriffe regelmäßig aktualisieren* wird die Anzahl ständig auf dem neuesten Stand gehalten. Ist diese Option aktiviert, wird dies durch einen kleinen Punkt links des Menüeintrags markiert.

Sie können die Anzahl der Zugriffe aber auch zu jedem gewünschten Zeitpunkt aktualisieren, wenn Sie den Eintrag *Anzahl der Zugriffe jetzt aktualisieren* wählen. Aktualisieren Sie die Zugriffe regelmäßig, steht Ihnen die Option ... *jetzt aktualisieren* nicht zur Verfügung.

# Aktualisieren

Symbole, die Sie in einem Film verändern, werden automatisch aktualisiert. Dabei werden auch deren Instanzen aktualisiert. Für diese Objekte steht der Eintrag *Aktualisieren* nicht zur Verfügung.

Objekte jedoch, die mit anderen Programmen als Flash bearbeitet werden, wie Sounds und Bitmaps, werden nicht automatisch aktualisiert, sobald Flash bemerkt, dass das Änderungsdatum von dem abweicht, das in der Bibliothekenliste geführt wird. Flash erkennt allerdings, wenn sich dieses Datum unterscheidet. Für Sounds und Bitmaps steht Ihnen also dieser Eintrag zur Verfügung, der einen Dialog öffnet, mit dem Sie genau festlegen können, welche Datei Sie aktualisieren wollen.

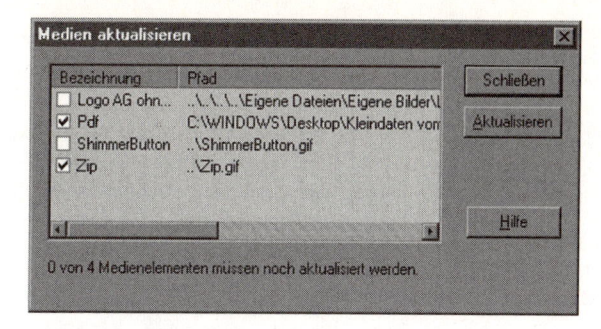

**Abbildung 5.32:** Der Aktualisieren-Dialog

In der Liste werden *Bezeichnung* und *Pfad* einer importierten Datei festgehalten. Links neben der Bezeichnung finden Sie für jede Datei eine Optionsfläche, in der Sie die Dateien markieren können, die aktualisiert werden sollen. Markieren Sie ein Objekt nicht, wird es nicht aktualisiert, sobald Sie die *Aktualisieren*-Schaltfläche betätigen und damit Ihre Angaben bestätigen. Verlassen Sie den Dialog über die *Schließen*-Schaltfläche, werden alle Angaben verworfen.

# Sortieren

Mit der *Sortieren*-Schaltfläche sortieren Sie die angewählte Spalte in der Bibliotheksliste. Sie wählen eine Spalte, indem Sie auf deren Kopfzeile in der Liste klicken. Sortiert wird je nach Spalte.

- ✔ *Name*- und *Art*-Spalte werden nach Alphabet sortiert.
- ✔ Die *Zugriffe*-Spalte wird nach Anzahlen sortiert.
- ✔ Die *Änderungsdatum*-Spalte wird nach Datum sortiert.

Mehrmaliges Betätigen der *Sortieren*-Schaltfläche sorgt dafür, dass die Liste, entsprechend der Spalte, entweder auf- oder abwärts sortiert wird.

## Umbenennen

Sie können Ordner und Objekte der Bibliothek entweder über diesen Eintrag im Optionen-Menü oder einen Klick mit der Maus auf die Bezeichnung verändern. Eine dritte Möglichkeit bietet sich Ihnen, wenn Sie in die Eigenschaften eines Objekts wechseln. Ordner besitzen keine Eigenschaften und können deshalb auch nicht auf diesem Wege umbenannt werden.

## Objekte aus der Bibliothek löschen

Um ein Objekt aus einer Bibliothek zu löschen, verwenden Sie entweder den kleinen Mülleimer am unteren Rand des Bibliothekenfensters oder den Eintrag *Löschen* aus dem Optionen-Menü des Bibliothekenfensters. Das Objekt muss vorher markiert worden sein. Sie werden noch einmal gewarnt, dass dieser Löschvorgang nicht rückgängig zu machen ist. Bestätigen Sie das Löschen über die *Löschen*-Schaltfläche, haben Sie das Objekt erfolgreich vernichtet. Haben Sie es sich doch anders überlegt, klicken Sie auf *Abbrechen* und das Objekt bleibt in der Bibliothek erhalten.

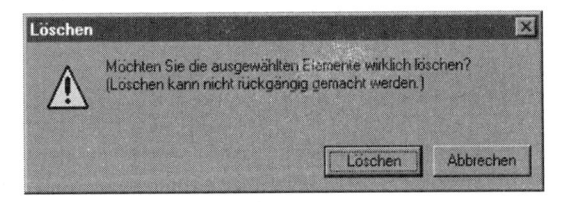

**Abbildung 5.33:** Warnung! Hier wird ohne Widerruf gelöscht

> Löschen Sie einen Ordner, löschen Sie damit auch alle seine Inhalte, werden aber nur einmal gefragt, ob Sie den Ordner tatsächlich löschen wollen, und nicht für jedes Objekt im Ordner.

Haben Sie die Bibliothek eines anderen Films geöffnet, steht Ihnen dort der Befehl *Löschen* nicht zur Verfügung, um zu vermeiden, dass Sie den anderen Film damit in Teilen zerstören.

## Symbole erstellen

Dieser Eintrag entspricht dem Menüeintrag *Einfügen / Neues Symbol*. Auf diese Weise erstellen Sie ebenfalls ein neues Symbol, dessen Aussehen noch nicht näher festgelegt wurde. Der gesamte Vorgang entspricht dem des Menübefehls, der alternativ auch mit den Tasten [Strg] + [F8] oder der Schaltfläche am unteren Rand der Bibliothek ausgelöst werden kann.

## Vorschau abspielen und anhalten

Mit dem Eintrag *Abspielen* sorgen Sie dafür, dass ein animiertes, markiertes Symbol im Vorschaufenster der Bibliothek abgespielt wird. Dies entspricht der Schaltfläche im Vorschaufenster selbst.

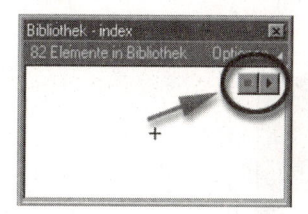

**Abbildung 5.34:** Die Abspiel-Schaltfläche im Vorschaufenster

## Ordner und Verschieben von Objekten in einer Bibliothek

Über die kleine *Ordner*-Schaltfläche am unteren Rand des Bibliothekenfensters oder den Eintrag im Optionen-Menü der Bibliothek lassen sich in einer Bibliothek Ordner erstellen, die genauso funktionieren wie Ordner im Explorer.

Sobald Sie einen Ordner erstellen, erscheint er als leerer Ordner im Bibliothekenfenster und die Bezeichnung ist aktiviert, sodass Sie sofort einen Namen für diesen neuen Ordner festlegen können. Ordner können nicht benannt werden wie andere Objekte oder Ordner in derselben Ebene. Ordner lassen sich auch in andere Ordner verschieben oder in andere Ordner hinein erstellen.

Um einen Ordner in einen anderen hinein zu erstellen, müssen Sie lediglich den Ordner, in den der neue hinein erstellt werden soll, oder ein Objekt in diesem Ordner markiert haben, bevor Sie den Ordner erstellen.

Um ein Objekt oder auch einen Ordner zu verschieben, klicken Sie auf sein Symbol oder seinen Namen, halten die Maustaste gedrückt und verschieben ihn an die Stelle, an die Sie das Objekt oder den Ordner verschieben wollen. Mit einem Ordner verschieben Sie auch dessen gesamte Inhalte.

Sie können mehrere Objekte und Ordner in einer Bibliothek markieren, indem Sie die ⇧-Taste gedrückt halten, während Sie mit der Maus die einzelnen Objekte auswählen.

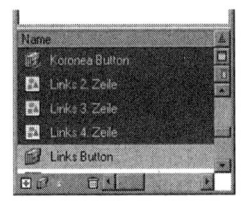

**Abbildung 5.35:** Mehrere ausgewählte Objekte

Wenn Sie aus einer Liste von fünf Objekten zum Beispiel den ersten Eintrag markiert haben und alle Objekte markieren möchten, reicht es, mit gedrückter ⇧-Taste auf den fünften Eintrag zu klicken, um alle Objekte auszuwählen. So markierte Objekte können dann auch gemeinsam verschoben werden.

Es ist aber zum Beispiel nicht möglich den ersten, dritten und fünften Eintrag aus der Liste zu markieren und den zweiten und vierten nicht markiert zu lassen.

## Kontextmenü für Objekte der Bibliothek

Jedes einzelne Objekt verfügt über ein Kontextmenü, in dem die wichtigsten Befehle für das Objekt zusammengefasst sind. Deren Wirkungsweise entspricht der, die auch im Optionen-Menü erklärt wurde.

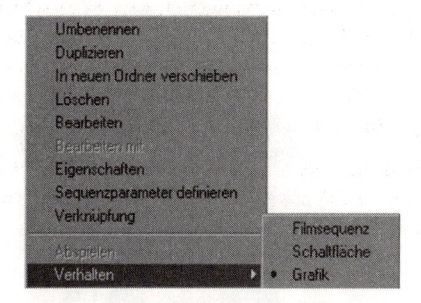

**Abbildung 5.36:** Ein Kontextmenü für ein Filmsequenz-Symbol

## Informationen oder Eigenschaften

Über das kleine *I*-Symbol am unteren Rand des Bibliothekenfensters oder den Menüeintrag *Eigenschaften* können Sie Informationen über die Eigenschaften eines markierten Objekts der Bibliothek abrufen.

### Symboleigenschaften

Symbole lassen sich hier in ihrem *Verhalten* verändern. Dieses Verhalten verändert das Verhalten des gesamten Symbols und aller seiner Instanzen. Mit der Schaltfläche *Bearbeiten* wechseln Sie in den Bearbeitungsmodus, der dem Bild entspricht.

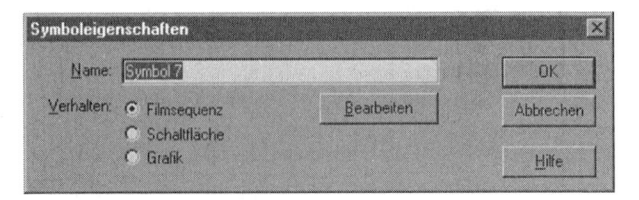

**Abbildung 5.37:** Symboleigenschaften

**Bitmap-Eigenschaften**

In den Eigenschaften von Bitmaps können Sie zunächst die Bezeichnung eines Bitmaps verändern.

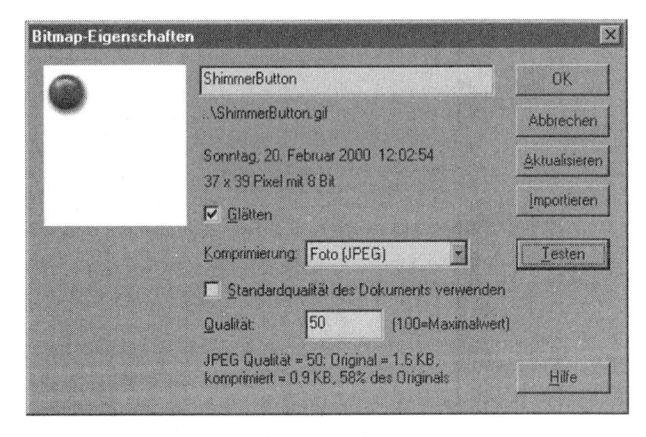

**Abbildung 5.38:** Bitmap-Eigenschaften

Außerdem können Sie hier die Daten herausfinden, die Ihnen verraten, wo sich die Datei auf Ihrer Festplatte befindet und welche Größe sie hat.

Das *Glätten* eines Bitmaps lässt sich hier für jedes Bitmap einzeln ein- oder ausschalten, indem Sie die entsprechende Option ein- oder ausschalten.

Über die Schaltfläche *Aktualisieren* lässt sich das Bitmap aktualisieren, wenn Sie es zwischenzeitlich in einem anderen Programm bearbeitet haben, sodass die derzeit importierte Datei nicht mehr dem letzten Stand der Bearbeitung entspricht.

Mit der *Importieren*-Schaltfläche lassen sich Bitmaps importieren, die anstelle des Bitmaps gesetzt werden, mit dem Sie die Eigenschaften für Bitmaps geöffnet haben.

Im unteren Bereich der Eigenschaften für Bitmaps können Sie verschiedene Einstellungen treffen und testen, die für den Export dieser Dateien wichtig sind.

Zum einen lässt sich wählen zwischen der verlustfreien GIF- und der JPEG- Komprimierung. Bei letzterer Komprimierung sind allerdings Verluste mit einzurechnen. Wenn Sie die JPEG-Komprimierung gewählt haben, können Sie zwischen der Standardeinstellung des Films oder einer getrennten Einstellung für das gewählte Bitmap wählen. Haben Sie sich für die getrennte Einstellung entschieden, können Sie den Grad der Komprimierung einstellen. Je höher Sie den Grad der Komprimierung wählen, umso mehr Verluste bei der Darstellung des exportierten Bitmaps müssen Sie in Kauf nehmen.

### Sound-Eigenschaften

Wie auch für Bitmaps sind die Eigenschaften für Sounds um einiges umfangreicher als die für Symbole. Über *Aktualisieren* lässt sich die Sounddatei aktualisieren, wenn Sie sie verändert haben. *Importieren* erlaubt Ihnen an dieser Stelle die Datei, mit der Sie die Eigenschaften geöffnet haben, durch eine andere zu ersetzen, die Sie an deren Stelle importieren.

Über *Testen* spielen Sie die Sounddatei ab und können die eventuellen Einstellungen im unteren Teil des Dialogs und damit die Wiedergabequalität der Datei überprüfen. Mit *Stopp* halten Sie die Wiedergabe der Datei aus der *Testen*-Funktion an.

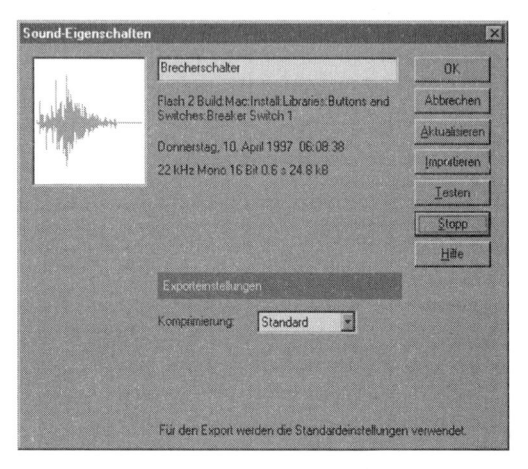

**Abbildung 5.39**: Sound-Eigenschaften

Die *Exporteinstellungen* im unteren Teil lassen Sie zwischen drei verschiedenen Komprimierungsverfahren wählen: *MP3, ADPCM* und *Raw*. Behalten Sie die Einstellung *Standard* bei, wird diese Datei den Einstellungen der Flash-Datei entsprechend exportiert, wie alle Sounddateien auch. Über die verschiedenen Komprimierungsverfahren können Sie mehr im Kapitel *Sounds* und *Veröffentlichungen* lesen.

# Bibliotheken anderer Filme

Um Objekte anderer Filme in einen neuen oder anderen Film integrieren zu können, können Sie die Bibliotheken anderer Filme einzeln, das heißt ohne den dazugehörigen Film öffnen. Dazu verwenden Sie den Menübefehl *Datei / Als Bibliothek öffnen* oder die Tastenkombination [Strg] + [⇧] + [O] ([⌘] + [⇧] + [B]). Es öffnet sich ein Fenster, in dem Sie die Datei auswählen können, deren Bibliothek Sie zu öffnen wünschen. Das Dateiformat dieser Dateien muss das Flash-Film-Format (*.fla*) sein. Alle anderen Dateien, wie zum Beispiel Flash-Player-Filme (*.swf*), enthalten keine Bibliotheken mehr.

Haben Sie eine Bibliothek eines anderen Films geöffnet, wird Ihnen diese Bibliothek zusätzlich zu der Bibliothek des aktuellen Films angezeigt. Sie können die Objekte der Bibliothek genauso auf der Bühne oder dem Arbeitsbereich platzieren wie die Objekte jeder anderen Bibliothek auch.

Sobald Sie ein Objekt aus einer Bibliothek eines anderen Films im Film platziert haben, wird dieses Objekt in die Bibliothek des aktuellen Films übernommen. Handelt es sich um ein Objekt, das selbst aus mehreren anderen Objekten besteht, die in der Bibliothek des anderen Films aufbewahrt werden, werden alle diese Objekte mit in die Bibliothek des aktuellen Films kopiert.

Schließen Sie das Fenster einer Bibliothek eines anderen Films, können Sie dieses Fenster nur wieder öffnen, indem Sie wie oben beschrieben wieder den entsprechenden Film angeben (*Als Bibliothek öffnen*). Sie können Bibliotheken anderer Filme an der Kopfzeile des Bibliothekenfensters unterscheiden. Dort wird der komplette Dateiname der entsprechenden Datei geöffnet.

In Bibliotheken anderer Filme stehen Ihnen keinerlei Optionen der »normalen« Bibliothek zur Verfügung und es wird Ihnen auch nicht die Anzahl der Zugriffe angezeigt, selbst wenn Sie diese regelmäßig aktualisieren können. Es ist durchaus sinnvoll, dass Sie Objekte einer importierten Bibliothek nicht löschen oder verändern können und dergleichen, da Sie ja auch nicht auf die gesamte Datei zugreifen und so auch nicht die Veränderungen an ihr verfolgen können.

## Bibliothekenelemente austauschen

Sie können Inhalte anderer Bibliotheken auch in die Bibliothek eines Films übernehmen, indem Sie sie markieren und direkt in die Bibliothek des aktuellen Films herüberziehen. Dabei werden keine Instanzen erzeugt und es lassen sich auch mehrere Objekte auf einmal kopieren. Außerdem können Sie die Objekte gezielt in einen bestimmten Ordner kopieren.

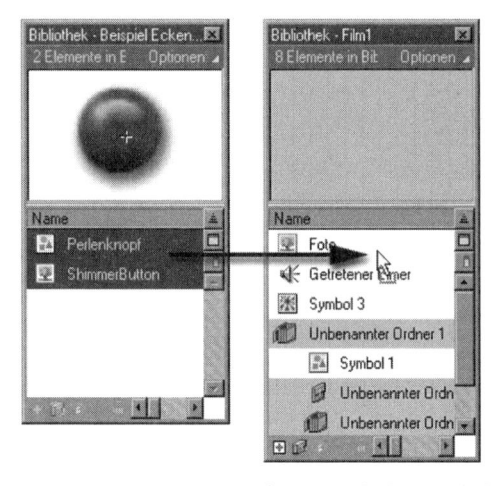

**Abbildung 5.40:** Hier werden zwei Objekte von links nach rechts kopiert

## Die Allgemeinen Bibliotheken

Haben Sie die Bibliotheken mit installiert, finden Sie diese im Menü *Fenster / Allgemeine Bibliotheken*. Es handelt sich dabei um die Bibliotheken *Filme, Grafiken, Schaltflächen, Schaltflächen-Erweitert* und *Sounds*. Entscheiden Sie selbst, ob Sie die Objekte dieser Bibliotheken verwenden wollen. In diesem Buch sind einige Grafiken zur Erstellung von Beispielen verwendet worden.

# KAPITEL

## Die Zeitleiste

Bewegung braucht Zeit und Raum. Die Zeit für Bewegungen wird auf der Zeitleiste festgelegt. Wie Sie die Zeitleiste verwenden, lesen Sie in diesem Kapitel.

6

# Die Zeitleiste

Unter der Standardsymbolleiste befindet sich rechts die *Zeitleiste*. Wenn Sie Animationen mit Flash erstellen wollen, werden Sie nicht umhin kommen, sich mit diesem Werkzeug auseinander zu setzen. Die Zeitleiste kann man mit einer Filmrolle vergleichen, jedes Bild der Zeitleiste entspricht einem Bild in Ihrem Film. Die Bühne oder das spätere Ansichtsfenster ist dementsprechend die Fläche, auf die dieser Film projiziert wird.

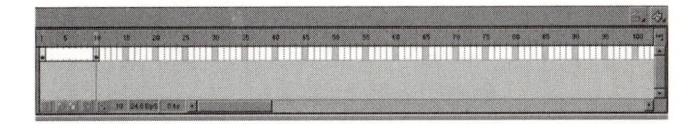

**Abbildung 6.1:** Die Zeitleiste

Die Größe der Zeitleiste lässt sich verändern. Sobald Sie mit dem Mauszeiger auf den unteren Rand der Zeitleiste zeigen, verwandelt er sich in einen Pfeil nach unten und oben. Wenn Sie nun die Maustaste drücken und gedrückt halten, können Sie die Größe der Zeitleiste nach oben und unten verändern.

> Vermeiden Sie, die Zeitleiste bis zum unteren Rand des Bilds aufzuziehen, wenn die Statussymbolleiste aktiviert ist, da die Zeitleiste dann nämlich auch an die Statussymbolleiste andockt und Sie keine Fläche mehr haben, um die Zeitleiste wieder so klein zu ziehen, dass Sie die Bühne von Flash wieder zu sehen bekommen. Sollte es Ihnen doch einmal passiert sein, blenden Sie über *Fenster / Symbolleisten* die Statussymbolleiste aus. Dahinter sollte sich der untere Rand der Zeitleiste verbergen, mit dem Sie die Zeitleiste wieder verkleinern können.

Sollte Sie die Zeitleiste stören, weil Sie Ihnen zu viel Platz wegnimmt, können Sie sie auch ganz ausschalten. Dazu bemühen Sie einfach das Menü *Ansicht / Zeitleiste*. Wird neben dem Eintrag ein Häkchen angezeigt, wird die Zeitleiste ebenfalls angezeigt.

# Zeit und Bildrate

Je höher Sie die *Bildrate* eingestellt haben, umso schneller werden die Bilder abgespielt. Die Bildrate wird Ihnen am unteren Rand der Zeitleiste angezeigt und in *Bildern pro Sekunde* (*BpS*) angegeben. Rechts neben dieser Angabe können Sie den Zeitpunkt in Sekunden ablesen, an dem Sie sich im Film gerade befinden.

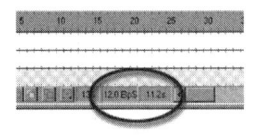

**Abbildung 6.2:** Die Bildrate wird hier angezeigt

Die Bildrate können Sie in den *Filmeigenschaften* verändern. Diese Filmeigenschaften erreichen Sie durch einen Doppelklick auf die Anzeige der Bildrate oder über das Menü *Modifizieren / Film*. Die Tastenkombination [Strg] + [M] ([⌘] + [M]) hat denselben Effekt.

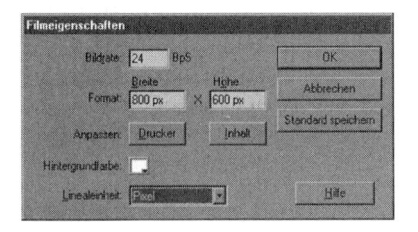

**Abbildung 6.3:** Die Filmeigenschaften

Die Anzahl der Bilder auf den Zeitleisten des Films ist auf 16.000 Bilder für den gesamten Film beschränkt. Bei einer Bildrate von 12 Bildern pro Sekunde bedeutet dies eine Gesamtlänge von circa 22 Minuten. Sollte Ihnen dies nicht ausreichen, werden Sie wohl oder übel eine neue Datei erzeugen und einen geschickten Übergang herbeiführen müssen.

# Zeitleiste und Ebenen-Palette

Zeitleiste und Ebenen-Palette haben zwar ihre eigenen Werkzeuge, sind aber unzertrennlich miteinander verbunden. Das erleichtert Ihnen die Übersicht, da jede Ebene auch einen eigenen Zeitstrang bekommt. Fügen Sie in der Ebenen-Palette eine Ebene hinzu, wird diese auch auf der Zeitleiste angezeigt.

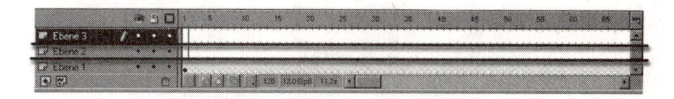

**Abbildung 6.4:** Jede Ebene mit eigener Zeitleiste

Modifizieren Sie die Einstellungen für die Darstellung einer Ebene, trifft das für den gesamten dazugehörigen Zeitleistenstrang zu. Umgekehrt haben aber die meisten Ansichtsoptionen der Zeitleiste nur geringe Auswirkungen auf die Ansicht der Ebenen-Palette.

Sie können ganze Ebenen untereinander vertauschen oder auch nur einzelne Elemente auf der Zeitleiste in einen anderen Zeitstrang, also auf eine andere Ebene, verschieben und kopieren.

Zu der Ebenen-Palette und den Ebenen finden Sie in diesem Buch ein eigenes Kapitel, das sich erschöpfend damit beschäftigt.

# Abspielkopf

Um zu erfahren, welches Bild der Zeitleiste auf der Bühne gerade dargestellt wird, brauchen Sie sich nur den Stand des Abspielkopfs zu betrachten. Der *Abspielkopf* ist die rote Linie, die von einem roten Quadrat auf dem Lineal der Zeitleiste vertikal nach unten über alle Ebenen geht. Dort, wo sich die rote Linie befindet, befinden Sie sich derzeit auf der Zeitleiste. Ablesen können Sie das zum einen auf dem Lineal am oberen Rand der Zeitleiste und zum andern am unteren Rand zwischen Zwiebelschalen-Schaltflächen und Bildratenanzeige.

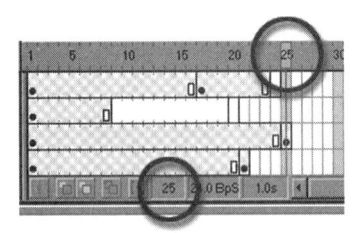

**Abbildung 6.5:** Sie befinden sich auf Bild 25

Mit der kleinen Schaltfläche ganz unten links in der Zeitleiste zentrieren Sie die Darstellung der Zeitleiste um den Abspielkopf herum. Das funktioniert allerdings erst, wenn die Szene, in der Sie sich befinden, schon eine Anzahl von Bildern hat, die nicht mehr auf einmal nebeneinander auf der Zeitleiste dargestellt werden können. Sie können die Schaltfläche also benutzen, um sich das Scrollen zu sparen. Die Szene im Beispiel unten hat über 100 Bilder, sodass es dort bereits funktioniert.

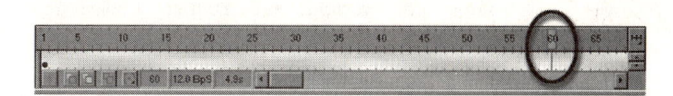

**Abbildung 6.6:** Der Abspielkopf ist bei 60

**Abbildung 6.7:** Hier wird er in der Mitte des Fensters der Zeitleiste dargestellt

Da sich der Abspielkopf maximal auf das letzte Bild aller Ebenen setzen lässt, kann man mit der *Bild zentrieren*-Schaltfläche auch maximal das letzte Bild auf der Zeitleiste zentrieren.

# Bilder und Schlüsselbilder

Bei der folgenden Beschreibung der *Bilder* und *Schlüsselbilder* auf der Zeitleiste wird nur auf die Darstellung im *Getönte Bilder*-Modus eingegangen. Dieser Modus ist standardmäßig eingerichtet. Wie Sie diesen Modus ausschalten und welche Veränderungen in der Darstellung sich ergeben, können Sie unter *Darstellungsmöglichkeiten* weiter unten nachlesen.

Die Bilder der Zeitleiste werden von links nach rechts hintereinander abgespielt. Am besten lässt sich die Zeitleiste mit einer Filmrolle vergleichen, die ebenfalls aus Bildern besteht, die hintereinander abgespielt werden. Die Geschwindigkeit, in der die Bilder abgespielt werden, legen Sie mit der Bildrate fest. In einem Flash-Film werden nur Bilder abgespielt, die festgelegt wurden. Dabei lassen sich drei verschiedene Arten von Bildern unterscheiden, _Schlüsselbilder_, _Leere Schlüsselbilder_ und _Zwischenbilder_. Letztere werden im übrigen Buch meist einfach nur _Bilder_ genannt.

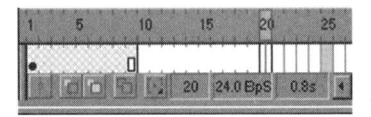

**Abbildung 6.8:** Vorne ein _Schlüsselbild_ und hinten ein _Leeres Schlüsselbild_, dazwischen und dahinter _Zwischenbilder_

# Schlüsselbild

Mit _Schlüsselbildern_ legen Sie fest, welches Erscheinen die Bühne zu bestimmten Zeitpunkten haben soll. Ein Schlüsselbild erkennen Sie auf der Zeitleiste anhand des schwarzen Punkts. Die Inhalte der Schlüsselbilder sind für Flash bindend. Zeichnen Sie auf das erste Leere Schlüsselbild der Zeitleiste einen Kreis, wird zu diesem Zeitpunkt ein Kreis dargestellt. Fügen Sie im direkt folgenden Bild ein _Leeres Schlüsselbild_ ein und füllen es mit einem Quadrat, wird die Darstellung des fertiges Films an diesem Zeitpunkt von dem Kreis auf das Quadrat umspringen.

Sie erzeugen ein Schlüsselbild, indem Sie die gewünschte Stelle im Zeitstrang der gewünschten Ebene markieren und entweder die F6-Taste drücken, den Menübefehl _Einfügen / Schlüsselbild_ oder den entsprechenden Eintrag aus dem Kontextmenü auswählen. Das Einfügen eines Schlüsselbilds kopiert sämtliche Inhalte der Bühne und des Arbeitsbereichs des vorangehenden Schlüsselbilds auf der Zeitleiste. Ist das vorangehende Schlüsselbild ein Leeres Schlüsselbild, wird anstelle eines Schlüsselbilds ein Leeres Schlüsselbild eingefügt. Markieren Sie mehrere Bilder auf der Zeitleiste und geben dann den Befehl _Schlüsselbild einfügen_, fügen Sie auf jedes einzelne Bild ein Schlüsselbild ein. Dies trifft auch zu, wenn Sie mehrere Bilder auf mehreren Ebenen markieren.

Befinden sich zwischen dem eingefügten Schlüsselbild und dem vorangehenden Schlüsselbild noch Bilder der Zeitleiste, die bisher noch nicht näher definiert wurden, werden diese in Zwischenbilder der entsprechenden Hintergrundfarbe umgewandelt. Auf diesen Bildern wird genau das dargestellt, was auf dem vorangehenden Schlüsselbild dargestellt wird. Sie müssen diese Bilder also nicht näher definieren.

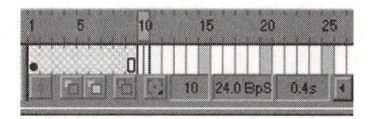

**Abbildung 6.9:** Die Bilder 2 bis 8 wurden beim Einfügen des Leeren Schlüsselbilds an Position 10 automatisch zu Zwischenbildern

Löschen Sie alle Inhalte eines Schlüsselbilds, wird es zum Leeren Schlüsselbild.

### Schlüsselbilder verschieben

Um ein Schlüsselbild zu verschieben, müssen Sie es zunächst mit einem Mausklick markieren. Klicken Sie erneut auf das Schlüsselbild, halten Sie die Maustaste gedrückt und ziehen Sie das Schlüsselbild dorthin, wo Sie es haben wollen. Der Mauszeiger bekommt ein kleines Kästchen unten rechts, solange Sie Bilder verschieben. Mit dem Schlüsselbild verschieben Sie auch sämtliche Inhalte der entsprechenden Bühne und des Arbeitsbereichs an eine andere Stelle auf der Zeitleiste.

Verschieben Sie ein Schlüsselbild von der Position 1 der Zeitleiste an eine andere Stelle, wird an die Position 1 ein Leeres Schlüsselbild gesetzt.

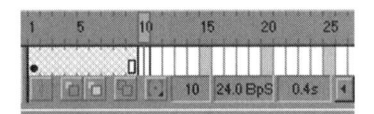

**Abbildung 6.10:** Vor dem Verschieben

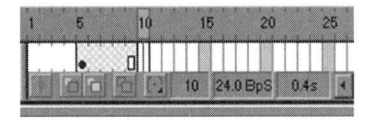

**Abbildung 6.11:** Nach dem Verschieben des Schlüsselbilds von Position 1 an Position 5

Verschieben Sie ein Schlüsselbild auf ein anderes, so ersetzen Sie das vorher an dieser Stelle sitzende durch das, das Sie dorthin verschieben. Dabei wird kein Unterschied zwischen Schlüsselbildern und Leeren Schlüsselbildern gemacht.

Sie können ein Schlüsselbild auf diesem Wege jedoch nicht hinter das letzte Bild verschieben, das in einer Ebene der Zeitleiste sitzt. Dazu müssen Sie ein oder mehrere Bilder zuvor kopieren und dann an entsprechender Stelle wieder einfügen.

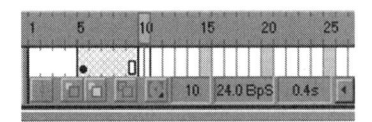

**Abbildung 6.12:** Vor dem Verschieben

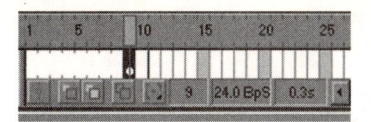

**Abbildung 6.13:** Nach dem Verschieben des Schlüsselbilds von Position 5 an Position 10

Wenn Sie ein Schlüsselbild an eine Stelle kopieren, die hinter dem derzeitigen Ende des Films auf dieser Ebene liegt, wird der Zwischenraum mit Bildern aufgefüllt. Das Auffüllen geschieht allerdings nur auf der Ebene, auf die Sie das Schlüsselbild verschieben. Es ist auch möglich, Bilder von einer Ebene zur anderen zu verschieben.

Sie erreichen das Kopieren einzelner oder mehrerer Bilder der Zeitleiste, indem Sie diese markieren und danach das Kontextmenü dazu öffnen.

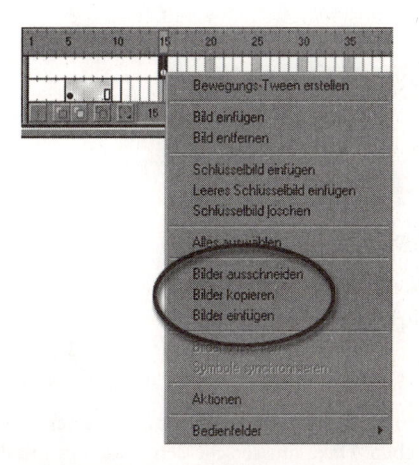

**Abbildung 6.14:** Bilder der Zeitleiste ausschneiden, kopieren oder einfügen

Auf diesem Wege können Sie Bilder auch auf eine andere Ebene kopieren oder verschieben.

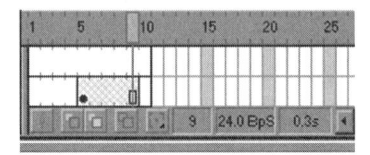

**Abbildung 6.15:** Vor dem Kopieren

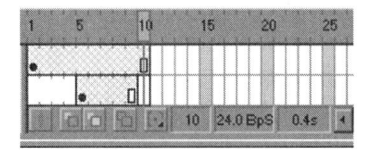

**Abbildung 6.16:** Variante 1

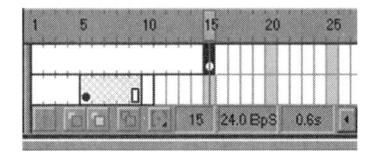

**Abbildung 6.17:** Variante 2

Im Beispiel oben wurde zum einen das Schlüsselbild der unteren Ebene auf die obere Ebene verschoben. In der zweiten Variante wurde es zusätzlich hinter das vormalige Ende des Films gesetzt.

Sie können auch ganze Abschnitte auf einer Ebene der Zeitleiste verschieben. Dazu müssen Sie den Abschnitt mit der Maus markieren, indem Sie die Maus mit gedrückter Maustaste darüber ziehen.

Lassen Sie die Maustaste los und fassen Sie den markierten Bereich an beliebiger Stelle mit einem Mausklick, halten Sie die Maustaste gedrückt und verschieben Sie den Bereich dann dorthin, wo Sie ihn haben wollen.

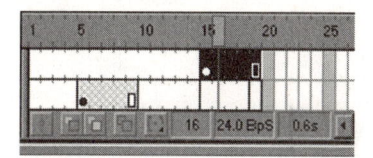

**Abbildung 6.18:** Der markierte Bereich soll verschoben werden

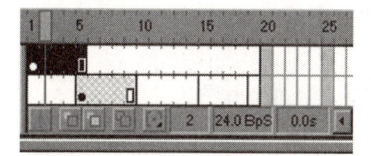

**Abbildung 6.19:** Er wurde an den Anfang der Szene verschoben

Auf diesem Wege können Sie auch Abschnitte und Schlüsselbilder auf andere Ebenen verschieben.

Das Verschieben ganzer Bereiche funktioniert im Grunde nach denselben Regeln wie das Verschieben einzelner Schlüsselbilder. So können allerdings auch Zwischenbilder verschoben werden, sodass sie ihre Eigenschaften behalten.

Markieren Sie ein Zwischenbild und versuchen Sie, es zu verschieben, werden Sie damit lediglich eine Kopie des vorangehenden Schlüsselbilds an der Stelle erzeugen, an die Sie das Zwischenbild verschieben wollen.

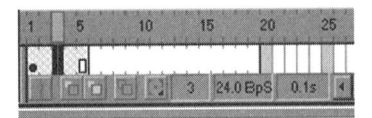

**Abbildung 6.20:** Das Zwischenbild an Position 3 soll hier zur Position 10 verschoben werden

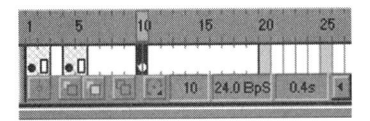

**Abbildung 6.21:** Das Ergebnis – eine exakte Kopie des Schlüsselbilds an Position 1

### Schlüsselbilder kopieren

Es ist auch möglich, ein einzelnes Schlüsselbild oder einen markierten Bereich zu kopieren. Dies können Sie sowohl innerhalb einer Ebene als auch von Ebene zu Ebene tun. Markieren Sie dazu den zu kopierenden Bereich oder das Schlüsselbild, als wollten Sie es verschieben. Zeigen Sie mit dem Mauszeiger auf den Bereich, drücken Sie die [Strg]-Taste ([⌘]-Taste) und halten Sie die Taste gedrückt. Der Mauszeiger verwandelt sich bereits jetzt in einen Zeiger, an dem unten rechts ein Kästchen hängt, in dem ein Plus zu sehen ist. Drücken Sie nun die Maustaste, halten Sie sie gedrückt und verschieben Sie den markierten Bereich dorthin, wo Sie ihn haben wollen. Sobald Sie die Maustaste loslassen, wird an der gewählten Stelle eine Kopie des markierten Bereichs erstellt. Lassen Sie die [Strg]-Taste ([⌘]-Taste) los, bevor Sie die Maustaste loslassen, verschieben Sie den markierten Bereich lediglich, wie oben beschrieben.

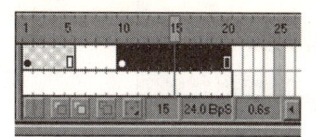

**Abbildung 6.22:** Der markierte Bereich soll an die Position 10 der Ebene 1 kopiert werden

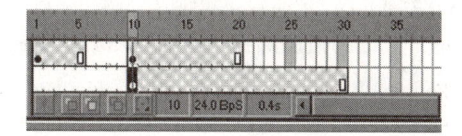

**Abbildung 6.23:** Eine Kopie da, wo sie hin soll, aber ...

Bei dieser Methode sollten Sie natürlich darauf achten, dass sie nur das markieren, was sie auch tatsächlich verschieben wollen, weil es sonst zu einem heillosen Durcheinander kommt.

### Schlüsselbilder und Zwischenbilder löschen

Mit dem Menübefehl *Einfügen / Schlüsselbild löschen*, dem entsprechenden Kontextmenübefehl oder den Tasten [⇧] + [F6] löschen Sie Schlüsselbilder. Die zu löschenden Schlüsselbilder müssen allerdings vorher markiert werden. Es spielt keine Rolle, ob es sich um Leere Schlüsselbilder oder Schlüsselbilder handelt, beide können mit demselben Befehl gelöscht werden. Haben Sie einen Bereich markiert, löschen Sie alle enthaltenen Schlüsselbilder.

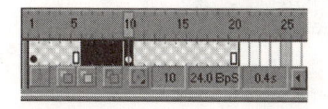

**Abbildung 6.24:** Hier werden beide enthaltenen Schlüsselbilder gelöscht

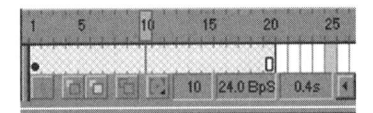

**Abbildung 6.25:** Das Ergebnis

Das erste Schlüsselbild jeder Ebene kann nicht gelöscht werden. Der Befehl wird für diese Schlüsselbilder von Flash ignoriert.

Gelöschte Schlüsselbilder werden durch Zwischenbilder ersetzt.

Sie können über den Befehl *Einfügen / Bild löschen* Zwischenbilder entfernen. Das Bild wird komplett gelöscht und die Länge des Films auf der entsprechenden Ebene wird reduziert. Bilder rechts vom gelöschten Bereich rutschen in die entstandene Lücke.

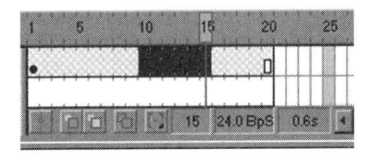

**Abbildung 6.26:** Die Bilder 10 bis einschließlich 15 auf der oberen Ebene sollen gelöscht werden

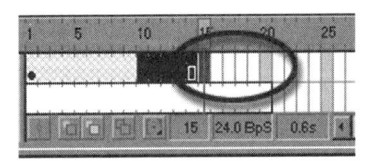

**Abbildung 6.27:** Das Ergebnis – der obere Film ist nun auf der oberen Ebene 6 Bilder kürzer

Den Befehl *Bild löschen* können Sie auch über das Kontextmenü oder die Tastenkombination ⇧ + F5 erreichen.

## Leeres Schlüsselbild

Solange sich sowohl auf der Bühne als auch auf der Arbeitsfläche eines Schlüsselbilds in einer Ebene keinerlei Elemente, gleich welcher Art, befinden, wird ein Schlüsselbild als Leeres Schlüsselbild auf der Zeitleiste angezeigt. Leere Schlüsselbilder erkennen Sie dort als kleine schwarze Kreise ohne Füllfarbe. Sobald Sie auch nur einen Pixel auf Bühne oder Arbeitsbereich des Leeren Schlüsselbilds einfügen, wird es zu einem Schlüsselbild.

Sie können Leere Schlüsselbilder einfügen, indem Sie entweder die F7-Taste drücken, den Menübefehl *Einfügen / Leeres Schlüsselbild* oder den entsprechenden Menüeintrag aus dem Kontextmenü auswählen. Sie müssen die Stelle, an der Sie ein Schlüsselbild einfügen wollen, vorher markieren. Markieren Sie mehrere Bilder auf der Zeitleiste, fügen Sie auf jedes einzelne ein Leeres Schlüsselbild ein. Dies trifft auch zu, wenn Sie mehrere Bilder auf mehreren Ebenen markieren.

Befinden sich zwischen dem eingefügten Leeren Schlüsselbild und dem vorangehenden Schlüsselbild noch Bilder der Zeitleiste, die bisher noch nicht näher definiert wurden, werden diese in Zwischenbilder der entsprechenden Hintergrundfarbe umgewandelt. Sie müssen diese Bilder also nicht näher definieren.

# Zwischenbilder

Die *Zwischenbilder* halten den Zustand eines Schlüsselbilds so lang fest, bis ein neues Schlüsselbild ein neues Aussehen festlegt.

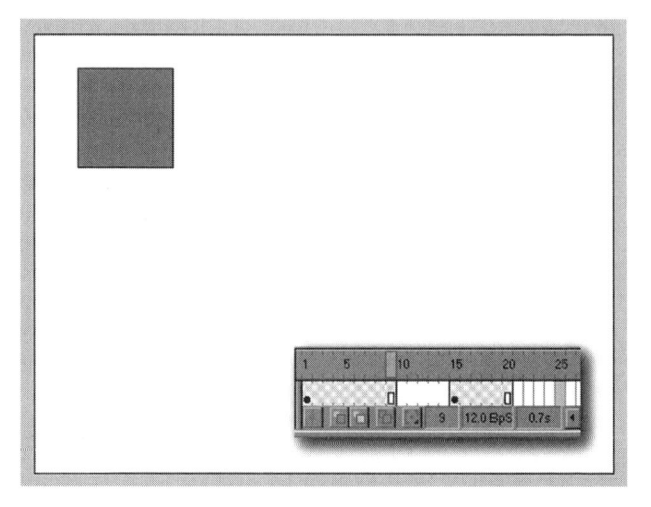

**Abbildung 6.28**: Die Bilder 1 bis 9

In diesem Beispiel ist auf dem Schlüsselbild auf Position 1 ein Quadrat gezeichnet worden. Dem Schlüsselbild folgen 8 Zwischenbilder, die dafür sorgen, dass 9 Bilder lang das Quadrat angezeigt wird. An Position 10 nun liegt ein leeres Schlüsselbild gefolgt von 4 Zwischenbildern. Es wird also in dieser Zeit von 5 Bildern eine leere Fläche angezeigt. Die Zwischenbilder halten ja das Aussehen des vorangehenden Schlüsselbilds einfach nur fest.

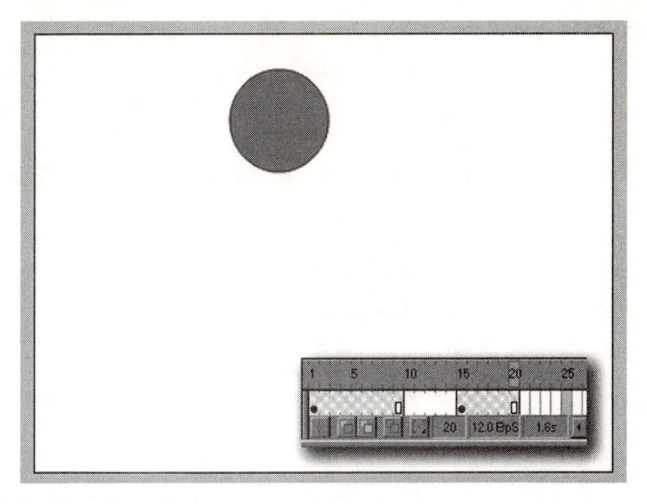

**Abbildung 6.29:** Die Bilder 15 bis 20

An Position 15 wird das Aussehen erneut durch ein Schlüsselbild neu festgelegt. Die folgenden 5 Zwischenbilder halten dieses Aussehen der Bühne, ein Kreis, bis zum Ende des Films fest. Wenn der Film nicht in einer Schleife immer und immer wieder gespielt wird, hält der Film an dieser Stelle an und es wird weiter ein Kreis auf der Bühne angezeigt.

Es wurde in diesem kleinen Beispiel also 9 Bilder lang ein Quadrat, dann 5 Bilder lang nur der weiße Hintergrund und zum Schluss 6 Bilder lang ein Kreis angezeigt.

Zwischenbilder am Ende eines Films als *Zwischenbilder* zu bezeichnen ist nicht ganz richtig, da sie ja am Ende stehen und nicht zwischen zwei Schlüsselbildern. Sie wiederholen genau wie andere Bilder den Inhalt des vorangehenden Schlüsselbilds. Das letzte Bild oder Schlüsselbild der Ebene mit den meisten Bildern kennzeichnet das Ende einer Szene. Ebenen, die weniger Bilder haben, werden am Ende nicht mit angezeigt.

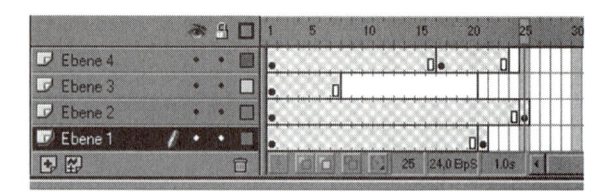

**Abbildung 6.30:** Die Szene endet an Bild 25 auf der Ebene 2

Im Beispiel oben werden die Ebenen 1, 3 und 4 nicht mehr angezeigt, wenn die Szene bis zu Bild 25 vorgedrungen ist. Bei Bild 24 wird noch die Ebene 4 angezeigt, auch wenn es sich um ein Leeres Schlüsselbild handelt. In Bild 21 wird zusätzlich noch Ebene 1 und bis zum Bild 20 werden alle Ebenen angezeigt, auch wenn auf Ebene 3 nur ein Leeres Schlüsselbild angezeigt wird.

Zwischenbilder, die einem Schlüsselbild folgen, werden grau hinterlegt angezeigt. Folgen sie einem Leeren Schlüsselbild, werden sie mit weißem Hintergrund auf der Zeitleiste angezeigt. Einen hellgrünen Hintergrund bekommen Zwischenbilder, wenn in ihnen ein *Form-Tweening* berechnet wird. Hellblau wird der Hintergrund der Zwischenbilder auf der Zeitleiste, wenn dort ein *Bewegungs-Tweening* berechnet wird.

In einem Tweening werden auf den Zwischenbildern die berechneten Zwischenstufen zwischen den Schlüsselbildern berechnet. Zu Tweenings können Sie mehr im Kapitel *Tweenings* lesen.

## Kommentar und Bezeichnung

Nur Schlüsselbilder und Leere Schlüsselbilder können mit einer *Bezeichnung* oder einem *Kommentar* versehen werden. Sie können einem Schlüsselbild nicht eine Bezeichnung und einen Kommentar zuweisen. Kommentare werden durch eine Doppellinie über dem Schlüsselbild-Symbol markiert. Bezeichnungen hingegen werden durch ein kleines Fähnchen gekennzeichnet.

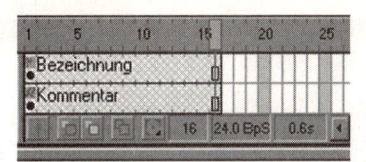

**Abbildung 6.31:** Kommentar und Bezeichnung

Sie erstellen Kommentare und Bezeichnungen, indem Sie über einen Doppelklick auf ein Schlüsselbild oder eines der ihm folgenden Zwischenbilder die *Bildeigenschaften* des entsprechenden Schlüsselbilds öffnen. Sie können diese auch über den Kontextmenüeintrag *Eigenschaften* erreichen.

**Abbildung 6.32:** Die Bildeigenschaften

Geben Sie unter *Bezeichnung* die Bezeichnung oder den Kommentar ein, den Sie für das Schlüsselbild vorgesehen haben. Ob Sie nun einen Kommentar oder eine Bezeichnung erstellen, entscheiden Sie mit zwei aufeinander folgenden Slashs vor dem eigentlichen Kommentar. Bestätigen Sie Ihre Eingaben mit der ⏎-Taste und schon haben Sie einem Schlüsselbild den Kommentar *Erstes Bild* hinzugefügt.

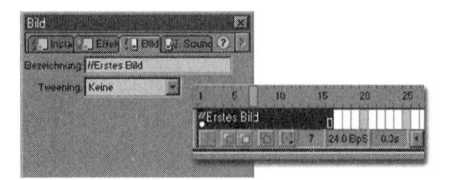

**Abbildung 6.33:** Der fertige Kommentar

Bei der Wahl des Kommentars brauchen Sie nicht besonders viel Vorsicht walten zu lassen, eine Bezeichnung kann jedoch für spätere Skripten wichtig werden. Deswegen sollten Sie eine Bezeichnung immer möglichst kurz und präzise halten. Welche Bedeutung eine Bezeichnung für ein Skript haben kann, lesen Sie im Kapitel *Aktionen und Skripten*. Hier nur so viel: Skripten können sich auf die Bezeichnungen beziehen. Wenn Sie also eine zu lange Bezeichnung wählen, müssen Sie diese Angabe auch für das Skript eingeben.

Der Kommentar ist im Gegensatz zur Bezeichnung reine Information für Sie oder jemanden, der an der Flash-Datei arbeitet. Ein Kommentar wird nicht mit exportiert, eine Bezeichnung schon, auch wenn beide im exportierten Film nicht sichtbar sind. Auch dem Kommentar tut übermäßige Länge nicht besonders gut, da auf der Zeitleiste oft nicht genügend Platz herrscht, um lange Kommentare darzustellen.

**Abbildung 6.34:** Abgeschnittene Kommentare

Bei den Kommentaren oben hätten Sie sich die übermäßige Länge sparen können, mal ganz davon abgesehen, dass der Inhalt der Kommentare nicht besonders aussagekräftig ist.

# Zwiebelschalen

Die Beschreibung der Wirkungsweisen und Möglichkeiten der *Zwiebelschalen* finden Sie im Kapitel *Tweening*, da sie bei der Erstellung von Tweenings eine wichtige Rolle zur Kontrolle spielen und dort ihre wahren Qualitäten zeigen können. Sie können sich allerdings auch jeden anderen Verlauf Ihres Films als Zwiebelschalen anzeigen lassen.

Sie finden die Schaltflächen für die verschiedenen Zwiebelschalenmodi unten links auf der Zeitleiste.

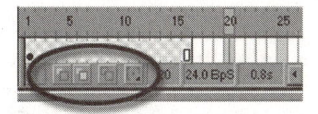

**Abbildung 6.35:** Schaltflächen für Zwiebelschalen

# Darstellungsmöglichkeiten

Die Darstellung der Bilder auf der Zeitleiste können Sie verändern. Um dieses Aussehen zu verändern, klicken Sie auf diese kleine Schaltfläche oben rechts in der Zeitleiste.

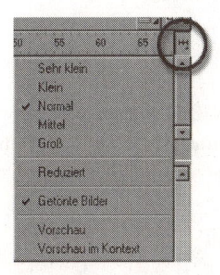

**Abbildung 6.36:** Darstellungsoptionen

Es öffnet sich ein Menü, dessen einzelne Möglichkeiten im Folgenden erklärt werden sollen. Im Grunde sind alle Einstellungen, die Sie hier treffen, auch ein wenig Geschmackssache. Der eine hat es gern kompakt und klein und dem anderen kann es nicht groß genug sein. Da nicht jeder über einen 21" Monitor verfügt, werden einige erfreut sein, dass man die recht wuchtige Zeitleiste ein wenig zusammenschrumpfen lassen kann. Welche Option Sie wählen, bleibt Ihnen überlassen.

Die Einstellungen sind in vier verschiedene Gruppen unterteilt. Teilweise lassen sich die Gruppen untereinander kombinieren. Innerhalb einer Gruppe kann jedoch nur eine Einstellung aktiviert sein.

## Breite der Bilder und Schlüsselbilder

Die oberen fünf Optionen steuern die *Breite* der einzelnen Zeitleistenbilder. Je kleiner Sie diese Bilder einstellen, umso mehr passen nebeneinander, bevor Sie scrollen müssen, um weitere Bilder ansehen zu können. Kleinere Bilder lassen sich jedoch auch schwerer auswählen.

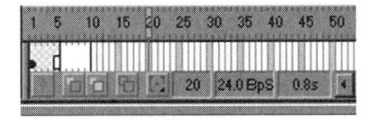

**Abbildung 6.37:** *Sehr klein*

Diese sehr kleine Breite der Bilder lässt das Auswählen von Bildern schon zu einem kleinen Kunststück werden. Außerdem haben Sie weniger Platz für Kommentare und Bezeichnungen, die auch noch lesbar bleiben sollten.

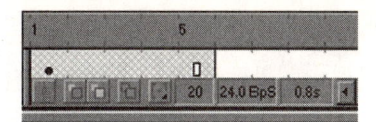

**Abbildung 6.38:** *Groß*

Bei der größten Breite leiden Sie sicher nicht an Platzmangel. Sie müssen aber auch früher seitlich scrollen, um weiter hinten liegende Bilder zu erreichen. Kommentare und Bezeichnungen finden reichlich Platz.

Am praktikabelsten ist wohl die Einstellung *Normal*, die auch als Standard eingestellt ist. Sie ist ein gelungener Kompromiss, selbst wenn Ihr Monitor nicht so groß ist, sodass Sie mit Platz sparen müssen.

Die Breiten lassen sich nicht mit den beiden Vorschaumodi kombinieren, aber mit *Reduziert* und *Getönte Bilder*. Die Vorschaumodi werden von den Breiten aufgehoben, sobald man eine Breiteneinstellung vornimmt. Umgekehrt werden aber auch die Breiteneinstellungen aufgehoben, sobald Sie einen der beiden Vorschaumodi wählen.

# Reduziert

Leiden Sie unter extremem Platzmangel auf Ihrem Monitor, sollten Sie die Einstellung *Reduziert* versuchen. Hier wird die Höhe der Bilder auf der Zeitleiste reduziert. Selbst die Symbole auf der Ebenen-Palette werden dadurch geschrumpft. Kommentare und Bezeichnungen bleiben in dieser Einstellung trotz der reduzierten Höhe sichtbar, wenn auch kleiner, und müssen sich nur mit den Symbolen für Schlüsselbilder den spärlichen Platz teilen. Wird die Zeitleiste reduziert angezeigt, befindet sich im Menü ein Häkchen neben dem Eintrag *Reduziert*. Ist dort kein Häkchen, wird die Zeitleiste normal und damit nicht reduziert dargestellt.

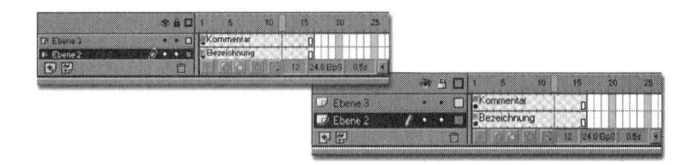

**Abbildung 6.39**: Oben links reduziert, unten rechts nicht reduziert

*Reduziert* lässt sich mit den Breiten und mit *Getönte Bilder*, allerdings nicht mit den beiden Vorschaumodi kombinieren. Ist ein Vorschaumodus aktiv, können Sie den Eintrag *Reduziert* nicht wählen. *Reduziert* wird außerdem von den beiden Vorschaumodi aufgehoben.

## Getönte Bilder

In der Standardeinstellung werden alle Bilder der Zeitleiste getönt dargestellt, was durch ein Häkchen links neben dem Eintrag *Getönte Bilder* angezeigt wird. Getönt bedeutet:

- Alle Schlüsselbilder werden durch einen gefüllten, schwarzen Punkt dargestellt, dessen Hintergrund grau eingefärbt ist.

- Alle Bilder, die einem Schlüsselbild folgen, in denen sich keine berechneten Tweening-Bilder befinden, werden ebenfalls mit grauem Hintergrund angezeigt.

- Alle Leeren Schlüsselbilder werden durch einen unausgefüllten Kreis auf weißem Hintergrund dargestellt.

- Alle Bilder, die einem Leeren Schlüsselbild folgen, in dem sich keine berechneten Tweening-Bilder befinden, werden mit weißem Hintergrund angezeigt.

## Kapitel 6 — Die Zeitleiste

✔ Alle Bilder und Schlüsselbilder, denen ein Bewegungs-Tweening zugewiesen wurde, werden durch einen hellblauen Hintergrund und die entsprechenden Symbole in Schwarz darauf dargestellt.

✔ Alle Bilder und Schlüsselbilder, denen ein Form-Tweening zugewiesen wurde, werden durch einen hellgrünen Hintergrund und die entsprechenden Symbole in Schwarz darauf dargestellt.

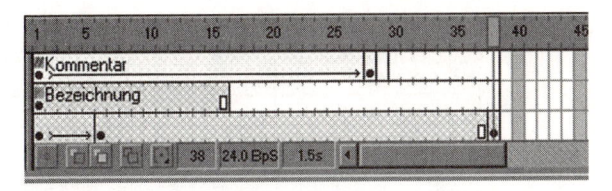

**Abbildung 6.40:** *Getönte Bilder*

Deaktivieren Sie *Getönte Bilder* durch einen Klick auf den Menüeintrag, verschwindet das Häkchen links neben dem Eintrag und die Bilder der Zeitleiste werden wie folgt dargestellt:

✔ Der Hintergrund berechneter Bilder (Tweening) wird gerastert dargestellt.

✔ Der Hintergrund nicht berechneter Bilder wird weiß dargestellt.

✔ Schlüsselbilder, denen ein Bewegungs-Tweening zugewiesen wurde, werden durch einen roten Punkt angezeigt. Die Pfeil- oder gestrichelten Linien eines Bewegungs-Tweenings werden ebenfalls in Rot dargestellt, allerdings auf gerastertem Hintergrund.

✔ Schlüsselbilder, denen ein Form-Tweening zugewiesen wurde, werden durch einen grünen Punkt angezeigt. Die Pfeil- oder gestrichelten Linien eines Bewegungs-Tweenings werden ebenfalls in Grün dargestellt, allerdings auf gerastertem Hintergrund.

✔ Schlüsselbilder, denen keinerlei Tweening zugewiesen wurde, werden als blauer Punkt angezeigt.

✔ Normale Bilder ohne Tweening, die einem Schlüsselbild folgen, werden weiß angezeigt, egal, ob das Schlüsselbild ein Schlüsselbild oder ein Leeres Schlüsselbild ist.

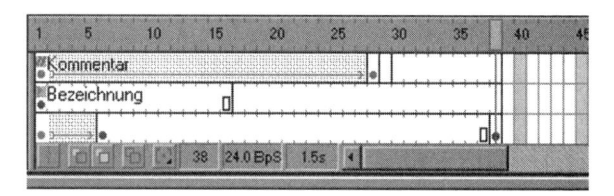

**Abbildung 6.41:** *Getönte Bilder* deaktiviert

*Getönte Bilder* lässt sich mit allen anderen Einstellungen des Menüs kombinieren. Für die Vorschaumodi unterscheiden sich jedoch die Auswirkungen für die Darstellung.

## Vorschau und Vorschau im Kontext

Im ersten Vorschaumodus zeigt Flash in den Schlüsselbildern auf der Zeitleiste eine *Vorschau* des gesamten Bildinhalts auf der entsprechenden Ebene an. »Gesamter Bildinhalt« bedeutet, dass auch die Inhalte des Arbeitsbereichs mit in der Vorschau angezeigt werden. Die Vorschau beschränkt sich jedoch auf die Inhalte der Ebene, in der das Schlüsselbild sitzt, und zeigt diese so groß wie möglich an.

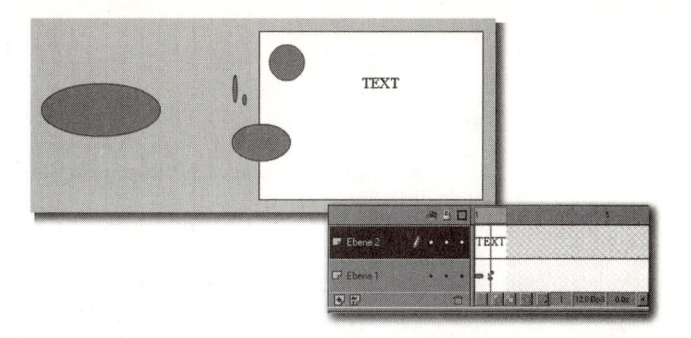

**Abbildung 6.42:** Vorschau des Inhalts eines Schlüsselbilds auf der Zeitleiste

Auf der Ebene 2 im Beispiel liegt lediglich das Wort *Text* und dies wird in der Vorschau so groß wie möglich angezeigt. Die Elemente der Ebene 1 liegen weit auseinander und sogar auf dem Arbeitsbereich, sodass das Vorschaubild sehr klein und nahezu unbrauchbar wird. Es liefert nur noch einen ungefähren Eindruck des Inhalts.

Für Zwischenbilder, egal ob berechnet oder nicht, wird keine Vorschau erzeugt. Außerdem werden keine Symbole für Schlüsselbilder und Tweening-Pfeile oder -Strichlinien angezeigt, sodass man ein funktionierendes Tweening nicht mehr von einem nicht funktionierenden unterscheiden kann.

Der zweite Vorschaumodus erzeugt eine Vorschau, die sich auf die Bühne eines Schlüsselbilds beschränkt. Es wird weiterhin nur der Bildinhalt der entsprechenden Ebene angezeigt. Die Größe der Vorschau wird durch die Bühne vorgegeben. Man könnte sagen, dass eine Miniatur der Bühne in einem Bild der Zeitleiste abgebildet wird. Im Beispiel unten wurde dasselbe Bild gewählt wie oben.

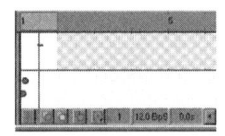

**Abbildung 6.43:** Vorschau des Inhalts eines Schlüsselbilds im Kontext der Zeitleiste

Auf Ebene 1 sieht man nun, dass der Inhalt des Arbeitsbereichs nicht mehr mit in die Vorschau einfließt. Außerdem bleiben die Relationen der Ebenen zueinander korrekt, da die Bühne des Schlüsselbilds dargestellt wird und nicht der Inhalt des Schlüsselbilds. Inhalte werden also auch nicht mehr möglichst groß gezeigt.

Wie im ersten werden auch im zweiten Vorschaumodus keine Symbole für Schlüsselbilder und Pfeil- oder Strichlinien für Tweenings angezeigt. Auch hier lässt sich also nicht sehen, ob ein Tweening erfolgreich durchgeführt wird oder nicht.

Die Vorschaumodi lassen sich nicht mit den Breiten und mit *Reduziert* kombinieren und heben diese beiden Darstellungen auf, indem eine eigene Größe gewählt wird, die breiter als *Groß* und höher als nicht *Reduziert* ist.

In Kombination mit *Getönte Bilder* werden allerdings nur die Hintergrundfarbern der Einstellung *Getönte Bilder* übernommen. Ist *Getönte Bilder* ausgeschaltet, werden alle Bilder mit weißem Hintergrund dargestellt.

# Zeitleiste andocken und verschieben

Sie können die Zeitleiste wie jede andere Symbolleiste auch an einer anderen Stelle des Monitors platzieren. Dazu fassen Sie sie mit der linken Maustaste zwischen Szenenanzeige und Szenenwechsel-Schaltfläche oder im oberen Teil der Ebenen-Palette an, halten den Mausknopf gedrückt und verschieben die Zeitleiste.

Ist im Dialog *Bearbeiten / Einstellungen / Allgemein* die Option *Andocken der Zeitleiste deaktivieren* deaktiviert, dockt die Zeitleiste automatisch unter der Standardsymbolleiste an, wenn sie sich in deren Nähe befindet. Sie müssen die Zeitleiste also schon ein gutes Stück wegbewegen, wenn sie nicht sofort wieder andocken soll.

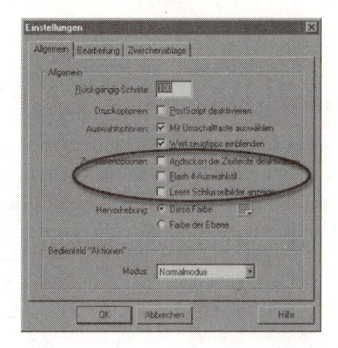

**Abbildung 6.44:** Einstellungen

Sobald Sie die Zeitleiste wegbewegt haben, und dies nicht zu dicht an einem der übrigen Ränder des Flash-Bildschirms, wird die Zeitleiste als eigenes Fenster angezeigt. Sie können die Zeitleiste auch wie jede andere Symbolleiste an eine der übrigen drei Ränder des Bildschirms andocken lassen, indem Sie sie einfach mit der Maus dorthin bewegen.

Ist allerdings die Option *Andocken der Zeitleiste deaktivieren* aktiviert, können Sie sich die Zeitleiste nur als eigenständiges Fenster anzeigen lassen und sie nicht an einem der Ränder oder unter der Standardsymbolleiste andocken lassen.

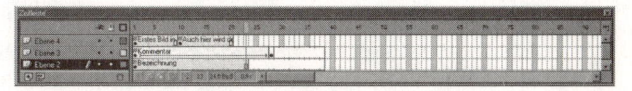

**Abbildung 6.45:** Die Zeitleiste als eigenes Fenster

## Flash-4-Auswahlstil

Wenn Sie bereits viel mit Flash 4 gearbeitet haben, wird Ihnen die neue Bearbeitungsmöglichkeit der Zeitleiste und ihrer Bilder eventuell nicht besonders zusagen. Zu diesem Zweck können Sie die geliebten alten Methoden auch weiter in Flash 5 verwenden. Dazu aktivieren Sie einfach die entsprechende Option im Dialog *Bearbeiten / Einstellungen*.

## Leere Schlüsselbilder anzeigen

Egal, ob nun Flash-5-Auswahlstil oder nicht, mit dieser Option lassen sich die Leeren Schlüsselbilder ebenso anzeigen wie die in Flash 4. Sie sind dadurch leichter von den anderen Bildern zu unterscheiden, weil sie einen unausgefüllten Kreis bekommen.

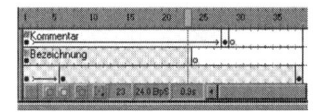

**Abbildung 6.46**: In den oberen beiden Ebenen wird am Ende jeweils ein Leeres Schlüsselbild angezeigt

# Bibliotheken und Szenenanzeige

Auch wenn die Bibliothek-Schaltfläche, die Szenenanzeige und die Szenenwechsel-Schaltfläche nicht direkt zur Zeitleiste gehören, sollen sie wegen ihrer unmittelbaren Nähe an dieser Stelle beschrieben werden.

## Bibliothek-Schaltfläche

Am rechten Rand oberhalb der Zeitleiste befindet sich die *Bibliothek-Schaltfläche*. Wenn Sie auf diese Schaltfläche klicken, öffnet sich ein Menü, das aus allen Elementen und Ordnern besteht, die sich in der Bibliothek des aktuellen Films befinden. Es wird Ihnen allerdings nur der Name der Elemente und Ordner gezeigt. Wenn Sie also Ihre Symbole, Bilder und Ordner nur automatisch von Flash haben benennen lassen, werden Sie mit diesem Menü nur schwer etwas anzufangen wissen.

Haben Sie allerdings Ordner, Symbole und Bibliotheken sinnvoll benannt, erlaubt Ihnen das Menü direkt in den Bearbeitungsmodus für die entsprechenden Bilder und Symbole zu springen. Sie wählen einfach das entsprechende Element per Mausklick aus dem Menü und schon können Sie es bearbeiten.

Ordner, die ihrerseits mehrere Elemente enthalten können, sind durch ein kleines Dreieck rechts vom Ordnernamen gekennzeichnet. Wählen Sie einen Ordnernamen an, öffnet sich automatisch ein Untermenü mit den im Ordner befindlichen Elementen.

Genaueres zu Bibliotheken können Sie im Kapitel *Bibliotheken, Symbole und Instanzen* erfahren.

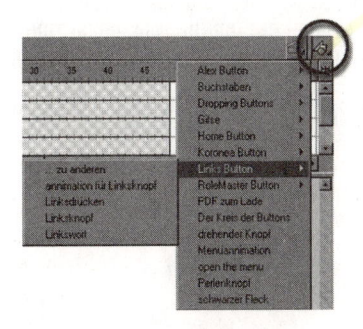

**Abbildung 6.47:** Bibliothek

## Szenenwechsel-Schaltfläche

Je größer ein Film wird, umso eher sollten Sie den Film in mehrere Szenen unterteilen. Auch bei Internetseiten, die komplett mit Flash erstellt werden, sollten Sie für jede Seite eine eigene Szene erstellen. Sie haben mehrere Möglichkeiten zwischen den einzelnen Szenen hin und her zu springen. Eine dieser Möglichkeiten ist die *Szenenwechsel-Schaltfläche* am rechten Rand oberhalb der Zeitleiste und links von der Bibliothek-Schaltfläche.

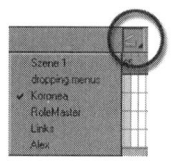

**Abbildung 6.48:** Szenenwahl

Klicken Sie auf diese Schaltfläche, öffnet sich ein Menü, das aus den Namen der Szenen eines Films besteht. Haben Sie die Szenen von Flash benennen lassen, können Sie an den Nummern im Namen erkennen, in welcher Reihenfolge die Szenen erstellt worden sind. Je mehr Szenen Sie allerdings in einem Film untergebracht haben, umso unübersichtlicher wird eine solche Benennung.

Die Bezeichnung der Szene, in der Sie sich gerade befinden, ist im Menü mit einem kleinen Häkchen links neben der Bezeichnung markiert. Klicken Sie mit der linken Maustaste auf eine der übrigen Bezeichnungen, um in das erste Bild der entsprechenden Szene zu springen.

## Szenenanzeige

Auf der rechten Seite oberhalb der Ebenen-Palette befindet sich die *Szenenanzeige*. Mit dieser Anzeige können Sie zum einen genau verfolgen, wo Sie sich zur Zeit in einem Film befinden, und zum anderen können Sie diese Anzeige auch zur Navigation durch den Film benutzen.

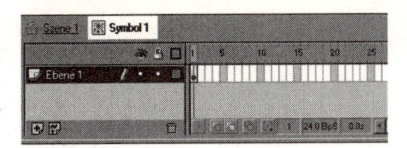

**Abbildung 6.49:** Szenenanzeige

In dem Beispiel oben befinden Sie sich in der Szene *Szene 1* und bearbeiten gerade die Schaltfläche *Symbol 1*. Sie erkennen dies an den verschiedenen Symbolen, die der Bezeichnung der Szene, des Bilds oder des Symbols voranstehen. Die Symbole können wie folgt gelesen werden:

- ✔ Szene
- ✔ Schaltfläche
- ✔ Gruppe
- ✔ Bitmap
- ✔ Grafik-Symbol
- ✔ Filmsequenz

Ganz vorn steht immer eine Szene als übergeordnete Ebene. Die der Szene folgenden Symbole und Bezeichnungen sind abhängig von dem, was Sie gerade bearbeiten und nahezu beliebig kombinierbar. Sie könnten zum Beispiel gerade eine Gruppe bearbeiten, die sich in einer Filmsequenz befindet. Die Filmsequenz ist auf einer Schaltfläche platziert, die sich ihrerseits in einer Szene befindet. Eine solche Szenenanzeige würde dann folgendermaßen aussehen:

> Szene 1 | Symbol 1 | Symbol 2 | Symbol 3 | **Gruppe**

**Abbildung 6.50:** Ein weiteres Beispiel für eine Szenenanzeige

Die Bezeichnungsnamen hinter den Symbolen funktionieren wie Verlinkungen auf einer Internetseite. Klicken Sie auf das Wort *Symbol 1*, befinden Sie sich wieder im Bearbeitungsmodus für die Schaltfläche *Symbol 1*. Klicken Sie auf die Bezeichnung *Symbol 2*, sind Sie nur bis in den Bearbeitungsmodus der Filmsequenz zurückgelangt. *Szene 1* bewirkt demnach, dass Sie bis in die Szenenbearbeitung zurückkommen.

Sobald Sie die Szenenanzeige dazu verwendet haben, eine Ebene weiter nach links zu gelangen, verschwindet das Symbol und alle Bezeichnungen rechts davon. Haben Sie im Beispiel oben auf die Bezeichnung *Szene 1* geklickt, um wieder zurück zur Szene 1 zu gelangen, zeigt die Szenenanzeige danach Folgendes an:

> Szene 1

**Abbildung 6.51:** Szenenanzeige Szene 1

Wollen Sie von Szene 1 dann wieder in den Bearbeitungsmodus für die Schaltfläche *Symbol 1*, müssen Sie den Bearbeitungsmodus für diese Schaltfläche erneut öffnen.

# KAPITEL 7

## Ebenen

Nahezu jedes moderne Grafikprogramm bedient sich heutzutage der Ebenentechnik. Flash benutzt ebenfalls Ebenen und erweitert diese um die Dimension Zeit.

# Ebenen

Lange Zeit hatte man bei Bildern, die man mit Grafikprogrammen erstellte, das Problem wie auf einer Leinwand zu arbeiten. Alles, was man mit einem Zeichenwerkzeug an Stellen aufbrachte, an denen bereits Bildinformationen dargestellt wurden, überdeckte und löschte damit die vorher existierenden Informationen. Man übermalte seine eigenen Bilder. Da man allerdings mit einer Maus nicht sonderlich gut malen kann, gerieten solche Gemälde immer wieder in eine Sackgasse, in der einem der letzte Pinselstrich nicht gefiel, weil er am falschen Platz saß. Man musste entweder versuchen, den alten Zustand wieder herzustellen, oder malte so lang an einem Bild immer wieder auf derselben Stelle herum, bis einem das Ergebnis gefiel. Der Befehl *Wiederherstellen* feierte in diesen Zeiten sicherlich einen seiner ersten Siegeszüge.

*Ebenen* waren die Lösung vieler Probleme bei der elektronischen Bildbearbeitung und fanden Einzug in viele grafikorientierte Programme und so auch in Flash. Die Besonderheit der Ebenen von Flash jedoch ist, dass jede Ebene ihren eigenen Zeitstrang hat, auf dem Bewegungen, Bilder und Texte abgelegt werden können. Dadurch sind die Ebenen von Flash nicht nur räumlich voneinander getrennt bearbeitbar, sondern auch in Zeitdingen voneinander nicht abhängig. Dadurch aber, dass jede Ebene ihren eigenen Zeitstrang auf der Zeitleiste hat, werden die Ebenen so eng mit der Zeitleiste verbunden, dass Sie in Flash sinnvollerweise ein Teil der Zeitleiste selbst geworden sind. Die Ebenen-Palette lässt sich nur mit der Zeitleiste gemeinsam verschieben und liegt links neben ihr.

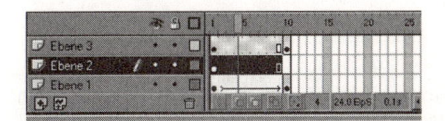

**Abbildung 7.1:** Die Ebenen links und deren Zeitstränge auf der Zeitleiste rechts

# Grundsätzliches

Die Erfindung der Ebenen in Grafikprogrammen revolutionierte die Bildbearbeitung am Computer. Die Möglichkeiten dieser Technik sind vielfältig und vor allem deshalb praktisch, weil sie erlauben auf einem Bild zu malen, ohne alle anderen Elemente zu übermalen.

Im Grunde kann man sich Ebenen in einem Grafikprogramm wie Folien auf einem Overheadprojektor vorstellen. Jede Ebene stellt in einem solchen Fall eine Folie dar. Bildelemente auf den zuoberst liegenden Ebenen verdecken die darunter liegenden, übermalen sie jedoch nicht. Schaltet man die oberen Ebenen aus, bewegt oder löscht sie oder ihre Elemente, kommt das darunter liegende wieder unverändert zum Vorschein. Meist lassen sich sogar so genannte *Alpha-Effekte* verwenden, bei denen Objekte der oberen Ebenen teilweise durchscheinend sind, man sieht das darunter liegende Bild also durchscheinen.

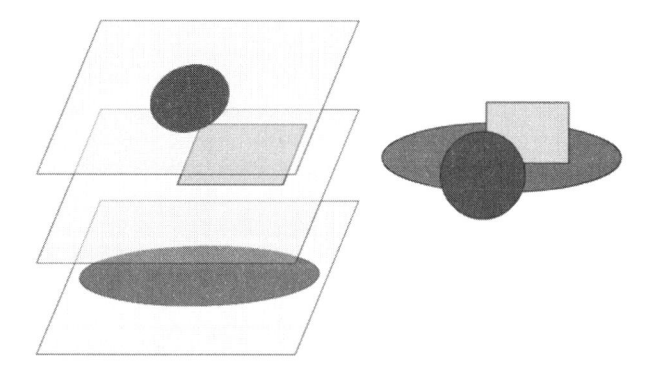

**Abbildung 7.2:** Links die einzelnen Elemente auf ihren Ebenen und rechts das fertige Bild

Ebenen in Flash können beliebig untereinander verschoben werden. Dabei ist die Ebene an vorderster Stelle sichtbar – wird also von keiner anderen überdeckt –, die ganz oben steht. Die hinterste Ebene ist die unterste auf der Ebenen-Palette.

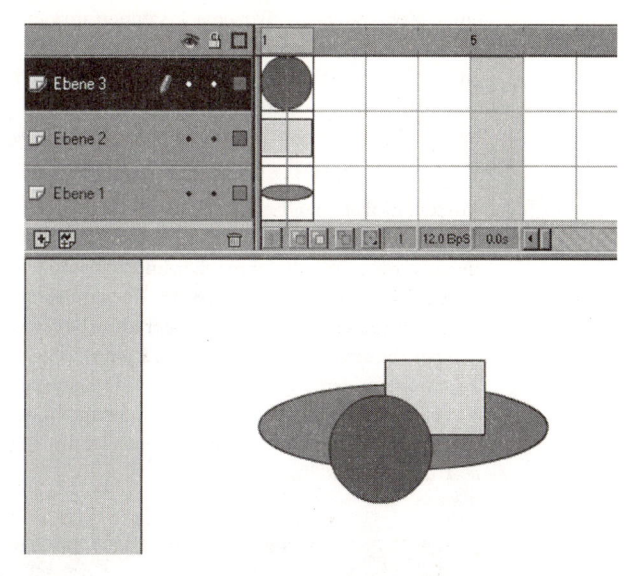

**Abbildung 7.3:** In diesem Ansichtsmodus lässt sich leicht ersehen, welches Element auf welcher Ebene liegt

In Flash gibt es drei verschiedene Arten von Ebenen, die *normalen Ebenen*, die *Führungs-* oder *Pfadebenen* und die *Maskierungsebenen*. Worin sich die Ebenen unterscheiden und was ihre Eigenarten sind, erfahren Sie auf den folgenden Seiten.

# Ebenen erstellen und löschen

Sobald Sie eine neue Szene oder einen neuen Film öffnen, verfügt diese Szene oder der Film bereits über eine Ebene. Die Ebene verfügt auf der Zeitleiste rechts neben der Ebenen-Palette auch über einen Zeitstrang, der bei neuen Ebenen immer mit einem Leeren Schlüsselbild an Position 1 ausgestattet ist. Um eine neue Ebene auf der Ebenen-Palette hinzuzufügen, benutzen Sie eine der beiden Schaltflächen links unten auf der Ebenen-Palette. Normale Ebenen können Sie allerdings auch über das Menü *Einfügen* / *Ebene* einfügen. Für Führungsebenen gibt es keinen solchen Menübefehl.

Mit der linken der beiden Schaltflächen fügen Sie eine normale Ebene ein, mit der rechten eine Führungsebene. Sie können diese Eigenschaften der Ebenen allerdings über die *Ebeneneigenschaften* auch später noch verändern. Neue Ebenen werden immer oberhalb der Ebene eingefügt, auf der Sie gerade arbeiten oder die Sie gerade aktiviert haben. Die Ebene, auf und mit der Sie derzeit arbeiten, ist durch einen kleinen Stift hinter der Ebenenbezeichnung markiert. Außerdem ist der Balken, der alle Informationen und Bezeichnungen zu den Eigenschaften der Ebene enthält, mit schwarzem Hintergrund dargestellt.

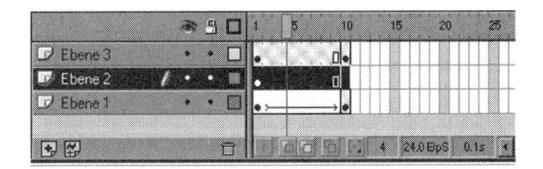

**Abbildung 7.4:** Eine aktivierte Ebene (Ebene 2)

Wenn eine Ebene auf der Ebenen-Palette oberhalb einer anderen Ebene eingefügt wird, bedeutet dies auch, dass die Elemente, die auf dieser Ebene eingefügt werden, vor denen der anderen Ebenen liegen, sie also verdecken.

Wenn Sie im Beispiel der Abbildung oben eine neue Ebene einfügen würden, würde diese über der Ebene 1 eingefügt.

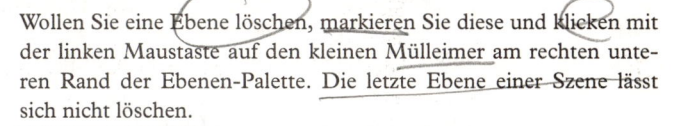

Wollen Sie eine Ebene löschen, markieren Sie diese und klicken mit der linken Maustaste auf den kleinen Mülleimer am rechten unteren Rand der Ebenen-Palette. Die letzte Ebene einer Szene lässt sich nicht löschen.

> Vor dem Löschen einer Ebene werden Sie nicht gefragt, ob Sie die Ebene tatsächlich löschen wollen. Das Löschen lässt sich allerdings über *Wiederherstellen* wieder rückgängig machen.

## Ebenen benennen

Flash benennt Ebenen automatisch nach der Stelle, an der sie erscheinen. Fügen Sie die zweite Szene ein, wird diese *Ebene 2* genannt, die dritte *Ebene 3* usw. Dabei ist es allerdings egal, ob zwischendurch eine der Ebenen gelöscht wird. Diese automatischen Namen sagen nichts über die Position der Ebene aus und bleiben auch erhalten, wenn Sie die Ebene verschieben. Diese Namen sagen allerdings nicht besonders viel über den Inhalt der Ebenen aus.

Um Ihnen die Arbeit zu erleichtern sollten Sie den Ebenen einen sinnvollen Namen geben, der dem entspricht, was die Ebene enthält. Zahlreiche Beispiele werden Sie immer wieder in diesem Buch finden. Bei Szenen, in denen es nur sehr wenige Ebenen gibt, muss man allerdings auch nicht unbedingt Bezeichnungen vergeben.

Um nun einer Ebene einen anderen Namen zu geben, klicken Sie entweder doppelt auf deren Symbol vor dem bisherigen Namen und öffnen damit die Ebeneneigenschaften. Sie können allerdings auch doppelt auf den Namen selbst klicken. Im diesem Fall wird das Namensfeld editierbar und Sie können einen neuen Namen eintragen oder den bestehenden abändern.

## Ebenen verschieben

Sie können die Ebenen untereinander verschieben, um deren Reihenfolge zu ändern, um sie einander unterstellen zu können oder einfach nur um deren Inhalte vor oder hinter die anderer Ebenen zu setzen.

Um eine Ebene zu verschieben, markieren Sie sie mit einem Mausklick, halten die Maustaste gedrückt und verschieben so die Ebene an die Stelle, an der Sie sie gern haben möchten.

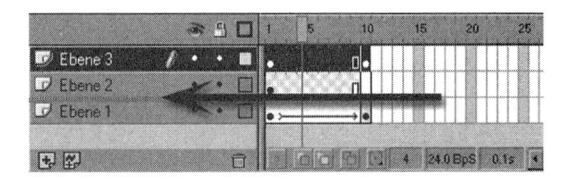

**Abbildung 7.5:** Ebene 3 wird hier zwischen die Ebenen 2 und 1 verschoben

Die Stelle, an die Sie die Ebene verschieben, wird durch eine leicht unscharfe Linie zwischen den Ebenen dargestellt. In der Abbildung oben wird die Ebene 3 zwischen die Ebene 1 und 2 verschoben. Danach liegen die Elemente der Ebene 2 hinter denen der Ebene 3 und können ganz oder teilweise durch diese verdeckt werden. Um die Ebene 3 ganz nach vorn zu stellen, müsste die unscharfe Linie oberhalb der Ebene 1 erscheinen.

# Ebeneneigenschaften

Die Eigenschaften einer Ebene lassen sich gesammelt über einen Dialog beeinflussen, wenn Sie über einen Doppelklick mit der linken Maustaste auf das Symbol vor dem Namen einer Ebene klicken oder dort ein Kontextmenü mit der rechten Maustaste öffnen, aus dem Sie dann die *Eigenschaften* auswählen.

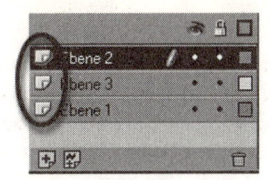

**Abbildung 7.6:** Hier geht es zu den Ebeneneigenschaften

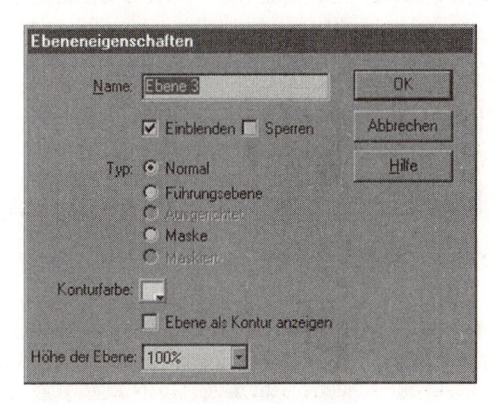

**Abbildung 7.7:** Ebeneneigenschaften

# Name

Hier bekommen Sie die Gelegenheit, einer Ebene einen passenden *Namen* zu geben. Umschreiben Sie am besten den hauptsächlichen Inhalt einer Ebene, um selbst bei mehreren Ebenen nicht den Überblick zu verlieren. Sie können einer Ebene aber auch einen neuen Namen durch einen Doppelklick mit der linken Maustaste auf deren Namen geben. Der Ebenenname wird danach editierbar und Sie können über Ihre Tastatur einen neuen Namen eingeben. Wollen Sie mehrere Einstellungen einer Ebene verändern, eignen sich allerdings die Ebeneneigenschaften ebenfalls zum Eingeben einer Bezeichnung.

# Einblenden

Die Option *Einblenden* entspricht dem Augesymbol auf der Ebenen-Palette selbst. Sie können mit dieser Option die Vorgaben, die Sie für die Ebene in der Ebenen-Palette gemacht haben, umkehren, sowie Sie auch über die Ebenen-Palette die Einstellungen der Ebeneneigenschaft *Einblenden* verändern können.

Haben Sie in den Ebeneneigenschaften die Option *Einblenden* aktiviert, werden sämtliche Inhalte der Ebene angezeigt. Auf der Ebenen-Palette sieht diese Einstellung dann folgendermaßen aus:

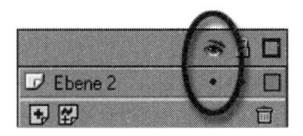

**Abbildung 7.8:** Diese Ebene wird eingeblendet

Ist die Option *Einblenden* in den Ebeneneigenschaften deaktiviert, werden die Inhalte der entsprechenden Ebene nicht angezeigt. Auf der Ebenen-Palette sieht dieser Zustand so aus:

**Abbildung 7.9:** Das Kreuz markiert die Ausblendung dieser Ebene

Ebenen, die nicht eingeblendet sind, können auch nicht bearbeitet werden.

# Sperren

Auch die Option *Sperren* können Sie auf der Ebenen-Palette wiederfinden. Sie wird dort als kleines Schloss neben dem Auge gezeigt. Man sperrt mit ihr die Ebene gegen Bearbeitung jeglicher Art. Objekte auf gesperrten Ebenen können nicht bewegt werden, außerdem können Sie auch keine neuen Elemente auf der Ebene einfügen. Die Ebene selbst kann aber weiterhin verschoben oder sogar gelöscht werden. Um eine Ebene zu sperren aktivieren Sie entweder diese Option in den Ebeneneigenschaften oder aktivieren das kleine Schloss auf der Ebenen-Palette.

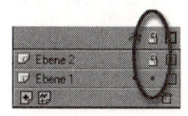

**Abbildung 7.10:** Ebene 2 ist gesperrt und Ebene 1 nicht

Ebenen, die entweder gesperrt oder ausgeblendet sind, werden zusätzlich noch durch einen durchgestrichenen Stift auf der Ebenen-Palette gekennzeichnet, sobald man die Ebene anwählt.

**Abbildung 7.11:** Der kleine durchgestrichene Stift

Das hat den Vorteil, dass Sie auf ausgeblendeten Ebenen nicht unbeabsichtigt irgendwelche Elemente zeichnen, die Sie dort eigentlich nicht haben wollen. Da diese Ebene ja ausgeblendet ist, würden Sie das Dilemma dann auch erst erkennen, wenn Sie die Ebene wieder einblenden. Aber das kann Ihnen ja durch diese kleine Vorsichtsmaßnahme von Flash nicht passieren.

## Normal

Eine *normale Ebene* erfüllt im Gegensatz zu den folgenden Ebenentypen keine besonderen Aufgaben. Auf der Ebenen-Palette wird eine normale Ebene durch dieses Symbol vor der Ebenenbezeichnung gekennzeichnet.

## Führungsebene

*Führungsebenen* brauchen Sie nur für Bewegungs-Tweenings. Sämtliche Inhalte einer Führungsebene werden in einem veröffentlichten Dokument nicht angezeigt. Allein aus diesem Grund ist es nicht besonders sinnvoll, auf einer solchen Ebene Verläufe und andere optische Effekte unterzubringen.

Auf der Ebenen-Palette wird eine Führungsebene mit einem solchen Symbol vor deren Bezeichnung gekennzeichnet, sobald ihr eine andere Ebene als *Ausgerichtet* untergeordnet wurde.

Verfügt die Führungsebene nicht über auf sie ausgerichtete Ebenen, wird sie durch ein solches Symbol gekennzeichnet.

Genaueres zu Bewegungs-Tweenings und den Führungsebenen entnehmen Sie bitte dem Kapitel *Tweenings und Animationen*.

## Ausgerichtet

Ohne *ausgerichtete Ebenen* sind Führungsebenen nicht viel wert. Diese beiden Ebenentypen ergeben nur gemeinsam einen Sinn und sind beide für Bewegungs-Tweenings zuständig, die an Pfaden einer Führungsebene ausgerichtet sind. Dabei liegt das zu animierende Objekt auf der ausgerichteten Ebene und der Pfad auf der Führungsebene gibt die Richtung an. Ausgerichtete Ebenen werden auf der Ebenen-Palette eingerückt dargestellt und können nur erstellt werden, wenn es bereits eine Führungsebene gibt. Ausgerichtete Ebenen verhalten sich wie normale Ebenen bis auf die Ausrichtung ihrer Elemente an einer Führungsebene und werden bis auf die Einrückung auch so auf der Ebenen-Palette dargestellt.

Es ist durchaus möglich, mehrere Ebenen an einer Führungsebene auszurichten, wie Sie an der Abbildung unten sehen. Es muss sich allerdings auf der Ebenen-Palette über der ausgerichteten Ebene eine Führungsebene befinden, um sie überhaupt erst zu einer ausgerichteten zu machen. Verschieben Sie zum Beispiel die Ebene *Auto* in der Abbildung unten unter oder über die Ebene *Berg,* wird sie auch automatisch zu einer normalen Ebene und alle enthaltenen, ausgerichteten Bewegungs-Tweenings bewegen sich wieder auf einer Geraden von Schlüsselbild zu Schlüsselbild.

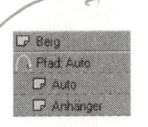

**Abbildung 7.12:** Die Ebenen *Auto* und *Anhänger* sind beide an *Pfad: Auto* ausgerichtet

## Maske und maskiert

Die Ebenenmaskierung ist ein wenig komplexer und wird aus diesem Grund weiter unten unter *Maskierungen und Maskierungsebenen* getrennt beschrieben.

## Ebene als Kontur anzeigen

Je mehr Ebenen Sie in einer Szene untergebracht haben, auf denen sich teilweise auch noch Bewegungen befinden, umso unübersichtlicher kann ein Bild werden. Außerdem kann es auch sein, dass Ihr Rechner unter den großen Datenmengen, die unter Flash verwaltet werden, langsam zu werden droht, was meist unkomfortables Arbeiten zur Folge hat. Wer will schon lange auf das Ergebnis eines Mausklicks warten?

Zu diesem Zweck können Sie sich die Inhalte einzelner oder aller Ebenen als *Konturen* darstellen lassen. Die Texte in Textblöcken werden weiterhin als Texte angezeigt. In Grafiken zerteilte Texte werden wie Bitmaps nur mit ihren Umrissen dargestellt.

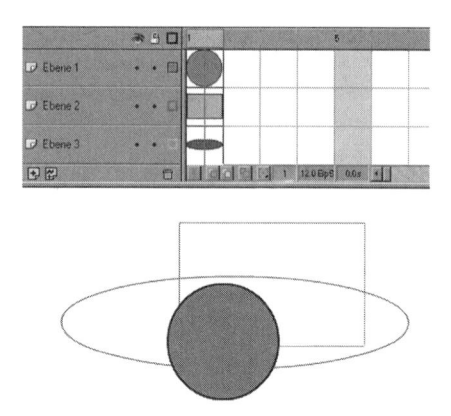

**Abbildung 7.13:** Die Ebenen 2 und 3 werden nur als Konturen dargestellt

Auf der Ebenen-Palette werden Ebenen, deren Inhalte nur als Konturen dargestellt werden, mit einem Quadrat in der Farbe dargestellt, die für die Konturen dieser Ebene gewählt wurde.

**Abbildung 7.14:** Die Elemente dieser Ebene werden als Kontur dargestellt

# Konturfarbe

Damit Sie den Überblick im Konturenmodus nicht verlieren, ordnet Flash jeder Ebene eine Farbe zu. Diese Farbe können Sie in den Ebeneneigenschaften verändern, indem Sie auf das farbige Feld klicken. Es öffnet sich die Farbpalette der 216 Web-sicheren Farben. Die Farbwahl spielt für die spätere Veröffentlichung Ihrer Datei keinerlei Rolle, sondern soll Ihnen lediglich helfen unter den Konturen die richtige herausfinden zu können. Unter Umständen müssen Sie einer Ebene auch einfach nur eine andere Farbe zuweisen, weil der Hintergrund des Films in der gleichen Farbe wie der einer Ebene gewählt wurde.

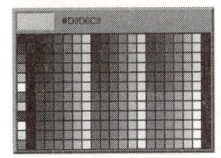

**Abbildung 7.15:** Die möglichen Farben für die Konturen ihrer Ebene

## Höhe einer Ebene

Bei der Darstellungshöhe einer Ebene haben Sie die Wahl zwischen drei verschiedenen Größen, 100, 200 und 300 %. Da die zusätzliche Höhe allerdings nur Platz auf dem Monitor einnimmt und keinen Effekt auf die Darstellung von Kommentaren oder Ebenenbezeichnungen hat, können Sie die Höhe ruhigen Gewissens auf 100 % belassen. Haben Sie auf der Zeitleiste eine Vorschau des Inhalts gewählt, die auf der Zeitleiste mit angezeigt wird, gilt die Höhe, die auf der Zeitleiste festgelegt wurde, als 100 % und die Ebeneneinstellung 300 % würde bedeuten, dass die ohnehin schon groß dargestellte Ebene noch dreimal so groß dargestellt wird. Wollen Sie Sounds in Ihren Film einbauen, kann die Ebenenhöhe für mehr Übersichtlichkeit auf der Zeitleiste sorgen.

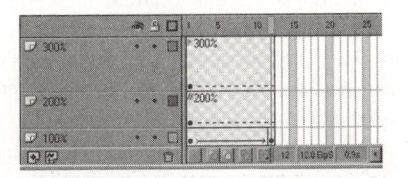

**Abbildung 7.16:** Verschiedene Ebenenhöhen

# Kontextmenüeinträge

Über das Kontextmenü erhalten Sie erneut Möglichkeiten, die Sie in keinem anderen Menü und durch keine Schaltfläche erhalten. Manche Menüeinträge sind allerdings auch auf anderem Weg zu erreichen. Nicht beschrieben werden sollen hier die Einträge *Ebene einfügen*, *Ebene löschen* und *Eigenschaften*, da dies bereits weiter oben geschehen ist und es hier keine weiteren Optionen zu finden gibt.

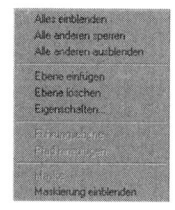

**Abbildung 7.17:** Das Kontextmenü zu Ebenen

## Alles einblenden

Egal ob Ebenen gesperrt, ausgeblendet oder als Konturen angezeigt werden, mit diesem Befehl blenden Sie alle Ebenen ein und lösen außerdem die Sperrungen aller Ebenen. Ebenen, die als Konturen angezeigt werden, werden weiterhin als Konturen angezeigt.

## Alle anderen sperren

Haben Sie eine Ebene aktiviert, werden mit diesem Befehl alle übrigen Ebenen gegen die Bearbeitung gesperrt. Ist die aktivierte Ebene vor diesem Befehl gesperrt, wird die Sperrung dieser Ebene hiermit aufgehoben. Auf die Konturanzeige und Einblendung hat dieser Befehl keinen Effekt.

## Alle anderen ausblenden

Wollen Sie auf schnellem Weg nur eine Ebene anzeigen lassen, ohne alle anderen eine nach der anderen auszublenden, wird dieser Menübefehl Ihnen gute Dienste leisten. Aktivieren und wählen Sie aus dem Kontextmenü *Alle anderen ausblenden* und schon sehen Sie nur noch die gerade aktivierte Ebene. Auf die Konturanzeige und Sperrung hat dieser Befehl keinerlei Effekt.

## Führungsebene

Wollen Sie eine existierende Ebene in eine Führungsebene umwandeln oder eine Führungsebene in eine normale zurückverwandeln, sollten Sie diesen Menüeintrag wählen. Beachten Sie dabei jedoch, dass die Inhalte einer Führungsebene in dem veröffentlichten Flash-Film, gleich welcher Art, nicht angezeigt werden.

Handelt es sich bei einer aktivierten Ebene um eine Führungsebene, wird dieser Menüeintrag mit einem Häkchen markiert. Entfernen Sie dieses Häkchen, indem Sie erneut diesen Menüeintrag wählen, wird die Ebene in eine normale Ebene umgewandelt.

Beim Umwandeln einer normalen Ebene in eine Führungsebene werden ihr nicht automatisch die darunter liegenden Ebenen als ausgerichtete Ebenen untergeordnet. Verwandeln Sie eine Führungsebene jedoch in eine normale Ebene, werden alle ausgerichteten Ebenen ebenfalls mit zu normalen Ebenen.

## Pfad hinzufügen

Mit diesem Menübefehl fügen Sie eine Führungsebene direkt über der derzeit aktiven Ebene hinzu und ordnen aktivierte Ebenen der Führungsebene unter, machen Sie also zu ausgerichteten Ebenen. Der Menüeintrag im Kontextmenü *Führungsebene* (ein Eintrag weiter oben) wird damit mit einem Häkchen markiert.

Maskierungsebenen können so nicht einer Führungsebene untergeordnet werden und es lassen sich auch so keine Maskierungsebenen an einem Pfad ausrichten. Ist die aktivierte Ebene eine Maskierungsebene, steht Ihnen der Befehl *Pfad hinzufügen* nicht zur Verfügung.

# Maske

Ein sehr schneller Weg, eine *Maskierung* zu erstellen und sie auch wieder aufzuheben, ist dieser Menübefehl. Lösen Sie ihn auf einer aktivierten Ebene aus, wird diese sofort zu einer *Maskierungsebene*. Außerdem wird aber die auf der Ebenen-Palette direkt darunter befindliche Ebene zu einer *maskierten Ebene*, beide Ebenen werden gesperrt und die Maskierung, also der Effekt, wird ebenfalls eingeblendet.

Heben Sie die Sperrung einer der beiden Ebenen auf, wird die Maskierung nicht mehr eingeblendet, aber Sie sehen wieder die kompletten Inhalte beider Ebenen und können diese auch bearbeiten, je nachdem, bei welcher Ebene Sie die Sperrung aufgehoben haben.

Jede Maskierungsebene ist, sobald Sie das Kontextmenü öffnen, durch ein kleines Häkchen vor dem Menüeintrag *Maske* markiert, solange Sie eine Maskierungsebene ist. Klicken Sie bei einer Maskierungsebene auf diesen Menüeintrag, verwandeln Sie die Ebene und darunter befindliche maskierte Ebenen in normale Ebenen zurück.

# Maskierung einblenden

Sie werden nicht immer sofort eine Vorschau der gesamten Szene oder eines ganzen Films erstellen wollen, nur um die Ergebnisse einer Maskierung zu testen. Dazu bietet sich dieser Kontextmenüeintrag an. Mit ihm werden die Maskierungen des aktivierten Bilds auf der Zeitleiste angezeigt. Das heißt, die Inhalte der Maskierungsebene werden wie bei fertigen Veröffentlichungen eines Flash-Films nicht angezeigt und die maskierten Ebenen werden entsprechend beschnitten.

Gleichzeitig mit der Anzeige der Maskierung werden sowohl alle Maskierungsebenen und maskierten Ebenen gesperrt. Die übrigen Ebenen sind von dieser Sperrung nicht betroffen.

Heben Sie die Sperrung einer Maskierungsebene oder maskierten Ebene auf, heben Sie auch die Einblendung der Maskierung mit auf. In den übrigen Ebenen können Sie normal weiterarbeiten, Sperrungen setzen und wieder aufheben, ohne dass dies die Einblendung der Maskierung aufhebt.

Sie können eine Maskierung aber auch ganz einfach dadurch einblenden, dass Sie die entsprechenden Ebenen sperren.

Was Maskierungen sind, erfahren Sie im nächsten Abschnitt.

# Maskierungen und Maskierungsebenen

Eine weitere Art von Ebenen sind *Maskierungsebenen*. Mit ihnen sind Effekte möglich, die sich am besten mit einem Schlüssellocheffekt beschreiben lassen. Dabei können Sie die Form und Größe des Schlüssellochs bestimmen, durch das Sie auf die Inhalte der Ebenen dahinter sehen können. Es ist sogar möglich, diese Masken zu bewegen und so interessante Effekte zu erzeugen.

**Abbildung 7.18:** Oben die Zeitleiste, unten rechts die Ansicht in Flash, unten links das maskierte Ergebnis

Auf der Ebenen-Palette werden Maskierungsebenen durch dieses Symbol gekennzeichnet.

Maskierte Ebenen werden mit diesem Symbol versehen. Außerdem werden maskierte Ebenen eingerückt dargestellt.

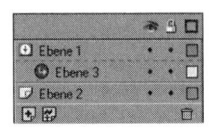

**Abbildung 7.19:** Ebene 3 wird von Ebene 1 maskiert und Ebene 2 nicht

Ebenenmasken maskieren alle Ebenen, die ihnen untergeordnet auf der Ebenen-Palette angezeigt werden. Fügen Sie direkt unter einer Maskierungsebene eine neue Ebene ein, wird diese automatisch zu einer *maskierten Ebene*. Sie können aber auch Ebenen unter, also hinter einer maskierten Ebene platzieren, ohne dass diese maskiert wird. Dazu müssen Sie eine solche Ebene in den Ebeneneigenschaften auf *Normal* zurücksetzen. Es werden dann alle Inhalte dieser Ebene normal angezeigt, ohne dass die Maskierung der Maskierungsebene einen Effekt auf genau diese Ebene hat.

Maskierte Ebenen können Sie erst dann erstellen, wenn Sie bereits eine Maskierungsebene haben. Verschieben Sie eine maskierte Ebene auf der Ebenen-Palette über deren Maskierungsebene, wird die maskierte Ebene automatisch zu einer normalen Ebene. Schieben Sie dieselbe Ebene wieder zurück unter die Maskierungsebene, wird sie auch automatisch wieder zu einer maskierten Ebene.

Sie können eine Maskierungsebene nicht zusätzlich zu einer ausgerichteten Ebene machen.

## Inhalte der Maskierungsebene

Wie auch die Inhalte einer Führungsebene werden die der Maskierungsebene nicht angezeigt. Im Fall der Maskierungsebene erweitert jedes Element nur die Maske, also das Loch, durch das man sieht. Sie sollten also auch hier darauf achten, dass Sie keine gestalterischen Elemente auf dieser Ebene unterbringen, die Ihnen dann bei der Veröffentlichung verloren gehen.

Solange eine Maskierungsebene leer ist, ist sie auch vollkommen undurchsichtig für Ebenen, die ihr untergeordnet sind. Andere normale Ebenen werden allerdings weiterhin normal dargestellt. Jedes Pixel Inhalt, den Sie auf eine Maskierungsebene aufmalen, importieren oder kopieren, bildet ein Sichtfenster durch den bemalten Bereich. Farben, Verläufe und Alpha-Kanäle spielen dabei keinerlei Rolle und werden ignoriert. Malen Sie einen Kreis auf eine Maskierungsebene, kann man durch diesen Kreis hindurch auf die Ebene dahinter sehen. Alle nicht bemalten Stellen bleiben weiterhin undurchsichtig.

Dabei zählt einfach nur jedes Pixel, das auf der Maskierungsebene aufgetragen wurde, sei dies nun durch Text, Pinselstriche, Linien, Quadrate, Kreise oder gar Bitmaps geschehen. Letztere sind allerdings nicht auf Maskierungsebenen zu empfehlen, da sie nur unnötig Platz belegen und dennoch nicht dargestellt werden.

## So erstellen Sie eine Maskierungsebene

Zunächst sollten Sie sich ein Bild von dem machen, was Sie maskieren wollen, wie die Maske, also das Schlüsselloch, aussehen soll, und dann können Sie sich an die Erstellung einer solchen Ebene machen.

In dem folgenden Beispiel soll das Bild eines Kobolds durch ein Schlüsselloch zu sehen sein. Man könnte das Ganze noch mit einem Form-Tweening oder Bewegungs-Tweening erweitern. Da Sie diese allerdings erst in einem der späteren Kapitel (*Tweenings*) kennen lernen, wird die Animation einer Maskierung auf das Kapitel *Projekt Internetseite* verschoben.

- Öffnen Sie einen neuen Film und platzieren Sie auf der Ebene 1 den Kobold aus der Bibliothek *Grafiken*. Sie können natürlich auch ein beliebiges anderes Bild nehmen, das Ihnen besser gefällt. Klicken Sie doppelt auf den Ebenennamen und tippen Sie Kolbold ein, um die Ebene umzubenennen.

**Abbildung 7.20:** Der Kobold

- Erzeugen Sie eine neue Ebene über die Schaltfläche der Ebenen-Palette, das Menü *Einfügen / Ebene* oder das Kontextmenü der Ebenen-Palette. Benennen Sie diese Ebene mit Maske.

- Öffnen Sie die *Ebeneneigenschaften* der neuen Ebene über einen Doppelklick auf das Symbol der Ebene und stellen Sie den Ebenentyp *Maske* ein. Sie erreichen denselben Effekt über das Kontextmenü *Maske*. Die Ebene *Kobold* wird automatisch zu einer maskierten Ebene, was in diesem Fall ja auch beabsichtigt ist. Wird sie aus irgendeinem Grund nicht zu einer maskierten Ebene und so auch nicht der Ebene *Maske* untergeordnet, können Sie in den Ebeneneigenschaften der Ebene *Kobold* nachhelfen, indem Sie dort den Ebenentyp *Maskiert* für die Ebene *Kobold* wählen.

- Zeichnen Sie nun auf die Maskierungsebene – Ebene 2 – ein Schlüsselloch. Positionieren Sie dieses Schlüsselloch so, wie Sie es wollen.

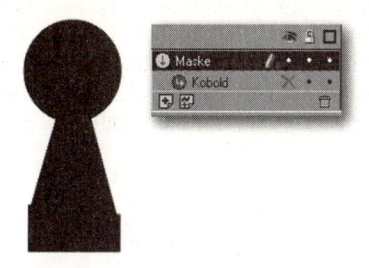

**Abbildung 7.21:** Die Maske

**Abbildung 7.22:** Das Ergebnis: links beide Ebenen eingeblendet, rechts die Maskierung eingeblendet

Über das Kontextmenü *Maskierung einblenden* können Sie sich den Maskierungseffekt anzeigen lassen. Um den Effekt besser sehen zu können wurde im Bild rechts noch ein grauer Hintergrund gezeichnet, der auf einer unteren Ebene liegt, die jedoch nicht maskiert wurde, weil sie nicht der Maskierungsebene *Maske* untergeordnet wurde.

## Maskierte Ebenen

Sie können erst maskierte Ebenen erstellen, wenn Sie bereits über eine Maskierungsebene verfügen. Es ist durchaus möglich, mehrere maskierte Ebenen derselben Maskierungsebene zu unterstellen. Inhalte maskierter Ebenen können nicht an einer Führungsebene ausgerichtet werden. Bewegungs-Tweenings und Form-Tweenings sind allerdings problemlos möglich.

## Das ist nicht möglich

Leider ist es nicht möglich, eine Maske mittels eines Bewegungs-Tweenings an einem Pfad auszurichten. Die Bewegung einer Maske ist allerdings möglich.

Inhalte von maskierten Ebenen können nicht auch an einem Pfad ausgerichtet werden. Eine maskierte Ebene kann auch nicht einer Führungsebene unterstellt werden.

Flash ignoriert Alpha-Effekte auf Maskierungsebenen.

Es ist auch nicht möglich, eine Maske mit der Aktion *Drag Movie Clip* dem Mauszeiger folgen zu lassen.

All dies lässt auf die Version 6 von Flash hoffen.

# KAPITEL 8

## Tweenings und Animationen

In diesem Kapitel lernen Sie alles, was Sie über die bewegten Bilder des Informationszeitalters wissen müssen.

# Tweenings und Animationen

*Interaktion* und *Animation* sind zwei Zauberworte, die eine Internetseite, neben wichtigen Inhalten, interessant und ansprechend machen. Sicher sollte man in dieser Hinsicht auch nicht übertreiben, aber hier und da gut gemachte und dezente Effekte werden einen Besucher einer Internetseite dazu bringen, sich eine gut gestaltete Seite erneut anzusehen.

Aber nicht nur für das Internet sind die Möglichkeiten von Flash von Vorteil, sondern auch für die Erstellung von Präsentations-CDs und Vorführungen.

## Tweening

Wenn Sie auf herkömmlichen HTML-Seiten Animationen sehen, sind das meist noch animierte GIFs. Solche animierten GIFs bestehen aus einzelnen, hintereinander abgespielten Bitmap-Bildern. Je mehr Bilder eine solche Animation umfasst, umso speicherintensiver wird sie. Bei einer Flash-Animation benötigen Sie je nachdem, was und wie Sie etwas animieren, im kleinsten Fall zwei Bilder, die der Benutzer laden muss, er wird aber viele mehr sehen, da Flash alle Bewegungsschritte zwischen diesen beiden Bildern auf dem Rechner des Betrachters nach vorgegebenen Mustern berechnet und darstellt. Wie das genau funktioniert und was Sie tun müssen, um ein solches Tweening zu erstellen, erfahren Sie in diesem Kapitel.

### Was ist ein Tweening?

Der Begriff *Tweening* ist an das englische *between* angelehnt, was so viel bedeutet wie *zwischen* oder *dazwischen*. Allein das reicht nahezu aus, um den Begriff *Tweening* und das, was ihn ausmacht, zu erklären. Er bezeichnet den Vorgang des Erzeugens von Zwischenbildern.

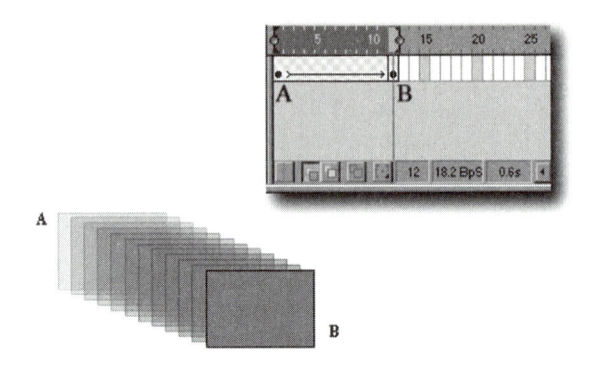

**Abbildung 8.1:** Eine getweente Bewegung eines Rechtecks von A nach B

Flash nimmt 2 Schlüsselbilder und berechnet eine Anzahl von Bildern, die Sie vorgeben, dazwischen. In dem Beispiel oben wurde dazu ein Quadrat von Position A an die Position B bewegt. Es wurden allerdings nur die Bilder auf Position A und B gezeichnet und damit die Anfangs- und Zielpositionen festgelegt. Alle Bilder dazwischen wurden berechnet. Auf der Zeitleiste hat man festgelegt, wie viele Bilder zwischen den beiden Bildern berechnet werden sollen, in diesem Fall 10 Zwischenbilder.

Nun kennt Flash jedoch nicht nur eine Art des Tweenings, sondern unterscheidet zwischen zwei verschiedenen Methoden, dem *Bewegungs-Tweening* und dem *Form-Tweening*. Im Beispiel oben haben Sie ein Bewegungs-Tweening gesehen.

Der wesentliche Unterschied dieser beiden Arten von Tweenings ist die Form. Bei einem Bewegungs-Tweening bleiben die Formen erhalten. Oben ist das Rechteck ein Rechteck geblieben. Bei einem Form-Tweening kann sich auch die Form zwischen zwei Bildern verändern. Ein Beispiel dazu:

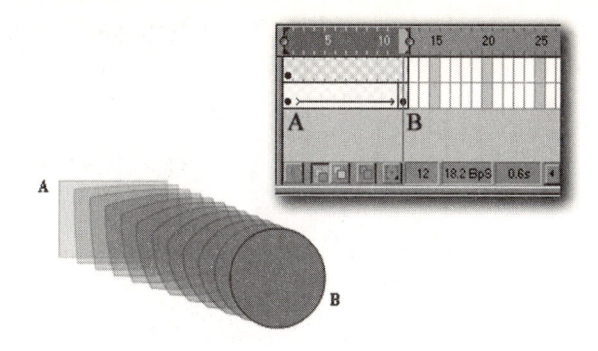

**Abbildung 8.2:** Ein Form-Tweening von einem Rechteck zu einem Kreis inklusive Bewegung von A nach B

Wieder wurden nur Bild A und B festgelegt und genau 10 Bilder zwischen den beiden Bildern berechnet. Das Rechteck von Bild A ist allerdings auf Bild B ein Kreis geworden. Das Form-Tweening hat nun auf den Bildern 2 bis 11 Zwischenschritte berechnet, die diesen Morph-Effekt erzeugen. In jedem Bild wurde das Rechteck ein wenig runder, bis es schließlich in Bild B ein Kreis geworden ist.

Dies soll zur generellen Erklärung und Unterscheidung von Tweenings erst einmal reichen. Wie Sie selbst solche Effekte erzeugen, lesen Sie weiter unten. Probieren Sie beide Möglichkeiten des Tweenings aus und gewinnen Sie Übung darin.

# Zwiebelschalen

Einen Modus, in dem Sie Ihre Bewegungen und Umformungen in einem Bild anzeigen lassen können, stellt der *Zwiebelschalenmodus* dar. Wie in vielen Abbildungen dieses Buchs lassen sich in diesem Modus die gesamten Bilder einer Animation einfangen. Sie müssen den Film also nicht ständig ablaufen lassen, um den Verlauf einer Bewegung betrachten zu können.

Ein Beispiel für eine solche Anzeige:

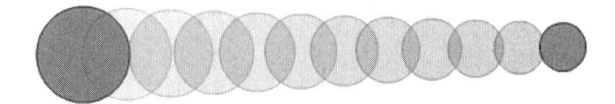

**Abbildung 8.3:** Eine Bewegung als Zwiebelschalen dargestellt

Die verschiedenen Kreise des Beispiels sind in der Bewegung nachher immer nur einzeln, einer nach dem anderen, zu sehen. Erst der Kreis ganz links, dann der nächste rechts davon, dann der nächste und so weiter. Dadurch, dass die Bilder kurz hintereinander angezeigt werden, entsteht der Eindruck einer Bewegung von links nach rechts, wie bei einem Film. Über die Zwiebelschalen werden jedoch alle Bilder dieses Films auf eine Fläche projiziert und sind gleichzeitig sichtbar. Damit dieser Effekt nicht in einem heillosen Durcheinander endet, was sicher keine effektive Hilfe darstellen würde, wird jedes Bild leicht transparent dargestellt. Es gibt auch noch weitere Möglichkeiten, sich die Zwiebelschalen anzeigen zu lassen, die im Folgenden erklärt werden sollen.

Sämtliche Schaltflächen, mit denen Sie die Darstellung der Zwiebelschalen steuern können, finden Sie am unteren Rand der Zeitleiste.

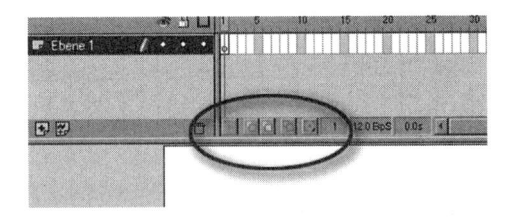

**Abbildung 8.4:** Die Schaltflächen für die Zwiebelschalen

| Kapitel 8 | Tweenings und Animationen |

Die erste Schaltfläche dieser Gruppe gehört allerdings nicht zur Steuerung der Zwiebelschalen. Sie dient lediglich zur Zentrierung der Zeitleiste um den Abspielkopf herum.

Die nächsten beiden Schaltflächen deaktivieren sich gegenseitig.

Die erste der beiden aktiviert den Zwiebelschalenmodus, in dem alle berechneten Bilder innerhalb der Markierung leicht transparent angezeigt werden. Die Schlüsselbilder werden nicht transparent dargestellt. Mit Markierungen sind die Markierungen gemeint, die im oberen Teil der Zeitleiste angezeigt werden, sobald man den Zwiebelschalenmodus aktiviert hat.

**Abbildung 8.5:** Rechts und links Markierungen für die Reichweite der Zwiebelschalen

Diese Markierungen sind um den Abspielkopf arrangiert und geben an, wie weit die Zwiebelschalen vor und hinter dem derzeit angezeigten Bild ebenfalls mit angezeigt werden. In der Abbildung befindet sich der Abspielkopf an Position 4, dieses Bild ist also gerade aktiviert und wird auch angezeigt, wenn die Zwiebelschalen nicht angezeigt werden. Die Markierungen, jeweils zwei Bilder vor und hinter dem Abspielkopf, geben in diesem Fall an, dass Sie die zwei Bilder vor und hinter dem gewählten Bild (4), also die Bilder 2, 3 und 5, 6, ebenfalls angezeigt bekommen. Sie können diese Markierungen einzeln nach Belieben verschieben, indem Sie sie mit dem Mauszeiger an dem Kreis anfassen und nach vorn oder hinten schieben oder ziehen. Die linke Maustaste müssen Sie bei diesem Vorgang gedrückt halten. Die Markierungen lassen sich allerdings nicht über das erste Bild weiter nach links verschieben und auch nicht über das letzte vorhandene Bild der Szene nach rechts. So könnten Sie sich aber eine ganze Szene in einem Bild anzeigen lassen.

Die zweite der beiden Schaltflächen aktiviert einen Zwiebelschalenmodus, in dem alle Bilder, bis auf aktivierte Schlüsselbilder, als Konturen dargestellt werden.

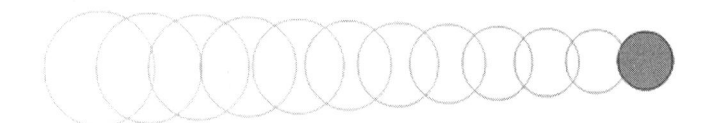

**Abbildung 8.6**: Ebenfalls Zwiebelschalen, aber als Konturen

Die Farbe der Konturlinien entspricht der Farbe der Konturen, die für die entsprechende Ebene festgelegt ist. So lassen sich dann auch die Inhalte der verschiedenen Ebenen unterscheiden. Zu den Konturfarben siehe Kapitel *Ebenen*.

Auch in diesem Zwiebelschalenmodus wird die Anzahl und Reichweite der Zwiebelschalen von den Markierungen am oberen Rand der Zeitleiste festgelegt.

Die dritte Schaltfläche aktiviert einen Zwiebelschalenmodus, in dem nur die bearbeitbaren Bilder, die Schlüsselbilder also, innerhalb der Markierung angezeigt werden. Dieser Modus kann zusätzlich zu einem der ersten beiden Modi aktiviert werden, hebt keinen der beiden auf und wird auch von keinem der beiden aufgehoben.

**Abbildung 8.7**: Nur die bearbeitbaren Bilder des Tweenings werden angezeigt

**Abbildung 8.8:** Die bearbeitbaren plus transparenten Zwiebelschalen der übrigen Bilder

Die vierte Schaltfläche der Reihe für die Zwiebelschalen öffnet folgendes Menü:

> Markierungen immer anzeigen
> Markierungen verankern
> 2 Zwiebelschalen
> 5 Zwiebelschalen
> Alle Zwiebelschalen

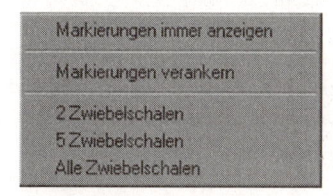

**Abbildung 8.9:** Zwiebelschalenoptionen

### Markierungen immer anzeigen

Mit dieser Option lassen Sie die Markierungen für Zwiebelschalen auf der Zeitleiste auch dann anzeigen, wenn Sie keine Zwiebelschalen aktiviert haben. Die Markierungen haben allerdings keine Auswirkung auf die Anzeige. Außerdem wird der Bereich zwischen den Markierungen nicht dunkelgrau dargestellt, wenn die Zwiebelschalen nicht aktiv sind.

**Abbildung 8.10:** Zwiebelschalen aktiv

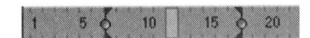

**Abbildung 8.11:** Zwiebelschalen nicht aktiv

### Markierungen verankern

Diese Option lässt sich durch einen Klick mit der linken Maustaste aktivieren und deaktivieren. Sobald die Option aktiv ist, wird dies im Menü durch ein Häkchen markiert. Auf der Zeitleiste wirkt sich diese Funktion folgendermaßen aus:

Die Markierungen lassen sich zwar weiterhin verschieben, es spielt aber keine Rolle mehr, an welcher Stelle des Films der Abspielkopf gerade sitzt. Die Zwiebelschalen werden also nicht mehr um den Abspielkopf herum angeordnet. Solange der Abspielkopf sich innerhalb der Markierungen befindet, werden immer dieselben Zwiebelschalen angezeigt, es sei denn, die Markierungen werden verschoben.

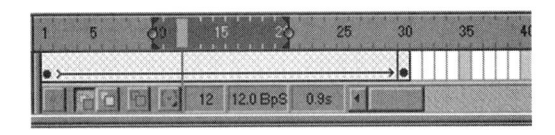

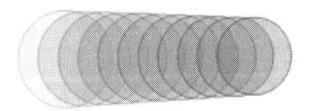

**Abbildung 8.12:** Egal ob der Abspielkopf auf Position 12 oder ...

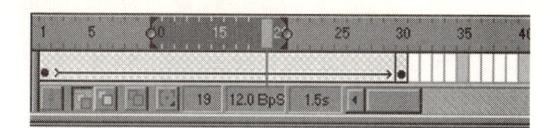

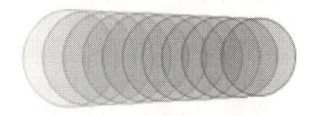

**Abbildung 8.13:** ... 19 sitzt, es werden dieselben Schalen angezeigt

Setzen Sie den Abspielkopf außerhalb der Markierung für Zwiebelschalen, wird auch bei eingeschalteten Zwiebelschalen nur das aktuelle Bild angezeigt und keine Schalen.

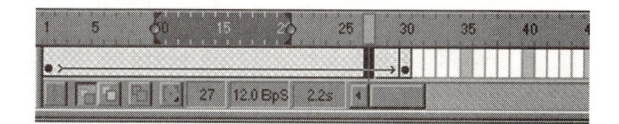

**Abbildung 8.14:** Abspielkopf außerhalb der Markierung

Die Anzeige wird aber weiterhin, wie durch die ersten beiden Schaltflächen für Zwiebelschalen festgelegt, beibehalten – entweder transparent oder als Kontur.

## 2 Zwiebelschalen

Egal wie weit und wie unregelmäßig Sie die Markierungen um den Abspielkopf verschoben haben, diese Option reduziert die Reichweite der Zwiebelschalen auf maximal 2 Bilder um den Abspielkopf herum. Maximal bedeutet, dass Sie auch dadurch nicht über Bild 1 nach vorn und das letzte Bild der Szene hinausreichen.

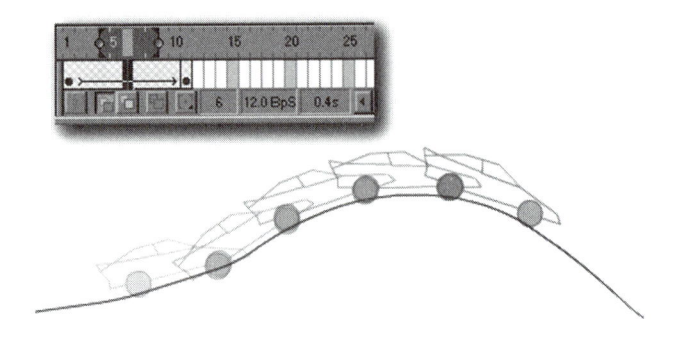

**Abbildung 8.15**: Der mittlere Wagen ist der, an dem der Abspielkopf sitzt

## 5 Zwiebelschalen

Egal wie weit und wie unregelmäßig Sie die Markierungen um den Abspielkopf verschoben haben, diese Option reduziert die Reichweite der Zwiebelschalen auf maximal 5 Bilder um den Abspielkopf herum. Maximal bedeutet, dass Sie auch dadurch nicht über Bild 1 nach vorn und das letzte Bild der Szene hinausreichen.

## Alle Zwiebelschalen

Mit *Alle Zwiebelschalen* werden die Markierungen für die Zwiebelschalen so weit verschoben, dass alle Bilder der Szene, vom ersten bis zum letzten, als Zwiebelschale dargestellt werden. Dabei ist es egal, wo sich der Abspielkopf gerade befindet. Man legt damit aber auch fest, wie weit die Markierungen reichen, selbst wenn man die Szene erweitert.

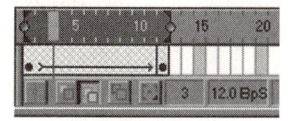

**Abbildung 8.16:** Alle Schalen werden angezeigt – egal wo der Abspielkopf steht

Im Beispiel sitzt der Abspielkopf auf Position 3 und alle Schalen werden angezeigt. Also auch die zwei Bilder davor und die neun Bilder danach.

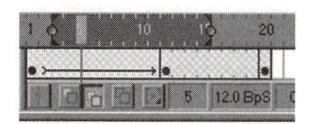

**Abbildung 8.17:** Noch immer wird dieselbe Anzahl der Bilder als Zwiebelschalen angezeigt

Fügt man im Beispiel nun einige Bilder auf der Zeitleiste hinzu und setzt den Abspielkopf auf Position 5, werden weiterhin die zwei Bilder davor und die neun Bilder danach angezeigt. Man legt mit *Alle Zwiebelschalen* also nur ein Maximum der Ausdehnung fest, das aber nicht automatisch erweitert wird, wenn die Szene erweitert wird.

### Zwiebelschalen und Bild-für-Bild-Animationen

Zwiebelschalen lassen sich auch als Positionierhilfe für *Bild-für-Bild-Animationen* verwenden. Sie können sich auf diese Weise die verschiedenen Schritte der Animation auf einmal anzeigen lassen. Stellen Sie sich die Leichtigkeit vor, mit der sich Bilder eines Daumenkinos zeichnen lassen, wenn Sie genau sehen, wie das vorherige Bild ausgesehen hat, weil Sie es durch das Papier durchsehen. Mit den Zwiebelschalen können Sie also nicht nur Tweenings verfolgen, sondern auch die einzelnen Bilder einer Bild-für-Bild-Animation besser aneinander ausrichten.

## Bewegungs-Tweening

Wie Sie oben gesehen haben, kann man mit einem Bewegungs-Tweening auf sehr einfache Weise Objekte über den Bildschirm bewegen. Das ist aber noch nicht alles, was man über ein Bewegungs-Tweening erreichen kann. Im Grunde müsste man ein Bewegungs-Tweening sogar in ein Nicht-Form-Tweening umbenennen, um das zu verdeutlichen, was man mit Bewegungs-Tweenings anfangen kann. Wie ich bereits oben erwähnt habe, unterscheidet sich das Bewegungs-Tweening über die bleibende Form von einem Form-Tweening. Das heißt aber nicht zwangsläufig, dass man mit einem Bewegungs-Tweening nur bewegen kann oder sogar muss.

Mit einem Bewegungs-Tweening können Sie auch Farb- und Größenveränderungen zwischen zwei Bildern berechnen lassen, ohne dass sich die Elemente des Bilds in ihrer Position unterscheiden.

**Abbildung 8.18:** Ebenfalls ein Bewegungs-Tweening, bei dem das Rechteck A zu B verkleinert wird

In diesem Beispiel ist das Rechteck über ein Bewegungs-Tweening verkleinert worden. Es ließe sich auch umgekehrt einrichten. Es sind erneut 10 Bilder zwischen den beiden Ausgangsbildern A und B berechnet worden. Jedes der erzeugten Bilder ist in dem Bild oben durch eine Linie umrandet. Die Mittelpunkte der beiden Rechtecke A und B liegen allerdings auf derselben Stelle, sind also nicht bewegt worden. Die Form und Proportion des Rechtecks ist erhalten geblieben. Das Ergebnis dieses Tweenings ist eine Animation, in der ein Rechteck verkleinert wird.

> Auf der CD finden Sie unter *Beispiele / 12* neben den anderen Beispielen dieses Kapitels auch ein Beispiel für eine Farbveränderung in einem Bewegungs-Tweening ohne Bewegung. Da dieses Buch nicht in Farbe gedruckt ist, würde ein bildliches Beispiel für eine Farbveränderung an dieser Stelle einfach nicht besonders gut zeigen, um was es geht.

Erfahren Sie nun aber, wie Sie ein Tweening erzeugen.

**Erstellen eines Bewegungs-Tweenings**

Um ein Bewegungs-Tweening zu erzeugen brauchen Sie zunächst das Start- und das Zielbild. Es ist egal, ob Sie ein Tweening nun in einem bereits vorhandenen Film einfügen oder dafür einen neuen Film erstellen. Es gibt keine Begrenzung für die Anzahl von Bewegungs-Tweenings in einem Film.

Für die folgenden Beispiele wurde ein neuer Film erzeugt. Ein Kreis soll sich von der linken auf die rechte Seite der Bühne bewegen.

Auf das Leere Schlüsselbild an Position 1 der Zeitleiste wird mit dem Ellipsen-Werkzeug der Kreis gezeichnet. Da der Kreis sich von links nach rechts bewegen soll, sollte er sich auf Bild 1 – dem Startbild – auch links befinden.

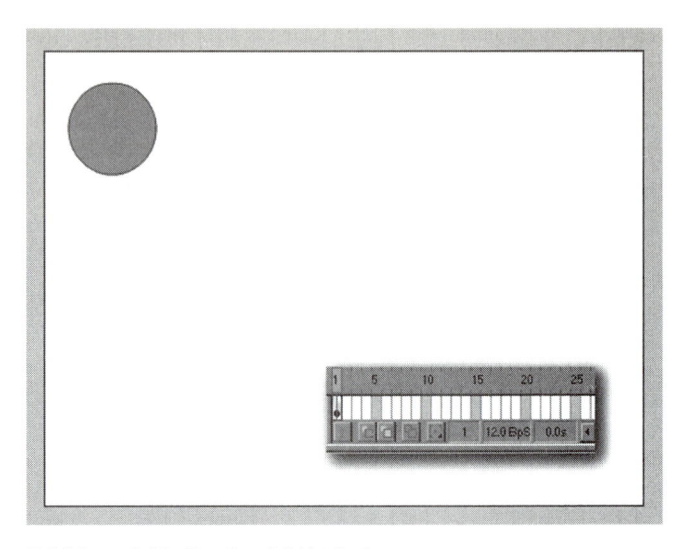

**Abbildung 8.19:** Das Startbild ist fertig

Da sich mit einem Bewegungs-Tweening nur gruppierte Objekte, Texte oder Symbole bewegen lassen, wird an dieser Stelle der Kreis entweder gruppiert oder in ein Symbol umgewandelt. Es kann durchaus unterschiedliche Effekte erzeugen, wenn Sie ein Objekt nur gruppieren oder es zu einem Symbol umwandeln. Dazu aber erst weiter unten unter *Unterschiedliche Effekte* mehr.

Einer ersten Überlegung nach soll der Kreis eine Sekunde brauchen, bis er auf der anderen Seite der Bühne angekommen ist. Da die Bildrate auf 12 Bilder pro Sekunde eingestellt ist, muss das zweite Schlüsselbild bei dem Bild 12 sitzen. Es ist aber durchaus möglich, diesen Zeitrahmen nachträglich noch zu ändern. Nach dieser Überlegung aktiviert man das zwölfte Bild und fügt dort ein Schlüsselbild ein (F6). Damit ist eine exakte Kopie des ersten Bilds an der Position 12 auf der Zeitleiste produziert worden. Die Bilder zwischen Bild 1 und 12 sind automatisch erzeugt worden und grau dargestellt.

| Kapitel 8 | Tweenings und Animationen | 265 |

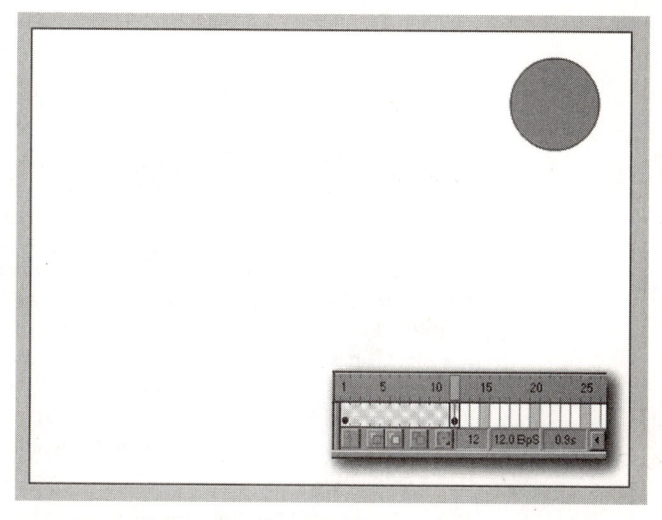

Der Kreis soll sich aber auf dem zweiten Schlüsselbild – also dem Zielbild – auf der rechten Seite befinden, also gehen Sie sicher, dass Sie das zweite Schlüsselbild aktiviert haben, und ziehen Sie den Kreis mit der Maus auf die rechte Seite. Wenn Sie die ⇧-Taste dabei gedrückt halten, bewegen Sie den Kreis nur im 45°-Winkel.

**Abbildung 8.20:** Das Zielbild ist fertig

Um nun das Bewegungs-Tweening zu erstellen, aktivieren Sie entweder das erste Schlüsselbild oder eines der Bilder zwischen den beiden Schlüsselbildern. Noch wird Ihnen der Inhalt des ersten Schlüsselbilds angezeigt, wenn Sie eines der Zwischenbilder anzeigen, weil Sie den Befehl *Bewegungs-Tweening erstellen* noch nicht ausgeführt haben. Auf welche Weise Sie das am liebsten tun, bleibt Ihnen überlassen: entweder über *Menü / Bewegungs-Tweening erstellen*, über die Bild-Palette, während Sie eines der Bilder 1 bis 11 aktiviert haben, oder durch einen Rechtsklick mit der Maus auf eines der

Bilder 1 bis 11. Bei der letzten Möglichkeit öffnet sich an der Stelle der Maus ein Kontextmenü, aus dem Sie *Bewegungs-Tweening erstellen* wählen können.

Sie sollten für dieses Tweening zwischen Bild 1 und 12 nicht den Befehl *Bewegungs-Tweening erstellen* für das zwölfte Bild wählen, da dies nur ein Tweening zwischen dem zwölften Bild und einem dem zwölften Bild folgenden Schlüsselbild erzeugen würde. Da wir in diesem Fall kein folgendes Bild haben, wäre dieses Tweening so lang wirkungslos, bis dem zwölften Schlüsselbild ein weiteres Schlüsselbild folgt.

Bei der Erstellung eines Bewegungs-Tweenings über die Menüs werden Sie nicht weiter gefragt, welche Art von Tweening Sie erstellen wollen. Es werden einfach die Einstellungen verwendet, die bei der Erstellung des letzten Bewegungs-Tweenings verwendet wurden. Sollten Sie alles richtig gemacht haben, erscheint zwischen den Bildern der Zeitleiste nun ein durchgezogener Pfeil von Bild 1 bis zu Bild 12 auf einem hellblauen Hintergrund. Wählen Sie nun mit der Maus eines der Bilder zwischen den Schlüsselbildern, dann erhalten Sie eine Ansicht des Bilds und seiner Position, die zwischen den beiden Schlüsselbildern berechnet wurde. Drücken Sie die ⏎-Taste, um Ihr erstes Bewegungs-Tweening zu betrachten (siehe Abbildung 8.21).

Die zweite Möglichkeit, ein Tweening zu erstellen, besteht darin, einfach ein Schlüsselbild oder ein ihm folgendes Schlüsselbild auszuwählen und die Bild-Palette zu öffnen (siehe Abbildung 8.22).

Ist dem Bild bisher noch kein Tweening zugewiesen worden, ist auf der Bild-Palette nicht besonders viel zu sehen, außer einem Optionsfeld hinter dem Wort *Tweening*. Öffnen Sie dieses Optionsfeld, können Sie zwischen *Keine*, *Bewegung* und *Form* wählen. Mit *Bewegung* erstellen Sie ein Bewegungs-Tweening und bekommen gleich noch die Möglichkeit einige Eigenschaften dieses Bewegungs-Tweenings zu beeinflussen, bevor Sie den endgültigen Befehl zum Erstellen bekommen.

Kapitel 8 | Tweenings und Animationen

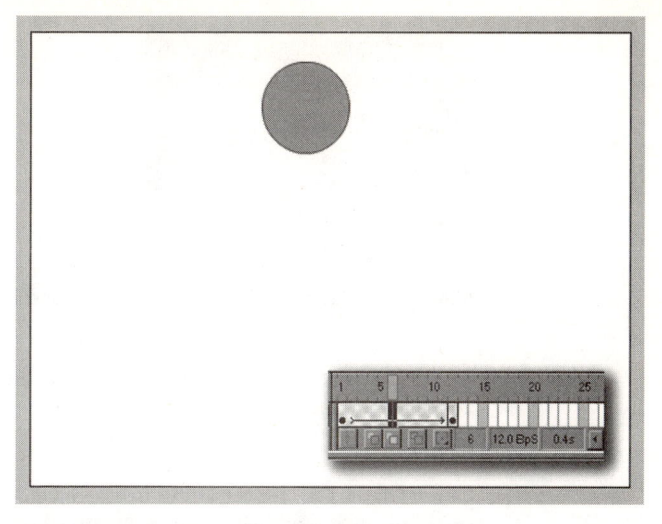

**Abbildung 8.21:** Das sechste Bild dieses Bewegungs-Tweenings

**Abbildung 8.22:** Bild-Palette zum Erstellen oder Verändern eines Tweenings

**Abbildung 8.23:** Optionen für Bewegungs-Tweenings

Auf die Optionen *An Pfad ausrichten* und *Ausrichten* wird weiter unten näher eingegangen.

**Skalieren**

Es ist möglich, ein Objekt in der Bewegung zu skalieren. Um dies zu testen, aktivieren Sie das zweite Schlüsselbild und skalieren den Kreis auf 50 % seiner ursprünglichen Größe. Ist die Option *Skalieren* aktiviert, wird der Kreis in der Bewegung nicht nur von links nach rechts bewegt, sondern auch verkleinert, so lang, bis er die 50 %-Größe erreicht hat. Da sich die Form des Kreises nicht verändert hat, handelt es sich noch immer um ein Bewegungs-Tweening. Für das folgende Beispielbild wurden alle Zwiebelschalen eingeschaltet, um den Effekt dieser Option zu verdeutlichen.

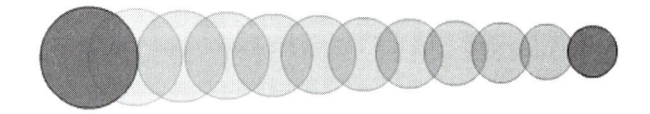

**Abbildung 8.24:** *Skalieren* aktiviert

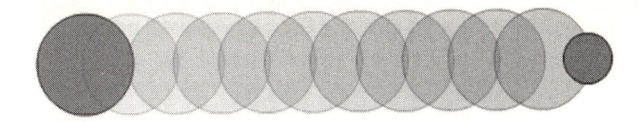

**Abbildung 8.25:** *Skalieren* deaktiviert

Man sieht in diesem Beispiel sehr gut, was die Option bewirkt. Ist die Option deaktiviert, wird die Bewegung zwar berechnet, die Verkleinerung im Zielbild jedoch völlig außer Acht gelassen. Der Sprung am Ende sieht in der fertigen Animation dann nicht besonders gut aus, kann aber auch beabsichtigt sein.

### Drehen

Sie können die Objekte, die Sie mit einem Bewegungs-Tweening animieren, sich auch während der Bewegung um den eigenen Mittelpunkt drehen lassen. Bei dem Kreis aus dem vorangegangenen Beispiel ist dieser Effekt natürlich nicht besonders gut sichtbar, da hier kein Oval gezeichnet wurde. Deshalb hier also ein gedrehtes Quadrat.

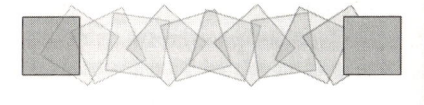

**Abbildung 8.26:** Quadrat einmal im Uhrzeigersinn gedreht

Sie geben also einfach nur im hinteren Feld die Anzahl der Drehungen ein, die das Objekt während der Bewegung durchführen soll, und wählen vorn, in welche Richtung sich das Objekt drehen soll – ob nun im oder gegen den Uhrzeigersinn. Es steht Ihnen auch noch die Option *Auto* als Richtung der Drehung zur Verfügung. In dem Beispiel mit dem Quadrat von oben hat das folgenden Effekt.

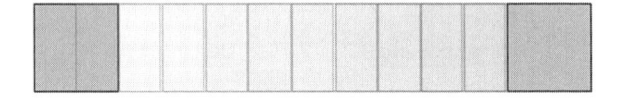

**Abbildung 8.27:** Kein Effekt in diesem Fall

Das erklärt sich recht einfach, wenn man sich folgende leicht veränderte Situation ansieht.

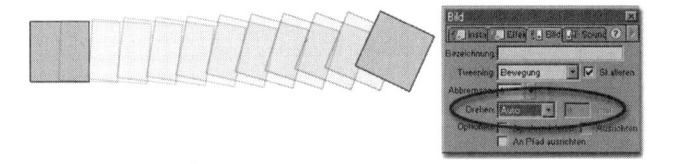

**Abbildung 8.28:** So macht es eher einen Sinn

Das Quadrat im Zielbild wurde um 25 Grad im Uhrzeigersinn gedreht, bevor das Bewegungs-Tweening berechnet wurde. Das automatische Drehen des Bewegungs-Tweenings hat daraufhin einfach die Zwischenstufen Schritt für Schritt in die Richtung gedreht, die den kürzesten Weg bei der Drehung darstellt. Da es bei dieser Drehung nicht darum geht, ein Objekt vollständig um die eigene Achse zu drehen, kann bei der Option *Drehen / Auto* auch keine Anzahl der Umdrehungen gewählt werden. Sind die Dreh-Winkel des Start- und Zielbilds unterschiedlich und stellt man bei den Eigenschaften für das Bewegungs-Tweening nicht ein, dass bei dem Tweening automatisch gedreht werden soll, bedeutet das für das obige Beispiel Folgendes:

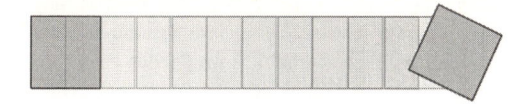

**Abbildung 8.29:** Hier wurde nicht automatisch gedreht

Es wird nur das letzte Bild gedreht gezeigt. Die Bewegung des Startbilds wird normal in Richtung Zielbild berechnet, die Drehung wird jedoch nicht mit in die Bewegung eingerechnet. So erscheint dann nur das Zielbild sehr abrupt gedreht und die flüssige Bewegung ist dahin.

> Eine Gruppe hat ihren Mittelpunkt immer automatisch in der geometrischen Mitte, auch wenn der Mittelpunkt nicht angezeigt ist, wenn man eine Gruppe aktiviert. Ebenso verhält es sich bei Symbolen. Bei allen kann man den Mittelpunkt allerdings verschieben, indem man ihn mit dem Menübefehl *Modifizieren / Transformieren / Mittelpunkt bearbeiten* anwählbar macht. Mit dem Mauszeiger lässt sich der Mittelpunkt daraufhin verschieben. Die Konsequenzen, die sich daraus für das Drehen eines Objekts im Bewegungs-Tweening ergeben, sind nicht leicht vorauszuberechnen. Im Beispiel unten sieht man den verschobenen Mittelpunkt oberhalb des ersten Bilds (links). So hat das Drehen beim Bewegungs-Tweening auch für den Kreis einen sichtbaren Effekt.

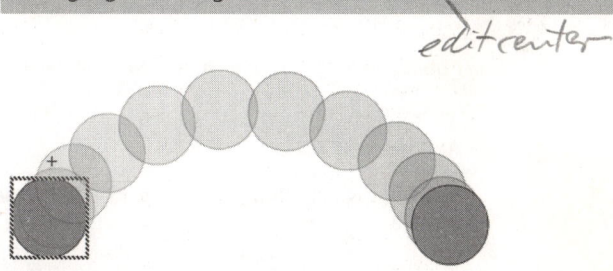

*edit center*

**Abbildung 8.30:** Drehen mit gleichermaßen verschobenem Mittelpunkt (kleines Kreuz) bei Start- und Zielbild

Der Effekt im Beispiel oben funktioniert nur so, wenn beide Mittelpunkte gleich verschoben sind. Probieren Sie verschiedene Mittelpunkte einfach einmal aus und sehen Sie, ob der Effekt Ihnen gefällt. Bei unterschiedlich verschobenen Mittelpunkten wird das Drehen um den Mittelpunkt bei einem Bewegungs-Tweening allerdings noch komplexer und schwerer nachzuvollziehen. Um dies zu demonstrieren noch ein solches Beispiel, in dem die Bewegung des Kreises plötzlich eine kleine Schleife bekommt. Der Kreis wurde für die Berechnung nur einmal um den eigenen Mittelpunkt gedreht. Der Mittelpunkt des Zielbilds wurde genau an dieselbe Stelle verschoben wie der im vorherigen Beispiel.

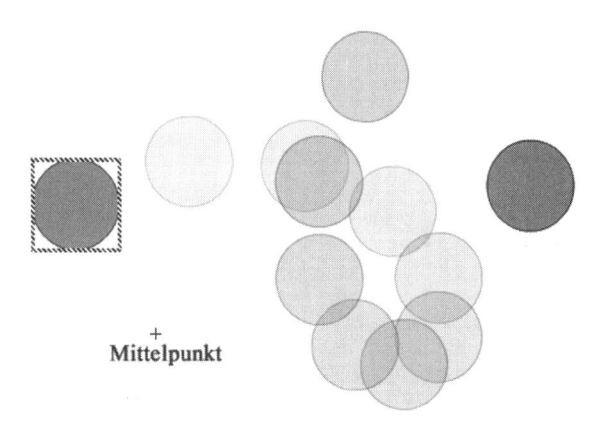

**Abbildung 8.31:** Experiment mit zwei verschiedenen Mittelpunkten

### Abbremsen

Mit dem Schieberegler *Abbremsen* steuern Sie die Geschwindigkeit Ihres Bewegungs-Tweenings an seinem Anfang und Ende. Bisher haben Sie nur Bewegungs-Tweenings kennen gelernt, die mit konstant gleicher Geschwindigkeit berechnet und auch dargestellt werden. Bremsen Sie das Tweening an seinem Ende ab, werden die Abstände der ersten Bilder größer, die Bewegung also schneller, und die Abstände der Bilder am Ende geringer und die Bewegung damit langsamer. Bremsen Sie am Anfang ab, geschieht im Prinzip dasselbe, nur umgekehrt.

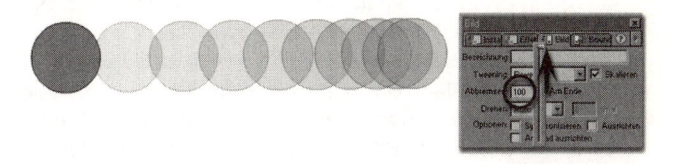

**Abbildung 8.32:** Am Ende abgebremstes Bewegungs-Tweening

**Abbildung 8.33:** Am Anfang abgebremstes Bewegungs-Tweening

Für die Eingabe des Werts, an welcher Stelle ein Bild abgebremst wird, müssen Sie nicht unbedingt den Schieberegler verwenden. Haben Sie eine Vorstellung von dem, was Sie tun werden, können Sie auch einfach in das Feld hinter dem Regler den Wert eintragen. -100 entspricht in diesem Fall dem Maximum für das Abbremsen am Anfang eines Tweenings. Bei 100 wird die Animation am hintersten Ende abgebremst.

### Synchronisieren

Wollen Sie eine Bewegung zum Beispiel einmal im Kreis verlaufen lassen und diese Bewegung im Film immer wieder hintereinander anzeigen lassen, kann es an der Stelle zu einem kleinen Rucken kommen, an dem die Kreisbewegung erneut begonnen wird. Über die Option *Synchronisieren* können Sie versuchen einen solchen kleinen Fehler auszumerzen. Erwarten Sie aber nicht zu viel von dieser Funktion.

**Zwischenbilder in Schlüsselbilder umwandeln**

Bilder zwischen den beiden Schlüsselbildern eines Tweenings lassen sich nicht bearbeiten oder anwählen. Wollen Sie aber dennoch eines dieser Bilder verändern, erzeugen Sie an der entsprechenden Stelle einfach ein Schlüsselbild im Tweening. Das berechnete Bild wird dadurch in ein Schlüsselbild umgewandelt, das in dem Bewegungs-Tweening sitzt und es nicht unterbricht. Dem so neu hinzugefügten Schlüsselbild wird automatisch ein Bewegungs-Tweening zugewiesen, um die Bewegung nicht zu unterbrechen. Die Inhalte des neuen Schlüsselbilds können Sie jetzt verändern, um der Bewegung zum Beispiel eine andere Richtung zu geben. Verändern Sie jedoch die Form des Inhalts, unterbricht dies das Bewegungs-Tweening.

**Beschränkungen**

In den Start- und Zielbildern darf sich pro Ebene nur eine Gruppe oder Instanz befinden, um den Tweeningverlauf beizubehalten. Objekte, die reine ungruppierte Flash-Zeichnungen sind, können sich zwar auf derselben Ebene und im selben Bild wie Start- und Zielbild befinden, allein jedoch um Fehlern vorzubeugen und die Übersichtlichkeit zu wahren, sollten Sie Elemente, die nicht zu einem Bewegungs-Tweening gehören, auf eine andere Ebene setzen. Fügen Sie einem Start- oder Zielbild eine weitere Gruppe oder ein weiteres Symbol hinzu, kann sich der Verlauf des Tweenings verändern. Sind bereits vor der Erstellung zusätzliche Gruppen oder Instanzen im Startbild, kann das Bewegungs-Tweening gar nicht erst erstellt werden. Wie sollte Flash auch beurteilen können, welches Symbol oder welche Gruppe bei einer Auswahl von mehreren bewegt werden soll?

Grafiken, die in Flash erstellt wurden, können nur per Bewegungs-Tweening bewegt werden, wenn sie gruppiert wurden oder eine Instanz eines Symbols darstellen. Texte und importierte Bitmaps oder dergleichen brauchen nicht mehr gruppiert zu werden, verhalten sich dann aber auch wie Gruppen und nicht wie Instanzen eines Symbols.

### Fehler beim Erstellen

Ist ein Bild nicht gruppiert worden, ist keine Instanz eines Symbols, kein Text oder importiertes Bitmap oder sind es gar unterschiedliche Formen, zeigt Flash Ihnen einen Tweening-Fehler in der Zeitleiste an, indem der übliche Pfeil zwischen den Schlüsselbildern nur als gestrichelte Linie dargestellt wird.

**Abbildung 8.34:** Ein Fehler beim Tweening – es wird nichts bewegt

Da diese Fehleranzeige nicht ganz sauber arbeitet – die Korrektur eines fehlerhaften Tweenings wird nicht sofort in die Anzeige übernommen – sollten Sie einen solchen Fehler dadurch testen, dass Sie einfach die ⏎-Taste drücken. Bemerken Sie dann, dass die Elemente Ihres Tweenings nicht bewegt werden und auch keinerlei Bilder zwischen den Schlüsselbildern berechnet wurden, haben Sie tatsächlich einen Fehler bei der Erstellung vorliegen.

Wenn Sie versuchen das Bewegungs-Tweening zu erstellen, warnt Flash bereits in der Bild-Palette vor möglichen Fehlern. Das kleine Warndreieck erscheint nur, wenn ein Fehler innerhalb des Tweenings vorliegt.

**Abbildung 8.35:** Warnung – ein Fehler beim Erstellen des Tweenings

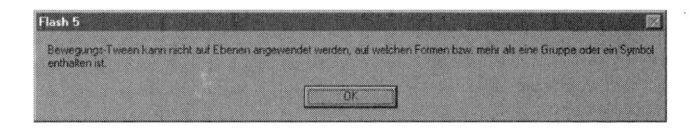

**Abbildung 8.36:** Dieses Fenster erscheint, sobald Sie auf das Warndreieck klicken

*Bewegungs-Tweening kann nicht auf Ebenen angewendet werden, auf welchen Formen bzw. mehr als eine Gruppe oder ein Symbol enthalten ist.* Mit diesem Satz warnt Flash vor Fehlern bei der Erstellung eines Bewegungs-Tweenings.

### Farbeffekte

Ein weiterer Beleg dafür, dass man Bewegungs-Tweenings richtiger Nicht-Form-Tweenings nennen sollte, sind die Farbeffekte, die man mit ihnen erzeugen kann, wenn Instanzen animiert werden – bei Gruppierungen funktioniert dieser und auch andere Farbeffekte leider nicht. Ohne jegliche Bewegung ist so zum Beispiel ein berechneter Farbübergang von Rot nach Blau wie folgt machbar. Das Beispiel enthält zwar wieder eine Bewegung von links nach rechts, diese Bewegung wurde aber eher der Anschaulichkeit halber gewählt – es wäre auch ohne möglich.

> Alle Beispiele zu den Farbeffekten finden Sie auf der beiliegenden CD, weil man den Farbeffekt in Schwarz-Weiß-Abbildungen nur unzureichend nachvollziehen kann.

Für dieses Beispiel setzen Sie einen Kreis mit weißer Füllfarbe im ersten Bild der Zeitleiste auf die Bühne und konvertieren ihn in ein Symbol. Sitzt er noch nicht an der gewünschten Stelle, können Sie die Instanz noch immer verschieben. Im Beispiel sitzt der erste Kreis wieder oben links. Danach öffnen Sie die Effekt-Palette und wählen unter *Farbton* ein hübsches Grün. Bestätigen Sie die Auswahl mit der ⏎-Taste.

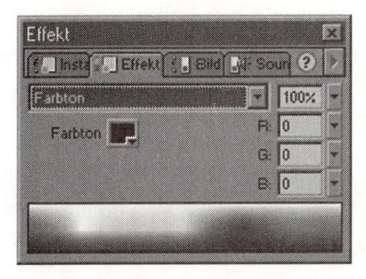

**Abbildung 8.37:** Effekt *Farbton*

Das Startbild des Bewegungs-Tweenings ist fertig und nun ist das Zielbild an der Reihe. Erzeugen Sie ein neues Schlüsselbild und öffnen Sie erneut die Effekt-Palette. Dort wählen Sie zum Beispiel über *Erweitert* einen roten Farbton aus. Im Beispiel wurde sogar noch eine Transparenz von 50 % gewählt. Wenn Sie wollen, können Sie den Kreis im Zielbild noch in seiner Position verändern; es ist allerdings nicht notwendig für den Farbeffekt, dass sich die Instanz auch bewegt.

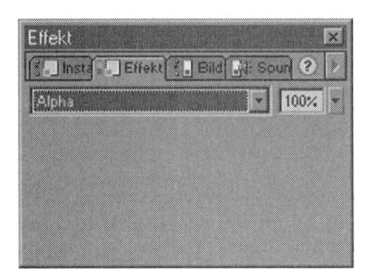

**Abbildung 8.38:** Sogar Transparenz (Alpha) lässt sich tweenen

Nun brauchen Sie nur noch das Bewegungs-Tweening zu erstellen und können mit der ⏎-Taste den Erfolg des Farbübergangs mit Transparenz betrachten. Probleme sollten dabei keine auftreten, weil es sich ja um bewegte Instanzen handelt.

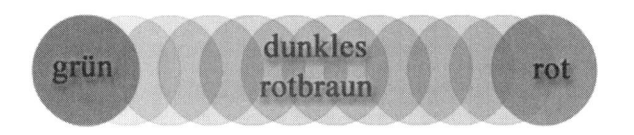

**Abbildung 8.39:** Ein Farbübergang mit Bewegung

Ist Ihnen kein Fehler unterlaufen, verändert sich die Farbe des Kreises nun von Grün über ein dunkler werdendes Rotbraun bis hin zu dem leicht transparenten Rot. Wenn Sie die Transparenz verfolgen wollen, legen Sie ein Bild oder einfach eine Linie hinter den Bereich, auf dem das Bewegungs-Tweening abläuft.

### Bitmaps bewegen

Es stellt kein Problem dar, ein Bitmap per Bewegungs-Tweening über den Bildschirm wandern zu lassen. Das Verfahren ist dasselbe wie bei der Erstellung eines normalen Bewegungs-Tweenings. Es ist nicht nötig, ein Bitmap zu gruppieren oder zu einem Symbol zu konvertieren. Sie sollten jedoch vermeiden ein Bitmap in einem Tweening zu drehen. Es ist nicht so, dass Flash dies nicht tun könnte, nein, es ist eher so, dass die Darstellung des Bitmaps im gedrehten Zustand sehr mangelhaft wirkt. Gerade bei langsam ablaufenden Tweenings ist dies dann besonders augenfällig. Bei einer schnellen Rotation kann es gut sein, dass dem Betrachter die Unschärfe und die stufigen Kanten nicht auffallen.

### Zusammenfassung Bewegungs-Tweening erstellen

Um noch einmal eine mögliche Vorgehensweise zusammenzufassen, hier eine kleine Auflistung. Dabei müssen Sie sich jedoch nicht stoisch an das hier Beschriebene halten. Bewegungs-Tweenings können aus den verschiedensten Ausgangssituationen heraus erstellt werden, es kann also gut sein, dass Sie einen anderen Weg einschlagen müssen. Diese Auflistung geht wie die Beschreibung oben davon aus, dass in Ihrem Film noch kein anderes Element auf den Ebenen Ihres Films zu finden ist.

- Setzen Sie das erste Schlüsselbild als Startbild.
- Fügen Sie das zu bewegende Element (gruppierte Zeichnung, Text, Bitmap oder Instanz eines Symbols) auf dem Startbild ein.
- Setzen Sie ein zweites Schlüsselbild als Zielbild an einer Stelle hinter dem Startbild und kopieren Sie so die Inhalte des Startbilds.
- Verändern Sie Position, Farbe und/oder Größe der Elemente nach Ihrem Belieben.
- Geben Sie den Befehl *Bewegungs-Tweening erstellen* per Menü *Einfügen / Bewegungs-Tweening erstellen*, Kontextmenü *Bewegungs-Tweening erstellen*, oder aktivieren Sie ein Bild oder dessen folgende Bilder und öffnen die Bild-Palette und stellen dort das gewünschte Tweening ein.
- Testen Sie das Ergebnis Ihrer Arbeit mit der ⏎-Taste.

**Zu beachten ist ...**

Auch wenn das Erstellen von Bewegungs-Tweenings einfach ist, gibt es einige Dinge, die man beachten sollte, um Fehler zu vermeiden.

- In Flash erstellte Zeichnungen (Formen) können nicht per Bewegungs-Tweening bewegt werden, wenn sie nicht gruppiert sind oder in ein Symbol umgewandelt wurden.

- Es lassen sich keine Bewegungs-Tweenings erstellen, wenn sich in einem oder beiden Schlüsselbildern (Start oder Ziel) mehrere Gruppen oder Symbole auf einer Ebene befinden. Legen Sie Elemente, die nicht zum Tweening gehören, auf eine andere Ebene.

- Texte und Bitmap-Bilder müssen nicht gruppiert oder in ein Symbol umgewandelt werden. Sie verhalten sich automatisch wie eine Gruppierung.

- Gruppen können keine Farbeffekte zugewiesen werden, also lassen sich auch keine Farbübergänge tweenen.

- Nur Instanzen lassen sich Farbeffekte zuweisen und deshalb können Sie mit Instanzen auch Farbübergänge tweenen. Selbst eine Transparenz (Alpha) lässt sich in ein solches Tweening einbauen und berechnen.

- Wenn Sie in einem der beiden Schlüsselbilder die bewegten Objekte in ihrer Form verändern, wird diese Formveränderung nicht mitberechnet, die Bewegung bleibt jedoch erhalten.

# Form-Tweening

Anders als bei einem Bewegungs-Tweening lassen sich bei einem *Form-Tweening* Formen verändern. Man nennt diese Übergangsberechnung *Morphen*. Dass Sie nun ein Objekt bei einem Tweening in seiner Form verändern, bedeutet allerdings nicht, dass Sie es nicht auch gleichzeitig bewegen können. Das Form-Tweening schließt also alle Bewegungseigenschaften des Bewegungs-Tweenings mit ein und erweitert sie durch das Morphen. Es gibt bei der Erstellung eines solchen Form-Tweenings einige Eigenarten, die es zu beachten gilt.

**Erstellen eines Form-Tweenings**

Für das folgende Beispiel öffnen Sie einen neuen Film und zeichnen in die linke obere Ecke einen Kreis. Ein Form-Tweening kann im Gegensatz zum Bewegungs-Tweening keine Gruppierungen, Texte oder Instanzen morphen, also brauchen Sie den gezeichneten Kreis für ein Form-Tweening auch nicht zu gruppieren oder in ein Symbol umzuwandeln. Viel mehr noch, Sie sollten dies sogar vermeiden, weil Gruppen und Symbole nicht per Form-Tweening verformt werden können.

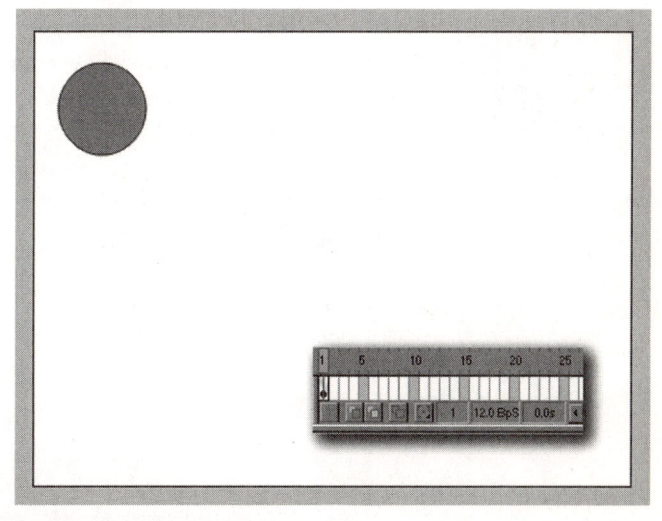

**Abbildung 8.40:** Das Startbild

Nun überlegen Sie, an welche Stelle Sie das Zielbild setzen und was es enthalten soll. Je mehr Bilder zwischen Start- und Zielbild liegen, desto mehr Bilder werden vom Computer berechnet und umso feiner werden sowohl Bewegungs- als auch Morphvorgang. Die Geschwindigkeit, in der diese Bilder gespielt wird, wird von der Bildrate (BpS) bestimmt.

In diesem Beispiel soll der Kreis in ein Quadrat umgewandelt werden. Dieser Vorgang soll bei einer Bildrate von 12 eine Sekunde dauern. Demzufolge setzen Sie auf der Position 12 auf der Zeitleiste ein Leeres Schlüsselbild. Ein (normales) Schlüsselbild würde uns an dieser Stelle eine Kopie des Schlüsselbilds setzen, also einen Kreis, den wir an der zweiten Stelle jedoch nicht mehr haben wollen. Deshalb also ein Leeres Schlüsselbild.

Auf dieses Leere Schlüsselbild zeichnen Sie in der rechten oberen Ecke ein Quadrat. Auch dieses Quadrat muss und darf nicht gruppiert oder in ein Symbol umgewandelt werden.

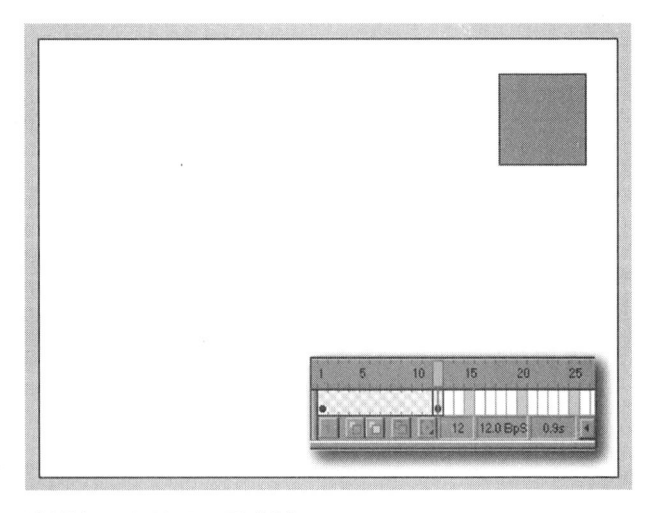

**Abbildung 8.41:** Das Zielbild

Jetzt, da Start- und Zielbild festliegen, gibt es einen Umweg und einen direkten Weg, das Form-Tweening zu erstellen. Der Umweg bestünde darin, zuerst mit dem Menü *Einfügen / Bewegungs-Tweening erstellen* oder dem Kontextmenü *Bewegungs-Tweening erstellen* ein Bewegungs-Tweening zu erstellen. Dieser Weg führt uns zu einer Fehleranzeige in der Zeitleiste, da die Elemente in Start- und Zielbild ja keine Gruppe oder Symbolinstanz sind.

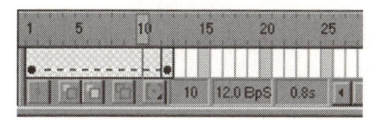

**Abbildung 8.42:** Ein Fehler beim Form-Tweening

So erkennen Sie zwar, dass sich die Elemente nicht für ein Bewegungs-Tweening eignen, da dies allerdings auch nicht das Ziel, ist können Sie auch gleich die Bild-Palette für das erste Schlüsselbild oder dessen Zwischenbilder öffnen.

**Abbildung 8.43:** Bild-Palette für Form-Tweenings

Auf dieser Palette wählen Sie dann aus dem Optionsfeld *Tweening* den Begriff *Form* für Form-Tweening. Sie können hier noch den *Überblendtyp* und das *Abbremsen* einstellen. Diese beiden Möglichkeiten werden Ihnen weiter unten erklärt. Wenn Sie die Bild-Palette nun durch einen Mausklick außerhalb der Palette verlassen, haben Sie Ihr erstes Form-Tweening erstellt. Wählen Sie das erste Bild dieses Tweenings und testen Sie es mit der ⏎-Taste.

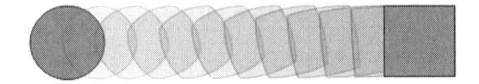

**Abbildung 8.44:** Das Ergebnis mit all seinen Bildern als Zwiebelschalen angezeigt

Wenn Sie alles richtig gemacht haben, sollte sich der Kreis in der Bewegung langsam zu einem Quadrat umformen. Außerdem wird in der Zeitleiste zwischen Start- und Zielbild nun ein durchgehender Pfeil auf hellgrünem Hintergrund vom Start- zum Zielbild zu sehen sein. Ist der Hintergrund hellblau, haben Sie aus Versehen ein Bewegungs-Tweening erstellt, und wenn nur eine gestrichelte Linie erscheint, liegt ein Fehler vor und die Zwischenbilder können nicht berechnet und angezeigt werden.

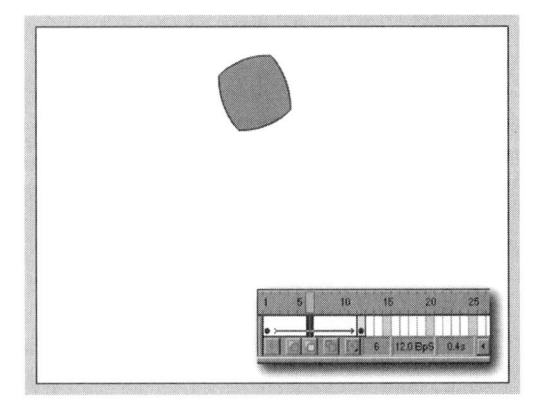

**Abbildung 8.45:** Das berechnete Bild Nummer 6

## Abbremsen

Mit der Option *Abbremsen* in der Bild-Palette steuern Sie die Geschwindigkeit der Bewegung im Form-Tweening an seinem Anfang und Ende. Die Berechnung der Umformung bleibt konstant gleich, läuft also nicht gebremst ab.

Bremsen Sie das Tweening an seinem Ende ab, werden die Abstände der ersten Bilder größer, die Bewegung also schneller, und die Abstände der Bilder am Ende geringer und die Bewegung damit langsamer. Bremsen Sie am Anfang ab, geschieht im Prinzip dasselbe, nur umgekehrt.

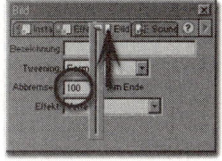

**Abbildung 8.46:** Am Ende abgebremste Geschwindigkeit der Bewegung eines Form-Tweenings

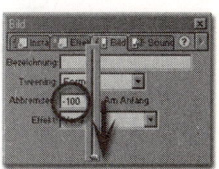

**Abbildung 8.47:** Am Anfang abgebremste Geschwindigkeit der Bewegung eines Form-Tweenings

Für die Eingabe des Werts, an welcher Stelle ein Bild abgebremst wird, müssen Sie nicht unbedingt den Schieberegler verwenden.

Haben Sie eine Vorstellung von dem, was Sie tun, können Sie auch einfach in das Feld hinter dem Regler den Wert eintragen. -100 entspricht in diesem Fall dem Maximum für das Abbremsen am Anfang eines Tweenings. Bei 100 wird die Animation am hintersten Ende abgebremst.

**Winkelförmig und Verteilt**

Diese beiden Optionen heben sich gegenseitig auf. Haben Sie die Option *Verteilt* gewählt, läuft das Morphen so ab, dass die Elemente gleichmäßig so umgeformt werden, dass sie langsam die andere Form annehmen.

*Winkelförmig* bewirkt hingegen, dass existierende rechte Winkel erhalten bleiben. Geraden und Winkel im Zielbild werden mit Priorität geformt, sprich: die Umformung arbeitet darauf hin.

Ein wirklich großer Unterschied zwischen diesen beiden Optionen lässt sich allerdings in den meisten Fällen kaum feststellen.

**Zwischenstufen bearbeiten**

Wie bei einem Bewegungs-Tweening lassen sich die berechneten Zwischenbilder eines Form-Tweenings nicht bearbeiten, solange sie normale Bilder bleiben. Sie können allerdings alle oder auch nur ausgewählte Bilder eines Tweenings in Schlüsselbilder umwandeln und sie somit bearbeitbar machen.

Um ein berechnetes Bild in ein Schlüsselbild umzuwandeln, markieren Sie es in der Zeitleiste und drücken die Taste [F6], benutzen das Menü *Einfügen / Schlüsselbild einfügen* oder das Kontextmenü *Schlüsselbild einfügen*. Wollen Sie mehrere Bilder auf einmal in Schlüsselbilder umwandeln, markieren Sie mit gedrückter Maustaste über die entsprechenden Bilder ziehend einfach mehrere Bilder und geben dann den Befehl *Schlüsselbild einfügen*.

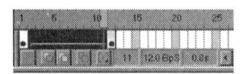

**Abbildung 8.48:** Mehrere markierte Zwischenbilder

| Kapitel 8 | Tweenings und Animationen | 287 |

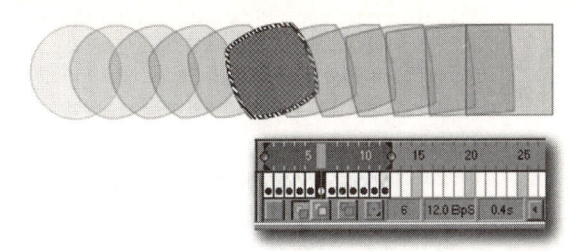

**Abbildung 8.49**: Hier wurden alle Zwischenbilder umgewandelt und bearbeitbar gemacht

Für das Beispiel sollten Sie jedoch nur das sechste Bild in ein Schlüsselbild umwandeln, um es verändern zu können.

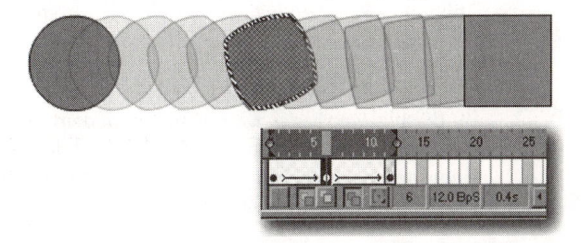

**Abbildung 8.50**: Nur das sechste Bild wurde für die Bearbeitung umgewandelt

Dem neuen Bild wurde automatisch ein Form-Tweening zugewiesen, um das Tweening nicht zu unterbrechen. Aus dem einen Form-Tweening sind zwei unabhängige Form-Tweenings geworden. Wurde die Bewegung des Tweenings abgebremst, wird allerdings nur das erste der nun zwei Form-Tweenings für sich gebremst. Das zweite Bild bleibt ungebremst.

Den Inhalt des neuen Schlüsselbilds können Sie beliebig verändern. Sie können seinen Inhalt sogar komplett löschen und durch einen neuen ersetzen. Dabei sollten Sie allerdings daran denken, dass auch diese neuen Elemente keine Gruppen oder Symbolinstanzen sein dürfen.

Dieses Beispiel beschränkt sich jedoch darauf, den Inhalt des sechsten Schlüsselbilds in seiner Form zu verändern.

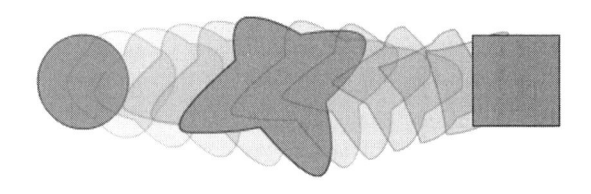

**Abbildung 8.51:** Auswirkungen des veränderten sechsten Bilds auf das Tweening

Im Beispiel wurde das Zwischenbild mit dem Pfeil-Werkzeug verändert. Man sieht sehr gut, dass diese Veränderung Auswirkung auf beide neuen Tweenings hat, da das sechste Schlüsselbild nun sowohl Start- als auch Zielbild geworden ist.

Experimentieren Sie ein wenig mit verschiedenen Zwischenstufen, um unterschiedliche Effekte zu testen.

### Texte umformen

Interessante Effekte lassen sich nicht nur mit Grafiken, sondern auch mit gemorphten Texten erzielen. Die Grenzen dieser Möglichkeit setzt Ihnen nur Ihre Fantasie und die Rechenleistung Ihres Rechners.

Haben Sie einen Text mit dem Text-Werkzeug auf der Bühne eingegeben, lässt sich dieser nicht ohne weiteres mit einem Form-Tweening umformen. Zunächst müssen Sie den Text in ein Bild umwandeln, da Flash keine reinen Texte verformen kann. Mit den Tasten [Strg] + [B] ([⌘] + [B]) oder dem Menübefehl *Modifizieren / Teilen* zerlegen Sie einen Text in die Bilder seiner einzelnen Buchstaben. Das Teilen funktioniert nicht, wenn Sie sich noch im Texteingabe-Modus befinden, aktivieren Sie also nur den Textblock mit dem Pfeil-Werkzeug. Text können Sie nach dem Teilen nicht mehr als Text, sondern nur noch als Bild bearbeiten. Tippfehler sind nach dem Teilen also nicht mehr besonders einfach zu korrigieren.

Das folgende Beispiel soll eine Verformung des Worts *Wort* in das Wort *Form* zeigen. Während der Verformung soll sich das Form-Tweening außerdem über den Bildschirm bewegen. Dazu geben Sie im ersten Bild an beliebiger Stelle mit dem Text-Werkzeug Wort ein und teilen dieses Wort wie oben beschrieben.

Wort

**Abbildung 8.52:** Das in seine Bestandteile zerlegte Wort

Nach dem Teilen sind alle Buchstaben des Worts ausgewählt. Gruppieren Sie die Buchstaben nicht, da Sie ja ein Form-Tweening erstellen wollen und dies keine Gruppierungen verformen kann. Was Sie jedoch ohne weiteres tun können, ist das Verformen der Buchstaben mit dem Pfeil-Werkzeug. Das lassen wir in diesem Beispiel allerdings auch sein.

Für das zweite Bild setzen Sie ein Leeres Schlüsselbild, schreiben auf die Bühne dieses Leeren Schlüsselbilds mit dem Text-Werkzeug das Wort Form und füllen das Schlüsselbild damit. Auch diesen Text müssen Sie teilen.

Form

**Abbildung 8.53:** Auch der Text des Zielbilds muss zerlegt sein

Geben Sie nun den Befehl zum Erzeugen des Form-Tweenings. Haben Sie alles richtig gemacht, lässt sich mit dem Drücken der ⎵-Taste Ihr Erfolg kontrollieren.

**Abbildung 8.54:** Morphen mit Text

Sicher haben Sie sich den Effekt so vorgestellt, dass die Buchstaben *o* und *r* erhalten bleiben. Flash hat aber alle Flächen der Buchstaben so verteilt, dass sich ein reines Durcheinander ergibt. Im Abschnitt *Formmarken setzen und verwenden* können Sie nachlesen, wie sich der Vorgang des Form-Tweenings besser steuern lässt.

Text lässt sich mit einem Form-Tweening aber auch in beliebige andere Objekte umformen. Dazu wurde im folgenden Beispiel einfach anstelle des Wortes *Form* ein Oval gezeichnet.

**Abbildung 8.55:** Von Text zu Bild

Der wirre Übergang von mehreren Formen, den vier Buchstaben, in eine Form steht für die Möglichkeit, mehrere Objekte, die sich allerdings alle auf einer Ebene befinden müssen, in eines zusammenfließen zu lassen – mit einem Form-Tweening. Auch hier sind Ihnen nur Grenzen durch Ihre Fantasie und die Rechenleistung Ihres Rechners gesetzt.

### Formmarken setzen und verwenden

Gehen wir wieder ein Beispiel zurück und betrachten den Übergang von *Wort* zu *Form*. Obwohl der zweite und dritte Buchstabe beider

Wörter die gleichen sind, hat sie das Form-Tweening bei der Berechnung aufgelöst und in Teilen in die anderen Buchstaben fließen lassen. Ein Werkzeug, mit dem Sie dieses Problem und auch andere dieser Art lösen können, sind die *Formmarken*. Mit ihnen kann man Flash vorgeben, welche Teile des Bilds an oder in andere hineingeformt werden sollen. Genauer gesagt, können Sie Start- und Zielpunkte angeben, an die sich Flash bei der Umformung hält.

Um eine Formmarke setzen zu können, müssen folgende Bedingungen erfüllt sein:

- Es muss mindestens ein Form-Tweening vorhanden sein, an das man die Formmarken setzen will.

- Sie müssen entweder im Menü *Ansicht* die Option *Formmarken anzeigen* aktivieren oder dasselbe über die Tasten [Strg] + [Alt] + [H] ([⌘] + [Alt] + [H]) tun. Zum einen ermöglicht diese Option die Anzeige, aber auch das Einfügen von Formmarken.

- Sie müssen sich im ersten Bild des Form-Tweenings auf der Zeitleiste befinden.

Erst wenn alle diese drei Bedingungen erfüllt sind, können Sie über den Menübefehl *Modifizieren / Transformieren / Formmarke hinzufügen* eine Formmarke in das erste Bild des Form-Tweenings einfügen. Weniger umständlich bekommen Sie es über die Tastenkombination [Strg] + [H] ([⌘] + [H]) hin.

Wort

**Abbildung 8.56:** Am *o* klebt hier eine Formmarke

Die erste Formmarke wird als kleiner, roter Kreis mit einem *a* irgendwo an das erste Element des zu formenden Objekts gesetzt. Sie können diese Formmarke mit der Maus verschieben. Achten Sie jedoch beim Verschieben der Formmarken darauf, dass der Mauszeiger ein kleines Kreuz bekommt, weil Sie ansonsten Gefahr laufen Ihr Objekt zu verformen. Die Formmarke reagiert beim Verschieben magnetisch, das heißt, sie rastet an den Außenlinien der Objekte ein. Für das Beispiel ist die erste Formmarke an den unteren Bogen des *o* gesetzt worden. Damit ist jedoch erst der Startpunkt der Formmarke gesetzt worden. Um den Zielpunkt auch zu setzen, wechseln Sie auf das Zielbild des Form-Tweenings. An einem der Objekte des Tweenings befindet sich auch dort ein kleiner, roter Kreis mit einem *a*, den Sie ebenfalls mit der Maus verschieben können.

**Abbildung 8.57:** Hier muss die Formmarke noch positioniert werden

Sobald Sie die Formmarke erfolgreich an einer Kante des Zielbilds gesetzt haben, verfärbt sich die Formmarke im Zielbild grün. Die Formmarke im Startbild hingegen wird gelb eingefärbt. Das bedeutet dann aber auch, dass Flash das Form-Tweening neu berechnet hat. Drücken Sie die ⏎-Taste, um sich das Ergebnis anzusehen. So lange die Formmarken rot angezeigt werden, ist noch keine Neuberechnung möglich und wird demnach auch nicht angezeigt.

Wenn Sie nun eine weitere Formmarke für das *r* setzen, werden Sie feststellen, dass diese Formmarke nicht mit einem *a*, sondern mit einem *b* gekennzeichnet wurde. Das geschieht ganz einfach aus dem Grund, dass Sie sich die Formmarken nur alle gemeinsam ansehen können und Sie schließlich auch den Überblick behalten müssen. Jede weitere Formmarke, die Sie hinzufügen, bekommt einen weiteren Buchstaben des Alphabets. Damit wird dann auch die Anzahl der Formmarken begrenzt. Sobald den Formmarken die Buchstaben ausgehen – bei 26 Stück –, können Sie keine weiteren mehr setzen. Sie müssen also relativ sparsam mit den Formmarken umgehen.

# Wort)ⱺrⱺrⱺrⱺrⱺrⱺrⱺrⱺrⱺFoⱺrm

**Abbildung 8.58:** Das Ergebnis des Formmarken-Setzens stellt schon eher zufrieden

Haben Sie alle Formmarken erfolgreich gesetzt, kann das Ergebnis Ihres Form-Tweenings als Zwiebelschalen angezeigt ungefähr so aussehen. Das *o* und das *r* bleiben erhalten und in der gesamten Bewegung gut sichtbar. Nur das *W* wird in ein *F* umgeformt und das *t* in ein *m*.

Es kann Ihnen aber auch passiert sein, dass das *o* in der Bewegung ganz verschwindet, am Anfang und Ende jedoch zu sehen ist. In diesem Fall haben Sie die Formmarken so gesetzt, dass die eine Formmarke an der Außenkante des *o* sitzt und die andere an der Innenkante – im Loch des *o*. Bei der Berechnung versucht Flash nun die Innenkante zur Außenkante umzuformen und so verschwindet das *o* in der Berechnung ganz oder fast ganz. Um diesen Fehler zu beheben, gehen Sie sicher, dass beide Formmarken entweder an der Außen- oder Innenkante des *o* eingerastet sind.

Es wäre mit den Formmarken auch durchaus zu bestimmen gewesen, dass die Buchstaben *o* und *r* in der Bewegung miteinander vertauscht werden, während sie in den jeweils anderen Buchstaben verformt werden. Dazu hätte man ganz einfach die *a*-Marke an das *o* im Startbild und an das *r* im Zielbild gesetzt und umgekehrt die *b*-Marke an die verbleibenden Buchstaben *o* und *r*.

**KNOW-HOW**

Wenn man nicht durch einen Zufall einmal die rechte Maustaste über einer der kleinen Formmarken betätigt, wird man annehmen, dass Formmarken sich nur alle auf einmal löschen lassen, und das mit dem Menübefehl *Modifizieren / Transformieren / Marken löschen*. Wenn Sie allerdings den rechten Mausknopf über einer der Formmarken drücken, wird sich ein Kontextmenü für Formmarken öffnen, das mehr Möglichkeiten zulässt.

> Marke hinzufügen
> Marke löschen
> Alle Marken löschen
> ✓ Marken einblenden

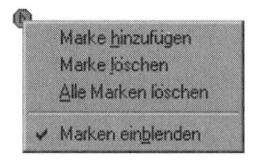

**Abbildung 8.59**: Das etwas versteckte Menü für alle sichtbar

Der wichtigste Punkt in diesem Kontextmenü ist wohl das einzelne Löschen von Formmarken mit dem Befehl *Marke löschen*. Sie löschen damit die Marke, über die Sie das Kontextmenü geöffnet haben. Um eine Marke löschen zu können, müssen Sie auch die drei Bedingungen erfüllen, die zum Erstellen von Formmarken erfüllt sein müssen.

Die Buchstabenreihenfolge wird beim Löschen aktualisiert. Hat man vor dem Löschen der Marke zum Beispiel die Marken *a* bis *f* im Tweening untergebracht und löscht die Marke *c*, hat man nach dem Löschen nur noch die Marken *a* bis *e*. Die Marke *d* wird dabei zu *c*, *e* zu *d* und so weiter.

Haben Sie also erst einmal eine Marke gesetzt, können Sie jederzeit über das Kontextmenü weitere hinzufügen. Sie müssen dazu allerdings auch die Bedingungen von oben erfüllen.

Zusätzlich lassen sich über das Kontextmenü auch alle Marken löschen oder deren Anzeige ausschalten.

Das Setzen von Formmarken funktioniert nicht nur mit Text, sondern kann auch bei allen anderen Form-Tweenings angewandt werden. So kann man mit Formmarken zum Beispiel festlegen, welche Ecke eines Dreiecks in welche Ecke eines entstehenden Vierecks wandert, wenn Flash das nicht schon von sich aus so macht, wie man das gern hätte.

**Farbeffekte**

Zusätzlich zu der Berechnung der Form berechnet Flash bei einem Form-Tweening auch eine Angleichung von Farben und Verläufen. Sie müssen dabei jedoch nicht wie beim Bewegungs-Tweening den Umweg über Instanzen eines Symbols gehen. Was würde es auch für einen Sinn ergeben, dies so zu tun, da Sie im Form-Tweening ja keine Instanzen verwenden können.

Wenn Sie Start- und Zielobjekt unterschiedlich eingefärbt haben, berechnet Flash einen Farbübergang in das Form-Tweening mit ein.

> Die Farbübergänge werden allerdings nur dann erzeugt, wenn es keinen anderen Weg der Lösung gibt. Dazu ein Beispiel (CD 12.15 (*Form-Tweening mit Farbübergang A*)):

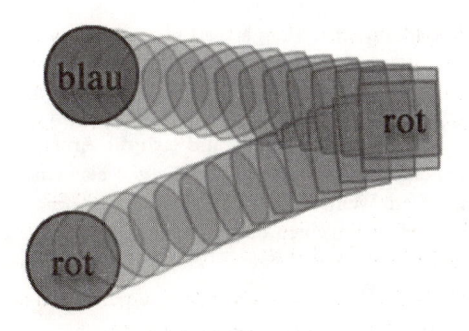

**Abbildung 8.60:** Oben ein Farbübergang, unten nicht

In diesem Beispiel liegen im Startbild ein blauer und ein roter Kreis. Im Zielbild liegt lediglich ein rotes Rechteck und die Kreise sollen beide zu dem Rechteck per Form-Tweening umgeformt werden. In die Umformung des blauen Kreises zum roten Rechteck wird ein Farbübergang mit eingerechnet. In die Umformung vom roten Kreis in das Rechteck in demselben Rot ist dies nicht notwendig.

Setzt man nun aber unter das rote Rechteck noch ein blaues, erhält man folgendes Ergebnis (CD 12.15 (*Form-Tweening mit Farbübergang B*)):

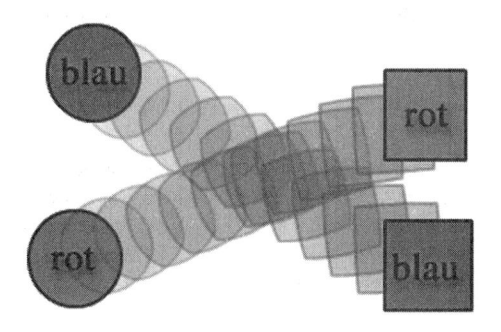

**Abbildung 8.61**: Flash erspart sich Arbeit

Ohne dass hier eine Formmarke gesetzt worden ist, hat Flash die gleichen Farben erkannt und sich die Arbeit gespart einen Farbübergang mit einzuberechnen. Es gab also einen anderen Weg, dies zu lösen. Wenn Sie Formmarken setzen, können Sie Flash natürlich dazu zwingen, einen Farbübergang zu berechnen. Dazu reicht sogar das Setzen einer Formmarke (CD 12.15 (*Form-Tweening mit Farbübergang C*)).

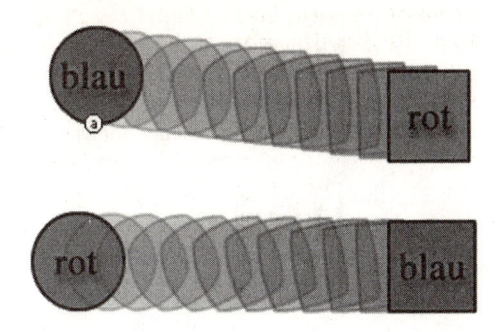

**Abbildung 8.62:** Hier wird Flash gezwungen Farbübergänge zu erzeugen

**Linien beim Form-Tweening**

Linien von Objekten, die mit dem Kreis-, Rechteck-, Freihand- und Linien-Werkzeug erstellt wurden, werden bei einem Form-Tweening nicht wie übrige Grafiken behandelt, sondern behalten weiterhin ihren Linienstatus. Der Linientyp wird allerdings in die Zwischenbilder nicht mit eingerechnet.

**Abbildung 8.63:** Eine verformte Linie in Bewegung

In diesem Beispiel wird die Linie in den Zwischenbildern nicht gepunktet, sondern durchgehend dargestellt, weil das Form-Tweening den Linientyp ignoriert. Sie können diesen Effekt umgehen, indem Sie die Linie in eine Füllung umwandeln. Den Befehl finden Sie im Menü *Modifizieren / Kurven / Linien in Füllung*.

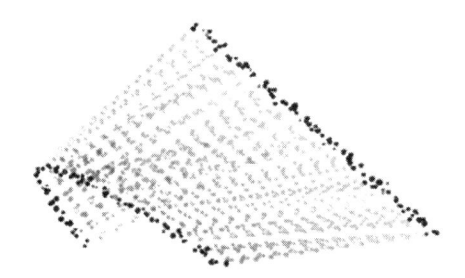

**Abbildung 8.64**: Hier wurde die Linie in eine Füllung umgewandelt

Wenn Sie sich die Abbildungen genauer ansehen, werden Sie einen weiteren bedeutenden Unterschied zwischen den beiden Linienverformungen feststellen. Die Linie wird jetzt in jedem Bild der Umformung als gepunktete Linie dargestellt, wichtiger ist jedoch, dass sie ihren Linienstatus verloren hat. Das Form-Tweening mit nicht umgewandelten Linien macht einen leichten Knick im Tweening. Das zweite Tweening formt direkter um, ohne auf die Linieneigenschaften zu achten – die es ja auch nicht mehr hat.

Ganz nebenbei verlangt die Berechnung des Form-Tweenings aus dem Beispiel mit den in Füllung umgewandelten Linien mit seinen vielen kleinen Punkten einem Pentium II mit 350 Mhz schon einiges ab und ist deshalb nicht zu empfehlen.

### Bitmaps umformen

Wenn Sie eine Bitmap-Grafik mit dem Befehl *Teilen* (Strg + B (⌘ + B)) auch für ein Form-Tweening bearbeitbar machen, entsteht ein interessanter Effekt, für den es allerdings nur selten eine Verwendung geben wird. Für das Beispiel wurde auf das Startbild ein Bitmap gesetzt und dies mit dem Befehl *Teilen* zerlegt. Auf das Zielbild wurde mit dem Kreis-Werkzeug ein Oval gezeichnet. Das Oval muss für diesen Versuch allerdings eine Füllfarbe besitzen. Mit einem Form-Tweening sollen diese beiden nun ineinander übergehen.

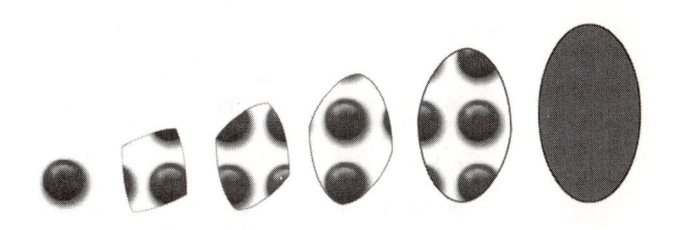

**Abbildung 8.65:** Erinnert ein wenig an Ostern

In der Abbildung sehen Sie ganz links das Bitmap-Bild einer Kugel. Ganz rechts sieht man das Oval mit einer Füllfarbe. Dazwischen sieht man die von Flash erzeugten Zwischenbilder. In jedem Zwischenbild wiederholt Flash das Bitmap so oft, dass es die von der Füllung bedeckte Fläche ausfüllt. Im letzten Bild springt Flash dann auf die eigentliche Füllfarbe des Ovals.

Vielleicht fällt Ihnen zu dieser kleinen Eigenart ja ein netter Effekt ein, den Sie dann auf Ihrer nächsten Internetseite der Welt präsentieren.

### Fehler bei einem Form-Tweening

Sobald ein Form-Tweening nicht berechnet werden kann, weil in Start- und Zielbild Gruppierungen oder Symbolinstanzen liegen, wird Ihnen dies in der Zeitleiste angezeigt. Anstelle eines Pfeils zwischen Start- und Zielbild befindet sich dort eine gestrichelte Linie.

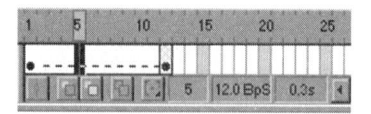

**Abbildung 8.66:** Hier ist ein Tweening nicht berechenbar, weil ein Fehler vorliegt

Überprüfen Sie, ob sich nicht vielleicht doch eine Gruppe oder eine Instanz in eines der Schlüsselbilder geschlichen hat.

Haben Sie den Fehler behoben, springt die Fehlerdarstellung in der Zeitleiste allerdings nicht immer auch auf den durchgezogenen Pfeil um. Markieren Sie dann einfach die entsprechende Stelle in der Zeitleiste.

Sollte Flash bereits beim Erstellen des Form-Tweenings feststellen, dass sich im Start- und Zielbild Gruppierungen oder Instanzen befinden, können Sie dies an dem Warndreieck auf der Bild-Palette erkennen.

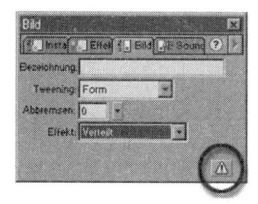

**Abbildung 8.67:** Hier ist was faul!

**Abbildung 8.68:** Meldung zu Form-Tweenings

*Form-Tween kann nicht auf Ebenen angewendet werden, auf welchen Symbole bzw. gruppierte Objekte enthalten sind.* Erhalten Sie diese Warnung und sind nicht sicher, was diese Meldung auslöst, sollten Sie die letzte Aktion rückgängig machen, um sich ein erneutes Bild von Ihrer Ausgangssituation zu machen und eventuelle Fehlerquellen auszuschalten. Sie können die Fehler allerdings auch im Nachhinein beheben.

### Zusammenfassung Form-Tweening erstellen

Im Folgenden werden noch einmal die wichtigsten Vorgehensweisen beim Erstellen eines Form-Tweenings zusammengefasst.

- Erstellen Sie Start- und Zielbild in unterschiedlichen Schlüsselbildern auf derselben Ebene.
- Aktivieren Sie das Form-Tweening, indem Sie die Bild-Palette des Startbilds oder der dem Startbild folgenden Bilder aufrufen. In der Bild-Palette wählen Sie unter *Tweening* die Option *Form* für das Form-Tweening.
- Testen Sie das Form-Tweening mit der ⏎-Taste.

### Zu beachten ist ...

Beim Erstellen eines Form-Tweenings haben Sie einige Besonderheiten kennen gelernt, die im Folgenden zusammengefasst werden:

- Im Startbild dürfen sich keine Gruppen oder Symbolinstanzen befinden, da diese von Flash nicht verformt werden können.
- Texte können über [Strg] + [B] ([⌘] + [B]) in ihre Bestandteile zerlegt werden, um sie verformen zu können. Texte lassen sich nicht im Text-Modus zerlegen und können danach nicht mehr als Texte bearbeitet werden.
- Um eine Verformung zu steuern können Sie Formmarken setzen. Einzelne Formmarken können Sie über das Kontextmenü einer Formmarke löschen.

✓ Farbübergänge werden in einem Form-Tweening ebenfalls einberechnet, allerdings nur, wenn sich keine Möglichkeit bietet einen Farbübergang zu umgehen.

✓ Linien behalten bei der Verformung ihren Linienstatus bei. Linientypen, wie zum Beispiel gepunktet oder gestrichelt, werden nicht mit einberechnet.

✓ Verformte Objekte können auch gleichzeitig bewegt werden.

## Bewegungs-Tweenings an einem Pfad ausrichten

Auch wenn sich Bewegungen von Tweenings über Schlüsselbilder steuern lassen, sieht eine derartig gesteuerte Bewegung nicht immer so aus, wie man sie gern sehen würde, oder sie braucht zu viele Schlüsselbilder. Eine höhere Anzahl der Schlüsselbilder stellt einen höheren Aufwand sowohl für den Speicherbedarf als auch für die Erstellung dar.

Für solche Fälle ist es auch möglich, komplexe Bewegungen über *Pfade* zu steuern. Dazu erstellt man einfach eine Pfadebene und zeichnet auf dieser den Pfad vor, den eine getweente Bewegung nehmen soll. Auch wenn sich Form-Tweenings ebenfalls bewegen lassen, so ist es doch leider nicht möglich, ein Form-Tweening an einem Pfad auszurichten und es somit besser steuerbar zu machen.

**Pfad erstellen**

Bevor Sie den Pfad für eine Bewegung erstellen, empfiehlt es sich, das Bewegungs-Tweening selbst zu erstellen, damit Sie Flash leichter eine Ebene angeben können, die der Pfadebene untergeordnet wird. Für das Bewegungs-Tweening wurde eine Zeichnung genommen, die sich von links nach rechts auf dem Bildschirm bewegt. Die Dauer soll erneut 1 Sekunde bei einer Bildrate von 12 BpS betragen.

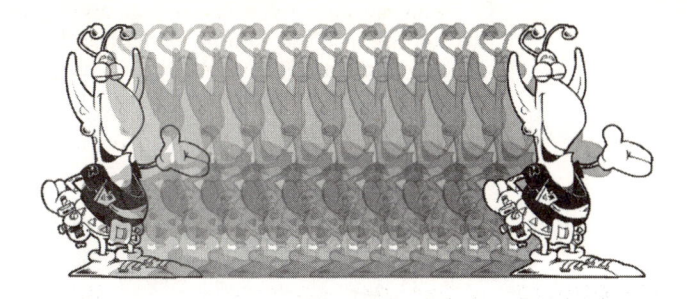

**Abbildung 8.69**: Außerirdische Bewegung

Sofern die Ebene nicht bereits markiert ist, markieren Sie sie mit einem Mausklick auf deren Namen. Fügen Sie nun über das Menü *Einfügen / Pfad* oder die Schaltfläche am unteren Rand des Ebenenfensters eine Pfadebene ein. Haben Sie keine Ebene markiert, wird der Befehl zum Erzeugen einer Pfadebene ignoriert und steht im Menü erst gar nicht zur Verfügung.

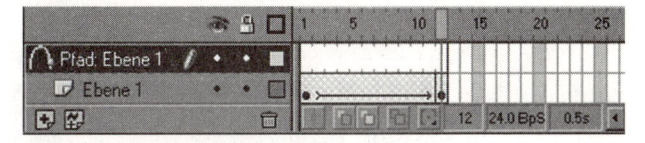

**Abbildung 8.70**: Das Ergebnis des Hinzufügens

Nach dem Hinzufügen der Pfadebene ist die Pfadebene markiert. Dem Namen der Ursprungsebene wurde *Pfad:* vorangesetzt und das Symbol markiert die Pfadebene als ebensolche. Die Ursprungsebene wird automatisch der Pfadebene untergeordnet und eingerückt dargestellt. In der Zeitleiste wurden mit der Erstellung der Pfadebene so viele Bilder hinzugefügt, wie in der untergeordneten Ebene vorhanden sind. An erster Stelle sitzt ein Leeres Schlüsselbild.

Füllen Sie die Ebene mit einer Linie, an der sich die Animation entlangbewegen soll. Stört Sie das Bewegungs-Tweening dabei, blenden Sie es mit dem Augesymbol seiner Ebene aus. Sämtliche Inhalte der Pfadebene werden im späteren exportierten Film nicht zu sehen sein, also sollten Sie keine wichtigen Zeichnungselemente darauf unterbringen.

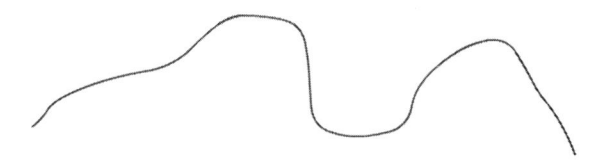

**Abbildung 8.71:** Das Alien soll sich an dieser Linie entlangbewegen

### Bewegung ausrichten

Noch ist das Bewegungs-Tweening damit allerdings nur durch Zufall an diesem Pfad ausgerichtet und bewegt sich weiter auf der alten Bahn.

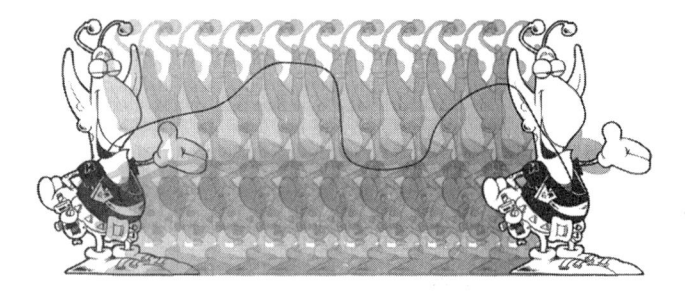

**Abbildung 8.72:** Noch kein Effekt in diesem Stadium

Bevor sich das Bewegungs-Tweening an dem Pfad entlangbewegt, müssen noch einige Einstellungen vorgenommen werden. Öffnen Sie dazu die Bild-Palette.

**Abbildung 8.73:** Bild-Palette für am Pfad ausgerichtete Bewegungs-Tweenings

Um ein Bewegungs-Tweening in einer Ebene an dem Pfad einer Pfadebene ausrichten zu können, sollte die Option *An Pfad ausrichten* in der Bild-Palette aktiviert sein. Auf die Option *Ausrichten* wird weiter unten in einem weiteren Schritt eingegangen.

Noch immer ist die Animation nicht am Pfad ausgerichtet. Dazu müssen Sie die Mittelpunkte des bewegten Objekts im Start- und Zielbild auf der Pfadlinie einrasten lassen. Die Bewegung wird also um den Mittelpunkt herum an der Pfadlinie ausgerichtet. Wenn Ihnen der Mittelpunkt für die Bewegung unpassend positioniert erscheint, können Sie ihn auch über das Menü *Modifizieren / Transformieren / Mittelpunkt bearbeiten* beliebig verschieben.

Das Einrasten des Mittelpunkts an der Pfadlinie kann sich unter Umständen schwierig gestalten. Dies ist meist beim Zielbild der Fall, weil ihm kein Bewegungs-Tweening mit Ausrichtung an einem Pfad zugewiesen sein muss. Bewegen Sie in diesen Fällen das auszurichtende Objekt, indem Sie es an seinem Mittelpunkt anfassen. Im Allgemeinen (so auch in diesem Beispiel) rastet der Mittelpunkt eines Objekts schon in der Nähe des Pfads ein. Verschieben Sie das Bild so lang, bis Ihnen die Position gefällt.

**Abbildung 8.74:** Nun bewegt er sich an der Pfadlinie entlang

Nachdem Sie dieses Bewegungs-Tweening erstellt haben, können Sie den Pfad weiter verändern. Da Sie den Pfad nicht völlig von den Objekten der Schlüsselbilder wegbewegen, bleiben Bewegungen auch am Pfad ausgerichtet. Bei Schlüsselbildern, denen ein Bewegungs-Tweening zugewiesen ist, das die Option *Ausrichten* aktiviert hat, orientieren sich die Objekte der Schlüsselbilder sogar mit der Veränderung des Pfads neu, indem sie die kürzeste Strecke zum neuen Pfad überwinden, um weiterhin an ihm ausgerichtet zu bleiben. Die Zielbilder eines solch ausgerichteten Bewegungs-Tweenings müssen Sie oft allerdings nach einer Veränderung des Pfads neu ausrichten.

### Ausrichten

Sie haben oben gelernt ein Bewegungs-Tweening an einem Pfad auszurichten. Damit erschöpfen sich allerdings die Möglichkeiten des am Pfad ausgerichteten Bewegungs-Tweenings noch nicht. Bisher verändert sich die Ausrichtung der bewegten Objekte lediglich

| Kapitel 8 | Tweenings und Animationen |

in horizontale und vertikale Richtung. Sofern Sie keine Drehung um den Mittelpunkt in bestimmter Anzahl mit oder gegen den Uhrzeigersinn oder auch automatisch angegeben haben, tut sich nicht viel. Es bleibt allerdings noch die Option *Ausrichten* zu erklären. Mit dieser Option lassen sich an einem Pfad ausgerichtete Bewegungs-Tweenings dem Pfadverlauf entsprechend drehen.

Wollen Sie zum Beispiel ein Auto über einen Berg fahren lassen, sieht es ein wenig unbeholfen aus, wen Sie dies so tun.

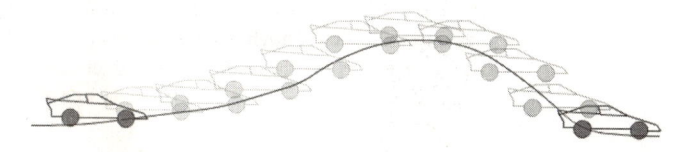

**Abbildung 8.75:** So überwinden Sie den Berg wenig realistisch

Die Animation wirkt wenig überzeugend, da der Wagen eher in den Berg hinein als über ihn hinweg zu fahren scheint. Auf solche Fälle wartet die Option *Ausrichten* förmlich. Öffnen Sie dafür zunächst die Bild-Palette für das Bewegungs-Tweening und aktivieren Sie das Kontrollkästchen dort.

**Abbildung 8.76:** Bild-Palette für Bewegungs-Tweenings

**Abbildung 8.77:** So sieht das Ganze schon besser aus

Mit diesem Bewegungs-Tweening lässt sich schon eher der Eindruck erwekken, dass der Wagen über den Berg fährt, auch wenn die Animation sicher noch des Feintunings bedarf. Der Mittelpunkt des Wagens liegt für dieses Beispiel übrigens nicht in der geometrischen Mitte, sondern in der Mitte zwischen den Rädern auf der »Straße«.

### Bewegung an Formen ausrichten

Auch an gefüllten Formen wie Kreisen, Rechtecken oder Pinsellinien lassen sich Bewegungen ausrichten. Die Füllung der Form wird dabei jedoch ignoriert und nur die Kontur als Pfad benutzt.

# Bildrate (BpS)

Eine wichtige Rolle bei der Wiedergabe von Tweenings und sonstigen Animationen spielt die *Bildrate*, die Sie in *BpS* – Bilder pro Sekunde – angeben. Je mehr Bilder pro Sekunde in einer Animation angezeigt werden, umso flüssiger erscheint die Bewegung. Als Standard sind 12 Bilder pro Sekunde vorgesehen. Mit dieser Bildrate erreichen Sie ein durchschnittliches Ergebnis. Weniger als 12 BpS sollten Sie nur in Ausnahmefällen wählen. Wird ein Film jedoch mit 24 Bildern pro Sekunde angezeigt, ist das Ergebnis durchaus als gut anzusehen.

Je mehr Bilder Sie pro Sekunde anzeigen lassen, umso mehr Bilder muss der Rechner, auf dem der Film angezeigt wird, für ein Tweening berechnen. Ist der Rechner nicht leistungsstark genug, wird die Bildrate durch die fehlende Rechenleistung heruntergesetzt.

Verändern Sie die Bildrate eines Films nachträglich, also nachdem Sie bereits Animationen erstellt haben, verändern Sie damit auch die Geschwindigkeit, in der der Film angezeigt wird. Haben Sie zum Beispiel einen Film erstellt, der bei einer Bildrate von 12 BpS 240 Bilder in 20 Sekunden darstellt, und heben die Bildrate im Nachhinein auf 24 BpS, dann wird der Film mit dieser neuen Bildrate in 10 Sekunden abgespielt, wenn der Rechner die notwendigen Berechnungen in dieser Zeit hinbekommt.

Flash verändert also nicht mit dem Verändern der Bildrate auch die Anzahl der Bilder, sondern behält sie bei. Es verändert sich in diesen Fällen nur die Wiedergabegeschwindigkeit.

# Tweenings und Rechenleistung

Tweenings werden immer dort berechnet, wo sie auch betrachtet werden. So spart man Speicherplatz, schafft aber auch einen kleinen Unsicherheitsfaktor. Denn selbst wenn ein Tweening auf Ihrem Pentium III 700 ganz hervorragend läuft, da es vom Rechner ohne Verzögerung berechnet werden kann, bedeutet dies nicht, dass das auch der Fall ist, wenn sich ein Betrachter einer Internetseite das Tweening ansieht. Vielleicht verfügt er nur über einen Pentium I 200, der Ihr Tweening nur mit Mühe und unfeinen Pausen nachberechnen kann.

Um solche Fälle zu vermeiden, sollte man bei der Erstellung von Tweenings immer einige Grundregeln im Hinterkopf behalten.

- Form-Tweenings beanspruchen in der Regel mehr Rechenleistung als Bewegungs-Tweenings, da sich bei einem Bewegungs-Tweening zwar Größe und Farbe, aber nicht die Form ändert. Ein komplexes Bewegungs-Tweening (Farbübergang, Größenänderung, Abbremsen, an einem Pfad ausrichten und Drehen) kann sich allerdings auch gut mit einem simplen Form-Tweening (Dreieck in Quadrat gleicher Farbe) messen.

- ✔ Je mehr Zusatzoptionen in einem Tweening aktiviert sind (Drehen, Abbremsen usw.), umso mehr Rechenleistung muss zur Verfügung stehen, um die Animation zufrieden stellend berechnen zu können.
- ✔ Je mehr Tweenings gleichzeitig berechnet werden müssen, umso mehr Leistung wird beansprucht. Vermeiden Sie also das Ablaufen mehrerer Tweenings zur selben Zeit.
- ✔ Texte zu verformen gehört zu den komplexeren Form-Tweenings, da jeder Buchstabe einzeln verformt wird. Texte, die verformt werden sollen, sollten möglichst kurz gehalten werden. Das gilt auch für Bewegungs-Tweenings, wenn auch nicht ganz so extrem. Versuchen Sie zum Beispiel einmal einen ganzen Absatz von mehreren Zeilen zu verformen und genießen Sie eine Bildrate von 0.1 BpS.

Wenn Sie einen Film per ⏎-Taste testen, sollten Sie auf die Anzeige der aktuellen Bildrate achten. Wenn die Bildrate sinkt, sollten Sie versuchen an diesem Punkt ein wenig Rechenleistung zu sparen.

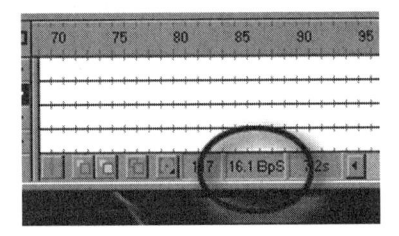

**Abbildung 8.78:** Diese Bildrate ist gesunken, weil zu viele Form-Tweenings auf einmal berechnet werden mussten

In diesem Fall zum Beispiel konnte man verfolgen, wie die Bildrate trotz der Voreinstellung von 24 BpS gesunken ist, weil Flash drei komplexe Form-Tweenings mit Text gleichzeitig berechnen musste – und 16.1 war nicht der geringste Wert.

Am einfachsten lässt sich Rechenleistung sparen, indem man an entsprechender Stelle berechnete Bilder in Schlüsselbilder umwandelt. Man erhöht dadurch den Speicherplatzaufwand geringfügig, ist sich aber relativ sicher, dass die Animation auch wie geplant und nicht ruckelig abläuft.

# GIF-Animationen

Mit Flash lassen sich *GIF-Animationen* sowohl importieren als auch erstellen. Dabei werden die Bilder eines Tweenings in einzelne Schlüsselbilder umgewandelt oder geladen. Ein animiertes GIF besteht aus einzelnen Bitmap-Bildern, die hintereinander ähnlich einem Daumenkino abgespielt werden. Die begrenzte Farbpalette ermöglicht geringere Dateigrößen.

## Animierte GIFs importieren

Für den Import eines animierten GIFs verfahren Sie wie bei sonstigen Importen auch. Bevor Sie importieren, markieren Sie jedoch eine Stelle auf der Zeitleiste, an der das GIF eingesetzt werden soll. Über das Menü *Datei / Importieren* oder mit der Tastenkombination Strg + R (⌘ + R) öffnen Sie einen Dialog, mit dem Sie nach dem gewünschten GIF suchen.

**Abbildung 8.79**: Importieren eines GIFs

Haben Sie die Auswahl per *Öffnen* bestätigt, wird auf der Zeitleiste für jedes Bild des GIFs ein Schlüsselbild gesetzt, angefangen an der Stelle, die Sie zuvor markiert haben.

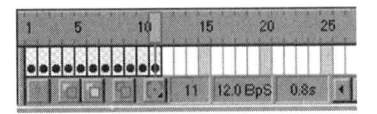

**Abbildung 8.80:** Ein importiertes GIF mit 11 Bildern auf der Zeitleiste

Sie sollten beachten, dass jedes dieser Schlüsselbilder ein einzelnes Bitmap-Bild enthält, das Sie in der Bibliothek Ihres Films wiederfinden. Bitmaps verbrauchen in der Regel mehr Speicherplatz als Tweenings, sodass Sie ein Tweening auf jeden Fall einem animierten GIF vorziehen sollten.

## Animierte GIFs erstellen

Sie können komplette Filme als GIFs exportieren oder sogar in diesem Format veröffentlichen. Solche GIFs haben zwar den Vorteil, dass sie ohne weitere Player abgespielt werden können, sie verbrauchen jedoch ungleich mehr Speicherplatz.

Sie exportieren einen Film als animiertes GIF über das Menü *Datei / Film exportieren* oder die Tastenkombination [Strg] + [Alt] + [⇧] + [S] ([⌘] + [Alt] + [⇧] + [H]). Dabei geben Sie zunächst den Ordner auf der Festplatte an, auf dem das GIF gespeichert werden soll, und natürlich das Format *Animiertes GIF (\*.gif)* (siehe Abbildung 8.81).

Haben Sie den Dateinamen eingegeben und Ihre Eingaben über *Speichern* bestätigt, öffnet sich ein weiterer Dialog, in dem Sie genauere Einstellungen für das GIF-Format vornehmen können (siehe Abbildung 8.82).

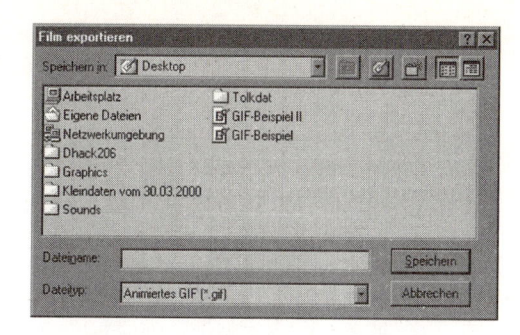

**Abbildung 8.81:** Film exportieren

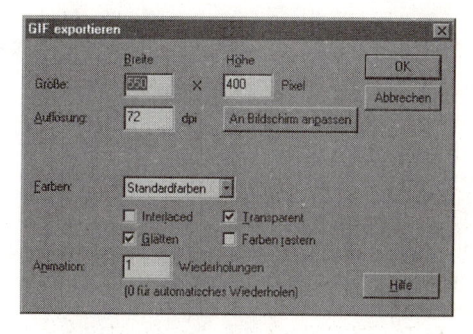

**Abbildung 8.82:** GIF exportieren

Als *Größe* ist die Größe Ihres Films angegeben. *72 dpi* entspricht der Bildschirmauflösung. Wollen Sie eine höhere *Auflösung*, können Sie diese hier ebenfalls zulasten des Speicherbedarfs festlegen. Verändern Sie die Größe eines GIFs, wird der Film im GIF entsprechend skaliert und eventuell verzerrt dargestellt.

Bei den *Farben* können Sie unter folgenden Einstellungen wählen:

**Abbildung 8.83:** Farbeinstellung für das GIF

Je weniger Farben Sie wählen, umso kleiner wird die Datei. Unter Umständen wird Ihr Film aber verfälscht wiedergegeben (zum Beispiel schwarz-weiß). Mit der Einstellung *Standardfarben* sollten alle notwendigen Farben zur Darstellung Ihres GIFs enthalten sein.

*Interlaced* ist ein spezielles Darstellungsverfahren für Bitmaps. Die Dateigröße wird erhöht, aber dadurch, dass das Bild zeilenweise aufgebaut wird, bekommt der Betrachter früher wenigstens etwas zu sehen. Zu vergleichen ist das Verfahren mit dem *progressiv-Modus* von JPEGs.

Mit *Transparent* legen Sie fest, dass alle Bereiche Ihres Films, in denen nur die Hintergrundfarbe zu sehen ist, transparent dargestellt werden.

Über *Glätten* werden die Kanten der einzelnen Linien und Formen bei der Erstellung des GIF geglättet, erscheinen also nicht stufig. Die Dateigröße wird durch dieses Verfahren allerdings erhöht.

*Farben rastern* sorgt für ein Raster bei Farben, die nicht durch die eingestellte Anzahl der Farben dargestellt werden können.

Mit der Anzahl der *Wiederholungen* legen Sie fest, wie oft sich ein dargestelltes GIF in seiner Animation wiederholt, bevor es die Animation einstellt. Der Wert sorgt dafür, dass das GIF in einer Endlosschleife abgespielt wird.

# KAPITEL

## Schaltflächen

Schaltflächen sind das Salz in jeder interaktiven Suppe. Wie Sie die interaktiven Wunderwerke mit Flash erstellen, erfahren Sie in diesem Kapitel.

9

# Schaltflächen

Stellen Sie sich eine Internetseite ohne *Schaltflächen* vor. Was hätten Sie von einer solchen Seite? Wie kommen Sie in die verschiedenen Rubriken? Wie sollte man es ermöglichen, dass ein Besucher zu den gewünschten Themen einer Seite kommt, wenn er keine Möglichkeit hat, seine Wünsche kundzutun?

Auf all das und mehr bieten Schaltflächen eine Antwort. In diesem Zusammenhang fällt dann auch sehr schnell das Wort *Interaktivität*, was so viel bedeutet wie: Dialog zwischen EDV und Benutzer. Der Rechner gibt Ihnen Möglichkeiten vor und Sie »sagen« ihm, welche Sie nutzen wollen. Auf Ihre Wahl reagiert der Computer auf eine vom Programm vorgegebene Weise und bietet Ihnen erneute Wahlmöglichkeiten.

In Computerprogrammen wie Flash zum Beispiel und auf einer Vielzahl von Internetseiten findet diese Kommunikation mit der EDV über Schaltflächen statt. Eine der momentan wohl am häufigsten benutzten Schaltflächen ist die Start-Schaltfläche von Microsofts Windows.

In Flash können Sie solche Schaltflächen auf verschiedene Arten gestalten und, wie für Flash auch nicht anders zu erwarten, auch animieren. Schluss also mit langweiligen Schaltflächen.

## Wie erstelle ich eine Schaltfläche?

Wenn Sie das Kapitel *Bibliotheken, Symbole und Instanzen* bereits gelesen haben, ist Ihnen sicher noch der Symboltyp *Schaltfläche* in Erinnerung. Um ein solches Symbol zu erstellen, gibt es zwei verschiedene Ansätze, mit denen Sie beginnen können. Welchen der beiden Sie verwenden, ist im Grunde egal und bleibt Ihrer Vorliebe überlassen.

Die eine Möglichkeit besteht darin, dass Sie zunächst das Aussehen der Schaltfläche festlegen, indem Sie sie zeichnen oder ein entsprechendes Bitmap importieren. In beiden Fällen haben Sie zunächst nur eine Grafik. Aktivieren Sie diese Grafik und wandeln Sie sie in ein Symbol um, haben Sie bereits den ersten Schritt in die richtige Richtung getan. Um eine aktivierte Grafik in ein Symbol umzuwandeln, benutzen Sie entweder den Menübefehl *Einfügen / In Symbol konvertieren* oder die Taste [F8]. Sie werden daraufhin gefragt, welche Art von Symbol (*Verhalten*) Sie erstellen wollen, und wählen, da Sie ja eine Schaltfläche erstellen wollen, eben jenen Symboltyp aus.

**Abbildung 9.1:** Festlegen der Symboleigenschaften

Um die Schaltfläche später unter anderen eindeutig identifizieren zu können, sollten Sie der Schaltfläche noch einen eindeutigen *Namen* geben, der im günstigsten Fall sowohl die Funktion der Schaltfläche wiedergibt als auch kurz ist. Sie haben nun die erste Schaltfläche erstellt und ihr Aussehen im Ruhezustand festgelegt. Es fehlen Ihnen noch die Aktionen, die Sie mit der Schaltfläche auslösen, und ihre verschiedenen Zustände. Auch haben Sie noch nicht festgelegt, wie die Schaltfläche auf verschiedene Maus- oder Tastenkommandos reagiert, aber das werden Sie noch alles herausfinden.

Von diesem Zeitpunkt an sind die beiden Ansätze, eine Schaltfläche zu erzeugen, genau gleich. Deshalb nun noch kurz die andere und unter Umständen schnellere Möglichkeit, bis zu diesem Punkt zu kommen.

Ohne dass Sie erst das Aussehen der Schaltfläche festgelegt haben, erzeugen Sie über den Menübefehl *Einfügen / Neues Symbol* oder die Tasten [Strg] + [F8] ([⌘]+ [F8]) ein neues Symbol. Wie auch schon in der anderen Variante werden Sie nun gefragt, welchen Symboltyp Sie erstellen wollen, wählen *Schaltfläche*, geben dem neuen Symbol eine passende Bezeichnung und bestätigen das Ganze mit *OK*. Die

Darstellung springt in diesem Fall automatisch in den Bearbeitungsmodus für Schaltflächen. Nun können Sie sich Gedanken um das Aussehen der Schaltfläche machen. Für die folgende Erklärung wird davon ausgegangen, dass das Aussehen der Schaltfläche im Ruhe- oder Normal-Zustand als Erstes festgelegt wurde. Das Ergebnis zeigt sich in der Zeitleiste wie in der folgenden Abbildung. Haben Sie das Schaltflächen-Symbol nach der ersten Methode erstellt, müssen Sie noch in den Bearbeitungsmodus für Schaltflächen wechseln. Diesen Modus erreichen Sie entweder über das Menü *Bearbeiten / Symbole bearbeiten,* die Tasten Strg + E (⌘ + E) oder den Kontextmenüeintrag *Bearbeiten*.

**Abbildung 9.2:** Die erste Schaltfläche im Anfangsstadium

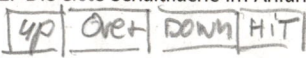

Die Zeitleiste im Schaltflächen-Bearbeitungsmodus unterscheidet sich in einigen Punkten von der üblichen Darstellung und Funktionsweise. Über den ersten vier Bildern der Zeitleiste finden Sie die Bezeichnungen *Auf, Darüber, Drücken* und *Aktiv*. Diese Bezeichnungen umschreiben die vier Zustände, die Sie für Schaltflächen definieren können, alle werden weiter unten näher beschrieben. Alle Bilder der Zeitleiste außer den ersten vier haben für die Schaltfläche keinerlei Bedeutung.

Den vier Bildern lassen sich zwar Form-Tweenings und Bewegungs-Tweenings zuweisen, es lassen sich jedoch keine Zwischenbilder zwischen den vier Bildern einfügen. Dadurch wird eine solche Zuweisung von Tweenings relativ sinnlos. Wenn Sie sich jetzt an die eingangs angepriesenen Animationsmöglichkeiten der Schaltflächen erinnern, werden Sie sich gedulden müssen, denn zunächst werden Sie eine unanimierte Schaltfläche erstellen, um ein gewisses Grundverständnis für die Funktionsweisen von Schaltflächen zu bekommen.

Verschiedene Ebenen lassen sich auch für Schaltflächen erzeugen. Aber auch auf diesen Ebenen stehen Ihnen jeweils nur die ersten vier Bilder zur Verfügung. Da Sie keine Bewegungs-Tweenings und Form-Tweenings im Bearbeitungsmodus für Schaltflächen erstellen können, macht es keinen Sinn, Pfadebenen zu erzeugen.

Maskierungsebenen verlieren auch in Schaltflächen nicht ihren Reiz, erst recht, wenn man sie mit Animationen verknüpft, die durch eine Maskierung hindurch sichtbar sind.

Für die Zeitleistendarstellung stehen Ihnen nur die Optionen *Reduziert* und *Getönte Bilder* zur Verfügung, Sie können sich also keine Vorschau anzeigen lassen.

Sie können auf den vier Bildern der Zeitleiste zwar Zwischenbilder (Bilder) einfügen, aber diese Bilder wiederholen lediglich das vorangehende Schlüsselbild. Da Schaltflächen ihr Aussehen in verschiedenen Stadien verändern sollen, fügen Sie auf den Bildern lieber Schlüsselbilder ein. Nun aber zur Erklärung der vier verschiedenen Zustände und ihren Bedeutungen.

# Vier verschiedene Zustände

Durch die Zustände *Auf*, *Darüber*, *Drücken* und *Aktiv* legen Sie zum einen fest, welches Aussehen eine Schaltfläche im Normal-Zustand hat oder annimmt, wenn der Mauszeiger darüber rollt oder die Maustaste gedrückt wird. Zum anderen legen Sie aber auch fest, welcher Bereich überhaupt empfindlich auf den Mauszeiger und die Maustaste reagiert.

Im Bearbeitungsmodus für Schaltflächen-Symbole befindet sich in der Mitte des Bildschirms ein kleines Kreuz. Dieses Kreuz entspricht der Mitte des Symbols. Je nachdem, wie Sie die grafischen Elemente der Schaltfläche also um dieses Kreuz herum arrangieren, legen Sie auch den Mittelpunkt des Symbols fest, das Sie auf der Bühne oder dem Arbeitsbereich positionieren. In den meisten Fällen empfiehlt es sich, die Elemente genau mittig zu arrangieren, um das Positionieren zu erleichtern. Am exaktesten ist die Darstellung bei einer Ansicht von 100 %.

# Auf  *UP*

Wie jeder andere Zustand wird dieser durch ein Schlüsselbild festgelegt. In diesem Schlüsselbild können Sie das Aussehen der Schaltfläche im *Normal-* oder *Ruhe-Zustand* festlegen. Im Normalfall ist dieser Zustand der erste, den Sie definieren. Texte und Symbole bieten sich für solche Zustände besonders an. Immerhin soll der Benutzer ja wissen, wo er sich hinbegibt, wenn er die Schaltfläche betätigt. Weitere Erklärungen lassen sich aber auch im *Darüber*-Zustand festlegen.

Für die Schaltfläche dieses Beispiels wurde im Schlüsselbild des Normal-Zustands ein Bitmap und auf der zweiten Ebene, im selben Zustand, der Buchstabe *L* platziert. *L* soll einen Hinweis auf *Links* darstellen.

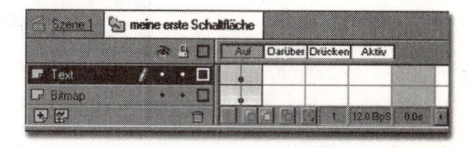

**Abbildung 9.3:** Der *Auf*-Zustand der Beispiel-Schaltfläche

# Darüber  *OVER*

Die Schaltfläche nimmt den *Darüber*-Zustand an, sobald Sie mit dem Mauszeiger darüber rollen. Wenn Sie bereits mit JavaScript gearbeitet haben, werden Sie diesen Effekt als *Rollover-Effekt* kennen. Auf vielen Internetseiten haben Sie diesen Effekt sicherlich schon für unzählige Schaltflächen gesehen.

In Flash ist es recht einfach, solche Effekte zu erzielen. Legen Sie einfach in dem Schlüsselbild für diesen Zustand das entsprechende Aussehen fest. Theoretisch kann dieses Aussehen auch völlig anders erscheinen als das des Normal-Zustands. Im Allgemeinen wird allerdings nur eine geringfügige Veränderung verwendet.

Um nun ein solch anderes Aussehen zu erzeugen, fügen Sie im Bild unter *Darüber* einfach ein neues Schlüsselbild ein. Wie sonst auch erstellen Sie mit diesem Schlüsselbild eine exakte Kopie des vorangehenden Schlüsselbilds. In diesem Fall ist es das Schlüsselbild des Normal-Zustands. Verändern Sie nun den Inhalt des Schlüsselbilds nach Ihrem Gusto. Sie können, wie bereits erwähnt, auch ein völlig anderes Aussehen erstellen. Dazu fügen Sie dann natürlich einfach ein Leeres Schlüsselbild ein.

Für das Beispiel wurde das Wort *Links* für den *Darüber*-Zustand ausgeschrieben und schwarz eingefärbt. Das Bitmap wurde als Grafik-Symbol definiert und es wurde ihm ein Farbeffekt kombiniert mit einem Alpha-Effekt zugewiesen. Es leuchtet nun rot und ist zu 50 % durchsichtig.

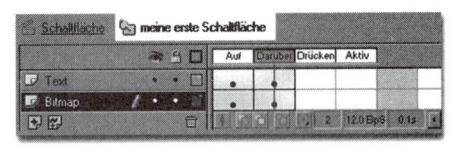

**Abbildung 9.4:** Der *Darüber*-Zustand wurde so festgelegt

## Drücken

Im Schlüsselbild des *Drücken*-Zustands legen Sie das Aussehen fest, das die Schaltfläche annimmt, sobald über ihr die linke Maustaste gedrückt wird. Auch hier lässt sich wieder ein komplett neues Bild erstellen. Weitaus weniger aufwändig ist aber erneut die Variante einfach das vorangehende Schlüsselbild zu kopieren und leicht zu verändern. Bei dem vorangehenden Schlüsselbild handelt es sich nun aber um das Schlüsselbild des *Darüber*-Zustands. Wollen Sie das Schlüsselbild des *Drücken*-Zustands eher an das des Auf-Zustands angleichen, vertauschen Sie einfach die Reihenfolge, in der Sie die verschiedenen Zustände erzeugen. Sie können allerdings auch als Erstes ein Schlüsselbild für jeden Zustand erzeugen und danach die Modifikation durchführen.

Das grundsätzliche Vorgehen entspricht also genau dem, das Sie auch schon für den *Darüber*-Zustand verwendet haben. Da der *Drücken*-Zustand einer Schaltfläche meist nur für kurze Zeit sichtbar bleibt, genau für einen Klick, müssen Sie diesen Zustand nicht besonders aufwändig gestalten.

Im Beispiel verschwindet für den *Drücken*-Zustand das Wort *Links* komplett, das Bitmap leuchtet etwas stärker rot und wird wieder zu 100 % sichtbar.

**Abbildung 9.5:** Der *Drücken*-Zustand der Schaltfläche

## Aktiv

Mit dem *Aktiv*-Zustand legen Sie nun endlich den Bereich fest, der überhaupt erst empfindlich auf den Mauszeiger und die -taste reagiert. Alles, was Sie in die Schlüsselbilder dieses Zustands einzeichnen, wird im Film nicht angezeigt. Außerdem werden unterschiedliche Farbgebung und Alpha-Effekte ignoriert. Es werden die farbigen Inhalte aller Ebenen zusammengenommen als *Mausempfindlich* definiert.

Sie können für diesen Bereich genauso verfahren wie auch schon für den *Darüber*- und *Drücken*-Zustand. Es reicht aber auch, wenn Sie die Fläche, die empfindlich reagieren soll, mit einer einfarbigen Fläche füllen.

Für das Beispiel wurde an der Stelle des Bitmaps einfach ein schwarzer Kreis ohne Randlinie gezeichnet und kein vorangehendes Schlüsselbild kopiert. Das Leere Schlüsselbild auf der Text-Ebene hätte auch weggelassen werden können und sitzt dort nur der Vollständigkeit halber. Es wird nicht mitgespeichert, also macht es für den endgültigen Film keinen Unterschied, ob es dort sitzt oder nicht.

> **HINWEIS**
>
> Texte können zwar in den *Aktiv*-Zustand eingefügt werden, es gilt jedoch nur der Teil des Textes als empfindlich auf die Maus, der mit Farbe gefüllt ist, also die Buchstaben selbst und nicht der gesamte Textblock. Da Texte unter Umständen recht filigran sind, kann das Auslösen einer solchen Schaltfläche dann schon einmal zu einer kleinen »Fummelarbeit« werden, weil die empfindliche Fläche zu klein ist.

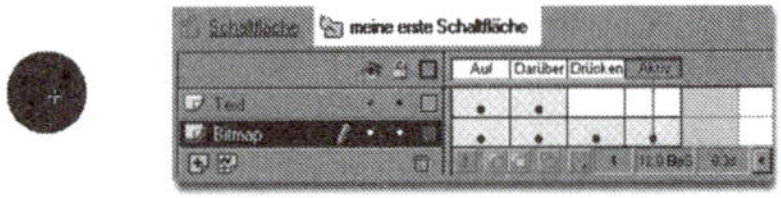

**Abbildung 9.6:** Der *Aktiv*-Zustand der Schaltfläche

Die Schaltfläche ist nun grafisch fertig gestaltet und besitzt auch bereits die Informationen darüber, an welchen Stellen die Schaltfläche auf Mausereignisse reagiert. Was bei der Erstellung einer Schaltfläche nun noch folgt, sind die Hinweise darauf, was zu geschehen hat, wenn die Schaltfläche gedrückt wird. Bisher ändert sie nämlich nur ihr Aussehen und es geschieht nichts weiter. Wenn Sie die Maustaste wieder loslassen, befindet sich die Schaltfläche wieder im *Auf*- oder *Darüber*-Zustand, je nachdem, wo sich der Mauszeiger befindet. Testen Sie die erste eigene Schaltfläche doch einmal, indem Sie die Taste F12 drücken.

Um nun solche Verweise zu erstellen bedarf es einer *Aktion*. Aktionen werden bei Flash im ActionScript-Editor erstellt.

# Kleine Skriptkunde

Aktionen werden immer einer Schaltflächen-Instanz zugewiesen und nicht den einzelnen Bildern einer Schaltfläche. Wenn Sie einer Schaltfläche also Aktionen zuweisen wollen, müssen Sie sich zunächst zurück in den normalen Bearbeitungsmodus der Szene begeben, in der die Schaltfläche platziert wurde. Dort blenden Sie die *Objektaktionen* des Schaltflächen-Symbols ein. Die Objektaktionen können Sie entweder über das Menü *Fenster / Aktionen*, die Tastenkombination `Strg` + `Alt` + `A` (`⌘` + `Alt` + `A`) oder das Aktionen-Symbol in der Statusleiste einblenden.

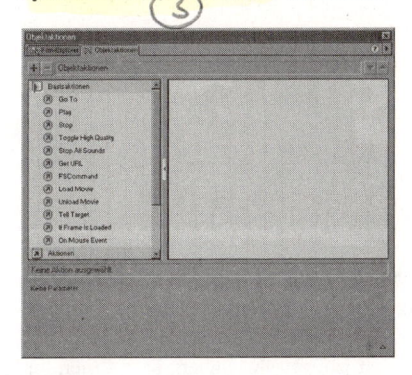

**Abbildung 9.7:** Die Objektaktionen für die Schaltfläche

Klicken Sie auf die +-Schaltfläche, öffnen Sie damit eine Reihe möglicher Aktionen.

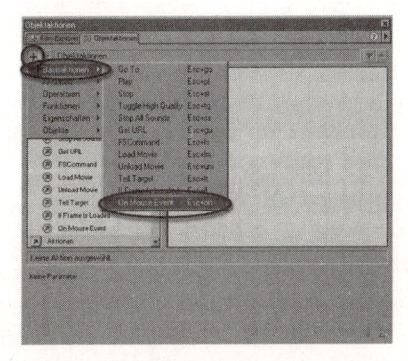

**Abbildung 9.8:** Die Aktionen einer Schaltfläche

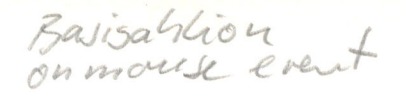

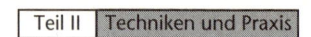

Nur für Schaltflächen-Symbole wird Ihnen der Befehl *On Mouse Event* in der Kategorie *Basisaktionen* als auswählbar, also schwarz, angezeigt. Für alle Bilder der Zeitleiste, denen Sie Aktionen zuweisen, ist dieser Befehl nicht wählbar und wird folgendermaßen dargestellt.

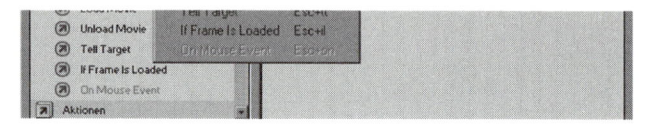

**Abbildung 9.9:** *On Mouse Event* nicht wählbar

Wählen Sie den Befehl *On Mouse Event*, um der Schaltfläche eine entsprechende Aktion hinzuzufügen. *On Mouse Event* könnte man auch mit »bei einem Mausereignis« übersetzen. Sobald Sie den Befehl aus der Liste gewählt haben, wird Ihnen im Skript-Fenster folgender Text angezeigt:

```
on (release) {
}
```

Noch immer wurde keine Aktion festgelegt. Mit on ( ) und einer offenen geschweiften Klammer ({) wird aber bereits der Grundstein für eine der acht Aktionen gelegt. Die geschlossene, geschweifte Klammer (}) in der nächsten Zeile setzt ein logisches Ende an das Skript. Löschen Sie einen der beiden Einträge mit der Minus-Schaltfläche, löschen Sie damit auch den jeweils anderen, da beide Einträge eine Einheit bilden. Ohne on ( ) braucht Flash auch keine Klammer und umgekehrt.

Rechts unten im Aktionen-Fenster werden Ihnen die acht verschiedenen Möglichkeiten angezeigt, die sich Ihnen für Schaltflächen-Aktionen bieten.

Alle folgenden Optionen werden ohne eine auszuführende Aktion angegeben, die Syntax für die Beispiele ist aber dennoch richtig und wird auch von der Prüfung durch Flash nicht als fehlerhaft angemerkt. Es sind sozusagen Vorstufen, die sich mit jeder beliebigen weiter unten oder im Kapitel *Skripten und Aktionen* beschriebenen Aktion füllen lassen.

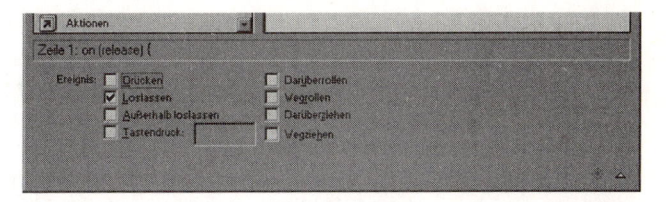

**Abbildung 9.10**: Aktionen-Fenster und die acht verschiedenen Möglichkeiten

# Drücken

Mit der Option *Drücken* (*Press*) definieren Sie eine Schaltfläche so, dass eine Aktion ausgelöst wird, sobald die Maustaste gedrückt wird und sich der Mauszeiger innerhalb des mausempfindlichen Bereichs der Schaltfläche befindet.

Im Text des Skripts wird diese Option in den Klammern der Aktion *On Mouse Event* als press festgehalten.

```
on (press) {
}
```

# Loslassen

Mit der Option *Loslassen* (*Release*) sorgen Sie dafür, dass der Nutzer einer Schaltfläche eine Aktion auslöst, sobald er eine gedrückte Maustaste innerhalb des mausempfindlichen Bereichs loslässt. Wird die Maustaste außerhalb dieses Bereichs wieder losgelassen, geschieht nichts.

Im Text des Skripts wird diese Option in den Klammern der Aktion *On Mouse Event* als release festgehalten.

```
on (release) {
}
```

## Außerhalb loslassen

Im Gegensatz zu der Option *Loslassen* sorgt die Option *Außerhalb loslassen* (*ReleaseOutside*) dafür, dass eine Aktion ausgelöst wird, sobald die Maustaste außerhalb des mausempfindlichen Bereichs einer Schaltfläche losgelassen wird. Wird die Maustaste innerhalb dieses Bereichs losgelassen, geschieht nichts. Die Maustaste muss allerdings in diesem Bereich gedrückt werden, um Flash mitzuteilen, welche Schaltfläche gemeint ist. Immerhin könnten mehrere Schaltflächen mit dieser Option versehen sein.

Im Text des Skripts wird diese Option in den Klammern der Aktion *On Mouse Event* als releaseOutside festgehalten.

```
on (releaseOutside) {
}
```

## Darüberrollen

Ist die Option *Darüberrollen* (*RollOver*) für eine Schaltfläche aktiviert, wird eine Aktion ausgelöst, sobald sich die Spitze des Mauszeigers in den mausempfindlichen Bereich der Schaltfläche hineinbewegt. Dabei reicht allein die Bewegung des Zeigers in diesen Bereich und die Maustaste muss nicht gedrückt werden.

Im Text des Skripts wird diese Option in den Klammern der Aktion *On Mouse Event* als rollOver festgehalten.

```
on (rollOver) {
}
```

## Wegrollen

Bei der Option *Wegrollen* (*RollOut*) wird eine Aktion ausgelöst, sobald die Spitze des Mauszeigers aus dem mausempfindlichen Bereich einer Schaltfläche herausbewegt wird. Wie bei der Option

*Darüberrollen* muss auch hier nicht die Maustaste gedrückt werden, um die Aktion auszulösen.

Im Text des Skripts wird diese Option in den Klammern der Aktion *On Mouse Event* als `rollOut` festgehalten.

```
on (rollOut) {
}
```

## Darüberziehen

Das *Darüberziehen* (*DragOver*) stellt eine etwas komplexere und ungewöhnlichere Art der Auslösung dar. Um eine Aktion auszulösen, müssen Sie die Maustaste innerhalb des mausempfindlichen Bereichs drücken, gedrückt halten, den Mauszeiger aus dem Bereich heraus und wieder hineinbewegen. Sobald Sie die Spitze des Mauszeigers bei gedrückter Maustaste erneut in den Bereich der Schaltfläche bewegen, wird die Aktion ausgelöst.

Im Text des Skripts wird diese Option in den Klammern der Aktion *On MouseEvent* als `dragOver` festgehalten.

```
on (dragOver) {
}
```

## Wegziehen

Ähnlich wie bei der Option *Wegrollen* wird bei der Option *Wegziehen* (*DragOut*) eine Aktion dann ausgelöst, wenn die Spitze des Mauszeigers aus dem mausempfindlichen Bereich einer Schaltfläche herausbewegt wird. Der Unterschied besteht darin, dass beim Wegziehen während der Bewegung die Maustaste gedrückt sein muss. Wird die Maustaste losgelassen, bevor der Mauszeiger den empfindlichen Bereich verlassen hat, passiert nichts.

Im Text des Skripts wird diese Option in den Klammern der Aktion *On Mouse Event* als `dragOut` festgehalten.

```
on (dragOut) {
}
```

## Tastendruck  *keypress*

Neben Mausereignissen können Sie Schaltflächen auch auf Eingaben mit der Tastatur empfindlich machen. Im Eingabefeld hinter der Option *Tastendruck* können Sie die gewünschte Taste angeben. Dabei ist Folgendes zu beachten:

- ✓ Es kann immer nur eine Taste in dem Feld angegeben werden.
- ✓ Tastenkombinationen für Großbuchstaben und Sonderzeichen wie zum Beispiel das @-Zeichen sind ebenfalls machbar und gelten als eine Taste. In solchen Fällen sollten Sie dem Nutzer der Schaltfläche allerdings mitteilen, dass er eine Tastenkombination drücken muss. Denn es führt zum Beispiel zu keinem Erfolg Kleinbuchstaben zu drücken, wenn Sie an dieser Stelle Großbuchstaben angegeben haben.
- ✓ Außerdem sind folgende Tasten von der Belegung für Schaltflächen ausgeschlossen: [Esc], [F1] bis [F12], [Druck]/[S]-Abf, [Rollen], [Pause]/Umbr, [Strg], [Alt], [⊞], Menü, [⌘], [⌥] und [Num].
- ✓ Bei den Tasten des Nummernblocks wird nicht unterschieden zwischen Nummernblock oder den Entsprechungen auf der übrigen Tastatur.

Im Text des Skripts wird diese Option in den Klammern der Aktion *On Mouse Event* als key, gefolgt von der gewählten Taste in Anführungsrungszeichen, festgehalten.

```
on (keyPress "m") {
}
```

## Mehrfachzuweisungen

Es ist durchaus möglich, dieselbe Aktion durch mehrere Optionen auslösen zu lassen. Dazu markieren Sie ganz einfach in der *On Mouse Event*-Zeile alle Optionen, die diese eine Aktion auslösen sollen. Sämtliche ausgewählte Optionen werden, wie oben beschrieben, in die Klammer der on ( )-Zeile gesetzt und durch Kommata voneinander getrennt. Im Beispiel unten wird eine *Go To*-Aktion ausgelöst, sobald die Maustaste oder die Tastenkombination ⇧ + L gedrückt wird.

```
on (press, keyPress "L") {
    gotoAndPlay ("Links", "1");
}
```

Einer Schaltfläche können aber auch verschiedene Aktionen für unterschiedliche Mausereignisse zugeordnet werden. Dazu ein Beispiel (die Funktionsweisen der Aktionen *Stop* und *Play* werden im Kapitel *Aktionen und Skripten* und die *Go To*-Aktion weiter unten näher beschrieben):

```
on (release) {
    gotoAndPlay ("Links", "1");
}
on (rollOver) {
    stop ();
}
on (rollOut) {
    play ();
}
```

Diese eine Schaltfläche löst folgende Aktionen aus:

✔ Sobald der Mauszeiger darüber fährt, wird der Film angehalten.

✔ Wenn der Mauszeiger von der Schaltfläche herunterbewegt wird, spielt der Film weiter.

✔ Wird die Maustaste gedrückt und über der Schaltfläche losgelassen, springt die Wiedergabe des Films in das erste Bild der Szene *Links*.

Außer diesen beiden Möglichkeiten bietet Flash Ihnen auch die Möglichkeit einem Mausereignis mehrere Aktionen zuzuweisen, die alle hintereinander ausgelöst werden, sobald das Mausereignis eintritt. Auch dazu ein Beispiel:

```
on (release) {
    gotoAndPlay ("Links", "1");
    getURL ("mailto: koronea@gmx.de");
}
```

Sobald die Maustaste über der Schaltfläche losgelassen wird, springt die Wiedergabe des Films in das erste Bild der Szene *Links* und spielt den Film an dieser Stelle weiter ab. Unmittelbar danach wird ein Mailfenster geöffnet, in dem die Zieladresse einer noch zu verfassenden E-Mail mit *koronea@gmx.de* bereits angegeben ist, wenn der MIME-Typ stimmt.

## Die eigentliche Aktion

Sie haben nun festgelegt, wann eine Schaltfläche auf ein Mausereignis reagiert, aber noch immer nicht, was passieren soll, wenn es ausgelöst wird. Dazu müssen Sie eine weitere Aktion hinzufügen. Wenn Sie nicht noch immer die erste Zeile on () markiert haben, markieren Sie sie, bevor Sie die eigentliche Aktion einfügen.

### Go To-Beispiel

Öffnen Sie nun erneut die Liste der Aktionen und wählen Sie eine Aktion aus, die bei dem Mausereignis ausgelöst werden soll. Dieses Beispiel beschränkt sich auf die *Go To*-Aktion, mit der Sie in eine andere Szene oder an eine andere Stelle der aktuellen Szene wechseln können. Theoretisch sind allerdings alle angezeigten Aktionen auch auf ein Mausereignis anwendbar. Im Kapitel *Skripten und Aktionen* finden Sie alle Aktionen ausführlich mit Ihren Wirkungsweisen beschrieben. Hier wählen Sie also die Aktion *Go To* aus der Liste.

Flash setzt diese Aktion nun in der richtigen Syntax zwischen die beiden Zeilen on () und Endklammer. Für den *Go To* wählt das Programm dabei automatisch gotoAndPlay (1). Das Ergebnis sieht dann so aus:

```
on (release) {
    gotoAndPlay (1);
}
```

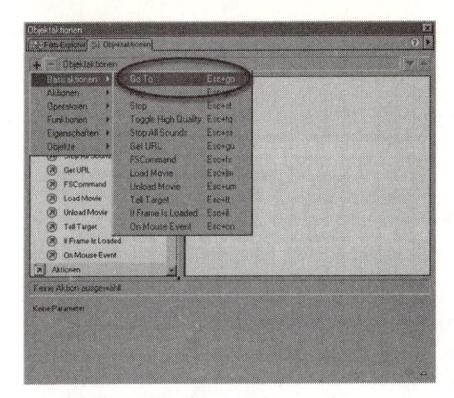

**Abbildung 9.11:** Die Auswahl der Aktionen für eine Schaltfläche

Die Zeile gotoAndPlay (1) bewirkt ganz einfach, dass der Film, in dem sich die Schaltfläche befindet, auf das erste Bild der aktuellen Szene springt und dort abspielt.

Da es sich bei der Schaltfläche des Beispiels um eine Schaltfläche handelt, die den Besucher einer Internetseite auf eine Seite mit Links zu anderen Internetseiten führen soll, macht es keinen Sinn in derselben Szene, also auch auf derselben Seite, zu bleiben. Erzeugen Sie also eine neue Szene mit der Bezeichnung *Links*. Für diesen kleinen Versuch muss diese Szene noch keine Inhalte aufweisen.

Haben Sie eine solche Szene erstellt, können Sie sich nun mit der genaueren Definition der Zeile gotoAndPlay (1) befassen. Aktivieren Sie die Zeile gotoAndPlay (1) des Skripts. Auf der rechten Seite neben dem Skript-Fenster sollten sich Ihnen nun folgende Möglichkeiten bieten:

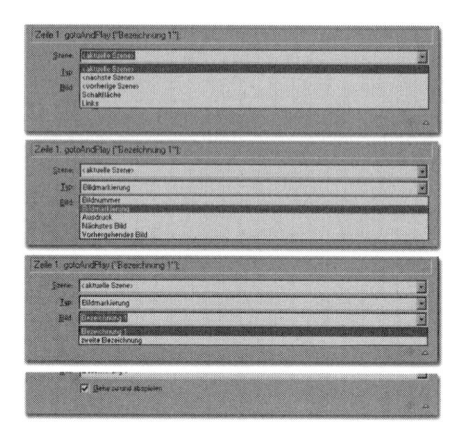

**Abbildung 9.12:** Die Möglichkeiten der Go To-Aktion

**Szene**

Für die Schaltfläche dieses Beispiels ist zunächst einmal nur die Option *Szene* wichtig. Momentan sollte sich in diesem Feld der Begriff <*aktuelle Szene*> befinden. Öffnen Sie das Dropdown-Menü und wählen Sie den Eintrag *Links*.

```
on (press, keyPress "L") {
    gotoAndPlay ("Links", "1");
}
```

In den Klammern der *Go To*-Aktion wurde nun vor die Bildnummer die Bezeichnung Links gesetzt. Sie hätten aus der Liste auch den Begriff <*nächste Szene*> wählen können, um zu der Szene *Links* zu wechseln, da *Links* derzeit noch die nächste Szene des Films ist. Das wäre aber insofern nicht von praktischem Nutzen gewesen, als dass Sie im späteren Verlauf Ihrer Bearbeitung dem Film durchaus noch mehrere Szenen hinzufügen und auch die Reihenfolge der Szenen untereinander verändern können. Haben Sie den Eintrag *Links* gewählt, wird Flash immer zu der Szene *Links* springen, wenn Sie die Schaltfläche betätigen, egal an welcher Stelle die Szene gerade steht. Genauso vage, und deshalb genauso wenig zu empfehlen, ist der Eintrag <*vorherige Szene*>.

**Bildnummer**

Sie haben, nachdem Sie die Eingaben vorgenommen haben, eine Schaltfläche, die zu der Szene *Links* springt. Innerhalb dieser Szene springt Flash zusätzlich in das erste Bild. Wollen Sie in der Szene *Links* zusätzlich noch ein späteres Bild ansteuern, können Sie dieses Bild entweder über seine *Bildnummer* oder seine Bezeichnung angeben. Über die Nummer können Sie auch Zwischenbilder ansteuern, über die Bezeichnung nur Schlüsselbilder, da Sie nur Schlüsselbilder mit einer Bezeichnung versehen können.

Eine Bildnummer wird in der Klammer der *Go To*-Aktion hinter die Bezeichnung der Szene gesetzt. Szenenbezeichnung und Bildnummer werden durch ein Komma voneinander getrennt. Im Beispiel oben springen Sie in das erste (1) Bild der Szene *Links*.

**Bezeichnung**

Da sich Bilder genau wie Szenen im Laufe der Bearbeitung verschieben können, empfiehlt es sich auch hier, Bezeichnungen zu verteilen, um spätere Fehler im Ablauf der Films zu vermeiden.

In einem Beispiel: Sie könnten den Inhalt des Bilds *1* der Szene *Links* auf die Position 10 derselben Szene verschieben, wollen aber immer noch, dass Sie mit der erstellten Schaltfläche auf den ehemaligen Inhalt des Bilds *1*, nun Bild *10*, springen. Haben Sie die Schaltfläche wie oben definiert, nämlich nur mit der Bildnummer, springt die Schaltfläche weiterhin in das Bild *1*. Geben Sie schon vor der Einstellung der Schaltflächen-Aktion dem Schlüsselbild *1* eine Bezeichnung (im Beispiel: Springer), können Sie bei der Einstellung der Schaltflächen-Aktion diese Bezeichnung als Punkt innerhalb der Szene *1* angeben, zu dem die Schaltfläche *Links* springen soll.

Nun ist es egal, an welche Position der Zeitleiste Sie das Bild verschieben. Flash wird immer wieder an den Punkt der Bezeichnung springen und die wird mit dem Schlüsselbild verschoben.

In einem Skript wird eine solche Bezeichnung, wie die Bildnummer, durch ein Komma von der Szenenbezeichnung getrennt und zusätzlich in Anführungszeichen gefasst.

```
on (press, keyPress "L") {
    gotoAndPlay ("Links", "Springer");
}
```

**... and Stop oder ... and Play**

So lange ein Flash-Film nicht durch eine Stop-Aktion gleich welcher Art gestoppt wird, spielt er Szene für Szene den gesamten Film ab und beginnt dann erneut in der ersten Szene. Mit der Aktion *Go To and Stop* sorgen Sie dafür, dass im Fall der erstellten Schaltfläche Flash zu dem angegebenen Punkt im Film springt und das Abspielen einstellt. Setzen Sie eine *Go To*-Aktion, wird diese automatisch zu einer *Go To and Play*-Aktion.

Standardmäßig wird die *Go To and Play*-Aktion gesetzt. Wollen Sie daraus *Go To an Stop* machen, deaktivieren Sie das kleine Kästchen links unten.

Im Skript sieht das dann folgendermaßen aus:

```
on (press, keyPress "L") {
    gotoAndStop ("Links", "1");
}
```

**Ausdruck, Nächstes Bild und Vorangehendes Bild**

Die Option *Ausdruck* wird an dieser Stelle nur kurz umrissen und im Kapitel *Skripten und Aktionen* näher beschrieben. Es lassen sich über *Ausdruck* komplexere Bedingungen definieren, unter denen eine *Go To*-Aktion funktioniert. Es lässt sich so zum Beispiel einrichten, dass eine Schaltfläche erst dann reagiert, wenn ein anderes, näher zu bestimmendes Ereignis eingetreten ist.

Die Optionen *Nächstes Bild* (*Next Frame*) und *Vorangehendes Bild* (*Previous Frame*) sorgen dafür, dass Flash genau ein Bild auf der Zeitleiste nach vorn oder hinten springt. Wird die Option *Vorangehendes Bild* ausgelöst, wenn sich Flash im ersten Bild einer Szene befindet, springt Flash in das letzte Bild der vorangehenden Szene. Die Option *Nächstes Bild* im letzten Bild einer Szene sorgt dafür, dass Flash zum ersten Bild der nächsten Szene in der Reihenfolge springt.

## Praktische Vorgehensweise

Sie müssen bei der Eingabe eines Skripts für eine Schaltfläche nicht mit der Aktion *On Mouse Event* beginnen, sondern können sofort eine Aktion angeben, die durch ein Mausereignis ausgelöst werden soll. Flash erkennt das Schaltflächen-Symbol und setzt in diesem Fall automatisch die Aktionen on (release) { und das logische Ende mit der geschlossenen, geschweiften Klammer (}) vor bzw. hinter die gewählte Aktion. Sie können danach die on (release)-Zeile Ihren Wünschen entsprechend ändern.

Einen ähnlichen Effekt erreichen Sie, wenn Sie die letzte Zeile einer *On Mouse Event*-Aktion (die Klammer) markiert haben und dort eine neue Aktion angeben. Praktisch wird diese Variante, wenn Sie einer Schaltfläche mehrere Aktionen hinzufügen wollen. Als Standard wird auch bei diesem Vorgehen eine Aktionsfolge mit on (release) erzeugt. In dem Beispiel unten wurde bei blankem Aktionsfenster eine *Go To*-Aktion und danach eine *Stop*-Aktion für die neue Aktionsfolge gewählt. Da beide Aktionen automatisch erstellt wurden, ist die *On Mouse Event*-Option *Loslassen* gewählt worden, die sich jedoch wie auch die Parameter der *Go To*-Aktion verändern lässt. Sie können also anstelle des release einen beliebigen anderen Ausdruck setzen.

```
on (release) {
    gotoAndPlay (1);
}
on (release) {
    stop ();
}
```

## Löschen und Verschieben von Aktionen

Um eine einzelne Aktion zu löschen aktivieren Sie die entsprechende Zeile im Skript und drücken die *Entfernen*-Schaltfläche. Alternativ dazu lassen sich aber auch die Tasten [Entf] oder [⇐] verwenden.

Die Aktion *On Mouse Event* stellt mitsamt der zugeordneten Aktion und der Klammer-Zeile eine Einheit dar, sodass die gesamte Einheit gelöscht wird, wenn Sie entweder die on ( )-Zeile oder die Klammer-Zeile löschen. Die zwischen diesen beiden Zeilen befindlichen Aktionen können auch einzeln gelöscht werden, ohne die anderen beiden Zeilen zu löschen oder die Syntax zu verletzen.

Zum Verschieben einzelner Skriptzeilen können Sie diese beiden Schaltflächen verwenden. Dabei können Aktionen zwischen den Zeilen on und der Klammer auch nur auf der leicht eingerückt erscheinenden Ebene verschoben werden. So lässt sich eine Aktion also von *On Mouse Event* zu *On Mouse Event* verschieben, aber nicht aus dieser Aktion heraus.

# Symbole in Schaltflächen umwandeln

Bereits als Grafik- und Filmsequenz-Symbole definierte Symbole können in Schaltflächen-Symbole umgewandelt werden. Dazu öffnen Sie die Instanz-Palette des entsprechenden Symbols und wählen das Verhalten *Schaltfläche* für das Symbol aus.

**Abbildung 9.13:** Das Verhalten einer Schaltfläche in der Instanz-Palette

Das auf diese Weise umgewandelte Symbol behält aufgrund seiner Definition als Grafik- oder Schaltflächen-Symbol weiterhin seine Eigenschaften als solches Symbol, die Instanz verhält sich jedoch wie eine Schaltfläche. Der Instanz können nun zwar Aktionen, aber keine unterschiedlichen Zustände zugewiesen werden.

# Schaltflächen in Schaltflächen

Es ist zwar möglich, ein Schaltflächen-Symbol in einem Schlüsselbild einer anderen Schaltfläche zu platzieren, die Aktionen, die der zweiten Schaltfläche jedoch zugefügt wurden, werden ignoriert. Vielleicht finden Sie einen Weg eine zweite unabhängige Maus für Ihren Rechner zu installieren, dann würde diese Verschachtelung sicher auch mehr Sinn ergeben und anwendbar werden. (Ein Installieren von zwei Mäusen würde aber zwangsläufig zu einem Gerätekonflikt führen.)

> **HINWEIS**
>
> Sollten Sie eine Schaltfläche innerhalb einer anderen Schaltfläche platziert haben, sollten Sie sich darauf gefasst machen, dass Flash über kurz oder lang abstürzt.

# Animierte Schaltflächen

Um eine Schaltfläche zu animieren ergeben sich drei verschiedene Möglichkeiten:

- ✔ Die Schaltfläche selbst kann in einer Szene per Bewegungs-Tweening bewegt werden.
- ✔ Die Schaltfläche kann in einer Filmsequenz per Bewegungs-Tweening bewegt werden.
- ✔ Die einzelnen Zustände einer Schaltfläche können in ihren Schlüsselbildern bewegte Bilder enthalten.

# Bewegte Schaltflächen

Da es sich bei Schaltflächen um Symbole handelt, können Sie sie in Bewegungs-Tweenings einbauen und so über die Bühne bewegen. Dabei ist egal, ob Sie dies nun in einer Filmsequenz oder direkt in einer Szene tun.

Ansonsten sollten Sie allerdings noch darauf achten, dass die bewegten Schaltflächen nicht zu schnell werden, damit nicht die Hälfte aller Nutzer entnervt aufgibt, weil sie es nicht geschafft haben, die Schaltfläche zu fangen, die so Interessantes versprach. Vielleicht sollten Sie für solche Schaltflächen sogar eine gesonderte Schaltfläche bereitstellen, die sich nicht bewegt, mit der man alle bewegten Schaltflächen anhält.

> Auf der CD finden Sie im Ordner für dieses Kapitel folgendes Beispiel einer bewegten Schaltfläche.

**Abbildung 9.14:** Eine bewegte Schaltfläche

Die Schaltfläche rollt von links nach rechts und wieder zurück. Sobald Sie mit dem Mauszeiger über die Schaltfläche fahren, wird sie angehalten. Wenn Sie den Mauszeiger wieder von der Schaltfläche herunter bewegen, rollt sie weiter. Beides wird durch folgendes kleines Skript bewirkt:

```
on (rollOver) {
    stop ();
}
on (rollOut) {
    play ();
}
```

# Bewegte Schaltflächen-Zustände

Um den Zustand einer Schaltfläche zu animieren, müssen Sie in dem entsprechenden Schlüsselbild des Zustands eine oder mehrere Filmsequenzen platzieren. Auf diese Weise umgehen Sie ganz einfach die Tatsache, dass Ihnen für jeden Zustand nur ein Schlüsselbild zur Verfügung steht. Wie Sie Filmsequenzen erzeugen, können Sie im Kapitel *Bibliotheken, Symbole und Instanzen* nachlesen.

Der *Aktiv*-Zustand ignoriert Filmsequenzen – aus gutem Grund. Es wäre ja auch ziemlich schwierig, einem animierten Bereich hinterherzulaufen, den man nicht sieht, weil er nicht angezeigt wird.

Sie sollten darauf achten, dass die Filmsequenzen für die Zustände *Darüber* und *Drücken* nicht zu lang werden, da sie meist sowieso nicht bis zum Ende gespielt werden, weil dem Nutzer der wirkliche Inhalt wichtiger ist als eine schöne Animation und er deshalb schnell weiterklickt. Er wird sich selten lange an den aufwändigen Animationen einer Internetseite aufhalten, wenn sie nur Beiwerk sind. Gerade bei Schaltflächen, deren Aktionen ausgelöst werden, sobald die Schaltfläche gedrückt wird, sind Animationen für den *Drükken*-Zustand vollkommen sinnlos. Am sinnvollsten, aber auch mit der meisten Vorsicht zu genießen, sind Animationen für den *Auf*-Zustand einer Schaltfläche. Es kommt sehr schnell dazu, dass ein Flash-Film überladen wirkt, wenn sich überall alles bewegt, blinkt und dreht.

> Für das Beispiel unten, das Sie auch auf der CD finden, wurden nur der *Darüber*- und *Drücken*-Zustand animiert. Für beide Zustände wurde jeweils eine Filmsequenz erstellt. Für den *Darüber*-Zustand fliegen die einzelnen Buchstaben des Worts *Links* aus dem Nichts auf ihren Bestimmungspunkt, während die Unterzeile *... zu anderen* aus dem Hintergrund auftaucht.

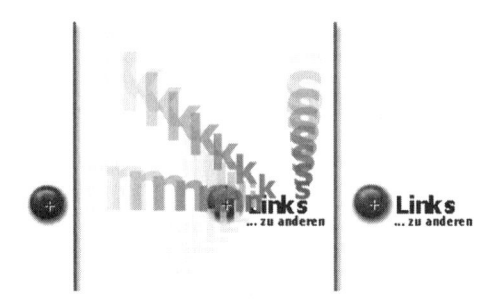

**Abbildung 9.15:** Links: Schaltfläche im *Auf*-Zustand, Mitte: die Bewegung auf den *Darüber*-Zustand (rechts) hin

Die Filmsequenz für den *Drücken*-Zustand ist ganze 6 Bilder auf der Zeitleiste lang, was bei einer Bildrate von 24 Bildern in der Sekunde ganze 0,25 Sekunden in Anspruch nehmen sollte – ungefähr einen Klick lang. Die Aktion, die der Schaltfläche zugeordnet werden soll, sollte, um diesem animierten Zustand eine Chance zu geben, *On (Release)* ausgelöst werden.

Die Animation sorgt einfach nur für das Verschwinden der Schaltfläche. Das Wort *Links* fährt an den Betrachter heran, der Knopf und die Zeile ... *zu anderen* verschwinden derweil unbemerkt im Hintergrund.

**Abbildung 9.16:** Filmsequenz für den *Drücken*-Zustand

Bei der Erstellung der Filmsequenzen wurde darauf geachtet, dass der Mittelpunkt immer in der Mitte der blauen Kugel liegt, damit die Schaltfläche nicht zwischen den einzelnen Zuständen zu springen scheint. Mit dem Mittelpunkt des Grafik-Symbols der Kugel und dem Mittelpunkt des Filmsequenz-Symbols sollte dies auch keine Schwierigkeit darstellen.

Die einzelnen Filmsequenz-Symbole wurden, nach ihrer Erstellung, aus der Bibliothek in das Schlüsselbild des entsprechenden Zustands der Schaltfläche geschoben. Auch hierbei wurde wieder darauf geachtet, die Mittelpunkte der Symbole überein zu bringen.

# Menü-Schaltflächen

Für eine komfortable Navigation auf einer Internetseite oder eine Präsentation bieten sich häufig *Menüs* an. So lassen sich Gruppen zusammenfassen, deren einzelne Punkte durch einen Klick auf die Gruppe sichtbar werden, ohne dass der Nutzer sofort in ein nächstes Fenster wechselt.

Schaltflächen lassen sich zu diesem Zweck so gestalten, dass sich ein Menü öffnet, sobald Sie die Schaltfläche drücken, sich darüber befinden oder dieses Menü anders auslösen. Selbst Untermenüs dieser Menüs sind machbar.

Für die beispielhafte Erklärung einer solchen Schaltfläche wird erneut die *Links*-Schaltfläche herangeholt. Das Menü der Schaltfläche *Links* soll so aussehen, dass es sich öffnet, sobald Sie die Schaltfläche drücken. Die einzelnen Punkte des Menüs sollen die Schaltflächen sein, mit denen Sie sofort zu dem entsprechenden Link springen, sobald die Schaltflächen des Menüs gedrückt werden.

> Die fertige *Menü*-Schaltfläche können Sie auf der Buch-CD finden.

Erzeugen Sie zunächst alle benötigten Schaltflächen für das Menü. Die *Links*-Schaltfläche wurde ja bereits oben erstellt und so müssen an dieser Stelle des Beispiels nur die drei Schaltflächen erzeugt werden, auf die verlinkt wird.

Dieses Menü könnte auch in einer Filmsequenz erzeugt werden. Dennoch wird in diesem Beispiel darauf verzichtet, um das Menü hinterher auch noch auf anderem Wege nutzbar zu machen als nur für »externe Bezüge«. Im Grunde ist das Vorgehen, mit dem Sie eine solche *Menü*-Schaltfläche erstellen, dasselbe wie das unten beschriebene.

Als Schaltflächen und gleichzeitig Links sollen uns die Internetseiten von bhv, Macromedia und Adobe dienen. Dazu wurden die folgenden drei Schaltflächen erstellt, ohne sie bereits in irgendeiner Szene des Films zu platzieren:

**Abbildung 9.17:** Die drei Menüpunkte

Nachdem alle Schaltflächen erstellt wurden, können Sie sich nun daran machen, die Szene auf das Menü vorzubereiten. Setzen Sie im ersten Bild der Szene die *Links*-Schaltfläche. Danach erzeugen Sie ein zweites Schlüsselbild in der Zeitleiste und ordnen dort die *Menü*-Schaltflächen so an, wie Sie das gerne möchten. Sie müssen sich dabei an keine Konventionen halten. Seien Sie kreativ, aber nicht zu verspielt.

Haben Sie diesen Schritt hinter sich gebracht, können Sie sich daran begeben, die entsprechenden und notwendigen Aktionen zu verteilen.

Zunächst müssen Sie dafür sorgen, dass der Film nicht automatisch bis zum zweiten Bild abspielt, sondern im ersten Bild der Szene anhält. Dazu weisen Sie dem ersten Schlüsselbild der Szene die Aktion *Stop* zu. Sie erreichen dies, indem Sie das erste Schlüsselbild doppelklicken und dadurch die Bildaktionen dieses Bilds öffnen. Wählen Sie dort die Aktion *Stop*. Sobald Sie dies mit einem Klick außerhalb des Aktionen-Fensters bestätigen, haben Sie dafür gesorgt, dass der Film nicht weiter als bis zum ersten Bild der Szene gespielt wird. Der Übersichtlichkeit halber, geben Sie dem Bild noch die Bezeichnung *Menü zu* oder ähnlich.

Dem zweiten Schlüsselbild der Zeitleiste oder dem, in dem alle Menüpunkte angezeigt werden, geben Sie die Bezeichnung *Menü auf* und sind damit mit den Aktionen und Bezeichnungen, die die Schlüsselbilder dazu benötigen, fertig.

Legen Sie nun die Aktionen für die *Links*-Schaltfläche im ersten Schlüsselbild fest. Fügen Sie dort folgendes Skript ein:

```
on (press) {
    gotoAndStop ("Menü auf");
}
```

Mit on (press) geben Sie an, dass die Schaltfläche dann die Aktion ausführt, wenn sie gedrückt wird. gotoAndStop ("Menü auf") sorgt dafür, dass Flash in das Schlüsselbild *Menü auf* springt und dort anhält.

Aktivieren Sie unter *Optionen* der Instanz-Palette die Option *Als Menüelement behandeln*. Damit legen Sie fest, dass auch andere Schaltflächen des Menüs noch auf die gedrückte Maustaste reagieren können. Dies müssen Sie dann jedoch auch für alle Schaltflächen des Menüs so festlegen.

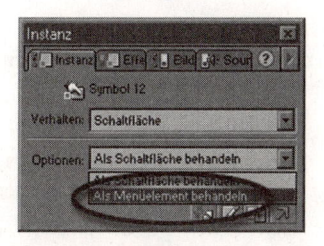

**Abbildung 9.18:** Die Optionen der Maus-Ereignisse in der Instanz-Palette

Damit sind nun alle Einstellungen im ersten Schlüsselbild abgeschlossen und Sie können im zweiten Schlüsselbild (*Menü auf*) fortfahren.

Für die Instanz der *Links*-Schaltfläche im zweiten Schlüsselbild legen Sie folgendes Skript fest:

```
on (press) {
    gotoAndStop ("Menü zu");
}
```

Damit sorgen Sie dafür, dass das Menü wieder geschlossen wird, oder anders ausgedrückt, dass die Darstellung wieder ins erste Bild zurückspringt, sobald die Maustaste wieder losgelassen wird. Auch hier sollten Sie die Option *Als Menüelement behandeln* eingestellt haben.

Für die übrigen Schaltflächen legen Sie nun folgendes Skript fest:

```
on (press) {
    gotoAndStop ("Menü zu");
    getURL ("www.bhv.net", "_blank");
}
```

Unterscheiden sollte sich natürlich die www-Adresse der verschiedenen Schaltflächen. Alle Schaltflächen sorgen diesem Skript zufolge dafür, dass, sobald die gedrückte Maustaste losgelassen wird, die Darstellung zurückspringt auf das erste Bild, in dem die Schaltfläche ohne die Menüpunkte dargestellt wird.

Die Internetadresse wird dank des Ausdrucks `window="_blank"` in einem eigenen Fenster aufgerufen. Mehr zu der Eigenschaft `_blank` lesen Sie im Kapitel *Aktionen und Skripten*.

Haben Sie vergessen die Option *Als Menüelement behandeln* für die Schaltflächen zu aktivieren, reagieren diese nicht auf einfaches Loslassen der in Bild *1* gedrückten Maustaste, sondern warten auf einen weiteren Mausklick, bei dem die Maustaste losgelassen wird.

Wenn Sie nun aber die Maustaste außerhalb der Schaltflächen loslassen, befinden Sie sich weiterhin im zweiten Bild der Szene und müssen eine der Schaltflächen anklicken und die Maustaste wieder loslassen. Wenn Sie das stört, können Sie folgende Methode verwenden, um dieses Problem zu lösen.

Dazu erzeugen Sie, möglichst in einer Ebene unter den übrigen Schaltflächen, im zweiten Schlüsselbild eine *unsichtbare Schaltfläche*. Unsichtbar ist eine Schaltfläche dann, wenn Sie nur deren *Aktiv*-Zustand, der nicht angezeigt wird, definieren. Ziehen Sie diesen Bereich so groß auf, wie Sie es für richtig halten, und weisen Sie dieser unsichtbaren Schaltfläche eine Aktion zu, die Sie beim Loslassen oder erneuten Drücken in das erste Bild zurückspringen lässt.

# Zusammenfassung

- ✓ Erstellen Sie ein Schaltflächen-Symbol.

- ✓ Gestalten Sie die drei Zustände *Aus, Darüber* und *Drücken*.

- ✓ Definieren Sie den mausempfindlichen Bereich der Schaltfläche im Zustand *Aktiv*. Alpha- und Farbeffekte werden dabei ignoriert.

- ✓ Aktionen können nur der Schaltflächen-Instanz zugewiesen werden, nicht den einzelnen Zuständen der Schaltfläche.

- ✓ Um einer Schaltfläche Aktionen zuweisen zu können, muss diese als Instanz platziert sein. Öffnen Sie die Objektaktionen bei aktiviertem Symbol und fügen Sie die Aktion *On Mouse Event* ein.

- ✓ Einer Schaltfläche kann immer nur eine Taste für eine Aktion zugewiesen werden. Tastenkombinationen mit den Tasten ⇧ und AltGr sind aber dennoch möglich. Die Aktion wird dann aber auch nur ausgelöst, wenn beide Tasten in Kombination gedrückt werden. Von der Belegung für Schaltflächen ausgeschlossen sind folgende Tasten: Esc, F1 bis F12, Druck/S-Abf, Rollen, Pause/Umbr, Strg, Alt, ⊞, Menü, ⌘, ⌦ und Num.

- ✓ Schaltflächen lassen sich in Filmsequenzen platzieren. Von dort aus können Sie mit der *Go To*-Aktion jedoch nicht mehr auf Szenen des Films springen.
- ✓ Schaltflächen lassen sich zwar in anderen Schaltflächen platzieren, aber die Aktionen der ersteren werden ignoriert. Außerdem besteht die Gefahr eines Absturzes, sodass man auf diese Option lieber verzichten sollte.
- ✓ Alle Menüelemente einer Menü-Schaltfläche müssen als Option *Als Menüelement behandeln* aktiviert haben.
- ✓ Um die Zustände einer Schaltfläche zu animieren, müssen Sie dort Filmsequenzen platzieren.
- ✓ Der *Aktiv*-Zustand einer Schaltfläche ignoriert platzierte Filmsequenzen.

# KAPITEL

## Menüs

Kein modernes Computerprogramm kommt ohne seine Menüleiste aus. Was Sie in der von Macromedias Flash 5 finden, lesen Sie in diesem Kapitel.

# 10

# Menüs

Leider sind nicht alle Funktionen von Macromedias Flash besonders übersichtlich angeordnet oder gar leicht zu finden. Manches muss man sich auch dann aus den Menüs herausfischen, wenn eigentlich eine Schaltfläche praktisch gewesen wäre. Um hier Abhilfe zu schaffen, wird in diesem Kapitel ein Menü nach dem anderen mit seinen Funktionen und Einstellungsmöglichkeiten erklärt.

Sie werden in diesem Kapitel manches wiederholt finden, was an anderer Stelle bereits erklärt wurde. Generell soll dieses Kapitel auch eher als Referenz gelten, wenn Sie nach den Funktionen verschiedener Menüs suchen.

## Datei

In diesem Menü finden Sie alles, was mit der *Datei* zusammenhängt, die Sie erstellen. Sie können hier die Datei speichern, laden, exportieren, versenden oder auch deren Grundeinstellungen verändern. Sie können dieses Menü alternativ auch mit [Alt] + [D] aufrufen und dann mit den Pfeiltasten oder der entsprechenden Tastenkombination den gewünschten Befehl aufrufen.

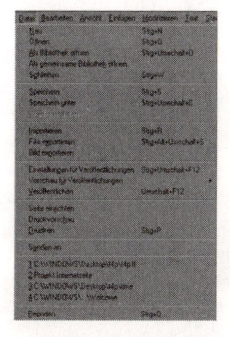

**Abbildung 10.1:** Das Menü *Datei*

## Neu

Sobald Sie Flash geöffnet haben, wird automatisch eine leere, neue Datei mit dem Namen *Film 1* geöffnet. In den meisten Fällen werden Sie eher an einer bereits existierenden Datei weiterarbeiten wollen und diesen Film 1 demnach ignorieren oder gar ausschalten (beenden).

Wenn Sie im Verlauf Ihrer Arbeit einen neuen Film beginnen wollen, erreichen Sie dies entweder über den Menüpunkt *Neu* oder die Tasten Strg + N (⌘ + N).

Die Größe eines neuen Films entspricht 550 mal 400 Pixel bei einer Bildrate von 12 Bildern pro Sekunde. Diesen Standard, wie auch viele andere, zum Beispiel die Hintergrundfarbe, können Sie unter *Modifizieren / Film* (Strg + M (⌘ + M)) verändern.

## Öffnen

Haben Sie bereits einige Dateien mit Flash erstellt, werden Sie diese von Zeit zu Zeit erneut öffnen, um Änderungen vorzunehmen oder um sich Ihre eigene Vorgehensweise noch mal anzusehen. Es kann aber auch sein, dass Sie eine Datei von einem Kollegen oder Freund öffnen wollen, die dieser Ihnen hat zukommen lassen.

Dazu können Sie den Menüpunkt *Öffnen* oder die Tasten Strg + O (⌘ + O) benutzen.

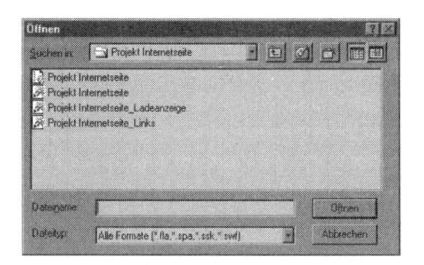

**Abbildung 10.2:** Öffnen von Dateien

Aus dem darauf folgenden Dialogfenster können Sie dann die Dateien wählen, die Sie öffnen wollen, oder auf den verschiedenen angeschlossenen Medien danach suchen.

Als Standard zeigt Ihnen Flash im Dialogfenster die vier verschiedenen Dateiformate an, die er in der Lage ist zu öffnen, und bezeichnet dies unter *Dateityp* als *Alle Formate*. Dabei werden alle anderen Formate aussortiert und ignoriert, um Ihnen die Auswahl der gesuchten Datei zu erleichtern.

Sie können jedoch auch nach einem bestimmten Dateityp sortieren lassen, indem Sie das Optionsmenü im Dialogfenster öffnen und sich aus diesem Menü den gewünschten Dateityp auswählen. Danach sortiert der Dialog auch die übrigen drei Formate aus den möglichen Dateien aus.

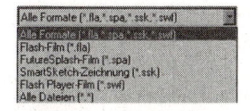

**Abbildung 10.3:** Das Optionsmenü im Dialogfenster *Öffnen*

### Flash-Film

Alle Dateien, die Sie in Flash erstellen und abspeichern, werden als *Flash-Film* bezeichnet. Diese Dateien enthalten alle Informationen und Bilder, die Sie während des gesamten Prozesses Ihrer Arbeit am Film erstellt und nicht gelöscht haben – also auch solche, die außerhalb der Bühne auf dem Arbeitsbereich liegen und deshalb im fertigen Flash-Player-Film meist nicht sichtbar sind. Diese Dateien lassen sich lediglich mit Flash öffnen und bearbeiten und sind meist größer als aus ihnen heraus erzeugte Flash-Player-Filme.

Sie sollten vermeiden diese Dateien achtlos zu löschen, wenn Sie sie nicht wirklich nicht mehr benötigen. Die Flash-Player-Filme sind nämlich nicht mehr bearbeitbar.

### Alle Dateien

Wenn Sie die Option *Alle Dateien (\*.\*)* auswählen, können Sie bedingt diesen Menüpunkt auch als Alternative zum Menüpunkt *Importieren* verwenden. Es werden alle Dateien angezeigt, die sich in dem entsprechenden Ordner befinden, auch die, die Flash nicht öffnen kann.

Das Importieren funktioniert jedoch nur, wenn Flash das gewählte Dateiformat auch lesen und interpretieren kann. Versuchen Sie z.B. ein Bild im GIF-Format über den Menüpunkt *Öffnen* zu importieren, wird dies von Flash anstandslos ausgeführt und das GIF mit der linken oberen Ecke des Bilds an der linken oberen Ecke des Arbeitsbereichs platziert.

Versuchen Sie dasselbe mit einer Photoshop-PSD-Datei, wird Ihnen Flash folgende Fehlermeldung geben und keine Datei öffnen oder importieren:

**Abbildung 10.4:** Fehler *Unerwartetes Dateiformat*

### Flash-Player-Film

Beim Export einer Datei als *Flash Player-Film (\*.swf)* haben Sie die Möglichkeit Ihre Datei gegen Zugriff zu schützen. Sollten Sie versuchen, eine solche geschützte Datei zu öffnen, erhalten Sie folgende Meldung:

**Abbildung 10.5:** Einen geschützten Flash-Player-Film können Sie nicht in Flash öffnen

Außerdem können Flash-Player-Filme in Flash zwar geöffnet werden, wenn sie nicht geschützt sind, allerdings nur um Sie abzuspielen. Eine Bearbeitung ist an dieser Stelle nicht möglich. Der Film wird automatisch im Test-Modus *Film testen* geöffnet.

**FutureSplash-Format**

Das *FutureSplash-Format* ist ein altes Format von einem der Vorgänger von Flash, das Sie noch immer erstellen können. Ob Sie mit diesem Format allerdings besonders gute Effekte erzielen, ist zu bezweifeln.

**SmartSketch-Format**

Auch dieses Format stammt aus einer Vorversion von Flash. *SmartSketch* ist so etwas wie ein Großvater von Flash, dem mit der Erwähnung an dieser Stelle gedacht wird. Auch dieses Format wird nur selten angetroffen und bringt keine besonderen Vorteile dem Flash-Player-Format gegenüber mit sich.

## Als Bibliothek öffnen

Sie können die Bibliotheken anderer Flash-Dateien über diesen Befehl öffnen, ohne die gesamte andere Flash-Datei öffnen zu müssen. So lassen sich bequem Elemente und Objekte aus anderen Arbeiten wiederverwenden und kopieren. Bibliotheken sind allerdings nur in bearbeitbaren Flash-Dateien (*\*.fla*) vorhanden. Veröffentlichte Formate wie das Flash-Player-Format verfügen nicht mehr über die Bibliotheken und deren Informationen.

Wie Sie die Inhalte anderer Bibliotheken in ein anderes Dokument kopieren und wie Sie grundsätzlich mit Bibliotheken umgehen, finden Sie im Kapitel *Bibliotheken, Symbole und Instanzen* ausführlich beschrieben.

## Als gemeinsame Bibliothek öffnen

Wie auch der Eintrag *Als Bibliothek öffnen* sorgt der Menüeintrag *Als gemeinsame Bibliothek öffnen* dafür, dass Sie eine Bibliothek eines anderen Films im *\*.fla*-Format öffnen und Objekte aus dem anderen Film in den aktuellen übernehmen.

Verwenden Sie jedoch eine gemeinsame Bibliothek, können Sie Änderungen am geöffneten Film vornehmen. Der größte Vorteil solcher Bibliotheken besteht jedoch darin, dass Sie Inhalte des einen Films für den anderen nicht mehr laden müssen, wenn die Inhalte in beiden Filmen Verwendung finden.

## Schließen

Wenn Sie lediglich eine Flash-Datei schließen, jedoch nicht Flash selbst schließen wollen, sollten Sie diesen Menüpunkt wählen. Sie erreichen denselben Effekt, wenn Sie das untere der beiden Kreuze oben rechts in der Ecke des Flash-Fensters verwenden oder die Tasten Strg + W (⌘ + W) drücken.

## Speichern

Eine Flash-Datei, der Sie bereits einen Namen gegeben haben, können Sie einfach mit dem Menüpunkt *Speichern* sichern. Dabei wird die Datei auf der Festplatte nur aktualisiert und keine weitere Kopie der Datei angelegt. Sie erreichen dies auch durch die Tastenkombination Strg + S (⌘ + S).

Haben Sie einer Datei bisher noch keinen Namen gegeben, sprich sie bisher auch noch nicht auf Ihrer Festplatte oder einem anderen Datenträger gesichert, wird dieser Befehl automatisch zu einem *Speichern unter* umgewandelt.

> **HINWEIS**
>
> Da Flash über keine Automatische Speicherung verfügt, sollten Sie sich diesen Menüpunkt oder besser noch die Tastenkombination Strg + S (⌘ + S) immer wieder ins Gedächtnis rufen und ausführen. Eine solche Angewohnheit wird Ihnen den Ärger ersparen, dass Sie nach stundenlanger Arbeit durch einen System- oder Programmabsturz eine Menge Zeit und Daten verlieren. Es dürfte auch Ihnen kaum Spaß bereiten, ein und dieselbe Arbeit ein zweites oder gar drittes Mal verrichten zu müssen.

# Speichern unter

Alle Dateien, die Sie noch weiterbearbeiten wollen, sollten Sie als Flash-Filme (*.fla) speichern. In diesem Dateityp bleiben Bibliotheken, Zeitleisteninformationen und Objekte auf dem Arbeitsbereich erhalten.

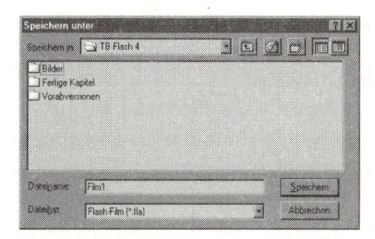

Um den einen oder anderen Arbeitsschritt im Nachhinein rückgängig machen zu können, empfiehlt es sich, neben der normalen Zwischenspeicherung auch verschiedene Versionen einer Datei zu speichern. Zu diesem Zweck nutzen Sie den Menüpunkt *Speichern unter* oder die Tastenkombination [Strg] + [⇧] + [S] ([⌘] + [⇧] + [S]). In jedem Fall wird ein Dialog geöffnet, in dem Sie einen neuen Speicherort und einen neuen Namen festlegen können.

**Abbildung 10.6:** *Speichern unter*

> Um auch noch nach Wochen und Monaten verschiedene Arbeitsschritte nachvollziehen zu können, sollten Sie entweder das Datum oder Versionsnummern in den Dateinamen integrieren. Eine solche Vorgehensweisen macht das Arbeiten gerade bei größeren Aufträgen einfach ein wenig übersichtlicher und ist auch für Mitarbeiter leichter nachzuvollziehen. Bezeichnungen wie zum Beispiel *Tolle Datei, Viel bessere Version, die mit den roten Punkten* lassen nicht auf den ersten Blick erkennen, um welchen Stand der Entwicklung es sich handelt, sodass die Dateien erst geöffnet werden müssen, um herauszufinden, wie weit Sie bei der entsprechenden Datei waren.

## Wiederherstellen

Diese Option steht Ihnen erst dann zur Verfügung, wenn Sie die Datei, an der Sie gerade arbeiten, bereits einmal gespeichert haben. Haben Sie nach einem solchen Speichervorgang Änderungen an der Datei vorgenommen, können Sie alle diese Änderungen verwerfen, indem Sie zur letzten Version zurückkehren.

Im Grunde bedeutet diese Funktion nichts anderes, als dass die aktuelle und aktive Datei geschlossen wird, alle Änderungen zunichte gemacht werden und die letzte gespeicherte Version dieser Datei geladen wird. Dieser Befehl lässt sich nicht rückgängig machen und auch die verworfenen Änderungen können Sie danach nicht wiederherstellen.

Verwenden Sie diesen Befehl nur, wenn Sie sicher sind, dass Sie sämtliche Änderungen seit dem letzten Speichervorgang garantiert nicht irgendwann wieder brauchen werden. Sind Sie sich nicht sicher, speichern Sie lieber eine neue Version der Datei mit allen Änderungen und öffnen dann die ältere Version der Datei. Löschen können Sie die neue Version der Datei noch immer, wenn Sie irgendwann später einmal aufräumen.

## Importieren

Ähnlich dem Öffnen von Dateien lassen sich mit dieser Funktion gezielt Dateien importieren, die in einen Flash-Film integriert werden können. In erster Linie betrifft dies Grafiken, die in anderen Programmen erstellt worden sind, wie zum Beispiel Bitmap-Grafiken.

Im Optionsmenü *Dateityp* lassen sich verschiedene Dateitypen herausfiltern, um die Suche nach bestimmten Dateien zu erleichtern. Alle aufgeführten Dateitypen dieser Liste sollten sich im Normalfall auch importieren lassen (siehe Abbildung 10.7).

Der Dateityp *Alle Formate* zeigt alle importierbaren Dateitypen im Auswahlfenster an und ignoriert nicht importierbare Dateien.

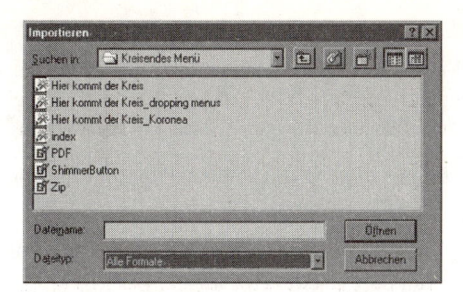

**Abbildung 10.7:** Importieren von Dateien

Wenn Sie trotzdem versuchen wollen einen nicht aufgeführten Dateityp zu importieren, wählen Sie die Option _Alle Dateien (*.*)_, um sich zunächst eine solche Datei anzeigen zu lassen und sie dann auswählen zu können. Bei solchen Dateien können Sie dann wählen, ob die zu importierende Datei über QuickTime importiert werden soll. In vielen Fällen können Sie so eine Datei trotz Kompatibilitätsproblemen importieren. Sie sind aber dennoch vor die Frage gestellt, ob Sie dies tatsächlich tun wollen.

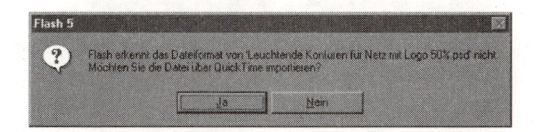

**Abbildung 10.8:** Wollen Sie über QuickTime importieren?

Wenn Sie zustimmen, wird in den meisten Fällen die zu importierende Datei auf der Bühne platziert.

Wenn Sie nicht über QuickTime importieren wollen, klicken Sie ganz einfach auf _Nein_ und der Importiervorgang wird damit abgebrochen und eine Fehlermeldung angezeigt.

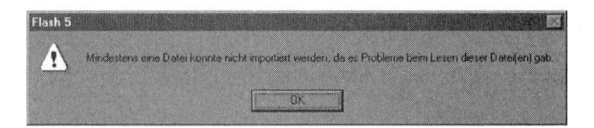

**Abbildung 10.9:** Es gab wohl ein Problem beim Importieren

Eine importierte Datei wird in der Mitte der Bühne platziert und kann von dort aus weiterbearbeitet werden.

# Film exportieren

Flash gibt Ihnen hier die Möglichkeit Ihren Flash-Film in den verschiedensten Formaten zu exportieren. In diesem Kapitel werden Sie nur von den wichtigsten erfahren, was es mit ihnen auf sich hat. Für genauere Informationen zu allen exportierbaren Filmformaten lesen Sie das Kapitel *Veröffentlichen* im *Teil III: Know-how für Fortgeschrittene*.

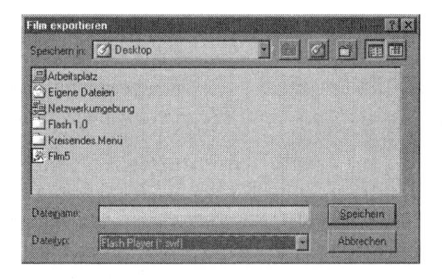

**Abbildung 10.10:** Filme exportieren

Sie können auf diese Weise zum Beispiel auch Flash-Player-Filme ohne HTML-Dateien exportieren. Beim Exportieren werden die Einstellungen für das jeweilige Format vor dem Export noch einmal kurz zur Prüfung angezeigt.

# Bild exportieren

Ebenso wie das Exportieren von Filmen wird auch der Export von einzelnen Bildern im Kapitel *Veröffentlichen* in *Teil III* dieses Buchs näher beschrieben.

**Abbildung 10.11:** Bild exportieren

# Einstellungen für Veröffentlichungen

Es gibt neun mögliche Formate, in denen Sie Ihre Flash-Filme veröffentlichen können. An dieser Stelle soll jedoch nur auf die zwei Formate *HTML* und *Flash Player* eingegangen werden. Erklärungen zu den anderen Formaten finden Sie unter *Veröffentlichen*.

Sobald Sie den Menüpunkt *Einstellungen für Veröffentlichungen* angewählt haben, erscheint der unten abgebildete Dialog. Sie können hier die verschiedenen Typen anwählen, in denen Sie veröffentlichen wollen, indem Sie sie ganz einfach mit einem Häkchen markieren. Für die meisten Formate erscheint ein eigenes Registerblatt, das Sie jeweils über den Reiter am oberen Rand des Dialogs aufrufen können.

Im Dialog *Formate* bietet sich Ihnen noch die Möglichkeit, für jeden Veröffentlichungstyp einen Namen zu wählen, der nicht dem Namen entspricht, unter dem Sie die Flash-Datei auf Ihrer Festplatte gespeichert haben. Dazu deaktivieren Sie ganz einfach die Option *Standardnamen verwenden*, die im Normalfall aktiviert sein sollte.

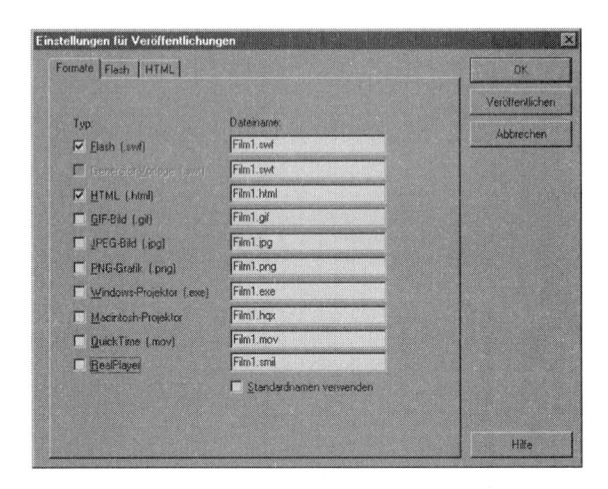

**Abbildung 10.12:** Auswahl der Formate, in denen veröffentlicht werden soll

Dies macht insofern Sinn, dass die Startseite, die Sie auf dem Server Ihres Providers ablegen, meist die Endung *index.html* oder *index.htm* tragen sollte, damit die Datei sofort aufgerufen wird, wenn ein Surfer Ihre Adresse eingibt. Es macht aber keinen Sinn alle Ihre Dateien, die Sie mit Flash erstellt haben, *index* zu nennen, da Sie schon nach kurzer Zeit den Überblick verlieren werden und eventuell sogar wichtige Daten mit anderen überschreiben. Wenn Sie diese Option also deaktiviert haben, können Sie weiterhin Ihre Flash-Datei zum Beispiel *Meine erste Seite* nennen, aber die HTML-Datei, die Sie veröffentlichen, um sie später auf Ihrem Server abzulegen, kann trotzdem den Namen *index.html* erhalten.

Auch in diesem Fall sollten Sie beachten, dass Flash alle Dateien, die mit dem Befehl *Veröffentlichen* erstellt werden, in dasselbe Verzeichnis legt, in dem auch Ihre Flash-Datei liegt. Dabei fragt Flash vorher nicht, ob Sie bereits vorhandene Dateien mit demselben Namen überschreiben wollen.

Sie können eine Veröffentlichung auch direkt aus dem Dialog *Einstellungen für Veröffentlichungen* heraus starten, indem Sie auf die Schaltfläche *Veröffentlichen* am rechten Rand klicken.

### Einstellungen für Veröffentlichungen im Flash-Player-Format

Wenn Sie in den Einstellungen für Veröffentlichungen auf den Reiter *Flash* klicken, zeigt sich die Registerkarte, auf der Sie alle relevanten Einstellungen für die erzeugte Flash-Player-Datei machen.

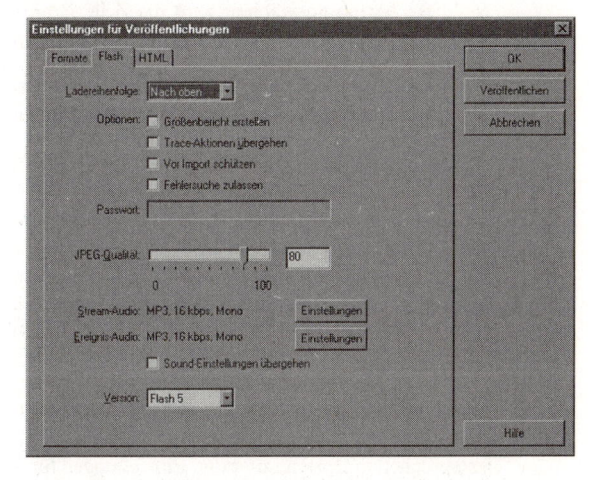

**Abbildung 10.13:** Einstellungen für die Veröffentlichung im Flash-Player-Format

Mit der *Ladereihenfolge* legen Sie fest, welche Ebene des ersten Bilds zuerst angezeigt wird. Diese Einstellung hat nur Auswirkungen auf das erste Bild eines Films. Alle anderen Bilder des Films werden erst angezeigt, wenn sie komplett geladen wurden. Nähere Informationen zu dieser Einstellung finden Sie im Kapitel *Veröffentlichen*.

Auf die Option *Größenbericht erstellen* wird in den Kapiteln *Veröffentlichen* und *Testen, testen, testen* näher eingegangen.

Die Option *Vor Import schützen* sorgt dafür, dass in Flash die Datei nicht von anderen geöffnet werden kann, um sie für eigene Veröffentlichungen zu kopieren. Dieser Schutz verhält sich aber außerdem so, dass Sie selbst keinerlei Vorschau im Flash-Player-Format erzeugen können. Aktivieren Sie diese Option also möglichst erst kurz vor der Veröffentlichung, damit Sie Ihre Filme ausgiebig testen können. Wenn Sie die Tests allerdings nur im HTML-Format durchführen, hat diese Option keinerlei Auswirkung auf die Möglichkeit der Vorschau und die Vorschau im Browser selbst. Sobald Sie diese Aktion auswählen, wird die Zeile *Passwort* anwählbar und Sie können ein Passwort zum Öffnen der Datei eingeben.

Die Option *Trace-Aktionen übergehen* sorgt dafür, dass der Befehl *Trace* in den ActionScript-Skripten übergangen wird.

Mit der *JPEG-Qualität* stellen Sie ein, wie die eingebundenen Grafiken komprimiert werden. Bei der Standardeinstellung von *80* ist die Komprimierung meist arm an Qualitätsverlusten. Je geringer der gewählte Wert jedoch ist, umso mehr Daten gehen verloren. Meist sind auch Einstellungen von 50 oder mehr noch relativ verlustfrei, aber alles, was unter 50 liegt, sollte man vor einer eventuellen Veröffentlichung gründlich testen, um hässliche Ecken und Farbflecken zu vermeiden.

Zu den Einstellungen für Sounds lesen Sie das Kapitel *Sounds*. Sie können die Sound-Einstellungen auch einfach übergehen, indem Sie die entsprechende Option unter den Einstellungen für Sounds aktivieren.

Zu guter Letzt legen Sie dann noch fest, in welchem Versions-Format Sie die Flash-Datei veröffentlichen wollen. Auf die Unterschiede der einzelnen Versionen geht das Kapitel *Veröffentlichen* genauer ein.

### Einstellungen für Veröffentlichungen im HTML-Format

Um Flash-Dateien auf einem Internet-Browser darstellen zu können, müssen sie in eine HTML-Seite eingefügt werden. Flash kann solche HTML-Dokumente automatisch erstellen, was Ihnen erspart, dass Sie sich auch noch mit der Sprache *HTML* herumschlagen müssen.

Die Grundeinstellungen von Flash produzieren ein HTML-Dokument, in dem die Flash-Player-Datei in der linken oberen Ecke platziert wird, ohne sie zu verzerren. Für Ihre ersten Versuche mit Flash im Internet wird dies durchaus genügen. Sie werden aber schon bald feststellen, dass Ihnen das nicht genug sein wird und dass Flash einige Ungereimtheiten mit der HTML-Datei anstellt.

Da die Möglichkeiten der Einstellung hier jedoch besonders komplex sind, lesen Sie eingehendere Informationen zum Veröffentlichen von HTML-Dateien im Kapitel *Veröffentlichen*.

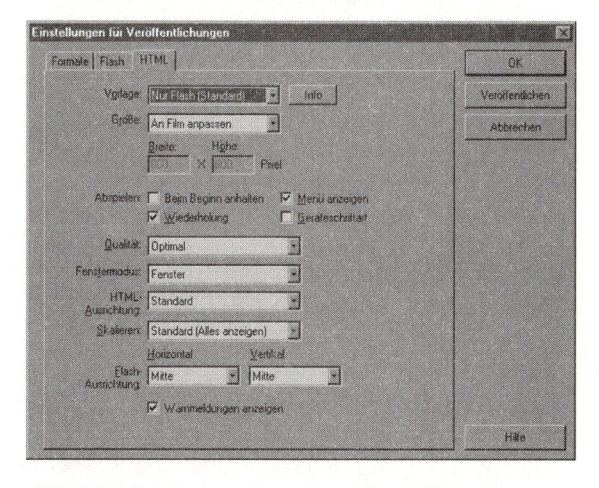

**Abbildung 10.14:** Einstellungen für die Veröffentlichung im HTML-Format

## Vorschau für Veröffentlichungen

Wenn man mit Flash ein Dokument erstellt, das der Öffentlichkeit zugänglich gemacht werden soll, ist es sinnvoll, es zu testen, bevor man es endgültig ins Internet stellt oder auf eine CD brennt. Auf diesem Weg schließen Sie aus, dass durch einen kleinen Fehler zum

Beispiel ein Film von 10 Minuten Länge nach wenigen Sekunden hängen bleibt, weil Sie im Laufe der Arbeit vergessen haben, eine *Stop*-Aktion zu löschen.

Zum Testen eines Films gibt es mit den Menüs *Steuerung / Film testen*, *Steuerung / Szene testen* und *Fenster / Ausgabe* weitere wichtige Tools zum Überprüfen Ihrer Datei. Zu diesen Menüs jedoch später im entsprechenden Kapitel mehr.

Wenn Sie mit dem Mauszeiger auf das Menü *Vorschau für Veröffentlichungen* gehen, öffnet sich ein Untermenü, in dem alle möglichen Vorschauformate aufgelistet sind. In diesem Untermenü sind nur die Formate auch tatsächlich ausführbar, die Sie in *Einstellungen für Veröffentlichungen* (ein Menü weiter oben) als Formate für Ihre Veröffentlichung festgelegt haben.

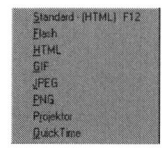

**Abbildung 10.15:** Eine Auswahl der verschiedenen Vorschaumöglichkeiten

Der erste Eintrag des Untermenüs legt das Format der Vorschau fest, die beim Drücken der Taste F12 gestartet wird. Bei Standardeinstellungen ist dies das HTML-Format. Drücken Sie hier die Taste F12, wird Ihr Standardbrowser geöffnet und eine Vorschau Ihres Films mit einem platzierten Flash-Player-Film gestartet.

Wenn Sie im Untermenü *Vorschau für Veröffentlichungen* nun drei Zeilen weiter nach unten gehen, werden Sie feststellen, dass sich hier erneut das Format *HTML* befindet und dass beim Auslösen dieses Menüs genau dasselbe wie bei der ersten Option geschieht. Die Menüpunkte haben beide dieselbe Funktion.

Der Unterschied liegt darin, dass Sie über die Taste [F12] nicht immer das HTML-Format erreichen. Bei der Tastenbelegung für [F12], den Test Ihres Films, handelt es sich um eine variable Tastenbelegung. Wenn Sie unter *Einstellungen für Veröffentlichungen* die Option HTML deaktivieren und danach erneut das Untermenü *Vorschau für Veröffentlichungen* öffnen, werden Sie feststellen, dass sich in der ersten sowie zweiten Zeile des Untermenüs nun das Flash-Format befindet. Wenn Sie jetzt die Taste [F12] betätigen, öffnet Flash eine Vorschau Ihres Films im Flash Player. So legen Sie ganz einfach fest, welches Vorschauformat Sie auf die Taste [F12] legen.

Praktisch ist dies deshalb, weil Sie so einfach und ohne dieses Menü während der Erstellung Ihres Films mit der Taste [F12] Ihren Film testen können.

Die Gewichtung innerhalb der Formate ist wie folgt festgelegt:

1. HTML
2. Projektor
3. Flash
4. GIF
5. JPEG
6. PNG
7. QuickTime

Wenn Sie also von oben nach unten alle Optionen ausschalten, erhalten Sie das Format auf der Taste [F12], das die höchste Platzierung der übrig gebliebenen Formate hat. Schalten Sie also das HTML-, Projektor- und Flash-Format in *Einstellungen für Veröffentlichungen* aus, ist folglich eine Vorschau des GIF-Formats über die Taste [F12] zu erreichen.

Das Projektor-Format, das Ihnen als Vorschau gezeigt wird, ist abhängig vom System, auf dem Sie Flash installiert haben. Arbeiten Sie auf einem Mac, wird Ihnen eine Vorschau im Mac-Projektor gezeigt, und bei Windows-Systemen im entsprechenden Windows-

Projektor. Es ist nicht möglich, eine Vorschau für den jeweils anderen Projektor zu erhalten, auch wenn man in diesem Format exportieren kann. Die Darstellung beider Projektoren ist jedoch nahezu identisch.

Wenn Sie bei *Einstellungen für Veröffentlichungen* für das Flash-Format die Option *Vor Import schützen* aktiviert haben, verhindert dies auch, dass Sie sich eine Vorschau in diesem Format anzeigen lassen können. Aktivieren Sie diese Option also erst vor der tatsächlichen Veröffentlichung, wenn Sie Ihren Film vorher ausgiebig testen wollen.

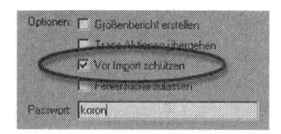

**Abbildung 10.16:** Diese Option verhindert auch die Vorschau im Flash-Player-Format

> **HINWEIS**
> Für das RealPlayer-Format können Sie keine Vorschau erstellen.

## Veröffentlichen

Wählen Sie dieses Menü oder die Tasten [⇧] + [F12], wenn Sie Ihre Datei veröffentlichen wollen. Alle Dateitypen, die Sie unter *Einstellungen für Veröffentlichungen* festgelegt haben, werden nun erzeugt. Das schließt auch die Ausgabereporte mit ein. Je mehr Dateitypen Sie gewählt haben und je länger Ihr Film ist, umso länger dauert der Veröffentlichungsvorgang.

**Abbildung 10.17:** Die zu veröffentlichenden Dateien werden erzeugt

Die Dateien werden alle in dem Ordner gespeichert, in dem Sie auch den Film zuletzt gespeichert haben. Gehen Sie also sicher, dass sich auf dem Datenträger genügend Platz befindet und er nicht schreibgeschützt ist.

Die Bezeichnung der Dateien entspricht dem Namen der Datei, aus der heraus Sie veröffentlichen, plus der Endung für die verschiedenen Dateitypen (*.swf*, *.html* usw.). Flash überschreibt mit diesem Vorgang alle Dateien im Zielordner, ohne noch einmal nachzufragen, ob er dies tatsächlich tun soll. Wenn Sie also eine ältere Version damit nicht löschen wollen, sollten Sie darauf achten, einen anderen Ordner zu wählen. Dies tun Sie, indem Sie zunächst Ihren Flash-Film in diesem Ordner speichern und danach veröffentlichen. Sie können natürlich auch erst alle alten Dateien aus dem Zielordner in einen anderen Ordner kopieren.

## Seite einrichten

Manchmal kann es sinnvoll sein, einen Film auszudrucken. So können Sie zum Beispiel ein Storyboard Ihres Films drucken, um dies Ihrem Kunden präsentieren zu können, wenn gerade kein Rechner zur Verfügung steht.

Im Grunde entsprechen die Einstellungen denen, die Sie in anderen Programmen auch vornehmen können, es gibt jedoch kleine Besonderheiten, die der Vielzahl an Bildern eines animierten Films Rechnung tragen.

In der linken oberen Ecke befindet sich eine Vorschau, die jedoch nur auf die Optionen *Ränder*, *Papier* und *Ausrichtung* reagiert. Leider gibt es keine Möglichkeit, mit der Sie die Ränder in einer anderen Maßeinheit als Zoll eingeben können. Ein Zoll entspricht 2,48 cm, also ca. 2,5 cm.

Gedruckt wird nur das, was auf der Bühne zu sehen ist. Inhalte des Arbeitsbereichs werden nicht mitgedruckt. Die Optionen *Zentriert*, *Horizontal* und *Vertikal* geben die Ausrichtung der Bühne auf dem Papier an.

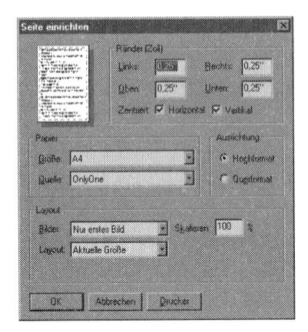

**Abbildung 10.18:** Die Einrichtung der Druckseiten

*Papier* und *Ausrichtung* erklären sich von selbst. Interessant ist jedoch die Option *Layout*. Sie haben hier die Möglichkeit, nur das jeweils erste Bild einer Szene zu drucken oder alle Bilder jeder Szene.

Haben Sie *Aktuelle Größe* gewählt, gibt es noch die Option, diese zu skalieren, sprich das gedruckte Bild zu verkleinern oder zu vergrößern. Hingegen wird bei der Option *An Seite anpassen* das Bild soweit vergrößert oder verkleinert, dass es auf das Papier passt.

Die Optionen *Storyboard – Felder,* – *Gitter* und – *Leer* unterscheiden sich nur geringfügig voneinander, haben aber folgende Gemeinsamkeiten. Alle drucken ein Storyboard abhängig von den Einstellungen, die unter *Bilder* gemacht wurden. Sinnvoll ist hier meist *Alle Bilder* zu wählen, um ein Fortschreiten in Ihrem Film auch sehen zu können. Bestehen die einzelnen Szenen Ihres Films jedoch nur aus einem Bild, das sich nur unwesentlich verändert, dann können Sie auch *Nur erstes Bild* wählen.

**Abbildung 10.19:** Layout-Einstellung für Felder

Ein Storyboard mit allen Bildern entspricht dann quasi einem Daumenkino, in dem jedes Bild Ihres animierten Films nacheinander gedruckt wird. Schneiden Sie das Ergebnis dieses Drucks dann noch aus, können Sie sich wirklich ein Daumenkino basteln. Dies könnte für eine Präsentation ohne Rechner vielleicht eine interessante Idee darstellen.

Die Option *Bilder pro Zeile* legt fest, wie viele Bilder innerhalb einer Zeile hintereinander gedruckt werden. Standardmäßig ist hier *3* eingegeben. Die Größe wird auf jeden Fall so weit reduziert, dass alle Bilder in die Zeile passen. Beeinflusst wird die Größe der Bilder auch von der Größe des Bildrands. Dieser *Bildrand* bietet sich für Notizen und Anmerkungen zu dem jeweiligen Bild an. Je größer der Rand, umso kleiner werden auch die Bilder.

Zusätzlich gibt es noch die Möglichkeit, jedem Bild eine *Bildbeschriftung* zu geben. Diese Beschriftung besteht dann aus dem Szenennamen und der Bildnummer und steht unter dem Bild auf der linken Seite.

Die Optionen *Felder, Gitter* und *Leer* unterscheiden sich lediglich in der Umrandung der einzelnen Bilder.

✓ *Felder*: Diese Option zieht einen Rahmen um das gedruckte Bild. Der Rahmen stellt gleichzeitig den Rand der Bühne dar. Die Bildunterschrift ist klar vom Rest unterscheidbar, da sie außerhalb des Rahmens steht.

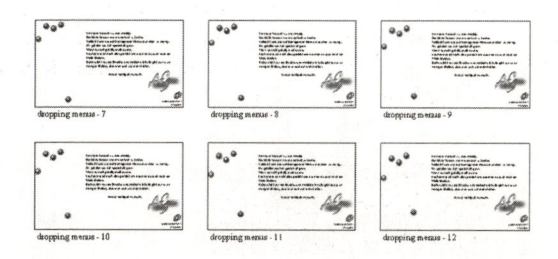

**Abbildung 10.20:** *Felder*: 3 Bilder pro Zeile – 1 cm Bildrahmen – Bildbeschriftung

✓ *Gitter*: Hier werden Gitterlinien in der Mitte zwischen den einzelnen Bildern des Storyboards gezogen. Die Bildunterschrift steht dann innerhalb eines entstandenen Rahmens zusammen mit dem Bild.

**Abbildung 10.21:** *Gitter*: 3 Bilder pro Zeile – 1 cm Bildrahmen – Bildbeschriftung

✓ *Leer*: Im Gegensatz zu den anderen beiden Möglichkeiten stehen die Bilder hier ohne Trennlinien neben- und untereinander auf dem Blatt. Bei kleinem Bildrand kann es zu Zuordnungsschwierigkeiten bei den Bildbeschriftungen kommen.

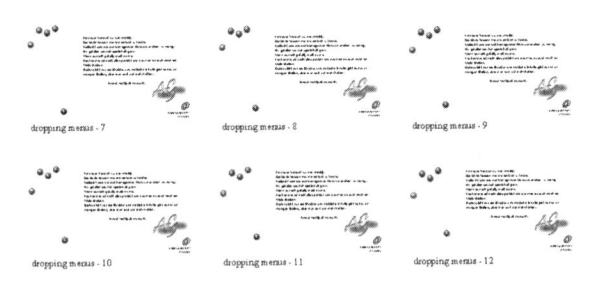

**Abbildung 10.22:** *Leer*: 3 Bilder pro Zeile – 1 cm Bildrahmen – Bildbeschriftung

Über die Schaltfläche *Drucker* unten rechts im Dialogfenster *Seite einrichten* können Sie den Drucker wählen, auf dem Ihr Dokument ausgedruckt werden soll.

## Druckvorschau

Mit diesem Menüpunkt oder der Schaltfläche in der Standardsymbolleiste erreichen Sie die Möglichkeit, sich einen Eindruck von dem zu machen, was Ihren Einstellungen nach auf dem Papier erscheinen wird, wenn Sie es drukken wollen. So lassen sich Fehler vermeiden und außerdem lässt sich Papier sparen. Wenn Ihnen etwas nicht gefällt, schließen Sie das Vorschaufenster mit der Schaltfläche *Schließen* und verändern Ihre Einstellungen unter *Datei / Seite einrichten*.

**Abbildung 10.23:** Steuerleiste in der Druckvorschau

Sie können allerdings auch direkt, nachdem Sie Ihre Vorschau in Augenschein genommen und für gut befunden haben, aus diesem Fenster heraus den Druckauftrag geben, indem Sie auf die Schaltfläche *Drucken* klicken.

Mit den Schaltflächen *Nächste* und *Vorherige* blättern Sie durch die Seiten der Vorschau.

*Zwei Seiten* zeigt Ihnen zwei Seiten Ihres Drucks nebeneinander.

Mit *Vergrößern* und *Verkleinern* können Sie in die Vorschau und aus ihr herauszoomen, um entweder einen genaueren Blick darauf werfen zu können oder bessere Übersicht zu erhalten. Dies lässt sich jedoch auch mit dem Mauszeiger bewerkstelligen, indem Sie mit ihm über eine Seite der Vorschau klicken. Die ersten beiden Klicks vergrößern die Ansicht jeweils um eine Stufe und der dritte Klick verkleinert das Bild wieder auf die ursprüngliche Größe.

Vorteil des Vergrößerns mit der Maus ist, dass die vergrößerte Ansicht automatisch um den Mausklick zentriert wird. Die Schaltflächen *Vergrößern* und *Verkleinern* bleiben dabei am oberen Rand der Vorschauseiten.

# Drucken

Wenn Sie den Befehl *Drucken* wählen, öffnet sich ein Dialogfenster, in dem Sie, wie in anderen Programmen auch, bestimmen können, auf welchem angeschlossenen *Drucker* welche Seiten gedruckt werden. Außerdem lässt sich hier einstellen, wie viele *Kopien* erstellt und ob diese Kopien *sortiert* gedruckt werden sollen. Sie erreichen diesen Dialog auch durch die Tastenkombination [Strg] + [P] ([⌘] + [P]).

Über *Eigenschaften* erreichen Sie einen weiteren Dialog, in dem Sie die Einstellungen und Eigenschaften des gewählten Druckers überprüfen können.

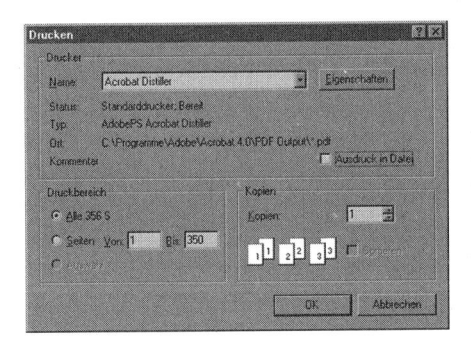

**Abbildung 10.24:** Der Dialog *Drucken*

# Senden an

Über die Funktion *Senden an* lassen sich Flash-Dateien (*.fla) per E-Mail versenden. Flash startet dazu Ihren Browser. Gehen Sie sicher, dass Sie sich online befinden, bevor Sie diesen Befehl ausführen, da es Ihnen sonst passieren kann, dass entweder Flash oder das ganze System abstürzt.

## Zuletzt bearbeitete Dateien

Direkt unter dem Menüeintrag *Senden an* finden Sie die vier zuletzt bearbeiteten und gespeicherten Dateien. Sie können so leicht und ohne großes Suchen an Ihre aktuellen Dateien herankommen. Außerdem bekommen Sie einen wenn auch unvollständigen Eindruck davon, wo sich diese Dateien befinden.

## Beenden

Zum *Beenden* von Macromedias Flash 5 können Sie entweder diesen Menüpunkt oder das *Schließen*-Symbol in der rechten oberen Ecke des Fensters verwenden. Gehen Sie sicher, dass Sie vorher alle Dateien gespeichert haben. Wenn dies nicht der Fall ist, wird man Sie einmal darauf hinweisen und Ihnen die Gelegenheit zum Speichern geben.

# Bearbeiten

Nahezu jedes Programm verfügt heute über dieses Menü und so darf es auch bei Flash nicht fehlen. Es setzt sich aus alt hergebrachten Befehlen wie dem *Kopieren* und *Einfügen* zusammen, kann aber auch mit einer Reihe von Bearbeitungsmethoden aufwarten, die Flash zu eigen sind.

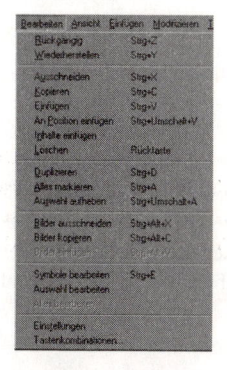

**Abbildung 10.25:** Das Menü *Bearbeiten* von Flash 5

# Rückgängig

Es ist in Flash möglich, nicht nur eine, sondern mehrere aufeinander folgende Aktionen rückgängig zu machen. Die Anzahl der Möglichkeiten legen Sie unter *Bearbeiten / Einstellungen* fest. Standardmäßig ist diese Anzahl auf *100* eingestellt. Für genauere Informationen zu den Einstellungsmöglichkeiten siehe weiter unten in diesem Kapitel unter *Bearbeiten / Einstellungen*.

Einfacher als über dieses Menü erreichen Sie den Befehl *Rückgängig* mit der Tastenkombination [Strg] + [Z] ([⌘] + [Z]).

# Wiederherstellen

*Wiederherstellen* ist das Gegenteil des Befehls *Rückgängig*. Die Anzahl der wiederherzustellenden Möglichkeiten ist durch die Anzahl der rückgängig gemachten Aktionen vorgegeben. Eine Aktion kann nur wiederhergestellt werden, wenn zwischen dem Rückgängigmachen und dem Wiederherstellen keine andere Aktion getätigt worden ist.

Es ist also zum Beispiel nicht möglich, das Zeichnen eines Kreises rückgängig zu machen, dann einen neuen zu zeichnen und danach den rückgängig gemachten Kreis wiederherzustellen.

Es können auch mehrere Aktionen wiederhergestellt werden, wenn man diese Regel beachtet.

Mit der Tastenkombination [Strg] + [Y] ([⌘] + [Y]) sollten Sie diesen Befehl leichter erreichen können als über das Menü.

# Ausschneiden

Mit dem Befehl *Ausschneiden* schneiden Sie markierte Objekte oder Text aus dem Dokument heraus und laden es in den Zwischenspeicher. Der Zwischenspeicher kann jedoch nur ein solches ausgeschnittenes Objekt oder Text im Speicher behalten. Das Objekt bleibt jedoch so lange im Zwischenspeicher, bis Sie entweder den Rechner ausschalten oder ein neues Objekt in den Zwischenspeicher laden.

Leider funktioniert dies nicht mit Elementen der Zeitleiste.

Man kann diesen Befehl auch über die Tasten [Strg] + [X] ([⌘] + [X]) auslösen.

## Kopieren

Dieser Befehl ist in seiner Funktionsweise ähnlich dem Ausschneiden. Der Unterschied besteht darin, dass das *Kopieren* lediglich eine Kopie des markierten Bereichs in den Zwischenspeicher lädt. Das Kopieren löscht alle Daten, die vorher im Zwischenspeicher gelegen haben, auch die des Befehls *Ausschneiden*, wie auch umgekehrt.

Auch dieser Befehl funktioniert nicht mit Elementen der Zeitleiste.

Einfacher und schneller geht es mit [Strg] + [C] ([⌘] + [C]).

## Einfügen

Über den Befehl *Einfügen* transportieren Sie Daten aus der Zwischenablage, die über die Befehle *Ausschneiden* oder *Kopieren* dort hingelangt sind, in das Dokument. Es spielt keine Rolle, aus welchem anderen Dokument die Daten stammen, die man aus dem Zwischenspeicher in das Flash-Dokument einfügt, sofern Flash die entsprechenden Daten verarbeiten kann. So kann man zum Beispiel Grafiken aus Photoshop über *Kopieren* in den Zwischenspeicher laden und sie in Flash wieder einfügen. Ebenso kann man dies mit Text aus einem Textverarbeitungsprogramm tun.

Grundsätzlich muss man dabei drei verschiedene Arten von Daten unterscheiden, die sich im Zwischenspeicher befinden können. Zum einen haben wir da Grafiken oder Teile davon, wobei beide gleich behandelt werden, zum anderen haben wir noch Text und Textblöcke. Textblöcke sind aktivierte Textrahmen aus Flash, die mitsamt dem gesamten, enthaltenen Text kopiert werden können. Reiner Text kann komplett oder auch nur ausschnittsweise in den Zwischenspeicher kopiert werden und nur dort wieder einfügt werden, wo auch ein Textcursor aktiv ist, sprich innerhalb eines Textrahmens. Es spielt dabei jedoch keine Rolle, woher der Ursprungstext stammt.

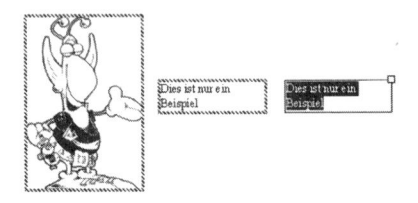

**Abbildung 10.26:** Alle drei wurden eingefügt

Beim Einfügen ist zu beachten, dass man das richtige Werkzeug aktiviert hat. Es lässt sich kein reiner Text aus der Zwischenablage einfügen, wenn kein Textblock aktiviert ist.

Textblöcke werden wie Grafiken behandelt und lassen sich deshalb nicht bei aktiviertem Textblock einfügen. Ist nichts aktiviert, lassen sich jedoch Grafiken und Textblöcke einfügen.

Grafiken und Textblöcke werden in der Mitte der Bühne eingefügt. Texte werden an der Position des Cursors eingefügt.

Für diejenigen, bei denen es schneller und bequemer gehen soll, sind die Tasten [Strg] + [V] ([⌘] + [V]) entstanden.

# An Position einfügen

Kopierte Textblöcke oder Grafiken kann man mit diesem Befehl genau an der Position wieder einsetzen, von der aus sie kopiert wurden. Dies erspart oft unnötige Positionierungsarbeit. So lässt sich zum Beispiel ein Textblock aus einer Szene in eine andere kopieren, ohne dass sich die Position des Textblocks verändert.

Über die Tastenkombination [Strg] + [⇧] + [V] ([⌘] + [⇧] + [Z]) erreichen Sie denselben Effekt.

# Inhalte einfügen

> **HINWEIS**
>
> Dieser Menü-Befehl ist nur unter Windows verfügbar.

Eine nicht zu unterschätzende Möglichkeit stellt der Befehl *Inhalte einfügen* dar. Im Grunde ist er dem Befehl *Einfügen* sehr ähnlich, mit dem Unterschied, dass sich das eingefügte Element »merkt«, aus welchem Programm es eigentlich stammt. Es kann weiterhin im Ursprungsprogramm bearbeitet werden, ohne dass man Flash verlassen muss. Ein einfacher Doppelklick auf das entsprechende Element öffnet das Ursprungsprogramm oder auch nur einen Teil des Programms, der für die Bearbeitung notwendig ist.

Die genaue Funktionsweise ist meist vom Ursprungsprogramm abhängig. Bei Photoshop-Dokumenten empfiehlt es sich, diese Option nicht zu nutzen, da die Grafik beim Exportieren unter Umständen nicht mit exportiert wird und man anstelle der Grafik nur einen Platzhalter erhält.

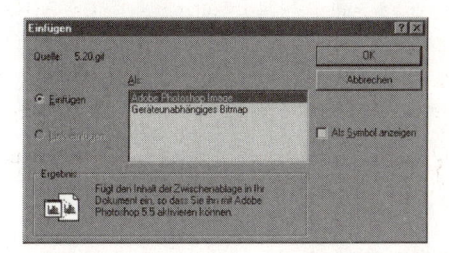

**Abbildung 10.27:** Einfügen eines Bilds, das in Photoshop in die Zwischenablage kopiert wurde

Eine echte Arbeitserleichterung mit hervorragenden Ergebnissen ist das Einfügen von Texten aus einer Word-Datei. Man behält den Komfort der Textverarbeitung von Word und kann in Flash weiterarbeiten ohne das Programm zu wechseln. Der Textblock sieht aus wie ein normaler Flash-Textblock, entpuppt sich bei einem Doppelklick jedoch als ein Word-Textblock.

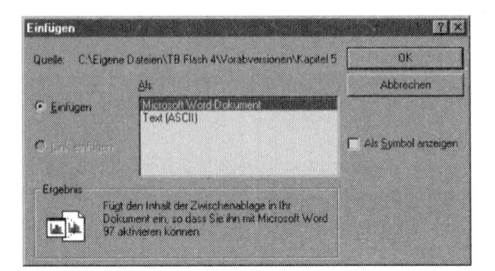

**Abbildung 10.28:** Einfügen eines Textes aus Word

Symbolleisten wandeln sich in die von Word um, aber gleichzeitig hat man zum Beispiel die Flash-Bibliotheken zur Verfügung. Mit einem Klick neben den Textblock ist man wieder zu hundert Prozent in Flash und kann dort weiterarbeiten.

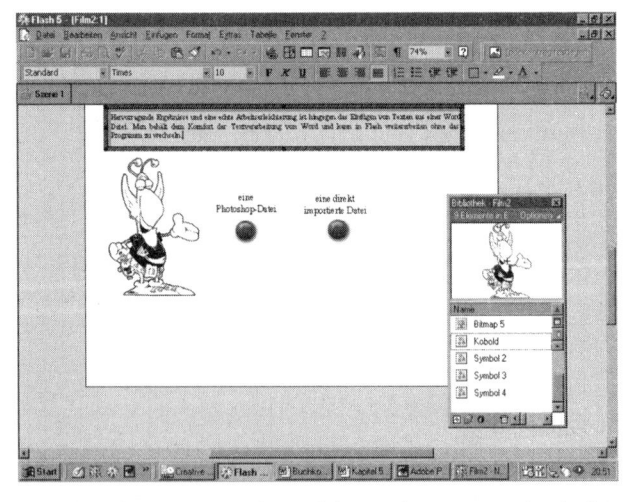

**Abbildung 10.29:** Man achte auf die Kombination von Symbolleisten und Flash-Fenstern

Wenn Sie diesen Befehl nutzen wollen, probieren Sie vorher aus, ob das Ergebnis einem kleinen Test standhält. In diesem Beispiel hat Word den Test bestanden, Photoshop jedoch ist klar durchgefallen, wie die Veröffentlichung im Bild unten zeigt.

**Abbildung 10.30:** Eine exportierte Flash-Datei mit eingefügten Inhalten aus Word (oben) und Photoshop unten (Mitte)

Die Option *Als Symbol anzeigen* ist generell nicht zu empfehlen, da sich die so eingefügten Dateien nur schwerlich vernünftig positionieren lassen und es außerdem zum selben Problem wie mit den Photoshop-Bildern kommen kann.

## Löschen

Mit diesem Befehl löschen Sie markierte Objekte. Das funktioniert mit Texten, Textblöcken und Grafiken. Auf Elemente der Zeitleiste hat dieser Befehl jedoch keinen Einfluss. Wenn es mal wieder schnell gegen soll, einfach die Taste Entf (⌫) drücken.

## Duplizieren

Wenn Sie etwas verdoppeln wollen, sind Sie mit diesem Befehl gut bedient. Alle markierten Textblöcke und Grafiken werden eins zu eins dupliziert und 10 Pixel weiter unten und gleichzeitig 10 Pixel weiter rechts platziert. Das Duplikat ist nach diesem Vorgang aktiviert und das Original bleibt unmarkiert zurück. Dies hat den Sinn, dass Duplikat und Original nicht sofort verschmelzen und so einander zerschneiden.

Für die Profis gibt es hier noch die Tastenkombination [Strg] + [D] ([⌘] + [D]).

## Alles markieren

Mit diesem Befehl, und alternativ den Tasten [Strg] + [A] ([⌘] + [A]), werden alle Objekte markiert, die sich im Rahmen des aktuellen Zeitabschnitts der Zeitleiste befinden. Das schließt auch die Objekte auf dem Arbeitsbereich außerhalb der Bühne mit ein.

Dieser Befehl wirkt ebenenübergreifend, was bedeutet, dass er auch die Objekte markiert, die sich auf anderen Ebenen befinden. Befindet man sich zum Beispiel auf Bild Nummer 1 der Zeitleiste, werden mit *Alles markieren* alle Bilder aller Ebenen markiert, die sich auf Bild Nummer 1 der Zeitleiste befinden.

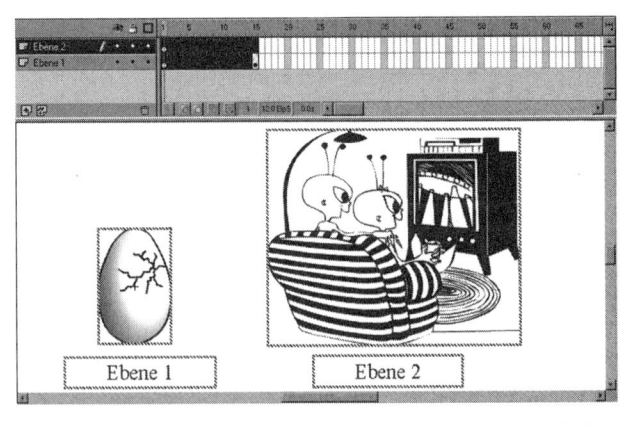

**Abbildung 10.31:** Mit *Alles markieren* wurden hier alle Textblöcke und Grafiken beider Ebenen markiert

Einen ähnlichen Effekt erhält man, wenn man ein Schlüsselbild per Mausklick aktiviert. Der Unterschied besteht darin, dass bei einem aktivierten Schlüsselbild lediglich alle Objekte auf der Ebene des aktivierten Schlüsselbilds aktiviert werden.

Dieser Befehl funktioniert auch innerhalb von Texten, mit dem Unterschied, dass dann nur der gesamte Text des aktiven Textblocks markiert wird. Andere Objekte und Ebenen bleiben dann von diesem Befehl unangetastet.

# Auswahl aufheben

Wenn Sie eine Markierung oder Auswahl wieder aufheben wollen, reicht es für gewöhnlich, neben das markierte Objekt auf eine freie Fläche zu klicken. Es kann aber durchaus vorkommen, dass Sie nicht auf Anhieb eine freie Fläche zur Verfügung haben oder es einfach zu umständlich wäre, nach einer solchen zu suchen. Für genau diesen Fall gibt es den Befehl *Auswahl aufheben*, der sich auch durch die Tastenkombination [Strg] + [⇧] + [A] ([⌘] + [⇧] + [A]) auslösen lässt.

Befinden Sie sich innerhalb eines Textblocks in einem Text und benutzen diesen Befehl, wird nicht nur die eventuelle Markierung des Textes aufgehoben, sondern auch die Aktivierung des Textblocks. Sie müssen dann erneut mit dem Text-Werkzeug in den Textblock klicken, um weiterschreiben zu können.

# Bilder kopieren

Mit diesem Befehl kopieren Sie alle Objekte einer Ebene an einem Punkt auf der Zeitleiste auf einmal in den Zwischenspeicher. Dazu müssen Sie zunächst einmal festlegen, von welcher Ebene aus und zu welchem Zeitpunkt Sie die Kopie erstellen wollen. Das tun Sie entweder, indem Sie auf ein Schlüsselbild in der Zeitleiste klicken und somit Ebene und Zeitpunkt festlegen, oder indem Sie eines der sichtbaren Objekte aktivieren, indem Sie es anklicken.

Mit der Tastenkombination [Strg] + [Alt] + [C] ([⌘] + [Alt] + [C]) oder dem Menübefehl kopieren Sie dann alle Daten der Objekte in den

Zwischenspeicher. Dabei spielt es keine Rolle, um welche Art von Objekten es sich handelt, es können sowohl Textblöcke als auch Grafiken sein, die in beliebiger Kombination miteinander auf der einen Ebene liegen. Flash merkt sich dabei sowohl Inhalte der Textblöcke als auch die Position der Objekte.

> **HINWEIS**
>
> Außerdem werden diese Daten in einem anderen Bereich des Zwischenspeichers abgelegt als die Daten, die Sie über *Ausschneiden* oder *Kopieren* in den Zwischenspeicher geladen haben. Die Daten bleiben so lange im Zwischenspeicher, bis Sie erneut den Befehl *Bilder kopieren* ausführen. Die neuen Daten überschreiben dann die alten im Zwischenspeicher.

## Bilder einfügen

Dieser Befehl ist das Gegenstück zum Befehl *Bilder kopieren*. Sie fügen damit alle Bilder, die Sie per *Bilder kopieren* in den Zwischenspeicher geladen haben, in eine Datei ein. Sie müssen jedoch, bevor Sie diesen Befehl ausführen können, Ebene und Zeitpunkt bestimmen, in die die Daten eingefügt werden sollen. Dies erreichen Sie entweder, indem Sie einfach auf ein Schlüsselbild der Zeitleiste klicken oder ein Bild oder einen Textblock aktivieren, in dessen Ebene die Bilder eingefügt werden sollen.

Die Positionen aller eingefügten Bilder entsprechen genau denen des Originals auf der Bühne. Damit lassen sich auch Bilder ganzer Ebenen von Datei zu Datei transferieren.

Den Befehl erreichen Sie entweder über das Menü oder die Tastenkombination [Strg] + [Alt] + [V] ([⌘] + [Alt] + [V]).

## Bilder ausschneiden

Mit diesem Befehl erreichen Sie dasselbe wie über *Bilder kopieren*, mit dem Unterschied, dass Sie die markierten Bilder an entsprechender Stelle in der Zeitleiste löschen. Löschen Sie den Inhalt der Zwischenablage, so gehen die Inhalte verloren.

Über die Tastenkombination [Strg] + [Alt] + [X] ([⌘] + [Alt] + [X]) können Sie einen unter Umständen fatalen Schritt kurz und schmerzvoll realisieren.

## Symbole bearbeiten

Mit diesem Befehl wechseln Sie in den Symbolbearbeitungsmodus. Sobald Sie diesen Befehl ausgeführt haben, ändert sich der Menüpunkt in *Film bearbeiten*. Ein erneutes Aufrufen dieses Menübefehls über das Menü oder die Tasten [Strg] + [E] ([⌘] + [E]) führt dazu, dass Sie wieder zurück in den Film kommen und diesen dort weiter bearbeiten können. Zurück in den Film kommen Sie auch über die Reiter oberhalb der Zeitleiste.

**Abbildung 10.32:** Über *Szene 1* zurück in den Film

Als Symbole gelten Grafiken, die in Symbole umgewandelt wurden, sowie Schaltflächen und Filmsequenzen.

Mehr dazu im Kapitel *Bibliotheken, Symbole und Instanzen*.

## Auswahl bearbeiten

Der Befehl *Auswahl bearbeiten* hat mehrere Auswirkungen. Zunächst einmal lässt sich dieser Befehl nur ausführen, wenn nur ein Objekt ausgewählt ist.

Bei einem ausgewählten Textblock bewirkt er, dass man sich in den Textblock hinein begibt und die enthaltenen Texte bearbeiten kann. Der Cursor wird dabei ans Ende des Textes gesetzt.

Haben Sie ein Symbol markiert, wechselt Flash in den Symbolbearbeitungsmodus, genau wie mit dem Befehl *Symbol bearbeiten*.

Aktivierte Gruppen reagieren auf diesen Befehl mit dem Gruppenbearbeitungsmodus.

*Auswahl bearbeiten* funktioniert auch nicht bei Elementen, die keine Textblöcke oder Symbole sind, sodass sich der Nutzen dieses Befehls, der außerdem nur über dieses Menü erreichbar ist, denkbar klein hält.

# Alles bearbeiten

Über *Alles bearbeiten* wechseln Sie aus dem Gruppenbearbeitungsmodus einer Gruppe wieder in den normalen Bearbeitungsmodus zurück. Sie erreichen denselben Effekt aber auch, indem Sie einfach doppelt auf eine freie Fläche klicken. Freie Fläche bedeutet, dass sich auf dieser Fläche kein Element der Gruppierung befinden darf.

# Einstellungen

In *Einstellungen* legen Sie einige grundsätzliche Arbeitsweisen von Flash fest.

### Allgemein

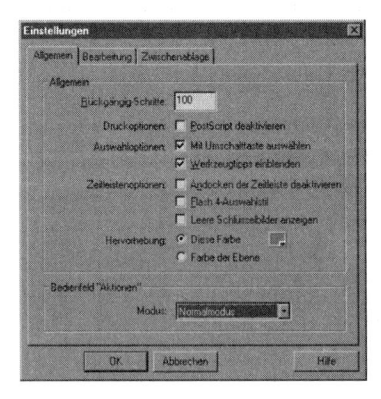

**Abbildung 10.33:** Allgemeine Einstellungen von Flash

Mit *Rückgängig-Schritte* legen Sie fest, wie viele Arbeitsschritte Flash rückgängig machen kann. Hohe Werte wirken sich dabei negativ auf die Rechenleistungen Ihres Rechners aus, da die Schritte, die Flash rückgängig machen kann, im Zwischenspeicher abgelegt werden. Je mehr Informationen sich dieser Zwischenspeicher merken muss, umso langsamer wird Ihr System. Wenn Sie über einen nicht allzu schnellen Rechner verfügen oder Sie das Gefühl haben, Flash würde zu langsam arbeiten, reduzieren Sie die Anzahl der möglichen Rückschritte.

Unter den *Druckoptionen* lässt sich der PostScript-Druck ein- und auch wieder ausschalten.

Ist die Option *Auswahloptionen / Mit Umschalttaste auswählen* eingeschaltet, können Sie, bei gedrückter ⇧-Taste, einer Auswahl zusätzliche Elemente hinzufügen. Bei ausgeschalteter Auswahloption funktioniert dies nicht und eine erneute Auswahl hebt die vorherige auf.

*Werkzeugtipps einblenden* zeigt Ihnen neben den Tastaturkürzeln auch die Bezeichnung des entsprechenden Werkzeugs an.

Die Zeitleiste von Flash ist in den Grundeinstellungen nach der Installation an die Standardsymbolleiste angedockt. Sie können sie zwar bewegen, indem Sie sie mit gedrückter Maustaste wegziehen, die Zeitleiste wird aber immer wieder an die Standardsymbolleiste andocken, sobald sie in ihre Nähe kommt. Mit der Einstellung *Zeitleistenoptionen* können Sie dieses Andocken unterdrücken. Die Zeitleiste reagiert bei deaktiviertem Andocken wie ein normales Fenster und lässt sich auch über die Standardsymbolleiste hinweg verschieben.

Wollen Sie mit der Zeitleiste und ihren Bildern lieber arbeiten wie in Flash 4, aktivieren Sie die entsprechende Option. Sie können aber auch nur anstelle der weißen Felder das leere Schlüsselbild durch einen unausgefüllten Kreis markieren lassen (*Leere Schlüsselbilder anzeigen*).

Über die Farbe der *Hervorhebung* legen Sie fest, in welcher Farbe der Rahmen angezeigt wird, wenn Sie eine Gruppe, einen Text oder ein Symbol auf der Bühne ausgewählt haben. Entweder legen Sie eine Farbe fest oder Sie lassen die Auswahl in der Farbe der Ebene anzeigen. Standardmäßig wird eine solche Auswahl mit einem blauen Rahmen versehen.

**Bearbeitung**

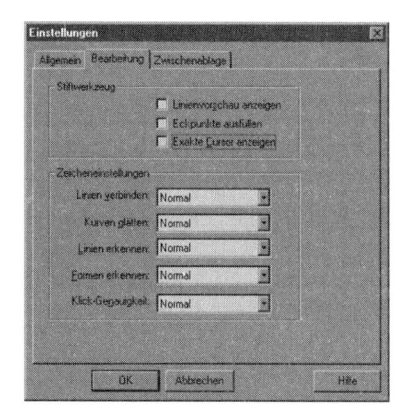

**Abbildung 10.34:** Das Register *Bearbeitung* in den Einstellungen von Flash

Neben den Vorgaben im Register *Allgemein* lassen sich unter *Bearbeitung* noch weitere Einstellungen machen, die das Arbeiten mit verschiedenen Werkzeugen genauer definieren. Standardmäßig sind alle Optionen auf *Normal* eingestellt. Da aber jeder Mensch seine Vorlieben im Umgang mit den Werkzeugen hat, bietet Macromedia Ihnen hier die Möglichkeit, Flash Ihren Vorlieben anzupassen.

**Linienvorschau anzeigen**

Mit dieser Option können Sie sich eine Linie bereits im Zeichenvorgang anzeigen lassen, so wie sie später aussehen wird. Ist diese Option deaktiviert, wird Ihnen während des Zeichenvorgangs nur eine dünne Linie zwischen Start und Zielpunkt angezeigt.

### Eckpunkte ausfüllen

Haben Sie einen Eckpunkt eines Pfads mit dem Unterauswahl-Werkzeug ausgewählt, wird Ihnen dies dadurch angezeigt, dass der entsprechende Punkt ausgefüllt angezeigt wird. An dieser Stelle können Sie dies aktivieren, aber auch wieder deaktivieren.

### Exakte Cursor anzeigen

Mit dieser Option verwandeln Sie den Mauszeiger in ein kleiner Fadenkreuz, was eine genauere Arbeit beim Zeichnen zulässt.

### Linien verbinden

Das Freihand-Werkzeug sucht je nach Einstellung dieser Option in der Umgebung des Start- oder Zielpunkts nach Konturen, mit denen es sich verbindet. Auf diese Weise lassen sich zum Beispiel leichter geschlossene Objekte erstellen.

Sie können hier diese Option entweder ganz aus oder in den Stufen *Nah*, *Normal* oder *Enfernt* in ihrer Empfindlichkeit einstellen.

### Kurven glätten

Über diese Option stellen Sie ein, wie empfindlich oder fein die *Glätten*-Option des Freihand-Werkzeugs funktioniert.

### Linien erkennen

Über diese Option stellen Sie ein, wie empfindlich oder fein die *Begradigen*-Option des Freihand-Werkzeugs funktioniert.

### Formen erkennen

Die Formerkennung von Flash kann sich besonders für die Nutzer von Grafiktablos bezahlt machen oder auch besonders zum Verhängnis für eine Zeichnung werden, da sie versucht das Gezeichnete zu interpretieren. So kann aus einem gezeichneten, annähernd quadratischen Gegenstand sehr schnell ein schnödes Quadrat werden, das man dort nicht haben will, oder umgekehrt ein eilig gezeichneter Kreis so formvollendet werden, wie man ihn eigentlich braucht.

Für die Nutzer einer Maus ist es relativ egal, wie empfindlich Sie diese Option gestellt haben, da die gezeichneten Formen oft zu unförmigen Objekten werden. Die Option *Ungefähr* führt aber auch bei Mäusen zu akzeptablen Ergebnissen, wenn man sich an die Funktionsweise gewöhnt hat.

Je empfindlicher Sie diese Option stellen, umso eher erkennt Flash eine geometrische Form und wandelt das Gezeichnete in eine solche um. Sie können natürlich auch diese Option ausschalten.

**Klick-Genauigkeit**

Mit dieser Option legen Sie fest, wie genau Sie den Mauszeiger führen müssen, um die verschiedenen Funktionen von Flash zur Anwendung zu bringen. Arbeitet Ihre Maus ein wenig ungenau, empfiehlt es sich, die Option auf *Ungefähr* zu stellen. Die *Normal*-Option sollte aber für jeden ausreichend sein. Über *Genau* wird das Arbeiten in manchen Funktionen zu einer reinen Glückssache.

### Zwischenablage

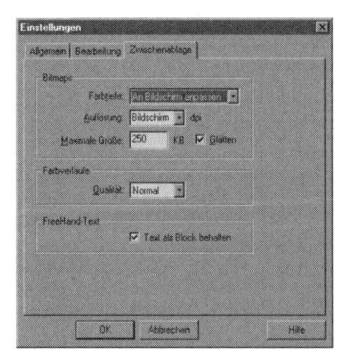

**Abbildung 10.35**: Zwischenablage beeinflussen

Im letzten Register *Zwischenablage* können Sie die Darstellung von Bitmaps und die Verwendung von Farbverläufen genauer einstellen.

# Tastenkombinationen

Gefallen Ihnen die *Tastenkombinationen*, die Ihnen Flash 5 vorgibt, nicht, können Sie sie hier abändern.

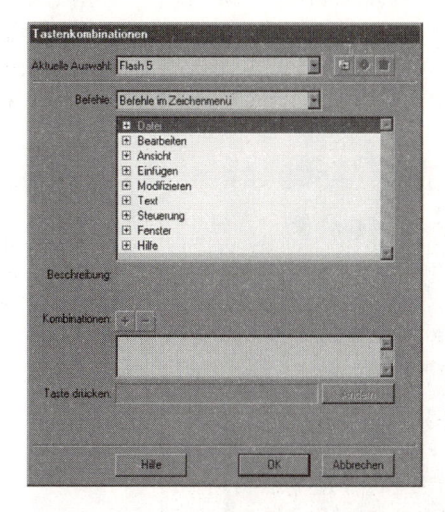

**Abbildung 10.36:** Der Dialog zum Verändern von Tastenkombinationen

Ganz oben im Dialog lassen sich verschiedene Tastenkombinationssätze von anderen Programmen einstellen. Im unteren Bereich können Sie neue Definitionen vornehmen oder bestehende Tastenkombinationen abändern.

Dieser Dialog eignet sich allerdings auch hervorragend dazu, Tastenkombinationen ausfindig zu machen.

# Ansicht

Flash verfügt über verschiedene Möglichkeiten, wenn es darum geht, Ihr Dokument und die enthaltenen Texte und Bilder anzuzeigen. Zum einen dienen diese Ansichten der Übersichtlichkeit, zum anderen erleichtern einige Ansichten das Positionieren von Elementen in Flash, es gibt aber auch Ansichten, die speziell für leistungsschwächere Rechner konzipiert wurden.

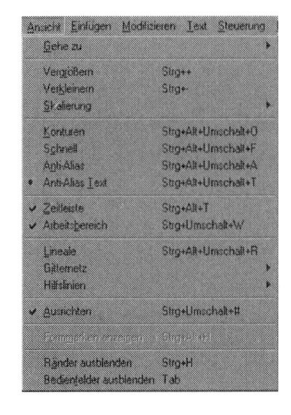

**Abbildung 10.37:** Das Menü *Ansicht*

## Gehe zu

Mit dieser Funktion ist es möglich, zwischen den verschiedenen Szenen Ihres Films hin und her zu springen. Sobald Sie mit dem Mauszeiger auf dieses Menü gehen, öffnet sich ein Untermenü, das die verschiedenen Sprungmöglichkeiten zeigt. Dieses Untermenü enthält im unteren Teil eine Auflistung der ersten 34 Szenen des Films. Sobald Sie die Maustaste über der gewünschten Szene loslassen, springt die Darstellung von Flash auf die Bühne der entsprechenden Szene. Dabei wird das erste Bild der Zeitleiste angezeigt.

Sie können diese Funktion aber auch über die Szene-Palette auslösen, indem Sie diese einblenden und auf die gewünschte Szene in der Auflistung klicken.

Mit der Taste [Pos1] springen Sie in die erste Szene Ihres Films. Das Drücken der Taste [Ende] hat zur Folge, dass Sie in der letzten Szene des Films landen. Mit der [Bild↑]-Taste gelangen Sie eine Szene weiter nach vorn und mit der [Bild↓]-Taste eine Szene weiter nach hinten.

Die Reihenfolge Ihrer Szenen können Sie sich zum einen im unteren Teil des Menüs und zum anderen in der Szene-Palette ansehen. Verändern lässt sich diese Reihenfolge nur in der Szene-Palette.

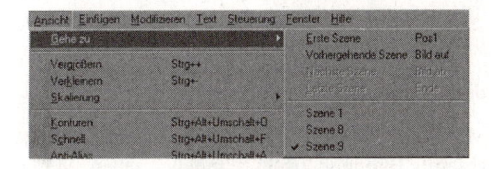

**Abbildung 10.38:** Springen zwischen Szenen mit *Gehe zu*

# Vergrößern und Verkleinern

Über diese beiden Optionen vergrößern und verkleinern Sie die Darstellung Ihres Films.

Beim *Vergrößern* wird die Größe verdoppelt und beim *Verkleinern* wird die Größe halbiert.

# Skalierung

Wollen Sie Ihren Film in der Entwicklungsumgebung in einer bestimmten Größe darstellen lassen, stehen Ihnen an dieser Stelle einige feste Größen zur Auswahl.

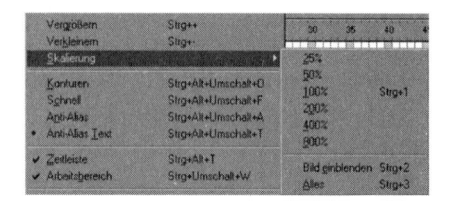

**Abbildung 10.39:** Das Untermenü *Skalierung*

**100 %**

Sie erreichen diese Vergrößerungsstufe auch, indem Sie die Tasten Strg + 1 betätigen oder die Vergrößerungsstufe aus der Optionsschaltfläche in der Standardsymbolleiste eingeben oder auswählen.

**Bild einblenden**

Mit diesem Befehl stellen Sie die Vergrößerung so ein, dass Sie die gesamte Bühne so groß wie möglich sehen. Man hätte diesen Befehl also auch »Bühne einblenden« nennen können. Elemente, die außerhalb der Bühne platziert worden sind, werden von diesem Befehl nicht beachtet.

Sie können alternativ auch die Tasten Strg + 2 (⌘ + 2) und die Größeneinstellung (siehe vorherige Abbildung) in der Standardsymbolleiste verwenden, um diesen Befehl auszulösen.

**Alles**

Wenn Sie einmal ein wenig den Gesamtüberblick darüber verloren haben, was Sie denn nun alles auf dem Arbeitsbereich noch platziert haben, ohne es eigentlich zu brauchen, dann eignet sich dieser Befehl. Er blendet alles ein, was in der jeweiligen Szene auf allen Ebenen zum gewählten Zeitpunkt auf und um die Bühne herum platziert wurde, und passt die Vergrößerung entsprechend an.

Sollten Sie keine Lust haben diesen Befehl aus dem Menü oder der Größeneinstellung auf der Standardsymbolleiste herauszusuchen, drücken Sie einfach die Tasten Strg + 3 (⌘ + 3) gleichzeitig.

> **HINWEIS**
> 
> In der Mac-Version befindet sich die Skalierung in der Werkzeuge-Palette und in der PC-Version in der linken unteren Ecke.

**Abbildung 10.40:** Auswahl verschiedener Vergrößerungsstufen der PC-Version

# Konturen

Bei großen Filmen kann es schon mal vorkommen, dass die Leistung Ihres Rechners unter den Datenmassen zu leiden beginnt. Dann ist *Konturen* eine Methode, wie man ihm Erleichterung verschaffen kann. Die Objekte Ihres Films werden in diesem Modus mit ihren Konturen angezeigt.

Text wird weiterhin als Text angezeigt. Über *Inhalte einfügen* oder *Objekt einfügen* eingefügte Texte, wie in dem Beispiel unten, werden allerdings nur als Rahmen gezeigt, in dem sich der Text befindet. Ein einfacher Doppelklick genügt und man sieht ihn so lang wieder, bis man neben den Textblock klickt.

Mit dem Linien-Werkzeug erzeugte Linien werden nur als Linie mit Anfangs- und Endpunkt gezeigt und die Linienstärke wird ignoriert. Genauso verhält es sich mit den Rahmen von Quadraten oder Kreisen, die Linienstärke der Rahmen wird ignoriert.

Pinselstriche werden umrandet gezeigt, genau wie importierte Grafiken.

Man sollte diesen Modus mit Vorsicht genießen und ab und an zurück in den normalen Modus schalten, indem man einen der anderen Darstellungsmodi – *Schnell*, *Anti-Alias* oder *Anti-Alias Text* – wählt. Warum ist dieser Darstellungsmodus mit Vorsicht zu genießen, werden Sie zu Recht fragen. In der Abbildung unten sehen Sie auf der rechten Seite ein Linie, die mit dem Linien-Werkzeug erstellt wurde. Diese Linie wird in allen anderen Ansichtsmodi vollständig dargestellt und im Konturenmodus nur als dünne Linie. Dies trifft auf alle Linien zu, die sie in Ihrem Film untergebracht haben.

In den Konturmodus gelangt man auch mit der Tastenkombination [Strg] + [Alt] + [⇧] + [O] ([⌘] + [Alt] + [⇧] + [O]).

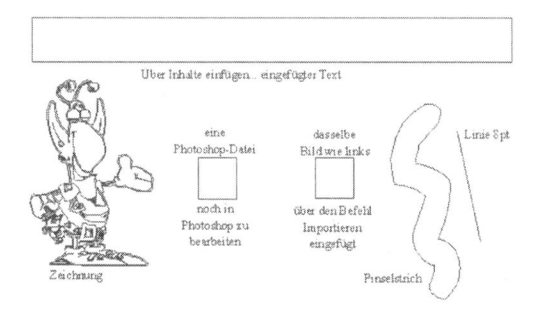

**Abbildung 10.41:** Ansicht der Konturen einer Datei

# Schnell

Der Modus *Schnell* ist ein guter Kompromiss für jeden, dem der Konturmodus zu ungenau ist. Text und Grafiken werden dargestellt, egal wie sie erstellt oder eingefügt wurden. Es ist jedoch eine leichte Treppchenbildung an Linien, Pinselstrichen, Text und sogar Kreisen festzustellen. Importierte Bitmap-Grafiken werden ebenfalls nicht optimal dargestellt, jedoch erhält man alle wichtigen Informationen angezeigt.

Diesen Darstellungsmodus erreichen Sie auch über die Tastenkombination [Strg] + [Alt] + [⇧] + [F] ([⌘] + [Alt] + [⇧] + [F]).

**Abbildung 10.42:** Zur schnelleren Arbeit mit Flash die Ansichtsmöglichkeit *Schnell*

# Anti-Alias

Wem an einer korrekten Darstellung importierter Bitmap-Bilder sowie den abgerundeten Kanten von Zeichnungen, Linien, Kreisen, Quadraten und Pinselstrichen gelegen ist, der wird diesen Modus bevorzugen. Leider geht dies zulasten der Rechenleistung.

Der *Anti-Alias*-Modus sorgt grundsätzlich dafür, dass Kanten nicht scharf, sondern weich erscheinen. Erreicht wird dies durch eine Art von minimalem Verlauf entlang der Kanten.

Wenn Sie diesen Modus einschalten wollen, können Sie neben dem Menü auch die Tastenkombination Strg + Alt + ⇧ + A (⌘ + Alt + ⇧ + A) benutzen.

**Abbildung 10.43:** Schriften werden nicht geglättet, dafür aber Bilder optimal dargestellt

## Anti-Alias Text

Im Grunde kann man diesen Modus als eine Steigerungsform des Modus *Anti-Alias* bezeichnen. Der einzige Unterschied, der zu diesem Modus besteht, ist der, dass auch der Text antialiased dargestellt wird. Dies kann bei größeren Dateien auch leistungsfähigeren Rechnermodellen einiges abverlangen, dafür hat man aber ein sehr angenehmes Aussehen von Text und Bild für die Augen.

> **HINWEIS**
>
> Vom *Anti-Alias* ausgenommen werden hier Texte, die über *Inhalte einfügen* oder *Objekt einfügen* eingefügt wurden.

Sollten Sie sich zwischendurch vielleicht für diesen Modus entscheiden, können Sie zum Umschalten auch die Tasten [Strg] + [Alt] + [⇧] + [T] nutzen ([⌘] + [Alt] + [⇧] + [T]).

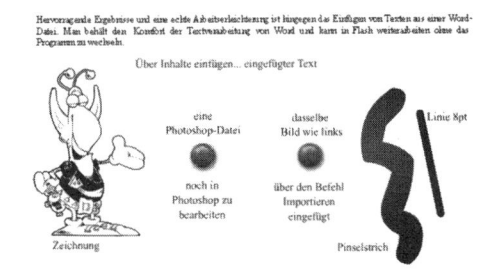

**Abbildung 10.44:** Für schnelle Rechner – die Einstellung *Anti-Alias Text*

## Zeitleiste

Mit diesem Befehl blenden Sie die *Zeitleiste* aus und auch wieder ein. Dies kann sich gerade dann als sehr praktisch erweisen, wenn Sie nur über einen kleinen Monitor verfügen und deshalb unter chronischem Platzmangel leiden. Um die Zeitleiste schnell ein- und ausblenden zu können, sollten Sie die Tastenkombination [Strg] + [Alt] + [T] ([⌘] + [Alt] + [T]) verwenden.

## Arbeitsbereich

Sollte Ihnen der *Arbeitsbereich* rund um die Bühne nicht gefallen, können Sie diesen auch ausschalten. Ist der Arbeitsbereich deaktiviert, können Sie keine Objekte mehr neben die Bühne legen. Haben Sie vor dem Ausschalten bereits Objekte auf dem Arbeitsbereich abgelegt, verschwinden diese, sobald Sie den Arbeitsbereich ausschalten, und sind nicht erreichbar. Diese Objekte werden allerdings nicht gelöscht, sondern erscheinen wieder an derselben Stelle, sobald Sie den Arbeitsbereich wieder einschalten.

Mit der Tastenkombination Strg + ⇧ + W (⌘ + ⇧ + W) schalten Sie hin und her, ohne das Menü bemühen zu müssen.

## Lineale

Als grobe Orientierungs- und Positionierungshilfe gibt es auch in Flash *Lineale*. Wenn Sie es aktivieren, wird es am linken und oberen Rand des Arbeitsbereichs angezeigt. Bewegen Sie die Maus mit aktiviertem Arbeitswerkzeug über die Arbeitsfläche, geben dünne Linien Ihre Position innerhalb des Rasters auf den Linealen wieder. Der Nullpunkt der Lineale sitzt in der linken oberen Ecke der Bühne und lässt sich nicht verschieben.

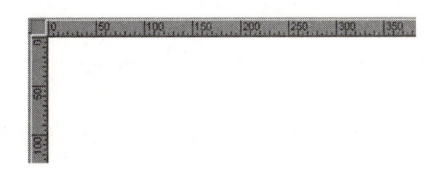

**Abbildung 10.45:** Erleichtern das Positionieren – *Lineale*

Als Standard-Einheit sind für die Lineale Pixel eingestellt. Diese Einstellung können Sie unter *Modifizieren / Film* verändern.

Sie können die Lineale auch mit den Tasten Strg + Alt + ⇧ + R (⌘ + Alt + ⇧ + R) ein- und wieder ausschalten.

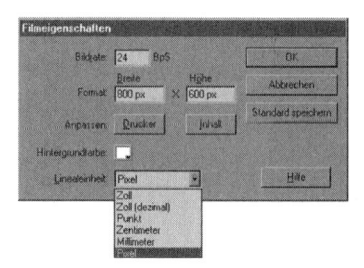

**Abbildung 10.46:** Hier verändern Sie die Einheiten der Lineale

# Gitternetz

Besser noch als die *Lineale* eignet sich das *Gitternetz* zur Positionierung von Elementen auf der Bühne. Das Gitternetz wird nur über die Bühne gelegt und nicht über den Arbeitsbereich. Wenn Sie zusätzlich die Option *Ausrichten* aktivieren, können Sie die Gitternetzlinien magnetisieren, doch dazu weiter unten mehr.

Der Abstand zwischen den Gitternetzlinien beträgt standardmäßig 18 Pixel und lässt sich unter *Modifizieren / Film* verändern.

Platzierte Elemente liegen über dem Gitternetz und verdecken es somit.

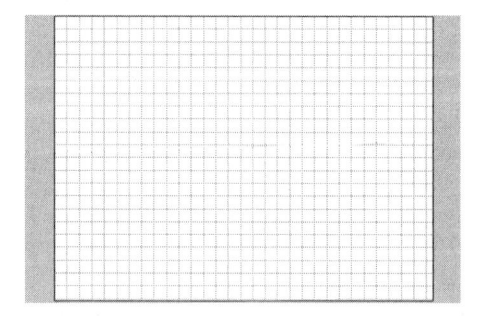

**Abbildung 10.47:** Ein Gitternetz als Positionierungshilfe

Sie aktivieren das Gitternetz auch über die Tastenkombination `Strg` + `Alt` + `⇧` + `G` (`⌘` + `Alt` + `⇧` + `G`).

# Hilfslinien

Mit den *Hilfslinien* hat Flash 5 ein längst fälliges Tool dazubekommen. An dieser Stelle können Sie verschiedene Einstellungen für die Hilfslinien treffen.

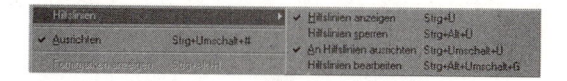

**Abbildung 10.48:** Das Untermenü *Hilfslinien*

Über *Hilfslinien anzeigen* schalten Sie die Anzeige der Hilfslinien ein und auch aus. Sobald ein kleines Häkchen neben dem Menüeintrag zu sehen ist, werden die Hilfslinien angezeigt. Über die Tastenkombination `Strg` + `Ü` (`⌘` + `Ü`) können Sie diese Option ebenfalls ein- und ausschalten.

*Hilfslinien sperren* sorgt dafür, dass Hilfslinien nicht verschoben werden können. Sehen Sie ein kleines Häkchen neben dem Eintrag, können Sie die Hilfslinien nicht verschieben. Das bedeutet jedoch nicht, dass Sie keine neuen Hilfslinien hinzufügen können. Neue Hilfslinien werden dann direkt nach der Erstellung gesperrt. Über die Tastenkombination `Strg` + `Alt` + `Ü` (`⌘` + `Alt` + `Ü`) können Sie diese Option ein- und ausschalten.

*An Hilfslinien ausrichten* bewirkt, dass verschobene oder erzeugte Elemente an den Hilfslinien ausgerichtet werden, auch wenn die Option *Ausrichten* nicht aktiviert ist. Ist die Option *Ausrichten* aktiviert, werden Elemente auch ohne *An Hilfslinien ausrichten* an Hilfslinien ausgerichtet. *An Hilfslinien ausrichten* ist aktiv, sobald Sie ein kleines Häkchen am Menüeintrag sehen. Die Tastenkombination `Strg` + `⇧` + `Ü` (`⌘` + `⇧` + `Ü`) schaltet diese Option ein und aus.

Wählen Sie den Eintrag *Hilfslinien bearbeiten* (`Strg` + `Alt` + `⇧` + `Ü` (`⌘` + `Alt` + `⇧` + `Ü`)), öffnen Sie folgenden Dialog:

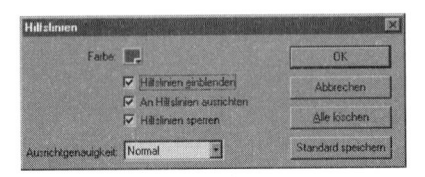

**Abbildung 10.49:** Hilfslinien bearbeiten

Mit *Farbe* können Sie bestimmen, in welcher Farbe Ihre Hilfslinien angezeigt werden.

Die drei Optionen darunter entsprechen den Menüeinträgen, die weiter oben bereits beschrieben wurden.

Die *Ausrichtgenauigkeit* legt fest, wie genau Elemente an den Hilfslinien ausgerichtet werden. Bei ungenaueren Einstellungen kann es sein, dass ein Element nicht exakt an der Stelle platziert wird, an der auch die Hilfslinie liegt.

Über *Alle löschen* entfernen Sie alle Hilfslinien in Ihrem Dokument unwiederbringlich.

### Hilfslinien erstellen

Hilfslinien erstellen können Sie nur, wenn die Lineale angezeigt werden. Gehen Sie dazu mit dem Mauszeiger auf eines der Lineale (horizontal oder vertikal), halten Sie die Maustaste gedrückt und ziehen Sie die Linie an die gewünschte Stelle. Je nachdem, aus welchem Lineal Sie die Linie gezogen haben, erzeugen Sie eine horizontale oder vertikale Linie.

### Hilfslinien verschieben

Sie verschieben Hilfslinien, indem Sie über der Linie die Maustaste gedrückt halten und die Linie wegziehen. Ziehen Sie so eine Hilfslinie zurück in die Lineale, löschen Sie damit einzelne Hilfslinien.

# Ausrichten

Wenn Sie verschiedene Elemente auf der Bühne an einer Linie ausrichten wollen, können Sie dazu das *Ausrichten* verwenden. Das *Ausrichten* funktioniert allerdings nur im Zusammenhang mit einem Gitternetz oder den Hilfslinien. Ist das Gitternetz oder die Hilfslinien nicht aktiviert, ist damit auch das *Ausrichten* nicht aktiv.

Die Empfindlichkeit dieser Funktion verändern Sie unter *Bearbeiten / Einstellungen*. Zu den Auswirkungen der Veränderung können Sie in diesem Kapitel weiter vorn etwas unter *Einstellungen* erfahren.

Grundsätzlich lässt sich jedes Werkzeug und jedes Element ausrichten. Allen gemeinsam ist der große Kreis um die Mausspitze, sobald sich ein Werkzeug oder Element am Gitternetz ausgerichtet hat.

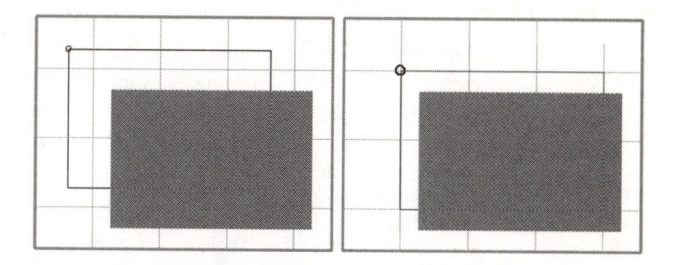

**Abbildung 10.50:** Links nicht eingerastet und ausgerichtet, rechts eingerastetes und ausgerichtetes Quadrat

Um ein bereits vorhandenes Element des Films am Gitternetz oder einer Hilfslinie auszurichten, fassen Sie es mit der Maus am Rand oder am Mittelpunkt an und verschieben es. Sobald das Element an einer Gitternetzlinie oder einer Hilfslinie eingerastet ist, wird Ihnen dies mit dem großen Kreis um den Einrastpunkt angezeigt. Sie brauchen es nur noch loszulassen und schon haben Sie es an einer Linie des Gitternetzes oder einer Hilfslinie ausgerichtet.

Genau denselben Kreis erhalten Sie auch, wenn Sie mit einem Zeichen-Werkzeug an einem Punkt oder einer Linie des Gitternetzes bzw. einer Hilfslinie eingerastet sind. Auf diesem Weg lassen sich sowohl Start- als auch Zielpunkt eines zu zeichnenden Objekts am Gitternetz oder den Hilfslinien ausrichten. Ausnahme davon sind die Zeichenwerkzeuge Freihand und Pinsel.

Besonders verwirrende Ergebnisse erhalten Sie mit einer hohen Empfindlichkeit der Ausrichtung im Zusammenspiel mit dem Freihand-Werkzeug. In dieser Einstellung lassen sich aber wunderbar Quadrate zeichnen, die immer exakt gleich groß oder ein Vielfaches voneinander sind.

Sie können das Ausrichten auch über die Tastenkombination [Strg] + [Alt] + [G] ([⌘] + [Alt] + [G]) ein- und wieder ausschalten.

## Formmarken anzeigen

Formmarken werden bei einer bestimmten Art der Animation verwendet, dem Form-Tweening. Was ein Form-Tweening genau ist, erfahren Sie im Kapitel *Tweening* in *Teil II* dieses Buchs. Wenn Sie diesen Menübefehl verwenden und bereits einige Formmarken gesetzt haben, können Sie damit die Anzeige der Formmarken hervorrufen oder unterdrücken.

Für einen schnelleren Wechsel zwischen diesen beiden Ansichtsmodi drücken Sie die Tasten [Strg] + [Alt] + [H] ([⌘] + [Alt] + [H]).

Form

**Abbildung 10.51:** Ein mit Formmarken versehenes Wort

## Ränder ausblenden

Über den Menübefehl *Ränder ausblenden* können Sie bestimmen, ob die Ränder einer Auswahl angezeigt werden oder nicht. Betroffen davon sind allerdings nur die Auswahlränder von platzierten Bitmaps.

## Bedienfelder ausblenden

Wollen Sie alle Paletten auf einmal ausblenden, können Sie dies über diesen Menübefehl oder die ⌥-Taste erreichen. Drücken Sie die ⌥-Taste erneut, wenn Sie die Bedienfelder auf diesem Weg ausgeblendet haben, werden alle auf einmal wieder angezeigt. Dabei bleiben die Positionen auf dem Bildschirm der einzelnen Bedienfelder erhalten.

# Einfügen

Jedes Mal, wenn Sie Ihrem Flash-Film ein neues Element hinfügen wollen, werden Sie über den Begriff *Einfügen* nachdenken müssen. Sie haben unter *Bearbeiten* bereits einige Möglichkeiten kennen gelernt, wie Sie Ihr Dokument bereichern können. Die bisherigen Möglichkeiten beschränken sich in der Hauptsache auf Elemente von außerhalb des Programms. Im Menüpunkt *Einfügen* sind nun Flash-spezifische Befehle zusammengefasst, d.h., alles, was Sie hier einfügen, hat direkt mit den Funktionsweisen von Flash zu tun und ist in den meisten Fällen sogar einzigartig.

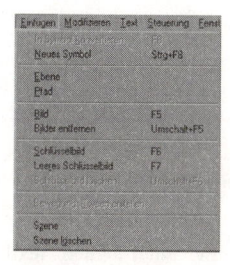

**Abbildung 10.52:** Das Menü *Einfügen*

## In Symbol konvertieren

Für verschiedene Vorgehensweisen, wie zum Beispiel das Bewegungs-Tweening, ist es wichtig, Elemente in Symbole zu konvertieren. Mit diesem Befehl erstellen Sie aber auch sehr einfach aus einer Grafik eine Schaltfläche oder setzen den Grundstein für eine eigenständige Animation.

Um diesen Befehl anwenden zu können, müssen Sie eine Grafik oder einen Textblock aktiviert haben. Sobald Sie diesen Befehl ausgeführt haben, bekommen Sie die Gelegenheit festzulegen, um welche Art von Symbol (*Verhalten*) es sich handeln soll. Zur Auswahl stehen hier *Grafik*, *Schaltfläche* und *Filmsequenz*. Außerdem können Sie dem Symbol einen passenden *Namen* geben. Geben Sie keinen Namen ein, wird das Symbol automatisch mit einer fortlaufenden Ziffer hinter dem Wort *Symbol* versehen und diese Kombination zum Namen des Symbols erkoren. Es ist jedoch wenig sinnvoll die erzeugten Symbole einfach nur zu nummerieren, da man mit wachsender Masse der Symbole leicht den Überblick verlieren kann. Was Sie an dieser Stelle eingeben, bleibt Ihrer Fantasie überlassen.

Nachdem Sie diese Einstellungen vorgenommen haben, wechselt Flash in den Symbolbearbeitungsmodus, der dem erzeugten Symbol entspricht. Für genauere Informationen zu diesem Befehl und die Auswirkungen lesen Sie das Kapitel *Bibliotheken, Symbole und Instanzen*.

Da es sich bei diesem Befehl um einen der am häufigsten verwendeten in Flash handelt, empfiehlt es sich, die Taste [F8] im Hinterkopf zu behalten.

## Neues Symbol

Ähnlich wie bei dem Befehl *In Symbol konvertieren* geht es hier darum, ein Grafik-, Schaltflächen- oder Filmsequenz-Symbol zu erzeugen, nur dass in diesem Fall ein von Grund auf neues Symbol erstellt wird.

Sie müssen keine Grafik und auch keinen Textblock aktiviert haben, um ein neues Symbol zu erzeugen. Die Inhalte eines auf diese

Weise erzeugten Symbols legen Sie also erst fest, nachdem Sie entschieden haben, welche Art von Symbol Sie erzeugen wollen und welchen Namen es trägt. Auch hier gilt es wieder, einen passenden Namen zu finden, der möglichst kurz und prägnant das umschreibt, was das Symbol enthält. Denken Sie dabei an einen lieben Kollegen, der in Ihrer Abwesenheit versucht, sich in Ihren Dateien zurechtzufinden. Unter *Symbol 76* wird er sich kaum etwas vorstellen können, *springender Ball* wird ihm schon eher einen Eindruck über Sinn und Zweck des Symbols liefern.

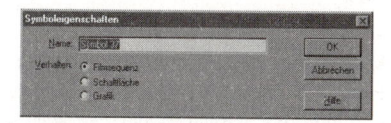

**Abbildung 10.53:** Die Symboleigenschaften werden hier festgelegt

Sobald Sie die Grundelemente des Symbols festgelegt haben, wechselt Flash in den Symbolbearbeitungsmodus des entsprechenden Symbols. Man kann die drei Symboltypen sehr leicht an den Symbolen erkennen, die Flash dafür verwendet.

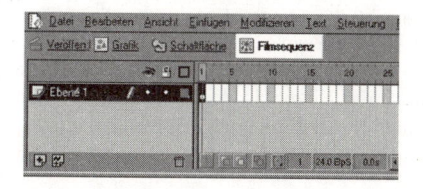

**Abbildung 10.54:** Die Symboltypen *Grafik*, *Schaltfläche* und *Filmsequenz*

In diesem kleinen Beispiel sehen Sie oberhalb der Zeitleiste die drei verschiedenen Symboltypen. Im Beispiel befinden Sie sich gerade im Symbolbearbeitungsmodus für das Symbol *Filmsequenz*. Wollen

Sie wieder in den normalen Bearbeitungsmodus zurückkehren, in diesem Fall den der Szene *Veröffen(tlichung)*, klicken Sie ganz einfach auf das Wort *Veröffen(tlichung)* oberhalb der Zeitleiste.

Mehr zu Symbolen und ihren Vorteilen und Funktionsweisen finden Sie in den Kapiteln *Bibliotheken, Symbole und Instanzen* und *Schaltflächen*.

Auch hier gibt es wieder eine Tastenkombination, die Ihnen die Arbeit erleichtert: Strg + F8 (⌘ + F8).

# Ebene

Mit dem Menübefehl *Ebene* fügen Sie auf der Zeitleiste eine Ebene ein. Die erzeugte Ebene befindet sich immer direkt über der derzeit aktivierten Ebene, das heißt über der Ebene, in der Sie gerade arbeiten.

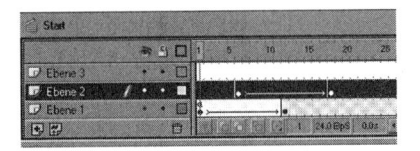

**Abbildung 10.55:** Ebene 2 ist in diesem Fall gerade aktiviert

Der Name der Ebene, in der Sie gerade arbeiten, ist schwarz markiert. Wenn Sie in diesem kleinen Beispiel nun eine Ebene einfügen, erscheint die neue Ebene zwischen der Ebene 2 und der Ebene 3.

Mehr zu den Ebenen und ihren Funktionsweisen erfahren Sie im Kapitel *Ebenen*.

Mit dem kleinen Symbol am unteren Rand der Zeitleiste können Sie ebenfalls Ebenen einfügen, indem Sie mit der Maustaste das Symbol einmal anklicken.

## Pfad

Mit diesem Befehl fügen Sie ebenfalls eine Ebene in der Zeitleiste hinzu. Solche Ebenen werden nach demselben Prinzip eingefügt wie andere Ebenen, sprich: sie erscheinen ebenfalls über der Ebene, in der Sie derzeit arbeiten. Außerdem wird letztere der Pfadebene untergeordnet. Das wird dadurch kenntlich gemacht, das die untergeordnete Ebene in der Zeitleiste leicht eingerückt wird.

Elemente auf der der Pfadebene untergeordneten Ebene können nun an einem Pfad ausgerichtet werden, den Sie auf die Pfadebene zeichnen.

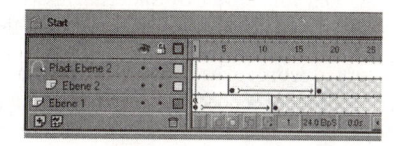

**Abbildung 10.56:** Die Pfadebene ist der Ebene 2 übergeordnet

Mehr zu Pfadebenen erfahren Sie im Kapitel *Ebenen*.

Sie können mit dem Symbol am unteren Rand der Zeitleiste ebenfalls Pfadebenen einfügen.

## Bild

Wenn Sie ein zusätzliches Bild in der Zeitleiste einfügen wollen, markieren Sie eine Stelle auf der Zeitleiste, an der Sie das Bild einfügen wollen, und wählen dann *Einfügen / Bild* oder drücken die [F5]-Taste. Die Folgen dieses Handelns können folgendermaßen aussehen:

- ✔ Befindet sich an der markierten Stelle kein Bild, wird dort eines eingefügt.

- ✔ Befindet sich auch davor kein Bild, wird die Zeitleiste vom letzten in dieser Ebene der Zeitleiste sitzenden Bild bis einschließlich zur markierten Stelle mit Bildern gefüllt.

- ✓ Wenn sich an dieser Stelle bereits ein Bild befindet, wird dies um eine Stelle weiter nach hinten verschoben und ein Bild an der markierten Stelle eingefügt.
- ✓ Befinden sich auch hinter der markierten Stelle Bilder auf derselben Ebene der Zeitleiste, werden alle Bilder ab der markierten Stelle um eine Stelle weiter nach hinten verschoben.

Sie können auf diese Weise auch mehrere Bilder, sogar auf mehreren Ebenen, auf einmal einfügen. Dazu markieren Sie einfach die entsprechende Stelle auf der Zeitleiste und die entsprechende Anzahl der Bilder, die Sie einfügen wollen, und betätigen dann den Befehl *Einfügen / Bild*. Verschoben oder ergänzt wird in diesem Fall wie beim Einfügen von einzelnen Bildern. Ausschlaggebend für den Beginn der Verschiebung ist das erste, markierte Bild.

Im Beispiel unten würde dies bedeuten, dass der markierten Stelle fünf Bilder, beginnend mit dem sechsten Bild, einfügt würden. Sie übrigen Bilder würden um die entsprechende Anzahl nach hinten verschoben, sodass am Ende 21 Bilder auf dieser Ebene der Zeitleiste vorhanden sind.

Dieses Verfahren ist wie gesagt auch auf mehrere Ebenen gleichzeitig nach demselben Schema anwendbar.

**Abbildung 10.57:** Fünf Bilder werden hier mit dem Befehl *Einfügen / Bild* eingefügt

# Bilder entfernen

Wo Bilder eingefügt werden können, muss man auch Bilder löschen können. Im Grunde ist die Funktionsweise dieselbe wie beim Einfügen von Bildern auf der Zeitleiste. Auch hier bezieht sich der Befehl lediglich auf die Bilder der Zeitleiste.

Markierte Bilder der Zeitleiste werden gelöscht, sobald der Befehl *Bilder entfernen* ausgeführt wird. Befinden sich hinter den gelöschten Bildern weitere, entsteht dadurch allerdings keine Lücke. Die hinter den gelöschten Bildern liegenden Bilder werden nach vorn gezogen und füllen somit die entstandene Lücke sofort wieder auf. Dabei muss man aber darauf achten, dass die Gesamtzahl der Bilder auf der entsprechenden Ebene abnimmt. Eventuell müssen Sie anschließend am Ende der Zeitleiste auf dieser Ebene wieder einige Bilder einfügen.

Sie können auch Bilder löschen, indem Sie die Tasten ⇧ + F5 drücken, um markierte Bilder zu löschen.

**Abbildung 10.58:** Im Gegenzug werden auch wieder fünf Bilder gelöscht

# Schlüsselbild

Schlüsselbilder sind die Grundsteine einer jeden Flash-Datei. Öffnen Sie ein neues Dokument, enthält dies eine Szene mit einer Ebene, auf der sich ein Leeres Schlüsselbild befindet. Sobald Sie ein Element, gleich welcher Art, auf der Bühne eines Leeren Schlüsselbilds unterbringen, wird daraus ein Schlüsselbild.

Über den Befehl *Einfügen / Schlüsselbild* fügen Sie ein Schlüsselbild an der Stelle in der Zeitleiste ein, die Sie zuvor mit einem Mausklick markiert haben. Sie können mehrere Schlüsselbilder auf einmal einfügen, indem Sie einen größeren Bereich auf der Zeitleiste markieren und *Einfügen / Schlüsselbild* wählen. Jedes markierte Bild wird daraufhin mit einem Schlüsselbild gefüllt.

Ein Schlüsselbild wird auf der Zeitleiste durch einen ausgefüllten Kreis gekennzeichnet. Ein Leeres Schlüsselbild wird durch einen unausgefüllten Kreis markiert. Schlüsselbilder verschiedener Ebenen können unterschiedliche Inhalte haben.

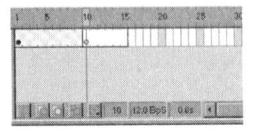

**Abbildung 10.59:** Links ein Schlüsselbild und rechts ein Leeres Schlüsselbild

Das Einfügen von Schlüsselbildern auf einer Ebene kopiert in der Regel den Inhalt des vorhergehenden Schlüsselbilds.

Wollen Sie jedoch an einer Stelle ein Schlüsselbild einfügen, an der bereits eines sitzt, bewirkt dies, dass ein Schlüsselbild erstellt wird, das dem entspricht, das bereits an der Stelle saß. Dieses neue Schlüsselbild wird dann hinter das alte Schlüsselbild gesetzt, sofern sich dort nicht bereits ein Schlüsselbild befindet. Sitzt an nachfolgender Stelle ohne Zwischenraum bereits ein Schlüsselbild, wird der Befehl *Schlüsselbild einfügen* ignoriert und die Markierung springt auf das folgende Schlüsselbild.

Normale Bilder werden in beiden Fällen lediglich ersetzt.

An dem vorhergehenden Beispiel würde dies folgende Resultate zeigen:

- Wenn Sie das Schlüsselbild auf Position 1 markiert haben, um dort ein Schlüsselbild einzufügen, bewirkt dies, dass ein Schlüsselbild auf Position 2 eingefügt wird, das dem Schlüsselbild an Position 1 entspricht.
  Markieren Sie danach erneut das Schlüsselbild auf Position 1 und wählen dann den Befehl *Schlüsselbild einfügen*, bleibt dies ohne Auswirkungen.

- Fügen Sie im Beispiel der vorherigen Abbildung an der Position 2 bis 9 ein Schlüsselbild ein, enthält das eingefügte Bild dieselben Informationen wie das Schlüsselbild an Position 1. Das heißt, dass es dieselben Bilder und Textblöcke an exakt derselben Stelle aufweist. Das eingefügte Schlüsselbild ist im Grunde eine exakte Kopie des Bilds an Position 1.

- Wenn Sie an der Position 10 ein Schlüsselbild einfügen, wird das Leere Schlüsselbild um eine Position weiter nach hinten verschoben und an Position 10 ein weiteres Leeres Schlüsselbild eingefügt. Das Bild auf Position 11 wird durch das Leere Schlüsselbild ersetzt.

Versuchen Sie danach ein weiteres Schlüsselbild an der Position 10 einzusetzen, bleibt dies ohne Folgen.

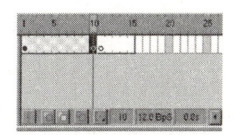

**Abbildung 10.60:** Nach dem Einfügen eines Schlüsselbilds an Position 10 sitzt an Position 10 und 11 jeweils ein Leeres Schlüsselbild

- Das Einfügen eines Schlüsselbilds an den Positionen 11 bis 15 bewirkt, dass aus diesem Schlüsselbild ein Leeres Schlüsselbild wird, also eine exakte Kopie des vorhergehenden Schlüsselbilds, das in diesem Fall ja ein leeres ist.

Wenn Sie innerhalb eines Tweenings Schlüsselbilder einfügen, gibt es einige Dinge zu beachten, die Sie im Kapitel *Tweenings* nachlesen können.

Die Taste für das Einfügen von Schlüsselbildern ist F6. Sie erreichen diesen Befehl aber auch, indem Sie mit einem Klick der rechten Maustaste an der Stelle, an der Sie ein Schlüsselbild einfügen wollen, das Kontextmenü öffnen und aus dem Menü den Eintrag *Schlüsselbild einfügen* wählen.

## Leeres Schlüsselbild

Wenn Sie ein Leeres Schlüsselbild einfügen wollen, verfahren Sie genau wie beim Einfügen eines Schlüsselbilds. Ein Leeres Schlüsselbild kopiert jedoch nicht die Daten des vorhergehenden Schlüsselbilds, sondern stellt, wie der Name schon vermuten lässt, an der gewünschten Position der Zeitleiste eine leere Bühne auf. Sobald Sie beginnen Elemente auf der Bühne dieses Leeren Schlüsselbilds zu platzieren, wird aus dem Leeren Schlüsselbild ein Schlüsselbild.

Alternativ zu diesem Menübefehl können Sie auch die Taste [F7] drücken oder mit einem Rechtsklick der Maus an gewünschter Stelle das Kontextmenü öffnen, aus dem Sie den Eintrag *Leeres Schlüsselbild einfügen* wählen.

## Schlüsselbild löschen

Mit diesem Befehl löschen Sie sowohl Schüsselbilder als auch Leere Schlüsselbilder. Mit einem Schlüsselbild löschen Sie allerdings auch sämtliche Inhalte der Bühne und des Arbeitsbereichs des entsprechenden Schlüsselbilds. Das zu löschende Schlüsselbild muss vorher markiert werden. Sind mehrere markiert, werden alle Schlüsselbilder gelöscht. Mit diesem Befehl werden lediglich Schlüsselbilder gelöscht und keine Bilder. Anstelle der Schlüsselbilder werden nach dem Löschen Bilder gesetzt, sodass sich die Gesamtzahl der Bilder auf einer Ebene durch den Befehl *Schlüsselbilder löschen* nicht verändert.

Das erste Schlüsselbild einer Ebene, egal ob leer oder nicht, kann auf keinen Fall gelöscht werden. Der Befehl wird einfach ignoriert. Das heißt aber auch, dass seine Inhalte erhalten bleiben. Es ist aber durchaus möglich alle Inhalte eines ersten Schlüsselbilds zu löschen und es dadurch zu einem Leeren Schlüsselbild zu machen.

Wenn Sie ein oder mehrere Schlüsselbilder markiert haben, können Sie sie auch löschen, indem Sie die Taste [⇧] + [F6] drücken oder mit der rechten Maustaste in den markierten Bereich klicken und aus dem nun offenen Kontextmenü den Eintrag *Schlüsselbilder löschen* wählen.

## Bewegungs-Tween erstellen

Mit diesem Befehl erzeugen Sie mit einem Schlüsselbild und damit auch seinen folgenden Bildern ein Bewegungs-Tweening. Dabei muss entweder das gewünschte Schlüsselbild oder eines der ihm folgenden Bilder markiert sein. Zum Erstellen von Bewegungs- und Form-Tweenings gibt es in diesem Buch das Kapitel *Tweenings*, das Sie ausführlicher über die Möglichkeiten eines Tweenings in Kenntnis setzt.

Als alternative Möglichkeiten zum Erstellen eines Bewegungs-Tweenings stehen Ihnen die folgenden Vorgehensweisen zur Verfügung:

- Sie markieren ein Schlüsselbild oder eines seiner ihm folgenden Bilder und klicken mit der rechten Maustaste in den markierten Bereich. Aus dem nun geöffneten Menü wählen Sie den Eintrag *Bewegungs-Tweening erstellen*.

- Sie klicken mit der linken Maustaste doppelt auf ein Schlüsselbild oder eines seiner ihm folgenden Bilder. Blenden Sie dann die Bild-Palette ein und wählen Sie aus dem Dropdown-Menü dort den Eintrag *Bewegung*.

**Abbildung 10.61:** Die Bild-Palette zum Erzeugen eines Tweenings

## Szene

Mit diesem Befehl fügen Sie Ihrem Film eine neue Szene hinzu. Es erscheint eine leere Bühne und auch die Zeitleiste macht mit einem Leeren Schlüsselbild und einer einzigen Ebene einen recht jungfräulichen Eindruck. Das lässt sich ändern.

Da die Szene über diesen Befehl erzeugt wird, ohne dass Sie vorher die Möglichkeit bekommen sie zu benennen, sollte der erste Schritt Ihrer Arbeit die Benennung der neuen Szene sein. Lassen Sie sich dazu die Szene-Palette anzeigen und ändern Sie den Namen der neuen Szene, indem Sie doppelt auf deren automatisch generierten Namen klicken. Sie können dasselbe auch erreichen, wenn Sie das Menü *Modifizieren / Szene* anwählen.

Über die Szene-Palette lassen sich ebenfalls Szenen einfügen, indem man dort auf die Schaltfläche *Hinzufügen* klickt.

## Szene löschen

Gefällt Ihnen eine Szene nicht mehr oder eine Szene ist für die endgültige Präsentation Ihres Films unwichtig geworden, können Sie sie mit diesem Befehl ganz einfach ausmerzen. Da Sie durch diesen Befehl gegebenenfalls erheblich viele Daten, Zeit und Arbeit verlieren können, fragt Flash noch einmal nach, ob Sie die entsprechende Szene tatsächlich löschen möchten. Sie sollten diese Chance auf jeden Fall dazu nutzen, erneut über diesen Schritt nachzudenken. Eine Sicherheitskopie einer Version, in der die Szene noch vorhanden ist, kann in den meisten Fällen nicht schaden.

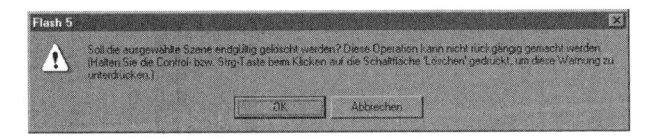

**Abbildung 10.62:** Achtung, Sie sind auf dem besten Weg eine Szene zu löschen

Sind Sie bereit die Szene zu löschen, klicken Sie auf *OK* und die Szene und alle in ihr enthaltenen Daten werden gelöscht. Wollen Sie eine Szene ohne diese Meldung löschen, halten Sie während des Löschens die Strg-Taste (⌘-Taste) gedrückt.

Es ist nicht möglich, die letzte verbleibende Szene eines Films zu löschen. Da Sie durch einen solchen Befehl einen Film ohne jeglichen Inhalt erhalten würden, scheint diese Möglichkeit auch nicht besonders sinnvoll. Ihr Ziel ist ja auch eher das Erschaffen als das Löschen von Inhalten.

# Modifizieren

In diesem Menü finden Sie allerlei Grundeinstellungen, die Sie eventuell schon unter den Einstellungen im Menü *Bearbeiten / Einstellungen* vermisst haben. Hier können Sie fast alle wichtigen Grundeinstellungen vornehmen, egal ob es sich nun um den gesamten Film, eine Szene des Films oder nur eine winzige, kleine Grafik handelt.

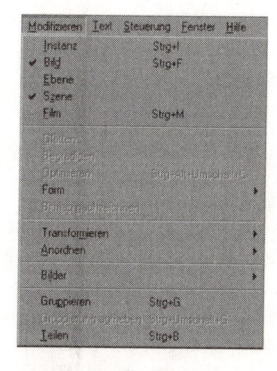

**Abbildung 10.63:** Das Menü *Modifizieren*

## Instanz

Haben Sie ein Symbol aktiviert, sprich ein Element aus der Bibliothek des Films, das entweder auf der Bühne oder dem Arbeitsbereich platziert wurde, steht Ihnen dieser Menüpunkt zur Verfügung.

Sie können hier die Art des Symbols modifizieren, ihm Aktionen hinzufügen und es mit Farbeffekten versehen.

Die Eigenschaften einer *Instanz* können Sie auch aufrufen, indem Sie mit der rechten Maustaste auf eine Instanz klicken und aus dem Kontextmenü *Bedienfelder / Instanz* wählen oder ganz einfach die Tasten [Strg] + [I] ([⌘] + [I]) betätigen.

Wie Sie Veränderungen an einer Instanz vornehmen und was eine Instanz eigentlich ist, lesen Sie im Kapitel *Bibliotheken, Symbole und Instanzen*.

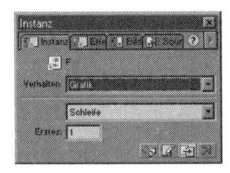

**Abbildung 10.64:** Instanz-Palette

# Bild

Mit *Modifizieren / Bild* gelangen Sie in die Bild-Palette. Mit *Bild* sind hier, wie auch sonst, keine Bilder auf der Bühne, sondern die Bilder der Zeitleiste gemeint. Wenn Sie diesen Menüpunkt angewählt haben, bietet sich Ihnen die Gelegenheit ein Schlüsselbild der Zeitleiste mit einer Bezeichnung, einem Kommentar, Sound, Aktionen und Tweening-Einstellungen zu versehen. Sie können kein Bild, das kein Schlüsselbild ist, auf diese Weise modifizieren. Der Menüeintrag hätte also besser »Schlüsselbild« genannt werden sollen, um Missverständnisse zu vermeiden.

Wie Sie die verschiedenen Möglichkeiten dieses Menüs nutzen, erfahren Sie in den Kapiteln *Zeitleiste, Schaltflächen* und *Tweenings*.

Um in die Bild-Palette zu gelangen, können Sie entweder dieses Menü nutzen oder eine der folgenden Optionen:

- Sie klicken mit der rechten Maustaste auf ein Schlüsselbild oder eines der ihm folgenden Bilder und wählen aus dem sich öffnenden Menü den Eintrag *Bedienfelder / Bild*.
- Die Tastenkombination [Strg] + [F] ([⌘] + [F]) öffnet die Bild-Palette.

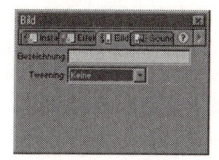

**Abbildung 10.65:** Bild-Palette

# Ebene

In diesem Dialog lassen sich generelle Einstellungen an *Ebenen* vornehmen. Ebenen können hier gesperrt, ein- und ausgeblendet und benannt werden. Außerdem lässt sich hier der Ebenentyp festlegen. Ob die Elemente einer Ebene lediglich als Konturen dargestellt werden und welche Farben diese Konturen haben, lässt sich ebenfalls hier einstellen. Wie Sie diese Möglichkeiten nutzen und was die Höhe einer Ebene für einen Effekt hat, lesen Sie im Kapitel *Ebenen*.

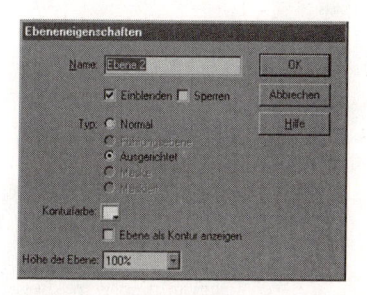

**Abbildung 10.66:** Ebeneneigenschaften

Sie gelangen auch in diesen Dialog, wenn Sie entweder mit der Maustaste doppelt auf das Symbol einer Ebene klicken oder mit der rechten Maustaste im Ebenenbereich der Zeitleiste das Kontextmenü öffnen, aus dem Sie den Eintrag *Eigenschaften* wählen.

## Szene

Relativ spärlich, aber wichtig sind die Möglichkeiten, die Ihnen unter *Szene* geboten werden. Alles, was Sie hier tun können und dürfen, ist die Szene zu benennen. Wählen Sie einen passenden Namen aus und machen Sie sich damit die Arbeit an einem Flash-Dokument leichter. Stellen Sie sich zum Beispiel die Situation vor, dass Sie nach einem ausgedehnten Urlaub auf einer schönen Südseeinsel zurück zu Ihrem Rechner kommen und eine der alten Dateien öffnen, um einige Veränderungen vorzunehmen. Sie werden sich leichter und schneller wieder heimisch fühlen, wenn der Name einer Szene bereits kurz und prägnant beschreibt, was in dieser Szene passiert. Unter Szene 1, 2, 3, ganz viele werden Sie sich schwer tun auf Anhieb die richtige Verbindung herzustellen.

Auch wenn Sie später Skripten erstellen, die Ihren Film steuern, werden Sie es sich danken, einige Sekunden Ihrer Zeit für eine gute Namensgebung investiert zu haben.

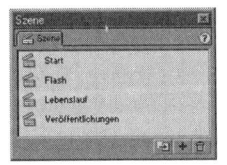

**Abbildung 10.67:** Szene-Palette

## Film

In den meisten anderen Programmen wäre diese Einstellungsmöglichkeit eher unter dem Menü *Datei / Einstellungen* zu finden. Bei

Flash finden Sie dieses wichtige Tool etwas versteckt unter *Modifizieren*, wo es auch eine gewisse Berechtigung hat. Sie können hier nämlich die wichtigsten Eigenschaften Ihres Films modifizieren.

Für den schnellen Zugang zu diesem Menü können Sie die Tasten Strg + M (⌘ + M) verwenden.

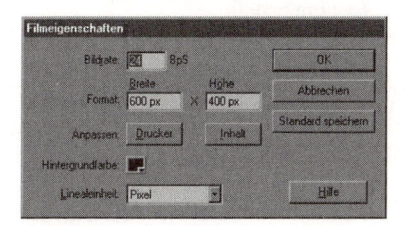

**Abbildung 10.68:** Filmeigenschaften

### Bildrate

Die *Bildrate* bestimmt in Flash, wie viele Bilder in einer Sekunde angezeigt werden. Je mehr Bilder Sie pro Sekunde einstellen, umso flüssiger laufen Animationen später ab. Eine hohe Bildrate stellt aber auch an den Rechner des Betrachters hohe Anforderungen. Ist das System des Betrachters nicht besonders leistungsfähig, Sie haben aber eine hohe Bildrate für Ihren Film eingestellt, kann es zu unschönem Ruckeln und zu Aussetzern kommen. Bei aufwendigen Tweening-Animationen zum Beispiel kann es vorkommen, dass die Bildrate abfällt, weil der Rechner eine Tweening-Animation berechnen muss und sie nicht wie bei einem animierten GIF Bild für Bild geliefert bekommt.

Wenn Sie die Bildrate zu einem späteren Zeitpunkt, an dem Sie bereits einige Teile Ihres Films erstellt haben, ändern, sollten Sie sich bewusst sein, dass Sie damit die Geschwindigkeit verändern, in der bisher erstellte Animationen angezeigt werden. Ändern Sie die Bildrate zum Beispiel von 12 auf 24, laufen alle Animationen doppelt so schnell ab, weil die Anzahl der Bilder in Ihrem Film nicht von der Bildrate beeinflusst wird und somit gleich bleibt. Wenn Sie also vor der Veränderung 240 Bilder in den Film eingebaut haben, brauchte Flash vor der Veränderung 20 (240 / 12 = 20) Sekunden, um alle Bilder anzuzeigen. Nach der Veränderung der Bildrate braucht Flash nur noch ganze 10 (240 / 24 = 10) Sekunden.

Es ist also sinnvoll, sich über die Bildrate Gedanken zu machen, bevor man einen Film erstellt.

**Format**

Sehr wichtig ist natürlich das *Format* Ihrer Bühne. Mit den Angaben, die Sie hier machen, geben Sie die Größe der Bühne in Pixel an. Auf die Größe Ihrer Datei hat diese Einstellung kaum eine Auswirkung, da Flash ja vektororientiert arbeitet. Eine große Fläche verführt aber leicht auch dazu, viel darauf zu platzieren.

Wichtig ist bei der Wahl der Größe, wie und wo Sie den Film veröffentlichen wollen. Soll Ihr Film später in einem Browser auf einer Internetseite betrachtet werden, sollten Sie darauf achten, dass der Film nicht größer wird als der Rahmen des Browsers, da der Betrachter sonst gezwungen wird zu scrollen um alle Inhalte Ihrer Internetseite zu sehen. Bei Animationen kann dies dann wirklich sehr ärgerlich werden. Vermeiden können Sie dies allerdings auch mit einer Einstellung, die den Flash-Film an die Fenstergröße anpasst. Mehr zu diesen Möglichkeiten lesen Sie im Kapitel *Veröffentlichungen*.

**Anpassen**

Unter *Anpassen* haben Sie lediglich zwei Schaltflächen, die beide auf Werte anderer Einstellungen zurückgreifen.

Betätigen Sie die Schaltfläche *Drucker*, wird die Größe Ihrer Bühne auf die Größe des Papiers eingestellt, die Sie für Ihren Drucker unter *Datei / Seite einrichten* eingestellt haben. Dabei wird der eingestellte Papierrand abgerechnet.

Die Schaltfläche *Inhalt* modifiziert die Größe Ihrer Bühne, je nachdem, wo Sie Elemente in Ihrem Film abgelegt haben, und versucht möglichst viele dieser Elemente auf die Bühne zu bekommen. Dabei wird der obere linke Punkt der Bühne jedoch als fixiert und unverrückbar festgehalten. Haben Sie jedoch unter oder rechts neben der Bühne Elemente auf dem Arbeitsbereich abgelegt, wird die Bühne so weit erweitert, dass alle diese Elemente eben auf der Bühne liegen, sprich: die Bühne wird in diese Richtung erweitert. Der unterste Rand eines Elements entspricht danach dem untersten Punkt der Bühne und der rechte Punkt eines Elements dem am weitesten rechts liegenden Punkt der Bühne. Ebenso wird mit Elementen verfahren, die aus der Bühne nach unten und rechts herausragen. Alle Elemente links und oberhalb der Bühne werden hierbei ignoriert.

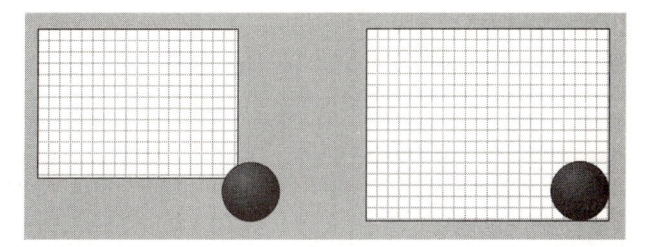

**Abbildung 10.69:** Vorher – nachher

In den meisten Fällen werden Sie aber sicher eher definitive Werte in die Felder eingeben wollen, was Ihnen auch nicht verwehrt bleiben soll. Vielleicht finden Sie aber auch einen Zweck, dem die Schaltflächen *Drucker* und *Inhalt* gerecht werden. Letzteres ist zum Beispiel ideal, um den Film auf die Größe der darin enthaltenen Grafik zuzuschneiden. Man platziert sie einfach links oben auf der Bühne und wählt *Inhalt*.

### Hintergrundfarbe

In diesem Dialog finden Sie auch die Möglichkeit, die *Hintergrundfarbe* zu ändern. Sie haben hier allerdings nur die Auswahl aus den Farben der aktuellen Farbpalette – im Standard also den 216 Web-sicheren Farben für das Internet. Vorteil dabei ist, dass diese Farbwahl dann auch auf nahezu jedem System und jedem Browser gleich angezeigt wird. Wählen Sie diese Farbe am besten auch, bevor Sie sich an die Gesamterstellung Ihres Films machen – Sie sparen sich damit viel Arbeit.

**Linealeinheit**

Das Lineal kann auf verschiedene Dimensionen eingestellt werden. An dieser Stelle wählen Sie, ob das Lineal in Pixel, Zoll, Zoll (dezimal), Zentimetern, Millimetern oder Punkt messen soll. Punkt ist die Größe, die für die Angabe von Schriftgrößen verwendet wird. Als Standard ist für das Lineal *Pixel* ausgewählt.

**Standard speichern**

Mit der Schaltfläche *Standard speichern* speichern Sie Ihre persönlichen Einstellungen ab. Dies hat den Vorteil, dass Sie für den nächsten neuen Film, den Sie erstellen wollen, all diese Einstellungen nicht mehr vorzunehmen brauchen. Sie können diese Aktion allerdings nur widerrufen, indem Sie andere oder die vorherigen Standardwerte wieder einrichten und erneut als Standard speichern.

# Glätten und Begradigen

Diese beiden Funktionen sind dieselben, wie Sie sie auch als Schaltflächen für das Freihand-Werkzeug finden, und eine Anwendung dieser Befehle macht auch nur im Zusammenhang mit Ergebnissen dieses Werkzeugs Sinn. Kreise, Vierecke und Pinsellinien ignorieren diesen Befehl gänzlich, auch wenn man ihn mit ihnen durchführen kann.

Allgemein dienen diese beiden Befehle dazu, die Anzahl der Punkte in einem Pfad zu verringern, um so Informationen und damit Speicherplatz zu sparen. Näheres zu diesen beiden Befehlen lesen Sie bitte unter *Freihand-Werkzeug* im Kapitel *Werkzeuge* nach.

# Optimieren

Ähnlich wie die Befehle *Glätten* und *Begradigen* sorgt auch der Befehl *Optimieren* dafür, den Speicher- und Informationsaufwand an einem Element zu verringern. Es werden mit ihm nicht nur Kurven, also gebogene Objekte, sondern auch Elemente, die Geraden enthalten, optimiert. »Vektoren optimieren« wäre in diesem Fall der akkuratere Begriff gewesen. Vektoren werden in der Weise optimiert, dass ihnen überflüssige Vektorpunkte entnommen werden. Befindet sich zum Beispiel mitten auf einer Geraden ein Vektorpunkt, wird dieser dort nicht benötigt, um die Gerade richtig darstellen zu können, und der Befehl *Optimieren* nimmt diesen Vektorpunkt heraus. Jeder Vektorpunkt in einer Zeichnung bedarf der Beschreibung und deshalb leuchtet es ein, dass man dort, wo man mit Speicherplatz haushalten muss, auch solche unnötigen Punkte entnehmen sollte.

Sie öffnen den Dialog auch durch die Tastenkombination Strg + Alt + ⇧ + C (⌘ + Alt + ⇧ + C).

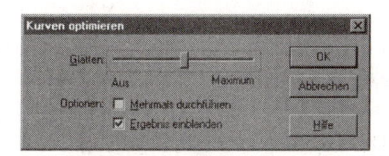

**Abbildung 10.70:** Optimieren

Mit der Option *Ergebnis einblenden* lassen Sie sich das Ergebnis des Optimierungsvorgangs anzeigen, anhand dessen Sie den Erfolg gut verfolgen können. Ein Ergebnis könnte zum Beispiel so aussehen:

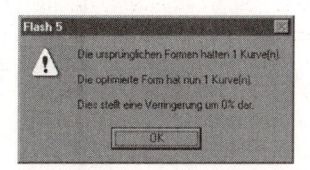

**Abbildung 10.71:** Das eingeblendete Ergebnis des Optimierungsvorgangs

# Form

Im Untermenü *Form* finden Sie einige nützliche Befehle, mit denen Sie gezeichnete Elemente umformen können.

**Linien in Füllungen**

Mit diesem Befehl wandeln Sie Linien in Füllungen um. Betroffene Linien sind Umrisslinien von Kreisen und Vierecken, Linien, die mit dem Linien-Werkzeug und durch das Freihand-Werkzeug erzeugt worden sind. Nach der Unwandlung besteht dann zum Beispiel eine gerade Linie nicht mehr aus den zwei Vektorpunkten, die die Linie bilden, sondern die Linie ist ein Element, dessen Umrisse weiter verändert werden können. Sie können danach auch nicht mehr die Linienstärke verändern. Sie können allerdings die Umrisse frei verändern.

Im Beispiel unten sind beide Linien mit dem Linien-Werkzeug erzeugt worden. Die Linie rechts ist jedoch in eine Füllung umgewandelt worden, wodurch es möglich ist den Umriss der Linie wie im Beispiel zu verändern. Die linke Linie kann lediglich verbogen und in ihrer Stärke verändert werden. Wollen Sie eine solche Veränderung bei der Füllung vornehmen, müssen Sie mit mehr Arbeitsaufwand und weniger zufrieden stellenden Ergebnissen rechnen.

**Abbildung 10.72:** Rechts eine Linie, links dieselbe Linie, zu einer Füllung umgewandelt und verändert

Eine Füllung belegt in jedem Fall mehr Speicherplatz als eine Linie, weil für ihre Beschreibung mehr Vektoren benötigt werden.

Da es keinerlei alternative Möglichkeit gibt ihn auszulösen, müssen Sie für diesen Befehl das Menü bemühen.

### Form erweitern

Mit diesem Befehl vergrößern und verkleinern Sie ein ausgewähltes Objekt. Der Abstand gibt hier an, um wie viele Pixel Sie das Objekt vergrößern oder verkleinern wollen. Welche dieser beiden Möglichkeiten Sie wählen, legen Sie unter *Richtung* fest. Selbstverständlich schließen sich die beiden Richtungen gegenseitig aus.

Interessante, aber nahezu unvorhersehbare Ergebnisse erzielen Sie mit dieser Funktion, wenn Sie ein Element so sehr verkleinern, dass es invertiert wird. Probieren Sie das einfach einmal aus und lassen Sie sich überraschen.

Etwas irreführend ist die andere Bezeichnung des Dialogs, daran sollten Sie sich jedoch nicht stören. Auch für diesen Befehl kommen Sie nicht ohne das Menü aus.

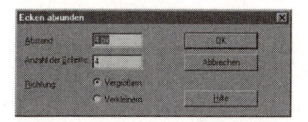

**Abbildung 10.73:** Formen erweitern, Pfad erweitern oder einfach nur vergrößern und verkleinern

### Ecken abrunden

Mit diesem Befehl runden Sie nicht wie erwartet die Eckpunkte eines Vier- oder Vielecks ab, sondern erzeugen an den Rändern eines Objekts einen Farbverlauf von der Farbe des Objekts bis zu Transparent. Die Ränder erscheinen also, als würden sie sich in den Hintergrund einpassen.

**Abbildung 10.74:** Ecken abrunden

Der *Abstand* gibt an, wie breit der Bereich des Verlaufs sein soll. Die *Anzahl der Schritte* legt fest, wie fein der Farbverlauf wird. Eine niedrige Anzahl der Schritte erzeugt einen sehr stufigen Verlauf und je höher die Anzahl der Schritte eingestellt wird, umso feinstufiger wird der Verlauf. Da für jede Farbstufe allerdings ein eigener Ring gelegt wird, der eigene Vektorangaben hat und zu allem Überfluss auch noch eine Füllung ist, ist dieses Verfahren sehr speicherplatzintensiv, je feiner Sie die Farbstufung wählen.

Die letzte Stufe eines Farbverlaufs ist zu 0 % sichtbar. Wenn Sie also bei *Anzahl der Schritte* eine 1 eingeben, wird das Objekt einfach nur um den Abstand verkleinert, wenn Sie *Verkleinern* gewählt haben. Haben Sie *Vergrößern* gewählt, ist der Effekt überhaupt nicht sichtbar.

Mit *Vergrößern* und *Verkleinern* wird die Richtung festgelegt, in die der Verlauf angelegt wird. Wählen Sie *Verkleinern*, wird der Verlauf innerhalb der Abgrenzungen des Objekts angelegt. Bei *Vergrößern* wird der Verlauf um das Objekt herum angelegt, was bei Vier- und Vielecken dann tatsächlich einer Abrundung der Eckpunkte nahe kommt.

Ursprung   Verkleinert   Vergrößert
Abstand: 10 Pixel, 10 Farbstufen

Ursprung   Verkleinert   Vergrößert
Abstand: 10 Pixel, 3 Farbstufen

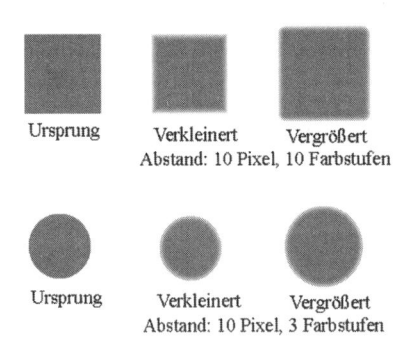

**Abbildung 10.75:** Beispiele für das *Ecken abrunden*

Alternative Tastenbelegungen und Schaltflächen sucht man auch bei diesem Befehl vergebens.

# Bitmap nachzeichnen

Bitmap-Bilder verbrauchen im Allgemeinen mehr Speicherplatz als Vektorgrafiken. Mit dem Befehl *Bitmap nachzeichnen* bietet Flash Ihnen die Möglichkeit jegliches Bitmap in eine Vektorgrafik umzurechnen. Diese Option sollte grundsätzlich mit Bedacht gewählt werden, da komplexe Bitmaps in Vektorgrafiken umgerechnet oft noch mehr Speicherplatz verschlingen, als es das Bitmap ohnehin schon getan hat.

Als Faustregel lässt sich wohl festhalten, dass es sich mit zunehmender Komplexität eines Bitmaps weniger lohnt, es in eine Vektorgrafik umzurechnen. Komplexe Bitmaps zeichnen sich durch eine Vielzahl von Farben, durch Verläufe und viele kleine Flächen aus. Dem zunehmenden Speicheraufwand stehen die Möglichkeiten entgegen, die sich mit einer Vektorgrafik gegenüber einer Bitmap-Grafik bieten. Mit einem Bitmap lassen sich zum Beispiel keinerlei Form-Tweenings durchführen. Bitmaps lassen sich aber durchaus in Bewegungs-Tweenings verwenden.

Ein weiteres wichtiges Entscheidungskriterium beim Umrechnen eines Bitmaps sollte ein zufrieden stellendes Ergebnis dieses Vorgangs sein. Flash bietet im Dialog *Bitmap nachzeichnen* einige Einstellungsmöglichkeiten, die eine Entscheidung in dieser Richtung erleichtern.

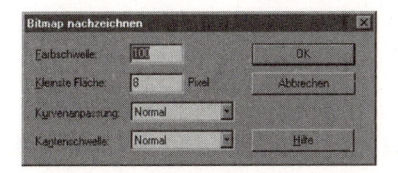

**Abbildung 10.76:** Bitmap nachzeichnen

Ein Bitmap mit diesen Standardwerten nachzuzeichnen ist im Ergebnis meist wenig befriedigend, probieren Sie ein wenig mit den Einstellungen herum, um eine Verbesserung zu erreichen.

**Abbildung 10.77:** Mit den Standardwerten nachgezeichnetes Bitmap, links das Original

### Farbschwelle

Je höher Sie den Wert *Farbschwelle* angeben, umso eher geht Flash bei der Berechnung davon aus, dass zwei ähnliche Farbwerte, die in einem Bitmap nebeneinander liegen, einem Wert entsprechen. Dabei errechnet das Programm zum Beispiel aus einem nebeneinander liegenden Orange und Gelb, bei hohen Einstellungen der Farbschwelle, ein gelbes Orange, einen Zwischenwert also, und verbindet die Flächen dieser beiden Farben zu einer. Der Speicheraufwand des entstehenden Vektorbilds wird in der Regel mit höheren Werten geringer. Der höchste Wert, den Sie hier eingeben können, ist *500* und der niedrigste *1*.

**Abbildung 10.78:** Das Original für alle folgenden Beispiele

**Abbildung 10.79:** Farbschwelle links *100* und rechts *500*; Kleinste Fläche *100*; Kurvenanpassung *Pixel*; Kantenschwelle *Viele Ecken*

### Kleinste Fläche

*Kleinste Fläche* gibt vor, wie genau Flash ein Bitmap nachzeichnet. Abhängig sind diese Einstellungen jedoch auch von den übrigen drei Einstellungen. Wenn zum Beispiel eine hohe Farbschwelle viele ähnlichfarbene Flächen zusammennimmt, sind niedrige Werte bei der Einstellung der kleinsten Fläche kaum von Bedeutung. Bei dem Beispiel unten sollten Sie dazu das mittlere Bild mit dem rechten Bild aus dem Beispiel *Farbschwelle* vergleichen. Farbschwellwerte sind mit *500* gleich, die kleinste Fläche unten ist *1* und oben *100*, der Unterschied der Ergebnisse ist jedoch sehr gering. Der Speicheraufwand des entstehenden Vektorbilds wird in der Regel mit höheren Werten geringer.

Der höchste Wert, den Sie hier eingeben können, ist *1000* und der niedrigste die *1*.

**Abbildung 10.80:** Links: Kleinste Fläche *1*, Farbschwelle *100*; Mitte: Kleinste Fläche *1*, Farbschwelle *500*; rechts: Kleinste Fläche *1000*, Farbschwelle *100*; Kurvenanpassung *Pixel*; Kantenschwelle *Viele Ecken*

### Kurvenanpassung

Die *Kurvenanpassung* legt das Maß fest, in dem sich die berechneten Vektoren in Kurven um das Original arrangieren. Die Einstellungsmöglichkeiten reichen dabei von *Pixel, Sehr eng, Eng* über *Normal* bis zu *Glatt, Sehr glatt*. Wieder ist diese Einstellung auch abhängig von den übrigen Einstellungen, die Sie festgelegt haben. Sie heben sich teilweise gegenseitig auf.

*Pixel* bedeutet, dass sich die berechneten Vektoren pixelgenau an die Ursprungspixel des Bitmaps anlegen. Im Gegensatz dazu erscheinen die Vektoren bei der Einstellung *Sehr glatt* stark gerundet, halten sich aber nur wenig genau an die Vorgaben des Bitmaps. Kantige Vektoren enthalten meist mehr Informationen und sind deshalb speicherplatzintensiver als runde Vektoren.

**Abbildung 10.81:** Kurvenanpassung links *Sehr glatt*; rechts *Pixel*; Farbschwelle *100*; Kleinste Fläche *10*; Kantenschwelle *Normal*

### Kantenschwelle

Die Einstellung *Kantenschwelle* legt fest, wie viele der Originalkanten die berechneten Vektoren haben. Zur Auswahl stehen Ihnen hier die Einstellungen *Viele Ecken, Normal, Wenige Ecken*. *Viele Ecken* bewirkt kantigere Ergebnisse und *Wenige Ecken* lässt das Ergebnis runder erscheinen. Probieren Sie auch ein paar verschiedene, andere Einstellungen der übrigen Werte, da auch diese Auswirkungen auf das Ergebnis haben. Genau wie bei der Kurvenanpassung benötigen kantige Vektoren mehr Speicher als runde.

**Abbildung 10.82:** Kantenschwelle links *Viele Ecken*; rechts *Wenige Ecken*; Farbschwelle *100*; Kleinste Fläche *10*; Kurvenanpassung *Normal*

In den Beispielen von oben haben Sie einige mögliche Einstellungen und ihre Ergebnisse kennen gelernt. Wenn Sie Ergebnisse erreichen wollen, die dem Original sehr nahe kommen, sollten Sie die kleinste Fläche möglichst gering halten. Außerdem ist die Kurvenanpassung *Pixel* empfehlenswert für genaue Umrechnung. Beachten sollten Sie dabei den Aufwand des entstandenen Vektorbilds.

Verfolgen können Sie den Effekt Ihrer Einstellungen auf den Speicherbedarf, indem Sie das Dokument zum Test veröffentlichen und sich einen Bericht erstellen lassen. Zum Test brauchen Sie zum einen eine Veröffentlichung vor der Umrechnung und eine danach, die beiden verschiedenen Zustände lassen sich dann vergleichen.

# Transformieren

Das Menü *Transformieren* enthält viele Befehle, die Sie in den meisten Fällen leichter und besser über die Transformieren-Palette verändern, es sind aber auch einige Befehle in diesem Menü zu finden, die Sie an anderer Stelle vergeblich suchen werden.

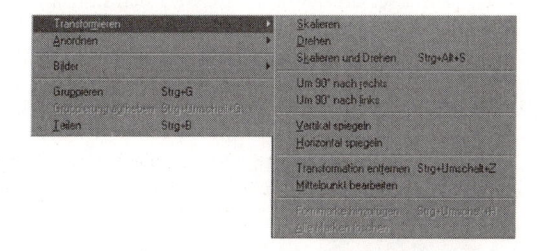

**Abbildung 10.83:** Das Untermenü *Transformieren*

### Skalieren

Haben Sie ein Objekt (im Beispiel unten ein Rechteck) aktiviert und wählen dann den Befehl *Skalieren*, wird es mit einem Rahmen umgeben, der acht kleine, quadratische *Anfasser* hat. Objekten, die nicht wie unten quadratisch sind, wird ein quadratischer Rahmen um den markierten Bereich gelegt, der die gesamte Markierung einschließt.

Sobald Sie sich mit dem Mauszeiger über einem der Anfasser befinden, verwandelt sich die Maus in ein Kreuz mit Pfeilen an den Enden jeder Linie, je nachdem über welchem Anfasser Sie sich befinden. Befinden Sie sich über einem Eckpunkt, verwandelt sich der Mauszeiger in ein Kreuz mit Pfeilen an seinen Enden, an Seitenpunkten wird er zu einem doppelten Pfeil in horizontaler Richtung.

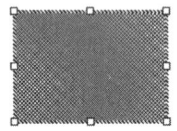

**Abbildung 10.84:** Dieses Rechteck soll skaliert werden

Die Anfasser an den Seiten lassen sich nutzen, um das Objekt an dieser Kante in entweder horizontaler Richtung – rechts und links – oder in vertikaler Richtung – oben und unten – zu skalieren. Ziehen Sie den Rahmen einfach so weit auf, wie Sie das Objekt in diese Richtung vergrößern wollen.

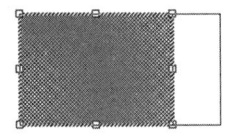

**Abbildung 10.85:** Eine Skalierung des Rahmens nach rechts

Die Anfasser an den Eckpunkten lassen sich nutzen, um ein Objekt in alle Richtungen gleichzeitig zu vergrößern. Das wäre nichts Besonderes, wenn sich Ihnen dadurch nicht die Möglichkeit böte, ein Objekt auch proportional zu verändern. *Proportional* heißt, dass die Größenverhältnisse eines Objekts erhalten bleiben. Ein Kreis zum Beispiel bleibt ein Kreis und wird nicht durch das Skalieren zu einem Oval. Wenn Sie also mit der Maus einen Anfasser an einem Eckpunkt bewegen, vergrößern oder verkleinern Sie ein Objekt, erhalten dabei aber die Proportionen. Der dem benutzten Anfasser gegenüberliegende Anfasser wird dabei festgesetzt. Alle anderen Punkte können frei um diesen Punkt herum bewegt werden, also auch über den festgesetzten Anfasser hinaus. Die Proportionen bleiben allerdings auch auf der anderen Seite des festgesetzten Anfassers erhalten.

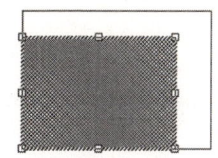

**Abbildung 10.86:** Die Proportionen bleiben erhalten, da ein Eckpunkt zum Skalieren benutzt wird

Sind Sie mit Ihrer Skalierung, egal ob nun nur in eine Richtung oder in mehrere, zufrieden, können Sie den Skalierungsmodus wieder verlassen, indem Sie einfach neben das zu skalierende Objekt klicken. Haben Sie das Objekt tatsächlich in seiner Größe verändert, können Sie diesen Modus auch durch einen Klick mit der Maustaste wieder verlassen.

Über die Schaltfläche lassen sich ebenfalls Skalierungen einleiten. Mit der Transformieren-Palette lassen sich Skalierungen allerdings genauer und anhand von Prozentwerten durchführen.

### Drehen

Sobald Sie den Befehl *Drehen* bei einem aktivierten Objekt anwenden, bekommt dieses ähnlich wie beim Skalieren acht kleine Anfasser an seinen Rändern, jeweils einen an jedem Eckpunkt und jeweils einen in der Mitte jeder Seite. Bei Objekten, die nicht rechteckig sind, wird ein rechteckiger Rahmen erzeugt, der die gesamte Markierung einschließt.

Der Mauszeiger verwandelt sich in einen Pfeilkreis, sobald Sie sich über einem der Eckpunkte befinden. Wenn Sie mit dem Mauszeiger über einen der an den Seitenmittelpunkten gelegenen Anfasser rollen, wird der Mauszeiger zu einem Doppelpfeil in horizontaler Richtung, der auch gleichzeitig die möglichen Bewegungsrichtungen anzeigt.

**Abbildung 10.87**: Die acht Anfasser zum Drehen und Neigen

Wie der veränderte Mauszeiger an einem der Eckpunkte erahnen lässt, benutzen Sie die Eckpunkte zum Drehen eines Objekts. Gedreht wird dabei um den Mittelpunkt eines Objekts oder eines markierten Bereichs. Bei einzelnen Objekten, die gedreht werden sollen, lässt sich der Mittelpunkt bewegen – über *Modifizieren / Transformieren / Mittelpunkt bearbeiten* – um auch den Drehpunkt zu verändern. Bei mehreren ausgewählten Objekten oder Bereichen wird der Mittelpunkt automatisch ermittelt, lässt sich allerdings nicht modifizieren. Dieser automatische Mittelpunkt wird Ihnen angezeigt, sobald Sie mit der Maustaste auf einen der Eckpunkte klicken. Er verschwindet wieder, sobald Sie die Maustaste loslassen. Halten Sie die linke Maustaste jedoch gedrückt und bewegen die Maus dabei, drehen Sie das ausgewählte Objekt.

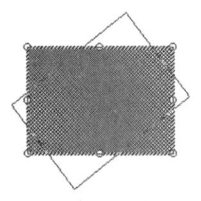

**Abbildung 10.88**: Das Rechteck wird um seinen Mittelpunkt gedreht

> **KNOW-HOW**
>
> Um auch den Mittelpunkt mehrerer ausgewählter Objekte verändern zu können, gruppieren Sie die Objekte für diesen Vorgang, wenn die Objekte später auch einzeln weiter bewegt werden sollen. Sie können die Gruppierung später dann wieder auflösen. Können und sollen die Objekte sowieso immer denselben Abstand zueinander behalten, ist eine Alternative, dass Sie über *Einfügen / In Symbol konvertieren* ein Grafik-Symbol daraus machen. In beiden Fällen lässt sich so der Mittelpunkt verändern.

Die Anfasser an den Seiten sind nicht zum Drehen, sondern zum *Neigen* eines Objekts gedacht. Sobald Sie mit dem Mauszeiger über einen dieser seitlichen Anfasser gehen, werden Ihnen die möglichen Richtungen für eine Neigung angezeigt.

Bewegen Sie einen dieser Punkte bei gehaltener Maustaste, bekommen Sie eine Vorschau der Neigung. Bei der Neigung bleiben die Linie, in der sich der Anfasser befindet, und die gegenüber davon immer im gleichen Abstand zueinander – auch bei den künstlichen Linien, die bei Elementen erzeugt werden, die keine Quadrate sind.

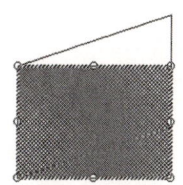

**Abbildung 10.89**: Hier wird das Rechteck geneigt

Sobald Sie die Maustaste loslassen, werden die Bilddaten errechnet, die in dem gedrehten oder geneigten Rahmen enthalten sind. Bitmaps werden dabei ebenfalls geneigt und verzerrt dargestellt. Der rechteckige Rahmen wird danach dem neuen Inhalt angepasst, sodass noch immer alle markierten Inhalte in dem Rahmen liegen, der für das Drehen benötigt wird.

Sie können diese Vorgänge so lange einzeln rückgängig machen und miteinander kombinieren, bis Sie im Bereich außerhalb des gewählten Objekts mit der linken Maustaste klicken, doppelt auf das veränderte Objekt klicken oder ein anderes Werkzeug benutzen.

Mit der Schaltfläche lässt sich dieser Befehl ebenfalls einleiten. Über die Transformieren-Palette können Sie sämtliche Drehungen und Neigungen in Werten und damit zielgerichteter eingeben.

### Skalieren und Drehen

Über den Befehl *Skalieren und Drehen* verbinden Sie die oben beschriebenen zwei Aktionen in einem Arbeitsschritt. Zusätzlich hat diese Befehlskombination die Vorteile, dass Sie über die Tastenkombination [Strg] + [Alt] + [S] ([⌘] + [Alt] + [S]) erreichbar ist und dass Sie genaue Werte für den Skalier- und Drehvorgang eingeben können. Diese Aktion lässt sich aber auch ohne Probleme über die Transformieren-Palette ausführen.

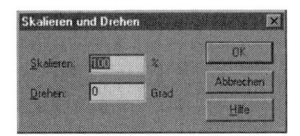

**Abbildung 10.90:** Skalieren und Drehen

### Um 90° nach rechts

Mit diesem Befehl drehen Sie, wie kaum anders erwartet, ein aktiviertes Objekt um 90° nach rechts. In der Transformieren-Palette müssten Sie für dieselbe Aktion im Feld *Drehen* 90 eingeben.

### Um 90° nach links

Wie Sie sicher richtig vermutet haben, drehen Sie mit diesem Befehl ein aktiviertes Objekt um 90° nach links. In der Transformieren-Palette müssten Sie für dieselbe Aktion im Feld *Drehen* -90 eingeben.

### Vertikal spiegeln

Wenn Sie ein Objekt an seiner horizontalen Achse spiegeln wollen, sprich in vertikale Richtung, sind Sie mit diesem Befehl gut bedient. Mit Textblöcken funktioniert dieser Befehl allerdings auf seltsame Art und Weise anders. Textblöcke werden hier sowohl vertikal als auch horizontal gespiegelt.

Diesen Befehl finden Sie nur hier und es gibt auch keinerlei Tastenkombination für ihn.

### Horizontal spiegeln

Hier gibt Ihnen Flash die Gelegenheit ein Objekt an der vertikalen Achse, also in horizontaler Richtung, zu spiegeln. Hierbei hat Flash auch mit Textblöcken keinerlei Schwierigkeiten.

### Transformation entfernen

Alle Transformationen in diesem Menü lassen sich beliebig hintereinander mit einem Objekt durchführen und dadurch kombinieren. Solange Sie das transformierte Objekt nicht deaktivieren, können Sie die meisten Transformationen mit diesem Befehl auf einmal rückgängig machen. Haben Sie das Objekt zwischenzeitlich deaktiviert, um sich das Ergebnis näher betrachten zu können, und markieren es danach wieder, lassen sich die vorherigen Transformationen nur noch über das generelle *Bearbeiten / Rückgängig machen* wieder rückgängig machen.

Von Transformation werden nur die Transformationen *Drehen*, *Skalieren* und *Neigen* rückgängig gemacht. Drehungen, die eine Veränderung der Position bewirkt haben, werden zwar als Drehung am Objekt rückgängig gemacht, aber die veränderte Position bleibt erhalten. Diese Einschränkungen engen dieses Tool so sehr ein, dass Sie es sicher nur selten nutzen werden.

Sollten Sie es dennoch ausgiebiger testen wollen und es lieb gewinnen, wird Ihnen sicher bald auch die Tastenkombination [Strg] + [⇧] + [Z] ([⌘] + [⇧] + [Z]) geläufig sein.

### Mittelpunkt bearbeiten

Wollen Sie den *Mittelpunkt* eines Objekts verändern, um es zu drehen oder um es anhand dieses neu festgelegten Mittelpunkts zu positionieren, müssen Sie dieses Menü bemühen. Es gibt weder eine Tastenkombination noch eine Schaltfläche, die denselben Befehl auslöst.

> Der Befehl funktioniert nur bei Objekten, für die bereits ein Mittelpunkt berechnet wurde. Für Gruppierungen, Symbole und bereits transformierte Objekte trifft dies zu. Keinen Mittelpunkt haben gezeichnete Elemente gleich welcher Art, wenn sie nicht vorher transformiert worden sind. Bei einer Transformierung wird aber auch für gezeichnete Elemente ein Mittelpunkt errechnet.

### Formmarke hinzufügen

Da Form-Tweenings vom Computer errechnet werden, können Sie zum einen oft wirr und ungeordnet aussehen und zum anderen wollen Sie vielleicht eine ganz bestimmte Verformungsreihenfolge erreichen. In beiden Fällen eignen sich ganz hervorragend die *Formmarken*. Man kann mit Ihnen relativ genau festlegen, welcher Ursprungspunkt nachher wohin geformt werden soll.

Um eine Formmarke setzen zu können, müssen Sie sich in einem Schlüsselbild befinden, von dem ein Form-Tweening ausgeht. Erst wenn Sie diese Bedingung erfüllt haben, lassen sich Formmarken setzen.

Die Anzahl der Formmarken in einer Ebene ist auf die Anzahl der Buchstaben im Alphabet, also 26, begrenzt. Sie müssen also vernünftig mit ihnen haushalten.

Schneller setzen Sie Formmarken, indem Sie die Tasten [Strg] + [⇧] + [H] ([⌘] + [⇧] + [H]) drücken.

Mehr zu Formmarken und Ihren Anwendungsmöglichkeiten im Kapitel *Tweenings*.

**Alle Marken löschen**

Haben Sie den Überblick über Ihre Formmarken verloren oder haben Sie ihren Gebrauch überdacht und wollen alle Formmarken neu anordnen, können Sie diesen Befehl als nützliche Hilfe verwenden. Er löscht Ihnen alle gesetzten Formmarken eines Tweenings. Dazu müssen Sie sich jedoch, wie beim Setzen der Marken, im ersten Schlüsselbild des Tweenings befinden.

Sie erreichen den Befehl *Alle Marken löschen* nur über dieses Menü. Sollten Sie auch das Setzen der Formmarken über das Menü durchführen, ist Vorsicht geboten, denn der Befehl wird ohne eine erneute Sicherheitsabfrage durchgeführt. Sollten Sie also beim Setzen einen Eintrag zu weit nach unten gelangen, sind alle Formmarken verschwunden und es bleibt einem nur Strg + Z (⌘ + Z), um das alles noch zu retten. Haben Sie die Anzahl der möglichen Rückschritte jedoch sehr niedrig gesetzt und bemerken das versehentliche Löschen Ihrer Formmarken erst später, kann das Ganze sehr ärgerlich werden, da Sie alle Marken neu setzen müssen.

# Anordnen

**Ansichtsebenen**

Zusätzlich zu den normalen Ebenenfunktionen gibt Ihnen der Befehl *Anordnen* die Möglichkeit gruppierte Elemente oder Instanzen auf ein und derselben Ebene übereinander anzuordnen und gegen ein Verschiebung zu sperren. Zeichenelemente, die nicht gruppiert oder zu einem Symbol gemacht worden sind, zerschneiden sich zum einen gegenseitig, wenn sie auf einer Ebene liegen, und befinden sich gegenüber Gruppierungen und Instanzen immer im Hintergrund. Gruppieren Sie Zeichenelemente oder machen sie zu Symbolen, können Sie auch diese auf einer Ebene zueinander anordnen.

> Auf der beiliegenden CD finden Sie hierzu ein Beispiel unter *Kapitel 5 / Anordnen*.

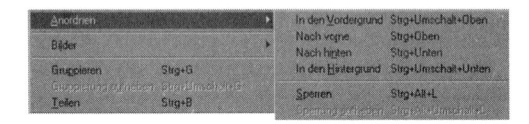

**Abbildung 10.91:** Das Untermenü *Anordnen*

*In den Vordergrund* bewirkt, dass das gewählte Element als vorderstes zu sehen ist. *In den Hintergrund* hat das genaue Gegenteil zur Folge und setzt ein Element ganz nach hinten. Unter Umständen kann es dadurch ganz durch andere Elemente verdeckt werden. Der Rahmen um das Element bleibt allerdings so lang sichtbar, bis Sie neben das Element klicken oder ein anderes aktivieren. Elemente im Hintergrund können nur aktiviert werden, wenn sie sichtbar sind. Eventuell müssen Sie dazu andere Elemente in den Hintergrund setzen, um verdeckte Elemente aus dem Hintergrund hervorzuholen. Ungruppierte bleiben trotz dieses Befehls auf ein anderes Element weiterhin noch hinter anderen Elementen zurück. Sie liegen sozusagen auf dem absoluten Hintergrund, der Bühne selbst.

Die Befehle *Nach vorne* und *Nach hinten* bewirken eine Anordnung, die stufenweise Elemente von vorn nach hinten oder von hinten nach vorn schichtet. Haben Sie zum Beispiel vier Elemente auf dem Bildschirm teilweise übereinander liegen, können Sie das hinterste aktivieren und mit dem Befehl *Nach vorn* eine Stufe nach vorn bewegen, sodass es nach diesem Befehl auf der dritten Ansichtsebene liegt und das vorher auf der dritten Ansichtsebene befindliche Element in den Hintergrund gelegt wird.

In dem Beispiel unten, bei dem davon auszugehen ist, dass alle Elemente gruppiert wurden, würde das bedeuten: Das Viereck liegt im ersten Bild im Hintergrund, der Kreis auf der dritten Ansichtsebene. Aktivieren wir nun das Viereck und holen es eine Ansichtsebene nach vorne, dann liegt danach, wie im zweiten Bild, der Kreis im Hintergrund und das Viereck auf der dritten Ansichtsebene. Dabei liegen aber alle Elemente auf einer Ebene der Zeitleiste.

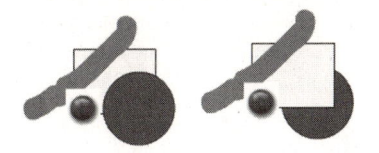

**Abbildung 10.92:** Das Viereck wird nach vorne geholt

Zur leichteren Verwendung hat jeder dieser vier Befehle ein Tastenkürzel erhalten:

- *In den Vordergrund*: Strg + ⇧ + ↑ (⌘ + ⇧ + ↑)
- *Nach vorne*: Strg + ↑ (⌘ + ↑)
- *Nach hinten*: Strg + ↓ (⌘ + ↓)
- *In den Hintergrund*: Strg + ⇧ + ↓ (⌘ + ⇧ + ↓)

### Sperren von Elementen

Wenn Sie sicher gehen wollen, dass Sie ein gezeichnetes oder positioniertes Element nicht mehr verrücken, indem Sie es versehentlich bewegen, sollten Sie es *sperren*. Ähnlich einer Ebenensperrung sind Sie, nachdem Sie ein Element gesperrt haben, nicht mehr in der Lage es auszuwählen und damit auch nicht es zu verändern. Sie sollten dabei jedoch bedenken, dass auch der gewählte Zeitpunkt auf der Zeitleiste bei der Sperrung eine Rolle spielt. Wenn Sie ein Element in Bild 1 der Zeitleiste sperren, bedeutet dies nicht, dass dasselbe Element an derselben Stelle auf Bild 5 auch gesperrt wird. Eine Sperrung wird allerdings übernommen, wenn Sie ein neues Schlüsselbild in der Zeitleiste einfügen und damit alle Inhalte des vorherigen Schlüsselbilds kopieren.

Etwas irreführend ist die Unterbringung dieses Befehls im Untermenü *Anordnen*, da es nicht die geringste Auswirkung darauf hat, wie die übrigen Elemente um das gesperrte angeordnet sind. Sie können allerdings dadurch, dass Sie das Element nicht mehr auswählen können, es auch nicht mehr anordnen. Alle nicht gesperrten Elemente können jedoch weiterhin frei angeordnet werden. Gesperrte Elemente können also auch ganz oder teilweise verdeckt werden.

Ähnlich wie bei den Anordnungen lassen sich nur Elemente sperren, die entweder gruppiert oder Instanzen eines Symbols sind. Es gibt keine Begrenzung der Anzahl von Elementen, die Sie sperren können.

Mit den Tasten [Strg] + [Alt] + [L] ([⌘] + [Alt] + [L]) lässt sich eine Sperrung schnell und ohne Menüs durchführen.

Der Befehl *Sperrung aufheben* lässt sich auch durchführen, wenn kein Element einer Ebene aktiviert ist. Es muss allerdings ein Punkt auf der Zeitleiste aktiviert sein, damit man ihn ausführen kann. Zu beachten ist dabei, dass der Befehl jede Sperrung auflöst, die zum gewählten Punkt auf der Zeitleiste aktiv ist, sprich auch die auf anderen Ebenen. Sperrungen zu anderen Zeitpunkten bleiben von dem Auflösungsbefehl unbelassen.

Die Tastenkombination für *Sperrung aufheben* ist [Strg] + [Alt] + [⇧] + [L] ([⌘] + [Alt] + [⇧] + [L]).

# Bilder

Über diesen Menüpunkt können Sie sowohl Bilder der Zeitleiste in ihrer Reihenfolge umkehren als auch diese Bilder synchronisieren. Das Synchronisieren hilf Ihnen bei Tweenings glatte Übergänge hinzubekommen, was allerdings nicht immer zur vollen Zufriedenheit funktioniert. Über Tweenings lesen Sie mehr im entsprechenden Kapitel.

## Gruppieren

Das *Gruppieren* verschiedener Elemente hat die unterschiedlichsten Vorteile, die an dieser Stelle sicher nicht erschöpfend erklärt werden können, ohne vielen anderen Kapiteln dieses Buchs zu sehr vorzugreifen. Einige generelle Vorgehensweisen werden Sie im Folgenden finden:

Um Objekte zu gruppieren, müssen diese aktiviert sein. Sind Objekte verschiedener Ebenen aktiviert, bildet Flash für jede Ebene eine eigene Gruppe. Jede so gebildete Gruppe kann unabhängig von den anderen Gruppierungen weiterbearbeitet werden. Innerhalb einer Gruppierung können sich weitere Gruppen befinden.

Bei der Bewegung einer Gruppierung bleiben die Abstände ihrer einzelnen Elemente zueinander gleich. Versuchen Sie ein Element einer Gruppe zu aktivieren, wird immer die gesamte Gruppe aktiviert.

Um einer Gruppe Elemente hinzuzufügen, zu entnehmen oder Veränderungen an einzelnen Elementen einer Gruppe durchzuführen, klicken Sie doppelt mit der linken Maustaste auf ein Element der Gruppierung. Sie befinden sich danach in einem Modus zur Bearbeitung der Gruppe. Kenntlich wird dieser Modus zum einen dadurch, dass alle Elemente auf der Bühne, die nicht zur Gruppe gehören, etwas blasser erscheinen. Außerdem erkennen Sie, dass Sie sich im Gruppenbearbeitungsmodus befinden, an dem Symbol *Gruppe,* das zwischen der Standardsymbolleiste und der Zeitleiste sichtbar wird.

**Abbildung 10.93:** Das Symbol für den Gruppenbearbeitungsmodus

Solang Sie sich im Gruppenmodus befinden, können Sie der Gruppe beliebig viele Elemente hinzufügen oder auch aus ihr herausnehmen. Sie können sogar alle Elemente einer Gruppe entfernen, ohne den Gruppenmodus zu verlassen. Sie können dann komplett neue Elemente in die Gruppe einfügen, um die Gruppe zu erhalten. Verlassen Sie eine Gruppe, in der sich keine Elemente mehr befinden, löst sich die Gruppe auf. Elemente einer Gruppe können beliebig umarrangiert werden. Außerdem können sämtliche Eigenschaften einzelner Elemente verändert werden, ohne die anderen Elemente der Gruppe zu verändern.

Um den Gruppenmodus wieder zu verlassen klicken Sie entweder doppelt ohne ein aktiviertes Zeichenwerkzeug mit der linken Maustaste neben die Elemente der Gruppierung oder Sie klicken auf den übergeordneten Modus zwischen Zeitleiste und Standardsymbolleiste. Mit dem Doppelklick neben die Elemente einer Gruppierung wechseln Sie automatisch eine Ebene weiter nach vorn in der Hierarchie. Über die Symbole zwischen Standardsymbolleiste und Zeitleiste lassen sich die verschiedenen Modi genauer und damit direkter ansteuern.

Sobald Sie eine Gruppe verlassen haben, lassen sich alle Elemente, auch neu hinzugekommene, nur noch gemeinsam verschieben und verändern.

Über die Tasten Strg + G (⌘ + G) lassen sich markierte Objekte sehr schnell und ohne das Menü zu Gruppen formieren.

## Gruppierung aufheben

Mit diesem Befehl lösen Sie alle aktivierten Gruppierungen auf. Mit der Tastenkombination Strg + ⇧ + G (⌘ + ⇧ + G) sollte dies schneller gehen und Ihnen damit Zeit sparen.

## Teilen

Über den Befehl *Teilen* lassen sich aktivierte Elemente in ihre Einzelteile zerlegen, aber auch Gruppierungen aufheben.

Texte lassen sich zum Beispiel in Grafiken zerlegen. Geteilte Texte lassen sich allerdings nicht mehr als Texte bearbeiten, Tippfehler sind also nur noch schwer zu korrigieren. Man kann allerdings nur mit geteilten Texten Form-Tweenings und dadurch erstaunliche Effekte erzeugen. Mehr dazu lesen Sie im Kapitel *Tweenings*.

Benutzen Sie den Befehl *Teilen* zum Auflösen einer Gruppe, funktioniert er genau wie der Befehl *Gruppierung aufheben*.

*Teilen* können Sie auch nutzen, um Bitmaps für Form-Tweenings verwenden zu können. Besser nehmen Sie dafür allerdings den Befehl *Bitmaps nachzeichnen*.

Wenn Sie eine Symbol-Instanz teilen, wird sie vom Symbol getrennt bearbeitbar, gilt allerdings auch nicht mehr als Symbol. Durch das Teilen gehen Ihnen damit auch die Speicherplatzvorteile verloren. Außerdem verliert eine geteilte Instanz alle Farbeffekte und Aktionen, die ihr zugewiesen wurden.

Den Befehl *Teilen* lösen Sie auch aus, indem Sie die Tasten [Strg] + [B] ([⌘] + [B]) drücken.

# Text

Im Menü *Text* finden Sie viele Einstellungsmöglichkeiten wieder, die Sie auch in der Zeichen- und Absatz-Palette kennen gelernt haben.

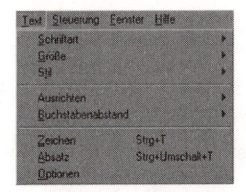

**Abbildung 10.94:** Das Menü *Text*

## Schriftart

Hier können Sie die *Schriftart* für Ihren Text wählen. Zur Verfügung stehen Ihnen alle auf Ihrem System installierten Schrifttypen.

## Größe

In diesem Untermenü können Sie Schriftgrößen von 8 bis 120 Punkt wählen.

## Stil

Wenn Sie mit der Maus den Menüeintrag *Stil* aktivieren, öffnet sich ein Untermenü, in dem Sie weitere Formatierungsmöglichkeiten für Texte finden. Es handelt sich hierbei um die Buchstabenformate *Normal, Fett, Kursiv, Hochgestellt und Tiefgestellt*.

Sämtliche Einträge dieses Menüs sind auch über die Zeichen-Palette zu erreichen, hier aber der Übersichtlichkeit halber noch die Tastenkombinationen, über die Sie leichter an die ersten drei Formate herankommen.

- *Normal*: Strg + ⇧ + P (⌘ + ⇧ + P)
- *Fett*: Strg + ⇧ + B (⌘ + ⇧ + B)
- *Kursiv*: Strg + ⇧ + I (⌘ + ⇧ + I)

## Ausrichten

Unter *Ausrichtung* finden Sie die Absatzformate, die Sie auch in der Absatz-Palette finden. An dieser Stelle noch die Tastenkombinationen, mit denen Sie von beiden Möglichkeiten der Einstellung unabhängig werden:

- *Links ausrichten*: Strg + ⇧ + L
- *Zentriert ausrichten*: Strg + ⇧ + C
- *Rechts ausrichten*: Strg + ⇧ + R
- *Blocksatz*: Strg + ⇧ + J

## Buchstabenabstand

Mit den Einträgen dieses Untermenüs können Sie den *Buchstabenabstand* um jeweils eine Stufe verringern oder erhöhen.

## Zeichen

Mit diesem Menübefehl oder der Tastenkombination [Strg] + [T] ([⌘] + [T]) öffnen Sie die Zeichen-Palette.

## Absatz

Mit diesem Menübefehl oder der Tastenkombination [Strg] + [⇧] + [T] ([⌘] + [⇧] + [T]) öffnen Sie die Absatz-Palette.

## Optionen

Mit diesem Menübefehl öffnen Sie die Textoptionen-Palette.

# Steuerung

Wollen Sie Ihren Film testen oder nur die einzelnen Schritte eines neu erstellten Tweenings verfolgen, bietet Ihnen dieses Menü zahlreiche Möglichkeiten, anhand derer Sie Ihren Film betrachten und optimieren können.

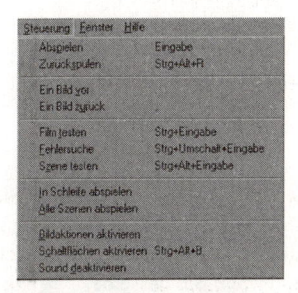

**Abbildung 10.95:** Das Menü *Steuerung*

## Abspielen

Je nachdem, was Sie in den unteren fünf Optionen dieses Menüs gewählt haben, spielt Flash von dem aktivierten Punkt auf der Zeitleiste an einzelne Szenen oder auch den gesamten Film ab. Erneutes Anwählen dieses Befehls, während der Film noch abgespielt wird, hält den Film an. Die Darstellung wechselt beim Anhalten jedoch nicht in das Ausgangsbild zurück.

Sie erreichen denselben Effekt mit der Taste ⎵ oder der *Abspielen*-Schaltfläche auf der Steuerungssymbolleiste.

## Stop

Sobald Sie einen Film abspielen, wird der Menüpunkt *Abspielen* durch den Punkt *Stop* ersetzt. Dies erscheint logisch, weil Sie einen Film oder eine Szene, die gerade nicht abgespielt wird, auch schlecht anhalten können. Halten Sie das Abspielen einer Szene an, stoppt Flash an der Stelle, an der er sich gerade befindet. Die weitere Bearbeitung des Films kann nun an dieser Stelle im Film fortgesetzt werden, wenn Sie nicht vorher ein anderes Bild oder sogar eine andere Szene wählen.

Sie können das Abspielen eines Films aber auch anhalten, indem Sie die ⎵-Taste drücken oder auf die *Stop*-Schaltfläche in der Steuerungssymbolleiste klicken.

## Zurückspulen

Mit *Zurückspulen* setzen Sie die Anzeige Ihres Films auf das erste Bild der aktuellen Szene zurück. Mit den Tasten [Strg] + [Alt] + [R] ([⌘] + [Alt] + [R]) oder der *Zurückspulen*-Schaltfläche auf der Steuerungssymbolleiste erreichen Sie dasselbe.

## Ein Bild vor

Mit diesem Befehl rücken Sie das Bild der Bühne auf das nächstfolgende Bild der Zeitleiste vor. Ausschlaggebend dafür ist der rote Abspielkopf auf der Zeitleiste. Mit der Taste [>] oder der *Bildvor-*

Schaltfläche auf der Steuerungssymbolleiste sollten Sie denselben Effekt erhalten.

**Abbildung 10.96:** Der Abspielkopf ist bei dem 21. Bild

## Ein Bild zurück

Wenn Sie genau ein Bild auf der Zeitleiste nach hinten sehen wollen, wählen Sie diesen Befehl. Mit der ◁-Taste oder der *Bildzurück*-Schaltfläche auf der Steuerungssymbolleiste erhalten Sie denselben Effekt.

## Ans Ende spulen (nicht im Menü)

Aus logischen Gründen sollte man an dieser Stelle auch ein Vorspulen im Menü finden, so wie man es als *Vorspulen*-Schaltfläche in der Steuerungssymbolleiste findet. Da es an anderer Stelle schlecht einen Platz finden würde, hier die Erklärung dieser Schaltfläche, mit der Sie auf das letzte Bild der derzeit angezeigten Szene springen. Dabei ist egal, ob andere Ebenen an dieser Stelle der Zeitleiste auch ein Bild enthalten, mit dieser Schaltfläche springen Sie immer auf das absolut letzte enthaltene Bild einer Szene.

## Film testen

Eines der wichtigsten Elemente beim Erstellen eines Films ist die Möglichkeit ihn auch ausgiebig testen zu können. Mit dem Befehl *Film testen* wird ein Export nach den *Einstellungen für Veröffentlichungen* erstellt. Wichtig sind hierbei die Einstellungen für Flash-Veröffentlichungen. Danach wird eine Vorschau des Films in der Flash-Umgebung gezeigt, in dem Sie sich anstatt der Zeitleiste den *Bandbreiten-Profiler* anzeigen lassen können. Den Bandbreiten-Profiler können Sie einfach über die Tastenkombination [Strg] + [B] ([⌘] + [B]) ein- und ausschalten.

Sie verlassen diesen Testmodus wieder, indem Sie das Fenster, in dem die Vorschau geöffnet wurde, schließen. Dies können Sie mit den Tasten [Strg] + [W] ([⌘] + [W]), dem Menübefehl *Datei / Schließen* oder dem Kreuz in der linken oberen Ecke des Fensters erreichen. Sie können allerdings auch diesen Testmodus weiterhin geöffnet lassen und über das Menü *Fenster* einfach nur in das Fenster zurück wechseln, in das Sie möchten, ohne den Testmodus zu beenden.

Je nachdem, was Sie testen wollen, sollten Sie vorher noch überprüfen, welche der weiteren Optionen aus dem Menü *Steuerung* Sie aktiviert haben. Erklärungen dazu weiter unten. Genauere Informationen über die verschiedenen Einzelheiten und Möglichkeiten dieses Modus erfahren Sie im Kapitel *Testen, testen, testen*.

> Den Befehl *Film testen* lösen Sie auch mit den Tasten [Strg] + [↵] ([⌘] + [↵]) aus. Außerdem erreichen Sie diesen Testmodus noch über das Menü *Datei / Vorschau für Veröffentlichung*, wenn Sie in dem Untermenü *Flash* als Vorschautyp wählen.

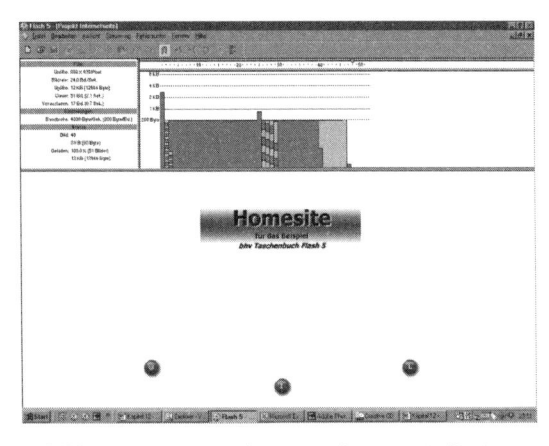

**Abbildung 10.97:** Der Filmtestmodus mit Bandbreiten-Profiler

## Fehlersuche

Wählen Sie diesen Testmodus, wird automatisch auch der *Debugger* gestartet.

## Szene testen

Im Großen und Ganzen entspricht das Ergebnis dieses Befehls dem des Befehls *Film testen*. Einziger Unterschied zu seinem großen Bruder ist die Beschränkung auf die gewählte Szene.

> Sie können diesen Modus nicht durch *Datei / Vorschau für Veröffentlichung* auslösen, aber die Tasten [Strg] + [Alt] + [↵] ([⌘] + [Alt] + [↵]) lösen einen Export der Szene mit anschließender Vorschau in der Flash-Umgebung aus.

## In Schleife abspielen

Ist diese Abspieloption aktiviert, ist vor dem Menüpunkt ein kleines Häkchen zu sehen und sowohl das Abspielen von Vorschauen als auch das normale Abspielen geschieht in einer *Schleife*. Sobald der Film oder die Szene am Ende angelangt ist, wird, je nachdem ob die Option *Steuerung / Bildaktionen aktivieren* aktiviert ist oder nicht, der Film oder die Szene wieder von vorne abgespielt. Sind keine Bildaktionen gesetzt oder ist die Option nicht aktiviert, wird der Film so lange von vorne abgespielt und dabei eine Szene nach der anderen angesteuert, bis Sie das Abspielen durch den Befehl *Stop* unterbrechen. Aktive Bildaktionen können das Abspielen eines Films auf andere Weise steuern, die Ihnen im Kapitel *Testen, testen, testen* näher gebracht werden sollen.

Sie aktivieren und deaktivieren diese Option, indem Sie mit der linken Maustaste einmal auf diesen Menüpunkt klicken.

## Alle Szenen abspielen

Ist die Option *Bildaktionen aktivieren* nicht aktiviert, spielt der Befehl *Alle Szenen abspielen* Ihnen alle Szenen sowohl im Test als auch bei einem normalen Abspielen ab. Ist Flash an dem Ende einer

Szene angekommen, fährt er ohne Unterbrechung mit der nächsten Szene fort, die in der Liste der Szenen folgt. Diese Reihenfolge können Sie sich in der Szene-Palette ansehen. Dies wird so lange fortgesetzt, bis Sie das Abspielen stoppen oder das Ende der letzten Szene erreicht wurde. Soll außerdem in einer Schleife abgespielt werden, beginnt der Film erneut mit der ersten Szene. Bildaktionen können das Abspielen auf eine andere Art steuern, aber mehr dazu lesen Sie im Kapitel *Testen, testen, testen*.

Sie aktivieren und deaktivieren diese Option, indem Sie mit der linken Maustaste einmal auf diesen Menüpunkt klicken.

## Bildaktionen aktivieren

*Bildaktionen* liegen auf den Bildern der Zeitleiste und können den Ablauf Ihres Flash-Films steuern. Bildaktionen können einem Film zum Beispiel einen Ablauf geben, der nicht geradlinig und parallel zur Zeitleiste abläuft. Es lassen sich auch künstliche Schleifen einbauen, die immer wieder an einer bestimmten Stelle im Film einsetzen, sobald eine entsprechende Bildaktion erreicht wird. Mit *Bildaktionen* können Sie aber auch ganz einfach zwischen Szenen und Bildern einer Szene springen.

Wenn Sie diese Aktionen bei einem Test oder dem normalen Abspielen in Flash berücksichtigt wissen wollen, dann sollten Sie diese Option aktivieren. Wenn Sie diese Option nicht aktiviert haben, spielt Flash eine Szene bis zu deren Ende ab und verfährt dann weiter, je nachdem, ob er die Szene oder den Film in einer Schleife abspielen, zur nächsten Szene springen oder keines von beidem tun soll. Sämtliche Bildaktionen werden also ignoriert. Auf die Veröffentlichung Ihres Films hat diese Option keinerlei Einfluss.

Sie aktivieren und deaktivieren diese Option, indem Sie mit der linken Maustaste einmal auf diesen Menüpunkt klicken oder die Tasten [Strg] + [Alt] + [A] ([⌘] + [Alt] + [A]) drücken.

## Schaltflächen aktivieren

Mit dieser Option aktivieren und deaktivieren Sie die Schaltflächen, die Sie in Ihren Film eingebaut haben, und damit die Interaktivität. Wenn Sie die Schaltflächen und deren Funktion testen wollen, sollten Sie jedoch eher den Testmodus aktivieren, da dort ein temporärer Export erstellt wird, in dem Sie auch Ihre Schaltflächen testen können.

Für die Bearbeitung von Schaltflächen kann es allerdings sehr unpraktisch sein, wenn sie aktiviert sind, da Sie mit einem Mausklick auf die Schaltfläche deren zugewiesene Aktion auslösen und eventuell so nicht dazu kommen, die Schaltfläche oder deren Elemente zu bearbeiten. Behalten Sie sich diese Option also für den Testmodus vor.

Sie aktivieren und deaktivieren diese Option, indem Sie mit der linken Maustaste einmal auf diesen Menüpunkt klicken oder sich auf die schneller verfügbaren Tasten Strg + Alt + B (⌘ + Alt + B) verlassen.

## Sounds deaktivieren

Haben Sie Soundeffekte oder ganze Musikstücke in Ihr Dokument eingefügt, kann sich diese Option als eine sehr segensreiche herausstellen, sobald Ihnen der gewählte Soundeffekt beim 50. Test langsam auf die Nerven geht. Wenn man sich die beiden Menüpunkte über diesem ansieht, ist es vielleicht ein wenig irreführend, dass Sie die Sounds de-aktivieren, sobald Sie diesen Menüpunkt aktiviert haben.

Haben Sie die Sounds als aktiviert belassen, werden alle Sounds sowohl beim normalen Abspielen als auch im Testmodus abgespielt, sobald Sie ausgelöst werden.

Sie aktivieren und deaktivieren diese Option, indem Sie mit der Maustaste einmal auf diesen Menüpunkt klicken. Außerdem stehen Ihnen die Tasten Strg + Alt + M (⌘ + Alt + M) als Kombination zum Aktivieren und Deaktivieren bereit.

# Fenster

Alle Fenster, Symbolleisten und Paletten sind über dieses Menü zu erreichen.

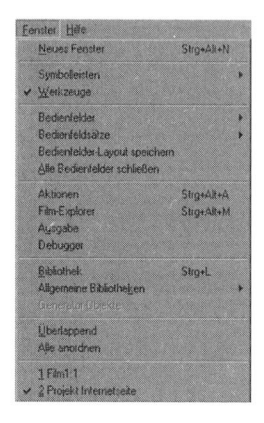

**Abbildung 10.98:** Das Menü *Fenster*

## Neues Fenster

Über den Befehl *Neues Fenster* richten Sie ein Fenster ein, das eine genaue Kopie des aktuellen Films darstellt. In der Fensterliste am unteren Ende des *Fenster*-Menüs bekommt eine solche Kopie eines Fensters eine *2* hinter dem eigentlichen Namen und einen Doppelpunkt. Das Original bekommt an selber Stelle eine *1*. Schließen Sie eine der beiden Kopien, wechseln Sie automatisch in eine verbleibende.

Damit haben Sie die Möglichkeit zwei verschiedene Ansichten gleichzeitig zu öffnen, zwischen denen Sie über das Menü *Fenster* hin und her wechseln können. Änderungen an einer Kopie werden auch in alle anderen übernommen.

# Symbolleisten

Sobald Sie den Menüpunkt *Symbolleisten* angewählt haben, öffnet sich ein Untermenü, in dem Sie die verschiedenen Symbolleisten von Flash ein- und ausschalten können.

> **HINWEIS:** Die Mac-Version unterscheidet sich an dieser Stelle erheblich von der Windows-Version. Als Symbolleiste existiert hier nur die Werkzeuge-Palette und diese lässt sich auch nirgends andocken.

Die Symbolleiste *Standard* enthält die wichtigsten und gebräuchlichsten Schaltflächen und Befehle für Flash. Leider lassen sich die Symbolleisten nicht selbst definieren, um die Befehle einfügen zu können, die man selbst häufig benutzt.

Da die Symbolleiste *Status* ein wenig unscheinbar ist, kann es durchaus eine Weile dauern, bis Sie bemerken, wo sie erscheint. Die Statussymbolleiste sitzt, wenn sie eingeschaltet ist, immer am unteren Rand des Flash-Fensters und kann von dort als einzige Symbolleiste auch nicht wegbewegt werden.

Sobald Sie mit dem Mauszeiger über eine Schaltfläche oder über ein Menü fahren, können Sie in der Symbolleiste eine kurze Information über die Funktion des Menüs lesen. Eine solche Information für das Menü *Datei / Speichern unter* sieht dann zum Beispiel so aus: *Diesen Film unter neuem Namen speichern*.

Auf der rechten Seite der Statussymbolleiste finden Sie einige Schaltflächen, mit denen Sie verschiedene Paletten ein- und ausblenden können.

Ähnlich den Knöpfen an Ihrer Stereoanlage, können Sie die Schaltflächen auf der Symbolleiste *Abspielsteuerung* zum Abspielen, Anhalten und Spulen Ihres Flash-Films verwenden. Genauere Informationen finden Sie dazu weiter oben unter der Überschrift *Steuerung*.

**Abbildung 10.99:** Die Abspielsteuerungssymbolleiste

## Werkzeuge

Über diesen Befehl können Sie die Werkzeuge-Palette ein- und ausblenden. Ist die Palette eingeblendet, befindet sich ein kleines Häkchen links neben dem Menüeintrag.

## Bedienfelder

An dieser Stelle erhalten Sie ein Untermenü mit allen Paletten von Flash 5, die Sie an dieser Stelle auch ein- und ausblenden können.

## Bedienfeldsätze

Zu Beginn finden Sie an dieser Stelle nur das Standard-Layout. Die Bedienfelder-Layouts, die Sie im nächsten Menüeintrag speichern, finden Sie hier wieder.

## Bedienfelder-Layout speichern

Sie können die Paletten von Flash anordnen und sortieren, wie Sie dies wollen. Damit Ihnen diese Änderungen erhalten bleiben, selbst wenn jemand anderes an Ihrem Rechner mit Flash gearbeitet hat, können Sie Ihre Anordnungen speichern und ihnen einen Namen geben. Diesen Namen finden Sie danach in den Bedienfeldsätzen wieder.

## Alle Bedienfelder schließen

Mit diesem Menübefehl blenden Sie alle Paletten auf einmal aus.

## Aktionen

Mit diesem Menübefehl öffnen Sie die Aktionen-Palette. Erklärungen dazu finden Sie im Kapitel *Aktionen und Skripten*.

## Film-Explorer

Mit diesem Menübefehl öffnen Sie den *Film-Explorer*. Erklärungen dazu finden Sie im Kapitel *Aktionen und Skripten*.

## Ausgabe

Solange Sie Ihren Film weder getestet noch veröffentlicht haben, werden Sie in dem Fenster *Ausgabe* keinerlei Informationen finden. Erst wenn Flash einmal einen Export erzeugt hat, können Sie hier Informationen über Fehler in den Aktionen oder die Größe der erzeugten Dateien finden.

Testen Sie einen Film und eine Aktion weist einen Fehler auf, wird das Fenster *Ausgabe* automatisch geöffnet, um Sie auf den Fehler hinzuweisen.

Haben Sie bei den *Einstellungen für Veröffentlichungen* eingestellt, dass Flash einen Größenbericht erstellen soll, befindet sich dieser Größenbericht nach einer Veröffentlichung in diesem Fenster wieder. Der Größenbericht wird allerdings auch bei der veröffentlichten Datei als Textfile gespeichert, sodass Sie dies nicht unbedingt tun müssen. Flash erspart Ihnen so nur das Öffnen einer Textverarbeitung, um sich den Größenbericht ansehen zu können.

Sie können die Texte in diesem Fenster nicht verändern. Es besteht allerdings die Möglichkeit, dass Sie einzelne Passagen markieren, um sie über den Befehl *Kopieren* in den Zwischenspeicher zu laden. Diesen Text können Sie dann überall dort einsetzen, wo er als Text interpretiert werden kann. Zum Kopieren öffnen Sie das kleine Menü oben rechts in der Ecke des Ausgabefensters mit dem Namen *Optionen* und wählen den Befehl *Kopieren*. Neben diesem Befehl finden Sie in diesem Menü die Befehle *Als Datei speichern* und *Löschen*.

Mit *Als Datei speichern* können Sie sowohl Fehlermeldungen als auch Größenberichte als Datei auf einem Datenträger speichern. *Löschen* entfernt alle Informationen im Ausgabefenster.

**Abbildung 10.100:** Das Ausgabefenster

## Debugger

Mit diesem Menübefehl öffnen Sie den *Debugger*.

## Bibliothek

In der Bibliothek eines Films werden alle importierten Bilder, Sounds und Videos und auch die Symbole des Films gesammelt und festgehalten. Mit diesem Menübefehl rufen Sie das Fenster *Bibliothek* auf. Genaueres über die Möglichkeiten und Arbeitsweisen der verschiedenen Bibliotheken finden Sie im gleichnamigen Kapitel.

Sie können das Bibliothekenfenster auch mit der Tastenkombination Strg + L (⌘ + L) aufrufen.

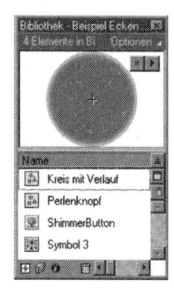

**Abbildung 10.101:** Das Bibliothekenfenster

## Allgemeine Bibliotheken

Haben Sie die Bibliotheken mitinstalliert, finden Sie an dieser Stelle einige Bibliotheken mit mehr oder minder nutzbaren Symbolen, Sounds und Animationen. Entscheiden Sie selbst, ob Sie diese verwenden wollen und ob Sie Ihnen zusagen. Für ein paar Übungen mit Flash sind sie allemal dienlich.

## Alle anordnen

Wollen Sie alle derzeit geöffneten Filme auf einmal dargestellt haben, können Sie mit *Alle Anordnen* diesem Wunsch nachkommen. Flash arrangiert alle offenen Fenster auf einmal nebeneinander auf dem Monitor an. Wenn Sie Objekte von einem in einen anderen Flash-Film kopieren wollen, bietet sich diese Anordnung als recht praktisch an. Bei mehr als zwei geöffneten Filmen sollte man besser schon einen großen Monitor haben, um noch halbwegs vernünftig arbeiten zu können.

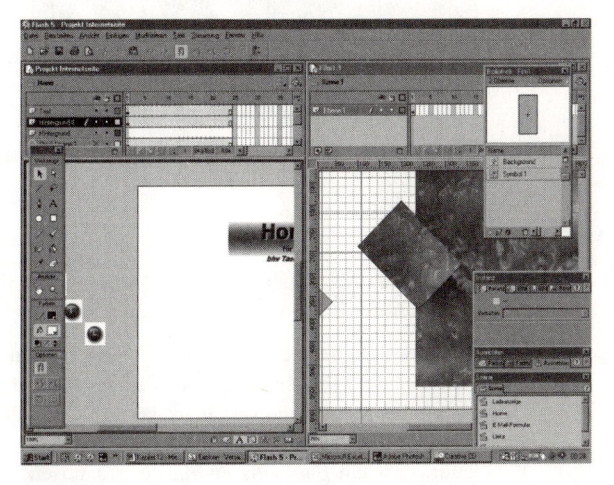

**Abbildung 10.102:** Zwei (in diesem Fall alle) offene Fenster angeordnet

## Überlappend

Mit diesem Befehl ordnen Sie alle geöffneten Filme überlappend auf dem Monitor an. Das erleichtert Ihnen dann zwar das Umschalten zwischen verschiedenen Filmen, auf kleinen Monitoren werden die Fenster allerdings unpraktisch klein.

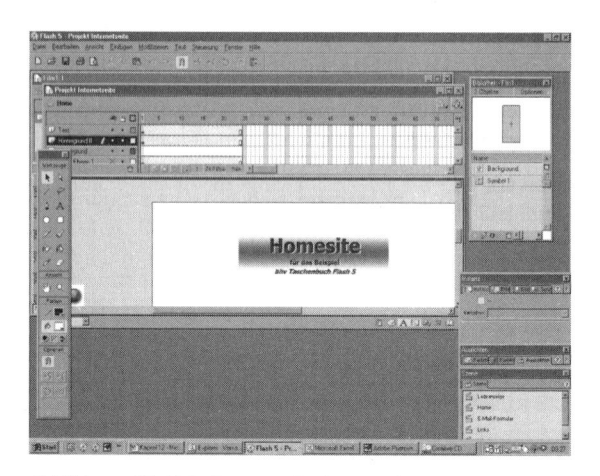

Abbildung 10.103: Fenster überlappend angeordnet

## Generator-Objekte

Dieses Menü lässt sich nur anwählen, wenn Sie die Generator-Erweiterung für Flash auf Ihrem Rechner installiert haben.

Der *Generator* ist ein Tool für Flash, das es Ihnen ermöglicht einen Flash-Film so in seine Einzelteile zu zerlegen, dass Sie jeden Teil einzeln bearbeiten und verändern können, ohne den gesamten Film aufrufen und verändern zu müssen. Dieses Tool sorgt dann auch dafür, dass ein Flash-Player-Film erst dann erzeugt wird, wenn er vom Server aufgerufen wird. Es ist demnach auch in erster Linie für Veröffentlichungen im Internet gedacht.

## Geöffnete Fenster

Am unteren Ende des Menüs *Fenster* befinden sich die Dateinamen aller geöffneten Filme. Der Film, in dem Sie sich gerade befinden, ist durch ein kleines Häkchen vor seinem Dateinamen kenntlich gemacht. Sie können über dieses Menü zwischen den verschiedenen

Filmen hin und her wechseln, indem Sie mit der linken Maustaste auf den gewünschten Dateinamen klicken.

# Hilfe

Kommen Sie einmal bei einem Problem mit Flash nicht weiter und finden die Lösung auch nicht in diesem Buch, können Sie sich immer noch an die mitgelieferte *Hilfe* wenden.

## Flash-Hilfethemen

Sollten Sie dieses Buch gerade nicht zur Hand haben, aber dennoch an einem Punkt festsitzen und eine Lösung suchen, kann Sie die *Offline-Hilfe* sicherlich auf den richtigen Weg zur Lösung bringen.

## Flash Developer Center

Sie haben Probleme bei der Arbeit mit Flash? Dann versuchen Sie es doch einmal unter diesem Menüpunkt. Wie bei der Registrierung wird hier Ihr Standardbrowser geöffnet, der dann auch gleich versucht mit Macromedia Kontakt aufzunehmen. Also sollten Sie auch hier zusehen, dass Sie bereits vorher in den Online-Modus gewechselt haben.

Eine vorherige Registrierung Ihrer Flash-Version sollte sich ebenfalls als hilfreich erweisen.

## Lektionen

Falls Sie die *Lektionen* bei der Installation nicht ausgelassen haben, können Sie sich über diesen Menüpunkt jederzeit noch einmal erklären lassen, wie Sie das eine oder andere in Flash bewerkstelligen. Bedenken Sie jedoch, dass Sie in diesen Lektionen nur die Grundlagen über Flash beigebracht bekommen.

## Beispiele

Die *Beispiele* können Ihnen unter Umständen als praktische Vorlage dienen oder Ihnen Lösungsvorschläge machen. Schauen Sie sich die einzelnen Beispiele einfach einmal an. Für die Aktionen der verschiedenen Beispiele, sollten Sie allerdings entweder eine Vorschau erstellen oder das Beispiel im Testmodus näher unter die Lupe nehmen.

## Über Flash

In diesem Fenster finden sich nicht nur die Danksagungen der Mitarbeiter von Macromedia und sämtliche Namen der Crew, sondern auch Ihre Benutzerdaten, die Sie bei der Installation eingegeben haben.

Sollten Sie also einmal nach Ihrer Registrierungsnummer suchen und die Karte nicht aus dem Karton fummeln oder unter einem Berg Papier hervorkramen wollen, finden Sie diese auch am rechten unteren Rand dieses Informationsfensters. Zu viel mehr ist dieses Fenster allerdings wirklich nicht zu gebrauchen.

# TEIL

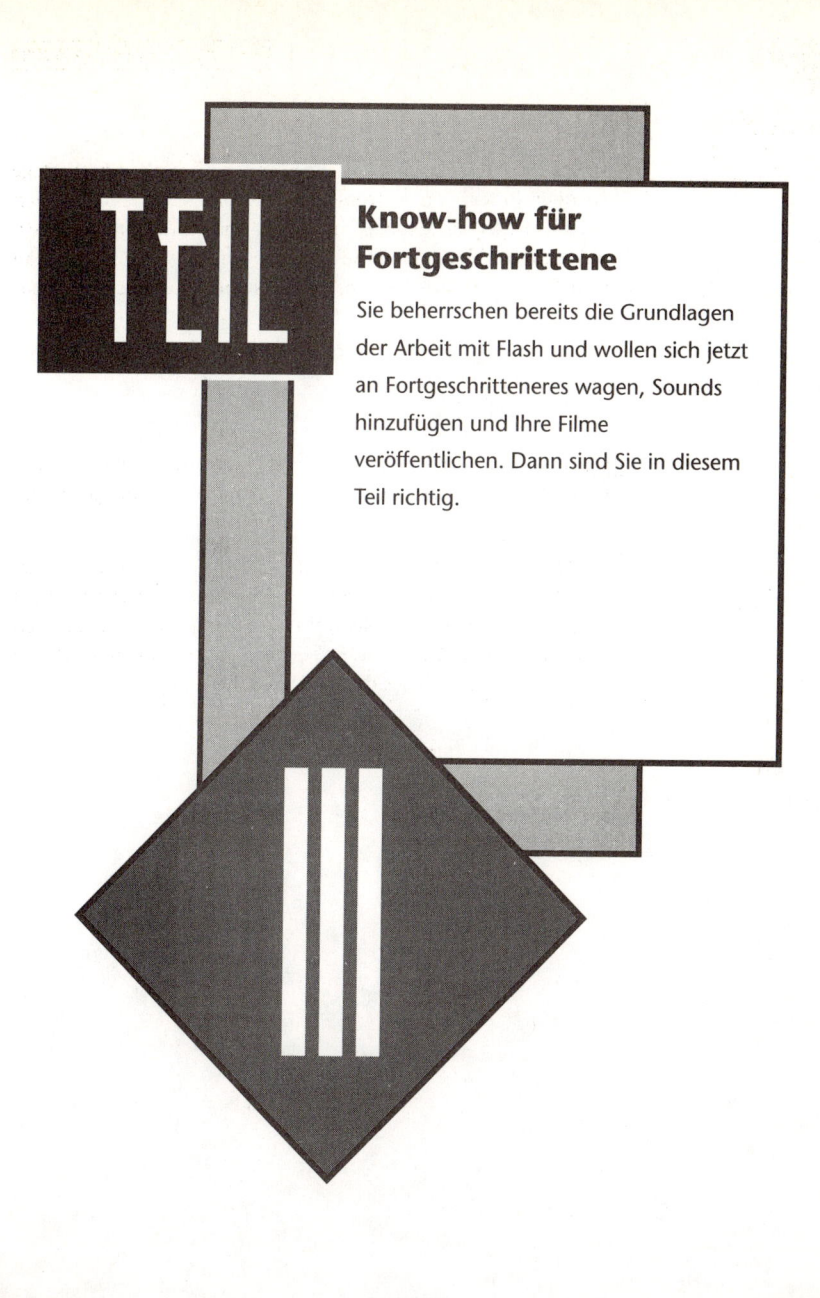

## Know-how für Fortgeschrittene

Sie beherrschen bereits die Grundlagen der Arbeit mit Flash und wollen sich jetzt an Fortgeschritteneres wagen, Sounds hinzufügen und Ihre Filme veröffentlichen. Dann sind Sie in diesem Teil richtig.

III

# KAPITEL 11

## Sounds

Sounds auf Internetseiten sind noch immer ungewöhnlich mit Flash, aber erstaunlich einfach zu verwirklichen.

# Sounds

Egal, ob Sie nun Hintergrundmusik oder ein Geräusch für ein bestimmtes Ereignis in Ihre Datei einfügen wollen, beides ist möglich. Der englische Begriff *Sounds* umfasst in diesem Fall alles, was klingt. Dabei kann Flash solche Sounds allerdings nicht selbst erstellen, sondern nur in Lautstärke, Exportgröße und Qualität bearbeiten.

Für die Erstellung von Sounds müssen Sie also andere Programme zu Rate ziehen. Ob Sie nun Cubase oder eine Dance EJay verwenden, bleibt Ihnen überlassen. Wichtig ist nur, dass Sie die Dateien von diesen Programmen im richtigen Format bekommen.

## Sounds importieren

Importiert wird ausschließlich im *WAV-*, *MP3-* oder *AIFF-Format*. Andere Formate kann Flash nicht interpretieren.

Um eine möglichst gute Wiedergabe Ihrer Sounds zu erreichen, sollten Sie diese außerdem auf eine Rate von 5,5 kHz oder ein Vielfaches davon (11, 22 oder 44 kHz) umrechnen, bevor Sie sie importieren.

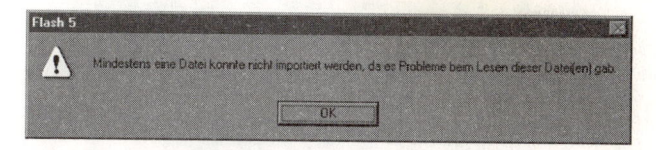

**Abbildung 11.1:** Falscher Dateityp

Ob Sie nun AIFF- oder WAV-Dateien importieren können, ist allein abhängig von dem Rechnertyp, mit dem Sie arbeiten. Für Macintosh-Rechner steht Ihnen das AIFF-Format zur Verfügung und für

Windows-Rechner das WAV-Format. Ein kompatibleres und inzwischen häufiger verwendetes Format ist das MP3-Format, das Sie auf beiden Systemen erzeugen und importieren können. Alle Formate entsprechen dem *PCM- (Pulse Code Modulation)* -Soundformat für das jeweilige System.

Dieses Soundformat benötigt sowohl im RAM als auch auf der Festplatte sehr viel Speicherplatz und wird beim Export grundsätzlich umgerechnet, um Platz zu sparen.

Sie können allerdings bereits vorher dafür sorgen, dass Ihre Dateien wenig Speicher benötigen, indem Sie sie in Mono-Qualität mit 22 kHz und 16 Bit speichern. Stereosounds verbrauchen exakt doppelt so viel Speicher wie Monosounds.

Die niedrigere kHz- und Bit-Zahl sorgt weiterhin für eine Reduzierung des Aufwands, lässt Sounds aber noch in einer annehmbaren Qualität erklingen.

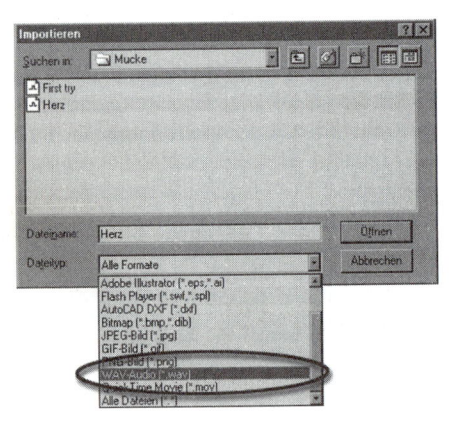

**Abbildung 11.2:** So können Sie nur nach WAV-Formaten filtern lassen

Um nun eine Sounddatei zu importieren, nutzen Sie das Menü *Datei / Importieren* oder die Tastenkombination (Strg) + (R) ((⌘) + (R)).

Damit öffnen Sie den *Importieren*-Dialog. Unter *Dateityp* finden Sie das *WAV-Audio (\*.wav)*-Format, das Ihnen hilft alle anderen Dateitypen aus der Liste herauszufiltern und sich nur die WAV-Dateien anzeigen zu lassen.

Sobald Sie eine Datei ausgewählt haben und diese Auswahl mit *OK* bestätigen, wird die Datei in die Bibliothek des Films übernommen, aber noch nicht abgespielt, wenn Sie den Film starten. Um eine Sounddatei in den Film zu integrieren, Sie also an einer bestimmten Stelle des Films abzuspielen, müssen Sie eine Sounddatei im Film platzieren.

In der Bibliothek können Sie die Datei allerdings bereits abspielen, ohne Sie vorher platziert zu haben. Nicht platzierte Sounds werden nicht mit exportiert.

# Sounds platzieren

Das *Platzieren von Sounds* funktioniert im Grunde wie das Platzieren eines Symbols oder Bitmaps. Sie markieren einen Sound in der Bibliothek und ziehen ihn aus dem Vorschaufenster oder der Liste heraus auf die Bühne.

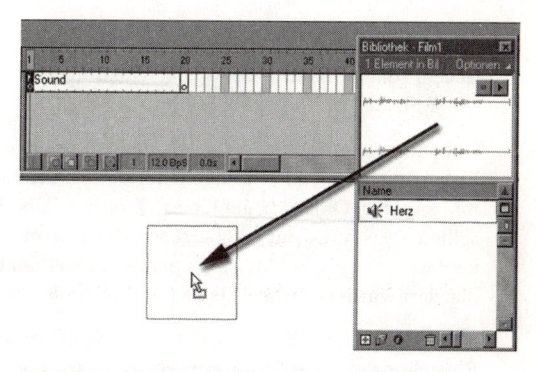

**Abbildung 11.3:** Sounds werden auf die Bühne gezogen ...

Der Unterschied besteht darin, dass der Sound auf der Bühne oder dem Arbeitsbereich nicht angezeigt wird und auch dort nirgends platziert wird. Platziert wird ein Sound nämlich ausschließlich in einem Schlüsselbild der Zeitleiste eines Films. Sounds lassen sich aber nicht direkt aus der Bibliothek auf ein Schlüsselbild ziehen. Das erfordert einen kleinen Umweg beim Denken, wenn Sie es aber ein paar mal gemacht haben, werden Sie sich daran gewöhnt haben.

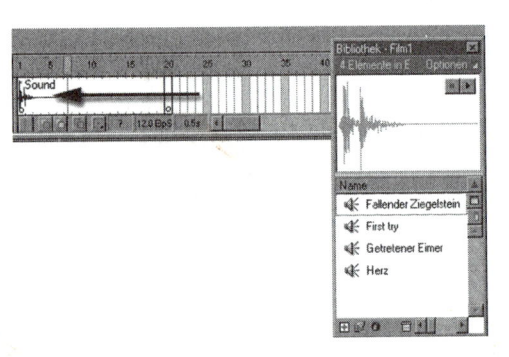

**Abbildung 11.4:** ... aber in der Zeitleiste platziert (der Pfeil markiert hier nur die Anzeige der Soundkurve)

Um nun einen Sound gezielt in ein bestimmtes Schlüsselbild zu bewegen, sollten Sie das Ziel-Schlüsselbild für den Sound markieren, bevor Sie den Sound auf die Bühne bewegen.

Es kann immer nur ein Sound einem Schlüsselbild zugewiesen sein. Dabei spielt es jedoch keine Rolle, ob ein Schlüsselbild leer oder mit anderen Objekten gefüllt ist. Um den Überblick zu wahren, sollten Sie Sounds auf einer eigenen Ebene platzieren. Wenn Sie einen Sound in ein Schlüsselbild platzieren, in dem bereits ein Sound platziert wurde, ersetzen Sie den ersten damit durch den zweiten.

Angezeigt werden Sounds ausschließlich in der Zeitleiste. Je nach Einstellung der Zeitleiste werden die Kurven eines Sounds hoch oder eher gedrungen angezeigt.

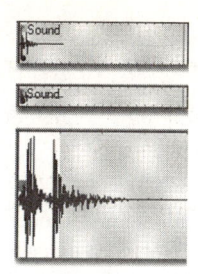

**Abbildung 11.5:** Drei verschiedene Einstellungen

In jedem Fall werden die Kurven eines Sounds immer gemeinsam mit entweder den Bezeichnungen oder den Vorschauen der Schlüsselbilder angezeigt und liegen dabei im Vordergrund. Diese Ansicht kann zu Verwirrungen und Unübersichtlichkeit führen. Die Unübersichtlichkeit lässt sich aber nur entzerren, wenn Sie die Ebenenhöhe höher einstellen.

In der Abbildung oben wird im obersten Teil die Bezeichnung und Kurve gleichzeitig angezeigt und der Ebene wurde eine Höhe von 200 % zugewiesen. Darunter wird derselbe Sound angezeigt, die Ebene hat allerdings nur eine Höhe von 100 %. Im dritten und letzten Beispiel der Abbildung wird eine Ebenenhöhe in Kombination mit einer Vorschau gezeigt. Der Inhalt der Bühne ist kaum zu erkennen, da die Soundkurve vor dem grafischen Inhalt der Bühne gezeigt wird.

Reicht eine Soundkurve über den Darstellungsbereich eines Schlüsselbilds hinaus, wird an dieser Stelle auch die Darstellung der Kurve abgeschnitten. Abhängig davon, ob es sich um einen Ereignis- oder Streaming-Sound handelt, wird auch die Wiedergabe an dieser Stelle unterbrochen oder nicht. Diese beiden Soundtypen werden weiter unten genauer erklärt.

> **KNOW-HOW**
> Sounds, die Schlüsselbildern zugewiesen wurden, werden beim Kopieren eines Schlüsselbilds durch den Befehl *Schlüsselbild einfügen* als einziges nicht mitkopiert.

## Sounds in Symbolen platzieren

Symbole haben ihre eigene Zeitleiste und können deshalb ebenfalls mit Sounds versehen werden. Es ergeben sich allerdings einige Ausnahmen, die im Folgenden Erklärung finden sollen.

### Grafik-Symbole

Sounds können zwar in Grafik-Symbolen platziert werden, werden jedoch nicht abgespielt. Es macht also keinen Sinn, hier einen Sound gleich welcher Art zu platzieren. Verwenden Sie für animierte Symbole mit Sounds besser das Filmsequenz-Symbol.

### Schaltflächen-Symbole

Da die Zeitleiste eines Schaltflächen-Symbols lediglich aus vier einzelnen Bildern besteht, auf denen jeweils nur ein Schlüsselbild platziert werden kann, macht es keinen Sinn, einem Schaltflächen-Symbol Streaming-Sounds zuzuweisen. Solche Streaming-Sounds würden dann jeweils für ein Bild der Zeitleiste abgespielt und sofort wieder angehalten. Zudem müsste der Streaming-Sound bei jedem Auslösen des Sounds neu geladen werden.

Generell lässt sich in jedem der drei optischen Zustände einer Schaltfläche ein Sound platzieren. Der Aktiv-Zustand ignoriert, wie so vieles anderes auch, Sounds. Um einen Echo-Effekt zu vermeiden, sollten Sie den Ereignis-Sound *Start* verwenden.

Die einzelnen Soundtypen werden weiter unten näher beschrieben.

### Filmsequenz-Symbole

Bei Streaming-Sounds in Filmsequenz-Symbolen sollten Sie darauf achten, dass diese Sounds unterbrochen werden, sobald die Zeitleiste, in der der Sound platziert wurde, am letzten Bild ankommt.

Ansonsten spielen Sounds, die in Filmsequenzen platziert wurden, ohne Probleme ab.

# Platzierte Sounds bearbeiten

Um einen platzierten Sound zu *bearbeiten*, müssen Sie die Sound-Palette für ein markiertes Schlüsselbild öffnen, in dem der Sound platziert wurde. Dort finden Sie alle Bearbeitungsmöglichkeiten, die Flash Ihnen für die Wiedergabe eines Sounds bietet. Wirklich bearbeiten können Sie eine Sound allerdings nur in einem dafür ausgelegten Programm. Mit Flash können Sie lediglich Lautstärke, Wiederholungsanzahl, Synchronisation (*Sync*) und die Klanghülle bearbeiten.

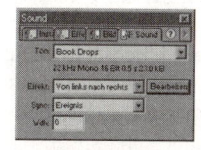

**Abbildung 11.6:** Die Sound-Palette

# Sounds austauschen und entfernen

An oberster Stelle finden Sie immer die Bezeichnung des Sounds (*Ton*), der dem Schlüsselbild zugewiesen wurde. Klicken Sie auf das kleine Dreieck rechts neben der Bezeichnung, öffnet sich ein Dropdown-Menü, das alle übrigen Sounds der Bibliothek enthält.

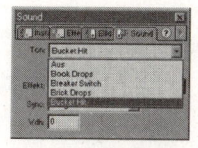

**Abbildung 11.7:** Die Sounds der Bibliothek in einer Liste

Das Menü enthält neben den Sounds der Bibliothek aber auch den Eintrag *Aus*. Wählen Sie diesen Eintrag, entfernen Sie den Sound aus dem Schlüsselbild. Wählen Sie einen der übrigen Einträge, ersetzen Sie den vorherigen Sound durch den neu ausgewählten.

> **HINWEIS**
> Sie können einem Schlüsselbild auf diesem Weg auch einen Sound zuweisen, wenn sich bereits Sounds in der Bibliothek befinden.

## Stereo- und Lautstärke-Effekte beeinflussen

Mit einem Klick auf die Schaltfläche *Bearbeiten* öffnen Sie einen Dialog, in dem Sie Sounds weiter bearbeiten können. Die *Lautstärke* für jeden Kanal eines Sounds lässt sich hier individuell einstellen. Am Anfang des Sounds haben Sie ein Quadrat, von dem aus eine Linie sich horizontal über die gesamte Kurve des Sounds erstreckt. Befinden sich das Quadrat am oberen Rand eines Fensters, wird der Sound mit maximaler Lautstärke abgespielt. Befindet es sich am unteren Rand, ist die Lautstärke so leise, dass der Sound nicht zu hören ist, er wird aber dennoch abgespielt.

Verändern Sie die vertikale Position des Quadrats, verändern Sie auch die Position der Linie entsprechend und damit die Lautstärke des Sounds auf der gesamten Länge der Linie. Sie können das Quadrat mit Hilfe der Maus verschieben, wenn Sie mit dem Mauszeiger darauf zeigen, die Maustaste gedrückt halten und den Mauszeiger in die gewünschte Richtung bewegen.

Drücken Sie die Maustaste an einer anderen Stelle als dem Quadrat, wird an der Stelle ein neues Quadrat erzeugt und eine Linie zwischen dem ersten und zweiten gezogen.

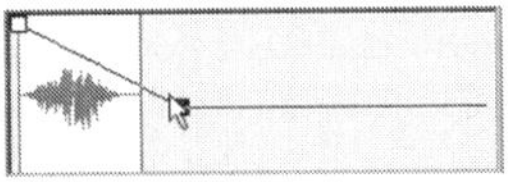

**Abbildung 11.8:** Ein zweites Quadrat

Immer noch wird mit der Linie und den Quadraten die Lautstärke des Sounds im entsprechenden Kanal angegeben. Im Beispiel oben fällt also die Lautstärke des Sounds auf circa die Hälfte des Maximums.

Mono- sowie Stereosounds werden mit einem rechten und einem linken Kanal angezeigt. Bei Stereosounds können sich die Kurven unterscheiden und bei Monosounds sind die beiden Kurven identisch.

Die Einstellungen für die Lautstärke der einzelnen Sounds werden allerdings nicht automatisch für beide Kanäle vorgenommen, sondern können unterschiedlich bearbeitet werden.

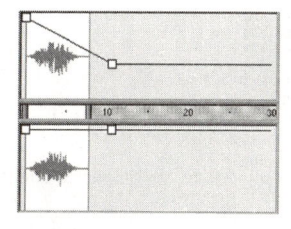

**Abbildung 11.9:** Unterschiedliche Lautstärken für die Kanäle eines Stereosounds

Sobald Sie jedoch für einen Kanal ein neues Quadrat auf der Lautstärkelinie erzeugt haben, wird an derselben, horizontalen Stelle automatisch ein weiteres Quadrat im anderen Kanal erzeugt. Das erleichtert es Ihnen, die Einstellung des einen Kanals für den anderen zu übernehmen.

Verschieben Sie ein Quadrat in horizontaler Richtung, wird das entsprechende Gegenstück im jeweils anderen Kanal ebenfalls mitbewegt. Verschieben Sie ein Quadrat der Linie an den linken Rand, wenn es nicht das einzige der Linie ist, wird das Quadrat gelöscht. Außerdem ist es nicht möglich, ein Quadrat an einem umgebenden anderen Quadrat derselben Linie vorbeizuschieben.

Einstellungen, die Sie über den rechten Rand eines Sounds hinaus vornehmen, haben keinen Effekt auf die Wiedergabe eines Sounds, es sei denn, dort befinden sich Wiederholungen des Sounds.

# Effekt

Über *Effekt* lassen sich die Stereokanäle eines Sounds nach vordefinierten Vorlagen mit Effekten versehen oder die eingestellten Effekte rückgängig machen.

**Abbildung 11.10:** Verschiedene, vordefinierte Effekte

Sind Sie mit den Einstellungen, die Sie im Ansichtsfenster vorgenommen haben, nicht zufrieden, wählen Sie *Kein Effekt* aus der Liste um sie zu löschen.

*Linker Kanal* oder *Rechter Kanal* schalten jeweils nur den genannten Effekt auf volle Lautstärke und den jeweils anderen aus. Diese Einstellungen werden auch für mehrere Wiederholungen beibehalten.

*Von links nach rechts* oder *Von rechts nach links* lassen die Wiedergabe des Sounds vom einen Kanal zum anderen wandern. Dieser Effekt erstreckt sich über die gesamte Länge eines Sounds. Bei mehreren Wiederholungen des Sounds hat dieser Effekt nur Auswirkungen auf die erste Wiedergabe des Sounds.

*Einblenden* und *Ausblenden* sorgen für einen langsamen Lautstärkeanstieg am Anfang des Sounds (*Einblenden*) bzw. einen Lautstärkeabfall am Ende des Sounds (*Ausblenden*). Damit lassen sich weichere Übergänge zwischen einzelnen Sounds erzeugen. Eingeblendet wird bei mehreren Wiederholungen nur bei der ersten Wiedergabe des Sounds und die Lautstärke bleibt für alle Wiederholungen konstant. Ausgeblendet wird nach der ersten Wiedergabe des Sounds. Alle Wiederholungen bleiben also ausgeblendet, was nur wenig Sinn macht.

Sobald Sie selbst Veränderungen an der Lautstärke der Kanäle vornehmen, springt *Effekt* auf *Benutzerdefiniert*. Es lassen sich damit jedoch keine eigenen Einstellungen wiederherstellen. Wählen Sie einen anderen Effekt, werden sämtliche benutzerdefinierten Einstellungen verworfen.

## Abspielen und anhalten

Über die Schaltflächen *Abspielen* und *Anhalten* lässt sich der Sound wiedergeben und die Wiedergabe anhalten. So lassen sich die Einstellungen, die Sie an dem Sound vorgenommen haben, überprüfen, ohne dass Sie zurück in den Bearbeitungsmodus des Films müssen.

## Ansicht

Mit den Lupen-Schaltflächen lässt sich die Darstellung der Kurve in der Breite vergrößert oder verkleinert darstellen, je nachdem welches Werkzeug Sie verwenden.

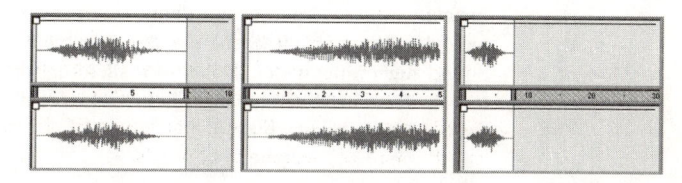

**Abbildung 11.11:** Links: Ausgangssituation, Mitte: vergrößert, rechts: verkleinert

Die Zeit-Schaltfläche legt der Darstellung der Kurve die Zeit als Einheit zugrunde. Mit der Bilder-Schaltfläche ist *Bilder* die Einheit der Zeitleiste. So lässt sich sehr einfach herausfinden, über wie viele Bilder der Zeitleiste sich ein Sound bei der eingestellten Bildrate erstreckt.

Die Skala für diese Einheit wird zwischen den beiden Kanälen für rechts und links angezeigt.

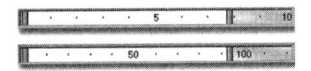

**Abbildung 11.12:** Derselbe Sound oben in *Zeit* angegeben, unten in *Bildern* bei einer Bildrate von 12 BpS

# Ereignis oder Streaming

Sounds lassen sich mit der Zeitleiste synchron oder von ihr gelöst wiedergeben. Mit der Zeitleiste synchron werden Sounds wiedergegeben, die von Flash als *Streaming-Sounds* bezeichnet werden. *Ereignis-Sounds* hingegen lassen sich unabhängig von Länge und Beschaffenheit der Zeitleiste abspielen. Es gibt drei verschiedene Ereignis-Sounds und nur einen Streaming-Sound. Einem Sound kann im Feld *Sync* der Sound-Palette immer nur einer dieser vier Soundtypen zugewiesen werden.

### Ereignis

*Ereignis-Sounds* werden genau dann abgespielt, wenn die Darstellung des Films an die Stelle des Schlüsselbilds kommt, dem der Sound zugeordnet wurde. Dabei wird allerdings nicht darauf geachtet, ob der Sound bereits abgespielt wird oder nicht, sodass es zu Echo-Effekten kommen kann.

### Start

Der *Start-Ereignis-Sound* wird genau wie der Ereignis-Ereignis-Sound dann abgespielt, wenn die Darstellung zu dem Schlüsselbild kommt, dem der Sound zugewiesen wurde. Sounds mit dem Ereignis *Start* werden allerdings auch nur dann abgespielt, wenn sie nicht bereits abgespielt werden, sprich: hier wird der Echo-Effekt vermieden, aber auch der Sound nicht abgespielt.

### Stop

Ein *Stop-Ereignis-Sound* sorgt dafür, dass alle Ereignis-Sounds angehalten werden, wenn die Darstellung zu dem Schlüsselbild kommt, in dem der Stop-Ereignis-Sound platziert wurde. Es macht natürlich keinen Sinn, dem Schlüsselbild tatsächlich einen Sound zuzuweisen. Haben Sie aus Versehen doch einen Sound zugewiesen, wollen jedoch nur Ereignis-Sounds anhalten, wählen Sie aus dem Dropdown-Menü der Sound-Palette den Eintrag *Aus*.

Von diesem Ereignis bleiben Streaming-Sounds unbeeindruckt. Wollen Sie alle Sounds, also auch die Streaming-Sounds, anhalten, müssen Sie die Aktion *stopAllSounds* verwenden, die weiter unten und im Kapitel *Aktionen und Skripten* näher beschrieben wird.

### Streaming

*Streaming-Sounds* werden genau dann geladen, wenn sie abgespielt werden, und umgekehrt auch erst abgespielt, wenn sie geladen werden. Das ermöglicht bei langen Stücken, dass es zu keinen Wartezeiten kommt.

Da Streaming-Sounds synchron zum Film ablaufen, lassen sie sich zudem sehr genau steuern. Gerät das optische Streaming des Films ins Stocken, wird auch der Sound entsprechend verzögert geladen. Das ist dann zwar ebenso wenig schön wie das Ruckeln der Darstellung, sorgt aber im weiteren Verlauf des Films dafür, dass Sound und Darstellung so synchron bleiben wie vom Ersteller einer Seite gedacht.

Ein großer Nachteil der Streaming-Sounds ist der, dass sie genau so oft geladen werden müssen, wie sie abgespielt werden. Es lässt sich also nicht wie bei Symbolen und Ereignis-Sounds ein Vorteil daraus ziehen, dass der Sound mehrmals vorkommt.

Streaming-Sounds werden gestoppt, sobald Sie auf ein Schlüsselbild in derselben Ebene wie der Sound treffen oder der Zeitstrang der Ebene zu Ende ist. In einem Beispiel (siehe Abbildung unten) bedeutet dies, dass der Streaming-Sound auf Ebene 1 am Schlüsselbild an Position 10 gestoppt wird. Der gleichzeitig ablaufende Streaming-Sound auf Ebene 2 läuft allerdings noch bis zum Bild 20 und wird dort gestoppt, weil der Zeitstrang zu Ende ist. Dieses Stoppen eines Streaming-Sounds geschieht abrupt.

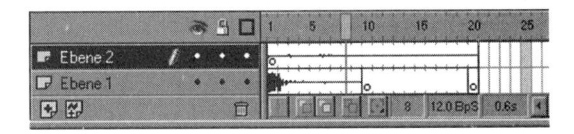

**Abbildung 11.13:** Beispiel für unterbrochene Streaming-Sounds

## Wiederholungen  *Loop*

Im Eingabefeld *Wiederholungen* können Sie angeben, wie oft der Sound hintereinander wiederholt werden soll. Maximal können Sie einen Sound ca. 2 Milliarden Mal wiederholen, was durchaus genügend sein sollte.

Die angegebene Zahl schließt immer die erste Wiedergabe des Sounds mit ein. Angaben von *0* und *1* sorgen also dafür, dass der Sound einmal wiedergegeben wird. Eine *2* würde demnach bedeuten, dass ein Sound einmal gespielt und ein weiteres Mal wiederholt wird.

## Größenangaben

Unter dem Dropdown-Menü der Sound-Palette erhalten Sie Informationen über die Größe des Sounds in kHz, Sekunden und KB. Außerdem wird hier noch angezeigt, ob es sich um einen Stereo- oder Monosound handelt und mit wie viel Bit der Sound wiedergegeben wird. Sämtliche Angaben sind ohne Gewähr, weil die Komprimierung hier nicht mit einberechnet wird, sondern nur die Größe und Angaben der Ursprungsdatei verwendet werden.

# Einzelne Exporteinstellungen

WAV- und AIFF-formatige Sounds benötigen eine Unmenge an Speicherplatz, die bei Veröffentlichungen im Internet nicht zu bewerkstelligen sind, selbst wenn sie gestreamt würden. Um nun dennoch aus den importierten Dateien akzeptable Exporte erstellen zu können, werden Sounds beim Export komprimiert. Flash bietet für die Komprimierung der Daten die Verfahren *MP3*, *ADPCM* und *Raw* an.

Die Einstellung, welches der Komprimierungsverfahren verwendet werden soll, kann einzeln für jeden Sound oder auch dateiübergreifend für den gesamten Film gemacht werden. Zunächst wird Ihnen nun die Einstellung für jeden Sound einzeln erklärt und danach die Einstellung für die dateiübergreifende Komprimierung.

Sounddateien werden in der Bibliothek abgelegt und verfügen dort über einen eigenen Kontextmenüeintrag am Ende des Kontextmenüs, der sich *Exporteinstellungen* nennt.

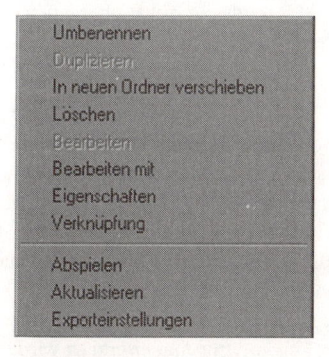

**Abbildung 11.14:** Das Kontextmenü zu Sounds in der Bibliothek

Wählen Sie diesen Eintrag um die Einstellungen für eine Datei festzulegen. Es öffnet sich ein Dialog, in dem Sie zwischen den drei Komprimierungsverfahren wählen können.

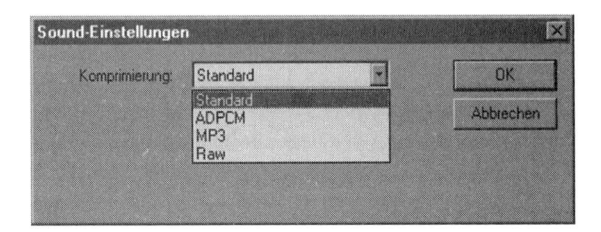

**Abbildung 11.15:** Exporteinstellung einzelner Sounds

Da Sie an dieser Stelle jedoch nur die reine Einstellung vornehmen können und diese hier nicht sofort zu testen in der Lage sind, bietet sich eher ein anderer Weg an, über den Sie ebenfalls diese Einstellung vornehmen können. Haben Sie bereits Erfahrung mit verschiedenen Einstellungen gesammelt, ist der Weg über das Kontextmenü unter Umständen jedoch weniger aufwändig.

Der zweite Weg, die Einstellung des Komprimierungsverfahrens für eine einzelne Datei festzulegen, führt über einen Doppelklick auf einen Sound in der Bibliothek oder den Kontextmenüeintrag *Eigenschaften* eines Sounds in der Bibliothek. In beiden Fällen öffnen sich die Eigenschaften eines Sounds (siehe Abbildung 11.16).

Im oberen Teil von *Sound-Eigenschaften* erhalten Sie in der Mitte Informationen über die Sounddatei, deren Bezeichnung, ihren Speicherort auf der Festplatte, das letzte Änderungsdatum der Datei und die Größe und Beschaffenheit der Datei. Ganz links wird, meist stark verkleinert, die Kurve des Sounds mit beiden Kanälen angezeigt. Bei Monosounds wird an dieser Stelle nur ein Kanal angezeigt. Ganz rechts befindet sich eine Reihe von Schaltflächen, deren Funktion im Folgenden genauer erklärt wird.

| Kapitel 11 | Sounds |

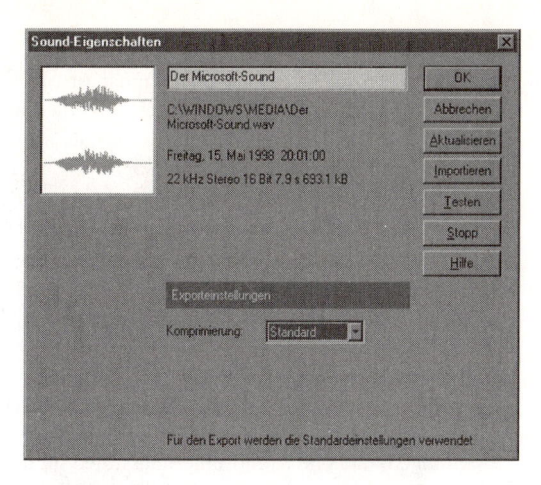

**Abbildung 11.16:** Die Sound-Eigenschaften

Mit *OK* bestätigen Sie sämtliche Einstellungen, die Sie vorgenommen haben, und verlassen den Dialog. Über *Abbrechen* verwerfen Sie Ihre Einstellungen und verlassen den Dialog ebenfalls. Die *Hilfe*-Schaltfläche ruft die Online-Hilfe von Flash im Standardbrowser auf.

## Aktualisieren

Da Sie Sounds nicht direkt in Flash bearbeiten können, kann es sein, dass eine importierte Datei nicht mehr dem aktuellsten Stand der Bearbeitung entspricht. Sobald Sie die Schaltfläche *Aktualisieren* betätigen, wird am Speicherort der importierten Datei nachgesehen, ob dort unter demselben Namen eine Datei vorliegt, deren Änderungsdatum aktueller ist. Existiert eine aktuellere Datei am Speicherort, wird diese Datei anstelle der alten Datei importiert. Alle Einstellungen, die vorher für die Datei getroffen wurden, bleiben auf diese Weise erhalten. Die bereits im Film platzierten Sounds werden wie Symbol-Instanzen ebenfalls aktualisiert.

## Importieren

Die Schaltfläche *Importieren* öffnet zunächst einen Dialog, mit dem Sie eine neu zu importierende Datei auswählen können. Diese neu importierte Datei wird an die Stelle der alten Sounddatei gesetzt. Die Bezeichnung und die Einstellungen des alten Sounds bleiben dabei allerdings erhalten. Anstelle des alten Sounds wird an Stellen, wo der alte Sound bereits platziert wurde, nun der neue wiedergegeben. Der auf diesem Weg neu importierte Sound ersetzt den alten also vollständig.

## Testen

Betätigen Sie die Schaltfläche *Testen*, wird der Sound abgespielt. Wichtig ist dies im Besonderen in Verbindung mit den Exporteinstellungen, da hohe Komprimierungsstufen oft auch einen schlechteren Klang mit sich bringen. Außerdem können Stereo-Effekte hiermit kontrolliert werden.

## Stopp

Die Schaltfläche *Stopp* beendet die über *Testen* begonnene Wiedergabe von Sounds.

## Exporteinstellungen

Im unteren Teil der Sound-Eigenschaften lassen sich nun die *Exporteinstellungen* für einzelne Sounds vornehmen. So lange Sie *Standard* als *Komprimierung* ausgewählt haben, werden die Einstellungen übernommen, die in den *Einstellungen für Veröffentlichungen* im Register *Flash* eingestellt wurden.

### ADPCM

Das *ADPCM- (Adaptive Differential Pulse Code Modulation) -Format* beruht auf demselben Format, das auch bei Audio-CDs (*PCM*) verwendet wird. Im Gegensatz zum PCM-Format werden beim AD-

PCM-Format nicht alle analogen Daten in digitale umgewandelt, sondern nur deren Unterschiede festgehalten und diese in digitale Daten umgewandelt.

Je nachdem welche *Samplingrate (kHz)* und *Auflösung (Bits)* gewählt wurde, kann dieses Verfahren dazu führen, dass Audio-Daten erheblich weniger Speicher benötigen. Der Qualitätsverlust wird allerdings höher, je niedriger Auflösung und Samplingrate gewählt wurden.

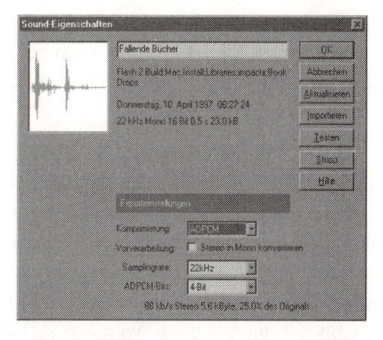

**Abbildung 11.17:** Sound-Eigenschaften mit den Exporteinstellungen für ADPCM-Komprimierung

In den *Exporteinstellungen* für das ADPCM-Format lässt sich allein dadurch, dass Sie alle Stereosounds in Monosounds umrechnen lassen, die Hälfte des Speicherbedarfs einsparen.

Bei der *Samplingrate* können Sie zwischen den Einstellungen 5,5, 11, 22 und 44 kHz wählen. 22 kHz stellt hierbei einen gangbaren Mittelweg zwischen Qualität und Dateigröße dar.

Die Auflösung (*ADPCM-Bits*) lässt sich im Bereich von 2 bis 5 Bit ganzzahlig einstellen. Die Einstellung *4-Bit* erlaubt gute Wiedergabe, aber auch eine Reduzierung der Dateigröße.

Bei allen Einstellungen sollten Sie immer wieder das Ergebnis mit der *Testen*-Schaltfläche überprüfen, denn was bringt Ihnen eine kleine Dateigröße, wenn sich der übertragene Sound anhört, als habe der Zuhörer Kissen vor seine Boxen gebunden. Dies gilt auch für die übrigen Komprimierungsverfahren.

**MP3**

Das *MP3-Format* (*MPEG-1 Audio-Layer 3*) hat im Internet und bei den großen Plattenfirmen für viel Aufsehen gesorgt. Mit diesem Format lassen sich die Datenmengen von digitalisierten Sounds bei nahezu gleich bleibender Klangqualität erheblich schrumpfen. Im Extremfall – dabei muss man allerdings auch einige Qualitätsabstriche machen – sind Reduzierungen auf bis zu 0,5 % des Originals machbar.

Wenn man das mit dem WAV-Format vergleicht, bei dem ein Musikstück von circa vier Minuten Länge ungefähr 50 bis 60 Megabyte belegt, kann sich eine Reduzierung auf fünf bis acht Prozent schon so auswirken, dass man sich überlegt ein solches Musikstück aus dem Netz zu laden. Einige namhafte Künstler haben bereits kostenlose Musikstücke im Netz zur Verfügung gestellt und Plattenfirmen suchen noch immer nach einem Weg das MP3-Problem in den Griff zu bekommen. Nach Ansicht der Plattenfirmen entstehen ihnen durch MP3-komprimierte Musikstücke enorme Verluste. Das Bereitstellen von Musik im MP3-Format, dessen Vermarktungsrechte nicht beim Anbieter dieser Files liegen, ist nach internationalem Recht illegal und wird strafrechtlich verfolgt.

Generell gilt: Je geringer Sie die Auflösung (*Bit-Rate*) wählen, umso mehr Verluste müssen Sie bei der Komprimierung der Daten in Kauf nehmen. Bei sehr hohen Auflösungen lassen sich gleichzeitig aber nur von sehr versierten Zuhörern und extrem gutem Equipment Unterschiede feststellen. Da Sie im Regelfall keine Symphonien in voller Länge und Klangqualität über das Internet in Flash-Filmen verpackt verschicken wollen, können Sie die oberen Einstellungsextreme ruhigen Gewissens ignorieren. Der Vollständigkeit halber sind sie aber dennoch vorhanden.

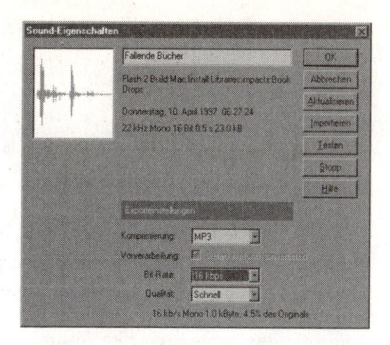

**Abbildung 11.18:** Sound-Eigenschaften mit den Exporteinstellungen für MP3-Komprimierung

Für die MP3-Komprimierung lassen sich Einstellungen der Bit-Rate von 8 bis 160 Bit vornehmen. Ab 20 Bit aufwärts können Sie entscheiden, ob Stereo in Mono umgewandelt werden soll. Es ergibt sich im Gegensatz zum ADPCM-Format jedoch kein höherer Speicheraufwand, wenn Sie *Stereo* anstelle von *Mono* wählen. Bei Bit-Raten von 16 und 8 werden Stereosounds automatisch in Monosounds umgewandelt, die Klangqualität nimmt in diesen Bereichen jedoch auch erheblich ab.

Als guter Mittelweg zwischen Klangqualität und Dateigröße lassen sich Bit-Raten von 32 oder 48 empfehlen. Im ersten Fall schrumpft die Dateigröße immer noch auf circa 2,3 % des Originals. Für 48 Bit lässt sich noch immer eine Reduzierung auf 3,4 % beobachten, also auch nicht viel mehr. Entscheiden Sie sich möglichst erst, nachdem Sie die Wiedergabe getestet haben.

Wie oben bereits kurz erwähnt, können Sie höhere Einstellungen getrost ignorieren, wenn Sie nicht ein ganz besonderes Klangerlebnis und besonders anspruchsvolle Betrachter Ihres Films im Sinn haben. Da die meisten Betrachter Ihrer Seite Sounds nur über die Boxen ihres PCs laufen lassen oder den Sound gar ganz ausschalten werden, sind die höheren Einstellungen einfach nicht den Aufwand wert, den der Betrachter beim Laden hat.

> **HINWEIS**
>
> In allen Tests, die auf meinem Rechner mit Stereosounds und MP3-Komprimierung stattfanden, ließ sich zwar ab einer Bit-Rate von 20 aufwärts entscheiden, ob Stereo in Mono konvertiert werden soll, erst bei einer Bit-Rate von 48 und aufwärts spielte die Einstellung überhaupt eine Rolle. Bei den Einstellungen 20, 24 und 32 wurden, egal bei welcher Einstellung der Konvertierung von Stereo zu Mono, sämtliche Stereo-Effekte in Mono umgewandelt.

Die Qualitätseinstellungen *Schnell*, *Mittel* oder *Optimal* beeinflussen nicht die Dateigröße der komprimierten Sounds. Diese Einstellungen sorgen einfach nur für verschieden gründliche Umrechnungsverfahren. Wird ein MP3 schnell komprimiert, kann sich schon einmal ein Knacken oder Rauschen in das Ergebnis einschleichen. Mit *Optimal* schließen Sie dies aus. Die drei Verfahren benötigen unterschiedlich viel Zeit bei der Komprimierung selbst. Für die Bedürfnisse einer Internetseite sollte *Schnell* aber durchaus genügen.

**Raw**

Ein simples Komprimierungsverfahren stellt das *Raw-Format* dar. Durch Veränderung der Samplingrate und die Reduzierung von Stereo auf Mono lassen sich hier Komprimierungen erreichen. Da Sie die Auflösung einer Kurve jedoch nicht verändern können, bleibt die Klangqualität der Sounds bei diesem Verfahren weitgehend erhalten. Die beiden anderen Möglichkeiten (MP3 und AD-PCM) sind dieser jedoch auf jeden Fall vorzuziehen, wenn es darum geht, größere Sounddateien zu komprimieren, da der Effekt der Raw-Komprimierung nicht besonders hoch ist.

Durch die Konvertierung von Stereo auf Mono lässt sich im Raw-Format die Hälfte des benötigten Speicherplatzes einsparen.

Zusätzlich lässt sich die *Samplingrate* noch auf 5,5, 11, 22 oder 44 kHz einstellen.

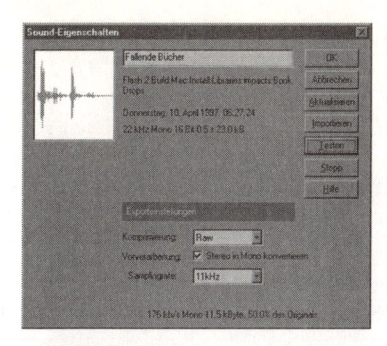

**Abbildung 11.19:** Sound-Eigenschaften mit den Exporteinstellungen für Raw-Komprimierung

Stellen Sie eine Komprimierung im Raw-Format auf 44 kHz und gleich bleibende Stereo-Effekte ein, erreichen Sie dadurch keinerlei Komprimierung, der Speicheraufwand bleibt, je nach den Beschaffenheiten der Ausgangsdatei, gleich hoch oder steigt sogar an.

# Gesammelte Exporteinstellungen

Im Register *Flash* der *Einstellungen für Veröffentlichungen* (Menü *Datei / Einstellungen für Veröffentlichungen* oder die Tasten [Strg] + [⇧] + [F12] ([⌘] + [⇧] + [F12])) lassen sich sämtliche Sounds auch auf einmal komprimieren. Um die Einstellungen der einzelnen Sounds zu übergehen, aktivieren Sie einfach das entsprechende Optionsfeld in den Einstellungen (siehe Abbildung 11.20).

Wenn Sie die Einzeleinstellungen übergehen, werden für alle Sounds der verschiedenen Gruppen nur die Einstellungen verwendet, die Sie hier in den Einstellungen festlegen. Dabei lassen sich jedoch nicht Klangqualität und Komprimierung überprüfen.

Als Standard für die Komprimierung von Sounds ist in Flash sowohl für Streaming-Sounds als auch für Ereignis-Sounds das MP3-Format mit 16 kbps und Mono festgelegt.

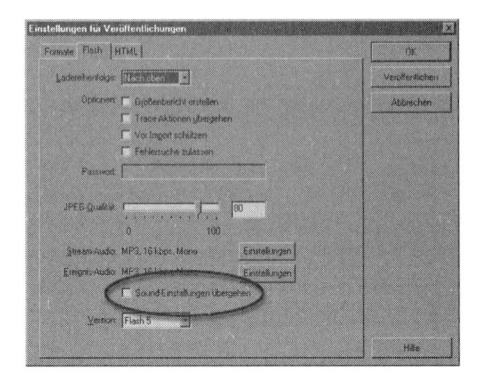

**Abbildung 11.20:** Einstellungen für Veröffentlichungen, Register *Flash*

Über die Schaltflächen *Einstellungen* der jeweiligen Zeile lassen sich die Einstellungen für Streaming- und Ereignis-Sounds getrennt abändern. Sobald Sie eine der Schaltflächen betätigen, wird ein Dialog geöffnet, in dem Sie alle notwendigen Einstellungen vornehmen können.

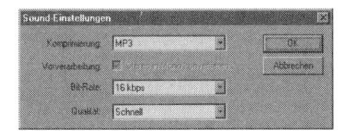

**Abbildung 11.21:** Sound-Einstellungen für Ereignis- und Streaming-Sounds

Die Einstellungen und Möglichkeiten entsprechen denen der Einzeleinstellungen, nur dass Sie in diesem Fall die Ergebnisse der Komprimierung nicht angezeigt bekommen und auch die Klangqualität nicht prüfen können.

Wollen Sie sich Arbeit sparen oder haben bereits einiges an Erfahrung mit den Ergebnissen der verschiedenen Komprimierungsverfahren, sollten Sie ruhig diese vereinfachte Variante der Sound-Einstellung verwenden. Sind Sie sich über die Ergebnisse jedoch nicht sicher oder haben im Nachhinein festgestellt, dass Ihnen die Klangqualität einzelner Sounds nicht gefällt, sollten Sie die entsprechenden Sounds einzeln bearbeiten.

### Flash 3 und MP3

Wollen Sie eine Datei als Flash-3-kompatibel exportieren und gleichzeitig eine MP3-Komprimierung für die Sounds einstellen, übergeht Flash beim Export die Einstellungen für die Sound-Komprimierung. Anstelle des MP3-Formats werden die Sounds im ADPCM-Format exportiert, weil Flash 3 nur dieses Format auch interpretieren kann.

## stopAllSounds

Um es einem Betrachter Ihres Flash-Films zu gestatten, alle Sounds in Ihrem Film auszuschalten, also auch die Streaming-Sounds, sollten Sie an geeigneter Stelle im Film eine Schaltfläche platzieren, mit der alle Soundwiedergaben gestoppt werden.

Die Aktion, die Sie mit einer solchen Schaltfläche auslösen, ist die *stopAllSounds*-Aktion. Für eine Schaltfläche setzen Sie diesen Befehl einfach in ein Skript zwischen eine *On Mouse Event*-Aktion. Ein solches Skript kann dann in etwa so aussehen:

```
on (release) {
   stopAllSounds ();
}
```

Die Aktion stoppt auf einmal alle Sounds, die derzeit abgespielt werden. Sounds, die nach der Aktion *stopAllSounds* abgespielt werden, bleiben davon unberührt.

Wie Sie eine Schaltfläche erstellen, können Sie im Kapitel *Schaltflächen* nachlesen. Aktionen werden im Kapitel *Aktionen und Skripten* näher beschrieben.

# Durchgehende Hintergrundmusik

Sobald Sie in einem Film zwischen Szenen wechseln, können Sounds unterbrochen werden. Ein kleiner Kniff hilft in diesem Fall weiter.

Um Sounds für zum Beispiel eine Hintergrundmelodie durchgehend abspielen zu lassen, sollten Sie die Musik in einen eigenen Film auslagern, der über die Aktion *loadMovie* nachgeladen wird.

Sie erzeugen also zunächst eine Datei, in der Sie die Hintergrundmusik für den Film platzieren und sie lang genug wiedergeben lassen. Mit einer hohen Wiederholungszahl gehen Sie meist sicher, dass Ihnen der Sound nicht ausgeht.

Diesen einzelnen Film laden Sie über die Aktion *loadMovie* in eine andere Ebene eines Flash-Films, für den die Hintergrundmusik gedacht ist. Sie sollten allerdings darauf achten, dass Sie später nicht einen anderen Film in diese Ebene laden, da Sie damit den »Musik-Film« entladen.

Außerdem sollten Sie eine Schaltfläche mit der Aktion *stopAllSounds* in einem der beiden Filme einbauen, um einem Besucher zu erlauben, die Musikuntermalung auch auszuschalten. In welche Ebene Sie eine solche Schaltfläche setzen, ist egal, da Sie mit der Aktion *stopAllSounds* nun mal alle Sounds stoppen. Dabei spielt es dann auch keine Rolle, auf welcher Ebene oder in welchem geladenen Film sich die Sounds befinden.

Der Musik-Film wird allerdings mit entladen, wenn Sie anstelle des Ursprungsfilms, der den Musik-Film geladen hat, einen anderen Film auf die Stufe 0 laden.

# KAPITEL 12

## Testen, testen, testen

Um die erzeugten Dateien auf ihre Richtigkeit und Lauffähigkeit hin zu überprüfen, sollten Sie immer wieder, auch während des Erstellens, die einzelnen Komponenten testen.

# Testen, testen, testen

Nicht immer wird Flash einen Fehler in den erzeugten Bezügen sofort erkennen und melden. Unter Umständen fehlt einer Szene auch nur eine Stop-Aktion, an der sie anhält und auf eine Eingabe wartet, oder einer Schaltfläche wurden die falschen Aktionen zugewiesen. Solche Fehler lassen sich vermeiden, wenn Sie Ihren Film ausgiebig testen, bevor Sie ihn der Öffentlichkeit zugänglich machen.

Flash kann für jeden möglichen Veröffentlichungstyp eine Vorschau erstellen, in der sich alle Fehler finden lassen dürften, und speziell für Internet-Veröffentlichungen steht noch ein Bandbreiten-Profiler zur Verfügung, mit dem Sie das Streaming eines Films verfolgen können.

## Film testen

Über das Menü *Steuerung / Film testen* gelangen Sie in einen speziellen *Testmodus*, der in Flash integriert ist. Für den Test wird ein Export erstellt, der auf den Einstellungen für die Veröffentlichung beruht, genauer auf den Einstellungen für Flash-Exporte.

Mit dem Bandbreiten-Profiler dieses Testmodus können Sie das Streaming testen, die Dateigröße ansehen und die verschiedenen Elemente des gesamten Films testen. Mit der Tastenkombination [Strg] + [B] ([⌘] + [B]) schalten Sie diesen Modus ein und auch wieder aus.

Um diesen Testmodus zu verlassen, schließen Sie das Fenster entweder über das Kreuz oben rechts, das Menü *Datei / Schließen* oder die Tasten [Strg] + [W] ([⌘] + [W]).

> Über die Tastenkombination [Strg] + [↵] ([⌘] + [↵]) erreichen Sie diesen Testmodus, ohne das Menü bemühen zu müssen.

## Szene testen

Auch in diesem Modus finden Sie den Bandbreiten-Profiler, allerdings wird hier nur ein Export für die Szene erstellt, in der Sie sich befanden, bevor Sie den Befehl ausgelöst haben. Verweise auf andere Szenen des Films werden ignoriert. Haben Sie eine neue Szene erstellt und wollen nur diese testen, erweist sich dieser Modus als praktisch, wenn Sie nicht von Anfang des Films an bis zu der neuen Szene gelangen wollen.

Um diesen Testmodus zu verlassen, schließen Sie das Fenster entweder über das Kreuz oben rechts, das Menü *Datei / Schließen* oder die Tasten [Strg] + [W] ([⌘] + [W]).

> Über die Tastenkombination [Strg] + [Alt] + [↵] ([⌘] + [Alt] + [↵]) erreichen Sie diesen Testmodus ohne das Menü bemühen zu müssen.

## Bandbreiten-Profiler

Für die beiden Testmodi *Film testen* und *Szene testen* wird im oberen Teil des Fensters der *Bandbreiten-Profiler* angezeigt, wenn Sie ihn über die Tastenkombination [Strg] + [B] ([⌘] + [B]) einschalten. Der Bandbreiten-Profiler zeigt die gestreamten Datenblöcke an, die beim Aufrufen einer mit Flash erstellten Internetseite beim Betrachter ankommen. Je nach eingestellter Übertragungsrate können Sie so herausfinden, an welchen Stellen Ihres Films es zu Problemen und damit stockender und ruckender Darstellung kommt.

Liegen alle Datenblöcke, wie in der folgenden Abbildung, unter der roten Linie im Bandbreiten-Profiler, sollten Sie bei den gewählten Einstellungen keine Probleme bekommen – das Streaming läuft rund.

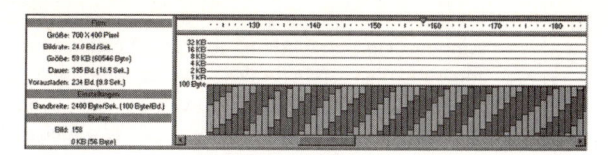

**Abbildung 12.1:** Ein idealer Zustand im Bandbreiten-Profiler

# Streaming

*Streaming* bedeutet im Grunde nichts anderes als Fluss. Gemeint ist damit der Datenfluss vom Server zum Betrachter. Dabei werden die Daten, die für die Darstellung des Films zuerst benötigt werden, auch als Erstes übertragen. Müssen für ein Bild der Zeitleiste mehr Daten übertragen werden, als die Bandbreite eines Zugangs zulässt, gerät der Film ins Stocken. Das Streaming sorgt, neben der richtigen Reihenfolge der geladenen Daten, auch dafür, dass die Daten auch dann geladen werden, wenn sie für die Darstellung des Films gerade nicht benötigt werden. So wird also ein ganzer Film eventuell im Voraus geladen, sodass der Betrachter nicht mehr auf das Nachladen warten muss.

Stellen, an denen der Betrachter eventuell auf das Nachladen des Films warten muss oder die Darstellung des Films ins Stocken gerät, erkennen Sie im Bandbreiten-Profiler an den Spitzen, die über die rote Linie hinausreichen.

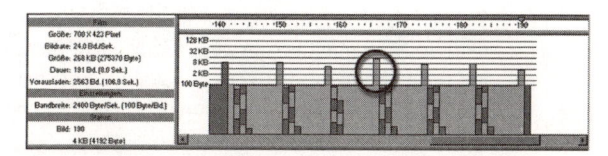

**Abbildung 12.2:** Nicht ganz ideal, aber noch immer machbar

Folgt nicht unmittelbar auf eine solche Spitze eine weitere, kann es sein, dass ein Betrachter mit einem schnellen Modem die kleine Verzögerung nicht einmal mitbekommt, wenn die Leitung gut und frei ist. Oft genug kommt es jedoch vor, dass die Leitungen des Internets zu Stoßzeiten überlastet sind und demnach auch die Nutzer schneller Modems keine gute Übertragungsrate bekommen. Vermeiden Sie also möglichst solche Spitzen oder sorgen Sie dafür, dass der gesamte Flash-Film geladen wird, bevor er betrachtet werden kann.

Sie erreichen ein solches Vorausladen durch einen so genannten *Loader*, den Sie an den Anfang eines Films setzen. Wie Sie einen Loader erstellen, lesen Sie am Ende dieses Kapitels.

Das Streaming eines Films kann aber auch durch zu viele Aktionen, die gleichzeitig ausgeführt werden müssen, ins Stocken geraten. Da Tweenings zum Beispiel auf die Rechenleistung des Rechners des Betrachters angewiesen sind, sorgen sie häufig für Stocken, wenn zu viele auf einmal angezeigt werden oder komplexe Form-Tweenings ausgeführt werden müssen. Zerlegen Sie zum Beispiel eine Form mittels eines Form-Tweenings in viele kleine und bewegt sich dieses Tweening auch noch, kann es als komplex angesehen werden und für ein Stocken des Streamings sorgen. Solche Effekte werden ebenfalls mit in den Bandbreiten-Profiler übernommen und durch eine Spitze dargestellt, die über die rote Linie hinausreicht.

## Das Menü Steuerung

Sobald Sie sich im Testmodus befinden, können Sie nicht mehr auf die Menüeinträge *Modifizieren* und *Einfügen* zurückgreifen. Außerdem finden Sie in den übrigen Menüs nicht mehr alle Einträge wie im Bearbeitungsmodus von Flash. Mit auffälligen und wichtigen Einträgen wurde unter anderem das Menü *Steuerung* versehen.

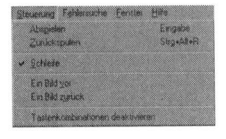

**Abbildung 12.3:** Das Menü *Steuerung* des Bandbreiten-Profilers

Die Menübefehle *Abspielen* und *Zurückspulen* funktionieren genau wie im Bearbeitungsmodus von Flash und spielen demnach den Film ab oder spulen die Darstellung bis an den Anfang der Szene oder des Films zurück. Letzteres ist davon abhängig, ob Sie nun *Film testen* oder *Szene testen* gewählt haben, um in den Testmodus zu gelangen.

Wollen Sie, dass der jeweils getestete Film in Schleife angezeigt wird, sprich er wird immer wieder von vorn gezeigt, sobald er das Ende erreicht, aktivieren Sie diesen Punkt. Er gilt als aktiviert, wenn links neben dem Menüeintrag ein kleines Häkchen zu sehen ist.

Über *Ein Bild vor* oder *Ein Bild zurück* spulen Sie den Film um jeweils ein Bild vor oder zurück. Dabei wird die Wiedergabe des Films an dieser Stelle angehalten.

*Tastenkombinationen deaktivieren* sorgt dafür, dass Sie im Testmodus keine Tastenkombinationen von Flash verwenden können. Dies ist besonders dann sinnvoll, wenn Sie die Tastenempfindlichkeit Ihres Films testen wollen, also genau dann, wenn Sie Key-Objekte eingebaut haben.

# Das Menü Ansicht

Das Menü *Ansicht* unterscheidet sich genau wie das Steuerungsmenü in einigen Punkten von dem des normalen Flash-Fensters. Die Einträge *100 %* und *Alles* unter *Skalierung* entsprechen jedoch denen des Bearbeitungsmodus.

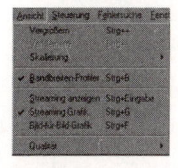

**Abbildung 12.4:** Das Menü *Ansicht* des Bandbreiten-Profilers

*Vergrößern* verdoppelt die Darstellungsgröße des angezeigten Films. *Verkleinern* ruft genau das Gegenteil hervor.

Mit *Bandbreiten-Profiler* schalten Sie die Anzeige des Profilers ein oder aus. Wird der Profiler angezeigt, ist dies neben dem Menüeintrag mit einem Häkchen markiert.

> Die Tastenkombination [Strg] + [B] ([⌘] + [B]) sorgt nur im Testmodus dafür, dass der Bandbreiten-Profiler ein- oder ausgeschaltet wird. Im Bearbeitungsmodus teilen Sie damit Objekte wie Gruppen und Symbole.

**Streaming anzeigen**

Bei *Streaming anzeigen* handelt es sich um einen besonderen Anzeigemodus, in dem Streaming-Geschwindigkeit und Filmgeschwindigkeit direkt gegenübergestellt werden.

In der obersten Leiste des Bandbreiten-Profilers, der Zeitleiste, wird dabei ein kleines Dreieck dafür verwandt, den aktuellen Stand des Films festzuhalten. Dahinter läuft ein grüner Balken, der den Fortschritt des Streamings anzeigt, also wie weit die Daten bereits geladen wurden. Im Idealfall sollte der Streamingbalken dem kleinen Dreieck weit voraus sein. Ist dies nicht der Fall, ist das Streamingverhalten Ihres Films nicht besonders ausgewogen.

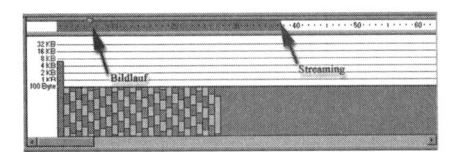

**Abbildung 12.5:** Streaming- und Abspiel-Anzeigen

Kommt es dann auch noch dazu, dass das kleine Dreieck den Streamingbalken einholt, wird der Film an dieser Stelle kurz angehalten. Die entstehende Pause entspricht in etwa der, die ein Betrachter auf das Nachladen warten muss. Meist geschieht dies an Spitzen, die über die rote Linie des Bandbreiten-Profilers hinausreichen. Wie Sie solche Verzögerungen vermeiden oder beheben, lesen Sie unter *Optimieren eines Flash-Films* weiter unten in diesem Kapitel.

> Die Tastenkombination [Strg] + [↵] ([⌘] + [↵]) bewirkt nur im Testmodus, dass das Streaming angezeigt wird. Im Bearbeitungsmodus sorgt Sie dafür, dass Flash in den Testmodus für den gesamten Film (*Film testen*) springt.

### Streaming-Grafik

Die *Streaming-Grafik* des Bandbreiten-Profilers rechnet das Streaming eines Films in die Grafik mit ein, sodass sie für den Betrachter häufig ein wenig unübersichtlicher aussieht als die Bild-für-Bild-Grafik. Die wichtigen Spitzen werden allerdings genauso angezeigt.

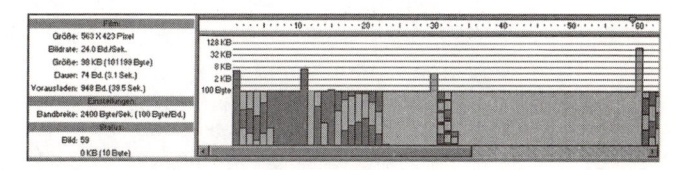

**Abbildung 12.6:** Streaming-Grafik

Im Menü wird der jeweils aktive Modus der Darstellung durch ein kleines Häkchen links neben dem Eintrag kenntlich gemacht.

> Die Tastenkombination [Strg] + [F] ([⌘] + [F]) sorgt nur im Testmodus dafür, dass der Bandbreiten-Profiler im Streaming-Modus dargestellt wird. Im Bearbeitungsmodus gelangen Sie mit dieser Kombination in die Bildeigenschaften eines Bilds der Zeitleiste.

### Bild-für-Bild-Grafik

Schalten Sie anstelle der *Streaming-Grafik* auf die *Bild-für-Bild-Grafik*, wird das Streaming nicht mit in die Anzeige eingerechnet, sondern lediglich der Datenaufwand für jedes einzelne Bild der Zeitleiste angezeigt. Meist lässt sich in dieser Darstellung des Bandbreiten-Profilers besser sehen, woran es in einem Film hängt, weil sie ein wenig übersichtlicher als die Streaming-Grafik ist. Der linke Teil des Bandbreiten-Profilers wird genauso dargestellt wie in der Streaming-Grafik.

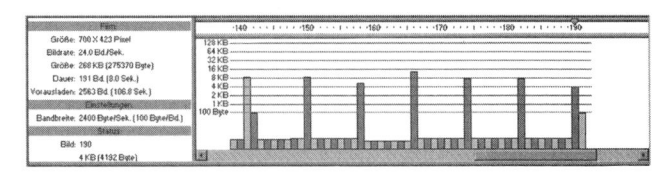

**Abbildung 12.7:** Bild-für-Bild-Grafik

Im Menü wird der jeweils aktive Modus der Darstellung durch ein kleines Häkchen links neben dem Eintrag kenntlich gemacht.

> Die Tastenkombination [Strg] + [G] ([⌘] + [G]) sorgt nur im Testmodus dafür, dass der Bandbreiten-Profiler im Bild-für-Bild-Modus dargestellt wird. Im Bearbeitungsmodus gruppieren Sie damit eine Auswahl.

### Qualität

In diesem Menü können Sie die Darstellungsqualität des Films testen. Zur Verfügung stehen die Qualitäten *niedrig, mittel* und *hoch*.

## Das Menü Fehlersuche

Im Menü *Fehlersuche* finden sich drei verschiedene Werkzeuge, mit denen Sie Fehlern auf die Spur kommen können.

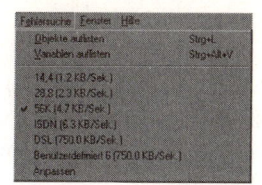

**Abbildung 12.8:** Fehlersuche

### Objekte auflisten

Der Eintrag *Objekte auflisten* sorgt dafür, dass das Fenster *Ausgabe* geöffnet wird und darin alle Objekte aufgelistet werden, die im jeweils ausgewählten Bild (*Frame*) angezeigt werden. Der Inhalt dieses Fensters ist meist nicht sonderlich informativ, auch wenn Information sein einziger Zweck ist. Wenn Sie allerdings einmal nach einer Zielbeschreibung für ein bestimmtes Symbol suchen, kann sich diese Funktion doch noch als hilfreich erweisen. Über die Optionen des Fensters lassen sich die Informationen des Fensters in einer Datei speichern, kopieren und löschen.

**Abbildung 12.9:** Aufgelistete Objekte

> Über die Tasten [Strg] + [L] ([⌘] + [L]) kommen Sie etwas schneller an die Auflistung der Objekte heran.

### Variablen auflisten

Etwas informativer als das Fenster *Objekte auflisten* ist das Fenster *Variablen auflisten*. Hier bekommen Sie Informationen über die einzelnen Variablen und deren zugeordnete Werte. Auch diese Ausgaben können Sie über die Optionen des Fensters in einer Datei speichern, sie kopieren oder löschen.

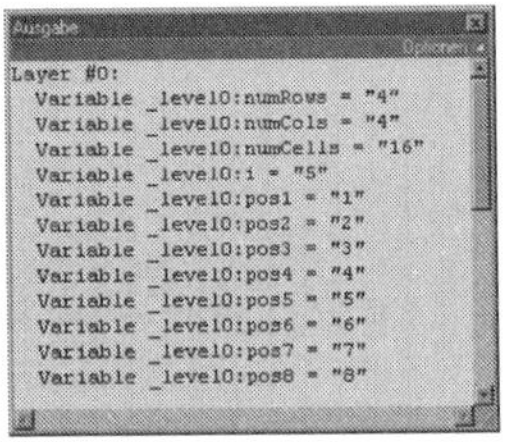

**Abbildung 12.10:** Aufgelistete Variablen

> Die Tasten [Strg] + [Alt] + [V] ([⌘] + [Alt] + [V]) sorgen ebenfalls dafür, dass Ihnen die Variablen eines Films oder einer Szene aufgelistet werden.

### Anpassen

Im unteren Teil des Menüs *Fehlersuche* finden Sie verschiedene Modemeinstellungen, die im Bandbreiten-Profiler getestet werden können. Zusätzlich zu den drei vorgegebenen können Sie dort noch drei eigene Einstellungen eintragen. Anbieten würde sich dort ein Eintrag für ISDN oder DSL. Die entsprechenden Bit-Raten finden Sie in den Spezifikationen der entsprechenden Modems.

Als Standard kann heutzutage jedoch ein 56K-Modem vorausgesetzt werden, auch wenn sicher noch einige wenige mit langsameren Modems im Netz ihren Weg suchen.

Sie können alle Angaben für Menütexte und die Bit-Raten verändern, auch die oberen drei, die bereits vom Programm vorgegeben werden.

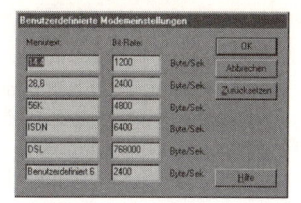

**Abbildung 12.11:** Benutzerdefinition

# Angaben im Bandbreiten-Profiler

Auf der linken Seite des Bandbreiten-Profilers werden die Vorgaben des Films angezeigt. Dazu zählen die *Größe* der Vorlage in Pixel, die *Bildrate*, die *Gesamtgröße* des exportierten Flash-Films (*\*.swf*) in KB und Byte sowie die *Dauer* der Szene in Bildern (Bd.) und Sekunden (Sek.). Die Angabe *Vorausladen* gibt an, wie lange bei den Einstellungen des Modems benötigt wird, um den gesamten Film zu laden. Die Angabe der Bilder kann dann dazu benutzt werden, um einen Loader unter Umständen auf die entsprechende Länge hin zu gestalten.

An dem Missverhältnis von Dauer und Vorausladen im Beispiel unten wird schon sehr gut sichtbar, dass dieser Film optimiert werden sollte oder dass der Film einen Loader benötigt, der den Besucher so lange bei Laune hält, bis der gesamte Film geladen wurde. Wird beides nicht getan, lässt sich schon an dieser Diskrepanz im Regelfall ablesen, dass es irgendwo zu Stockungen kommen muss.

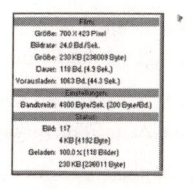

**Abbildung 12.12:** Der linke Teil des Bandbreiten-Profilers

Unter *Einstellungen* wird das aufgeführt, was Sie als Verbindungstyp gewählt haben.

Der *Status* gibt das Bild an, in dem sich Flash zum Zeitpunkt befindet, und wie viel Daten für dieses Bild übertragen werden müssen. Unter *Geladen* lässt sich ablesen, wie viele Bilder das Streaming bereits eingelesen hat und welcher Speichermenge dies entspricht.

## Optimieren eines Flash-Films

Wenn es ruckt, zuckt und überhaupt nicht so laufen will, wie man sich das so schön ausgedacht hat, muss man sich Gedanken darüber machen, was man ändern kann und muss.

Flash reduziert von sich aus die Datenmenge, indem es doppelt vorhandene Symbole und deren Instanzen erkennt und nur einfach in den Export einfügt. Verschachtelte Gruppen (Gruppe in Gruppe) fasst Flash außerdem in eine einzelne Gruppen zusammen und reduziert somit weiter.

Im Folgenden noch einige Möglichkeiten, mit denen Sie die Datenmenge verringern können:

- Verwenden Sie Tweening-Animationen anstelle von einzelnen Schlüsselbildern, die sich verändern. Ein Gruppe von zehn Schlüsselbildern, in denen sich Objekte bewegen oder verformen, braucht mehr Speicher als ein Tweening, das dasselbe vollbringt, aber nur aus zwei Schlüsselbildern besteht.
- Machen Sie häufigen Gebrauch von Symbolen und deren Instanzen.
- Für farbig unterschiedliche Objekte, die aber dieselbe Form haben, verwenden Sie die Farbeffekte der Symbolinstanzen.
- Wandeln Sie möglichst viele Objekte in Symbole um, wenn diese eventuell mehrmals in einem Film vorkommen.
- Vermeiden Sie zu viele verschiedene und komplexe Linienformen. Eine gerade Linie verbraucht mehr Speicherplatz als eine gezackte, unregelmäßige oder gepunktete. Außerdem wird jeder

Linientyp im exportierten Dokument mit festgehalten. Je mehr Linientypen Sie also verwenden, umso größer wird die Datei.

- ✔ Vermeiden Sie es, Bitmap-Bilder zu animieren, da dies viel Rechenleistung verbraucht.

- ✔ Für Sounds sollten Sie möglichst oft das MP3-Format verwenden. Am besten stellen Sie dieses Format für alle Sounds des Films ein. Stereosounds sind nur selten von großer Wirkung, vermeiden Sie also auch wo immer möglich Stereo-Effekte.

- ✔ Farbverläufe sind in der Regel 50 Byte größer als dieselbe Fläche, die mit einer einfachen Farbe gefüllt wurde. Sie sollten also auch, wo möglich, auf einen Farbverlauf verzichten.

- ✔ Halten Sie die Anzahl der Vektorpunkte in einem Objekt klein. Am besten lässt sich die Anzahl dieser Punkte verringern, wenn Sie ein Objekt mit *Modifizieren / Kurven / Optimieren* behandeln.

- ✔ Beschränken Sie sich auf wenige Schriften und Schriftstile.

- ✔ Da eingebettete Schriften die Datenmenge erhöhen, sollten Sie außergewöhnliche Schriften selten einsetzen.

- ✔ Vermeiden Sie die Verwendung von *Alle Schriftartkonturen einschließen* bei Textfeldern. Schließen Sie nur bestimmte Schriftarten ein.

- ✔ Halten Sie die Bereiche, in denen Sie Objekte animieren, möglichst klein.

- ✔ Gruppieren Sie einzelne Objekte so oft nur irgend möglich.

- ✔ Erstellen Sie für Tweenings eigene Ebenen. Auf jeden Fall sollten Sie darauf achten, dass animierte und statische Objekte sich nicht ständig auf ein und derselben Ebene abwechseln.

Merken Sie sich diese Grundsätze, wird es selten dazu kommen, dass Sie eine Datei im Nachhinein modifizieren müssen, damit das Streaming flüssig läuft.

# Vorschau für Veröffentlichungen (F12)

Um eine Datei nicht nur in Flash zu testen, sondern auch in dem Modus, in dem Sie die Datei tatsächlich später auch veröffentlichen wollen, können Sie sich über das Menü *Datei / Vorschau für Veröffentlichungen* eine entsprechende Vorschau erstellen lassen.

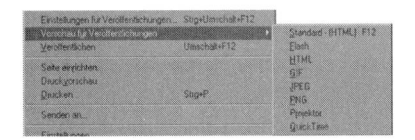

**Abbildung 12.13:** Das Untermenü *Vorschau für Veröffentlichungen*

Für das Dateiformat *QuickTime* müssen Sie allerdings QuickTime installiert haben, damit es auch dargestellt werden kann.

Die Formate, die Ihnen im Untermenü *Vorschau für Veröffentlichungen* zur Verfügung stehen, werden über die *Einstellungen für Veröffentlichungen* aktiviert.

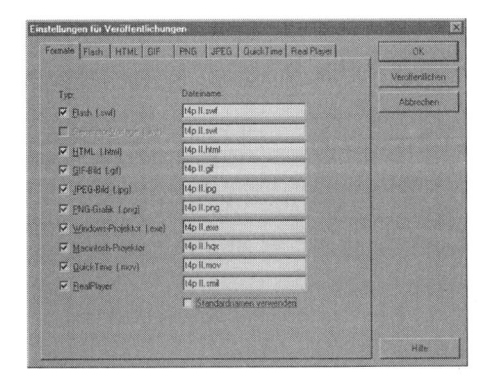

**Abbildung 12.14:** Einstellungen für Veröffentlichungen

Jeder markierte Dateityp kann auch als Vorschau erstellt werden. Nicht markierte Dateitypen stehen nicht zur Auswahl.

In den einzelnen Registern lassen sich genauere Einstellungen vornehmen, die bei der Erstellung der Vorschau auch Beachtung finden. Im Grunde wird auch nichts anderes getan, als einen Export der Datei im gewünschten Dateityp zu erstellen. Dabei wird die Datei jedoch nicht permanent auf die Festplatte geschrieben, sondern nur als temporäre Datei behalten.

Auf diese Weise lassen sich dann auch die verschiedenen Einstellungen testen, die man für die Veröffentlichung getätigt hat.

Mit der Taste F12 wird als Standard der HTML-Dateityp belegt. Schalten Sie alle anderen Dateitypen ein und nach und nach den jeweils oberen der folgenden Liste aus, wird der neue oberste Punkt mit der Tastenbelegung versehen:

- HTML
- Projektor
- Flash
- GIF
- JPEG
- PNG
- QuickTime

> **HINWEIS**
> 
> Sie können nicht in HTML veröffentlichen, wenn Sie nicht auch die Option *Flash* in den Einstellungen aktiviert haben. Sie können allerdings in Flash veröffentlichen, ohne in HTML zu veröffentlichen.

# Kontextmenü für ein Flash-Fenster

In den Vorschauen und den Testmodi lässt sich über der jeweiligen Vorschau des Films ein Kontextmenü öffnen, das folgende Menüpunkte enthält, die bis auf *Qualität* alle weiter oben bereits erklärt wurden.

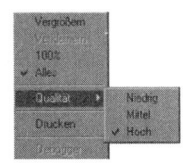

**Abbildung 12.15:** Das Kontextmenü

Aktive Menüpunkte sind durch ein kleines Häkchen links des Eintrags markiert.

Unter *Qualität* können Sie zwischen *Niedrig*, *Mittel* und *Hoch* wählen. Auf diese Weise können Sie schnell herausfinden, wie sich Ihr Film in einer niedrigeren Qualität macht. In jedem Fall ist von diesem enormen Qualitätsverlust abzuraten, auch wenn sich dadurch einiges an Speicherinformation einsparen lässt.

# Der Debugger

Über das Menü *Fenster / Debugger* können Sie einen Debugger öffnen, mit dem Sie zum einen die jeweiligen Variablen und Eigenschaften verschiedener Filmelemente einsehen können, mit dem Sie aber auch Variablen und Aktionen überwachen können. Im Grunde können Sie dieses Tool ähnlich nutzen wie die Befehle *Variablen* und *Objekte auflisten*.

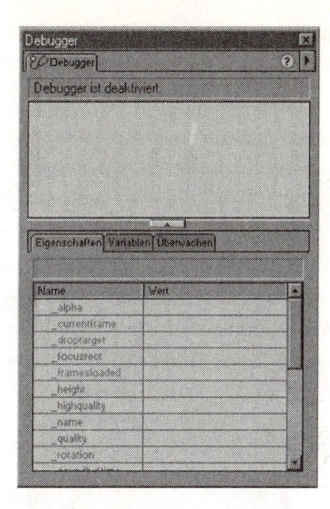

**Abbildung 12.16:** Debugger

# Wie erstellen Sie eine Ladeanzeige?

Gerade bei sehr großen oder komplexeren Seiten kommen Sie oft nicht umhin einige aufwändigere Elemente mit einzubauen. Damit diese Elemente nicht das Streamingverhalten des gesamten Films behindern, setzen Sie ganz einfach eine *Ladeanzeige* (auch *Loader* genannt) vor Ihren Film.

Die Ladeanzeige sollte selbst möglichst simpel und kurzweilig sein. Das heißt, sie muss den Besucher einer Seite so lange bei Laune halten, bis die gesamte Seite geladen wurde. Das Laden der Ladeanzeige selbst sollte aber nicht bereits so viel Zeit in Anspruch nehmen, dass der Besucher aufgibt.

Die im Folgenden beschriebene Ladeanzeige ist simpel, kann aber weiter ausgebaut werden. Anbieten würde sich zum Beispiel eine Angabe der verbleibenden Menge, die noch geladen werden muss, oder was gerade geladen wird. Um dieses kleine Beispiel jedoch nicht zu überfrachten und ein eher grundlegendes Beispiel daraus zu machen, wird auf jede unnötige Erweiterung verzichtet.

Wann Sie eine Ladeanzeige erstellen, ist im Grunde egal. Sie müssen nur sicher gehen, dass sie als Erstes geladen wird, was sich über die Szene-Palette als recht einfach herausstellen sollte. Die Ladeanzeige muss in einer eigenen Szene platziert sein, die am Anfang der Szenenliste steht. Die Reihenfolge der übrigen Szenen spielt keine Rolle.

Im Regelfall werden Sie eine Ladeanzeige erst dann erstellen, wenn Sie wissen, in welche Szene die Ladeanzeige dieses Beispiels springen soll, sobald der gesamte Film geladen wurde. Für dieses Beispiel wurden als Ausgangssituation zunächst drei Szenen erstellt, von denen die Szene *Start* die Szene ist, in die die Ladeanzeige springen soll, sobald der gesamte Film geladen wurde.

> Sie finden auch dieses Beispiel in seiner vollendeten Form auf der Buch-CD.

- Sie erstellen eine neue Szene und nennen diese *Loader* (oder auch *Ladeanzeige*).
- Schieben Sie die Szene *Loader* in der Reihenfolge an oberste Stelle.

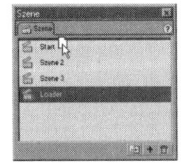

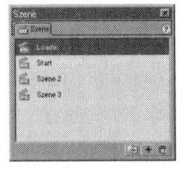

**Abbildung 12.17:** Schieben Sie die Szene *Loader* an erste Stelle

Danach können Sie sich an die Gestaltung der Szene *Loader* machen. Für das Beispiel soll nur das Wort *Loading* (oder auch: *Es wird geladen!*) animiert werden. Es soll aus dem Hintergrund erscheinen und wieder verschwinden. Am Ende jedes Animationsdurchgangs soll abgefragt werden, ob der Film bereits vollständig geladen wurde. Ist dies der Fall, soll die Darstellung in das erste Bild der Szene *Start* springen.

✓ Für die Animation wurden folgende Schritte vorgenommen:

  ✓ Das Wort *Loading* wurde auf die Bühne getippt, im Textblock zentriert und in ein Grafik-Symbol umgewandelt.

  ✓ Schlüsselbilder wurden auf Position 12 und 24 erzeugt.

  ✓ Der Instanz des Symbols an Position 1 wurde ein Alpha-Effekt von 0 % und ein Bewegungs-Tweening zugewiesen. Außerdem wurde sie auf 50 % skaliert.

  ✓ Der Instanz des Symbols an Position 12 wurde ein Bewegungs-Tweening zugewiesen und sie wurde auf 200 % skaliert.

  ✓ Der Instanz des Symbols an Position 24 wurde ein Alpha-Effekt von 0 % zugewiesen und sie wurde unproportional auf 400 % in der Breite (w) und 100 % in der Höhe (h) skaliert.

**Abbildung 12.18:** Animation als Zwiebelschalen

✓ Dem letzten Schlüsselbild der Zeitleiste weisen Sie folgende Aktion zu:

```
ifFrameLoaded (_totalframes){
   Go to and Stop (Start, 1)
}
```

Sie erreichen dies über die *Aktionen-Palette*. Drücken Sie auf die Plus-Schaltfläche und wählen aus der Liste den Befehl *ifFrameLoaded*.

Um die Aktion nun so zu definieren, dass sie erst dann die nächste Aktion ausführt, wenn alle Szenen des Films geladen wurden, müssen Sie noch die Eigenschaft _totalframes hinzufügen.

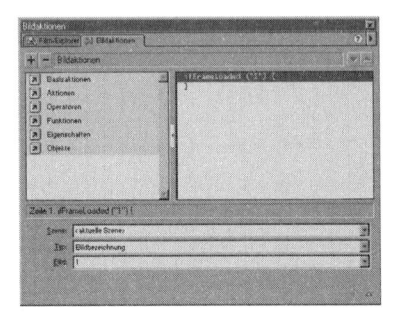

**Abbildung 12.19:** Hier geben Sie den Ausdruck ein

Die Eigenschaft _totalframes finden Sie an entsprechender Position unter der Plus-Schaltfläche der Aktionen-Palette.

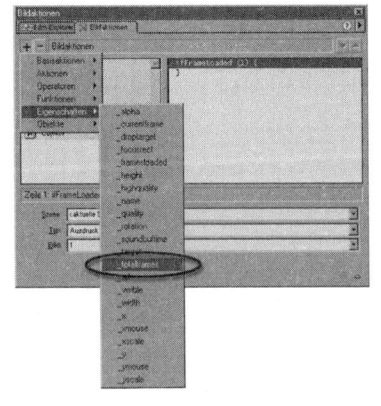

**Abbildung 12.20:** Die Eigenschaft _totalframes

✔ Mit der *Go To*-Aktion erklären Sie Flash nun, was es machen soll, wenn der gesamte Film geladen wurde. In diesem Fall soll er ja erst dann zum ersten Bild der Szene *Start* springen und dort anhalten. Um die *Go To*-Aktion an der richtigen Stelle einzufügen markieren Sie die *ifFrameLoaded*-Zeile und wählen dann mit der Plus-Schaltfläche erneut eine Aktion aus der Liste – die *Go To*-Aktion.

✔ Für die *Go To*-Aktion müssen Sie nun nur noch bestimmen, wohin Sie springen soll. Die Aktion steht automatisch auf *Go To and Play*, also müssen Sie diese Option zunächst am unteren Rand deaktivieren. Aus dem Dropdown-Menü *Szene* wählen Sie die Szene *Start*. Die Bildnummer müssen Sie nicht wählen, da diese mit *1* automatisch richtig ist.

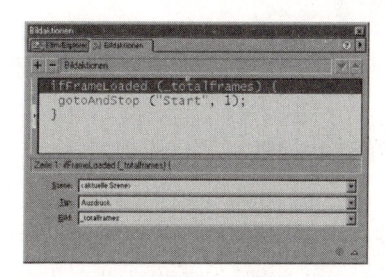

**Abbildung 12.21:** Die Bedingungen für den Sprung

Mit diesem Vorgehen haben Sie schnell und einfach eine Ladeanzeige gestaltet und mit Aktionen versehen. Sie können sich nun daran begeben, die Ladeanzeige zu verfeinern, wenn diese Anzeige Ihnen zu simpel ist. Experimentieren Sie ruhig ein wenig herum, behalten Sie aber dabei im Hinterkopf, dass die Ladeanzeige nicht zu groß werden darf und deshalb auch nicht zu umfangreich.

Für die Ladeanzeige aus dem Beispiel berechnet der Bandbreiten-Profiler eine Ladezeit von 0,1 Sekunden, was nahezu sofort ist. Damit sollten Sie auf jeden Fall richtig liegen.

Um sicher zu gehen, dass die Szene *Loader* auch auf jeden Fall zuerst geladen wird, sollten Sie darauf achten, dass sie in der Liste der Szenen in der Szene-Palette an oberster Stelle steht. Steht die Szene nicht an erster Stelle dieser Liste, wird Sie erst später geladen, womit sich ihr Effekt so gut wie überhaupt nicht lohnend einsetzen lässt.

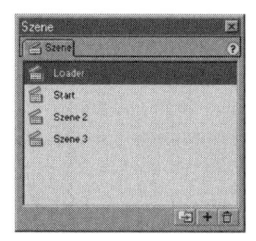

**Abbildung 12.22:** Ladereihenfolge für Flash-Dateien

# Verschiedene Systeme

Sollten Sie die Gelegenheit haben, eine Flash-Datei unter verschiedenen Bedingungen testen zu können, nutzen Sie sie.

Es kann durchaus sein, dass unterschiedliche Browser oder Systeme unterschiedliche Probleme mit Ihrer Datei haben.

Fragen Sie Freunde und Bekannte, die Ihnen helfen wollen, ganz einfach, was sie für Probleme beim Aufrufen der Seite hatten, oder erzeugen Sie ein kleines Umfrage-Formular, mit dem Sie auf Probleme hingewiesen werden können.

# KAPITEL 13

## Aktionen und Skripten

Im Aktionen-Fenster stehen Ihnen eine Vielzahl Aktionen zur Verfügung, deren Funktionen in diesem Kapitel erläutert werden sollen.

# Aktionen und Skripten

Über *Aktionen* lassen sich Flash-Filme und die enthaltenen Objekte steuern. Dabei sind die Möglichkeiten jedoch so umfangreich, dass Sie damit ganze Spiele programmieren können.

Bis auf die Aktion *onClipEvent* können alle Aktionen den Schlüsselbildern der Zeitleiste zugewiesen werden. Dazu öffnen Sie das Aktionen-Fenster für ein Schlüsselbild.

Für Schaltflächen gibt es dieselbe Palette, in dem ebenfalls Aktionen eingegeben werden können. Für Schaltflächen steht dann auch die Aktion *On Mouse Event* zur Verfügung.

Filmsequenzen lassen sich mit Bezeichnungen versehen, auf die Aktionen Bezug nehmen können.

## Verschiedene Eingabemodi und Umgang mit dem Bildaktionen-Fenster

Standardmäßig in derselben Paletten-Gruppe wie der Film-Explorer befindet sich das Aktionen-Fenster. Auf der rechten Seite des Fensters erscheint der Text eines Skripts, sobald Sie entsprechende Bestandteile aus der Liste links eingesetzt haben. Das Fenster auf der linken Seite lässt sich jedoch wegschalten, wodurch das Skript-Fenster größer wird. Dazu klicken Sie einfach einmal auf die Schaltfläche mit dem kleinen Pfeil (siehe Abbildung 13.1).

Klicken Sie erneut auf dieselbe Schaltfläche, die danach jedoch auf der linken Seite zu finden ist, machen Sie das Fenster neben dem Skript-Fenster wieder sichtbar (siehe Abbildung 13.2).

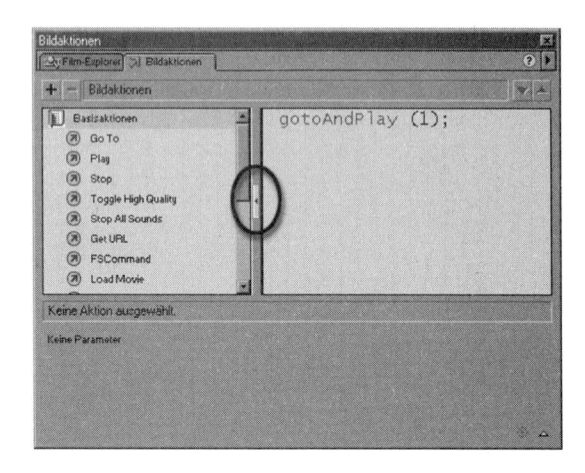

**Abbildung 13.1:** Normaler Modus der Bildaktionen mit zwei Fenstern

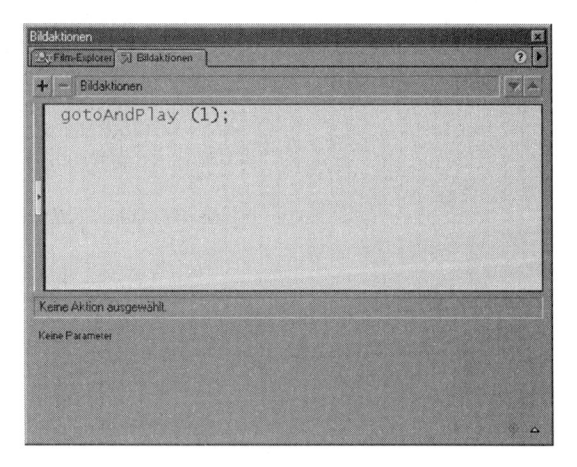

**Abbildung 13.2:** Normaler Modus mit nur einem Fenster

Skript-Texte können im entsprechenden Fenster auch per Hand eingegeben werden, ohne dass Sie die »Formulierungshilfen« des Aktionen-Fensters nutzen. Dazu später mehr.

## Normaler Modus

In den Optionen für das Aktionen-Fenster finden Sie zuoberst die Wahlmöglichkeit zwischen *Normaler Modus* und *Expertenmodus*. Der große Unterschied zwischen diesen beiden Modi besteht darin, dass Ihnen in letzterem weniger Unterstützung von Flash zuteil wird.

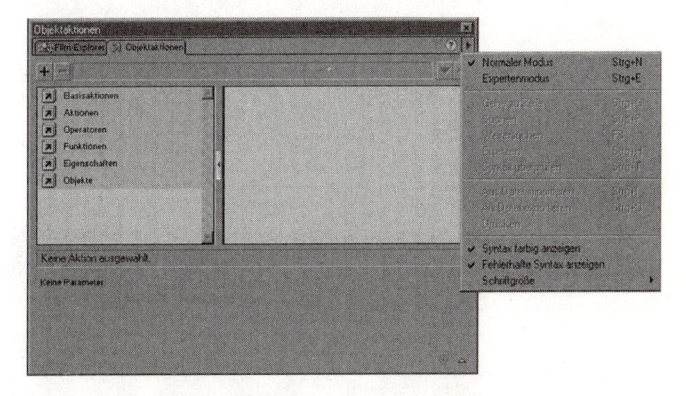

**Abbildung 13.3:** Optionen des Aktionen-Fensters

Im Normalen Modus finden Sie im unteren Teil des Fensters immer eine Formulierungshilfe, die Ihnen je nach Skript-Befehl unterschiedliche Eingabemöglichkeiten vorgibt.

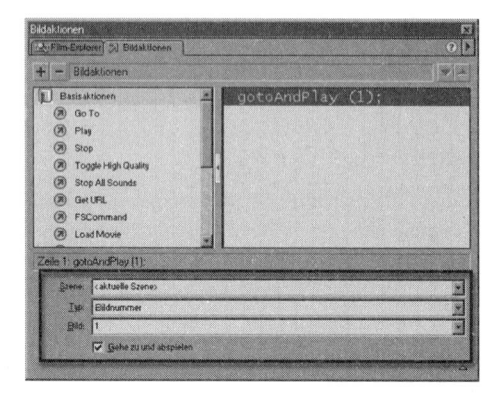

**Abbildung 13.4:** Die Formulierungshilfe im Aktionen-Fenster

## Expertenmodus

Der Expertenmodus blendet die Formulierungshilfe in dem unteren Teil des Fensters aus und überlässt Ihnen die korrekte Eingabe der verschiedenen Parameter, die für manch einen Befehl notwendig sind.

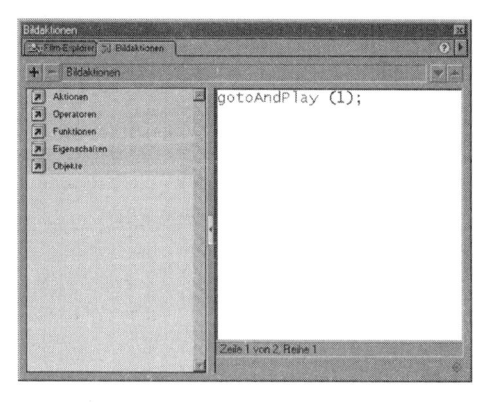

**Abbildung 13.5:** Aktionen-Fenster im Expertenmodus

# Ziel-Editor

An vielen Stellen müssen Sie ein *Ziel* für eine Aktion eingeben. Solche Ziele sind dann entweder Filmsequenzen oder Filme. Die Ziele können in den meisten Fällen als Text oder über den *Ziel-Editor* eingegeben werden. Der *Ziel-Editor* hat den Vorteil, dass in ihm die verschiedenen Filmsequenzen einer Szene aufgelistet sind, die dann durch einen Doppelklick ausgewählt werden können. Eine Filmsequenz gilt als ausgewählt, wenn ihre Bezeichnung im unteren Fenster des Ziel-Editors zu sehen ist. Sobald eine Filmsequenz im unteren Fenster zu sehen ist, hat Flash auch den richtigen Pfad zu dieser Sequenz angegeben.

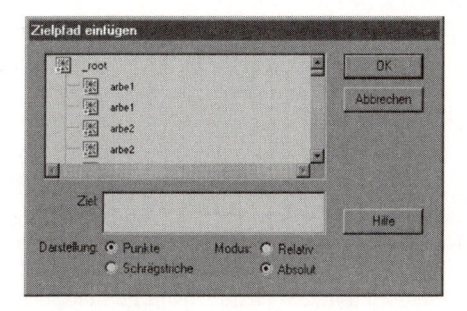

**Abbildung 13.6:** Ziel-Editor

Um ein ausgewähltes Ziel wieder zu löschen, benutzen Sie die [Entf]- oder [←]-Tasten, nachdem Sie den Cursor in das untere Feld gesetzt haben.

Filmsequenzen, denen noch kein Instanzname gegeben wurde, können nicht von Aktionen angesprochen werden und erscheinen demnach auch nicht im Ziel-Editor. Um einer Filmsequenz, oder besser deren Instanz, einen Namen zu geben, öffnen Sie die Instanz-Palette der entsprechenden Instanz und geben dort den Instanznamen ein.

Wollen Sie einen Film auf einer bestimmten Ebene als Ziel angeben, geben Sie `_level` und dann die Nummer der Ebene an.

Lassen Sie ein Zielfeld leer, wird als Ziel immer die aktuelle Zeitleiste festgelegt.

Um eine Filmsequenz eines Films, der auf eine andere Ebene geladen wurde, direkt anzusprechen, geben Sie das Ziel mit `_level`, gefolgt von der Nummer der Ebene, gefolgt von einem Schrägstrich (/), und dann den Instanznamen der Filmsequenz an. Als Beispiel kann dies dann so aussehen:

`_level3/Filmsequenz`

### Punkte

Alternativ zur Schrägstrich-Syntax, die in Flash 4 ausschließlich verwendet wurde, können Sie in Flash 5 auch die Punkt-Syntax verwenden. Dabei wird anstelle des Schrägstrichs ein Punkt gesetzt. Der Punkt-Syntax wird in Flash 5 Vorrang eingeräumt und sie funktioniert ein wenig zuverlässiger als die Schrägstrich-Syntax.

### Schrägstrich

Haben Sie diese Option gewählt, wird die Schrägstrich-Syntax verwendet, die bereits bei Flash 4 Verwendung gefunden hat. Wollen Sie Ihren Film in der Version 4 von Flash exportieren, empfiehlt es sich, im gesamten Dokument die Schrägstrich-Syntax zu verwenden, um Fehler bei der Umrechnung zu vermeiden.

### Relativ

Wählen Sie diese Option, wird die Position des Ziels relativ zum Aufrufpunkt angegeben. Ändern Sie den Aufrufpunkt, kann ein Fehler entstehen.

### Absolut

Geben Sie einen Zielpfad absolut an, wird die Position des Ziels von der Grundebene eines Films aus angegeben und ein `_root` vorweg gesetzt. Ändern Sie hier den Aufrufpunkt, bleibt die Zielangabe korrekt.

## Hervorhebungen

Haben Sie die Option *Syntax farbig anzeigen* aktiviert, können Sie anhand der verschiedenen Farben, die in Ihrem Skript angezeigt werden, erkennen, um welche Art von Skript-Element es sich handelt und ob die Syntax korrekt ist.

### Rote Markierungen

Eine rote Markierung weist auf einen Fehler in einem Skript hin. Meist fehlt an der entsprechenden Stelle ein Argument oder eine sonstige Eingabe. Der rote Text erläutert oft sogar, welche Art von Eingabe vom Skript erwartet wird, damit er fehlerfrei ist.

### Grüne Schrift

Grüne Schrift hebt in einem Skript alle Eigenschaften hervor.

### Blaue Schrift

Blaue Schrift hebt Befehle und Aktionen hervor. Die dazugehörigen Argumente werden schwarz angezeigt.

### Pinke Schrift

Haben Sie Ihrem Skript Kommentare hinzugefügt, werden diese komplett in pinker Schrift angezeigt.

## Optionen für das Aktionen-Fenster

In den Optionen für das Aktionen-Fenster finden Sie allerlei nützliche Werkzeuge zur Bearbeitung von Skripten (siehe Abbildung 13.7).

Zum einen können Sie hier zwischen *Normaler Modus* und *Expertenmodus* hin und her schalten. Zum anderen können Sie in bestimmte Zeilen springen oder das Skript nach bestimmten Begriffen durchsuchen und ebenso diese Begriffe ersetzen.

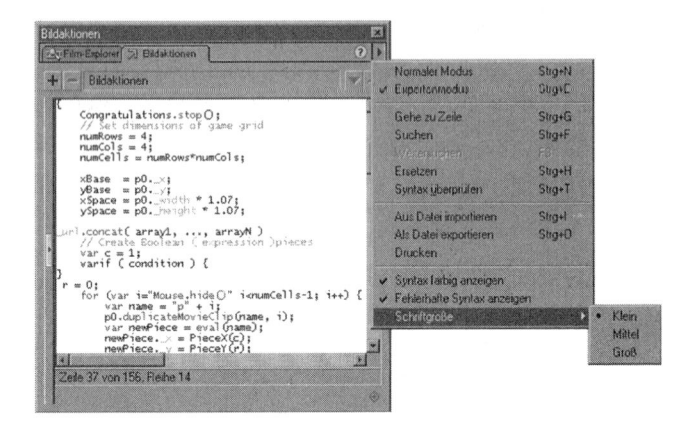

**Abbildung 13.7:** Optionen des Aktionen-Fensters

Außerdem können Sie hier Flash anweisen das Skript nach Syntaxfehlern zu durchsuchen. Das Ergebnis einer solchen Durchsuchung wird in dem Ausgabe-Fenster angezeigt, wenn sich tatsächlich Fehler in dem Skript befinden.

**Abbildung 13.8:** Ein Fehler ist aufgetaucht

Außerdem lassen sich Skripten in- und exportieren. Ein exportiertes Skript erhält den Anhang *.as (für ActionScript). Es lassen sich meist auch nur solche Skripten fehlerfrei importieren, die die Endung *.as tragen.

Die Auswirkungen der Option *Syntax farbig anzeigen* wurde bereits oben unter *Hervorhebungen* beschrieben.

*Fehlerhafte Syntax anzeigen* sorgt für die rote Markierung und den Vorschlag zur Lösung des Problems.

Mit der *Schriftgröße* beeinflussen Sie lediglich die Größe der Schrift im rechten Fenster, dem Skript-Fenster.

# XML und XMLSocket

Wollen Sie die XML-Einbindungsmöglichkeiten weiter unten verwenden, sollten Sie sich auf jeden Fall mit XML auskennen. Die Funktionen werden in diesem Kapitel nur der Vollständigkeit halber aufgelistet. Für eine Erklärung der Markup-Language XML ist in diesem Buch kein Platz, da XML eine eigene kleine Sprachenwelt darstellt.

# »Veraltete« Aktionen und Operatoren

Im gesamten folgenden Kapitel wird ab und an darauf hingewiesen, dass ein Befehl, Operator oder eine Aktion veraltet ist. Dies beeinträchtigt in den meisten Fällen nicht die Funktionalität des Skripts oder des gesamten Films, sondern weist darauf hin, dass es für diesen Befehl eine zuverlässigere Variante gibt. Außerdem sind »veraltete« Befehle bestens für den Export in einer Vorversion von Flash geeignet.

So verwendet man in einem Flash-5-Skript besser *with* anstelle von *Tell Target*. Will man aber von vorn herein einen Flash-4-Film mit Flash 5 erstellen, sollte man eher *Tell Target* verwenden, um sicher zu gehen, dass diese Funktion in dem exportierten Film auch richtig funktioniert.

# Aktionen eingeben und bearbeiten

Eingegeben werden die Aktionen im Normalen Modus entweder über ein Menü, das sich öffnet, sobald Sie im Aktionen-Fenster die Plus-Schaltfläche betätigen. Alternativ können Sie die Aktionen aber auch aus den Ordnern im linken Fenster heraussuchen und von dort aus entweder ins rechte Fenster ziehen oder sie per Doppelklick an zuvor markierte Stelle bewegen. Im Expertenmodus können Sie Aktionen aber auch über die Tastatur eingeben oder verändern.

Im Normalen Modus werden im unteren Teil des Aktionen-Fensters die Optionen des entsprechend markierten Befehls angezeigt.

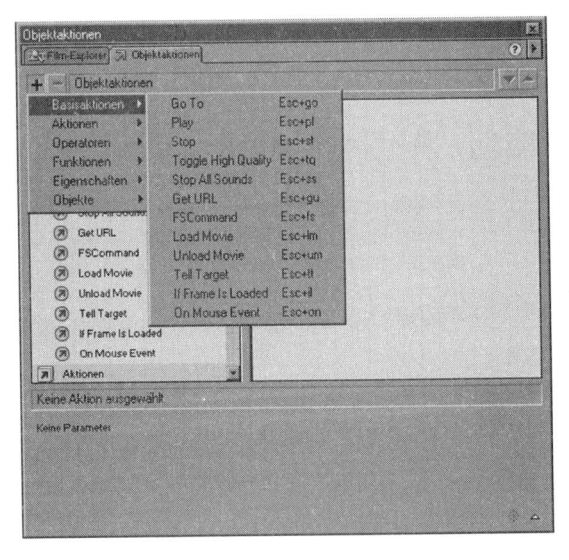

**Abbildung 13.9:** Die *Basisaktionen* über die Plus-Schaltfläche

### Löschen und Verschieben von Aktionen

Um eine einzelne Aktion zu *löschen* aktivieren Sie die entsprechende Zeile im Skript und drücken die Entfernen-Schaltfläche. Alternativ dazu lassen sich aber auch die Tasten [Entf] oder [⌫] verwenden.

Löschen Sie eine Aktion, die aus zwei Zeilen und dazwischenliegenden Aktionen besteht, wie zum Beispiel die folgende, dann löschen Sie damit die gesamte Aktion und alle Aktionen, die dazwischen stehen. Im Beispiel würde das bedeuten, dass Sie, sobald Sie die Zeile 1 oder die Zeile 5 löschen, die gesamten fünf Zeilen des Skripts löschen, weil diese eine Einheit bilden. Löschen Sie die Zeile 2 oder 4, werden die Zeilen 2 bis 4 gelöscht.

```
on (rollOut) {
    tellTarget ("/arbe1") {
        gotoAndPlay (8);
    }
}
```

Sie können jedoch die Zeile 3 löschen, ohne die anderen Zeilen damit zu beeinflussen. Der Aktion *Tell Target* fehlt dann zwar eine Aktion, aber Sie können der *Tell Target*-Aktion ja noch immer eine neue Aktion hinzufügen. Zeilen, die leicht eingerückt im Skript erscheinen, gelten als zugehörig zu den umgebenden, nicht eingerückten Zeilen.

Zum *Verschieben* einzelner Skriptzeilen können Sie die Schaltflächen am Rand verwenden. Sie können jedoch nur begrenzt die Zeilen verschieben, die in der Syntax zu einer Aktion gehören. Im Beispiel oben können Sie die Zeile 5 zum Beispiel nicht an Position 1 des Skripts verschieben, da damit die Syntax der Aktion *On* zerstört würde. Sie können die Zeile 3 jedoch an die Position 2 verschieben, wodurch die Aktion der *On*-Aktion anstelle der *Tell Target*-Aktion zugehörig wird.

Ist dennoch durch das Verschieben oder durch eine fehlerhafte Eingabe ein Syntaxfehler entstanden, merkt Flash dies und gibt eine entsprechende Fehlermeldung.

Die im Folgenden erklärten Aktionen werden in derselben Reihenfolge aufgelistet wie im Register *Objektaktionen* unter dem Pluszeichen.

# Basisaktionen

> **HINWEIS**
>
> Im Expertenmodus stehen Ihnen die Basisaktionen nicht zur Verfügung.

## Go To

Mit der *Go To*-Aktion können Sie die Darstellung Ihres Films sowohl innerhalb einer Szene als auch zwischen den Szenen springen lassen. Dazu müssen Sie allerdings noch genaue Angaben machen, zu welchem Bild welcher Szene gesprungen werden soll.

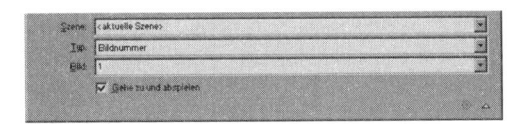

**Abbildung 13.10:** Die *Go To*-Optionen

### Szene

Neben den Einträgen *<aktuelle Szene>*, *<nächste Szene>* und *<vorherige Szene>* finden sich in diesem Dropdown-Menü die Bezeichnungen sämtlicher Szenen im Film. Um in eine andere Szene zu springen, wählen Sie deren Bezeichnung aus der Liste. Als Standard ist in dieser Option *<aktuelle Szene>* eingestellt.

Die relativen Bezeichnungen stehen zwar oben in der Liste, eignen sich aber nur bedingt, um eine *Go To*-Aktion ausreichend zu definieren. *<aktuelle Szene>* kann sich nicht verändern. Die übrigen beiden relativen Bezüge sind jedoch zu vage. Verändern Sie zum

Beispiel die Reihenfolge der Szenen, kann die Verknüpfung
<nächste Szene> dafür sorgen, dass in die falsche Szene gesprungen
wird, weil die eigentlich gewünschte Szene jetzt an einer anderen
Stelle steht.

### Typ

Im Dropdown-Menü *Typ* bieten sich Ihnen verschiedene Möglichkeiten, wie Sie ein bestimmtes Bild ansteuern können. Diese Möglichkeiten finden im Folgenden eine Erklärung.

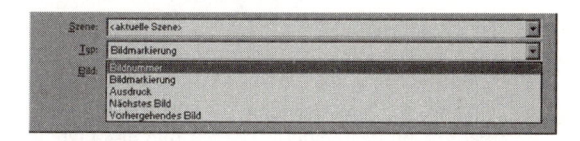

**Abbildung 13.11:** Mögliche *Typen* der Bildwahl der *Go To*-Aktion

#### Bildnummer

Über die *Bildnummer* legen Sie die Nummer des Bilds auf der Zeitleiste fest. Das erste Bild der Zeitleiste trägt dabei die Nummer *1*. Die Bildnummer geben Sie über das Eingabefeld rechts von der Option ein. Wollen Sie auf ein bestimmtes Schlüsselbild springen, sollten Sie eher die Option *Bildmarkierung* wählen.

#### Bildmarkierung

Wählen Sie eine *Bildmarkierung*, um das Bild näher zu umschreiben, auf das gesprungen werden soll, wird das Dropdown-Menü unten dazu verwendbar, in ihm die Bezeichnungen sämtlicher Schlüsselbilder in der angegebenen Szene auszuwählen. Haben Sie keine Bezeichnungen verteilt, ist dieses Menü leer und das Bild kann nicht über diese Option angesteuert werden.

Wenn Sie keine Bezeichnung zur Verfügung haben, wählen Sie eine der anderen Optionen, um das Bild der Zeitleiste genauer zu beschreiben, auch wenn dies ungenauer ist.

Haben Sie eine Bezeichnung für den Sprung auf ein Bild angegeben, ist es egal, ob Sie das Schlüsselbild innerhalb der Szene verschieben. Die Aktion wird immer an den Ort springen, an dem das Schlüsselbild sitzt.

Löschen Sie ein solches Schlüsselbild, wird die Aktion unwirksam.

**Ausdruck**

Über den *Ausdruck* lassen sich komplexere Bedingungen und Variablen in einen Sprung einbauen. So lässt sich über den Ausdruck *Random* zum Beispiel ein Sprung in ein zufälliges Bild festlegen.

**Nächstes Bild**

Diese Option steht Ihnen nur zur Verfügung, wenn Sie innerhalb derselben Szene springen. Sie springen genau ein Bild weiter nach **rechts** auf der Zeitleiste. Ist ein Bild das letzte in einer Szene, sorgt diese Aktion dafür, dass in das erste Bild der nächstfolgenden Szene gesprungen wird.

**Vorhergehendes Bild**

Diese Option steht Ihnen nur zur Verfügung, wenn Sie innerhalb derselben Szene springen. Sie springen genau ein Bild weiter nach **links** auf der Zeitleiste. Ist ein Bild das erste in einer Szene, sorgt diese Aktion dafür, dass in das erste Bild der vorangehenden Szene gesprungen wird.

### Gehe zu und abspielen

Mit *Steuerung* lässt sich die Option *Go To and Play* oder *Go To and Stop* aktivieren. Als Standard schaltet Flash *Go To*-Aktionen immer auf *Go To and Stop*. *Go To and Stop* bewirkt, dass der Film angehalten wird, sobald er an die angegebene Stelle gesprungen ist. *Go To and Play* bewirkt das genaue Gegenteil. Diese Option wird von Aktionen übergangen, die sich im entsprechenden Bild befinden. Springt der Film zum Beispiel mit *Go To and Stop* in ein Bild, dem eine *Play*-Aktion zugewiesen wurde, spielt der Film trotzdem weiter.

## Play

Mit der Aktion *Play* sorgen Sie dafür, dass Ihr Film abgespielt wird. Spielt ein Film bei Erreichen einer *Play*-Aktion bereits, hat der erneute Befehl abzuspielen keinerlei Funktion. In einer Schaltfläche sorgt die Aktion *Play* dafür, dass der Film von dem Punkt an weiter abgespielt wird, an dem der Film gerade steht.

Diese Aktion verfügt über keine einstellbaren Optionen.

## Stop

Über die Aktion *Stop* wird der Film angehalten. Filmsequenzen werden von dieser Aktion nicht beeinflusst, wenn die *Stop*-Aktion nicht direkt in der Zeitleiste einer Filmsequenz selbst sitzt. Das heißt, dass eine Filmsequenz, die in einer Szene platziert wurde, weiter abspielt, selbst wenn in der Szene eine *Stop*-Aktion ausgelöst wird.

In einer Schaltfläche platziert, sorgt die *Stop*-Aktion dafür, dass der Film an der Stelle angehalten wird, an der die Aktion über die Schaltfläche ausgelöst wird.

Diese Aktion verfügt über keine einstellbaren Optionen.

## Toggle High Quality

Die Darstellungsqualität lässt sich über die Aktion *Toggle High Quality* entweder auf *Niedrig* oder *Hoch* umschalten. In welchen Modus geschaltet wird, ist abhängig von dem Modus, in dem gerade dargestellt wird. Wird in *Hoch* dargestellt, schalten Sie mit dieser Aktion auf *Niedrig* und umgekehrt.

Diese Aktion verfügt über keine einstellbaren Optionen.

## Stop All Sounds

Wollen Sie alle Sounds in einen Film anhalten, verwenden Sie die Aktion *Stop All Sounds*. Mit dieser Aktion werden sowohl Streaming- als auch Ereignis-Sounds ausgeschaltet. Sounds, die nach dieser Aktion gestartet werden, werden von dieser Aktion davor nicht beeinflusst. Zu den verschiedenen Soundtypen lesen Sie mehr im Kapitel *Sounds*.

Die Aktion bietet sich für eine Schaltfläche an, mit der Sie dem Betrachter erlauben die Sounds in einem Film auszuschalten.

Diese Aktion verfügt über keine einstellbaren Optionen.

# Get URL

Mit der Aktion *Get URL* können Sie entweder URLs, also HTML-Dokumente, Flash-Player-Filme, PDF-Dokumente u.v.m. aufrufen und in einem Browser anzeigen lassen, ein E-Mail-Fenster in Ihrem Browser öffnen oder CGI-Skripten aufrufen, um Werte des Films durch das CGI-Skript auswerten zu lassen.

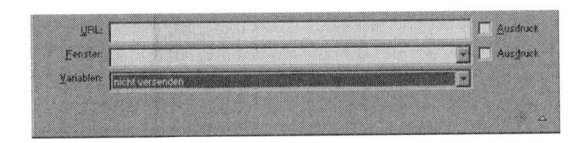

**Abbildung 13.12:** *Get URL*-Optionen

### URL

In allen drei Fällen müssen Sie die entsprechende Adresse im Fenster *URL* eingeben. Ob Sie eine Adresse absolut (*http://www.macromedia.com/software*) oder relativ (*/software*) eingeben, bleibt Ihnen überlassen. Geben Sie eine Adresse jedoch absolut ein, sollten Sie das *http://* am Anfang nicht vergessen. Über *www.macromedia.com* erreichen Sie nichts.

Wollen Sie ein Mailfenster durch eine *Get URL*-Aktion öffnen lassen, müssen Sie vor die E-Mail-Adresse noch ein *mailto:* setzen. Das Mailfenster wird dann mit der Adresse geöffnet, die Sie in der *Get URL*-Aktion angegeben haben. Sie sollten also sicher gehen, dass Sie sich nicht vertippt haben, damit die Post auch ankommt. Sie können auch den Namen des Empfängers noch mit angeben, müssen dann aber die Adresse in spitze Klammern (<>) setzen. Beispiel:

```
mailto: Alexander Koron <koronea@gmx.de>
```

**Fenster**

Wollen Sie mit *Get URL* eine Mail verschicken, wird automatisch ein Mailfenster geöffnet, je nach MIME-Typ.

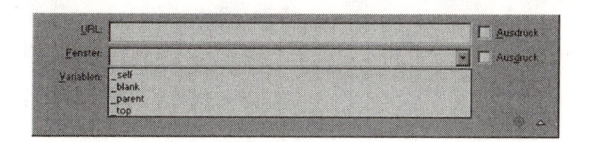

**Abbildung 13.13:** Die Möglichkeiten der Fenster-Option

Wollen Sie jedoch ein HTML- oder anderes Dokument mit dieser Aktion öffnen, sollten Sie noch festlegen, wo dieses Dokument geöffnet werden soll. Es stehen Ihnen vier verschiedene Möglichkeiten zur Auswahl:

- *_self*: Das Dokument wird im übergeordneten Fenster oder Frame geöffnet.
- *_blank*: Ein neues Fenster wird für das Dokument geöffnet.
- *_parent*: Das Dokument wird im aktuellen Fenster oder Frameset geöffnet.
- *_top*: Das Dokument wird im aktuellen Fenster geöffnet und alle Frames werden gelöscht.

Haben Sie keine Auswahl getroffen, wird automatisch die Option *_self* gewählt.

Wird Ihr Film nicht in einem Browser abgespielt, wird der Standardbrowser und in diesem ein entsprechendes Fenster geöffnet.

### Variablen

Im Feld *Variablen* können Sie die Art und Weise angeben, in der die Variablen übermittelt werden sollen. Haben Sie *nicht versenden* ausgewählt, werden die Werte der Variablen nicht übermittelt.

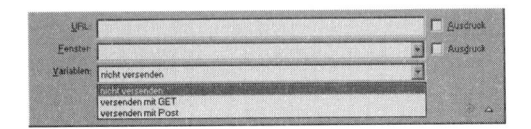

**Abbildung 13.14:** Die Möglichkeiten der Variablenversendung

Mit der *Post*-Methode sind größere Datenmengen möglich, da die Werte nicht über die URL, sondern separat übermittelt werden. Bei der *GET*-Methode können Sie die Variablen in der URL-Zeile Ihres Browsers ablesen.

Die *GET*-Methode stellt aber auch ein gewisses Risiko dar, da die Variablen Ihres Films durch die Anzeige in der Browserleiste hier von jedem einsehbar sind.

## FSCommand

Mit der Aktion *FSCommand* lässt sich aus Flash heraus das Programm steuern, in dem der Flash-Film platziert wurde. Das heißt, ist der Flash-Film in einem Browser platziert, lässt sich dieser Browser mit JavaScript-Befehlen ansteuern. Selbst der Flash Player lässt sich steuern, wenn der Film als Projektor gezeigt wird.

**Abbildung 13.15:** *FSCommand*-Optionen

Wenn Sie sich weder mit JavaScript noch mit dem Erstellen eines Projektors auskennen, sollten Sie diese Aktion lieber meiden.

Sie können über *FSCommand* auch andere Programme, die ActiveX-Steuerelemente ausführen können, wie zum Beispiel Visual Basic, C++, ansteuern.

**Befehl**

An dieser Stelle geben Sie den *Befehl* ein, der via *FSCommand* weitergegeben werden soll.

**Argumente**

Benötigt ein Befehl weitere *Argumente*, werden diese hier eingegeben. Argumente lassen sich über dieses Fenster oder den Ausdruck-Editor eingeben.

**Befehle für den Player**

Wird Ihr Film als Projektor-Film angezeigt, können Sie den umgebenden Flash Player mit den folgenden Befehlen steuern. Wie Sie einen Projektor-Film erstellen, können Sie im Kapitel *Veröffentlichen* nachlesen.

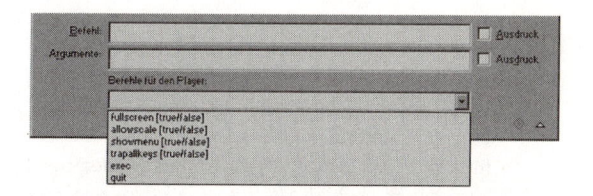

**Abbildung 13.16:** Befehle für den eigenständigen Player

**fullscreen (Vollbild)**

Mit dem Befehl *fullscreen* lässt sich der Projektor auf das Vollbild stellen oder aus dem Vollbild zurück auf die normale Größe. Dazu verwenden Sie die Argumente *true* (*wahr*) und *false* (*falsch*). Sie müssen diese Argumente immer in Englisch eingeben. Haben Sie den Befehl *fullscreen* gewählt, wird als Argument automatisch *true* angegeben.

### allowscale (Skalieren zulassen)

Über *allowscale* schalten Sie die Anzeige des Projektors auf 100 %. Sie können zwar noch immer den Rahmen um den Film herum zum Beispiel mit *fullscreen* verändern, der Film selbst kann jedoch nicht skaliert werden, solange Sie das Argument auf *true* (*wahr*) gestellt haben. Geben Sie als Argument *false* (*falsch*) an, wird die Anzeige wieder auf den Standard *Alles Anzeigen* zurückgestellt und der Film kann auch wieder skaliert werden. Wenn Sie den Befehl *allowscale* wählen, wird automatisch das Argument *true* angegeben.

### showmenu (Menü einblenden)

Mit dem Befehl *showmenu* beeinflussen Sie das Kontextmenü, das sich über einem Projektor-Film öffnen lässt. Haben Sie das Argument *true* (*wahr*) gewählt, wird das gesamte Menü angezeigt und damit dem Betrachter auch eine Möglichkeit gegeben die Darstellung zu beeinflussen. Bei *false* (*falsch*) blenden Sie das Kontextmenü so weit aus, dass der Betrachter nur noch den Eintrag *Informationen über Flash 5...* zu sehen bekommt, die Darstellung des Films also nicht mehr beeinflussen kann. Haben Sie den Befehl *showmenu* gewählt, wird automatisch das Argument *true* gewählt.

### trapallkeys

Über den Befehl *trapallkeys* können Sie die Tastenkombinationen für den Player ein- und ausschalten. Wollen Sie die Kombinationen ausschalten, wählen Sie *true* (*wahr*), wollen Sie sie einschalten, wählen sie *false* (*falsch*). Automatisch wird dieser Befehl auf *true* gesetzt.

### exec (Beenden)

Den Befehl *exec* müsste man eigentlich mit *Ausführen* übersetzen, da das auch dem entspräche, was in das Befehlsfenster eingetragen wird, sobald man den Befehl wählt (*exec*). Sie können mit diesem Befehl Anwendungen im Projektor selbst starten, sprich vornehmlich Flash-Filme. Als Argument für diesen Befehl geben Sie den Pfad für die zu startende Anwendung an.

**quit**

Über den Befehl *quit* (*Beenden*) schließen Sie den Projektor. Diesem Befehl können keine Argumente zugeordnet werden.

# Load Movie

Mit der Aktion *Load Movie* lassen sich zum einen weitere Flash-Player-Filme laden und entladen, die gleichzeitig angezeigt werden. Sie können aber auch Variablen aus einem CGI-Skript damit laden und für Flash verwenden.

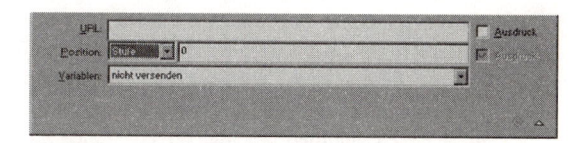

**Abbildung 13.17:** *Load/Unload Movie*-Optionen

**URL**

Über die *URL* geben Sie den Pfad an, an dem sich der zu ladende Film oder das CGI-Skript befindet. Dabei können Sie absolute oder relative Angaben machen. Bei den absoluten sollten Sie darauf achten, das *http://* nicht zu vergessen.

Wollen Sie diese Funktion in einem der Testmodi testen, sollten Sie darauf achten, dass sowohl die Ursprungsdatei als auch die zu ladende Datei im selben Ordner gespeichert wurden. Außerdem müssen Sie in diesem Fall auf die Laufwerks- und Ordnerbezeichnung verzichten.

**Position**

Mit der *Position* geben Sie eine *Stufe* an, auf die ein Film geladen wird oder in die die geladenen Variablen eingefügt werden. Diese Stufen werden in Zahlen angegeben. Dabei wird der Ursprungsfilm mit der Stufe 0 versehen. Alle Filme, die danach über *Load Movie* geladen werden, bekommen automatisch einen höheren Wert.

Sie können aber auch eine Stufe angeben, in der bereits ein Film vorhanden ist. In diesem Fall wird der vorher auf dieser Stufe abspielende Film durch den neu geladenen gelöscht.

Der Film auf Stufe 0 legt Hintergrundfarbe, Bildrate und Größe für alle übrigen Filme fest. Wird auf Stufe 0 ein neuer Film geladen, werden die Vorgaben des neuen Films übernommen und alle Filme, die aus dem alten Ursprungsfilm geladen wurden, entladen. Filme anderer Stufen können entladen werden, ohne dass es die Filme der anderen Stufe beeinflusst. So können Sie zum Beispiel die Filme auf den Stufen 1 bis 3 entladen, die Filme auf den Stufen 4 bis 6 bleiben dabei jedoch auf ihren Stufen erhalten. Über die Aktion *Tell Target* lassen sich die Filme der verschiedenen Stufen steuern.

Laden Sie *Variablen* auf eine bestimmte Stufe, wird der dort vorhandene Film nicht durch die geladenen Variablen ersetzt, sondern die Werte der Variablen in den Film eingesetzt. Auf diese Weise lassen sich dann die aus einen CGI-Skript erhaltenen Daten für einen Flash-Film verwenden.

Wollen Sie den Film einer bestimmten Stufe entladen, können Sie dies entweder über die Stufennummer oder den Zielpfad des Films angeben. Zum Entladen eines Films auf einer bestimmten Stufe verwenden Sie jedoch den Befehl *Unload Movie*. Der Film der Stufe 0 kann nicht entladen werden.

Geben Sie anstelle der Stufe, an die ein Film geladen werden soll, ein *Ziel* an, also einen anderen Film, so wird dieser Film auf jeden Fall durch den neu geladenen ersetzt. Der neue Film erhält aber die Position, Drehung und Skalierung des alten.

### Variablen

Im Feld *Variablen* können Sie die Art und Weise angeben, in der die Variablen übermittelt werden sollen. Haben Sie *nicht versenden* ausgewählt, werden die Werte der Variablen nicht übermittelt.

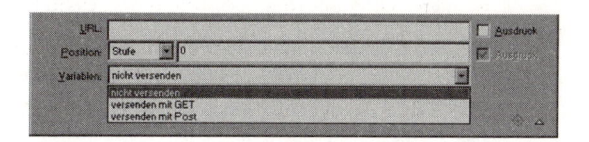

**Abbildung 13.18:** Die *Variablen*-Optionen

Mit der *Post*-Methode sind größere Datenmengen möglich, da die Werte nicht über die URL, sondern separat übermittelt werden. Bei der *GET*-Methode können Sie die Variablen in der URL-Zeile Ihres Browsers ablesen.

## Unload Movie

Die Aktion *Unload Movie* ist das genaue Gegenteil der Aktion *Load Movie*. Mit ihr können Sie aber lediglich die Filme bestimmter Stufen entladen. Der Film der Stufe 0 lässt sich nicht entladen, da er die Ausgangsbasis jedes Flash-Films darstellt.

**Abbildung 13.19:** Die Optionen der Position für *Unload Movie*

Geben Sie nur eine Stufe an, wird der Film einer bestimmten Stufe entladen, egal wie er bezeichnet wird.

Geben Sie ein Ziel an, wird ein bestimmter Film je nach Bezeichnung entladen.

# Tell Target

Mit der *Tell Target*-Aktion können Sie Filme steuern, die Sie über die Aktion *Load Movie* geladen haben, oder auch Filmsequenz-Instanzen. Mit der Aktion *Tell Target* können Sie also auch aus einer Filmsequenz heraus andere Filme und auch Filmsequenz-Instanzen steuern.

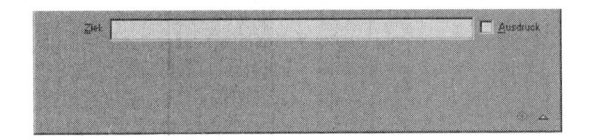

**Abbildung 13.20:** *Tell Target*-Optionen

Eine *Tell Target*-Aktion wird im Skript immer durch eine geschweifte Klammer ({) begonnen und durch eine geschlossene (}) beendet. Alles, was zwischen diesen beiden Zeilen steht, wird nacheinander ausgeführt und gehört zu der einen *Tell Target*-Aktion. Über das folgende Skript würden Sie die Filmsequenz *arbe1* zunächst anhalten und danach sofort wieder weiterspielen lassen.

```
tellTarget ("/arbe1") {
   Stop;
   Play;
}
```

### Ziel

Über das *Ziel* bestimmen Sie die Filmsequenz oder den Film, die durch die *Tell Target*-Aktion angesteuert werden sollen.

# If Frame Is Loaded

Mit der Aktion *If Frame Is Loaded* lassen sich Aktionen auslösen, sobald ein bestimmtes Bild geladen wurde. Hervorragende Leistungen zeigt diese Aktion bei einer Ladeanzeige, die vor einen Film gesetzt wird und diesen Film erst dann abspielt, wenn er komplett geladen wurde.

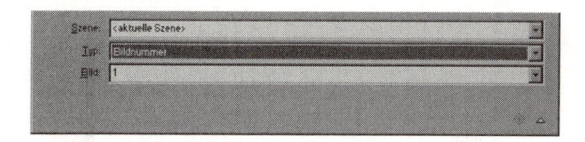

**Abbildung 13.21:** *If Frame Is Loaded*-Optionen

### Szene

Über die Option *Szene* geben Sie an, in welcher Szene sich das Bild befindet, bei dem die Aktion ausgelöst wird, sobald es geladen wurde. Neben den Bezeichnungen aller Szenen des Films steht Ihnen die Option *<aktuelle Szene>* zur Verfügung.

### Bild

Um genauer festzulegen, bei welchem *Bild* der Bildleiste eine Aktion ausgelöst wird, sobald es geladen wurde, haben Sie verschiedene Optionen, die Ihnen genau dies erlauben.

### Nummer

Über die *Nummer* geben Sie die Nummer des Bilds auf der Zeitleiste an. Das erste Bild der Zeitleiste trägt die Nummer 1. Die Bildnummer geben Sie über das Eingabefeld rechts neben der Option an.

### Bezeichnung

Aktivieren Sie die Option *Bezeichnung*, können Sie aus dem Dropdown-Menü rechts neben der Option eine Liste von Bezeichnungen abrufen. Diese Liste enthält alle Bezeichnungen von Schlüsselbildern in der gewählten Szene. Wurden noch keine Bezeichnungen vergeben, ist die Liste leer und die Option kann nicht ausgewählt werden.

**Ausdruck**

Über die Option *Ausdruck* und das dazugehörige Feld können Sie genauere Angaben machen, bei welcher Bedingung etwas zu geschehen hat. Eine Eigenschaft, die sich in diesem Fall besonders anbietet, ist _totalframes. Im Kapitel *Testen, testen, testen* finden Sie diese Eigenschaft in einem Beispiel für eine Ladeanzeige mit dieser Eigenschaft beschrieben.

## On Mouse Event

Die Aktion *On Mouse Event* steht Ihnen nur für Schaltflächen zur Verfügung und kann keinem Schlüsselbild – auch nicht dem einer Schaltfläche – zugewiesen werden. Wie Sie eine Schaltfläche erstellen, wird in dem gleichnamigen Kapitel dieses Buchs erklärt. Die Optionen dieser Aktion werden im Folgenden allerdings noch einmal wiederholt.

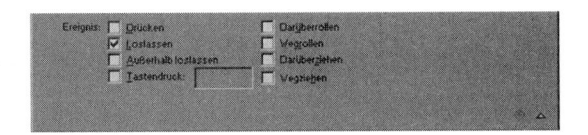

**Abbildung 13.22:** *On Mouse Event*-Optionen

## Drücken

Mit der Option *Drücken* (*Press*) definieren Sie eine Schaltfläche so, dass eine Aktion ausgelöst wird, sobald die Maustaste gedrückt wird und sich der Mauszeiger innerhalb des mausempfindlichen Bereichs der Schaltfläche befindet.

Im Text des Skripts wird diese Option in den Klammern der Aktion *On Mouse Event* als press festgehalten.

```
on (press) {
}
```

## Loslassen

Mit der Option *Loslassen* (*Release*) sorgen Sie dafür, dass der Nutzer einer Schaltfläche eine Aktion auslöst, sobald er eine gedrückte Maustaste innerhalb des mausempfindlichen Bereichs loslässt. Wird die Maustaste außerhalb dieses Bereichs wieder losgelassen, geschieht nichts.

Im Text des Skripts wird diese Option in den Klammern der Aktion *On Mouse Event* als release festgehalten.

```
on (release) {
}
```

## Außerhalb loslassen

Im Gegensatz zu der Option *Loslassen* sorgt die Option *Außerhalb loslassen* (*ReleaseOutside*) dafür, dass eine Aktion ausgelöst wird, sobald die Maustaste außerhalb des mausempfindlichen Bereichs einer Schaltfläche losgelassen wird. Wird die Maustaste innerhalb dieses Bereichs losgelassen, geschieht nichts. Die Maustaste muss allerdings in diesem Bereich gedrückt werden, um Flash mitzuteilen, welche Schaltfläche gemeint ist. Immerhin könnten mehrere Schaltflächen mit dieser Option versehen sein.

Im Text des Skripts wird diese Option in den Klammern der Aktion *On Mouse Event* als releaseOutside festgehalten.

```
on (releaseOutside) {
}
```

## Darüberrollen

Ist die Option *Darüberrollen* (*RollOver*) für eine Schaltfläche aktiviert, wird eine Aktion ausgelöst, sobald sich die Spitze des Mauszeigers in den mausempfindlichen Bereich der Schaltfläche hineinbewegt. Dabei reicht allein die Bewegung des Zeigers in diesen Bereich und die Maustaste muss nicht gedrückt werden.

Im Text des Skripts wird diese Option in den Klammern der Aktion *On Mouse Event* als rollOver festgehalten.

```
on (rollOver) {
}
```

## Wegrollen

Bei der Option *Wegrollen* (*RollOut*) wird eine Aktion ausgelöst, sobald die Spitze des Mauszeigers aus dem mausempfindlichen Bereich einer Schaltfläche herausbewegt wird. Wie bei der Option *Darüberrollen* muss auch hier nicht die Maustaste gedrückt werden, um die Aktion auszulösen.

Im Text des Skripts wird diese Option in den Klammern der Aktion *On Mouse Event* als rollOut festgehalten.

```
on (rollOut) {
}
```

## Darüberziehen

Das *Darüberziehen* (*DragOver*) stellt eine etwas komplexere und ungewöhnlichere Art der Auslösung dar. Um eine Aktion auszulösen, müssen Sie die Maustaste innerhalb des mausempfindlichen Bereichs drücken, gedrückt halten, den Mauszeiger aus dem Bereich heraus und wieder hineinbewegen. Sobald Sie die Spitze des Mauszeigers bei gedrückter Maustaste erneut in den Bereich der Schaltfläche bewegen, wird die Aktion ausgelöst.

Im Text des Skripts wird diese Option in den Klammern der Aktion *On Mouse Event* als `dragOver` festgehalten.

```
on (dragOver) {
}
```

## Wegziehen

Ähnlich wie bei der Option *Wegrollen* wird bei der Option *Wegziehen* (*DragOut*) eine Aktion dann ausgelöst, wenn die Spitze des Mauszeigers aus dem mausempfindlichen Bereich einer Schaltfläche herausbewegt wird. Der Unterschied besteht darin, dass beim Wegziehen während der Bewegung die Maustaste gedrückt sein muss. Wird die Maustaste losgelassen, bevor der Mauszeiger den empfindlichen Bereich verlassen hat, passiert nichts.

Im Text des Skripts wird diese Option in den Klammern der Aktion *On Mouse Event* als `dragOut` festgehalten.

```
on (dragOut) {
}
```

## Tastendruck

Neben Mausereignissen können Sie Schaltflächen auch auf Eingaben mit der Tastatur empfindlich machen. Im Eingabefeld hinter der Option *Tastendruck* können Sie die gewünschte Taste angeben. Dabei ist Folgendes zu beachten:

- ✓ Es kann immer nur eine Taste in dem Feld angegeben werden.

- ✓ Tastenkombinationen für Großbuchstaben und Sonderzeichen wie zum Beispiel das @-Zeichen sind ebenfalls machbar und gelten als eine Taste. In solchen Fällen sollten Sie dem Nutzer der Schaltfläche allerdings mitteilen, dass er eine Tastenkombination drücken muss. Denn es führt zum Beispiel zu keinem Erfolg, Kleinbuchstaben zu drücken, wenn Sie an dieser Stelle Großbuchstaben angegeben haben.

✔ Außerdem sind folgende Tasten von der Belegung für Schaltflächen ausgeschlossen: Esc, F1 bis F12, Druck/S-Abf, Rollen, Pause/Umbr, Strg, Alt, ⊞, Menü, ⌘, ⌥ und Num.

✔ Bei den Tasten des Nummernblocks wird nicht unterschieden zwischen Nummernblock oder den Entsprechungen auf der übrigen Tastatur.

Im Text des Skripts wird diese Option in den Klammern der Aktion *On Mouse Event* als key, gefolgt von den entsprechenden Tasten innerhalb von Anführungszeichen, festgehalten.

```
on (keypress "m") {
}
```

## Mehrfachzuweisungen

Es ist durchaus möglich, dieselbe Aktion durch mehrere Optionen auslösen zu lassen. Dazu markieren Sie ganz einfach in der *On Mouse Event*-Zeile alle Optionen, die diese eine Aktion auslösen sollen. Sämtliche ausgewählte Optionen werden, wie oben beschrieben, in die Klammer der on ()-Zeile gesetzt und durch Kommata voneinander getrennt. Im Beispiel unten wird eine *Go To*-Aktion ausgelöst, sobald die Maustaste oder die Tastenkombination ⇧ + L gedrückt wird.

```
on (press, keyPress "L") {
    gotoAndPlay ("Links", "1");
}
```

Einer Schaltfläche können aber auch verschiedene Aktionen für unterschiedliche Mausereignisse zugeordnet werden. Dazu ein Beispiel (die Funktionsweisen der Aktionen *Stop* und *Play* werden im Kapitel *Aktionen und Skripten* und die *Go To*-Aktion weiter oben näher beschrieben):

```
on (release) {
    gotoAndPlay ("Links", "1");
}
on (rollOver) {
```

```
        stop ();
}
on (rollOut) {
    play ();
}
```

Diese eine Schaltfläche löst folgende Aktionen aus:

- Sobald der Mauszeiger darüber fährt, wird der Film angehalten.
- Wenn der Mauszeiger von der Schaltfläche herunterbewegt wird, spielt der Film weiter.
- Wird die Maustaste gedrückt und über der Schaltfläche losgelassen, springt die Wiedergabe des Films in das erste Bild der Szene *Links*.

Außer diesen beiden Möglichkeiten bietet Flash Ihnen auch die Möglichkeit einem Mausereignis mehrere Aktionen zuzuweisen, die alle hintereinander ausgelöst werden, sobald das Mausereignis eintritt. Auch dazu ein Beispiel:

```
on (release) {
    gotoAndPlay ("Links", "1");
    getURL ("mailto: koronea@gmx.de");
}
```

Sobald die Maustaste über der Schaltfläche losgelassen wird, springt die Wiedergabe des Films in das erste Bild der Szene *Links* und spielt den Film an dieser Stelle weiter ab. Unmittelbar danach wird ein Mailfenster geöffnet, in dem die Zieladresse einer noch zu verfassenden E-Mail mit koronea@gmx.de bereits angegeben ist.

# Aktionen

Die *Aktionen* enthalten sowohl die Basisaktionen als auch weitere Aktionen, die nicht in den Basisaktionen enthalten sind. Einen Unterschied zwischen den Funktionen gibt es allerdings in beiden Modi nicht.

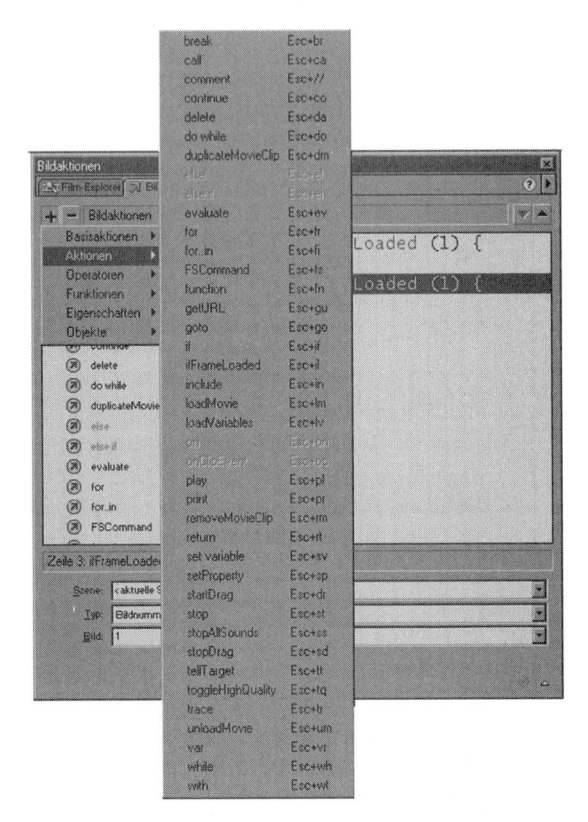

**Abbildung 13.23:** Das Aktionen-Menü

# break

Über die *break*-Aktion können Sie eine Schleife beenden. So können Sie zum Beispiel dafür sorgen, dass eine Schleife nach einer bestimmten Anzahl von Durchgängen beendet wird.

# call

Mit der Aktion *call* können Sie die Aktionen eines bestimmten Bilds auf der Zeitleiste abrufen. Dabei muss es sich jedoch nicht um ein Bild derselben Zeitleiste handeln, sondern Sie können auch die Bilder der Zeitleisten von Filmsequenzen aufrufen.

**Abbildung 13.24:** Die *call*-Option

Bleiben Sie in derselben Zeitleiste, geben Sie einfach die Bezeichnung oder Bildnummer des Bilds an, in dem sich die gewünschten Aktionen befinden. Solche Aufrufe können dann folgendermaßen aussehen:

```
Call ("66")
Call ("Bildbezeichnung")
```

Wollen Sie eine Aktion aufrufen, die sich in einem Bild einer Filmsequenz befindet, geben Sie zusätzlich noch den Instanznamen der Sequenz wie bei der *Tell Target*-Aktion an. Das heißt, Sie geben einen Schrägstrich (Schrägstrich-Syntax) und dann den Instanznamen ein. Gefolgt wird diese Angabe des Instanznamens von einem Doppelpunkt und der Bezeichnung oder der Bildnummer des Bilds, in dem sich die gewünschte Aktion befindet. Das kann dann zum Beispiel so aussehen:

```
Call ("/Filmsequenz:10")
Call "/Filmsequenz:Bildbezeichnung")
```

In der aktuelleren Punkt-Syntax sieht derselbe Aufruf dann zum Beispiel folgendermaßen aus:

```
Call ("_root.Filmsequenz:10")
Call ("_root.Filmsequenz:Bildbezeichnung")
```

Über *call* aufgerufene Aktionen werden sofort ausgeführt.

## comment

Um Skripten auch für andere zugänglicher zu machen, ist es oft von Nutzen, sie zu kommentieren. Der Kommentar, den Sie im Optionsfenster der *comment*-Aktion eingeben, hat keinerlei Auswirkung auf das Skript. Außerdem belegt ein Kommentar im Flash-Player-Film keinen Speicherplatz, da er nicht mitexportiert oder -veröffentlicht wird.

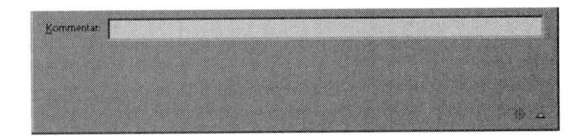

**Abbildung 13.25:** *comment*-Option

Denken Sie beim Erstellen von Skripten immer daran, dass Sie sie eventuell in einigen Monaten oder gar Jahren wieder hervorholen müssen. Die Arbeit wird einfacher, wenn Sie möglichst genaue und aussagekräftige Kommentare verwenden.

Kommentare werden im Skript folgendermaßen angegeben:

```
//Dies ist ein Beispielkommentar, der zeigen soll, wie ein
solcher Kommentar im Skript dargestellt wird.
```

Dem Kommentartext wird also einfach der Ausdruck // vorweggesetzt. Außerdem wird der Kommentar in pinker Farbe in das Skript geschrieben.

## continue

Die *continue*-Aktion findet in Schleifen auf verschiedene Weise Verwendung.

In einer *while*-Schleife wird der Rest der Schleife übersprungen und zum Beginn der Schleife gesprungen.

Bei der *do while*-Schleife wird der Rest übersprungen und an das Ende der Schleife gesprungen.

In einer *for*-Schleife sorgt *continue* dafür, dass an den Anfang der Schleife gesprungen wird und der letzte Wert geprüft wird.

Bei *for..in*-Schleifen wird ebenfalls der Rest der Schleife übersprungen und beim nächstfolgenden Wert mit der Ausführung der Schleife fortgefahren.

## delete

Über *delete* können Sie Variablen und damit deren Inhalt löschen. Dazu geben Sie einfach die Variable an, die unwiederbringlich gelöscht werden soll. Natürlich können Sie die Variable später neu definieren, aber die alten Werte gehen über *delete* verloren. Sie geben damit aber den Speicher frei, den die Variable belegt.

**Abbildung 13.26:** Hier geben Sie die zu löschende Variable ein

## do while

Die Anweisungen innerhalb einer *do while*-Aktion werden so lange immer wieder hintereinander ausgeführt, bis die Bedingung am Ende der Aktion den Wert *true* zurückgibt.

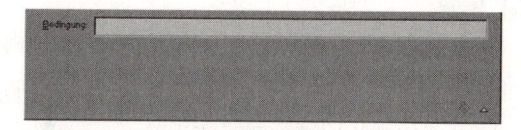

**Abbildung 13.27:** Hier legen Sie fest, wann die Aktion beendet wird

## duplicateMovieClip

Über die Aktion *duplicateMovieClip* können Sie eine Instanz einer Filmsequenz erstellen. Das Duplikat einer Filmsequenz startet bei Bild 1 und wird gleichzeitig zum Original angezeigt.

Duplizierte Filmsequenzen werden so lange angezeigt, wie auch das Original angezeigt wird. Wird das Original entfernt, werden auch alle Duplikate entfernt.

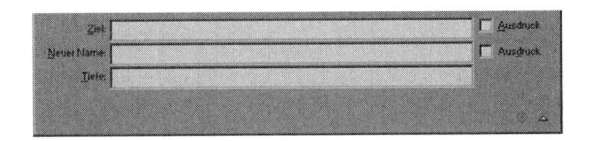

**Abbildung 13.28:** *duplicateMovieClip*-Optionen

### Ziel

Über *Ziel* geben Sie den Instanznamen der Filmsequenz an, die dupliziert werden soll. Sie können diesen Instanznamen entweder direkt eingeben oder ihn über den Ziel-Editor heraussuchen. Zum Ziel-Editor weiter unten mehr. Zu den Instanznamen siehe Kapitel *Bibliotheken, Symbole und Instanzen*.

### Neuer Name

An dieser Stelle geben Sie dem erstellten Duplikat einen neuen Instanznamen, der seinerseits wieder ansteuerbar wird. Sie müssen an dieser Stelle keinen Zielpfad, sondern nur den *Neuen Namen* angeben.

### Tiefe

Über die *Tiefe* bestimmen Sie, ob das Duplikat über oder unter dem Original angezeigt wird. Geben Sie hier keine Tiefe an, wird das Duplikat automatisch über dem Original angezeigt. Die unterste Ebene entspricht dem Wert *0*, alle anderen Werte liegen entsprechend darüber. Geben Sie also keinen Wert für die Tiefe ein, wird das Original immer in der Ebene 0 angezeigt und das Duplikat in Ebene 1. Interessante Effekte lassen sich erzielen, wenn Sie mehrere Duplikate unterschiedlich übereinander legen.

> Ebenen entsprechen in diesem Fall nicht den Ebenen, die Sie zur Bearbeitung eines Flash-Films kennen gelernt haben, sondern die Bezeichnung *Ebene* bezieht sich in diesem Fall allein auf die unterschiedlichen Ebenen, auf denen Original und Duplikat angezeigt werden.

## else

Die *else*-Aktion ist nur innerhalb einer *if*-Aktion auswählbar. Näheres dazu unter *if*.

## else if

Die *else if*-Aktion ist nur innerhalb einer *if*-Aktion auswählbar. Näheres dazu unter *if*.

## evaluate

Über die *evaluate*-Aktion werden die *Funktionen* (weiter unten) verwendbar gemacht. Diese Funktion können Sie dann unter *Ausdruck* eingeben. Sie wird in einer neuen Zeile ins Skript eingefügt.

**Abbildung 13.29:** Hier wird die Funktion eingegeben

## for

In einer *for*-Schleife können Sie sehr genau festlegen, wie oft eine Aktion ausgeführt werden soll, die in der Schleife enthalten ist.

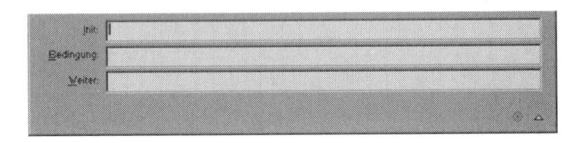

**Abbildung 13.30:** Die Optionen für *for*-Schleifen

Unter *Init* legen Sie den Anfangswert einer Variablen fest. Diese Variable ist eine lokale Variable und verliert ihre Gültigkeit, sobald die Schleife beendet wird.

Mit der *Bedingung* legen Sie fest, bei welchem Wert die Schleife beendet wird.

Im Feld *Weiter* geben Sie einen Zählwert an, mit dem die Variable von *Init* erweitert wird, sobald die Schleife am Ende angelangt ist.

## for..in

Eine *for..in*-Schleife sorgt dafür, dass die enthaltenen Aktionen für jedes Element eines Arrays ausgeführt werden.

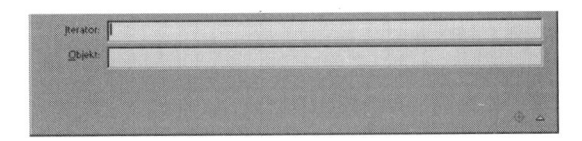

**Abbildung 13.31:** Die Optionen für *for..in*-Schleifen

Unter *Objekt* wird das Array, das durchlaufen werden soll, angegeben und unter *Iterator* eine Variable des Arrays, das auf alle im Array enthaltenen Elemente angewendet werden soll.

## FSCommand

Diese Aktion entspricht der unter *Basisaktionen* beschriebenen.

## function

Mit *function* erzeugen Sie eine neue Funktion, der Sie Parameter übergeben können und die später immer wieder aufgerufen werden kann.

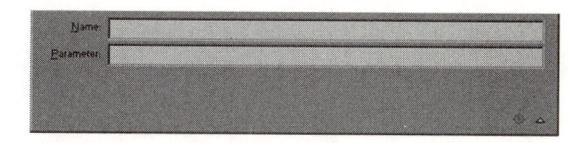

**Abbildung 13.32:** Die Optionen der *function*-Aktion

Im Feld *Name* können Sie einer Aktion eine Bezeichnung geben. Unter *Parameter* geben Sie die Werte an, die Sie der Funktion übergeben wollen. In diesem Feld müssen nicht zwangsläufig Werte enthalten sein.

## getURL

Diese Aktion entspricht der unter *Basisaktionen* beschriebenen.

## goto

Diese Aktion entspricht der unter *Basisaktionen* beschriebenen.

## if

Die *if*-Aktion überprüft immer bestimmte Variablen, vergleicht sie mit den Vorgaben der *if*-Aktion und führt entsprechende Aktionen aus. Die Aktion *ifFrameLoaded* ist eine Aktion dieser Art, deren Funktion allerdings gegenüber der normalen *if*-Aktion weit eingeschränkt ist – auf *FrameLoaded*.

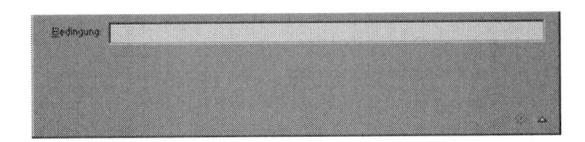

**Abbildung 13.33:** *if*-Optionen

Die Möglichkeiten der Bedingungen, die Sie für eine *if*-Aktion setzen können, bleiben weitgehend Ihrem Einfallsreichtum überlassen und lassen sich über das Feld *Bedingung* eingeben. Sie können allerdings auch Eigenschaften, Objekte, Operatoren und Funktionen mit in die Bedingungen für die *if*-Aktion einbauen.

Eine *if*-Aktion wird im Skript immer durch die Zeile if ( ) und eine öffnende, geschweifte Klammer eingeleitet ({) und mit einer geschlossenen, geschweiften Klammer (}) beendet. Alle Aktionen zwischen diesen beiden Zeilen werden erst dann ausgeführt, wenn die Bedingungen in den Klammern der ersten Zeile erfüllt sind.

In einem Beispiel springt Flash erst zu Bild 20, wenn die Eingabe über ein Formularfeld spring lautet.

```
if (Kommandofeld=spring) {
    gotoAndStop (20);
}
```

# Quittung

Nr. 04

einschl. 16 % MwSt.

DM od. EUR / Betrag: —50,—

Betrag in Worten:

von

für Reporter TV LB
Ued CB2/FE60x

dankend erhalten!

13.11.03
Ort/Datum

Buchungsvermerke:

**HiFi SHOP**
An- & Verkauf
Pücklerstraße 21 · ☎ 612 13 12
10997 Berlin-Kreuzberg

NKV Verlags-Nr. 3030

### else und else if

Eine *if*-Aktion kann durch eine *else*- oder *else if*-Aktion erweitert werden. Dabei legt die *else*-Aktion lediglich fest, was geschieht, wenn die Bedingung der *if*-Aktion nicht erfüllt wird.

Die *else if*-Aktion erweitert die *if*-Aktion um eine weitere *if*-Aktion, die erst ausgelöst wird, wenn die Bedingung der ersten *if*-Aktion nicht erfüllt wurde und ihr eine neue Bedingung gegeben werden kann. Die Bedingung für die *else if*-Aktion können Sie genauso eingeben wie die Bedingung für die *if*-Aktion.

In einem trivialen Beispiel könnte man eine normale *if*-Aktion so umschreiben: Wenn (*if*) ich Schokolade bekomme, dann esse ich sie. Bekomme ich sie nicht, dann esse ich nichts.

Eine *if*-Aktion, die über *else* erweitert wird, könnte dann so umschrieben werden: Wenn (*if*) ich Schokolade bekomme, dann esse ich sie. Wenn (*if*) ich keine Schokolade bekomme, dann (*else*) esse ich eine Banane.

Die *else if*-Aktion gibt eine erneute Wahlmöglichkeit: Wenn (*if*) ich Schokolade bekomme, dann esse ich sie. Wenn ich keine Schokolade bekomme, dann esse ich eine Banane, wenn ich die bekommen (*else if*) kann. Wenn ich auch keine Banane bekomme, dann esse ich nichts.

Solche Aktionen lassen sich nahezu endlos verschachteln und zu komplexen Strukturen ausarbeiten, die auf verschiedene Variablen reagieren. Wem das Beispiel oben zu trivial war, bekommt hier noch einmal ein Beispiel für eine mit *else* und *else if* erweiterte *if*-Aktion.

```
if (Kommandofeld=spring) {
    gotoAndStop (20);
} else if (Kommandofeld=hüpf) {
    gotoAndStop (30);
} else {
    gotoAndStop (10);
}
```

Wenn also in das Feld spring eingegeben wird, springt der Film zu Bild 20, wird hüpf eingegeben, springt der Film zu Bild 30, wird keines von beiden eingegeben, springt der Film zu Bild 10.

*else* und *else if*-Aktionen sind dabei der ursprünglichen *if*-Aktion zugehörig und werden demnach auch gelöscht, wenn die *if*-Aktion gelöscht wird. Wie weit Sie mit den Unterscheidungen der *if*-Aktion gehen, bleibt Ihnen überlassen und kann auch von Fall zu Fall unterschiedlich aussehen.

## ifFrameLoaded

Diese Aktion entspricht der unter *Basisaktionen* beschriebenen.

## include

Über die *include*-Aktion können Sie ein extern gespeichertes Skript einschließen, das möglichst als *.as* gespeichert sein sollte. Geben Sie im Feld *Pfad* den Pfad ein, unter dem Sie die externe Datei finden.

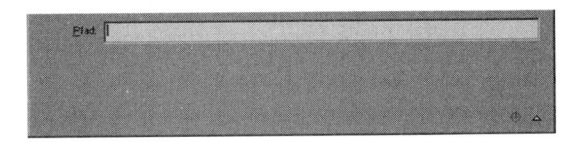

**Abbildung 13.34:** Hier befindet sich das Skript, das eingeschlossen werden soll

## loadMovie

Diese Aktion entspricht der unter *Basisaktionen* beschriebenen.

## loadVariables

Über die Aktion *loadVariables* laden Sie ähnlich wie bei *loadMovie* Daten aus einer externen Datei, dabei beschränkt sich *loadVariables* jedoch ausschließlich auf die Variablen einer geladenen Datei. Selbst wenn die Datei von Flash verwendbare andere Daten enthält, werden diese nicht mitgeladen.

## on

Diese Aktion entspricht der Basisaktion *On Mouse Event*.

## onClipEvent

Die Aktion *onClipEvent* kann ähnlich wie *On Mouse Event* auf bestimmte Ereignisse reagieren. Dabei kann *onClipEvent* allerdings keiner Schaltfläche zugewiesen werden, sondern ist ein Event-Handler für Filmsequenz-Symbole.

**Abbildung 13.35:** Unter diesen Umständen wird eine Aktion innerhalb der *onClipEvent*-Aktion ausgeführt

## play

Diese Aktion entspricht der unter *Basisaktionen* beschriebenen.

## print

Über die Aktion *print* können Sie einen Flash-Film ausdrucken lassen.

**Abbildung 13.36:** Optionen der *print*-Aktion

Sie können sich dabei entscheiden, ob Sie den Ausdruck als Vektoren oder als Bitmap wünschen. Wird ein Bild jedoch zunächst in Bitmaps umgerechnet, können höhere Qualitätsstufen erreicht werden.

Über die *Position* geben Sie den Film an, der ausgedruckt werden soll. So können Sie zum Beispiel auch einen Film drucken, der in die zweite Stufe eines Films geladen wurde.

Mit dem *Begrenzungsrahmen* legen Sie fest, auf welchen Rahmen Bezug genommen wird, wenn es um die Größe des Ausdrucks geht.

## removeMovieClip

Über *removeMovieClip* entfernen Sie einen Film, der beispielsweise zuvor von *duplicateMovieClip* dupliziert worden ist.

## return

Die in den Optionen der *return*-Aktion angegebenen Werte werden durch die *return*-Aktion ausgewertet und an das Programm zurückgegeben.

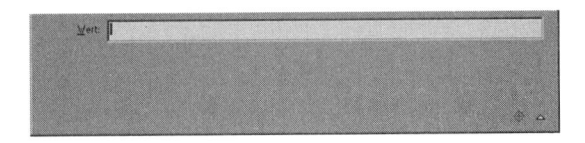

**Abbildung 13.37:** Hier bestimmen Sie, was ausgewertet werden soll

# set variable

Sie können in Flash Variablen über die Aktion *set variable* festlegen, dazu geben Sie in der Aktion einfach deren Bezeichnung und den Wert ein.

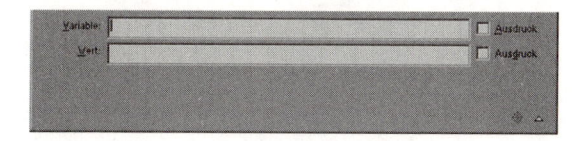

**Abbildung 13.38:** *set variable*-Optionen

# setProperty

Mit der Aktion *setProperty* können Sie die Eigenschaften eines Films oder einer Filmsequenz beeinflussen.

**Abbildung 13.39:** *setProperty*-Optionen

### Eigenschaft

Im Dropdown-Menü der Option *Eigenschaft* können Sie genauer festlegen, welche Eigenschaft eines Films oder einer Filmsequenz Sie beeinflussen wollen. Für jede *setProperty*-Aktion lässt sich also nur eine dieser Eigenschaften verändern. Ein Beispiel für diese Veränderungen finden Sie bei Flash unter den Standard-Beispielen unter *Hilfe / Beispiele / Set Property*.

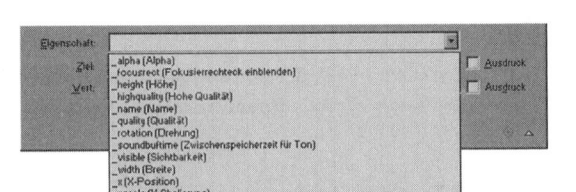

*Abbildung 13.40: Eigenschaft*

Für die Beschreibungen wird, der Einfachheit halber, immer nur auf einen Film eingegangen, die Einstellungen lassen sich aber auch für Filmsequenzen so vornehmen wie beschrieben.

**alpha (Alpha)**

Über den *Alpha*-Wert beeinflussen Sie den Grad der Durchsichtigkeit eines Films. Werte von *100* bedeuten dabei, dass der Film nicht durchsichtig ist, und *0*, dass er vollkommen durchsichtig ist.

Objekte in einem Film, die bereits vor dieser Veränderung mit einem Alpha-Wert versehen wurden, werden entsprechend weiter durchsichtig, wenn Sie Werte unter *100* wählen, werden aber nicht undurchsichtiger, wenn Sie höhere Werte eingeben. Außerdem werden Objekte, die bereits einen Alpha-Wert von *0* vor der Veränderung hatten, nicht weiter von der Veränderung beeinflusst.

Durchsichtige Objekte, wie zum Beispiel Schaltflächen, behalten allerdings ihre Eigenschaften, selbst wenn sie nicht mehr sichtbar sind.

**focusrect (Fokusierrechteck einblenden)**

Auch mit dieser Option beeinflussen Sie den gesamten Film, alle geladenen Filme und deren Filmsequenzen. Ein gelbes (meist unschönes) Rechteck wird um ausgewählte Schaltflächen gelegt.

### hight (Höhe)

Über *Höhe* können Sie die Höhe einer Filmsequenz sowohl auslesen als auch setzen. Alle Angaben sollten in Pixel vorgenommen werden.

### highquality (Hohe Qualität)

Über *Hohe Qualität* beeinflussen Sie nicht nur einen Film oder eine Filmsequenz, sondern den gesamten Film und alle dazu geladenen Filme und Filmsequenzen. Werte von *1* entsprechen dabei einer hohen Qualität und *0* einer niedrigen Qualität. Geben Sie den Wert *2* ein, wird auf die beste Qualität geschaltet, in der auch Bitmap-Bilder antialiased werden. Logischerweise können Sie für diese Option kein Ziel angeben.

Über diese Option lässt sich also etwas gezielter als mit der Aktion *Toggle High Quality* die Darstellungsqualität eines Films steuern. Der Unterschied zu *quality* liegt darin, dass *Hohe Qualität* auch in Flash-4-Exporten noch funktioniert und nur drei Stufen (*Qualität*: 4 Stufen) festgelegt werden können.

### name (Name)

Mit der Option *Name* legen Sie einen neuen Namen für eine Filmsequenz-Instanz oder einen Film fest. Nach dieser Änderung kann der entsprechende Film nur noch über diesen neuen Namen angesprochen werden.

### quality (Qualität)

Genau wie bei *Hohe Qualität* können Sie mit *Qualität* die allgemeine Darstellungsqualität Ihres Films beeinflussen. Die wesentlichen Unterschiede dieser beiden Funktionen bestehen darin, dass Sie bei *Hohe Qualität* über drei einstellbare Qualitätsstufen verfügen und der Befehl auch in Flash-4-Exporten funktioniert. Bei *Qualität* dagegen verfügen Sie über die folgenden vier Qualitätsstufen:

- *LOW, Niedrige Wiedergabequalität*: Grafiken werden nicht mit Antialiasing geglättet und Bitmaps werden nicht geglättet.

- *MEDIUM, Mittlere Wiedergabequalität*: Grafiken werden mit Antialiasing in einem 2x2-Raster geglättet, Bitmaps werden hingegen nicht geglättet. Geeignet für Filme, die keinen Text enthalten.

- *HIGH, Hohe Wiedergabequalität*: Grafiken werden mit Antialiasing in einem 4x4-Raster geglättet, Bitmaps werden in statischen Filmen geglättet. Dabei handelt es sich um die Flash-Standardeinstellung für die Wiedergabequalität.

- *BEST, Sehr hohe Wiedergabequalität*: Grafiken werden mit Antialiasing in einem 4x4-Raster geglättet, Bitmaps werden grundsätzlich geglättet.

Außerdem funktioniert *Qualität* nur in Exporten von Flash-5-Filmen.

### rotation (Drehung)

Über die *Drehung* lassen sich Filme drehen. Die Werte werden in Grad angegeben. Positive Werte sind dabei gleichbedeutend mit einer Rechtsdrehung und negative Werte entsprechen einer Linksdrehung.

### soundbuftime (Zwischenspeicherzeit für Ton)

Mit der Option *Zwischenspeicherzeit für Ton* können Sie einen Wert in Sekunden angeben. Diese Zeit wird dazu verwendet, Soundfiles zu laden, bevor begonnen wird, diese abzuspielen.

### visible (Sichtbarkeit)

Mit der *Sichtbarkeit* können Sie lediglich zwischen *true* (*sichtbar*) oder *false* (*unsichtbar*) wählen. Die Werte sollten als *0* für *unsichtbar* und *1* für *sichtbar* angegeben werden. Sie können für *sichtbar* allerdings auch jeden anderen positiven Wert außer *0* eingeben, der Film wird dadurch allerdings nicht sichtbarer und für andere sind solche Werte nur verwirrend.

Objekte unsichtbarer Filme, wie zum Beispiel Schaltflächen, können nicht mehr aktiviert werden.

### width (Breite)

Über *Breite* können Sie die Breite einer Filmsequenz sowohl auslesen als auch setzen. Alle Angaben sollten in Pixel vorgenommen werden.

### x (X-Position)

Über die *X-Position* verändern Sie die horizontale Lage eines Films. Dabei ist die Ausgangsposition maßgebend. Geben Sie negative Werte ein, wird der Film nach links gesetzt, bei positiven nach rechts.

### xscale (X-Skalierung)

Die *X-Skalierung* sorgt für eine Skalierung der Breite eines Films. Die Werte werden dabei in Prozent angegeben, wobei *100 %* dem Ausgangswert entspricht.

### y (Y-Position)

Mit der *Y-Position* verändern Sie die vertikale Lage eines Films. Dabei ist die Ausgangsposition maßgebend. Geben Sie negative Werte ein, wird der Film nach oben gesetzt, bei positiven nach unten.

### yscale (Y-Skalierung)

Mit *Y-Skalierung* sorgen Sie für eine Skalierung der Höhe eines Films. Die Werte werden dabei in Prozent angegeben, wobei *100 %* dem Ausgangswert entspricht.

### Ziel

In diesem Fenster können Sie entweder direkt oder über den Ziel-Editor das *Ziel* der Veränderungen und den Pfad zu diesem angeben.

### Wert

Die *Werte* für die verschiedenen, oben beschriebenen Optionen geben Sie in diesem Fenster ein. Die Werte können je nach Option entweder nur Zahlen oder Kombinationen aus Zahlen und Buchstaben sein. Sie können als Werte allerdings auch Formeln eingeben, die Variablen einschließen.

# startDrag

Über die Aktion *startDrag* lassen sich sowohl Filmsequenzen als auch Filme, die per *loadMovie* auf anderen Ebenen geladen wurden, bewegen. Im Folgenden wird der Einfachheit halber nur von Filmsequenzen gesprochen, dasselbe trifft aber immer auch für Filme zu.

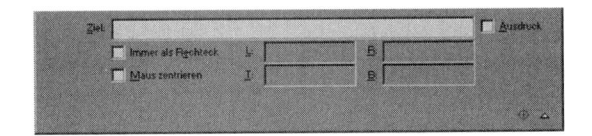

**Abbildung 13.41:** *startDrag*-Optionen

### Ziehoperation starten

Die Aktion *Ziehoperation starten* (*startDrag*) hebt die Option *Ziehoperation beenden* (*stopDrag*) auf und umgekehrt. Mit *startDrag* leiten Sie das Ziehen einer Filmsequenz ein. Die genaueren Einstellungen für das Ziehen einer Filmsequenz treffen Sie darunter.

### Ziel

Über das *Ziel* legen Sie das Ziel der Ziehoperation in Form einer Filmsequenz fest. Sie können den Instanznamen einer Filmsequenz entweder selbst eingeben oder den entsprechenden Namen über den Ziel-Editor heraussuchen.

### Immer als Rechteck

Mit der Option *Immer als Rechteck* können Sie einen rechteckigen Bereich festlegen, über den sich die Filmsequenz oder der Film nicht hinausziehen lässt. Dabei sollten Sie zunächst beachten, dass der ursprüngliche Ausgangspunkt der Filmsequenz wichtig ist. Sie können die Sequenz dann genau so weit nach *oben, unten, rechts* und *links* von diesem Punkt wegbewegen, wie Sie das in den entsprechenden Optionen angeben. Die Entfernung wird dabei in Pixeln angegeben.

**Maus zentrieren**

*Maus zentrieren* sorgt dafür, dass der Mauszeiger während der Ziehoperation über der entsprechenden Filmsequenz zentriert wird. Ist diese Option deaktiviert, bleibt der Mauszeiger an der Stelle stehen, an der Sie die *startDrag*-Aktion gestartet haben.

**Beispiel**

Mit diesem kleinen Skript bewegen Sie die Filmsequenz *Muh* in einem Bereich von 50 Pixel um ihre Ursprungsposition herum, sobald die Maustaste gedrückt wird. Lassen Sie die Maustaste los, wird die Filmsequenz fallen gelassen. Während der Ziehoperation wird die Maus über der Sequenz zentriert.

```
on (press) {
    startDrag ("muh", true, 50, 50, 50, 50);
}
on (release) {
    stopDrag ();
}
```

# stop

Diese Aktion entspricht der unter *Basisaktionen* beschriebenen.

# stopAllSounds

Diese Aktion entspricht der unter *Basisaktionen* beschriebenen.

# stopDrag

Über die Option *Ziehoperation beenden* (*stopDrag*) beenden Sie das Ziehen einer Filmsequenz. Die Sequenz wird an der Stelle abgelegt, an der die *stopDrag*-Aktion ausgelöst wird.

Für komplexere Aktionen, in denen eine Filmsequenz zum Beispiel gelöscht wird, sobald sie losgelassen, also die Ziehoperation beendet wird, verwenden Sie den Ausdruck *_droptarget*.

## tellTarget

Diese Aktion entspricht der unter *Basisaktionen* beschriebenen.

## toggleHighQuality

Diese Aktion entspricht der unter *Basisaktionen* beschriebenen.

## trace

*trace* ist eine nützliche Aktion, die Ihnen nur für die Testmodi *Film testen* und *Szene testen* zur Verfügung steht. Sobald Flash bei der Aktion *trace* ankommt, wird im Ausgabefenster die von Ihnen eingegebene Meldung angezeigt. Geben Sie einen *Ausdruck* in die *Meldung*-Zeile ein, können Sie Funktionen, Operatoren, Eigenschaften und Objekte mit in die Meldung einbauen.

So lässt sich zum einen das Voranschreiten Ihres Skripts im Testmodus und auch die Entwicklung von Variablen verfolgen.

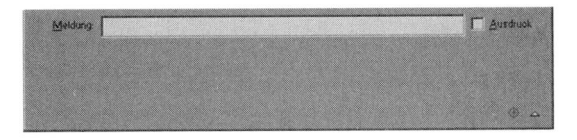

**Abbildung 13.42:** *trace*-Optionen

## unloadMovie

Diese Aktion entspricht der unter *Basisaktionen* beschriebenen.

## var

Mit der Aktion *set Variable* erzeugen Sie globale Variablen, mit *var* lokale.

**Abbildung 13.43:** Geben Sie hier die *Variablen* an

### Lokale und globale Variablen

Der Unterschied zwischen lokalen und globalen Variablen besteht darin, dass lokale Variablen nur in der Schleife oder Funktion erhalten bleiben, in der sie erzeugt wurden. Ist die Schleife oder Funktion durchlaufen, wird die Variable gelöscht und gibt den Speicher wieder frei.

Eine globale Variable bleibt im gesamten Film gültig und kann auch von überall aus angesteuert werden. Sie wird erst gelöscht, sobald der Film, in dem sie enthalten ist, gelöscht wird.

## while

Mit *while* erzeugen Sie eine Schleife, deren Bedingung jeweils am Ende geprüft wird. Ergibt die Überprüfung *false*, wird die Schleife an ihrem Beginn fortgesetzt. Dieser Vorgang wiederholt sich so oft, bis die Überprüfung *true* ergibt.

## with

Die *with*-Aktion entspricht im Grunde der Aktion *tellTarget* und ist eine praktischere Variante. Sie geben ein Objekt an und können diesem so viele Eigenschaften zuweisen, wie Sie wollen. Sie müssen also nicht für jede Eigenschaft eine eigene Aktion erstellen.

**Abbildung 13.44:** Hier geben Sie das zu beeinflussende Objekt an

# Operatoren

## Allgemeine Operatoren

Die *Allgemeinen Operatoren* enthalten lediglich die Klammern ( ), die aber für mathematische Angaben wichtig werden können, um zu umgehen, dass Punkt- vor Strichrechnungen ausgeführt werden. Die Funktionsweisen von Klammern sollten Ihnen aus dem Mathematikunterricht bekannt sein.

## Numerische Operatoren

Unter den *Numerischen Operatoren* finden sich sowohl die vier Operatoren der vier Grundrechenarten als auch Operatoren aus der Mengenlehre. Auch die Funktion dieser Operatoren muss an dieser Stelle nicht weiter erklärt werden. Ob es besonders sinnvoll ist, diese Operatoren aus der Liste zu suchen, um sie mit einem Doppelklick einzufügen, mag Geschmacksache sein. Als Referenz für die richtige Schreibweise einiger Operatoren ist diese Liste aber sicher von großem Nutzen.

## Zeichenfolgenoperatoren

Wollen Sie Zeichenfolgen verbinden oder in Relation zueinander setzen, sollten Sie anstelle der numerischen Operatoren die *Zeichenfolgenoperatoren* verwenden. Für Formeln, in denen auch Zeichenfolgen in Form von Variablen vorkommen, verwenden Sie jedoch weiterhin die numerischen Operatoren. Auch diese Liste dient wohl eher als Referenz für die Schreibweisen solcher Operatoren.

## Logische Operatoren

*Logische Operatoren* dienen häufig dazu, logische Zusammenhänge miteinander zu verknüpfen, sodass auch diese vom Programm entsprechend umgesetzt werden können. Wer sich die englische

Schreibweise nicht merken kann, der kann ja hier noch einmal nachsehen.

Meist ist das Einsetzen von Operatoren leichter über die Tastatur zu erreichen, dennoch bietet Ihnen Flash eine Liste, aus der Sie den gewünschten Operator heraussuchen können.

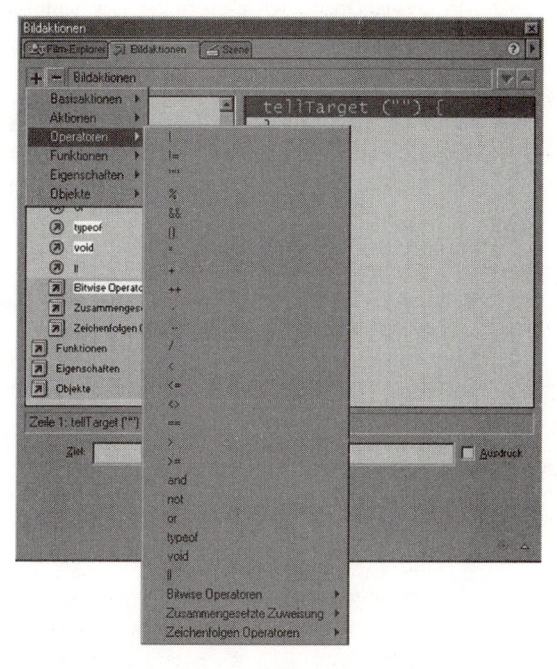

**Abbildung 13.45:** Das Operatoren-Menü

!

Diesen Operator bezeichnet man als *Logisches Nicht*. Er dreht den booleschen Wert in sein Gegenteil um, macht also aus *true false* und aus *false true*.

!=

Der Operator *Nicht gleich* gibt den booleschen Wert *true* zurück, sobald die beiden Ausdrücke links und rechts des Operators nicht gleich sind.

""

Mit diesen Operatoren trennen Sie Zeichenfolgen von Nicht-Zeichenfolgen.

%

Mit *Modulo* teilen Sie zwei Ausdrücke und ermitteln den Rest dieser Teilung. Bei 10 durch 3 wäre das Ergebnis demnach 1, weil 1 der Rest ist, der bei der Teilung herauskommt. Es werden also keine Brüche gebildet.

**&&**

Bei diesem Operator, dem *kurzgeschlossenen Und*, werden die beiden Werte links und rechts ausgewertet und *true* nur dann zurückgegeben, wenn zuerst der linke und danach auch der rechte *true* zurückgeben.

()

Mit den *Klammern* können Sie wie in der Schulmathematik den Vorrang von Operatoren umgehen.

\*

Der Operator zum *Multiplizieren*.

**+**

Mit diesem Operator führen Sie eine *Addition* durch.

**++**

Das *Inkrement* sorgt dafür, dass eine Variable um 1 erhöht wird. Steht das Inkrement vor der Variablen, wird der Variablen zunächst 1 hinzuaddiert und dann der Wert zurückgegeben, steht der Operator dahinter, wird der Variablen erst 1 hinzugefügt, nachdem der Wert an das Programm weitergegeben wurde.

**-**

Mit diesem Operator führen Sie eine *Subtraktion* durch.

**--**

Das *Dekrement* sorgt dafür, dass eine Variable um 1 verringert wird. Steht das Dekrement vor der Variablen, wird von der Variablen zunächst 1 subtrahiert und dann der Wert zurückgegeben, steht der Operator dahinter, wird der Variablen erst 1 abgezogen, nachdem der Wert an das Programm weitergegeben wurde.

**/**

Mit diesem Operator führen Sie eine *Division* durch.

**<**

Dieser Operator vergleicht den Wert rechts und links von ihm und gibt *true* zurück, wenn der Wert links *kleiner als* der Wert rechts ist.

**<=**

Dieser Operator vergleicht den Wert rechts und links von ihm und gibt *true* zurück, wenn der Wert links *kleiner oder gleich* dem Wert rechts ist.

**<>**

Dieser Operator vergleicht den Wert rechts und links von ihm und gibt *true* zurück, wenn der Wert links *nicht gleich* dem Wert rechts ist.

**==**

Dieser Operator vergleicht den Wert rechts und links von ihm und gibt *true* zurück, wenn der Wert links *gleich* dem Wert rechts ist.

**>**

Dieser Operator vergleicht den Wert rechts und links von ihm und gibt *true* zurück, wenn der Wert links *größer als* der Wert rechts ist.

**>=**

Dieser Operator vergleicht den Wert rechts und links von ihm und gibt *true* zurück, wenn der Wert links *größer oder gleich* dem Wert rechts ist.

**and**

Dieser Operator wird als veraltete Schreibweise des Operators *&&* behandelt und führt dieselbe Operation aus.

**not**

Dieser Operator wird als veraltete Schreibweise des Operators *!* behandelt und führt dieselbe Operation aus.

**or**

Dieser Operator wird als veraltete Schreibweise des Operators || behandelt und führt dieselbe Operation aus.

**typeof**

Mit diesem Operator können Sie ermitteln, ob es sich bei der ihm folgenden Kette um eine Zeichenfolge oder einen Ausdruck handelt.

**void**

Mit diesem Operator können Sie den Wert eines Ausdrucks verwerfen.

**[]**

Array-Objekte werden in *eckigen Klammern* eingegeben.

### Bitwise Operatoren

Über *Bitwise Operatoren* können Sie Ausdrücke aneinander ketten und vergleichen. Außerdem können Sie den Bitwert eines Ausdrucks damit verändern.

Die meisten dieser Operatoren gelten als veraltet, weil in Flash 5 automatisch verglichen wird, ob es sich bei Zeichenfolgen um Ausdrücke oder eben Zeichenfolgen handelt und für beide dieselben Operatoren verwendet werden.

### Zusammengesetzte Zuweisung

Die *Zusammengesetzten Zuweisungen* bestehen aus Operatoren mit einem = dahinter. Dabei wird entweder dem ersten oder zweiten Ausdruck der Wert der Operation zugewiesen und der alte Wert verworfen.

### Zeichenfolgen Operatoren

Über *Zeichenfolgen Operatoren* können Sie Zeichenfolgen vergleichen und miteinander verketten. Auch hier gelten die meisten als veraltet, weil Flash sowohl für die Verkettung als auch für den Vergleich von Zeichenfolgen und Ausdrücken dieselben Operatoren verwendet.

# Funktionen

Unter den *Funktionen* finden sich die verschiedensten Methoden und Funktionen, die sich in der Programmierung einsetzen lassen. In manchen Fällen sind es solche, die sich sehr leicht immer wieder einsetzen lassen, und in manch anderem Fall ist die Funktion so abstrakt, dass sie nur selten Verwendung finden wird. Beide Typen gehören jedoch zu einer kompletten Programmiersprache.

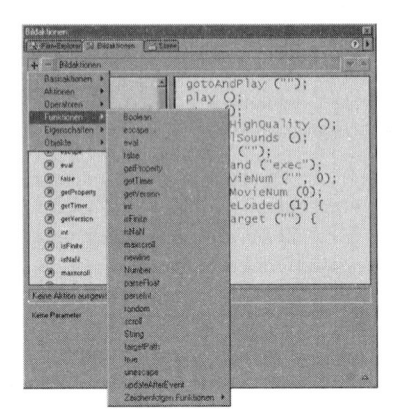

**Abbildung 13.46:** Die Funktionen von Flash 5

### Boolean

Mit dieser Funktion wandeln Sie einen Ausdruck in die boolesche Form um, also in *true* oder *false*.

### escape

Mit dieser Funktion wandeln Sie eine angegebene Zeichenkette in das URL-Format um.

### eval

Über *eval* ermitteln Sie den Wert einer Variablen, die innerhalb eines Ausdrucks bestimmt werden muss. Die Variable kann eine beliebige Zeichenfolge sein.

Syntax: Eval (Variable)

### false

Diese allgemeine Funktion steht für den booleschen Wert *falsch* oder *ausgeschaltet*. Als Ziffer entspricht dieser Wert der *0*. Wird ein solcher Wert gelesen, ergibt dies die *0*.

Syntax: False

### getProperty

Über diese Funktion können Sie die verschiedensten Eigenschaften eines Objekts auslesen. Dabei ist es egal, um welche Eigenschaft, die sich in Flash bestimmen lassen muss (siehe weiter unten), es sich handelt. Die Eigenschaft wird ausgelesen und an das Skript zurückgegeben.

### getTimer

Mit dieser Funktion können Sie die Zeit ermitteln, die seit dem Start des Films vergangen ist. Die Funktion gibt ganzzahlige Werte in Millisekunden (also Tausendstel) zurück.

Syntax: `GetTimer`

In einem Beispiel wird die Zeit in Sekunden in einem Ausgabefenster angegeben. Zur Funktion *int* mehr weiter unten.

```
On (Release)
    Trace (Int (GetTimer/1000))
End On
```

### getVersion

Wollen Sie herausfinden, mit welcher Version des Flash Players der Benutzer arbeitet, verwenden Sie diese Funktion. Ein Ergebnis ist meist nur in seinen ersten Zeichen wichtig. Als Erstes bekommen Sie heraus, ob es sich um eine Mac- oder eine Windows-Version handelt, und danach um welche Versionsnummer. Uninteressant sind die Unterversionsnummern, wenn Sie nicht auf eine bestimmte Unterversionsnummer abzielen.

### int

Mit dieser Funktion wandeln Sie eine Zahl in eine Ganzzahl um, also in eine Zahl, die keinen Bruchfaktor hinter einem Komma trägt. Zeichenfolgen werden dabei in die Zahl *0* umgewandelt. Ansonsten wird nach mathematischen Regeln gerundet. Ein Beispiel dazu finden Sie unter *getTimer*.

Syntax: `Int (Nummer)`

### isFinite

Mit dieser Funktion ermitteln Sie, ob es sich bei dem angegebenen Ausdruck um einen endlichen Wert handelt. Ist dies der Fall, wird *true* zurückgegeben, andernfalls *false*.

### isNaN

Wollen Sie herausfinden, ob es sich bei einem Ausdruck um eine Zahl oder eine beliebige andere Zeichenkette handelt, sind Sie mit der Funktion *isNaN* gut beraten. Sie gibt *true* zurück, wenn es sich NICHT um eine Zahl handelt.

### maxscroll

Mit dieser Funktion können Sie den Text eines Scrollfelds in seiner maximalen Ausdehnung steuern.

### newline

*newline* entspricht einem Zeilenumbruch, den Sie normalerweise über die ⏎-Taste eingeben.

Syntax: `Newline`

### Number

Über die *Number*-Funktion wandeln Sie das angegebene Argument in eine Zahl um.

### parseFloat

Die Funktion wandelt eine Zeichenfolge in eine Gleitkommazahl um, es sei denn, es handelt sich um ein Wort oder Argument ohne jegliche Zahl. In diesem Fall wird *NaN* anstelle der Gleitkommazahl zurückgegeben.

### parseInt

Mit dieser Funktion wandeln Sie eine Zeichenfolge in eine ganzzahlige Zahl um. Ist das angegebene Argument nicht in eine Zahl umwandelbar, wird *NaN* anstelle der Zahl zurückgegeben.

### random

Über die Funktion *random* lässt sich ein Zufallswert ermitteln. Dazu müssen Sie die Obergrenze für diesen Wert mit angeben. Das Ergebnis sind immer Ganzzahlen und die Obergrenze ist nicht im Ergebnisraum enthalten. Die Obergrenze muss als Ganzzahl oder ganzzahlige Variable angegeben werden.

Syntax: Random(Obergrenze)

### scroll

Mit dieser Funktion lassen sich Scrollfelder steuern.

### String

*String* wandelt einen Ausdruck in eine Zeichenfolge um.

### targetPath

Diese Funktion liest den Zielpfad einer Filmsequenz in Punktsyntax aus.

### true

Diese allgemeine Funktion steht für den booleschen Wert *wahr* oder *eingeschaltet*. Als Ziffer kann er alles außer der *0* sein. Eine sinnvolle Eingabe für den Wert *true* ist die *1*, die auch zurückgegeben wird, wenn ein solcher Wert gelesen wird.

Syntax: True

### unescape

Mit dieser Funktion wandeln Sie eine Zeichenfolge im URL-Format in ein normales Format zurück.

### updateAfterEvent

Wollen Sie bestimmte Werte, wie zum Beispiel die Position des Mauszeigers, ständig verfolgen und aktualisieren, verwenden Sie diese Funktion dazu.

## Zeichenfolgen Funktionen

Die *Zeichenfolgen Funktionen* entsprechen im Grunde den Funktionen, die bereits weiter oben erklärt wurden, nur dass die Funktionen mit den Buchstaben *MB* davor auch vor Multibyte-Zeichen nicht Halt machen. *Multibyte-Zeichen* sind zum Beispiel russische oder japanische Schriftzeichen.

### Chr

*Chr* ermittelt das Zeichen für einen angegebenen ASCII-Code. ASCII-Codes sind immer eine Ganzzahl und die Funktion ermittelt die Entsprechung dieser Zahl. So gibt die folgende Funktion zum Beispiel ein Ausrufezeichen (*!*) aus.

```
Chr (33)
```

**Syntax:** Chr (ASCII-Code)

### Length

*Lenght* ermittelt die Länge einer Zeichenfolge und gibt dies als Ganzzahl aus. In die Länge einer Zeichenfolge werden auch Leer- und Sonderzeichen mit einberechnet. So liefert zum Beispiel die folgende Funktion das Ergebnis *13*.

```
Length (Zeichen Folge)
```

**Syntax:** Lenght (Zeichenfolge)

### MBSubstring

Mit der Funktion *MBSubstring* extrahieren Sie aus einer Zeichenfolge einen angegebenen Teil. Dieser Teil wird durch den Start und die Anzahl der Zeichen angegeben.

Geben Sie die folgende Funktion ein, erhalten Sie als Ergebnis *folge*. Da keine Anzahl angegeben wurde, extrahiert Flash alle Zeichen ab dem Start bis zum Ende der Zeichenfolge.

```
MBSubstring (Serienfolge, 7)
```

Begrenzen Sie diese Funktion noch durch die Anzahl 3, erhalten Sie das Ergebnis fol.

```
MBSubstring (Serienfolge, 7, 3)
```

**Syntax:** `MBSubstring (Zeichenfolge, Start, Anzahl)`

### MBChr

*MBChr* ermittelt das Zeichen für einen angegebenen ASCII-Code. ASCII-Codes sind immer eine Ganzzahl und die Funktion ermittelt die Entsprechung dieser Zahl. So gibt die folgende Funktion zum Beispiel ein Ausrufezeichen (*!*) aus.

```
MBChr (33)
```

**Syntax:** `MBChr (ASCII-Code)`

### MBLength

*MBLenght* ermittelt die Länge einer Zeichenfolge und gibt dies als Ganzzahl aus. In die Länge einer Zeichenfolge werden auch Leer- und Sonderzeichen mit einberechnet. So liefert zum Beispiel die folgende Funktion das Ergebnis *13*.

```
MBLength (Zeichen Folge)
```

**Syntax:** `MBLenght (Zeichenfolge)`

### MBOrd

Die Funktion *MBOrd* ist das Gegenteil der Funktion *Chr*. Sie ermittelt den ASCII-Code für ein eingegebenes Zeichen. Die Ausgabe erfolgt als Ganzzahl. So ergibt die folgende Funktion eine *666*.

```
MBOrd (Ü)
```

**Syntax:** `MBOrd (Zeichen)`

### Ord

Die Funktion *Ord* ist das Gegenteil der Funktion *Chr*. Sie ermittelt den ASCII-Code für ein eingegebenes Zeichen. Die Ausgabe erfolgt als Ganzzahl. So ergibt die folgende Funktion eine *666*.

```
Ord (Ü)
```

**Syntax:** `Ord (Zeichen)`

**Substring**

Mit dieser Funktion extrahieren Sie aus einer Zeichenfolge einen angegebenen Teil. Dieser Teil wird durch den Start und die Anzahl der Zeichen angegeben.

Geben Sie die folgende Funktion ein, erhalten Sie als Ergebnis *folge*. Da keine Anzahl angegeben wurde, extrahiert Flash alle Zeichen ab dem Start bis zum Ende der Zeichenfolge.

```
Substring (Serienfolge, 7)
```

Begrenzen Sie diese Funktion noch durch die Anzahl 3, erhalten Sie das Ergebnis *fol*.

```
Substring (Serienfolge, 7, 3)
```

**Syntax:** Substring (Zeichenfolge, Start, Anzahl)

# Eigenschaften

Unter den *Eigenschaften* finden sich sowohl globale als auch spezifische. Mit *globalen* Eigenschaften sind die Eigenschaften gemeint, die Einfluss auf den ganzen Film haben. *Spezifische* Eigenschaften funktionieren nur auf bestimmte Objekte wie zum Beispiel Filmsequenzen.

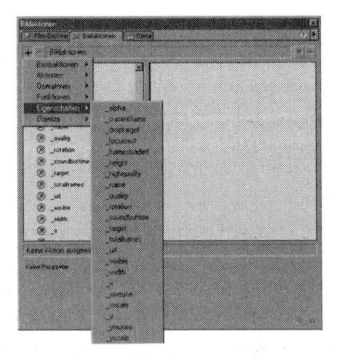

**Abbildung 13.47:** Bildaktion *Eigenschaften*

### _alpha

Mit _alpha können Sie die Transparenz einer Filmsequenz festlegen und auslesen. Der Wert wird als Ganzzahl aus- oder angegeben, die zwischen 0 und 100 liegt. *0* ist gleichbedeutend mit vollkommen durchsichtig und *100* mit vollkommen undurchsichtig. Diese Eigenschaft funktioniert zusammen mit den Funktionen *set-* und *getProperty*.

### _currentframe

Mit der Eigenschaft _currentframe lesen Sie die Nummer des aktuell angezeigten Bilds eines Films. Als Ergebnis dieser Anfrage können Sie Ganzzahlen von 1 bis 16.000 erhalten. *16.000* entspricht dem Maximum der Bilder für einen Film. Diese Eigenschaft funktioniert zusammen mit der Funktion *ifFrameLoaded*.

### _droptarget

Über die Eigenschaft _droptarget können Sie Informationen darüber auslesen, über welcher Filmsequenz eine andere Filmsequenz abgelegt wurde. Als Ausgabe bekommen Sie den Instanznamen der Filmsequenz, über der die Sequenz mit dieser Eigenschaft abgelegt wurde. Die Eigenschaft funktioniert zusammen mit der Aktion *Drag Movie Clip*.

### _focusrect

Mit _focusrect lassen Sie um angewählte Schaltflächen ein gelbes Dreieck erscheinen, um solche Schaltflächen leichter vom Rest unterscheiden zu können. Sie können diesen Darstellungsmodus nur ein- (*true*) oder ausschalten (*false*). Als Standard ist dabei *true* eingestellt.

### _framesloaded

Mit der Eigenschaft _framesloaded lesen Sie die Anzahl der Bilder eines Films aus, die bereits in den Speicher geladen wurden. Als Ergebnis dieser Anfrage können Sie Ganzzahlen von 1 bis 16.000 erhalten. *16.000* entspricht dem Maximum der Bilder für einen Film. Diese Eigenschaft funktioniert zusammen mit der Funktion *ifFrameLoaded*.

### _height

Mit der Eigenschaft _height_ lesen und setzen Sie die Höhe einer Filmsequenz in Pixeln. Dieser Wert kann nur gelesen werden und das Ergebnis ist immer eine Ganzzahl. Diese Eigenschaft funktioniert zusammen mit den Funktionen *set-* und *getProperty*.

### _highquality

Über die Eigenschaft _highquality_ legen Sie die Darstellungsqualität des Films fest. Sie können diesen Wert allerdings auch einfach nur lesen. *0* entspricht dabei einer niedrigen Qualität, *1* einer hohen und *2* der besten oder optimalen Qualität.

### _name

Über die Eigenschaft _name_ können Sie sowohl einen neuen Namen für eine Filmsequenz festlegen als auch deren aktuellen Namen auslesen. Diese Eigenschaft funktioniert zusammen mit den Funktionen *set-* und *getProperty*.

### _quality

Diese globale Eigenschaft lässt sich sowohl setzen als auch auslesen. Sie können damit die Darstellungsqualität des gesamten Films beeinflussen.

### _rotation

Über _rotation_ legen Sie die Drehung einer Filmsequenz fest. Alle Angaben werden in Grad vorgenommen und Flash rechnet automatisch in Werten von -180 (Linksdrehung) bis +180 Grad (Rechtsdrehung). Der Drehpunkt liegt in der unteren, linken Ecke der Filmsequenz. Diese Eigenschaft funktioniert zusammen mit den Funktionen *set-* und *getProperty*.

### _soundbuftime

Wollen Sie die Vorladezeit für gestreamte Sounds verändern, können Sie dies über diese Eigenschaft für jedes Sound-Objekt erreichen. Die Angaben werden in Millisekunden gemacht.

### _target

Wenn Sie den kompletten Pfad einer Filmsequenz genauer bestimmen wollen, kann Ihnen die Eigenschaft _target weiterhelfen. Als Ergebnis erhalten Sie den absoluten Pfad einer Filmsequenz. Diese Eigenschaft funktioniert zusammen mit der Funktion *getProperty*.

### _totalframes

Mit der Eigenschaft _totalframes lesen Sie die Gesamtzahl der Bilder eines Films aus. Als Ergebnis dieser Anfrage können Sie Ganzzahlen von 1 bis 16.000 erhalten. *16.000* entspricht dem Maximum der Bilder für einen Film. Diese Eigenschaft funktioniert zusammen mit der Funktion *ifFrameLoaded*.

### _url

Mit _url können Sie den Pfad des Films bestimmen, der die Filmsequenz enthält. Ziel dieser Eigenschaft ist eine Filmsequenz und Ergebnis ein Pfad für deren Film. Diese Eigenschaft funktioniert zusammen mit der Funktion *getProperty*.

### _visible

Mit der Eigenschaft _visible bestimmen Sie, ob eine Filmsequenz sichtbar oder unsichtbar erscheinen soll. Für die Angaben haben Sie lediglich *falsch* (*false* oder *0*) oder *wahr* (*true* oder *1*) zur Verfügung. *true* ist standardmäßig für diese Funktion eingestellt und bedeutet, dass die Filmsequenz sichtbar ist, *false* das Gegenteil. Diese Eigenschaft kann auch gelesen werden und funktioniert zusammen mit den Funktionen *set-* und *getProperty*.

Die Elemente unsichtbarer Filmsequenzen können nicht angeklickt, aber dennoch durch andere Skript-Befehle angesprochen werden.

### _width

Mit der Eigenschaft _width lesen und setzen Sie die Breite einer Filmsequenz in Pixeln. Dieser Wert kann nur gelesen werden und das Ergebnis ist immer eine Ganzzahl. Diese Eigenschaft funktioniert zusammen mit den Funktionen *set-* und *getProperty*.

### _x

Mit dieser Eigenschaft legen Sie die horizontale Position einer Filmsequenz fest. *0* entspricht dabei dem linken Bühnenrand. Dieser Wert kann sowohl gelesen als auch gesetzt werden und wird in Pixeln angegeben. Diese Eigenschaft funktioniert zusammen mit den Funktionen *set-* und *getProperty*.

### _xmouse

Die Eigenschaft kann nur gelesen werden und ermittelt die X-Position des Mauszeigers.

### _xscale

Über die Eigenschaft *_xscale* setzen und lesen Sie die Skalierung einer Filmsequenz in deren Breite. Die Skalierung wird vom Mittelpunkt der Sequenz aus vorgenommen. Die Werte werden in ganzzahligen Prozent von 0 bis 100 eingegeben und *100* ist der Ausgangswert, sprich die 100 Prozent Ausgangsgröße. Diese Eigenschaft funktioniert zusammen mit den Funktionen *set-* und *getProperty*.

### _y

Mit dieser Eigenschaft legen Sie die vertikale Position einer Filmsequenz fest. *0* entspricht dabei dem oberen Bühnenrand. Dieser Wert kann sowohl gelesen als auch gesetzt werden und wird in Pixeln angegeben. Diese Eigenschaft funktioniert zusammen mit den Funktionen *set-* und *getProperty*.

### _ymouse

Die Eigenschaft kann nur gelesen werden und ermittelt die Y-Position des Mauszeigers.

### _yscale

Über die Eigenschaft *_yscale* setzen und lesen Sie die Skalierung einer Filmsequenz in deren Höhe. Die Skalierung wird vom Mittelpunkt der Sequenz aus vorgenommen. Die Werte werden in ganzzahligen Prozent von 0 bis 100 eingegeben und *100* ist der

Ausgangswert, sprich die 100 Prozent Ausgangsgröße. Diese Eigenschaft funktioniert zusammen mit den Funktionen *set-* und *getProperty*.

# Objekte

Mit den *Objekten* stehen Ihnen die verschiedensten Features zur Verfügung Ihren Flash-Film in seiner Funktionalität zu erweitern. Die Möglichkeiten, die sich Ihnen dadurch bieten, sind nahezu unbegrenzt.

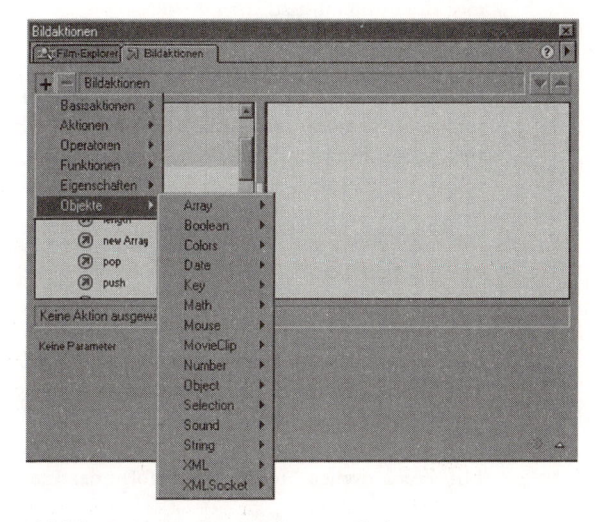

**Abbildung 13.48:** Die Objekte von Flash

# Array

Mit den *Array*-Objekten lassen sich Arrays sowohl erzeugen als auch bearbeiten und somit nutzbar machen.

**concat**

Verbindet die angegebenen Argumente und gibt sie als neu erstelltes Array zurück.

**join**

Verbindet alle Elemente eines Arrays zu einer einzigen Zeichenfolge.

**length**

Ermittelt die Länge eines Arrays, wobei dem Ergebnis immer bereits 1 hinzugefügt wurde, weil das erste Element eines Arrays immer an Position 0 sitzt.

**new Array**

Erzeugt ein neues Array mit den angegebenen Inhalten. Ohne dieses Objekt sind die anderen Objekte dieser Gruppe nicht nutzbar, weil sie sonst keinen Bezug besitzen.

**pop**

Mit dem Objekt *pop* entfernen Sie das letzte Element eines Arrays, geben seinen Wert aber noch an das Skript zurück.

**push**

Fügt dem Array am Ende ein oder mehrere Elemente hinzu und gibt die neue Länge an das Skript zurück.

**reverse**

Mit *reverse* drehen Sie die Reihenfolge der Elemente eines Arrays um.

**shift**

Mit *shift* entfernen Sie das erste Element eines Arrays und geben den Wert dieses Elements an das Skript zurück.

### slice

Über das Objekt *slice* erzeugen Sie ein neues Array, das Elemente eines alten Arrays enthält.

### sort

Wollen Sie die Elemente eines Arrays sortieren, sind Sie mit diesem Objekt gut beraten.

### splice

Über *splice* können Sie sowohl Elemente aus einem Array entfernen als auch welche hinzufügen.

### toString

*toString* verkettet die Inhalte eines Arrays zu einer Zeichenfolge.

### unshift

Mit *unshift* fügen Sie einem Array an seinem Anfang ein oder mehrere Elemente hinzu und geben die neue Länge des Arrays als Wert an das Skript zurück.

# Boolean

Mit dem *Boolean*-Objekt erzeugen Sie Angaben in der *true*- oder *false*-Methode.

### new Boolean

Mit *new Boolean* erzeugen Sie ein neues boolesches Objekt.

### toString

*toString* sorgt dafür, dass *true* oder *false* als Zeichenfolgen zurückgegeben werden.

### valueOf

Über *valueOf* ermitteln Sie den Grundwert eines booleschen Elements.

## Colors

Die Möglichkeiten des *Colors*-Objekts entsprechen weitestgehend denen, die Sie auf der Effekt-Palette vornehmen können.

### getRGB

Mit diesem Objekt lesen Sie die RGB-Werte eines Objekts aus.

### getTransform

Wollen Sie ermitteln, auf welche Weise ein Objekt transformiert worden ist, können Sie dies mit diesem Objekt auslesen.

### new Color

*new Color* erzeugt ein neues Color-Objekt.

### setRGB

Mit diesem Objekt setzen Sie die Farben eines Elements im RGB-Modus fest.

### setTransform

Für den fortgeschrittenen Benutzer von Flash stellt dies eine Methode dar, mit der Sie ein Element einfärben können, genauso wie Sie es auch mit dem *Erweitert*-Effekt der Effekt-Palette tun können.

## Date

Über das *Date*-Objekt können Sie sowohl Zeit und Datum eines Films setzen als auch die Zeit auslesen. Welchen Zeittyp Sie dabei verwenden, hängt im Grunde nur von Ihrer Auswahl ab.

## Key

Mit dem *Key*-Objekt können Sie verschiedene Reaktionen des Skripts auf Tastendruck auslösen oder herausfinden, welche Taste gedrückt wurde, und dies für Ihr Skript verwertbar machen.

# Math

Die *Math*-Objekte umfassen eine Vielzahl von mathematischen Funktionen und Konstanten.

### abs

Mit *abs* berechnen Sie einen absoluten Wert.

### acos

Berechnet den Arkuskosinus.

### asin

Berechnet den Arkussinus.

### atan

Berechnet den Arkustangens.

### atan2

Berechnet den Winkel der X-Achse bis zum angegebenen Punkt.

### ceil

Rundet eine Zahl bis zur nächsten Ganzzahl auf.

### cos

Berechnet den Kosinus.

### E

Entspricht der eulerschen Konstanten (Wert ca. 2,718).

### exp

Berechnet den Exponentialwert.

### floor

Rundet eine Zahl bis zur nächsten Ganzzahl ab.

### LN10

Entspricht dem natürlichen Logarithmus von 10 (ca. 2,302).

### LN2
Entspricht dem natürlichen Logarithmus von 2 (ca. 0,693).

### log
Berechnet den Logarithmus.

### LOG10E
Entspricht dem Logarithmus von e zu Basis 10 (ca. 0,434).

### LOG2E
Entspricht dem Logarithmus von e zu Basis 2 (ca. 1,442).

### max
Gibt die nächsthöhere Ganzzahl zurück.

### min
Gibt die nächstniedrigere Ganzzahl zurück.

### PI
Entspricht der Konstanten Pi, die zur Berechnung von kreisförmigen Elementen verwendet werden kann (ca. 3,14).

### pow
Berechnet die Potenz von x hoch y.

### random
Ermittelt eine Zufallszahl zwischen 0,0 und 1,0.

### round
Rundet auf die nächste Ganzzahl auf oder ab.

### sin
Berechnet den Sinus.

### sqrt
Berechnet die Quadratwurzel.

**SQRT1_2**

Entspricht dem Kehrwert der Quadratwurzel von ½ (ca. 0,707).

**SQRT2**

Entspricht der Quadratwurzel von 2 (ca. 1,414).

**tan**

Berechnet den Tangens.

# Mouse

Über das *Mouse*-Objekt können Sie den Standard-Mauszeiger ein- und ausschalten.

**hide**

Mit diesem Objekt schalten Sie die Anzeige des Standard-Mauszeigers aus.

**show**

Mit diesem Objekt schalten Sie die Anzeige des Standard-Mauszeigers wieder ein.

# MovieClip

Sie können für Filmsequenz-Symbole auch eigene Objekte erstellen, mit denen Sie das Symbol steuern können. Die Funktionen entsprechen weitestgehend den unter *startDrag* und *stopDrag* bereits beschriebenen.

# Number

Über das *Number*-Objekt können Sie verschiedene abstrakte Konstanten aufrufen.

## Object

Über das *Object*-Objekt können Sie sowohl ein solches erzeugen als auch dessen Wert ausgeben lassen.

## Selection

Über das *Selection*-Objekt lassen sich markierte Textfelder steuern.

## Sound

Über das *Sound*-Objekt lassen sich Sounds zum Beispiel in Lautstärke und Balance steuern.

## String

Das *String*-Objekt durchsucht und bearbeitet von Ihnen angegebene Zeichenfolgen auf die verschiedensten Arten und Weisen.

## XML und XMLSocket

Wie bereits weiter oben erwähnt sollten Sie sich, wenn Sie mit den XML-Komponenten von Flash 5 arbeiten wollen, bereits hinreichend mit den Methoden und Arbeitsweisen von XML auskennen. Da sich dieses Buch auf Flash beschränkt, erhalten Sie an dieser Stelle keine weiteren Informationen zum Thema XML. Zu empfehlen wäre da zum Beispiel das bhv Taschenbuch zum Thema XML von Thomas Kobert.

# Film-Explorer

Als neues Element von Flash 5 kann man sich über die Nützlichkeit des *Film-Explorers* sicher streiten. Als praktisch erweist sich auf jeden Fall die *Suchfunktion*. Geben Sie einfach eine Bezeichnung oder eine Variable ein und der Film-Explorer sucht in der gesamten Datei danach und weist Ihnen aus, wo sich das gesuchte Element befindet.

Sie rufen den Film-Explorer entweder über das Symbol auf der Statusleiste, die Tastenkombination [Strg] + [Alt] + [M] ([⌘] + [Alt] + [M]) oder über die Aktionen-Palette auf.

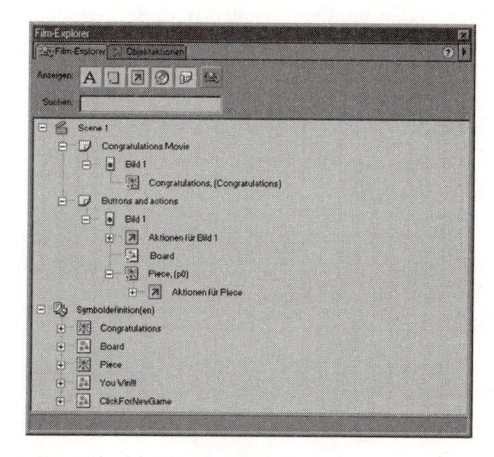

**Abbildung 13.49:** Der Film-Explorer

Unter *Anzeigen* können Sie verschiedene Elementtypen von Flash im Anzeigefenster ein- und ausblenden lassen.

Die Anzeige teilt sich in zwei verschiedene Bereiche, die *Szenen-Anzeige* und die *Symboldefinition(en)*.

## Szenen

Für jede Szene Ihres Films wird ein eigener Eintrag der ersten Stufe im Film-Explorer erzeugt. In der zweiten Stufe finden Sie dann die Ebenen der einzelnen Szenen und darunter jeweils die Schlüsselbilder jeder Ebene.

In der untersten Ebene im Bereich *Szenen* finden Sie die Symbole, Aktionen, Bitmaps, Skripten und Sounds. Befinden sich weitere Elemente innerhalb dieser Elemente, werden weitere Stufen darunter bis nach unten erzeugt.

Mit dem Plus- bzw. Minus-Zeichen können Sie per Mausklick einzelne Stufen ein- und ausblenden, wie Sie es aus dem Windows-Explorer oder den Fenstern der MacOS-Oberfläche gewöhnt sind.

Die Elemente auf Zeitleisten von Symbolen werden im Bereich *Szenen* nicht angezeigt. Dafür ist der Bereich *Symboldefinition(en)* vorgesehen.

## Symboldefinition(en)

In der obersten Stufe der *Symboldefinition(en)* finden Sie jede Symbol-Instanz. In der Stufe darunter befinden sich die Ebenen der Zeitleiste des jeweiligen Symbols und darunter die verschiedenen Schlüsselbilder der Zeitleiste eines Symbols.

In der untersten Stufe befinden sich dann die einzelnen Elemente, die auf den Schlüsselbildern des Symbols untergebracht sind.

# Beispiele

Um sich ein wenig Übung mit den oben beschriebenen Aktionen zu verschaffen und den Umgang damit verstehen zu lernen, bieten sich einige der Beispiele an, die Sie mit Flash in der Standardinstallation installiert haben.

Sie finden diese Beispiele dann im Menü *Hilfe / Beispiele*.

Besonderes Augenmerk sollten Sie dabei auf die Beispiele *Set Property*, *8-Puzzle*, *Finanzrechne*r und *Schwenken und Zoomen* legen.

# KAPITEL 14

## Veröffentlichen und Exportieren

Neben der normalen Veröffentlichung im kombinierten HTML- und Flash-Format können Sie Ihren Flash-Film auch in zahlreichen anderen Formaten exportieren.

# Veröffentlichen

Haben Sie ein Werk vollendet, wollen Sie es sicher auch der Öffentlichkeit zugänglich machen. Ob Ihr Vorhaben nun im Internet oder auf einer Präsentations-CD veröffentlicht werden soll, auf irgendeine Weise müssen Sie dafür sorgen können, dass Ihre Flash-Datei in einen Film ungewandelt wird, der nur noch die Informationen enthält, die Sie auf der Bühne und dem Arbeitsbereich Ihres Films abgelegt haben. Würden Sie die reine Flash-Datei weitergeben, könnten sich diese Datei zum einen nur diejenigen ansehen, die Flash ebenfalls komplett installiert haben. Zum anderen würden Sie Ihre Arbeit von anderen kopierbar und weiterverwendbar machen.

Für solche Zwecke wurde von Macromedia der *Flash Player* konzipiert, mit dem sich exportierte Flash-Filme ansehen lassen, ohne dass man Flash komplett installiert haben muss. Die geringe Größe des Players erlaubt es, dass man ihn in kürzester Zeit aus dem Netz laden kann, aber es entstehen dadurch keine Verluste, was die Qualität der betrachteten Filme angeht. Das Format, das dieser Flash Player lesen kann, ist das *swf-Format* oder auch Flash-Player-Format.

Dieser Player wird bei seiner Installation in Ihrem Standardbrowser untergebracht, er kann aber auch ohne einen Browser aufgerufen werden, wenn Sie einen Flash-Film, der nicht in einer Internetseite eingebettet wurde, per Doppelklick öffnen.

Einen Flash-Player-Film müssen Sie jedoch erst einmal erzeugt haben. Sie wollen also *Veröffentlichen*. Die Besonderheiten eines Exports werden weiter unten im Abschnitt *Export* näher erklärt, da sich der Vorgang geringfügig von dem der Veröffentlichung unterscheidet, aber auf ihm aufbaut. Wenn Sie also Ihre Flash-Datei veröffentlichen wollen, müssen Sie sich zunächst dem Herzstück für die Veröffentlichung zuwenden, den *Einstellungen für Veröffentlichungen*.

Alle Einstellungen, die Sie hier vornehmen, haben einen Einfluss auf den Vorgang des Veröffentlichens. Hier legen Sie fest, wie die

Dateien heißen werden, wie sie komprimiert werden, in welcher Qualität und welchem Format Sie sie veröffentlichen. Die Einstellungen lassen sich für jede Veröffentlichung ändern, sind also frei veränderbar.

Sie erreichen die Einstellungen für Veröffentlichungen über das Menü *Datei / Einstellungen für Veröffentlichungen* oder die Tastenkombination [Strg] + [⇧] + [F12] ([⌘] + [⇧] + [F12]). Es öffnet sich ein Dialog mit mehreren Registerkarten. Die Anzahl der Registerkarten und deren Bezeichnung ist abhängig von den Veröffentlichungsformaten, die Sie gewählt haben. Wollen Sie keine QuickTime-Filme veröffentlichen, aktivieren Sie natürlich auch nicht das Optionsfeld vor dem Eintrag *QuickTime (\*.mov)*. Aktivieren Sie das Optionsfeld nicht, erhalten Sie auch kein QuickTime-Register. Ebenso reagieren die übrigen Register.

Da der Projektor auf dem Flash-Player-Format beruht, gibt es für dieses Optionsfeld kein einzelnes Register. Außerdem können Sie nicht in HTML veröffentlichen, ohne auch die entsprechende Flash-Player-Datei zu erzeugen, auf die der HTML-Code verweist. Umgekehrt können Sie aber sehr wohl im Flash-Player-Format veröffentlichen, ohne auch eine HTML-Datei zu erstellen.

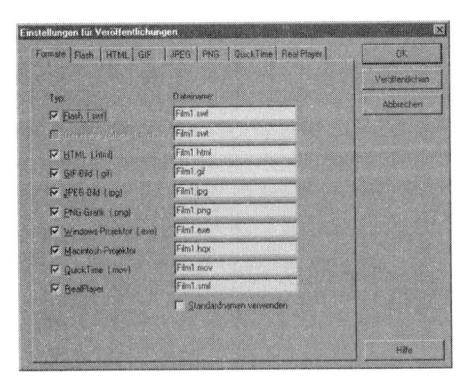

**Abbildung 14.1:** Das Register *Formate* in den Einstellungen für Veröffentlichungen

Wenn Sie die Generator-Erweiterung für Flash nicht installiert haben, haben Sie an dieser Stelle auch nicht die Möglichkeit Einstellungen für eine Generator-Veröffentlichung vorzunehmen.

Die Option *Standardnamen verwenden* erlaubt Ihnen die Dateinamen für die exportierten Dateien frei festzulegen. Ist die Option aktiviert – so ist es standardmäßig eingestellt –, wird hinter dem Namen, den Sie der Flash-Datei gegeben haben, einfach die entsprechende Endung gesetzt. Die Endungen und Dateinamen werden Ihnen grau hinter dem jeweiligen Format angezeigt. Deaktivieren Sie die Option, werden die grauen Felder bearbeitbar, also weiß, und Sie können für jeden Dateityp eine eigene Bezeichnung erdenken und eintragen.

Für HTML-Start-Dateien bietet sich zum Beispiel die Bezeichnung *index.html* an, da die meisten Server, auf denen Sie Ihre Seite ablegen, eine solche Dateibezeichnung benötigen, um die HTML-Datei auch sofort aufrufbar zu machen. Die dazugehörige Flash-Datei können Sie benennen, wie Sie wollen.

Die Dateiendungen werden weiterhin automatisch hinter die von Ihnen gewählte Bezeichnung gesetzt, damit die Dateien auch vom entsprechenden Programm erkannt werden.

Mit der Schaltfläche *Veröffentlichen* am rechten Rand des Dialogs wird sofort und ohne weitere Nachfrage eine Veröffentlichung Ihrer Flash-Datei gestartet. Dabei werden alle Dateitypen erstellt, die von Ihnen angewählt wurden, und auch alle Einstellungen berücksichtigt, die Sie auf den verschiedenen Registern der *Einstellungen für Veröffentlichungen* gemacht haben. Die Dateien werden in dem Ordner auf der Festplatte gespeichert, in dem Sie auch Ihre Flash-Datei gespeichert haben.

Mit *OK* bestätigen Sie nur die Einstellungen für Veröffentlichungen und halten diese für eine spätere Veröffentlichung fest. Es wird dabei keine Veröffentlichung erstellt. Mit *Abbrechen* werden sämtliche Einstellungen verworfen und die vorherigen wiederhergestellt.

> Sind im Zielordner bereits Dateien mit derselben Bezeichnung vorhanden, werden diese ohne Vorwarnung überschrieben und damit auch gelöscht. Sie haben dann nur noch die zuletzt erstellte Veröffentlichung an dieser Stelle auf der Festplatte. Stellen Sie also vor der Veröffentlichung sicher, dass Sie alte Dateien, die Sie eventuell wiederverwenden wollen, vorher an eine andere Stelle kopiert haben. Sie können natürlich auch für die neuen Veröffentlichungen andere Bezeichnungen wählen und so diesem Problem aus dem Wege gehen.

## Flash

Im Register *Flash* der Einstellungen für Veröffentlichungen lassen sich, wie nicht anders zu erwarten, sämtliche Einstellungen für Flash-Player-Filme vornehmen, die veröffentlicht werden sollen.

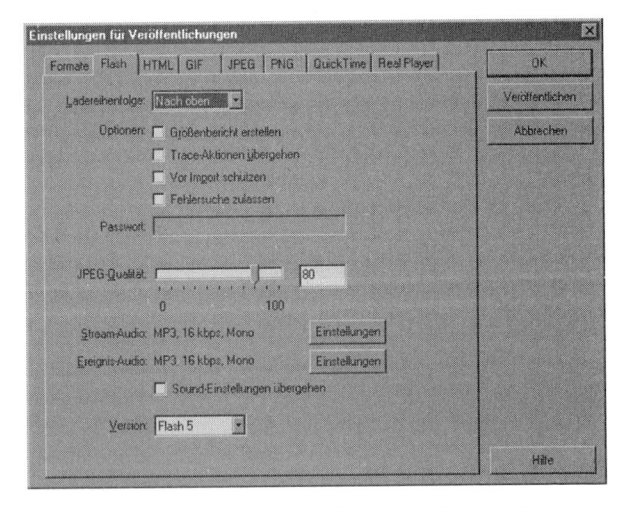

**Abbildung 14.2:** Das Register *Flash* der Einstellungen für Veröffentlichungen

## Ladereihenfolge

Über die *Ladereihenfolge* können Sie festlegen, welche Ebene Ihres Films zuerst geladen wird.

Haben Sie die Option *Nach oben* gewählt, wird zuerst die Hintergrundebene, dann die erste Ebene darüber, dann die zweite Ebene darüber usw. geladen.

Mit der Option *Nach unten* wird zuerst die oberste Ebene und dann alle unteren Ebenen nacheinander bis hin zur Hintergrundebene geladen.

Diese Einstellung hat nur Auswirkungen auf das erste dargestellte Bild Ihres Films. Alle übrigen Bilder des Films werden erst dargestellt, wenn sie komplett geladen wurden.

## Größenbericht

Wollen Sie eine genaue Übersicht über die Größe eines veröffentlichten Flash-Player-Films und seine Komponenten haben, sollten Sie die Option *Größenbericht erstellen* aktivieren. Ist die Option aktiviert, wird bei der Veröffentlichung eine Text-Datei (*.txt*) erstellt, die mit jedem Textverarbeitungsprogramm geöffnet werden kann. Diese Datei finden Sie im selben Ordner wie auch die übrigen veröffentlichten Dateien.

Für jedes Bild jeder Szene, die Szenen selbst, alle Symbole und die Schriften wird hier der Speicheraufwand einzeln festgehalten. Eine solche Datei kann dann aussehen wie in Abbildung 14.3.

Im Beispiel wurde der Teil herausgeschnitten, in dem die Bilder 6 bis 20 aufgelistet wurden. An diesen Stellen gab es jedoch keine erwähnenswerten Änderungen.

```
10 Loader Report - Editor                               _|□|×|
Datei  Bearbeiten  Suchen  ?
Movie Report
-------------

Frame #    Frame Bytes     Total Bytes    Page
-------    -----------     -----------    ----
    1          985              985       Loader
    2           23             1008       2
    3           22             1030       3
    4           22             1052       4
    5           23             1075       5

   21           23             1438       21
   22           23             1461       22
   23           23             1484       23
   24           51             1535       24
   25           59             1594       Start
   26            6             1600       Szene 2
   27            2             1602       Szene 3

Page                          Shape Bytes    Text Bytes
----                          -----------    ----------
Loader                             0              0
Start                              0             44
Szene 2                            0              0
Szene 3                            0              0

Symbol                        Shape Bytes    Text Bytes
------                        -----------    ----------
Symbol 1                           0             44

Font Name                     Bytes          Characters
---------                     -----          ----------
Tahoma Bold                    890           LSadginort
```

**Abbildung 14.3:** Beispiel für einen Größenbericht

> Als Grundlage für das Beispiel wurde der Loader aus Kapitel 10 genommen, den Sie auch auf der Buch-CD wiederfinden.

In der ersten Spalte (*Frame #*) des oberen Teils des Berichts werden die Bildnummern im Film festgehalten. In der letzten Spalte (*Page*) finden Sie die Szenenbezeichnung und danach die Bildnummern innerhalb der jeweiligen Szene aufgelistet. Die Szenen *Start*, *Szene 2* und *Szene 3* verfügen jeweils nur über ein Bild und sind deshalb nur mit ihrer Bezeichnung in der letzten Spalte aufgelistet. In der zweiten Spalte (*Frame Bytes*) werden für jedes Bild einzeln die Bytes zusammengezählt und aufgelistet. Die dritte Spalte (*Total Bytes*) summiert diese Bytes der zweiten Spalte jeweils auf, sodass Sie die Entwicklung der Größe Ihrer Datei im Verlauf des Films mitverfolgen können. Da im ersten Bild eines Films alle grundsätzlichen Daten und Vorgaben geladen werden müssen, ist der Aufwand für dieses Bild im Verhältnis zu den übrigen Bildern meist recht hoch. In der letzten Spalte des oberen Teils können Sie ablesen, wie hoch der Aufwand allein für die gesamten Bilder Ihres Films ist.

Speicherbedarf für Szenen (*Page*), Symbole (*Symbol*) und Schriften (*Font Name*) werden in diesem ersten Beispiel getrennt aufgelistet. In der Auflistung für den Speicherbedarf für die Szenen lässt sich sehr gut der Effekt einer Instanz ablesen. In der Szene *Loader* wurden drei Instanzen des Symbols 1 platziert, das genau 44 Bytes für Text benötigt. Für die Szene wird aber keines dieser Bytes angerechnet. In der Szene *Start* wurde kein Symbol platziert, sondern der Text direkt in die Szene geschrieben und nicht zu einem Symbol umgewandelt. Deshalb fallen dort 44 Bytes für Text in der Szene *Start* an. Selbst wenn Sie das Symbol 1 noch in der Szene *Start* platziert hätten, wäre der Speicheraufwand für die Szene *Start* nicht höher geworden.

Sowohl für die Szenen als auch für die Symbole wird in der Auflistung zwischen Abbildungsaufwand (*Shape Bytes*) und Textaufwand (*Text Bytes*) unterschieden. Das ermöglicht Ihnen eine weitere und genauere Analyse Ihrer Datei, sprich: es lässt sich so leichter herausfinden, was einen besonders hohen Speicheraufwand verursacht.

Schriften (*Fonts*) werden je nach Einstellung mit ihren Konturen in eine Flash-Datei mit exportiert. Aber auch hier wird automatisch der Speicheraufwand reduziert, indem nur die Konturen der Buchstaben mit exportiert werden, die im Film auch tatsächlich verwendet werden. Bei langen oder vielen verschiedenen Texten kann es gut sein, dass nahezu das gesamte Alphabet für eine Schrift mit exportiert wird. Enthält Ihre Datei allerdings nur wenig Texte, beschränkt sich der Speicheraufwand auf die wenigen verwendeten

Buchstaben. Welche Buchstaben tatsächlich verwendet wurden, können Sie in der Spalte *Characters* alphabetisch sortiert finden.

Texte, die in Grafiken zerlegt wurden, werden hier nicht mit aufgelistet, sondern zählen zu den Grafik-Bytes in einer Szene oder einem Symbol.

> **HINWEIS**
> Jede Schrift wird an dieser Stelle einzeln aufgeführt und verursacht auch zusätzlichen Speicherbedarf. Also auch hier noch einmal der Hinweis: Verwenden Sie nur wenige Schriften.

Haben Sie in einer Datei auch Bitmaps oder Sounds platziert, werden diese getrennt in einer einzelnen Rubrik des Größenberichts aufgelistet. Bei Sounds wird zudem noch zwischen Ereignis-Sounds (*Event sounds*) und Streaming-Sounds (*Streaming sounds*) unterschieden.

```
Bitmap                          Compressed   Original   Compression
--------------------------      ----------   --------   -----------
Bild1                                24300     480000   Lossless

Event sounds: 11KHz Mono 16 kbps MP3

Sound Name                      Bytes        Format
--------------------------      -----        ------
FX178_INDST_125_X_SC1           15823        11KHz Mono 16 kbps MP3
```

**Abbildung 14.4:** Beispiel für einen Größenbericht mit Sounds und Bitmaps

Für Bitmaps wird Ihnen (von vorn nach hinten) jeweils angegeben, welche Bezeichnung das Bitmap trägt, auf welche Größe es komprimiert wurde (*Compressed*), wie groß das Original war (*Original*) und um welche Art der Kompression es sich handelt (*Compression*). Im Fall dieses Beispiels handelt es sich um eine Verlustlose Kompression von 480.000 auf 24.300 Bytes.

Sounds werden wie bereits erwähnt getrennt ausgegeben, weil Sie für die beiden Arten von Sounds auch unterschiedliche Komprimierungsverfahren angeben können. Dieses Verfahren wird dann auch in der ersten Zeile des betreffenden Sound-Eintrags mit angegeben. In diesem Fall werden alle Ereignis-Sounds mit 11 kHz, Mono, und 16 kbps im MP3-Verfahren komprimiert. In der Liste werden Sounds mit ihrer Bezeichnung (*Sound Name*), der Größe in Bytes (*Bytes*) und dem Format (*Format*) angegeben. Das Format wird hier erneut aufgeführt, da Sie ja für jeden Sound ein eigenes Komprimierungsverfahren eingeben können.

## Vor Import schützen

Wollen Sie vermeiden, dass andere Ihre Flash-Player-Filme importieren und wiederverwenden, dann aktivieren Sie diese Option vor der Veröffentlichung. Diese Option war eigentlich für all diejenigen gedacht, die ihre harte Arbeit geschützt wissen wollten.

Findige Programmierer haben aber bereits einen Weg gefunden diese Option auch nachträglich wieder zu deaktivieren. Der *Swifty Unprotector* stört sich nicht an einem Importschutz und hebt diesen in kürzester Zeit einfach auf.

> Haben Sie diese Option aktiviert, können Sie die Testmodi *Film testen* und *Szene testen* nicht verwenden, da Flash geschützte Filme nicht importieren kann.

## Nachzeichnungsaktionen übergehen

Mit der Aktion *Trace* (siehe Kapitel *Aktionen und Skripten*) lassen sich im Testmodus (*Film testen* oder *Szene testen*) Fehler in den Aktionen aufspüren oder Variablen eines Skripts überprüfen. Haben Sie diese Option in den Einstellungen für Veröffentlichungen aktiviert, werden sämtliche Trace-Aktionen ignoriert. Dies trifft dann auch für den Testmodus zu, da für diesen ebenfalls eine Veröffentlichung erstellt wird.

## JPEG-Qualität

In einem Film enthaltene Bitmaps werden bei der Veröffentlichung im *JPEG-Verfahren* komprimiert. Als Standard ist eine Qualität von 80 eingestellt, was auch durchaus gute Ergebnisse für Komprimierung und Qualität der Bitmaps bringt. Sie können die Qualität aber ohne weiteres auch auf 50 herunterziehen, ohne unvertretbar hohe Qualitätsverluste in Kauf nehmen zu müssen. Je weiter Sie den Wert allerdings nach unten verändern, umso höher wird die Verlustrate. Dabei werden die Bitmaps zwar hervorragend klein, aber auch unansehnlich. Einstellungen dieses Werts, die über 80 liegen, behalten die Qualität des Originals zwar in hohem Maße bei, sorgen aber für zu große Dateien.

Die Einstellungen lassen sich hier sowohl über den Regler als auch über das Eingabefeld vornehmen. Das Feld erspart Ihnen allerdings unnötige Fummeleien, wenn Sie einen genauen Wert eingeben wollen.

Die Einstellungen, die Sie an dieser Stelle treffen, werden von denen übergangen, die Sie für einzelne Bitmaps über die Bibliotheken-Einstellung vorgenommen haben.

## Sounds

Getrennt nach Ereignis- und Streaming-Sounds können Sie an dieser Stelle die Sound-Komprimierung für Ihren Film beeinflussen. Als guter Standard wurde hier die MP3-Komprimierung mit 16 kbps gewählt. Betätigen Sie die Schaltfläche *Einstellungen*, gelangen Sie in einen Dialog, über den Sie diese Standards verändern und neu festlegen können. Generell gelten die Einstellungen, die Sie an dieser Stelle vornehmen, für alle Sounds, an denen Sie keine Veränderungen über die Bibliothek des Films vorgenommen haben.

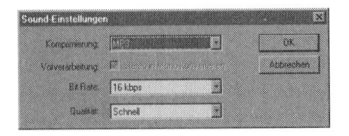

**Abbildung 14.5:** Sound-Einstellungen

Im Dialog *Sound-Einstellungen* lässt sich zunächst das Komprimierungsverfahren festlegen, in dem die jeweiligen Sounds Ihres Films komprimiert werden.

**Abbildung 14.6:** Komprimierungsverfahren

Genaueres zum *ADPCM*- und *Raw*-Verfahren können Sie im Kapitel *Sounds* nachlesen. An dieser Stelle werden nur kurz die Einstellungsmöglichkeiten des *MP3*-Verfahrens angerissen. Auch dazu mehr im Kapitel *Sounds*.

Über die *Bit-Rate* lassen sich Einstellungen von 8 bis 160 kbps festlegen. Der Standard von 16 kbps konvertiert alle Stereosounds in Monosounds. Ab einer Bit-Rate von 20 kbps aufwärts haben Sie die Wahl, ob Sie Stereosounds weiterhin in Stereo wiedergegeben wissen wollen oder ob diese in Mono umgewandelt werden sollen. Auf den Speicheraufwand hat diese Einstellung nur dann eine Auswirkung, wenn der importierte Sound bereits in Stereo vorlag. Eine erträgliche Qualität erhalten Sie durch Einstellungen von 32 kbps. Für simple Sound-Effekte sind aber auch 16 kbps durchaus annehmbar. 8 kbps lassen Sounds allerdings äußerst dumpf und flach klingen.

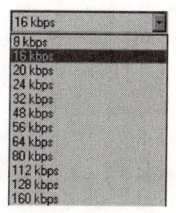

**Abbildung 14.7:** Kilobyte pro Sekunde für MP3s

Die *Qualität* einer MP3-Komprimierung beeinflusst lediglich, wie aufwändig die Komprimierung selbst vonstatten geht. Im Schnellverfahren können sich unter Umständen kleinere Fehler einschleichen. Mit *Mittel* oder *Optimal* schließt man solche Umrechnungsfehler weitgehend aus, sorgt aber auch dafür, dass die Komprimierung mehr Zeit in Anspruch nimmt.

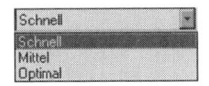

**Abbildung 14.8:** Qualitäten des Komprimierungsverfahrens für MP3s

Aktivieren Sie die Option *Sound-Einstellungen übergehen*, übergehen Sie damit die Einstellungen, die Sie für die einzelnen Sounds über die Bibliothek des Films getroffen haben. Haben Sie also spezielle Einstellungen vorgenommen, empfiehlt es sich nicht, diese Option zu aktivieren, weil Sie damit die Einstellungen zunichte machen würden. Für eine generelle Komprimierung in dem Verfahren, das Sie über die *Einstellungen für Veröffentlichungen* eingestellt haben, ist dies aber der einzige Weg Unregelmäßigkeiten auszuschalten.

# Version

Sie können aus Flash 5 heraus auch Flash-Player-Filme erzeugen, die kompatibel zu den vorherigen Versionen von Flash sind. Mit dem Format von Flash 3 erreichen Sie eventuell noch einen kleinen Prozentsatz mehr an potenziellen Betrachtern, verzichten damit aber auch auf einige Vorteile der Version 5. Sounds zum Beispiel werden, sobald Sie die Version 3 wählen, automatisch im ADPCM-Verfahren komprimiert, da Flash 3 MP3-Daten noch nicht verarbeiten konnte.

Bei einem Export von Flash 4 sollten Sie anfangs noch einen größeren Kreis von Benutzern treffen. Aber auch hier sind wieder Abstriche zu machen, wenn es darum geht, dass Features von Flash 5 nicht genutzt werden können.

# HTML

Flash gewinnt im Internet immer mehr an Bedeutung und da HTML die »Sprache« des Internets ist, müssen Sie zumindest einen Rahmen für Ihren Flash-Player-Film in HTML schaffen. In diesem Rahmen wird im Browser dann der Player-Film angezeigt.

Damit Sie nun nicht aber auch noch HTML lernen müssen, generiert Flash den entsprechenden Code selbstständig, jedoch nach Ihren Vorgaben. Alle Vorgaben für die HTML-Generierung tätigen Sie im Register *HTML* in den Einstellungen für Veröffentlichungen.

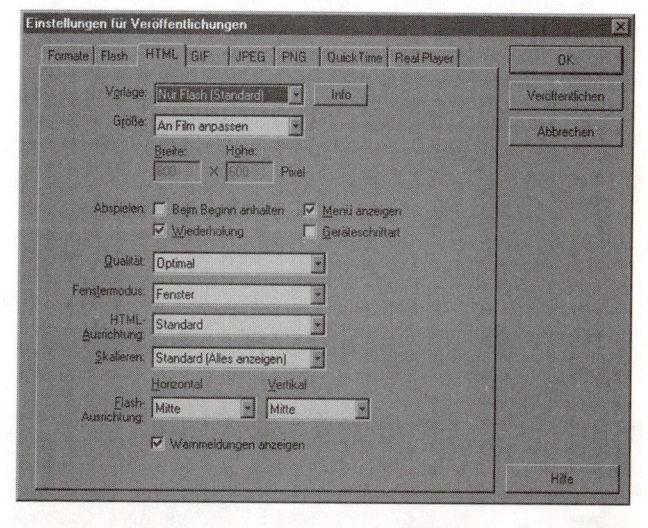

**Abbildung 14.9:** Das Register *HTML* der Einstellungen für Veröffentlichungen

## Info

Rechts neben der Einstellung für die *Vorlage* befindet sich die *Info*-Schaltfläche, die Ihnen Auskunft über die verschiedenen Vorlagen gibt.

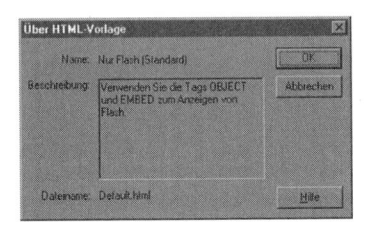

**Abbildung 14.10:** Info über HTML-Vorlagen

In den Beschreibungen der verschiedenen Vorlagen finden Sie den Text aus den Infoboxen jeweils in einem Hinweiskasten.

Unter *Dateiname* finden Sie einen Hinweis darauf, welches Muster-HTML verwendet wird. Diese Muster finden Sie im Flash-Ordner auf Ihrer Festplatte. Der Unterordner *HTML* enthält alle Muster der folgenden Vorlagen. Haben Sie Flash im Standard-Ordner installiert, finden Sie die Muster auf diesem Pfad: *C:\Programme\Macromedia\Flash5\HTML*. Diese Muster sollten Sie nur dann nachträglich bearbeiten, wenn Sie bereits über einige Erfahrungen mit HTML verfügen. Ändern Sie diese Vorlagen ohne entsprechende Kenntnisse, können erzeugte HTML-Dateien fehlerhaft sein oder sogar überhaupt nicht laufen.

> Die folgenden Vorlagen sollen Ihnen als Referenz gelten, falls Sie vorhaben, Änderungen daran vorzunehmen, oder wenn Sie genauer nachvollziehen wollen, was eigentlich erstellt wird. Sie finden die Vorlagen aber auch auf Ihrer Flash-CD oder der Buch-CD. Eine Erklärung zu den verschiedenen $-Variablen finden Sie im Anhang D dieses Buchs.

# Vorlage

Die Option *Vorlage* erlaubt Ihnen aus verschiedenen Vorlagen zu wählen, die bei der Erstellung des HTML-Codes verwendet werden. Die Vorlagen werden im Folgenden kurz beschrieben. Dies soll Ihnen als Vorlage dienen, wenn Sie Veränderungen anbringen oder ein Verständnis für die Erstellung des Codes erarbeiten wollen. Im Anhang D finden Sie die Vorlagen alle abgedruckt wieder, womit Sie unter Umständen auch Veränderungen planen können, selbst wenn Sie gerade nicht vor Ihrem Rechner sitzen.

Im Anschluss an die kurze Erklärung jedes Vorlage-Typs finden Sie außerdem noch den Text des Info-Fensters in einem Hinweis-Kasten.

### Nur Flash (Standard)

Diese Vorlage bietet sich an, wenn Sie sich sicher sind, dass der Betrachter den Flash Player für die Version 5 von Flash installiert hat. Haben Sie zum Beispiel eine Abfrage vorgeschaltet, können Sie nach dieser Abfrage direkt auf ein Dokument verweisen, das dem Standard-Format entspricht.

Ist der Player nicht installiert, wird der Betrachter automatisch in die Download-Sektion der Macromedia-Seite geleitet, wo er sich das Plug-In herunterladen kann.

Mit dem OBJECT- und EMBED-Tag geht Flash sicher, dass die beiden gängigen Browser von Netscape und Microsoft die Flash-Player-Datei richtig platzieren. Die beiden nutzen dazu nun mal unterschiedliche Verfahren.

> **HINWEIS:** Verwenden Sie die Tags OBJECT und EMBED zum Anzeigen von Flash.

### Banner 3 hinzufügen

Verwenden Sie diese Vorlage für Ihre Banner, wird die volle Bandbreite von Flash 3 dargestellt.

> **HINWEIS**
> Entspricht der Option *Banner hinzufügen* von Aftershock. Hierbei wird bei Internet Explorer oder Netscape Navigator zur Erkennung von ActiveX/Plug-In das VBScript verwendet. Nur für Flash 3.

### Banner 4 hinzufügen

Verwenden Sie diese Vorlage für Ihre Banner, wird die volle Bandbreite von Flash 4 dargestellt.

> **HINWEIS**
> Entspricht der Option *Banner hinzufügen* von Aftershock. Hierbei wird bei Internet Explorer oder Netscape Navigator zur Erkennung von ActiveX/Plug-In das VBScript verwendet. Nur für Flash 4.

### Banner 5 hinzufügen

Verwenden Sie diese Vorlage für Ihre Banner, wird die volle Bandbreite von Flash einschließlich 5 dargestellt.

> **HINWEIS**
> Entspricht der Option *Banner hinzufügen* von Aftershock. Hierbei wird bei Internet Explorer oder Netscape Navigator zur Erkennung von ActiveX/Plug-In das VBScript verwendet. Nur für Flash 3, 4 und 5.

### Flash mit FSCommand

Wollen Sie aus einem Dokument heraus andere Aktionen auslösen, bietet sich *FSCommand* an. Sie sollten allerdings schon über einige Erfahrung zum Beispiel mit JavaScript verfügen, da Sie die Commands selbst in den HTML-Code einfügen müssen. Der automatisch generierte Code enthält aber an entsprechender Stelle bereits die notwendigen Verweise. Fügen Sie keine zusätzlichen Kommandos ein, wird der Flash-Film normal angezeigt.

> Verwenden Sie die Tags OBJECT und EMBED zum Anzeigen von Flash. Integrieren Sie Unterstützung für FSCommand und JavaScript.

### Java Player

Wollen Sie sichergehen, dass Ihr Film auch dann angezeigt wird, wenn der Betrachter keinen Flash Player installiert hat, dann können Sie ihn auch im *Java-Format* veröffentlichen. Sie verzichten dabei aber auf viele Vorteile der Versionen 3 und 4 von Flash, da der Java Player nur kompatibel mit den Versionen 1 und 2 ist. Außerdem sollten Sie sichergehen, dass die Java-Player-Klassen im selben Ordner abgelegt wurden wie die HTML-Datei. Haben Sie dies nicht getan, wird nichts angezeigt.

> Verwenden Sie den Java Player von Flash. Wählen Sie unter *Veröffentlichen* das Format *Flash Version 2*. Die Klassen von Flash Java Player sollten mit den HTML-Dateien in einem Ordner abgespeichert werden.

### QuickTime

Diese Vorlage ist die richtige für die Darstellung von *QuickTime-Filmen*. Hier wird nur ein Video und nicht ein Flash-Dokument in einem HTML-Rahmen platziert.

> Verwenden Sie das Tag EMBED zum Anzeigen von QuickTime-Filmen.

### Bildzuordnung

Haben Sie diese Vorlage gewählt, wird nur ein Bild Ihres Films angezeigt, ein so genanntes *Imagemap*. Dieses Imagemap enthält mausempfindliche Bereiche, die den Schaltflächen entsprechen. Auf diesem Bild verändert sich allerdings nicht der Zustand der Schaltflächen, sondern der Mauszeiger verwandelt sich lediglich in einen Zeigefinger. Alle Aktionen, außer der *Get URL-Aktion*, werden ignoriert. Sie können mit einem solchen Bild auf andere Seiten springen, aber keine Aktionen im Film auslösen.

> Als Standard wird das Bild angezeigt, an dessen Stelle vor der Erstellung der Veröffentlichung der Abspielkopf stand. Geben Sie einem Schlüsselbild die Bezeichnung #Map, wird das entsprechende Bild in ein Imagemap-Bild umgewandelt.

> Verwenden Sie einen IMG-Tag mit einer Bildzuordnung von Client-Seite aus. Wählen Sie unter *Veröffentlichen GIF, JPEG* oder *PNG*.

### Benutzerauswahl

Diese Vorlage empfiehlt sich, wenn Sie testen wollen, ob der jeweilige Betrachter den Player installiert hat, und wenn er dies nicht hat, ihm trotzdem ein Bild anzuzeigen.

Damit ein solches Bild angezeigt werden kann, müssen Sie dieses Bild natürlich mit veröffentlichen. Ob Sie nun ein JPEG oder ein GIF dafür auswählen, spielt keine besondere Rolle und bleibt Ihren Vorlieben überlassen. Veröffentlichen Sie das Bild nicht mit, kann es auch nicht alternativ angezeigt werden.

> Finden Sie heraus, ob Flash Player 5 installiert ist. Verwenden Sie JavaScript und ein Cookie, um einem Benutzer die Wahl des Players oder eines Bilds zu ermöglichen. Wählen Sie unter *Veröffentlichen SWF* und ein *GIF* oder *JPEG*.

## Die Parameter der Vorlagen

In den Vorlagen befinden sich an vielen Stellen Variablen, wo die Vorgaben der jeweiligen Angaben aus der Flash-Datei eingetragen werden. Diese Variablen beziehen sich also auf die Angaben, die Sie zum Beispiel für die Größe der Bühne vorgenommen haben ($WI, $HE).

Ein Tabelle, die die Funktionen der Variablen beschreibt, finden Sie im Anhang D dieses Buchs.

## Größe

Über *Größe* stellen Sie ein, wie groß der Flash-Player-Film im Browser angezeigt wird. Es stehen Ihnen die Optionen *An Film anpassen, Pixel* und *Prozent* zur Verfügung.

Bei der Option *An Film anpassen* wird der Film entsprechend der eingestellten Bühnengröße dargestellt. Ist der Film größer als das Browserfenster, muss der Betrachter scrollen, um alle Inhalte zu sehen.

Über *Pixel* können Sie direkt unterhalb des Dropdown-Menüs *Breite* und *Höhe* in Pixel angeben. Entsprechen die eingegebenen Proportionen nicht denen des Films, wird er in Höhe, Breite oder beidem skaliert, auch wenn das die Darstellung verzerrt.

Wenn Sie *Prozent* für die Größe angeben, müssen Sie unter dem Dropdown-Menü für die Größenauswahl die Größe in Prozent für Höhe und Breite angeben. Auch hier wird der Film in die Richtung skaliert, die von den Originaleinstellungen des Films abweicht. Auf diese Weise lässt sich der Flash-Player-Film auch verzerrt anzeigen.

## Abspielen

Die Option *Abspielen* umfasst vier verschiedene Optionsschaltflächen. Über *Menü anzeigen* schalten Sie das Kontextmenü, das sich über einem Flash-Player-Film im Browser öffnen lässt, zwischen diesen beiden Möglichkeiten ein und aus:

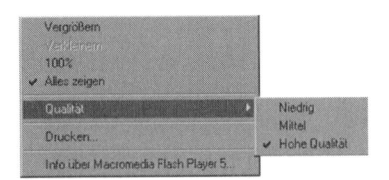

**Abbildung 14.11:** Links: Das Menü wird angezeigt; rechts: Das Menü wird nicht angezeigt

*Wiederholung* legt fest, ob der platzierte Player-Film fortwährend wiederholt werden soll oder nicht. *Beim Beginn anhalten* hält den Film automatisch am Anfang an. *Geräteschriftart* legt fest, ob Schriftarten, die nicht auf dem System des Betrachters installiert wurden, durch Geräteschriftarten ersetzt werden sollen. Ist die Option *Geräteschriftart* aktiviert, werden die Schriften ersetzt, ist sie nicht aktiviert, wird nicht ersetzt. Da die Schriftkonturen bei Flash-5-Formaten aber mit exportiert werden, können Sie diese Option, die auch nur für Windows-Rechner Auswirkungen hat, getrost ignorieren.

# Qualität

Über die *Qualität* legen Sie die Darstellungsqualität des platzierten Player-Films fest. In der niedrigen Qualität (*Niedrig*) ist das Antialiasing ausgeschaltet und Texte und Grafiken werden mit eckigen Kanten dargestellt. Bei hoher Qualität (*Hoch*) ist das Antialiasing eingeschaltet und Texte sowie Grafiken werden geglättet dargestellt. *Optimal* bedeutet eine weitere Steigerungsstufe der Qualität, bei der auch die bewegten Bitmaps geglättet dargestellt werden. Die Option *Optimal* geht allerdings sehr zu Lasten der Rechenleistung und kann einen Film unter Umständen ins Stocken geraten lassen. Mit den Einstellungen *Automatisch hoch* oder *Automatisch niedrig* wird die Darstellung zunächst im hohen oder niedrigen Modus gestartet, je nach Rechenleistung des Zielsystems wird die Qualität nach kurzer Zeit entweder herunter- oder heraufgeschaltet. Nicht in dieser Automatik inbegriffen ist die Qualität *Optimal*.

## Fenstermodus

Die Einstellungen für den *Fenstermodus* haben nur Auswirkungen auf die Darstellung des Flash-Player-Films im Internet Explorer ab der Version 4 und damit auch nur für Betrachter auf Windows-Systemen. Auch wenn es den Internet Explorer ebenfalls für Mac-Systeme gibt, so fehlt ihm doch das Plug-In für die ActiveX-Steuerung. Andere Browser und Systeme ignorieren diese Einstellung und zeigen den Flash-Player-Film in einem normalen Fenster an.

Bei den Optionen *Durchsichtig* oder *Undurchsichtig ohne Fenster* lassen sich so Player-Filme ohne ein Browserfenster anzeigen. *Durchsichtig* lässt zudem alle Bereiche, die nur mit der Hintergrundfarbe eines Films gefüllt sind, durchsichtig erscheinen.

## HTML-Ausrichtung

> **HINWEIS**
> 
> Dieser Option wird in den oben erklärten Vorlagen keine Beachtung geschenkt. Um diesen Fehler auszuschalten, fügen Sie in den Vorlagen am Ende der folgende Zeile ALLIGN=$HA ein:

```
ID=$TI WIDTH=$WI HEIGHT=$HE ALLIGN=$HA>
```

Haben Sie diese kleine Änderung vorgenommen, legen Sie mit dieser Einstellung fest, wie HTML-Texte um den Flash-Player-Film herum angeordnet werden.

### Standard

Haben Sie für die HTML-Ausrichtung *Standard* gewählt, werden Vorgaben des verwendeten Browsers herangezogen, um Texte auszurichten. Der Effekt kann also unterschiedlich ausfallen. In der Regel wird der Text jedoch an der Grundlinie ausgerichtet, was auch der Option *Unten* entspricht.

### Links

Texte fließen in diesem Fall rechts um das am linken Rand platzierte Objekt herum.

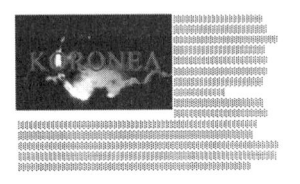

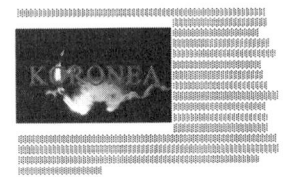

**Abbildung 14.12:** Objekt links und Text rechts

### Rechts

Das Objekt wird hier am rechten Rand platziert und die Text fließen links daran vorbei.

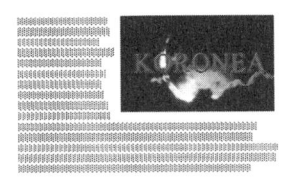

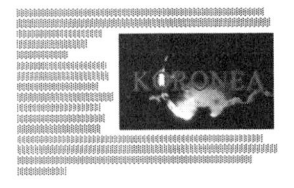

**Abbildung 14.13:** Objekt rechts und Text links davon

### Oben

Die Oberkante des Textes wird an der Oberkante des Objekts ausgerichtet. Der Buchstabe mit der höchsten Oberlänge gibt in diesem Fall den Ausschlag für die Oberkante des Textes.

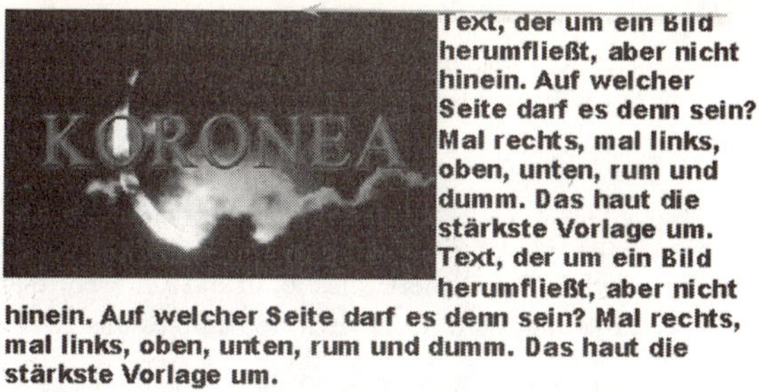

Text, der um ein Bild herumfließt, aber nicht hinein. Auf welcher Seite darf es denn sein? Mal rechts, mal links, oben, unten, rum und dumm. Das haut die stärkste Vorlage um. Text, der um ein Bild herumfließt, aber nicht hinein. Auf welcher Seite darf es denn sein? Mal rechts, mal links, oben, unten, rum und dumm. Das haut die stärkste Vorlage um.

**Abbildung 14.14:** Oberkante Text gleich Oberkante Objekt

### Unten

*Unten* richtet die Grundlinie der ersten Zeile an der unteren Kante des Objekts aus.

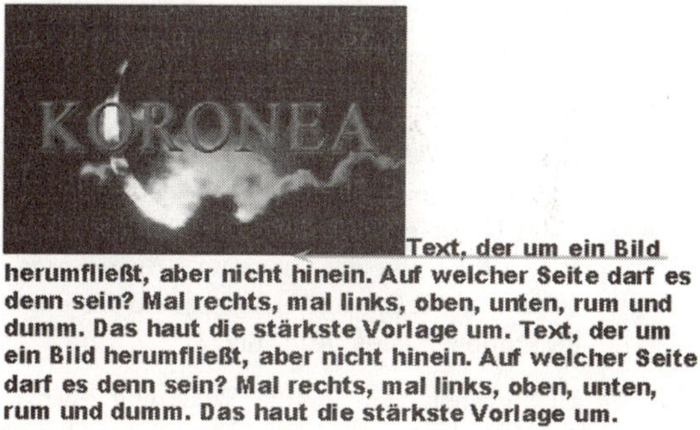

Text, der um ein Bild herumfließt, aber nicht hinein. Auf welcher Seite darf es denn sein? Mal rechts, mal links, oben, unten, rum und dumm. Das haut die stärkste Vorlage um. Text, der um ein Bild herumfließt, aber nicht hinein. Auf welcher Seite darf es denn sein? Mal rechts, mal links, oben, unten, rum und dumm. Das haut die stärkste Vorlage um.

**Abbildung 14.15:** Die Grundlinie des Textes der ersten Zeile wird ausgerichtet

## Skalieren

Bei der Option *Skalieren* können Sie zwischen *Standard (Alles anzeigen)*, *Kein Rand* und *Genau passend* wählen.

Die Option *Genau passend* sorgt dafür, dass die Darstellung des Player-Films an das Fenster angepasst wird, in dem er angezeigt wird. Dabei wird der Film auf die entsprechende Größe in Höhe und Breite skaliert. Das kann dazu führen, dass der Film verzerrt angezeigt wird und platzierte Bitmaps unscharf wirken.

Die Option *Kein Rand* skaliert den Film auf eine möglichst große Größe, behält aber die Proportionen des Films bei, es wird also nicht verzerrt. Ausschlaggebend für die Größe ist das Fenster, in dem der Film angezeigt wird. Auf dem Arbeitsbereich liegende Elemente werden dabei jedoch nicht angezeigt.

Die Standardeinstellung *(Alles anzeigen)* skaliert Ihren Film auf größtmögliche Größe, verzerrt dabei jedoch nicht. Sie sollten darauf achten, dass Sie keine Objekte auf dem Arbeitsbereich liegen haben, die nicht angezeigt werden sollen, wenn Sie diese Einstellung verwenden.

## Flash-Ausrichtung

Zusammen mit den Einstellungen für die Skalierung *Alles anzeigen* und *Kein Rand* können Sie mit der Option *Flash-Ausrichtung* den Flash-Player-Film innerhalb des Browserfensters ausrichten. Dabei stehen Ihnen für die horizontale Ausrichtung die Optionen *Links*, *Mitte* und *Rechts* zur Verfügung und für die vertikale Ausrichtung die Optionen *Oben, Mitte* und *Unten*.

Die Einstellungen für die Skalierung legen jedoch fest, ob diese Ausrichtung überhaupt eine Auswirkung hat. Wird der Player-Film zum Beispiel so skaliert, dass er genau in das Fenster passt, sind die Ausrichtungseinstellungen hinfällig und werden nicht beachtet.

## Warnmeldungen anzeigen

Haben Sie die Option *Warnmeldungen anzeigen* aktiviert, werden die Einstellungen, die Sie vorgenommen haben, überprüft und es wird Ihnen mitgeteilt, wenn sich irgendwo ein kleiner Fehler eingeschlichen hat. Haben Sie zum Beispiel die Vorlage *Flash 3 mit Bild* gewählt, aber kein Bildformat festgelegt, wird Ihnen das durch folgende Meldung mitgeteilt:

**Abbildung 14.16:** Fehler bei den Einstellungen für Veröffentlichungen

Haben Sie die Option *Warnmeldungen anzeigen* nicht aktiviert, wird eine solche Fehlermeldung auch nicht angezeigt.

## Sonstige Feinheiten zur Optimierung des HTML-Codes

Wenn Sie sich eine Internetseite ansehen, finden Sie oft in der Kopfzeile Ihres Browsers den Titel der Seite wieder. Dieser Titel wird dann auch für ein Lesezeichen verwendet, das Sie in Ihrem Browser erstellen, um die Seite später leichter wiederzufinden.

Der Standard-HTML-Code von Flash setzt an diese Stelle die Bezeichnung, die Sie der Flash-Datei (*\*.fla*) gegeben haben. Dies ist meist nicht sonderlich aussagekräftig und Sie wollen sicher auch nicht alle Dateien, die Sie speichern, besonders blumig benennen. Außerdem benötigen Server für die Startseite oft den Dateinamen *index.htm* oder *index.html*, damit ein Betrachter sofort die entsprechende Seite angezeigt bekommt.

Um an dieser Stelle Abhilfe zu schaffen, schauen Sie sich zunächst einmal den HTML-Code der Veröffentlichung an. Sie können den

Text des Codes zum Beispiel im WordPad bzw. Windows-Editor öffnen. Sie sollten vermeiden den Text in MS Word zu öffnen, da dies den HTML-Code entstellen wird.

Wichtig sind diese drei Zeilen, die festlegen, was in der Titelzeile angezeigt wird:

```
<HEAD>
<TITLE>index</TITLE>
</HEAD>
```

Angezeigt wird in diesem Fall das Wort *index*. Die Zeile eins und drei sind lediglich logische HTML-Vorgaben, ohne die HTML nicht verstehen würde, wann Angaben für den Kopfbereich einer Seite anfangen und aufhören.

Wollen Sie nun die Anzeige verändern, schreiben Sie einfach zwischen die Befehle <TITLE> und </TITLE> das, was angezeigt werden soll, speichern die Datei und schon sind Sie fertig.

Die Umlaute ä, ö und ü und das ß müssen, da diese Zeichen international als Sonderzeichen gelten, folgendermaßen umschrieben werden:

| Zeichen | Entsprechung |
|---|---|
| ä | &auml |
| Ä | &Auml |
| ö | &ouml |
| Ö | &Ouml |
| ü | &uuml |
| Ü | &Uuml |
| ß | &szlig |

**Tabelle 14.1:** Sonderzeichen

Das Wort *Änderungen* müsste also folgendermaßen geschrieben werden: &Aumlnderungen.

# GIF

Das *GIF-Format* wird auch oft mit *GIF89a* bezeichnet und steht für *Graphics Interchange Format*. Sie können Ihren gesamten Film, oder auch nur einzelne Bilder daraus, im GIF-Format veröffentlichen. Auch dazu im Folgenden einige Erklärungen zu den Einstellungen, die Sie treffen können, um ein gewünschtes Ergebnis zu erzielen.

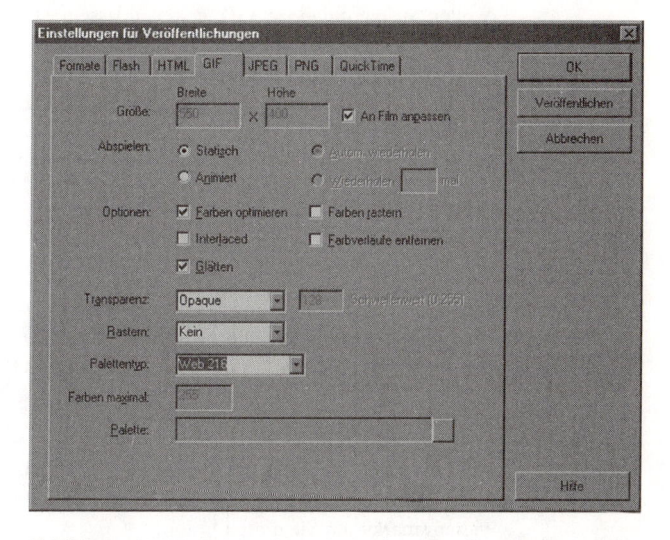

**Abbildung 14.17:** Das Register *GIF* in den Einstellungen für Veröffentlichungen

## Größe

Sie stellen hier die *Größe* des zu erstellenden GIFs ein. Aktivieren Sie die Option *An Film anpassen*, werden die Eingabefelder grau anstelle von weiß dargestellt und damit gegen Eingaben gesperrt. Die Größe des GIFs entspricht dann der Größe, die Sie unter *Modifizieren / Film* eingegeben haben.

## Abspielen

Unter *Abspielen* können Sie festlegen, ob es sich bei dem veröffentlichten GIF um ein statisches oder bewegtes GIF handelt. Bei *statischen* GIFs wird lediglich ein Bild erstellt, das in der Regel das erste ist. Wollen Sie ein anderes Bild für die Veröffentlichung festlegen, müssen Sie dem entsprechenden Schlüsselbild auf der Zeitleiste die Bezeichnung *#Static* geben.

Wollen Sie ein *animiertes* GIF erstellen lassen, stehen Ihnen die Optionen *Automatisch wiederholen* und *Wiederholen ... mal* zur Verfügung. Bei der Option *Automatisch wiederholen* wird das GIF endlos immer wieder von vorn abgespielt. Im Eingabefeld für *Wiederholen* können Sie alternativ dazu eine bestimmte Anzahl von Wiederholungen festlegen. 0 bewirkt, dass das GIF nur einmal abgespielt wird.

## Optionen

Unter *Optionen* lässt sich zum größten Teil die Darstellungsqualität des zu erstellenden GIFs beeinflussen. Mit *Farben optimieren* sorgen Sie dafür, dass Farben aus der Farbpalette eines GIFs entfernt werden, die nicht im GIF enthalten sind. Auf diese Weise lässt sich Speicherbedarf für ein GIF effektiv verringern.

Der *Interlaced*-Modus sorgt bei einem GIF dafür, dass es zeilenweise geladen und aufgebaut wird. Wollen Sie diesen Modus aktivieren, markieren Sie diese Option.

Über *Glätten* erreichen Sie, dass ein GIF eine etwas glattere Oberfläche bekommt. Das Verfahren ist mit dem Antialiasing-Verfahren vergleichbar.

Aktivieren Sie die Option *Farben rastern*, sorgen Sie dafür, dass Farben, die nicht über die Farben der GIF-Palette dargestellt werden können, gerastert werden. Das bedeutet, dass die Farbe mit einer Mischung aus anderen Farben dargestellt wird, deren einzelne Farbpunkte eng beisammen sitzen.

Gerade wenn Sie die Option *Farben optimieren* eingeschaltet haben, werden Farbverläufe nicht besonders gut dargestellt. Um eine falsche oder unschöne Darstellung von vornherein zu vermeiden, können Sie die Farbverläufe automatisch entfernen und durch die erste Farbe des Verlaufs ersetzen lassen. Dazu aktivieren Sie ganz einfach die Option *Farbverläufe entfernen*.

# Transparenz

Für GIFs lässt sich ein so genannter *Alpha-Kanal* festlegen, der bestimmt, welcher Teil eines Bilds durchsichtig erscheint. Haben Sie für die *Transparenz Opaque* gewählt, erscheint das gesamte Bild des GIFs undurchsichtig. Stellen Sie die Option *Transparent* ein, werden alle Bereiche, an denen der Hintergrund durchscheint, durchsichtig dargestellt, unabhängig davon, welche Farbe Sie für den Hintergrund festgelegt haben.

Die Option *Alpha* verlangt von Ihnen die Eingabe eines *Schwellenwerts*, mit dem die durchsichtigen Bereiche eines Bilds errechnet werden. Dieser Schwellenwert kann von 0 bis 255 gewählt werden. Der Schwellenwert legt eine Helligkeitsstufe fest, ab der eine Farbe als durchsichtig gewertet wird. Sie sollten das Ergebnis dieser Einstellungen auf jeden Fall kontrollieren, bevor Sie es weitergeben.

# Rastern

Unter *Rastern* legen Sie fest, welches Rasterungsverfahren für Farben verwendet wird, die nicht auf der Farbpalette enthalten sind. Haben Sie kein Rasterungsverfahren eingestellt, werden solche Farben einfach durch ähnliche, auf der Palette verfügbare ersetzt.

Das Rasterungsverfahren *Diffus* steht Ihnen nur für die Web-216-Farbpalette zur Verfügung.

## Palettentyp

Es stehen Ihnen vier verschiedene *Palettentypen* für diese Option zur Verfügung. Die Farbpalette *Web 216* beschränkt sich auf die 216 Farben, die auf verschiedenen Web-Browsern gleich dargestellt werden. Näheres zu den Farben finden Sie im Kapitel *Werkzeuge*.

Mit der Option *Benutzerdefiniert* können Sie eine Palette bestimmen, sprich eine Palette laden, die für dieses GIF als Grundlage dienen soll.

Außerdem lassen sich noch zwei adaptive Palettentypen bestimmen, die jeweils eine optimale Palette für das erzeugte Bild erzeugen. Der *Web Snap adaptiv*-Typ basiert jedoch auf der Web-216-Farbpalette. Für beide Optionen lässt sich die Anzahl der enthaltenen Farben unter *Farben maximal* einschränken. So können Sie aus Ihrem Bild auch sehr einfach ein zweifarbiges Bild machen, wenn Sie die Anzahl der Farben auf diese Zahl festlegen. Bei einer Farbe sollten Sie nur eine einfarbige Fläche erhalten, was nicht besonders viel Sinn ergibt.

## Farben maximal

Diese Option steht Ihnen nur zur Verfügung, wenn Sie unter *Palettentyp* eine adaptive Palette gewählt haben.

## Palette

Über dieses Fenster lässt sich eine Farbpalette laden, sobald Sie unter *Palettentyp* die Option *Benutzerdefiniert* ausgewählt haben.

# JPEG

Das *Joint Photographics Experts Group*-Format (*JPEG*) kann wohl als das am weitesten verbreitete und angewendete Dateiformat angesehen werden, wenn es um komprimierte Dateien geht. Damit sind enorme Einsparungen im Speicherbedarf machbar, wenn dies auch stets zu Qualitätsverlusten führen kann. Allein aus diesem Grund wird das GIF-Format dem JPEG-Format oft vorgezogen.

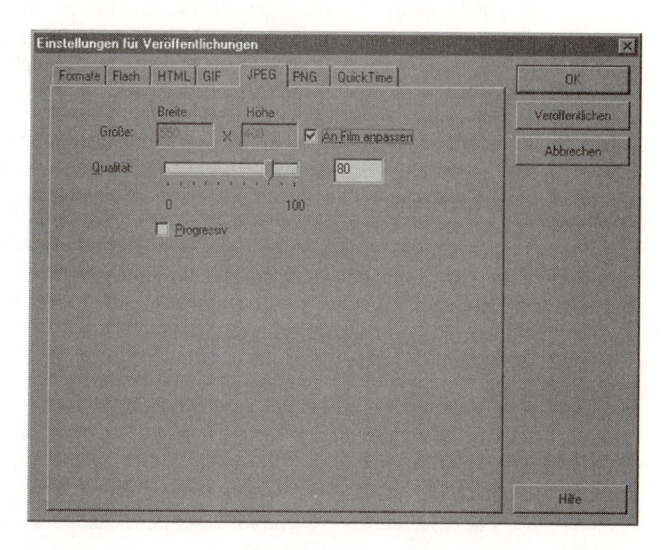

**Abbildung 14.18:** Das Register *JPEG* in den Einstellungen für Veröffentlichungen

# Größe

Mit der *Größe* lässt sich auch hier die Größe einer veröffentlichten Datei in Pixeln festlegen. Geben Sie andere Maße an als die des erstellten Films, wird der Film im JPEG entsprechend skaliert. Über die Option *An Film anpassen* wird Ihnen die Entscheidung über die Pixelmaße an dieser Stelle abgenommen und die Größe gewählt, die Sie bereits an anderer Stelle für den Film festgelegt haben.

## Qualität

Die *Qualität* eines JPEGs lässt sich auch hier, wie in jedem anderen Programm, das JPEGs erstellen kann, über die Werte 0 bis 100 festlegen. Sie können diese Eingabe über den Schieberegler oder das Eingabefeld vornehmen. Das Eingabefeld ist allerdings um einiges genauer als der Regler.

Eine Qualität von *50* dürfte in den meisten Fällen sowohl zu einer guten Komprimierung als auch zu einer ansprechenden Grafikqualität führen.

Hohe Werte erhalten zwar die Qualität einer Grafik, dies jedoch zu Lasten der Dateigröße. Die als Standard eingestellten *80* sind durchaus als Obergrenze anzusehen, was die Qualität angeht. Einstellungen darüber bringen Ihnen kaum feststellbare Verbesserungen der Darstellungsqualität, vergrößern dafür aber die Datei.

Haben Sie die Qualität zu niedrig gestellt, kann es zu Treppchen-Effekten kommen, die nicht besonders professionell und schon gar nicht gut aussehen. Verwenden Sie besonders niedrige Einstellungen nur bei Bildern, deren Motive ohnehin schon winklig aussehen oder bei denen es nicht auf besondere Qualität ankommt.

Die Option *Progressiv* sorgt dafür, dass das erzeugte JPEG stufenweise geladen und aufgebaut wird. Sie werden diesen Effekt schon oft im Internet gefunden haben. Er erlaubt eine schnellere, ungefähre Darstellung eines Bildinhalts und wird mit jedem neuen Lade-Durchgang genauer.

# PNG

Das *Portable Networks Graphic* (*PNG*)-Format erreicht besonders kleine Dateigrößen (kleiner als GIF, größer jedoch als JPEG) durch die Veränderung der Bit-Tiefe eines Bilds und verschiedene Filter. Das Format ist durchaus mit dem GIF-Format vergleichbar, aber nicht ganz so weit verbreitet. Die von Flash erstellten PNGs lassen sich nicht animiert darstellen, Sie stellen also nur ein Bild dar.

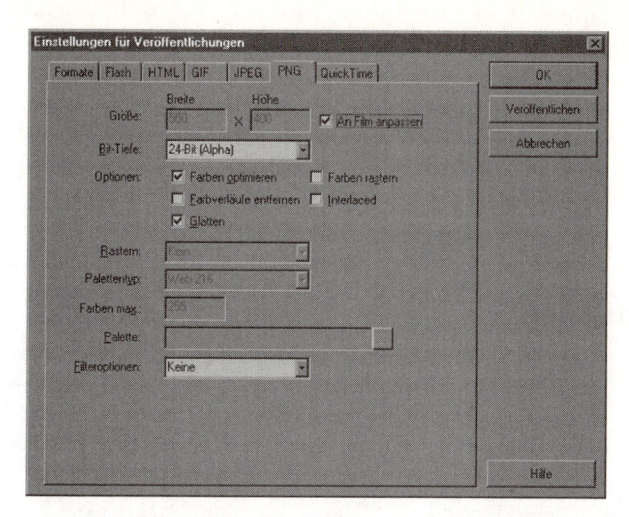

**Abbildung 14.19:** Das Register *PNG* in den Einstellungen für Veröffentlichungen

## Größe

Die *Größe* des zu erstellenden PNGs wird hier eingestellt. Aktivieren Sie die Option *An Film anpassen*, werden die Eingabefelder grau anstelle von weiß dargestellt und damit gegen Eingaben gesperrt. Die Größe des PNGs entspricht dann der Größe, die Sie unter *Modifizieren / Film* eingegeben haben. Geben Sie andere Maße ein als die für Ihren Film vorgegebenen, wird die Darstellung im PNG entsprechend skaliert und eventuell auch verzerrt.

## Bit-Tiefe

Es stehen Ihnen für das PNG-Format drei verschiedene *Bit-Tiefen* zur Verfügung:

- *8-Bit*: Dies entspricht einer geringen Farbtiefe, die mit 256 Farben auskommen muss.

✓ *24-Bit*: Bei dieser Bit-Tiefe stehen Ihnen 16 Millionen Farben zur Verfügung.

✓ *24-Bit (Alpha)*: Auch hier stehen Ihnen 16 Millionen Farben zur Verfügung, allerdings können Sie zusätzlich noch transparente Bereiche festlegen.

Je höher Sie die Bit-Tiefe festlegen, umso größer wird die erzeugte PNG-Datei.

## Optionen

Unter *Optionen* lässt sich zum größten Teil die Darstellungsqualität des zu erstellenden PNGs beeinflussen. Mit *Farben optimieren* sorgen Sie dafür, dass Farben aus der Farbpalette eines PNGs entfernt werden, die nicht im Bild enthalten sind. Auf diese Weise lässt sich Speicherbedarf für ein PNG effektiv verringern.

Der *Interlaced*-Modus sorgt bei einem PNG dafür, dass es zeilenweise geladen und aufgebaut wird. Wollen Sie diesen Modus aktivieren, markieren Sie diese Option.

Über *Glätten* erreichen Sie, dass ein PNG-Bild eine etwas glattere Oberfläche bekommt. Das Verfahren ist mit dem Antialiasing-Verfahren vergleichbar.

Aktivieren Sie die Option *Farben rastern*, sorgen Sie dafür, dass Farben, die nicht über die Farben der PNG-Palette dargestellt werden können, gerastert werden. Das bedeutet, dass die Farbe mit einer Mischung aus anderen Farben dargestellt wird, deren einzelne Farbpunkte eng beisammen sitzen.

Gerade wenn Sie die Option *Farben optimieren* eingeschaltet haben, werden Farbverläufe nicht besonders gut dargestellt. Um eine falsche oder unschöne Darstellung von vornherein zu vermeiden, können Sie die Farbverläufe automatisch entfernen und durch die erste Farbe des Verlaufs ersetzen lassen. Dazu aktivieren Sie ganz einfach die Option *Farbverläufe entfernen*.

## Rastern

Unter *Rastern* legen Sie fest, welches Rasterungsverfahren für Farben verwendet wird, die nicht auf der Farbpalette enthalten sind. Haben Sie kein Rasterungsverfahren eingestellt, werden solche Farben einfach durch ähnliche, auf der Palette verfügbare ersetzt.

Das Rasterungsverfahren *Diffus* steht Ihnen nur für die Web-216-Farbpalette zur Verfügung.

## Palettentyp

Es stehen Ihnen vier verschiedene *Palettentypen* für diese Option zur Verfügung. Die Farbpalette *Web 216* beschränkt sich auf die 216 Farben, die auf verschiedenen Web-Browsern gleich dargestellt werden. Näheres zu den Farben finden Sie im Kapitel *Werkzeuge*.

Mit der Option *Benutzerdefiniert* können Sie eine Palette bestimmen, sprich eine Palette laden, die für dieses PNG als Grundlage dienen soll.

Außerdem lassen sich noch zwei adaptive Palettentypen bestimmen, die jeweils eine optimale Palette für das erzeugte Bild erzeugen. Der *Web Snap adaptiv*-Typ basiert jedoch auf der Web-216-Farbpalette. Für beide Optionen lässt sich die Anzahl der enthaltenen Farben unter *Farben maximal* einschränken. So können Sie aus Ihrem Bild auch sehr einfach ein zweifarbiges Bild machen, wenn Sie die Anzahl der Farben auf diese Zahl festlegen. Bei einer Farbe sollten Sie nur eine einfarbige Fläche erhalten.

## Farben maximal

Diese Option steht Ihnen nur zur Verfügung, wenn Sie unter *Palettentyp* eine adaptive Palette gewählt haben.

## Palette

Über dieses Fenster lässt sich eine Farbpalette laden, sobald Sie unter *Palettentyp* die Option *Benutzerdefiniert* ausgewählt haben.

## Filteroptionen

Mit den *Filteroptionen* lassen sich Filter festlegen, die die Komprimierung für das PNG übernehmen. Zur Verfügung stehen die Optionen *Keine, Davor, Darüber, Durchschnitt* und *Paeth*.

# QuickTime

Über Flash 5 lassen sich *QuickTime*-Dateien erstellen, die die gesamten Funktionen von Schaltflächen beibehalten und einen Flash-Film nicht einfach nur abspielen. Dies funktioniert allerdings nur ab der Version 4 von QuickTime. Außerdem sollten Sie Ihre Version von QuickTime mindestens auf die Version 4.01 aktualisieren, da die Version 4.0 noch einige Probleme in der Zusammenarbeit hatte. Ganz perfekt läuft es aber auch dann nicht, da nur die interaktiven Funktionen von Flash 3 in QuickTime auch tatsächlich ausgeführt werden. Wenn Sie sich dennoch auch einmal in dieser etwas anderen Veröffentlichungsform versuchen wollen, an dieser Stelle dazu einige Erklärungen.

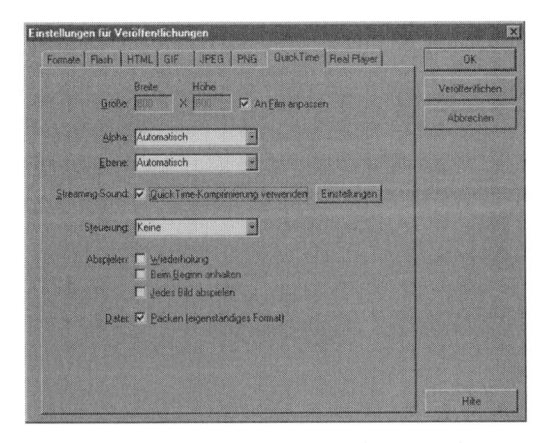

**Abbildung 14.20:** Das Register *QuickTime* in den Einstellungen für Veröffentlichungen

## Größe

Wie für jeden anderen Veröffentlichungstyp lässt sich auch hier festlegen, wie groß der Flash-Film dargestellt werden soll. Passen Sie die *Größe* an den Film an, werden die Größenwerte des Films übernommen. Wählen Sie kleinere oder größere Werte, wird der Film entsprechend skaliert und eventuell sogar verzerrt.

## Alpha

Über *Alpha* stellen Sie, wie bei einem GIF auch, die Transparenz eines Films ein. Die Option *Automatisch* macht die Transparenz abhängig von der Spur, in der der Flash-Film in QuickTime abgespielt wird. Ist diese Spur die unterste, wird er undurchsichtig angezeigt. Dasselbe gilt, wenn der Film allein angezeigt wird. In anderen Spuren wird der Hintergrund transparent.

*Alpha-transparent* sorgt dafür, dass der Hintergrund grundsätzlich transparent und alle Objekte opaque dargestellt werden.

*Kopie* stellt den Film undurchsichtig dar.

## Ebene

Mit der Option *Ebene* legen Sie fest, in welcher Spur der Flash-Film dargestellt wird.

## Streaming-Sound

Für *Streaming-Sound* lassen sich entweder die Einstellungen für QuickTime oder die für Flash verwenden. Verwenden Sie die von Flash, ist die Option *QuickTime-Komprimierung verwenden* im Register *QuickTime* nicht aktiviert. Die entsprechenden Einstellungen nehmen Sie dann im Register *Flash* vor.

Aktivieren Sie die Option *QuickTime-Komprimierung verwenden*, aktivieren Sie damit auch die Schaltfläche *Einstellungen*, die Ihnen folgenden Dialog öffnet.

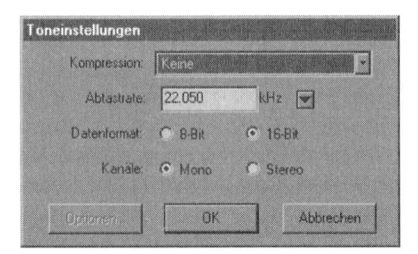

**Abbildung 14.21:** *Toneinstellungen* im QuickTime-Format

Je nachdem, welches Kompressionsverfahren Sie aus der Liste *Kompression* wählen, steht Ihnen eventuell noch die Schaltfläche *Optionen* unten links zur Verfügung. Unter *Optionen* lassen sich dann weitere Einstellungen für die verschiedenen Kompressionsverfahren vornehmen.

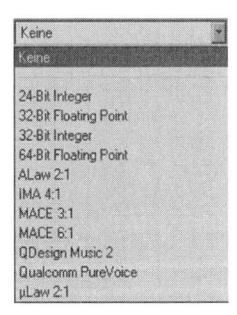

**Abbildung 14.22:** Verschiedene Kompressionsverfahren für QuickTime-Sounds

Außerdem können Sie hier zwischen Bit-Raten von 8.000 bis 48.000 Bit wählen, das *Datenformat* festlegen und entscheiden, ob Sounds in *Mono* oder *Stereo* wiedergegeben werden sollen.

## Steuerung

Über die *Steuerung* können Sie bestimmen, ob die Schaltflächen *Anhalten, Spulen* und *Abspielen* im Film selbst, unter dem Fenster oder überhaupt nicht angezeigt werden sollen.

## Abspielen

Unter *Abspielen* können Sie mit der Option *Wiederholung* festlegen, ob der Film in einer Endlosschleife abgespielt werden soll oder nicht.

*Beim Beginn anhalten* hält den Film zunächst an und wartet auf ein Kommando (*Abspielen*), mit dem der Film abzuspielen beginnt.

Wollen Sie ein Bild des Flash-Films nach dem anderen angezeigt bekommen, müssen Sie leider auf die Sounds des Films verzichten. Diesen Abspielmodus schalten Sie über *Jedes Bild abspielen* ein und aus.

## Datei

Haben Sie *Packen* aktiviert, wird der Flash-Film in einem QuickTime-Format gepackt. Dabei wird der Flash-Film in das QuickTime-Dokument eingeschlossen.

Wird der Film nicht »mit eingepackt«, verweist die QuickTime-Datei lediglich auf den Flash-Film, den Sie für diese Zwecke getrennt bereitstellen müssen.

# Real Player

Sie können ab der Version 5 von Flash auch Dateien für den *Real Player* exportieren. Sie sollten allerdings bereits über einige Erfahrungen in diesem Bereich verfügen, bevor Sie sich an ein solches Unterfangen wagen. Wenn Sie sich mit dem Real Player auskennen, werden Ihnen die einstellbaren Optionen sicher auch einiges zu sagen haben.

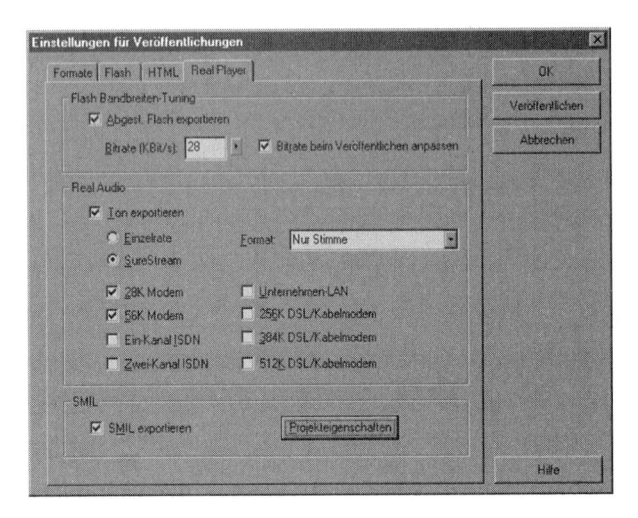

**Abbildung 14.23**: *Real Player*-Einstellungen

# Der Projektor

In den Einstellungen für Veröffentlichungen können Sie im Register *Formate* auch festlegen, dass Sie eine *Projektor*-Datei erzeugen wollen. Dieses Format verwendet die Einstellungen, die Sie für Flash vorgenommen haben, da lediglich Flash-Projektor-Dateien erstellt werden. Eine solche Datei kann völlig ohne das Flash-Player-Plug-In gestartet werden, da sie den Flash Player enthält. Die Dateigröße solcher Dateien bewegt sich im Minimum also um ca. 250 KB herum, da der Flash Player bereits 200 KB benötigt. Vorteil ist jedoch ganz eindeutig, dass man sich den Film praktisch überall ansehen kann, auch wenn man gerade nicht an einen Flash Player herankommt.

Es können sowohl Projektor-Dateien für Windows-Systeme als auch für Macintosh-Systeme erstellt werden. Für Windows-Systeme werden Dateien erstellt, die die Endung *.exe* bekommen, ausführbare Dateien also.

Von einer Windows-Version von Flash aus eine entsprechende Datei für einen Macintosh zu erzeugen, ist nicht ganz so ohne weiteres möglich wie umgekehrt. Die Windows-Version erzeugt zwar eine Datei mit der Endung *.hqx, diese Datei muss allerdings noch mit speziellen Tools in eine ausführbare Datei für Macintosh-Systeme umgewandelt werden, damit sie auch auf einem Macintosh ausführbar wird. Umgekehrt ist es, wie bereits erwähnt, kein Problem eine *.exe-Datei von der Mac-Version zu erzeugen.

# Generator

Das folgende Register steht Ihnen nur zur Verfügung, wenn Sie die *Generator-Erweiterung* installiert haben. Die genauen Funktionsweisen eines Generator-Dokuments entnehmen Sie am besten der Beschreibung des Generators selbst. Das Register wurde an dieser Stelle nur der Vollständigkeit halber übernommen.

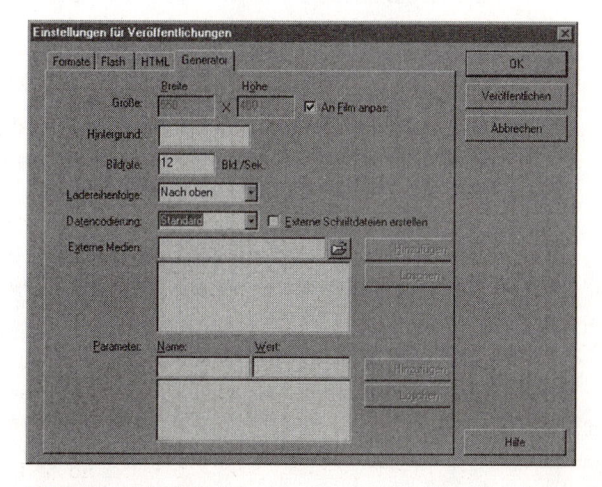

**Abbildung 14.24:** Das Register *Generator* in den Einstellungen für Veröffentlichungen

# Exportieren

Mit dem Befehl *Exportieren* lässt sich die Erstellung eines bestimmten Dateityps genauer eingrenzen. Zusätzlich lassen sich hier auch noch mehr Dateitypen erstellen als unter der Option *Veröffentlichen* und die Dateien müssen nicht zwangsläufig für das Internet gedacht und bereits in ein HTML-Dokument mit eingeflochten sein.

Wollen Sie zum Beispiel ein Dokument, das Sie in ein Dreamweaver-Dokument einbinden, aus Flash exportieren, lässt sich das über *Film exportieren* erreichen. Sie können allerdings auch einfach eine Veröffentlichung nur im Flash-Format vornehmen.

Wichtige Unterschiede dieser beiden Methoden bestehen zum einen in der höheren Vielfalt der Möglichkeiten unter der Option *Exportieren*. Zum anderen werden Sie vor dem Exportieren nach den entsprechenden Einstellungen für den Export gefragt und müssen nicht zuerst in die *Einstellungen für Veröffentlichungen*, um dort die Einstellungen vorzunehmen. Vielmehr können sich die Einstellungen, die Sie für jeden Export vornehmen, von denen unter *Einstellungen für Veröffentlichungen* unterscheiden, ohne dass die Einstellungen für Veröffentlichungen dadurch verändert werden.

Grundsätzlich haben Sie die Möglichkeit entweder den gesamten Film (*Datei / Film exportieren*) zu exportieren oder nur einzelne Bilder (*Datei / Bild exportieren*) daraus.

> Über die Tasten [Strg] + [Alt] + [⇧] + [S] ([⌘] + [Alt] + [⇧] + [S]) exportieren Sie einen Film. Für den Export einzelner Bilder gibt es keine Tastenkombination.

# Film exportieren

Wollen Sie einen *Film exportieren,* werden Sie zunächst vor die Frage gestellt, in welchem Format Sie diesen Export vornehmen wollen. Viele der Formate dürften Ihnen aus diesem Kapitel bereits bekannt vorkommen und diese Formate werden hier auch nicht mehr in aller Ausführlichkeit behandelt. In jedem Fall wird mit dieser Art des Exports der gesamte Film mit all seinen Szenen exportiert.

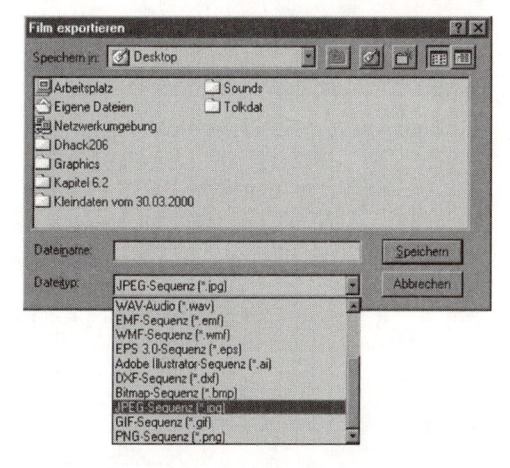

**Abbildung 14.25:** Film exportieren

## Flash Player (*.swf)

Die Einstellungsmöglichkeiten für das *Flash Player-Format* entsprechen genau denen, die bereits unter *Einstellungen für Veröffentlichungen* ausführlich besprochen wurden. Sie bekommen jedoch vor dem Export ein Fenster angezeigt, in dem Sie die Einstellungen unabhängig von denen unter *Einstellungen für Veröffentlichungen* verändern können.

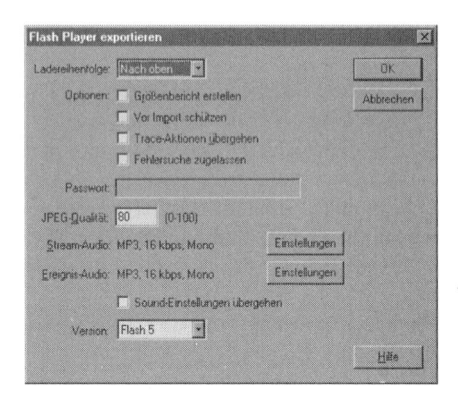

Abbildung 14.26: Flash Player exportieren

## Generator-Vorlage (*.swt)

Auch wenn Sie den *Generator* für Flash nicht installiert haben, können Sie Vorlage-Dateien für dieses Tool erstellen. Die Einstellungen, die Sie für dieses Format vornehmen können, entsprechen bis auf die Option *Schriftarten* denen von Flash.

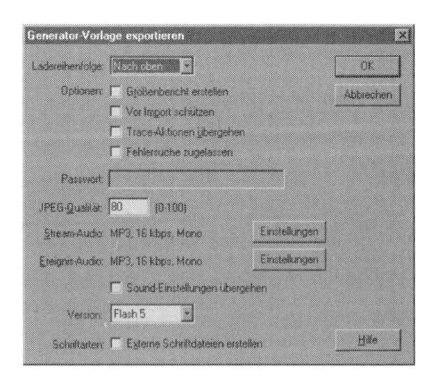

Abbildung 14.27: Generator-Vorlage exportieren

Der Generator erlaubt, dass Schriften in einer einzelnen Datei gespeichert werden, die erst dann geladen wird, wenn der Generator den Flash-Player-Film erstellt. Aktivieren Sie die Option *Schriftarten*, wird eine zusätzliche Datei im Zielordner erstellt. Diese Datei erhält die Endung *.fft und enthält die verwendeten Schriften des Films.

## FutureSplash Player (*.spl)

Sie können aus Flash 5 noch immer Dateien exportieren, die dem Dateiformat eines Ahnen von Flash gerecht werden. Die Einstellungen für dieses Format entsprechen zu 100 Prozent denen, die Sie auch für Flash vornehmen können. Auch hier können Sie Einstellungen direkt vor dem Export vornehmen.

## Windows AVI (*.avi)

Wollen Sie Ihren Flash-Film als reines Video exportieren, in dem die interaktiven Möglichkeiten von Flash vollkommen ignoriert werden, bietet sich das *AVI-Format* an.

**Abbildung 14.28:** Windows AVI exportieren

Mit der Option *Größe* lässt sich, wie in jedem anderen Format auch, die Größe des exportierten Films in *Breite* und *Höhe* festlegen. Als Einheit werden auch hier Pixel verwendet. Mit der Option *Seitenverhältnis beibehalten* vermeiden Sie, dass der Film verzerrt wird. Sobald Sie bei eingeschalteter Option eine Größe verändern, wird die jeweils andere Größe dieser Veränderung angepasst. Deaktivieren Sie diese Option, können Sie einen Film auch verzerrt darstellen lassen.

Unter *Videoformat* können Sie verschiedene Bit-Tiefen für die farbliche Darstellung des Films festlegen. Sie haben die Möglichkeiten *8-, 16-, 24-* und *32-Bit Farbe*. *8-Bit* entspricht 256 Farben. Bei *24-Bit* werden 16 Millionen Farben dargestellt. *32-Bit* stellt ebenfalls 16 Millionen Farben dar, integriert aber auch Alpha-Effekte des Films. Außerdem können Sie noch wählen, ob das Video komprimiert und geglättet werden soll.

Mit dem *Sound-Format* legen Sie fest, in welcher Qualität der Sound des Films wiedergegeben wird. Sie können dabei aus Bit-Raten von 8 bis 44 Bit, Stereo und Mono, wählen. Außerdem können Sie den Sound auch komplett deaktivieren. Letzteres macht Sinn, wenn Sie Sounds zum Beispiel nur in Schaltflächen platziert haben, deren verschiedene Zustände ohnehin keine Rolle für das Video spielen.

## QuickTime (*.mov)

Direkt unter dem AVI-Format bietet sich Ihnen das *QuickTime-Format* an, das dem erstgenannten gegenüber den eindeutigen Vorteil hat, dass die Interaktivität des Films erhalten bleibt und dass es auch mit Mac-Systemen kompatibel ist. Ansonsten sind die Einstellungen dieselben, die bereits weiter oben besprochen wurden.

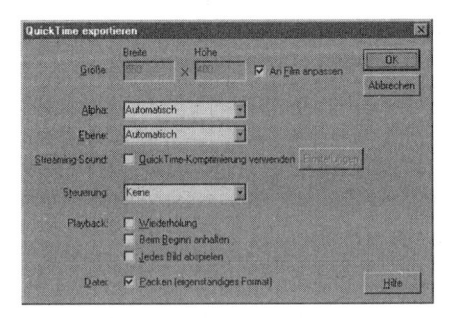

**Abbildung 14.29:** QuickTime exportieren

## Animiertes GIF (*.gif)

Wollen Sie Ihren Film als *animiertes GIF* gespeichert wissen, steht Ihnen diese Option auch für den Export zur Verfügung. Die Optionen für den Export sind allerdings nicht ganz so umfangreich wie die für die Veröffentlichung. Es fehlen die Option *Farbverläufe entfernen*, die verschiedenen Paletten-Optionen und eine Einstellungsmöglichkeit für die Transparenz. Ansonsten entsprechen die Einstellungen den weiter oben beschriebenen.

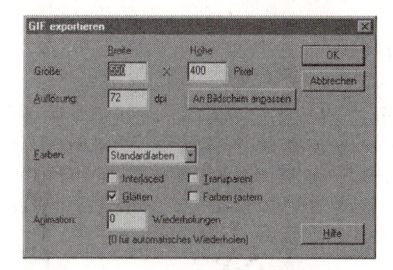

**Abbildung 14.30:** GIF exportieren

## WAV-Audio (*.wav)

Wollen Sie nur die Sounds Ihres Films in einem Export zusammenfassen, können Sie dies nur unter Windows im *WAV-Format* tun. Sounds werden hier Szene für Szene aneinander gehängt, was teilweise mit den verschiedenen Ereignis-Sounds ein reichliches Durcheinander ergeben kann.

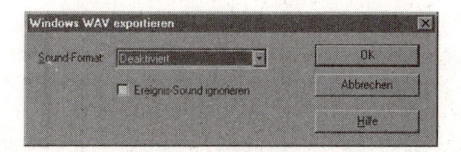

**Abbildung 14.31:** Windows WAV exportieren

Genau für diesen Fall lassen sich alle Ereignis-Sounds aus dem Export heraushalten, indem Sie die Option *Ereignis-Sounds ignorieren* aktivieren.

Als *Sound-Format* können Sie Bandbreiten von 5,5 bis 44 kHz, Stereo und Mono, wählen. Die Option *Deaktiviert* ergibt nur wenig Sinn, da Sie ja eine Sounddatei exportiert haben wollen, in der auch etwas zu hören ist. Vielleicht ist diese Option für all diejenigen gedacht gewesen, deren Festplatte immer noch zu viel freien Platz hatte.

## EMF-Sequenz (*.emf)

Wollen Sie aus Ihren Filmen Metafiles machen, bietet sich Ihnen dieses Format für den Export an. *EMF-Sequenz* erzeugt für jedes Bild der Zeitleiste in Ihrem Film eine einzelne EMF-Datei. Bei langen Filmen sollten Sie für genügend Platz auf Ihrer Festplatte sorgen. Sie bekommen nicht die Möglichkeit für diesen Export noch irgendwelche Einstellungen vorzunehmen.

## EPS 3.0-Sequenz (*.eps)

Das Format *EPS 3.0-Sequenz* erzeugt eine Reihe von Bildern im EPS-Format. Die Anzahl und Reihenfolge dieser Bilder wird durch die der Zeitleiste des Flash-Films bestimmt. Jede Datei lässt sich danach einzeln öffnen, betrachten und bearbeiten. EPS-Dateien lassen sich in vielen gängigen Grafikbearbeitungsprogrammen öffnen.

## Adobe Illustrator-Sequenz (*.ai)

Wollen Sie Ihre Flash-Bilder in Illustrator weiterverwenden oder in Illustrator bearbeiten, können Sie über das Format *Adobe Illustrator-Sequenz* für jedes Bild der Zeitleiste ein eigenes Bild erstellen lassen. Die Bilder werden von 0 bis X durchnummeriert, sodass sich ihre Reihenfolge auch nach dem Export noch genau ersehen lässt. Für das Format stehen die Illustrator-Formate der Versionen 3, 5, 6 und 8 zur Auswahl. Interessant an diesem Export-Format ist die Tatsache, dass die Vektoren der in Flash gezeichneten Objekte erhalten bleiben. Exportieren Sie aus Illustrator heraus EPS- oder EMF-Dateien, bleiben allerdings auch in diesen Dateien die Vektoren erhalten.

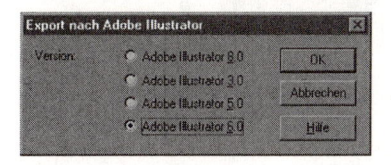

**Abbildung 14.32:** Export nach Adobe Illustrator

## DXF-Sequenz (*.dxf)

Wollen Sie einen ganzen Film in das *AutoCAD*-Format DXF umwandeln, können Sie dies über einen Export als *DXF-Sequenz* erreichen. Dieses Format lässt sich sowohl unter Windows als auch unter MacOS erzeugen. In beiden Fällen sind die erzeugten Dateien zu der Version 10 von AutoCAD kompatibel. Wie bei jeder anderen Sequenz auch wird für jedes Bild der Zeitleiste von Flash ein Bild im DXF-Format erstellt. Die Bilder werden der Reihe nach durchnummeriert, sodass Sie sich auch nach dem Export ohne Probleme in Reihe setzen lassen.

Für dieses Format erhalten Sie keine weiteren Einstellungsmöglichkeiten.

## Bitmap-Sequenz (*.bmp)

Auch im *Bitmap-Format* lässt sich eine Sequenz der Bilder eines Flash-Films exportieren. Dabei wird genau wie bei allen anderen Sequenzen für jedes Bild der Zeitleiste ein Bild erzeugt. Die Bilder werden der Reihenfolge der Zeitleiste nach durchnummeriert.

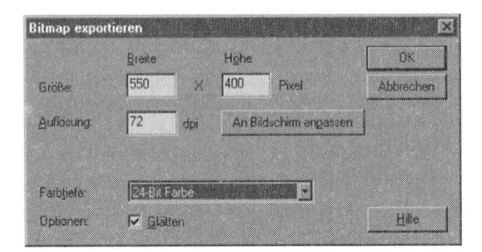

**Abbildung 14.33:** Bitmap exportieren

Für das BMP-Format lassen sich *Breite* und *Höhe* als *Größe* für die erstellten Dateien angeben. Betätigen Sie die Schaltfläche *An Bildschirm anpassen*, werden die Größen des Films verwendet. Geben Sie andere Werte als die des Films ein, werden die Einzelbilder entsprechend skaliert und eventuell sogar verzerrt.

Die *Auflösung* der erzeugten Bilder lässt sich frei festlegen. *72 dpi* entspricht der Bildschirmauflösung. Je höher Sie die Werte wählen, umso größer wird auch jedes einzelne Bild.

Über die *Farbtiefe* lässt sich festlegen, wie viele Farben jede einzelne Datei der Sequenz maximal enthalten kann. Es stehen Ihnen zur Verfügung:

- *8-Bit Graustufen*: Die Farbpalette der Bilder wird auf 256 Graustufen beschränkt.

- *8-Bit Farbe*: Die Farbpalette der Bilder wird auf 256 Farben beschränkt.

- *24-Bit Farbe*: Jedes Bild kann bis zu 16 Millionen Farben enthalten.

- *32-Bit Farbe (Alpha)*: Neben den bis zu 16 Millionen Farben kann ein Bild auch Alpha-Effekte enthalten. Als transparent werden in solchen Fällen alle Flächen angesehen, an denen der Hintergrund sichtbar ist. Dabei spielt es allerdings keine Rolle, welche Farbe der Hintergrund hat.

Über die Option *Glätten* wird ein Bitmap entsprechend geglättet oder nicht erzeugt.

Bitmap-Sequenzen können Sie nur aus der Windows-Version heraus exportieren.

## JPEG-Sequenz (*.jpg)

Für die *JPEG-Sequenz* steht Ihnen im Export, gegenüber den *Einstellungen für Veröffentlichungen*, nicht die Option *Progressiv* zur Verfügung. Sie können dafür an dieser Stelle die *Auflösung* der erstellten JPEG-Bilder in *dpi* einstellen. Je höher der Wert für die Auflösung ist, umso größer wird jede einzelne Datei. Auch bei der JPEG-Sequenz wird für jedes Bild der Zeitleiste ein einzelnes JPEG erstellt. Die Bilder werden nach der Reihenfolge in der Zeitleiste durchnummeriert.

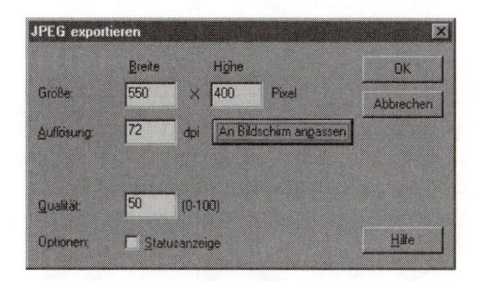

**Abbildung 14.34:** JPEG exportieren

## GIF-Sequenz (*.gif)

Im Gegensatz zum animierten GIF wird bei der *GIF-Sequenz* ein Bild für jedes Bild der Zeitleiste erstellt. Die einzelnen Bilder sind nicht animiert. Gegenüber den *Einstellungen für Veröffentlichungen* lässt sich hier die *Auflösung* einstellen.

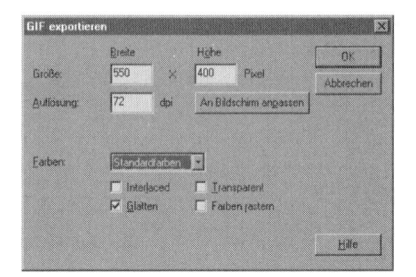

**Abbildung 14.35:** GIF exportieren

Sämtliche Einstellungen für Animationen fehlen dem Dialog der GIF-Sequenz genau wie einige andere. Die vorhandenen Optionen wurden unter den *Einstellungen für Veröffentlichungen* bereits beschrieben und unterscheiden sich nicht von diesen.

# PNG-Sequenz (*.png)

Auch *PNG-Bilder* lassen sich in einer Sequenz der Bilder aus der Zeitleiste exportieren. Wieder werden die Bilder nach der Reihenfolge in der Zeitleiste nummeriert. Anders als in den *Einstellungen für Veröffentlichungen* lässt sich für den Export solcher Dateien eine *Auflösung* angeben. Je höher Sie diese angeben, umso größer wird die Datei.

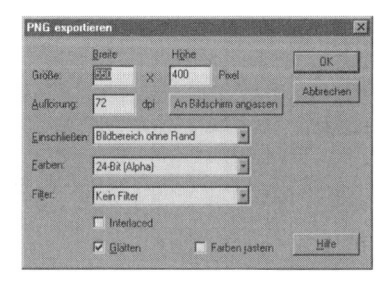

**Abbildung 14.36:** PNG exportieren

Die einzige Einstellung, die nicht bereits in den *Einstellungen für Veröffentlichungen* für diesen Dateityp erklärt wurde, ist die Option *Einschließen*. Wählen Sie dort die Option *Gesamtes Dokument*, werden auch die Elemente Ihres Films mit gespeichert, die sich auf dem Arbeitsbereich befinden. Die Option *Bildbereich ohne Rand* hingegen berücksichtigt nur die Bühne und alle Elemente, die zumindest teilweise auf ihr abgelegt wurden. Elemente, die über den Bühnenrand hinausragen, werden am Bühnenrand abgeschnitten.

Die übrigen Optionen finden Sie weiter oben in einem entsprechenden Unterkapitel beschrieben.

# Sequenzen

Alle *Sequenzen*, die Sie aus Ihrem Film erstellen, haben gemeinsam, dass die einzelnen Bilder der Zeitleiste des Films in einzelnen Dateien gespeichert werden. Dabei wird der Bezeichnung, die Sie wählen, eine vierstellige Zahl angehängt, die bei 0001, für das erste Bild der ersten Szene eines Films, beginnt und bis zur letzten Bildnummer der letzten Szene eines Films durchnummeriert wird. Dabei richtet sich der Export allein nach der Reihenfolge der Szenen untereinander und nicht nach eventuellen Aktionen, die den Verlauf eines Films beeinflussen.

Solche Sequenzen können Sie zum Beispiel in Bild-für-Bild-Animationen verwenden. Jedes einzelne Bild lässt sich einzeln in einem Bearbeitungsprogramm verändern, das dem gewählten Dateityp entspricht.

Solche Sequenzen können unter Umständen eine Menge Speicherplatz auf Ihrer Festplatte belegen und je nach Länge des Films mehrere hundert Dateien speichern. Auf jeden Fall sollten Sie einen eigenen Ordner für die Sequenz erzeugen, wenn Sie eine gewisse Länge überschreitet, um die Übersicht über die Dateien im jeweils gewählten Ordner nicht zu verlieren.

# Bild

Wenn Sie nicht Ihren gesamten Film exportieren wollen, sondern nur ein einzelnes Bild daraus, erreichen Sie dies über *Datei / Bild exportieren*. Die zur Verfügung stehenden Formate entsprechen weitgehend denen, die bereits unter *Film exportieren* genannt und erklärt wurden. Alle übrigen Formate werden im Folgenden besprochen.

Im Regelfall exportieren Sie über dieses Menü das erste Bild der ersten Szene eines Films. In den meisten Fällen wird dieses Bild aber nicht unbedingt einen Eindruck darüber vermitteln, was man vom Inhalt des Films erwarten kann, da wichtige Elemente vielleicht erst in den folgenden Bildern sichtbar werden. Um dies zu umgehen, können Sie ein Schlüsselbild mit der Bezeichnung *#Static* versehen. Dieses Schlüsselbild wird dann anstelle des ersten Bilds der ersten Szene über den Bildexport exportiert.

> Bezeichnungen können nur Schlüsselbildern zugewiesen werden. Wollen Sie dennoch ein Zwischenbild eines Tweenings exportiert wissen, erzeugen Sie eine neue Ebene und setzen an die entsprechende Stelle ein Leeres Schlüsselbild oder wandeln das Bild des Tweenings einfach in ein Schlüsselbild um. Diesem Schlüsselbild können Sie dann die Bezeichnung *#Static* zuweisen.

Haben Sie mehreren Bildern die Bezeichnung *#Static* zugewiesen, wird nur das erste Bild mit dieser Bezeichnung über den Befehl *Bild exportieren* (siehe Abbildung 14.37).

Wie auch beim Befehl *Film exportieren* öffnet sich bei *Bild exportieren* zunächst ein Dialog, in dem Sie das Format festlegen, in dem Sie exportieren wollen. Haben Sie dies gewählt, können Sie wie beim Export eines Films die genaueren Einstellungen vornehmen, die nur für den Export gelten sollen. Über den Befehl *Bild exportieren* lassen sich keine Bildsequenzen exportieren.

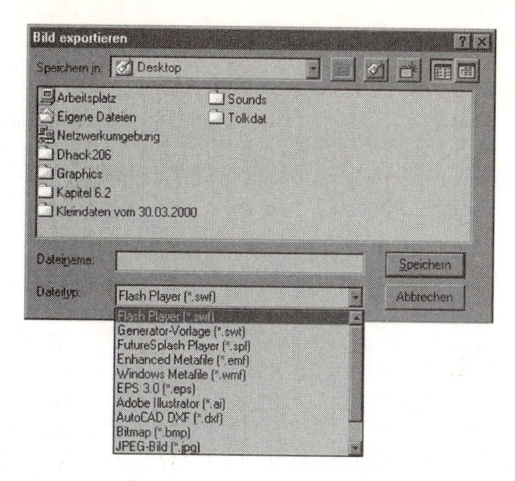

**Abbildung 14.37:** Bild exportieren

# Windows Metafile (*.wmf)

Zusätzlich zum *Enhanced Metafile-Format* (*.emf*) steht Ihnen beim Exportieren einzelner Bilder noch das *Windows Metafile-Format* zur Verfügung, das ebenso ein Standardformat für Dateien ist, das von vielen Programmen interpretiert werden kann. Der Datenaufwand für Windows Metafiles ist geringfügig kleiner.

# PICT

Auf Macintosh-Systemen steht Ihnen außerdem noch die Möglichkeit zur Verfügung Ihre Datei im *PICT-Format* zu veröffentlichen. Das PICT-Format ist ein Standardformat für Bitmaps auf diesen Systemen, vergleichbar mit dem Bitmap-Format.

# Die möglichen Formate der unterschiedlichen Systeme

Verschiedene Formate für den Export sind nur bei der Windows- oder auch nur bei der Macintosh-Version verfügbar. Zur Übersicht eine kleine Tabelle:

| Dateityp | Endung | Windows | Macintosh |
|---|---|---|---|
| Adobe Illustrator | *.ai | Ja | Ja |
| EPS | *.eps | Ja | Ja |
| DXF | *.dxf | Ja | Ja |
| Generator-Vorlage | *.swt | Ja | Ja |
| Bitmap | *.bmp | Ja | Nein |
| Enhanced Metafile | *.emf | Ja | Nein |
| FutureSplash Player | *.spl | Ja | Ja |
| GIF | *.gif | Ja | Ja |
| JPEG | *.jpg | Ja | Ja |
| QuickTime | *.mov | Ja | Ja |
| PICT | | Nein | Ja |
| PNG | *.png | Ja | Ja |
| Windows-AVI | *.avi | Ja | Nein |
| Windows-Metafile | *.wmf | Ja | Nein |
| WAV-Audio | *.wav | Ja | Nein |

**Tabelle 14.2:** Die verschiedenen Formate auf den beiden Systemen

# TEIL IV

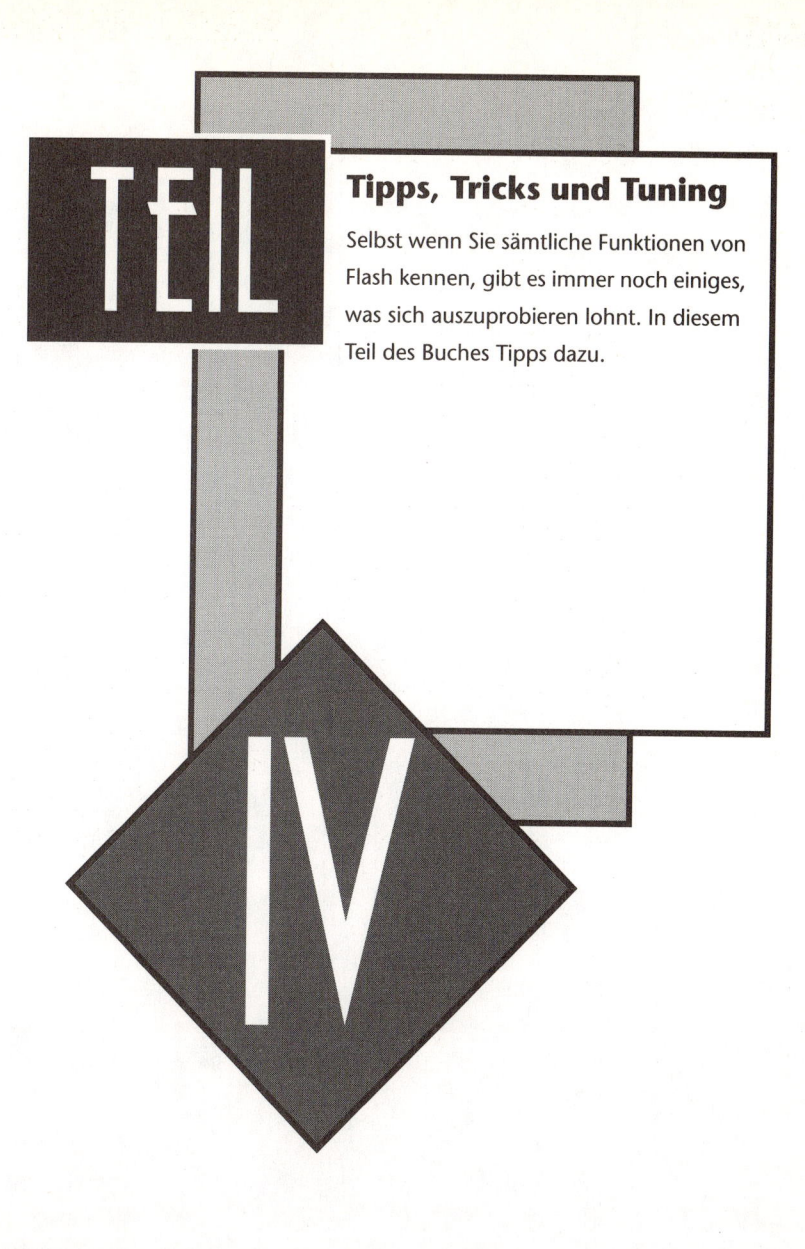

## Tipps, Tricks und Tuning

Selbst wenn Sie sämtliche Funktionen von Flash kennen, gibt es immer noch einiges, was sich auszuprobieren lohnt. In diesem Teil des Buches Tipps dazu.

# KAPITEL

## Zusammenarbeit mit anderen Programmen

Wem die Möglichkeiten von Flash zu beschränkt sind, der wird gern einmal auf ein anderes Programm für bestimmte Arbeiten ausweichen. Hier erfahren Sie, welche Programme sich dafür anbieten.

15

# Zusammenarbeit mit anderen Programmen

Auch wenn Flash ein Allroundtalent zu sein scheint, so liegen die Stärken dieses Programms sicher in der vektororientierten Animation. Texte lassen sich zwar in Flash eingeben und ebenfalls animieren, wollen Sie jedoch längere Texte ins Internet stellen, sollten Sie eher auf ein anderes Programm wie zum Beispiel Dreamweaver oder GoLive ausweichen. Wenn Sie Texte nur eingeben wollen, bietet Ihnen Word sicher die bessere Alternative.

Wollen Sie die Grafiken in Flash in die dritte Dimension holen, sollten Sie sich unbedingt Vecta3D auf der Flash-CD ansehen.

Zur Erstellung von Vektorobjekten bieten sich Freehand von Macromedia oder Illustrator von Adobe an, da diese beiden Programme über mehr Funktionen in diesem Bereich als Flash verfügen.

Wollen Sie jedoch Animationen für das Internet erstellen, sollten Sie auf jeden Fall bei Flash bleiben und dessen Funktionen durch die oben genannten Programme erweitern.

## Dreamweaver, Fireworks und Director

Macromedia stellt Ihnen mit Dreamweaver, Fireworks und dem Director drei Programme zur Verfügung, deren Funktionen die von Flash sehr gut ergänzen können.

### Dreamweaver

Mit *Dreamweaver* lassen sich aufs Einfachste Flash-Filme in eine HTML-Seite einfügen. Sie aktivieren einfach die entsprechende Schaltfläche in Dreamweaver und schon können Sie mit dem Import von Flash-Filmen beginnen. Dreamweaver arbeitet wie viele andere Programme heutzutage nach dem *WYSIWYG- (What you see is what you get) -Prinzip*. Alles, was Sie also auf Ihrem Dreamweaver-Bildschirm sehen, wird bereits so dargestellt, wie es später auch die Betrachter Ihrer Seite im Netz zu sehen bekommen. Nähere Informationen zu Dreamweaver erhalten Sie unter:

*http://www.macromedia.com/software/dreamweaver*

Eine Trial-Version finden Sie auf der Buch-CD.

## Fireworks

*Fireworks* ist in erster Linie ein Tool zur Erstellung internetfähiger Grafiken. Diese Grafiken lassen sich auch mit kleinen Einschränkungen in Flash-Filme einbinden. Wenn Sie mehr über Fireworks wissen wollen, können Sie unter folgender Adresse mehr darüber erfahren:

*http://www.macromedia.com/software/fireworks*

Eine Trial-Version finden Sie auf der Buch-CD.

## Director

Mit dem *Director* steht Ihnen ein Autorensystem zur Verfügung, das ähnlich wie Flash arbeitet, seine Schwerpunkte aber eher in der Verwaltung verschiedener Filme für eine Präsentation setzt. Die Möglichkeiten der Zusammenarbeit zwischen Flash und Director sind inzwischen sehr vielfältig geworden. Sie reichen von normaler Integration von Flash-Filmen in eine Director-Datei bis hin zu einer ActiveX-Steuerung von Flash-Filmen durch den Director. Nähere Informationen dazu unter:

*http://www.macromedia.com/software/director*

Eine Trial-Version finden Sie auf der Buch-CD.

# FreeHand

Ein großer Vorteil von *Freehand* in der Zusammenarbeit von Flash und Freehand ist, dass Freehand ebenfalls auf Vektorbasis mit Grafiken arbeitet. Die Zeichenfunktionen von Freehand sind allerdings um einiges ausgefeilter und zahlreicher. So können Sie mit Freehand zum Beispiel gleichmäßige Polygone erstellen, Farbverläufe genauer bearbeiten u.v.a.m. Wenn Sie über Freehand verfügen, kann dieses Werkzeug Ihnen einige Arbeit beim Zeichnen von Objekten für Flash abnehmen. Die Version 9 von Freehand ist außerdem als Studioversion zusammen mit Flash 5 erhältlich.

Weitere Informationen zu Freehand erhalten Sie unter:

*http://www.macromedia.com/software/freehand*

## Grafiken importieren

Um eine Grafik aus Freehand in Flash zu *importieren*, können Sie diese einfach vom einen in das andere Programm herüberziehen. Dazu müssen beide Programme geöffnet sein. Verkleinern Sie die Fenster der Programme so weit, dass Sie beide Programme gleichzeitig ansehen können, aktivieren Sie das Objekt, das Sie in Flash importieren wollen, und ziehen Sie es bei gedrückter Maustaste einfach aus Freehand in das Fenster von Flash.

Sie können eine Datei natürlich auch einfach in Freehand speichern und über *Datei / Importieren* in Flash einfügen.

# GoLive

Mit *GoLive* bietet Ihnen Adobe ein Programm, mit dem Sie Internetseiten gestalten können. GoLive arbeitet nach dem WYSIWYG- (What you see is what you get) -Prinzip, sprich: Sie platzieren Objekte mit der Maus auf einer Oberfläche, die der Bühne von Flash nicht unähnlich ist. Sie können aber auch direkt in den HTML-Code eingreifen und dort Veränderungen vornehmen.

GoLive bietet sich, ähnlich wie Dreamweaver, an, wenn Sie Internetseiten gestalten wollen, auf denen auch Texte in höherem Umfang eine Rolle spielen.

Für genauere Informationen zum Thema GoLive sehen Sie bitte auf den folgenden Seiten nach:

*http://www.adobe.com*
*http://goliveheaven.com*

# Adobe Illustrator

Als direkter Konkurrent von Freehand arbeitet auch der Adobe *Illustrator* auf der Basis von Vektorgrafiken. Die Möglichkeiten von Illustrator sind im Vergleich zu Flash auf jeden Fall zahlreicher, wenn es um die Erstellung von Vektorgrafiken geht. In der Version 5 von Flash können Sie ohne Probleme Grafiken importieren, die mit dem Illustrator erstellt wurden, Ihre Flash-Grafiken allerdings auch im Illustrator-Format exportieren. Zu den Exportmöglichkeiten lesen Sie mehr im Kapitel *Veröffentlichen* dieses Buchs. Wenn Sie mehr über den Illustrator erfahren wollen, sollten Sie auf dieser Seite im Internet nach Informationen dazu suchen:

*http://www.adobe.com*

# Microsoft Word

Als Standardsoftware für Textverarbeitung können Sie Texte aus *Word* als Objekt in Flash einfügen. Solche Objekte lassen sich dann weiter mit allem Komfort von Word bearbeiten, allerdings nicht animieren. Im Kapitel *Menüs* wird genauer beschrieben, wie Sie ein Word-Text-Objekt in Flash einfügen.

# Vecta3D

*Vecta3D* ist ursprünglich nur als ein Plug-In für 3D Studio MAX erhältlich gewesen, das erlaubte 3D-Modelle aus 3D Studio in für Flash verwendbare Formate umzuwandeln. Inzwischen gibt es dieses Tool aber auch als eigenständiges Programm.

## 3D-Modelling

Erstellen müssen Sie die 3D-Bilder, die Vecta3D umwandelt, allerdings noch immer mit einem Programm, das für diese Aufgabe ausgelegt ist. Vecta3D wandelt aber jedes Modell, das Sie erstellt haben, in kürzester Zeit in eine Vektorgrafik im Flash-Format um.

## Export einer Grafik

Sie können bereits vorhandene 3D-Objekte aus dem Internet oder aus eigener Produktion in Vecta3D einladen, drücken auf den Umwandler und schon wird das Programm umgewandelt und ist fertig zum Export. Die exportierten Dateien haben das Flash-Datei-Format (*.fla*) und sind deshalb problemlos in Flash einfügbar.

## Hier bekommen Sie das Programm

Ein Demo des Programms finden Sie auf Ihrer Flash-CD. Die Vollversion und auch das Demo finden Sie auf folgender Seite:

*http://www.vecta3d.com*

# Screentime und andere Bildschirmschoner

Einiger Beliebtheit erfreuen sich noch immer gut gemachte *Bildschirmschoner*. Inzwischen existieren viele Programme, die aus Ihren Flash-Filmen einen Bildschirmschoner erstellen. Auf Ihrer Flash-CD befindet sich eine Testversion von *Screentime*, einem dieser

Programme. Sie können diese Version eine Woche dazu verwenden, aus Ihren Flash-Projektor-Dateien Bildschirmschoner zu erstellen.

Die Vollversion dieses Programms ist mit 149 $ nicht gerade billig. Es gibt allerdings auch weitaus teurere Programme, aber auch billigere. Genauer können Sie sich über die Bedingungen und Leistungen der einzelnen Bildschirmschoner-Erzeuger unter folgenden Adressen informieren:

**AnySaver 1.1**

*http://www.dgolds.com/AnySaver.htm*

**Buddy Saver 1.01**

*http://www.mods.com.au*

**Entertainer 1.0**

*http://www.flashjester.com*

**Living Screen Pro 1**

*http://www.livingscreen.com/home.html*

**Screenweaver 1.02**

*http://www.sreanweaver.com/swsite*

# KAPITEL

## Projekt Internetseite

Zum größten Teil wird Flash heutzutage wohl dazu verwendet, Animationen für das Internet zu erstellen. Sie können aber auch eine ganze Seite in Flash gestalten.

# 15

# Projekt Internetseite

Wollen Sie den Schritt in die Öffentlichkeit des Internets wagen, sollten Sie sich als Allererstes Gedanken darüber machen, mit welchem Programm Sie dies tun möchten. Eine mögliche Alternative zum HTML-Code oder anderen Programmen stellt Flash dar. Sie können eine komplette Seite in Flash erstellen. In diesem Kapitel soll exemplarisch eine kleine Seite erstellt werden. Dabei wird jedoch nicht auf jeden Arbeitsschritt eingegangen, sondern nur die wichtigsten erklärt.

Ob Sie genauso vorgehen oder einen anderen Weg einschlagen, spielt im Grunde keine besondere Rolle. Dieses Kapitel bietet nur einen möglichen Weg, ein solches Projekt anzugehen, und erhebt nicht den Anspruch der einzig richtige Weg zu sein.

> Sie finden das Ergebnis dieses Kapitels auf der CD wieder. Sie dürfen diesen kleinen Versuch gern als Grundlage Ihrer eigenen Versuche weiter verwenden.

## Vorbereitung

Eine gute *Vorbereitung* kann viel Arbeit ersparen, da man bereits im Voraus genau weiß, welche Arbeit getan werden muss. Man steht auch hinterher nicht plötzlich da und muss mittendrin feststellen, dass man so nicht weitermachen kann oder die Hälfte der Arbeit noch mal machen darf. Überlegen Sie sich also vorher genau, was Sie sagen und zeigen wollen. Machen Sie sich Notizen, auf denen Sie Ihre Überlegungen festhalten, und fertigen Sie vielleicht noch das eine oder andere Scribble für Grafiken an.

Für das Projekt in diesem Kapitel sollen die folgenden Seiten erstellt werden:

- *Home*: Die Startseite für die Internetseite.
- *Links*: Eine Seite, auf der einige Links aufgelistet sind.

- *E-Mail*: Hier wird ein Formular erstellt, in dem ein Besucher eine E-Mail auch ohne einen Internet-Account schreiben kann.
- *Info*: Hier werden Informationen über uns selbst gezeigt.
- *Ladeanzeige*: Um Besuchern die Ladezeit zu verkürzen, wird hier eine kurze Ladeanzeige erstellt.

Als ersten Schritt der Arbeit bereiten wir nun am besten einen Ordner auf der Festplatte vor, in dem alle notwendigen Daten gespeichert werden können. Wie Sie diesen Ordner benennen und ob Sie in diesem Ordner weitere Unterordner anlegen, bleibt Ihnen überlassen. Sie sollten einfach nur von Beginn an dafür sorgen, dass das Projekt nicht zu einem Chaos von Daten auf Ihrer Festplatte wird, die Sie jedes Mal, wenn Sie sich erneut an die Arbeit machen, auch erneut suchen müssen.

Danach starten Sie Flash und erstellen eine neue Flash-Datei. Am besten speichern Sie die sofort im entsprechenden Ordner ab, damit Sie später einfach nur mit der Tastenkombination [Strg] + [S] ([⌘] + [S]) die Datei speichern können. In dieser neuen Datei legen Sie dann für jede geplante Seite eine Szene an.

## Szenen

Die *Szenen* für die einzelnen Seiten legen Sie am besten über die Szene-Palette an, da Sie hier die nötige Übersicht und alle Werkzeuge, die Sie dafür brauchen, auf einem Fleck haben.

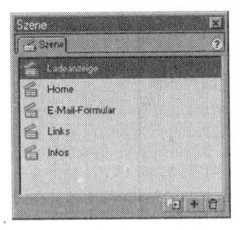

**Abbildung 15.1**: Die Szenen für das Projekt

Haben Sie diese Szenen angelegt, haben Sie bereits den ersten Schritt getan und die grobe Struktur und Grundlage für die Schaltflächen gelegt, die Sie nun als Nächstes erstellen können.

## Grundeinstellungen

An welcher Stelle der Vorbereitungen Sie die *Grundeinstellungen* für den Film vornehmen, bleibt Ihnen überlassen. Für die Erstellung animierter Schaltflächen macht es allerdings Sinn, zumindest die Bildrate vor den Schaltflächen festzulegen, da Sie mit der Bildrate auch die Geschwindigkeit festlegen, in der die Animation der Schaltfläche abgespielt wird.

Für das Beispiel wurde die Bildrate auf 24 BpS festgelegt, um möglichst flüssige Animationen zu erhalten. Die Hintergrundfarbe wurde auf Weiß gestellt und der Bühne eine Größe von 600 Pixeln in der Breite und 400 Pixeln in der Höhe gegeben. Alle anderen Einstellungen wurden belassen, wie sie waren, da sie zum einen keine Verwendung finden werden oder auch zu einem späteren Zeitpunkt verändert werden können, ohne den gesamten Film zu verändern.

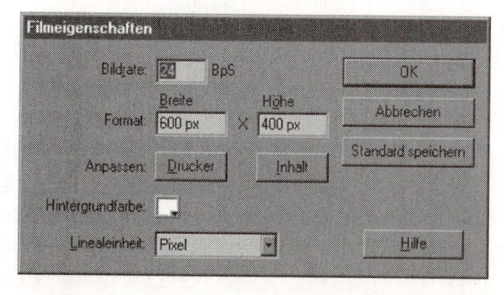

**Abbildung 15.2:** Filmeigenschaften für dieses Beispiel

# Schaltflächen

Bevor Sie sich auch hier an die Arbeit begeben, sollten Sie kurz überlegen, wofür Sie eine *Schaltfläche* benötigen.

- Drei Schaltflächen, mit denen Sie in die Szenen *E-Mail-Formular*, *Links* und *Infos* springen.
- Eine Schaltfläche für die Szene *Home*, zu der Sie auch wieder zurückkommen müssen.
- Eine Schaltfläche, mit der Sie das Formular absenden.
- Schaltflächen für die einzelnen URLs, die in der Rubrik *Links* verlinkt werden müssen.

Eine Schaltfläche für *Links* wurde bereits im Kapitel *Schaltflächen* erstellt. Auf die Bibliothek dieses Beispiels können Sie mit *Datei / Als Bibliothek öffnen* zugreifen und somit haben Sie bereits die erste Schaltfläche.

**Abbildung 15.3:** Die Schaltfläche *Links*

Mit dieser Schaltfläche wurde gleichzeitig auch die Basis für die anderen Schaltflächen importiert, das kleine, runde Bitmap. Ob Sie die übrigen Schaltflächen auch animieren wollen, bleibt Ihnen überlassen, Sie sollten jedoch auf eine gewisse Einheitlichkeit achten. Damit Sie nun nicht den Überblick in Ihrer Bibliothek verlieren, sollten Sie einen Ordner in der Bibliothek anlegen, in den Sie alle Symbole und Grafiken für die Schaltfläche *Links* legen.

Solange Sie die Schaltflächen erstellen, müssen Sie sie noch nicht auf der Bühne platzieren, deshalb werden an dieser Stelle die Aktionen für die Schaltflächen auch erst später zugewiesen.

## Texte

Für das Beispiel werden nur wenig *Texte* verwendet und sie dienen hier auch nur als Platzhalter. Es ist durchaus von Vorteil die Texte für eine Internetseite bereits vor der Erstellung der Seite zu schreiben, damit man sie nur noch einfügen muss und sich bei der Erstellung nicht durch diese Arbeit aufhalten lässt. Zudem empfiehlt es sich, die Texte nicht in Flash selbst zu schreiben, um zum Beispiel kleine Tippfehler durch eine Rechtschreibprüfung überprüfen lassen zu können. Flash selbst verfügt nämlich nicht über eine Rechtschreibprüfung, wodurch einem selbst beim aufmerksamen Lesen der eine oder andere Buchstabendreher entgehen kann.

### Schrift

Als *Schrift* für die gesamte Seite wird, wie auch bereits für die *Links*-Schaltfläche, *Tahoma* verwendet. Diese Schrift ist serifenlos und gut lesbar, auch wenn der eine oder andere sie als langweilig bezeichnen mag.

Diese Schrift wird als einzige Schrift sowohl für die Schaltflächen als auch für die Texte verwandt, um ein einheitliches Schriftbild zu erhalten.

## Sounds

Auf *Sounds* wurde für dieses Beispiel verzichtet, um die Dateigröße möglichst klein zu halten. Im Anschluss an dieses Kapitel finden Sie aber noch einen Hinweis dazu, wie Sie Hintergrundmusik einbauen, die über mehrere Szenen ohne Unterbrechung abgespielt wird. Wie Sie vorgehen müssen, um Sounds in einen Film einzubauen, wird im Kapitel *Sounds* ausführlich erklärt.

## Abschluss der Vorbereitungen

Nachdem Sie nun alle Vorbereitungen getroffen haben, können Sie sich daran machen, die einzelnen Szenen zu gestalten und mit Inhalten zu füllen. Ob Sie die Reihenfolge der folgenden Unterkapitel einhalten, ist im Grunde egal, da die Vorbereitungen dafür gesorgt haben, dass Sie jetzt nur noch die einzelnen Szenen abarbeiten müssen, ohne sich um Grundsätzliches Gedanken zu machen.

# Home

Auf der *Home*-Seite sollte all das zu sehen sein, was die gesamte Seite ausmacht. Ein kleiner Willkommenstext ist zwar höflich, aber nicht zwingend notwendig. Immerhin wollen Ihre Besucher ja genau auf Ihre Seite, wissen also schon ungefähr, wer und was sie erwartet.

Auf jeden Fall müssen auf dieser Seite alle Schaltflächen platziert werden, die den Betrachter auf die verschiedenen Rubriken lenken. Zusätzlich sollten Sie die Seite noch auf irgendeine Weise als *Home*-Seite kenntlich machen, damit man sie später als solche erkennt, wenn man aus einer der Rubriken hierher zurückkehrt. Ein Grundlayout, das sich in den übrigen Seiten wiedererkennen lässt, trägt zum positiven Erscheinen der Seite bei.

Für das Beispiel wurden die Schaltflächen im Bogen am unteren Rand der Bühne platziert. Diese Schaltflächen sitzen jedoch nicht bereits zu Beginn an dieser Stelle, sondern bewegen sich per Tweening in einem Bogen zu ihrer endgültigen Position. Bewegung wurde dazu an einem Pfad ausgerichtet, der den Bogen vorgibt. In der Mitte ist viel Freiraum, der sowohl gestalterisch als auch mit Texten gefüllt werden kann (siehe Abbildung 15.4).

Damit der Film am Ende der Bewegung der Schaltflächen nicht sofort in die nächste Szene springt, wurde in eines der letzten Schlüsselbilder der Szene eine Stop-Aktion gesetzt.

**Abbildung 15.4:** Die Homesite

Den Schaltflächen wurden im letzten Bild folgende Aktionen zugewiesen:

*Infos*-Schaltfläche:

```
on (release) {
    gotoAndPlay ("Infos", 1);
}
```

*E-Mail*-Schaltfläche:

```
on (release) {
    gotoAndPlay ("E-Mail-Formular", 1);
}
```

*Links*-Schaltfläche:

```
on (release) {
    gotoAndPlay ("Links", 1);
}
```

Im letzten Bild deshalb, weil sie so die Bewegung erst vollständig durchlaufen, bevor sie als Schalflächen aktiv werden.

# E-Mail-Formular

Die Erstellung der Szene *E-Mail-Formular* ist etwas komplexer, da Sie hier drei verschiedene Textfelder erzeugen und diesen Eigenschaften zuweisen müssen. Außerdem müssen Sie an dieser Stelle der Schaltfläche für das Abschicken der Daten ein nicht ganz einfaches Skript zuweisen.

Auf jeden Fall muss auch in dieser Szene die *Home*-Schaltfläche mit der entsprechenden Aktion platziert werden, da der Betrachter Ihrer Seite auch die Gelegenheit bekommen muss, wieder zurück zur Ausgangsseite zu gelangen.

Dem Schlüsselbild dieser Szene muss noch eine Stop-Aktion zugewiesen werden, da der Film sonst automatisch in die nächstfolgende Szene springt.

Ob Sie die Texte für die Beschreibung für die Textfelder ebenfalls als Textfeld definieren, bleibt Ihnen überlassen. Wenn Sie sie allerdings als Textfeld definieren, sollten Sie sie gegen *Bearbeitung* und *Auswahl* sperren. Dies erreichen Sie über die *Textoptionen-Palette*. Ansonsten können an den entsprechenden Stellen ebenfalls Eingaben vorgenommen werden. Wenn Ihnen die etwas schlichte Hintergrundgestaltung nicht gefällt, ändern Sie sie ganz einfach.

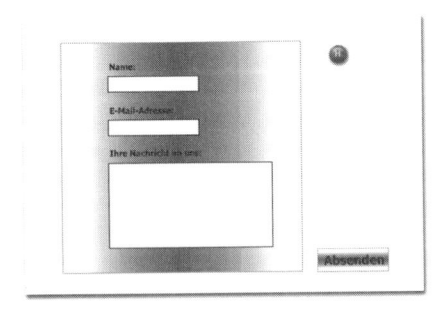

**Abbildung 15.5**: Die Szene *E-Mail-Formular*

Dem ersten Textfeld weisen Sie die Variable *Name* zu, da in diesem Feld der Name eingetragen werden soll.

Da Sie das Textfeld von der übrigen Gestaltung hervorheben sollten, aktivieren Sie die Option *Rand*. Ansonsten begrenzen Sie die Anzahl der Zeichen, die in das Feld eingetragen werden können, auf 30 Zeichen. Das sollte für den Namen in den meisten Fällen reichen und Sie davor schützen, dass Sie Romane über dieses Feld erhalten. Die übrigen Einstellungen haben für dieses Feld keine Bedeutung und können deshalb so belassen werden, wie sie sind.

**Abbildung 15.6:** Textoptionen-Palette für das Feld *Name*

Dem zweiten Textfeld ordnen Sie die Bezeichnung *EMailAdresse* zu. Sie können Variablen in diesem Fall nicht mit Bindestrichen versehen, da der Bindestrich für den Operator *Minus* reserviert ist.

Auch hier aktivieren Sie wieder *Rand*. Die Anzahl der Zeichen wurde in diesem Fall ebenfalls auf 40 Zeichen begrenzt.

**Abbildung 15.7:** Textoptionen-Palette für das Feld *E-Mail-Adresse*

Für das dritte Feld geben Sie die Bezeichnung *Nachricht* an. Auch dieses Feld wird mit Hintergrund und Umrandung gezeichnet.

Sie sollten allerdings eine Eingabe über *Mehrere Zeilen* erlauben. Zusätzlich können Sie hier noch bestimmen, dass am Zeilenende automatisch ein *Wortumbruch* eingefügt wird. Mit der Begrenzung auf 100 Zeichen wird sich der Betrachter auf das Notwendigste beschränken müssen. Wenn Sie umfangreichere Angaben erwarten, können Sie die Anzahl der Zeichen an dieser Stelle auch höher ansetzen.

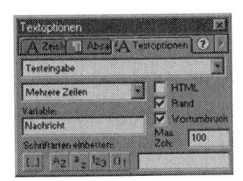

**Abbildung 15.8:** Textoptionen-Palette für das Feld *Nachricht*

Der Schaltfläche *Abschicken* müssen Sie nun noch ein Aktion zuweisen, die sowohl die Daten an ein CGI-Skript übermittelt als auch dieses Fenster schließt. Das folgende Skript sollte dies beides bewerkstelligen können.

```
on (release) {
    loadVariablesNum ("cgi-bin/mail.pl", 0, "POST");
    gotoAndPlay ("Home", 1);
}
```

Über `gotoAndPlay (Home, 1)` verlassen Sie diese Szene und springen zurück in die Szene *Home*.

Über `loadVariables` rufen Sie ein CGI-Skript auf, das an entsprechender Stelle auf Ihrem Server liegen muss. Ein CGI-Skript können Sie sich entweder selbst schreiben, wenn Sie Perl beherrschen, oder sich eines der zahlreichen Anbieter im Internet herunterladen. Wie die einzelnen CGI-Skripten funktionieren, entnehmen Sie dann den Anweisungen der CGI-Autoren.

Auf jeden Fall wird das Skript hier in dieselbe (0) Ebene geladen, an der sich auch der Film befindet. Da es sich um ein CGI-Skript und nicht um einen anderen Flash-Film handelt, wird der eigentliche Film nicht gelöscht, sondern die Variablen an das CGI-Skript übergeben und mit der POST-Methode versandt. Die übergebenen Variablen sind Name, EMailAdresse und Nachricht. Diese Variablen werden zusammen mit den Eingaben des Betrachters übermittelt und können übermittelt dann ungefähr so aussehen:

```
Name=Rolf Mustermann
EMailAdresse=muster@muster.com
Nachricht=Bitte bauen Sie eine bessere Internetseite mit mehr
Inhalten!
```

# Links

In der Szene *Links* muss auf jeden Fall die Schaltfläche *Home* platziert werden, damit der Betrachter auch wieder zu der *Home*-Seite zurückkehren kann. Sie können hier auch die Schaltflächen für die anderen Seiten platzieren. Für dieses Beispiel wurde dies jedoch vermieden.

Die drei Schaltflächen für die Links wurden in eine Filmsequenz integriert. Diese Filmsequenz sorgt nun dafür, dass die Schaltflächen von oben ins Bild »gepurzelt« kommen. Die Aktionen müssen den Schaltflächen dann auch in der Filmsequenz zugewiesen werden. Der Sinn des gewählten Filmsequenz-Symbols liegt darin, dass eine Filmsequenz weiterläuft, auch wenn die Szene bereits am Ende angekommen ist. Die Szene *Links* ist nur ein Bild lang. Die Filmsequenzen haben aber eine Dauer von 20 Bildern.

Die Aktionen unterscheiden sich lediglich in den Adressen, zu denen verlinkt wird, und sehen folgendermaßen aus:

```
on (release) {
    getURL ("http://www.bhv.net", "_blank");
}
```

Über die Eigenschaft _blank wird für diese Seite ein eigenes Fenster geöffnet, sodass Ihre Seite dabei geöffnet bleibt.

Der *Home*-Schaltfläche wurde diese Aktion zugewiesen, die Sie wieder zurück in die Szene *Home* springen lässt und diese Szene erneut abspielt.

```
on (release) {
    gotoAndPlay ("Home", 1);
}
```

Da die einzige Animation in dieser Szene aus drei Filmsequenzen besteht, wird im ersten und einzigen Bild dieser Szene eine *Stop*-Aktion gesetzt, um zu verhindern, dass der Film in die Szene *Infos* (die nächste der Reihenfolge) springt.

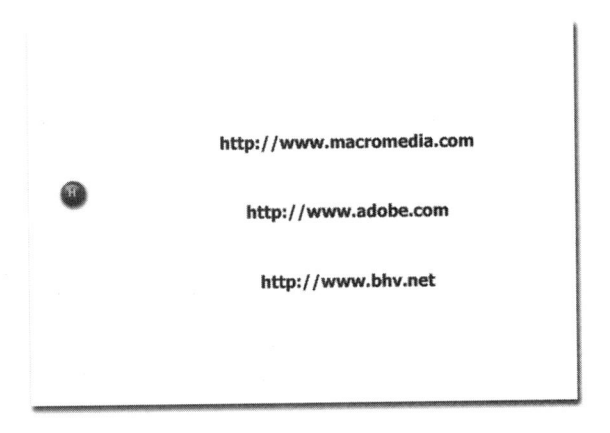

**Abbildung 15.9**: Die Szene *Links*

Unter den Einträgen für die einzelnen Links könnten nun wieder einige Informationen oder gar Logos angebracht werden. Wie Sie die Seite sonst noch gestalten, soll auch hier wieder Ihnen überlassen werden.

# Ladeanzeige

Auch wenn eine *Ladeanzeige* für diesen Film aufgrund seiner geringen Größe nicht notwendig ist, können Sie eine solche vor den Film setzen. Damit gehen Sie sicher, dass selbst bei langsamen Verbindungen und Modems erst der gesamte Film geladen wird, bevor das erste Bild des Films gezeigt wird.

Für die Ladeanzeige soll eine bewegte Maskierung über dem Satz *Es wird geladen!* zu sehen sein, sodass der Satz immer nur in Teilen durch das Loch der Maske zu sehen ist.

## Maskierung

Für diese einfache *Maskierung* schreiben Sie zunächst den Satz `Es wird geladen!` auf die erste Ebene.

Erstellen Sie danach eine neue Ebene. Diese Ebene liegt automatisch über der ersten. Für die neue Ebene öffnen Sie deren *Ebeneneigenschaften* und wählen dort den Typ *Maske*.

Der ersten Ebene ordnen Sie auf diese Weise den Typ *Maskiert* zu, wenn die Ebene nicht automatisch zu einer maskierten Ebene erklärt wurde.

Auf der Maske-Ebene erzeugen Sie nun ein Tweening. Ob Sie nun einen Kreis oder ein sonstiges Objekt für dieses Tweening wählen, bleibt Ihnen überlassen. Sie sollten allerdings darauf achten, dass Sie nicht zu viel Mühe in die Auswahl des bewegten Objekts stecken, da es im Film nachher sowieso nicht angezeigt wird (siehe Abbildung 15.10).

Die Aktionen, die Sie einer Ladeanzeige zuweisen müssen, wurden im Kapitel *Testen, testen, testen* bereits beschrieben und können an dieser Stelle genau so übernommen werden.

Die Möglichkeiten von Maskierungsebenen werden im Kapitel *Ebenen* weiter ausgeführt.

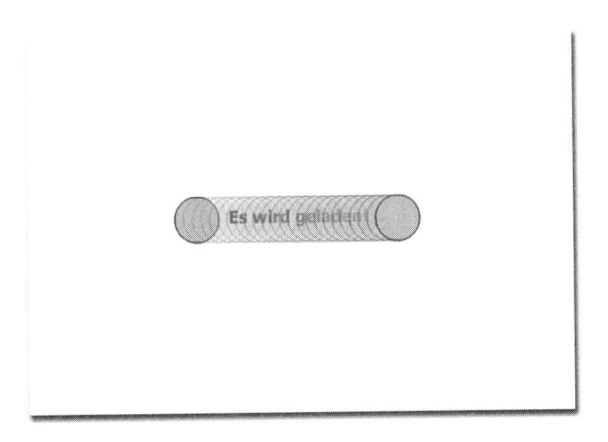

**Abbildung 15.10:** Die Maskierung, hier als Zwiebelschalen angezeigt, ist später nicht mehr sichtbar

# Veröffentlichung

Nun, da diese kleine Seite fertig ist und Sie sie hoffentlich ausgiebig getestet haben, werden Sie sie auch veröffentlichen wollen, sprich sie für das Internet vorbereiten. Dazu öffnen Sie die *Einstellungen für Veröffentlichungen* (Strg + ⇧ + F12 (⌘ + ⇧ + F12)).

Da Sie im Internet veröffentlichen wollen, benötigen Sie eine HTML-Datei und eine Flash-Datei. Die Bezeichnung für die Flash-Datei ist relativ egal. Die Bezeichnung für die HTML-Datei sollten Sie allerdings mit *index.html* belegen. Um die Bezeichnungen der beiden Dateien verändern zu können, deaktivieren Sie die Option *Dateiname* im Register *Formate*.

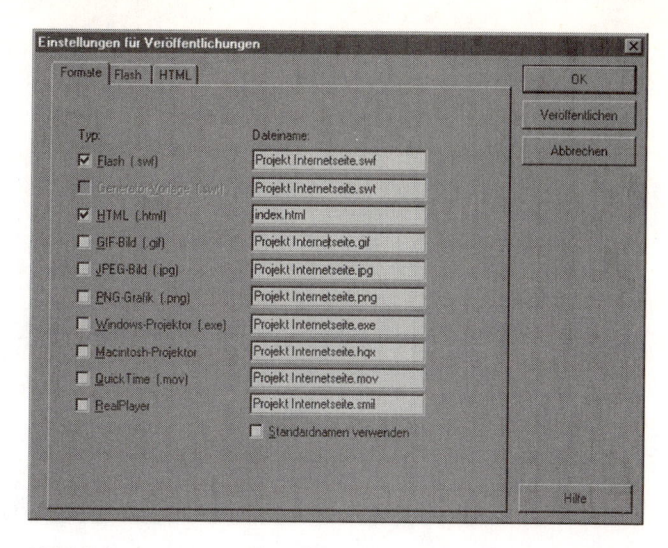

**Abbildung 15.11:** Einstellungen für Veröffentlichungen / Register *Formate*

Haben Sie diese kleine Veränderung vorgenommen, können Sie sich dem Register *Flash* zuwenden.

Die *Ladereihenfolge* spielt bei der Dateigröße der Ladeanzeige keine Rolle, da diese selbst bei niedrigen Übertragungsraten nahezu sofort erscheinen sollte.

Um einen Überblick über die Größe der Datei und ihrer einzelnen Komponenten zu bekommen, lassen Sie sich einen Größenbericht erstellen.

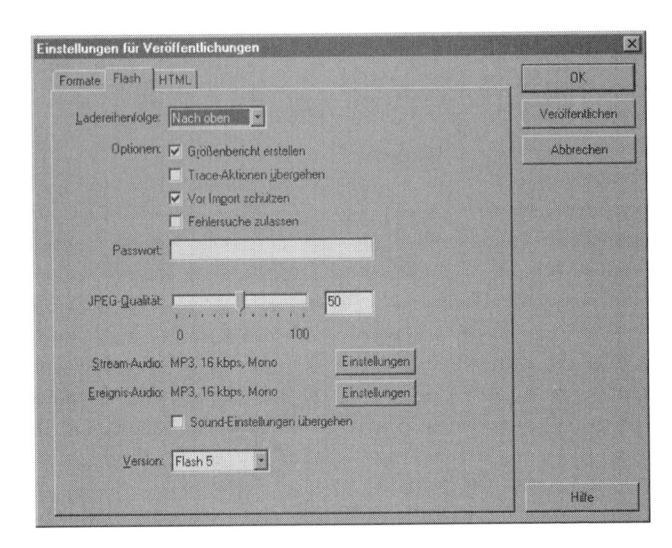

**Abbildung 15.12:** Einstellungen für Veröffentlichungen / Register *Flash*

Die Komprimierung der enthaltenen Bitmap-Bilder können Sie noch auf 50 setzen und die übrigen Einstellungen so belassen, wie sie sind. Auch die Version sollten Sie auf *Flash 5* belassen, da wir auch im HTML-Register diese Versionsnummer angeben werden und ansonsten auch die Funktionen des Formulars ignoriert werden. Da kein Sound in der Datei untergebracht wurde, müssen uns diese Einstellungen ebenfalls nicht weiter stören.

Im Register *HTML* stellen Sie als *Vorlage Nur Flash (Standard)* ein. Nachteil dieses Verfahrens ist, dass ein Betrachter auf jeden Fall den Flash Player installiert haben muss. Sie haben sich aber schließlich auch die Mühe gemacht diese Seite in Flash zu erstellen, also können Sie auch erwarten, dass man sie sich als solche ansieht.

Die Größe des Films wird den Einstellungen angepasst, die bereits in den Vorbereitungen festgelegt wurden.

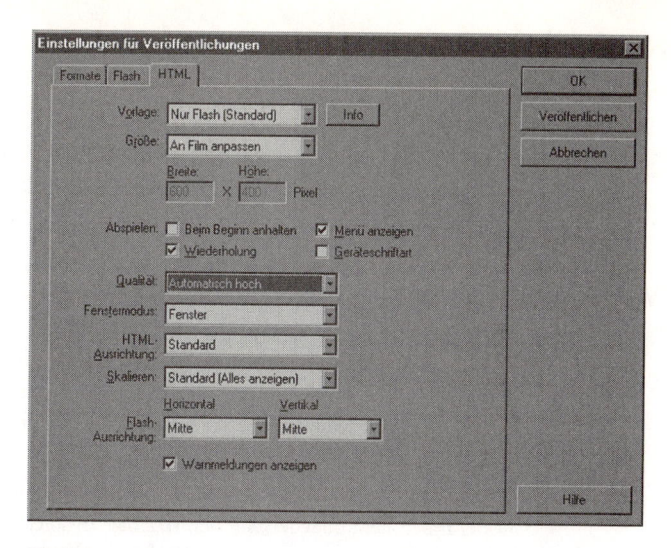

**Abbildung 15.13:** Einstellungen für Veröffentlichungen / Register *HTML*

Mit der Option *Automatisch hoch* unter *Qualität* schalten Sie die Darstellungsqualität Ihres Films zunächst auf *hoch*. Ist der Rechner des Betrachters nicht in der Lage, den Film in dieser Qualität angemessen darzustellen, schaltet Flash automatisch auf die niedrige Qualität. Diese Option kann unter Umständen zu einem Flackern führen. Wenn Sie sichergehen wollen, dass dies nicht geschieht, wählen Sie eher *Hoch* als Einstellung.

Alle anderen Optionen können Sie auch hier so belassen, wie sie standardmäßig eingestellt sind.

Haben Sie sich Ihre Einstellungen noch einmal angesehen und sind damit zufrieden, können Sie den Film direkt *veröffentlichen*, indem Sie auf die gleichnamige Schaltfläche in den *Einstellungen für Veröffentlichungen* klikken.

# Rechtliches

Wenn Sie eine Internetseite gestalten wollen, geraten Sie schnell in die Verlegenheit, dass Sie nicht über die entsprechenden Ressourcen, sprich Bilder und Sounds, verfügen. Nun, vielleicht verfügen Sie schon über einiges. Die Frage bleibt da nur: Dürfen Sie es auch nutzen?

## Musik und Sounds

Flash bietet Ihnen viele Möglichkeiten, wenn es um die stimmungsvolle und effektive Untermalung eines Films mit Sound geht. Zu beachten gibt es dabei nicht nur den Komponisten oder Musiker eines ganzen Musikstücks, sondern auch denjenigen, der einzelne Sounds erzeugt hat.

Wenn Sie Musikstücke verwenden, deren Verwendungsrecht nicht bei Ihnen liegt, machen Sie sich strafbar. In solchen Fällen wird die GEMA gegen Sie vorgehen. Als kleines Hintertürchen gibt es da die Regel, dass Sie 6 Sekunden eines Stücks wiedergeben dürfen, ohne sich strafbar zu machen. Das bedeutet jetzt aber nicht, dass Sie ein Musikstück in viele kleine 6 Sekunden lange Häppchen zerlegen können, um der GEMA und damit Gebühren aus dem Weg zu gehen. Diese 6 Sekunden sind ein Maximum, das Sie auch in kleinen Stükken nicht überschreiten dürfen.

Diese Regel gilt nicht für so genannte Sounds und Effekte. Deren Länge ist meist nicht einmal 6 Sekunden, es gibt meist aber dennoch einen Produzenten spezieller Sounds und auch die GEMA kann in Sonderfällen Einspruch erheben. Es gilt also auch bei Effekten die Regel: Verwende nichts, was du nicht selbst erstellt hast oder für das du nicht die Verwendungsrechte besitzt. Sounds und Effekte werden allerdings nicht grundsätzlich von der GEMA überwacht, sondern können zum Beispiel vom Produzenten eines Effekts selbst zur Anzeige gebracht werden.

**GEMA**

Die *GEMA* ist die Hauptstelle in Deutschland, die sich um die Vergabe der Lizenzen im Musikbereich kümmert und die Künstler rechtlich unterstützt. Verstöße gegen das Copyright bzw. Urheberrecht werden von der GEMA direkt verfolgt – auch im Internet. Die GEMA ist dabei auch für internationale Künstler zuständig.

Wenn Sie die GEMA erreichen wollen, sollten Sie auf deren Internetseite alles finden, was Sie wissen müssen.

*http://www.gema.de/*

# Abbildungen

Bei HTML-Seiten werden *Abbildungen* meist getrennt vom HTML-Dokument übertragen und sind deshalb auch als Bilder weiter verwendbar. Dass Sie diese Bilder nun aber auf Ihrem Rechner haben, bedeutet **nicht** gleichzeitig auch, dass Sie diese weiterverwenden dürfen.

Auch das Wiederverwenden solcher Bilder ist strafbar und kann sehr teuer werden, wenn Sie sich deswegen eine Anzeige einhandeln.

Sieht ein Bild ähnlich aus wie ein Original, Sie können jedoch nachweisen, dass Sie es selbst erstellt haben, kann man Sie nicht belangen.

# Grundsätzliches zum Recht

Sie sollten im Zweifelsfall von der Verwendung von Sounds und Abbildungen anderer absehen. In vielen Fällen kann eine simple Anfrage per Mail jedoch bereits alle Fragen zu den Rechten klären. Bekommen Sie keine Antwort auf eine Anfrage, ist dies nicht gleichbedeutend mit einer stummen Zusage, dass Sie Bilder oder Sounds verwenden dürfen.

Alles, was Sie selbst erstellt haben, können Sie auch frei verwenden. Vielmehr können Sie anderen verbieten, Ihre Kunstwerke oder Musikstücke weiterzuverwenden.

Im Internet finden Sie vielerorts auch Grafiken, Sounds und Effekte, die Sie kostenfrei benutzen dürfen. In solchen Fällen werden Sie aber auch wieder explizit darauf hingewiesen, dass Sie die heruntergeladenen Objekte frei verwenden dürfen. Im Anhang dazu einige Adressen.

## Macromedia und Rechte

Sie haben mit dem Erwerb von Flash das Recht erworben das Programm zu nutzen. Sie dürfen dieses Nutzungsrecht allerdings nicht weitergeben, indem Sie Ihre Flash-CD kopieren und verschenken oder verkaufen.

Im Nutzungsrecht inbegriffen ist das Recht, dass Sie Ihre Filme veröffentlichen und weitergeben dürfen. Erstellen Sie Projektor-Dateien, bittet sich Macromedia jedoch eine Erwähnung in Form des Logos *Made with Macromedia* aus.

Auf der Macromedia-Seite gibt es ein Lizenzformular, das in solchen Fällen ausgefüllt werden sollte.

# KAPITEL

## Layout und Design

Sicher lässt sich über Geschmack streiten. Einige Richtlinien beim Erstellen von Flash-Dateien sollten Sie aber dennoch beachten, um sie augenfällig zu machen.

# 16

# Layout und Design

Als einen der wichtigsten Grundsätze kann man wohl die Einfachheit ansehen. Angesichts der Möglichkeiten wird sicher so mancher in Versuchung geraten alles möglichst animiert, laut und auffällig zu gestalten. Für einen ersten Test der Fähigkeiten von Flash mag dies auch gut sein. Einen wirklichen Erfolg in der Öffentlichkeit wird ein solches Projekt jedoch nur selten haben.

Setzen Sie wenige Akzente und gestalten Sie nicht zu verspielt, aber mit viel Liebe fürs Detail.

Wenn Sie sich ein wenig auf den Seiten im Anhang umsehen, werden Sie immer wieder feststellen, dass man sich auf das Wesentliche konzentriert und sich nicht darin verliert, möglichst alles gleich bunt und aufregend zu gestalten.

Legen Sie Wert auf den praktischen Nutzen. Als ein gutes Beispiel für ein praktisches Design kann man Bahnhofsuhren ansehen. Solche Uhren sind schlicht, einfach zu verstehen und auch von weitem noch leicht zu erkennen und zu lesen. Versuchen Sie sich ähnlich schlicht und praktisch – wenn es angebracht ist.

## Kurze Wege sparen Zeit

Gerade im Internet sind kurze Wege besonders gefragt. Zeit ist Geld. Jede Minute Online-Zeit kostet im Internet Geld, wenn auch nicht mehr besonders viel. Aus diesem Grunde sollten Sie darauf achten, dass Sie übersichtliche Seiten gestalten, auf denen man mit wenigen Klicks ans Ziel kommt. Vermeiden Sie Rubriken, zu denen man erst gelangt, wenn man vorher 10 andere Rubriken durchlaufen hat.

Die Regel, dass man möglichst alles innerhalb von drei Mausklicks erreichen sollte, kann in solchen Fällen durchaus Gewinn bringend sein. Denken Sie einmal an Seiten, auf denen Sie selbst lange Wartezeiten in Kauf nehmen müssen, weil Sie sich über Umwege zum Ziel bewegen müssen. Besuchen Sie solche Seiten oft? Sicher nicht.

# Schrift

Wenn es um die Auswahl der *Schriften* geht, sollten Sie sich auf maximal drei verschiedene Schriften beschränken, zwei wären jedoch noch ein wenig besser.

Warum?

Nun, es ist ein Grundsatz. Dazu können Sie hinschauen, wo Sie wollen. Fernsehen, Werbung und Bücher, wirklich gute Projekte, in denen Texte dargestellt werden, beschränken sich auf ein oder zwei verschiedene Schriftschnitte.

Alles andere wirkt in den meisten Fällen überladen und unübersichtlich.

Das Auge eines Menschen, der liest, nimmt nicht nur den Buchstaben war, sondern setzt das Bild des Buchstabens zusammen mit den umgebenden Buchstabenbildern zu einem Wortbild zusammen, das dann gelesen wird, indem es mit der Information verglichen und interpretiert wird.

Wenn Sie schnell lesen, werden Sie feststellen, dass Sie oft nicht jedes Wort eines Satzes wirklich lesen, sondern meist einfach ein logisches Wort einsetzen.

Verwenden Sie nun mehrere verschiedene Schriftschnitte, hat das Auge es ganz einfach schwerer, ein Wort schnell zu ergreifen, und der zu erfassende Text wirkt auf den Betrachter unübersichtlich und überladen. Lesen Sie zunächst den oberen Text des nächsten Beispiels und dann den unteren. Der obere sollte Ihnen in der Regel schwerer fallen.

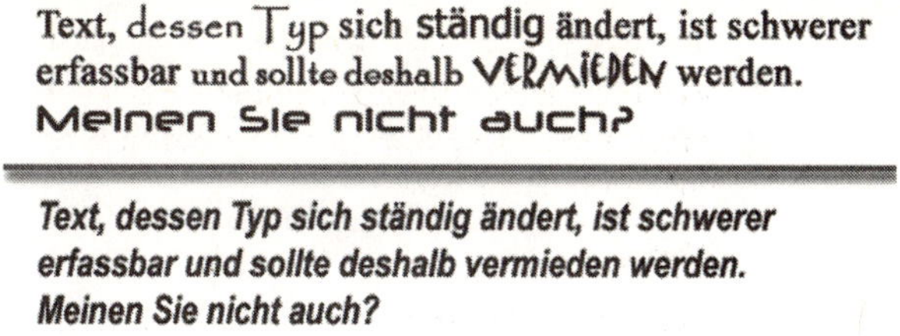

Text, dessen Typ sich ständig ändert, ist schwerer erfassbar und sollte deshalb VERMIEDEN werden. Meinen Sie nicht auch?

*Text, dessen Typ sich ständig ändert, ist schwerer erfassbar und sollte deshalb vermieden werden. Meinen Sie nicht auch?*

**Abbildung 16.1:** Beispiel und Gegenbeispiel

# Ausnahme

Wie fast überall gibt es natürlich auch zu dieser schlichten Regel Ausnahmen. Wollen Sie ein Logo einführen oder ist ein Logo bereits eingeführt, kann sich das Experimentieren mit verschiedenen Schriften durchaus lohnen. Aber auch hier beschränken sich die meisten auf einheitliche Schriften.

Haben Sie nun ein solches Logo, sollten Sie aber auch in der Kombination mit Texten darauf achten, dass Sie die verwendeten Schrifttypen wieder aufgreifen, um den Effekt von Einheitlichkeit zu verstärken.

Grundsätzlich sollte man jedoch im Hinterkopf behalten: nur eine Schrift für Texte, die Informationen enthalten, die auch gelesen werden sollen.

# Schriftgrößen

Allgemein sollten Sie Schriften nicht zu klein wählen. 10 pt sollte man im Internet als Minimum ansehen. Texte, die kleiner dargestellt werden, gehen oft als unwichtig durch und werden deshalb nicht gelesen. Bilden Sie einen Text klein ab, weil er Ihnen selbst nicht wichtig erscheint, sollten Sie sich Gedanken darüber machen, ob der Text dann überhaupt enthalten sein sollte.

Auch bei den *Schriftgrößen* sollte man sich an die Regel der Einfachheit und Einheitlichkeit halten und möglichst nicht zu viele verschiedene Größen verwenden. Es kann natürlich Sinn machen einen Buchstaben aus der Masse anderer hervorzuheben, wenn Sie zum Beispiel auf eine Tastenbelegung hinweisen wollen. Versuchen Sie jedoch mal den folgenden Text flüssig und schnell zu lesen.

*Text, dessen Größe sich ständig ändert, ist nur schwer lesbar und sollte deshalb vermieden werden. Meinen sie nicht auch?*

**Abbildung 16.2:** Beispiel für unterschiedliche Schriftgröße

Im Regelfall sollte es Ihnen schwerer gefallen sein, diesen Text zu lesen als einen, dessen Buchstaben alle dieselbe Größe haben. Das ist dasselbe Phänomen der Wortbilder, wie es bereits weiter oben beschrieben wurde. Eine dennoch sinnvolle Verwendung wäre zum Beispiel ein Plakat, bei dem Sie dafür sorgen wollen, dass man sich die Mühe macht die wenigen enthaltenen Texte auch ein wenig langsamer zu lesen. Damit erreichen Sie mit leichten Mitteln, dass sich der Betrachter unmerklich länger mit einem Text befasst. Dazu muss natürlich das Drumherum stimmen, sprich: es muss grundsätzlich erst einmal das Interesse des Betrachters geweckt sein.

Wie Sie dieses Interesse wecken, hängt in den meisten Fällen von denen ab, die Sie auch ansprechen wollen. Dazu müssen Sie zunächst versuchen sich in die Lage des potenziellen Betrachters zu versetzen und sich natürlich sicher darüber sein, um welche Art von Betrachter es sich handelt.

Als ein etwas überspitztes Beispiel werden Sie nur wenig mit einem schreiend bunten Hintergrundbild erreichen, wenn Sie eine Gruppe Rentner ansprechen wollen. Vielleicht sollten Sie dort in den meisten Fällen eher gesetzte Farben verwenden, die aber noch immer sehr farbig sein dürfen. Für Kinder wäre eine solche Farbenpracht sicher schon eher angebracht.

Man sollte sich also immer seine Zielgruppe vor Augen führen. Dies sollten Sie auch immer wieder neu tun, denn die Zeiten ändern sich und was heute noch angesagt gilt und als schön empfunden wird, kann morgen schon für eine bestimmte Zielgruppe einfach nicht mehr zutreffen.

## Verspielte Schriften

*Schriftschnitte,* die zu verspielt oder auch technisch sind, eignen sich meist nicht für längere Texte. Auch hier spielt wieder das Wortbild eine große Rolle.

Verspielte oder technische Schriften können allerdings sehr gut Verwendung finden, wenn Sie große Überschriften oder einzelne Schlagworte verwenden. In diesen Fällen lässt sich für den Betrachter bald ein Ende des zu lesenden Textes absehen, sodass er es auf sich nimmt, auch etwas schwieriger zu entziffernde Buchstaben zu lesen.

Lange, informative Texte jedoch bedürfen meist längerer Konzentrationszeit, die unnötig strapaziert wird, wenn die Schrift sich nicht gut lesen lässt. Das beste Beispiel dafür sind Handschriften. Versuchen Sie einmal, die Schrift Ihres Hausarztes zu entziffern, und stellen Sie sich dann vor, einen Text in dieser Schrift lesen zu müssen, der über mehrere Seiten reicht. Schon bald werden Sie dieses Vorhaben aufgeben. Selbst wenn Sie es dennoch durchstehen, weil der Text für Sie wichtig erscheint, werden Sie sich sicher kein zweites Mal an einen solchen Text wagen wollen.

Da Sie das, was Sie zu sagen haben, sicher auch gelesen wissen wollen, sollten Sie auch hier einfach bleiben und eine simple Schrift verwenden. Dabei kann eine solche Schrift ruhig ihre Eigenarten haben, solange diese Eigenarten nicht überhand nehmen.

# Beispieltext!
# Beispieltext!

**Abbildung 16.3:** Oben: eine schlichte Arial-Schrift, unten: Trebuchet MS

Die Trebuchet-Schrift aus dem Beispiel unterscheidet sich zwar nur geringfügig, zeigt aber an den Buchstaben *i, e* und *l* ein paar ihrer Eigenheiten. Die Arial-Schrift ist hingegen schlicht und neutral und verfügt über keinerlei Eigenheiten. Beide Schriften eignen sich sicher für längere Texte, aber die Arial-Schrift ist noch immer der Trebuchet-Schrift vorzuziehen.

## Internet-taugliche Schriften

Gerade in Flash kann die Wahl der richtigen Schrift schon einiges an Arbeit bedeuten und von einigen Faktoren und Einstellungen abhängig sein, die Sie in Ihrer Datei vorfinden oder eingestellt haben.

Haben Sie zum Beispiel eingestellt, dass Flash alle platzierten Schriften und Texte geglättet darstellt, kann sich dies als sehr vorteilhaft für große animierte Texte erweisen. Textblöcke mit kleiner Schrift können unter dieser Einstellung unter Umständen leiden.

Kleine geglättete Schriften wirken oft eher unleserlich als angenehm.

Nicht geglättet lassen sich auch kleine Schriften meist noch gut lesen.

**Abbildung 16.4:** Oben: geglättet, unten: nicht geglättet

Je nachdem, wie groß eine Schrift dargestellt wird, kann es sein, dass sie sich nicht für eine Veröffentlichung eignet. Besonders, wenn Sie die Option *Anpassen* für die Darstellung gewählt haben, kann es dazu kommen, dass zu feine Schriften schlecht oder nur noch sehr ungenau dargestellt werden.

Im Besonderen haben sich Schriften mit Serifen für Flash als ungeeignet herausgestellt, wenn sie zu klein dargestellt werden. Da die Option *Anpassen* dafür sorgt, dass sämtliche Inhalte dem Browserfenster in der Größe angepasst werden, kann demnach auch eine bei Ihnen groß definierte Schrift beim Betrachter klein dargestellt werden, weil der unbedingt alles in einer Auflösung von 640 x 480 auf einem 14-Zoll-Monitor dargestellt haben will. Zugegeben ist das ein wenig weit hergeholt, aber durchaus nicht unmöglich. Da könnte man dann auch das andere Extrem heranholen und sich das Ganze auf einem bestausgestatteten PC mit einem 24-Zoll-Monitor und einer Auflösung von 1600 x was-weiß-ich betrachten. In letzterem Fall haben Sie sicher auch kaum Probleme mit Serifen-Schriften.

Wählen Sie dennoch eher serifenlose Schriften, wenn Sie sichergehen wollen, dass diese auch so dargestellt werden, wie Sie dies eingestellt haben.

Schriften, die nicht zu den Standardschriftarten gehören, werden von Flash mit exportiert, dabei werden allerdings nur die Buchstaben mit ihren Konturen gespeichert, die auch tatsächlich im Film verwendet werden. Je mehr Schrifttypen Sie also verwenden, umso aufwändiger kann das exportierte Dokument werden und das bedeutet dann auch wieder Speicherbedarf und Übertragungszeit.

## Was sind Serifen

Der Duden beschreibt *Serifen* als »kleine Abschlussstriche bei Schrifttypen«, was nicht sonderlich viel weiterhilft, aber einen Ansatz zur Erklärung bietet. Die Abschlussstriche könnte man auch als kleine Anhängsel bezeichnen. In der Abbildung unten sind die Serifen jeweils durch einen Pfeil markiert.

# Serifen

**Abbildung 16.5:** Serifen

Jedes dieser kleinen Anhängsel an den einzelnen Buchstaben ist eine Serife. Eine serifenlose Schrift ist im Gegensatz zu den Serifenschriften gerader und glatter.

# Serifen

**Abbildung 16.6:** Serifenlos

## Schriftfarben

Was bringt es Ihnen, die beste und am besten lesbare Schrift gefunden zu haben, wenn diese Schrift im Hintergrund untergeht? Nichts!

**Abbildung 16.7:** Kaum sichtbar

Grundsätzlich sollte man darauf achten, dass der Kontrast zwischen dem Hintergrund und der darüber liegenden Schrift möglichst groß ist. Der größtmögliche Kontrast besteht zwischen Schwarz und

Weiß. Der größtmögliche Kontrast ermüdet das menschliche Auge jedoch auch am meisten.

Was aber tun, wenn sich keine Farbe für eine Schrift finden lässt, die aus dem gesamten Hintergrund gut heraussticht?

**Schatten erstellen**

In solchen Fällen sollten Sie es vielleicht mit einem künstlichen *Schattenwurf* versuchen. Ein solcher Schattenwurf lässt sich sehr leicht auf folgende Weise erstellen:

- Markieren Sie den Textblock, für dessen Text Sie einen Schatten erstellen wollen, und kopieren Sie diesen (Strg + C (⌘ + C)).
- Fügen Sie diese Kopie auf einer Ebene hinter dem Text an derselben Position wieder ein (Strg + ⇧ + V (⌘ + ⇧ + V)).
- Geben Sie der Kopie, also dem Text, der dahinter liegt, eine andere Farbe. Verwenden Sie dafür am besten Schwarz, wenn nicht gerade der Text im Vordergrund bereits schwarz ist.
- Um den Text verschieben zu können, ohne den Schatten zu verlieren, sollten Sie Schatten und Text noch gruppieren (Strg + G (⌘ + G)).

Dieses Beispiel ist kaum sichtbar.

**Abbildung 16.8:** Besser sichtbar durch einen Schatten

# Text- und Zeilenbreite

*Textbreite* (*Unterschneidung*) ist wieder ein Faktor, der das Wortbild beeinflussen kann. Große Abstände zwischen den Buchstaben machen es schwer, zusammengehörige Buchstaben von nicht zusammengehörigen zu unterscheiden. Werden die Abstände zwischen

Buchstaben zu klein, fließen Buchstaben oft ineinander und werden dadurch teilweise unleserlich.

**z u   b r e i t**

**zu eng**

**Abbildung 16.9:** Verschiedene Textbreiten (Unterschneidungen)

Text wird auch unangenehm zu lesen, wenn in einer Zeile zu viele Buchstaben Platz finden. In einem Beispiel würde dies bedeuten, dass ein Text von 9 pt, der über eine gesamte Bildschirmbreite eines Bildschirms eine Zeile bildet, unangenehmer zu lesen ist als ein Text gleicher Breite mit einer Textgröße von 16 pt.

Als Leser lieben Sie sicher auch den Erfolg eine Zeile gelesen zu haben und zur nächsten übergehen zu dürfen, auch wenn Ihnen das nicht so bewusst ist. Unterbewusst brauchen wir diese kleinen Erfolge, um bei der Sache bleiben zu können. Ein Zeilenwechsel bietet einfach eine kleine Verschnaufpause für die Konzentration.

Lassen Sie also Ihren Lesern die kleinen Erfolge und Konzentrationspausen.

# Farben

Auch über *Farben* und deren Vielfalt lässt sich sicher streiten, aber wenn Sie sich im Internet unter den »professionellen« Seiten umsehen, werden Sie feststellen, dass man dort mit Farben geizt. Vielleicht sieht manch eine Seite aber auch nur deshalb professioneller aus, weil mit Effekten und auch Farben sparsam umgegangen wurde.

Sicher gibt es auch dort Ausnahmen. Eine Internetseite für Kinderspielzeug wird sicher weniger Interesse wecken, wenn sie nicht ebenso bunt ist, wie Spielzeug für Kinder nun mal ist.

Mit Farben sparen heißt aber auch nicht, dass Sie nur triste und graue Seiten entwerfen müssen, um ein professionelles Erscheinen zu erreichen. Wählen Sie die Farben, die Sie für Texte und grafische Elemente verwenden wollen, vor der Erstellung gut aus und achten Sie darauf, dass die Farben ein harmonisches Miteinander bilden. Vielleicht können Sie mit speziellen Farbkombinationen sogar einen gewissen Wiedererkennungseffekt erreichen. Beispiele dafür: Milka – Lila, Telekom – Rosa und Grau, Ravensburger – blaue Ecke, Ferrari – Rot usw.

# Kontrast

Die Darstellung verschiedener Internetbrowser kann sich erheblich voneinander unterscheiden. Dazu kommt dann noch, dass jeder seinen Monitor unterschiedlich eingestellt hat, was zu einer weiteren Ungenauigkeit bei der Darstellung von Farben führt. Um dieses Problem ein wenig einzudämmen, bietet sich die Verwendung der Web-216-Farben an. Bei dieser Farbpalette von 216 Farben können Sie sichergehen, dass Sie zumindest auf unterschiedlichen Browsern annähernd gleich dargestellt werden.

Verwenden Sie jedoch Farben, die nicht in dieser Palette enthalten sind, sollten Sie darauf achten, dass Ihre Farben sich gut gegeneinander abheben, sprich: Sie sollten mit hohen *Kontrasten* arbeiten. Zu hohe Kontraste jedoch führen zu einem leichten Flimmern. Platzieren Sie ähnliche Farben nebeneinander, kann es sonst dazu kommen, dass die Farben nahezu gleich interpretiert werden und so der gewünschte Effekt nicht zustande kommt.

Hohe Kontraste sorgen aber auch bei Bitmaps dafür, dass das Abgebildete besser zu erkennen ist. Bedenken Sie dabei immer, dass Sie für das Internet und nicht in einem aufwändigen Kunstdruck abbilden. Kunstdrucke können feine Farbnuancen wiedergeben, das Internet meist nicht.

## Bunt gegen Unifarben

Den höchsten Kontrast erreichen Sie, wenn Sie eine Seite nur aus zwei oder drei Farben gestalten. Experimentieren Sie einmal mit wenigen Farben. Sie werden feststellen, dass es meist einen sehr guten Eindruck macht.

Wenn Sie jedoch in den Farbtopf fallen, dann übertreiben Sie richtig. Wenn Sie sich an hohe Kontraste und Übersichtlichkeit halten, kann auch dies zu einem positiven Ergebnis führen. Vielleicht wollen Sie ja sogar eine Seite für einen Karnevalsverein erstellen. Was würden Sie da ohne eine Explosion von Farben tun?

# Eine gerade Linie

Ein Layout zu entwickeln, bedeutet, dass Sie sich vor Beginn einer Arbeit genaue Gedanken darüber machen, wie etwas aussehen soll. Haben Sie diese Überlegungen abgeschlossen, sollten Sie sich einheitlich an Ihre eigenen Vorgaben halten und Ihr Layout immer und immer wieder für dasselbe Projekt wiederholen.

Ein Beispiel dafür, wenn vielleicht auch nicht das beste, ist die Internetseite von Amazon. In jeder Rubrik finden Sie dort dasselbe Layout wieder. Den Unterschied macht dort die Kopfzeile in verschiedenen Farben, der Rest wird allerdings immer wieder gleich gestaltet. Ein solches Vorgehen erhöht die mögliche Orientierung, die man auf einer solchen Seite gewinnen kann.

## Konzeption ist wichtig

Um eine Linie in Ihre Arbeit zu bekommen, sollten Sie vor Beginn ein *Konzept* erstellen, an das Sie sich während der gesamten Arbeit halten. Das muss nicht heißen, dass ein Konzept nicht während einer Arbeit verändert werden darf. Es ist nur so, dass es sich leichter voranschreiten lässt, wenn man sich an einer Art rotem Faden entlang hangelt.

Legen Sie also vorher fest, was Sie zeigen wollen. Vielleicht haben Sie schon im Voraus einige Ideen für bestimmte Szenen und deren Reihenfolge.

## Linien können auch krumm sein

Um eine einheitliche Linie zu wahren, müssen Sie sich nicht immer an 90-Grad-Winkel halten. Hier ist erneut Ihre Kreativität gefragt. Wenn Sie zum Beispiel ein Menü im Bogen über den Bildschirm verteilen wollen, scheuen Sie nicht davor zurück. Sie sollten dann aber auch dafür sorgen, dass diese Anordnung praktisch ist und im gesamten Film aufrechterhalten werden kann.

**Abbildung 16.10:** Die Navigationselemente sind hier im Bogen angeordnet

## Einheitlichkeit und Wiederholung

Achten Sie darauf, dass Ihr Film als Einheit präsentiert werden kann. Das bedeutet, dass Sie bestimmte Dinge immer wieder an derselben Stelle oder auf dieselbe Weise zeigen. Schrifttypen sollten im gesamten Film identisch sein. Navigationselemente sollten immer zumindest ähnlich aussehen und auch vorrangig an derselben Stelle zu finden sein. Sie sorgen damit ganz einfach dafür, dass ein Betrachter sich leichter zurechtfindet.

## Lange Rede, kurzer Sinn

Halten Sie sich an Einheitlichkeit und Einfachheit.

Um sich diese Regeln bestätigen zu lassen, schauen Sie sich einfach ein wenig um und betrachten eine gute Werbung oder eine gut gemachte Internetseite mal unter diesen Gesichtspunkten.

# TEIL V

**Anhang**

# Anhang

Internetadressen, bei denen sich ein Besuch lohnt

# Internetseiten, bei denen sich ein Besuch lohnt

Im Folgenden wurden einige Internetadressen zusammengestellt, die zum einen als Inspiration und zum anderen als Informationsquelle dienen können.

## Meine Favoriten

Bei den folgenden Seiten handelt es sich um die, die wegen ihrer guten Ideen zu meinen Favoriten geworden sind.

### Mono

Eine etwas gewöhnungsbedürftige, aber technisch gut gemachte Menüführung zeichnet diese Seite aus. Aber auch sonst geizt ihr japanischer Ersteller nicht mit Effekten, die davon zeugen, dass dieser Mensch Flash im Schlaf beherrscht und seine Stärken zu nutzen weiß.

*http://www.yugop.com/shocked/index.html*

### Pixeleye

Sie suchen nach neuen Ideen? Dann schauen Sie hier einmal vorbei. Es werden Ihnen neben vielen Infos in der Rubrik *Best Flash Sites* eine Menge Lekkerbissen geboten, von denen Sie viele weiter unten wiederfinden sollten.

*http://www.pixeleye.de/flash_frameset.html*

### E3 Direktiv

Monochrom, aber gerade dadurch und durch die geschickt gemachten dreidimensionalen Effekte zeichnet sich diese Seite aus.

*http://www.e3direktiv.com/main.html*

## Matinee

Hier werden geschickt Bitmap-Bilder mit Vektorbildern verbunden, ohne dass man den Übergang zu sehen bekommt. Auch wenn das Menü ein wenig gewöhnungsbedürftig ist, kann sich das Konzept dieser Seite durchaus sehen lassen.

*http://www.matinee.co.uk/newmain/new6.htm*

## Neostream

Schlicht und einfach gut. Hier weiß man sofort, wo es lang geht. Mit Effekten wird nicht gegeizt und irgendwie bekommt man gut das Gefühl von einer gewissen Dynamik übermittelt.

*http://www.neostream.com/main.htm*

## Eyeball-Design

Sie suchen nach Lösungsvorschlägen und innovativem Design? Dann schauen Sie hier mal vorbei. Mehr Grafik-Design als Flash, aber dennoch gut, weil es beides kombiniert.

*http://www.eyeball-design.com/index3.htm*

## Kimble

Wer diese Seite noch nicht kennt, muss Sie einfach gesehen haben. Auch wenn der gute »Herr Kimble« ein wenig extrovertiert scheint, so zeugt seine Seite von großer Klasse und einem guten Konzept.

*http://www.kimble.org*

# Mehr Design und technische Versiertheit

## Melondezign

Ein Video der Extraklasse bekommen Sie hier zu sehen. Auf jeden Fall auch einen zweiten Blick wert.

*http://www.melondezign.com*

## DerBauer

Wenn Sie es geschafft haben, die über 3 MB in einem Stück auf Ihren Rechner zu bekommen, haben Sie einen wirklich sehr schönen, aber leider zu großen Flash-Film auf Ihrem Rechner. Da sieht man mal, wie man 3D Studio MAX und Flash kombinieren kann.

*http://www.derbauer.de*

## Balthaser

Hier fühlt man sich zu Hause, wenn man MTV und die etwas schrägen Clips dieses Musiksenders mag. Eine gelungene Mischung aus Bitmaps und Flash-Elementen, bei der man gern das Medium Internet vergisst und sich vor dem Fernseher wähnt.

*http://www.balthaser.com*

## Gigablast

Wenn Sie Ballerspiele à la R-Type oder Xenon mochten, werden Sie überrascht sein, dass auch das mit Flash möglich ist. Was würde man geben, um diese Ressourcen einmal zu Gesicht zu bekommen. Klicken Sie dazu auf der unten angegebenen Seite auf die *Shoot'em'up*.

*http://www.unix-server.net/pepworks*

## Asmussen Interactive

Ein junger Entwickler aus Dänemark, von dem so einige ältere Hasen sicher noch einiges lernen können. Sie haben eine Frage? Dann finden Sie hier sicher eine Antwort.

*http://www.turtleshell.com/asm*

### Futurefarmers

Schön, dass diese etwas außergewöhnliche Seite so häufig aktualisiert wird. So lohnt sich auch ein häufigeres Vorbeischauen.

*http://www.futurefarmers.com*

# Für Entwickler

Macromedia selbst bietet einiges an Tipps, Tricks und einfachen Hilfen, wenn Sie einmal doch nicht weiterwissen. Leider sind die meisten Beiträge in Englisch verfasst und deshalb nicht immer ganz einfach zu begreifen. Wenn man sich allerdings die Mühe macht, die Texte zu entschlüsseln, wird man auf jeden Fall um Erfahrungen reicher.

### Tutorials finden Sie hier

Virtual FX

*http://www.virtual-fx.net/*

Flashcentral

*www.flashcentral.com/*

The Flash Academy

*www.enetserve.com/tutorials/*

Flashzone

*www.flashzone.com/*

Flashtrend

*www.flashtrend.com/*

### Man spricht Deutsch

Flashforum

*www.flashforum.de*

# ANHANG

## Tastenkombinationen

Alle Tastenkombinationen auf einen Blick

# B

# Tastenkombinationen

Überall im ganzen Buch verteilt finden Sie *Tastenkombinationen*, mit denen sich verschiedene Menüs oder Befehle leichter erreichen und ausführen lassen. Sie müssen dann einfach nicht mehr zur Maus greifen, sondern können mit einer Kombination das gewünschte Fenster öffnen oder eine Einstellung vornehmen. Zu Beginn Ihrer Arbeit mit Flash wird es Ihnen schwer fallen, sich die Tastenkombinationen zu merken. Wenn Sie allerdings erst einmal einige öfters angewendet haben, werden Sie die Tastenkombinationen nicht mehr missen wollen. Gerade bei größeren Projekten können die Tastenkombinationen zu einer höheren Effektivität führen, also lassen Sie sich nicht von dieser Flut an Möglichkeiten abschrecken.

### Hilfe

| Bedeutung | Windows | Macintosh |
|---|---|---|
| Hilfe | F1 | Hilfe |

**Tabelle B.1:** Tastenkombinationen für die Hilfe

### Dateien

| Bedeutung | Windows | Macintosh |
|---|---|---|
| Neu | Strg + N | ⌘ + N |
| Öffnen | Strg + O | ⌘ + O |
| Speichern | Strg + S | ⌘ + S |
| Speichern unter | Strg + ⇧ + S | ⌘ + ⇧ + S |
| Schließen | Strg + W | ⌘ + W |
| Importieren | Strg + R | ⌘ + R |
| Drucken | Strg + P | ⌘ + P |
| zwischen Fenstern springen | Strg + F6 | |

**Tabelle B.2:** Tastenkombinationen zur Dateiverwaltung

## Werkzeuge

| Werkzeug | Windows | Macintosh |
|---|---|---|
| Pfeil | V | V |
| Unterauswahl | A | A |
| Lasso | L | L |
| Linie | N | N |
| Stift-Werkzeug | P | P |
| Text | T | T |
| Ellipse | O | O |
| Rechteck | R | R |
| Freihand | Y | Y |
| Pinsel | B | B |
| Tintenfass | S | S |
| Farbeimer | K | K |
| Pipette | I | I |
| Radiergummi | E | E |
| Hand | H | H |
| Lupe | M oder Z | M oder Z |
| Pfeil-Werkzeug, während Sie mit einem anderen Werkzeug arbeiten. Sobald Sie die Maustaste loslassen, wird es wieder zum eigentlich gewählten Werkzeug. | Strg | ⌘ |

**Tabelle B.3:** Tastenkombinationen Werkzeuge

## Objekte bearbeiten

| Bedeutung | Windows | Macintosh |
|---|---|---|
| Alles auswählen | Strg + A | ⌘ + A |
| Auswahl aufheben | Strg + ⇧ + A | ⌘ + ⇧ + A |
| Rückgängig | Strg + Z | ⌘ + Z |
| Wiederherstellen | Strg + Y | ⌘ + Y |
| Ausschneiden | Strg + X | ⌘ + X |
| Kopieren | Strg + C | ⌘ + C |

**Tabelle B.4:** Tastenkombinationen für die Bearbeitung von Objekten

| Bedeutung | Windows | Macintosh |
|---|---|---|
| Duplizieren | Strg + D | ⌘ + D |
| Einfügen | Strg + V | ⇧ + V |
| An Position einfügen | Strg + ⇧ + V | ⌘ + ⌥ + V |

**Tabelle B.4:** Tastenkombinationen für die Bearbeitung von Objekten

## Symbole

| Bedeutung | Windows | Macintosh |
|---|---|---|
| Neues Symbol | Strg + F8 | ⌘ + F8 |
| In Symbol konvertieren | F8 | F8 |
| Symbol bearbeiten | Strg + E | ⌘ + E |

**Tabelle B.5:** Tastenkombinationen Symbole

## Bibliothek

| Bedeutung | Windows | Macintosh |
|---|---|---|
| Bibliothek öffnen | Strg + L | ⌘ + L |
| Als Bibliothek öffnen | Strg + ⇧ + O | ⌘ + ⇧ + O |

**Tabelle B.6:** Tastenkombinationen Bibliothek

## Bilder und Ebenen

| Bedeutung | Windows | Macintosh |
|---|---|---|
| Bild einfügen | F5 | F5 |
| Bild löschen | ⇧ + F5 | ⇧ + F5 |
| Schlüsselbild einfügen | F6 | F6 |
| Leeres Schlüsselbild einfügen | F7 | F7 |
| Schlüsselbild löschen | ⇧ + F6 | ⇧ + F6 |
| Bild duplizieren | Strg + Bild auf der Zeitleiste verschieben | ⌘ + Bild auf der Zeitleiste verschieben |
| Bilder kopieren | Strg + Alt + C | ⌘ + ⌥ + C |

**Tabelle B.7:** Tastenkombinationen Bilder und Ebenen

| Bedeutung | Windows | Macintosh |
|---|---|---|
| Bilder einfügen | Strg + Alt + V | ⌘ + ⌥ + V |
| Andere Ebenen unsichtbar machen | Alt + auf das Augensymbol klicken | ⌥ + auf das Augensymbol klicken |
| Andere Ebenen sperren | Alt + auf das Schloss klicken | ⌥ + auf das Schloss klicken |
| Andere Ebenen als Kontur anzeigen | Alt + auf das Kontursymbol klicken | ⌥ + auf das Kontursymbol klicken |

**Tabelle B.7:** Tastenkombinationen Bilder und Ebenen

## Testen und veröffentlichen

| Bedeutung | Windows | Macintosh |
|---|---|---|
| Film abspielen | ⏎ | ⏎ |
| Film anhalten | Esc | Esc |
| Bild vor | . | . |
| Bild zurück | , | , |
| Szene testen | Strg + Alt + ⏎ | ⌘ + ⌥ + ⏎ |
| Film testen | Strg + ⏎ | ⌘ + ⏎ |
| Bandbreiten-Profiler | Strg + B im Testmodus | ⌘ + B im Testmodus |
| Einstellungen für Veröffentlichungen | Strg + ⇧ + F12 | ⌘ + ⇧ + F12 |
| Veröffentlichen | ⇧ + F12 | ⇧ + F12 |

**Tabelle B.8:** Tastenkombinationen Testen und Veröffentlichen

## Paletten aufrufen / ausschalten

| Bedeutung | Windows | Macintosh |
|---|---|---|
| Info | Strg + Alt + I | ⌘ + ⌥ + I |
| Ausrichten | Strg + K | ⌘ + K |
| Zeichen | Strg + T | ⌘ + Tweening |
| Absatz | Strg + ⇧ + T | ⌘ + ⇧ + T |
| Instanz | Strg + I | ⌘ + I |
| Bild | Strg + F | ⌘ + F |

**Tabelle B.9:** Tastenkombinationen Paletten aufrufen / ausschalten

# ANHANG

**Glossar**

C

# Glossar

### Abspielkopf
Der Abspielkopf zeigt an, welches Bild auf der Zeitleiste angezeigt wird.

### ActionScript
Die in Flash verwendete Skriptsprache für Aktionen.

### ADPCM
Adaptive Differential Puls Code Modulation. Komprimierungsverfahren für Ton.

### Aftershock
Zusatzprogramm, um Flash-Dateien in das Shockwave-Format zu konvertieren.

### Aktion
Mit einer Aktion geben Sie einen Befehl. Mehrere Aktionen werden in einem Skript zusammengefasst. Über Aktionen gewinnen Flash-Filme an Interaktivität.

### Alpha
Der Alpha-Wert oder Alpha-Kanal bestimmt die Transparenz eines Objekts.

### Antialiasing
Antialiasing glättet Kanten von Buchstaben oder Abbildungen so, dass sie sich dem Hintergrund angleichen. Auf diese Weise entstehen weichere Übergänge.

### Arbeitsbereich
Der um die Bühne herum liegende Bereich, der bei der Veröffentlichung nicht angezeigt wird.

### ASCII-Zeichensatz

Standard-Zeichensatz jedes Computers. Jedem Zeichen ist eine Ziffer, der ASCII-Code, zugeordnet. So entspricht die 66 zum Beispiel einem großen »B«.

### Ausdruck

Ein Ausdruck ermittelt einen Wert, der für die Ausführung einer Aktion notwendig ist. Zur Verfügung stehende Ausdrücke werden im Ausdruck-Editor zusammengefasst.

### Bandbreite

Bezeichnet den Durchsatz, mit dem Daten übermittelt werden. Normalerweise wird die Bandbreite in Kilobyte pro Sekunde angegeben.

### Bandbreiten-Profiler

Simuliert die Übertragung des fertigen Flash-Player-Films anhand der gewählten Einstellungen für Übertragungsgeschwindigkeiten.

### Bedienfelder

Siehe Paletten.

### Bewegungs-Tweening

Mit einem Bewegungs-Tweening können Gruppen und Symbole bewegt werden, Symbolen dabei außerdem Farb- und Alpha-Effekte zugewiesen werden.

### Bibliothek

Flash legt in dem Film verwendete Pixelgrafiken, Sounddateien und Symbole in der Bibliothek ab. Bibliotheken anderer Filme können ebenfalls importiert werden.

### Bildrate

Die Anzahl der Bilder, mit denen der Flash-Film pro Sekunde abgespielt wird. Abgekürzt wird die Bildrate mit BpS (Bilder pro Sekunde).

### Bit-Rate

Für Soundeffekte können Sie eine Bit-Rate bestimmen, die festlegt, wie viel Speicher für eine Sekunde Musik verbraucht wird.

### BMP

Ein Standardformat für Bitmap-Bilder auf Windows-Systemen.

### Boolesche Operationen

Erzeugen Summen oder Schnittmengen aus mehreren Objekten.

### Browser

Computerprogramm, mit dem Sie im Internet surfen. Die bekanntesten sind der Netscape Navigator und der Microsoft Internet Explorer.

### Bühne

Die Bühne stellt in der Arbeitsumgebung von Flash den Bereich dar, den ein Betrachter eines Films zu sehen bekommt. Alles, was Sie demnach auf der Bühne platzieren, ist nachher sichtbar.

### CGI

Common Gateway Interface. Schnittstelle zwischen Browser und einer auf dem Server laufenden Anwendung oder Datenbank.

### Client

Computer, über den Sie sich in das Internet einwählen.

### Client-Server-Prinzip

Eines von mehreren Prinzipien, auf denen die Funktionsweise des Internets basiert: Der Client (Kunde) wählt sich in einen Server (Diener) ein, der die gewünschten Informationen bereithält und an den Client schickt.

### Director

Der »große Bruder« von Flash, eignet sich besonders für die Entwicklung von CD-ROMs. Anwendungen, die im Director erstellt worden sind, lassen sich in das Format Shockwave exportieren und somit auch über das Internet betrachten.

**Download**

Das Kopieren von Daten von einem Server auf einen Client.

**Drag&Drop**

Ein Objekt wird mit der Maus angeklickt und bei gedrückter Maustaste zum neuen Ort verschoben (Drag) und an neuer Position abgelegt (Drop). Sie können auf diese Weise auch Kopien erstellen.

**Dreamweaver**

Ein HTML-Editor von Macromedia, der nach dem WYSIWYG-Prinzip arbeitet.

**Ebenen**

Übereinander liegende Bilder, die einander nicht zerschneiden. Sie können auch Flash-Filme in verschiedenen Ebenen übereinander laden.

**Eigenschaften**

Eigenschaften werden gesetzt, um das Aussehen oder die Position eines Objekts festzulegen. Globale Eigenschaften gelten für den gesamten Film, nicht nur für ein Objekt.

**E-Mail**

Electronic Mail. Ein Dienst, über den Sie im Internet Schriftstücke an bestimmte Adressen versenden können. Auf diesem elektronischen Weg lässt sich Post innerhalb von Minuten auf der ganzen Welt verschicken.

**Filmsequenz**

Besonderes Symbol, das einen »Film im Film« darstellt und sich nicht nach der Zeitleiste des Films richtet.

**Flash Player**

Ein Programm, das auch ohne Browser Flash-Player-Filme abspielen kann. Zugleich ist Flash Player das Format, in das Flash-Filme konvertiert werden, wenn diese im Internet veröffentlicht werden sollen.

### Formmarken

Hilfsmittel um festzulegen, von wo bis wo sich ein Punkt während eines Form-Tweenings bewegt.

### Form-Tweening

Mit einem Form-Tweening können Sie Objekte verformen und bewegen. Symbole und Gruppen können nicht verformt werden.

### Frame

Bei HTML-Seiten teilen Frames das Fenster des Browsers in mehrere Bereiche auf. In jeden dieser Bereiche lässt sich ein separates Dokument laden.

### Frameset

In HTML erstelltes Dokument, das die Aufteilung eines Browserfensters in Frames regelt.

### Freehand

Vektorgrafikprogramm von Macromedia.

### FTP

File Transfer Protocol. Standard für den Up- oder Download von Daten.

### Führungsebene

Besondere Ebene mit einem Bewegungspfad für Animationen entlang eines Pfads.

### Funktionen

Funktionen sind mathematische Zuordnungsvorschriften und bilden den Schlüssel zum Ermitteln von Werten. Ein Beispiel: Sie nennen einen Ort A und einen Ort B. Eine Funktion kann Ihnen nun die Entfernung errechnen.

### Generator

Der Generator ist eine Servererweiterung, die es Flash erlaubt, auf Datenbanken zurückzugreifen. Mit dem Generator können Sie einzelne Teile eines Flash-Films verändern, ohne den gesamten Film zu verändern.

**GIF**

Im Internet häufig für Schaltflächen und Text verwendetes Grafikformat für Pixelgrafiken mit maximal 256 Farben.

**Globale Eigenschaften**

Über die globalen Eigenschaften beeinflussen Sie einen kompletten Film und nicht nur einzelne Objekte daraus.

**Gruppenbearbeitungsmodus**

In diesem Modus können Sie Elemente einer Gruppe bearbeiten, ohne dass diese erst aufgelöst werden muss. Sie wechseln vom Autorenmodus in den Gruppenbearbeitungsmodus, indem Sie auf eine Gruppe doppelklicken. Aus diesem Modus heraus gelangen Sie über einen Doppelklick auf einen freien Bereich.

**HTML**

HyperText Markup Language. Die grundlegende Seitenbeschreibungssprache, mit der Internetseiten erstellt werden.

**Illustrator**

Grafikprogramm von Adobe, mit dem sich vektororientierte Grafiken erstellen lassen.

**Instanz**

Instanzen sind die Spiegel eines Symbols. Sobald Sie ein Symbol aus der Bibliothek auf die Bühne ziehen, wird es zu einer Instanz dieses Symbols. Instanzen belegen kaum Speicherplatz, egal, wie oft Sie ein Symbol instanzieren.

**Internet Explorer**

Ein von Microsoft entwickelter Browser.

**Internetadresse**

Siehe URL.

**Java**

Von der Firma Sun Microtechnics entwickelte, plattformunabhängige Programmiersprache.

### JavaScript

Von der Firma Netscape entwickelte Skriptsprache, die direkt in den Quellcode einer HTML-Seite eingegeben werden kann und HTML deutlich erweitert.

### JPEG

Joint Photographic Experts Group. Hauptsächlich für Fotos im Internet verwendetes Grafikformat für Pixelgrafiken.

### Maske

Besondere Ebene, die ihr zugewiesene Ebenen maskiert und damit nur eine partielle Ansicht der Ebene ermöglicht.

### Meta-Tag

Siehe Tag.

### MP3

Motion Picture Experts Group (MPEG) – Layer 3. Musikformat, das eine hohe Kompression bei gutem bis sehr gutem Klang ermöglicht.

### Multibyte-Zeichenfolge

Zeichenfolge *Literal*, bei der Zeichen verwendet werden, die nicht zum ASCII-Zeichensatz gehören. Zum Beispiel fremdsprachige Schriftzeichen.

### Navigator/Communicator

Ein von Netscape entwickelter Browser.

### Numerisches Literal

Wert in Form einer Zahl.

### Objekt

Alles, womit auf der Bühne umgegangen wird, ist ein Objekt.

### Operatoren

Zeichen, die für mathematische Zuordnungsvorschriften stehen.

### Paletten

Über die Paletten von Flash 5 lassen sich die verschiedensten Einstellungen vornehmen und Informationen abrufen.

### Perl

Programmiersprache, in der zum Beispiel ein CGI-Skript geschrieben wird.

### Personalisierter Internetauftritt

Eine Website, die so gestaltet ist, dass Besucher ein Angebot zu sehen bekommen, das das jeweilige persönliche Interesse der Besucher berücksichtigt.

### Pfad

Entweder: Verweis auf den Ort einer Datei. In Flash verweisen Pfade auch auf Filmsequenzen. Oder: Linie, entlang der ein Objekt animiert wird.

### Pfad-Ebene

Siehe Führungsebene.

### Photoshop

Von Adobe entwickeltes Programm für die Bearbeitung von Pixelgrafiken.

### PICT

Ein Standardformat für Bitmap-Bilder auf Macintosh-Systemen.

### Pixelgrafik

Auch Bitmap genannt. Aus farbigen Flächen bestehende Bilder. Jede Fläche entspricht einem Pixel und ist in einem gedachten Raster angeordnet. Pixelgrafiken wirken natürlicher als Vektorgrafiken, ihr Dateivolumen ist aber auch deutlich größer.

### Plug-In

Computerprogramm, das alleine nicht lauffähig ist, sondern die Aufgabe hat, ein anderes Programm zu ergänzen. Ein Beispiel dafür wäre das Flash-Plug-In.

### PNG

Portabel Network Graphic – Grafikformat für Pixelgrafiken im Internet.

### Quantisierung

In Bit gemessene Tiefe, mit der ein Ton abgetastet wird.

### QuickTime

Von Apple entwickeltes Videoformat. In QuickTime 4 können Flash-Filme als eigene Spur eingebettet werden.

### Raw

Komprimierungsverfahren für Sounddateien.

### RealFlash

Siehe Real Video/Audio.

### Real Video/Audio

Von Real Networks entwickeltes Audio- und Videoformat. Dieses Format lässt sich zusammen mit Flash zu RealFlash-Filmen verbinden. Auf diese Weise kann ein Streaming der Daten auch bei vielen hundert Zugriffen gleichzeitig erreicht werden.

### RGB

Ein additives Farbschema der Farben Rot, Grün und Blau, mit dem Farben auf Computerbildschirmen dargestellt werden.

### Schlüsselbild

Keyframe, Bild auf der Zeitleiste, auf dem eine Statusänderung eintritt. Zum Beispiel könnte ein animiertes Objekt an dieser Stelle seine Richtung, Geschwindigkeit oder Farbe ändern.

### Server

Computer im Internet, der Internetseiten zum Abruf durch einen Client bereithält. Wenn Sie eine Internetadresse aufrufen, wählen Sie einen Server an.

### Servererweiterung

Ein auf einem Server installiertes Computerprogramm, das die Möglichkeiten gegenüber einem üblichen Server erweitert. Zum Beispiel um die Möglichkeit einer verschlüsselten Übertragung von Kreditkartennummern.

### Shocken

Das Konvertieren eines im Director erstellten Films in das Shockwave-Format.

### Shockwave

Dateiformat, in dem Filme, die in Flash oder dem Director erstellt worden sind, gespeichert werden, um sie »Internet-tauglich« zu machen. Shockwave ist gleichzeitig ein Plug-In, das Browsern ermöglicht, diese Filme anzuzeigen.

### Sonderschrifttypen

Repräsentieren Gruppen von Schrifttypen. Das Zielsystem wählt eine installierte Schrifttype aus dieser Gruppe.

### Stand-alone-Programm

Computerprogramm, das alleine lauffähig ist. Ein Beispiel dafür wäre Flash.

### Streaming

Technologie, bei der Inhalte aus dem Internet angezeigt werden, während sie noch geladen werden. Dabei wird zunächst ein Pufferspeicher gefüllt, aus dem heraus die Anzeige erfolgt, während er gleichzeitig nachgeladen wird.

### Symbol

Symbole lassen sich immer wieder verwenden, ohne die Dateigröße des Flash-Films aufzublähen. Symbole können Grafiken, Schaltflächen oder Filmsequenzen sein. Siehe auch Instanz.

### Symbolbearbeitungsmodus

In diesem Modus lassen sich Symbole bearbeiten. Die Änderungen wirken sich auf alle Instanzen des jeweiligen Symbols aus. In den

Symbolbearbeitungsmodus wechseln Sie durch einen Doppelklick auf das Symbol in der Bibliothek.

### Szene

Mit Szenen teilen Sie einen Flash-Film in Abschnitte auf.

### Tag

Ein Tag beschreibt einem Browser, wie die in dem Tag befindliche Stelle des HTML-Dokuments angezeigt werden soll. Ein Meta-Tag beinhaltet dagegen übergeordnete Beschreibungen wie Hinweise auf die Autoren oder Angaben für Suchmaschinen.

### Tween-Animation

Animation, bei der Flash Zwischenbilder automatisch errechnet (tweent). Flash unterscheidet zwischen Form- und Bewegungs-Tweening.

### Upload

Das Kopieren von Daten von einem Client auf einen Server.

### URL

Uniform Ressource Locator. Jeder Server im Internet besitzt eine eindeutig bestimmbare, nur einmalig vergebene »Adresse«, die URL. Diese macht den Server für einen Client erst eindeutig erreichbar. Ein Beispiel für eine URL wäre:

*http://www.bhv.net*

### Variable

»Container«, in den Änderungen unterworfene Daten abgelegt werden können.

### Vektorgrafik

Aus mathematischen Formeln beschriebene Bilder. Flash ist ein auf Vektorgrafiken basierendes Zeichen- und Animationsprogramm. Siehe auch Pixelgrafik.

### Web-sichere Farben

Websafe Colors. Farben, die von allen Browsern gleich angezeigt werden. In jedem Farbkanal (Rot, Grün und Blau) muss entweder eine 0 oder ein durch 51 teilbarer Betrag eingetragen sein.

### Wert

Genau definierter Parameter, mit dem eine Aktion durchgeführt wird. Ein Wert kann als Numerisches Literal oder als Zeichenfolgen literal angegeben werden.

### WWW

World Wide Web – die Gesamtheit aller weltweit miteinander vernetzten Rechner.

### WYSIWYG

What you see is what you get – frei übersetzt bedeutet das so viel wie: Was Sie sehen, kommt am Ende auch dabei heraus. Viele Programme, wie zum Beispiel Adobe GoLive oder Macromedia Dreamweaver, arbeiten nach diesem Prinzip, in dem sich bei der Erstellung einer Internetseite bereits das ungefähre Ergebnis sehen lässt.

### Zeichenfolgen literal

Wert in Form einer Zeichenfolge, also einer Kette (fast) beliebiger Zeichen.

### Zeitleiste

Die Zeitleiste besteht aus durchnummerierten Bildern, die eine Szene des Flash-Films oder ein Symbol bilden und hintereinander abgespielt werden.

### Ziel

Pfad zu einem Film oder einer Filmsequenz, die von einer Aktion angesprochen werden soll.

### Zwiebelschaleneffekt

Hilfe für Bild-für-Bild-Animationen, bei der vorhergehende und folgende Bilder abgeschwächt dargestellt werden.

# ANHANG

## HTML-Vorlagen

In diesem Kapitel finden Sie die HTML-Vorlagen, die Flash dazu nutzt, bei einer HTML-Veröffentlichung, den HTML-Code zu erstellen.

# D

# HTML-Vorlagen

An dieser Stelle werden die HTML-Vorlagen abgedruckt, mit denen der eigentliche, einbindende HTML-Code erzeugt wird. Am Schluss dieses Anhangs befindet sich eine Tabelle, in der die Erklärungen für verschiedene Platzhalter entschlüsselt werden.

## Banner 3 hinzufügen

```
<HTML DIR=LTR>
<HEAD>
<TITLE>$TI</TITLE>
</HEAD>
<BODY bgcolor="$BG">

<!-- URL's used in the movie--> $MU <!-- text used in the
movie--> $MT <!-- image map --> $IM

<SCRIPT LANGUAGE=JavaScript>
<!--
var plugin = (navigator.mimeTypes &&
navigator.mimeTypes["application/x-shockwave-flash"]) ?
navigator.mimeTypes["application/x-shockwave-
flash"].enabledPlugin : 0;
if ( plugin ) {
    plugin =
parseInt(plugin.description.substring(plugin.description.index
Of(".")-1)) >= 3;
}
else if (navigator.userAgent &&
navigator.userAgent.indexOf("MSIE")>=0
    && (navigator.userAgent.indexOf("Windows 95")>=0 ||
navigator.userAgent.indexOf("Windows 98")>=0 ||
navigator.userAgent.indexOf("Windows NT")>=0)) {
    document.write('<SCRIPT LANGUAGE=VBScript\> \n');
    document.write('on error resume next \n');
    document.write('plugin = (
IsObject(CreateObject("ShockwaveFlash.ShockwaveFlash.3")))\n')
```

;
```
    document.write('</SCRIPT\> \n'); } if ( plugin ) {
document.write('<OBJECT classid="clsid:D27CDB6E-AE6D-11cf-
96B8-444553540000"');
    document.write(' codebase="http://
download.macromedia.com/pub/shockwave/cabs/flash/
swflash.cab#version=3,0,0,0" ');
    document.write(' ID=$TI WIDTH=$WI HEIGHT=$HE>');
document.write(' $PO '); document.write(' <EMBED $PE ');
    document.write(' swLiveConnect=FALSE WIDTH=$WI
HEIGHT=$HE');
    document.write(' TYPE="application/x-shockwave-flash"
PLUGINSPAGE="http://www.macromedia.com/shockwave/download/
index.cgi?P1_Prod_Version=ShockwaveFlash">'); document.write('
</EMBED>'); document.write(' </OBJECT>'); } else if
(!(navigator.appName &&
navigator.appName.indexOf("Netscape")>=0 &&
navigator.appVersion.indexOf("2.")>=0)){ document.write('<IMG
SRC=$IS WIDTH=$IW HEIGHT=$IH usemap=$IU BORDER=0>'); } //-->
</SCRIPT><NOEMBED><IMG SRC=$IS WIDTH=$IW HEIGHT=$IH usemap=$IU
BORDER=0></NOEMBED><NOSCRIPT><IMG SRC=$IS WIDTH=$IW HEIGHT=$IH
usemap=$IU BORDER=0></NOSCRIPT>
</BODY>
</HTML>
```

# Banner 4 hinzufügen

```
<HTML DIR=LTR>
<HEAD>
<TITLE>$TI</TITLE>
</HEAD>
<BODY bgcolor="$BG">

<!-- URL's used in the movie--> $MU <!-- text used in the
movie--> $MT <!-- image map --> $IM

<SCRIPT LANGUAGE=JavaScript>
<!--
var plugin = (navigator.mimeTypes &&
navigator.mimeTypes["application/x-shockwave-flash"]) ?
```

```
navigator.mimeTypes["application/x-shockwave-
flash"].enabledPlugin : 0;
if ( plugin ) {
   plugin =
parseInt(plugin.description.substring(plugin.description.index
Of(".")-1)) >= 4;
}
else if (navigator.userAgent &&
navigator.userAgent.indexOf("MSIE")>=0
   && (navigator.userAgent.indexOf("Windows 95")>=0 ||
navigator.userAgent.indexOf("Windows 98")>=0 ||
navigator.userAgent.indexOf("Windows NT")>=0)) {
   document.write('<SCRIPT LANGUAGE=VBScript\> \n');
   document.write('on error resume next \n');
   document.write('plugin = (
IsObject(CreateObject("ShockwaveFlash.ShockwaveFlash.4")))\n')
;
   document.write('</SCRIPT\> \n'); } if ( plugin ) {
document.write('<OBJECT classid="clsid:D27CDB6E-AE6D-11cf-
96B8-444553540000"');
   document.write('  codebase="http://
download.macromedia.com/pub/shockwave/cabs/flash/
swflash.cab#version=4,0,2,0" ');
   document.write(' ID=$TI WIDTH=$WI HEIGHT=$HE>');
document.write(' $PO '); document.write(' <EMBED $PE ');
   document.write(' swLiveConnect=FALSE WIDTH=$WI
HEIGHT=$HE');
   document.write(' TYPE="application/x-shockwave-flash"
PLUGINSPAGE="http://www.macromedia.com/shockwave/download/
index.cgi?P1_Prod_Version=ShockwaveFlash">'); document.write('
</EMBED>'); document.write(' </OBJECT>'); } else if
(!(navigator.appName &&
navigator.appName.indexOf("Netscape")>=0 &&
navigator.appVersion.indexOf("2.")>=0)){ document.write('<IMG
SRC=$IS WIDTH=$IW HEIGHT=$IH usemap=$IU BORDER=0>'); } //-->
</SCRIPT><NOEMBED><IMG SRC=$IS WIDTH=$IW HEIGHT=$IH usemap=$IU
BORDER=0></NOEMBED><NOSCRIPT><IMG SRC=$IS WIDTH=$IW HEIGHT=$IH
usemap=$IU BORDER=0></NOSCRIPT>
</BODY>
</HTML>
```

# Banner 5 hinzufügen

```
<HTML DIR=LTR>
<HEAD>
<TITLE>$TI</TITLE>
</HEAD>
<BODY bgcolor="$BG">

<!-- URL's used in the movie--> $MU <!-- text used in the
movie--> $MT <!-- image map --> $IM

<SCRIPT LANGUAGE=JavaScript>
<!--
var plugin = (navigator.mimeTypes &&
navigator.mimeTypes["application/x-shockwave-flash"]) ?
navigator.mimeTypes["application/x-shockwave-
flash"].enabledPlugin : 0;
if ( plugin ) {
    plugin =
parseInt(plugin.description.substring(plugin.description.index
Of(".")-1)) >= 5;
}
else if (navigator.userAgent &&
navigator.userAgent.indexOf("MSIE")>=0
    && (navigator.userAgent.indexOf("Windows 95")>=0 ||
navigator.userAgent.indexOf("Windows 98")>=0 ||
navigator.userAgent.indexOf("Windows NT")>=0)) {
    document.write('<SCRIPT LANGUAGE=VBScript\> \n');
    document.write('on error resume next \n');
    document.write('plugin = (
IsObject(CreateObject("ShockwaveFlash.ShockwaveFlash.5")))\n')
;
    document.write('</SCRIPT\> \n'); } if ( plugin ) {
document.write('<OBJECT classid="clsid:D27CDB6E-AE6D-11cf-
96B8-444553540000"');
    document.write(' codebase="http://
download.macromedia.com/pub/shockwave/cabs/flash/
swflash.cab#version=5,0,0,0" ');
    document.write(' ID=$TI WIDTH=$WI HEIGHT=$HE>');
document.write(' $PO '); document.write(' <EMBED $PE ');
    document.write(' swLiveConnect=FALSE WIDTH=$WI
```

```
                HEIGHT=$HE');
            document.write(' TYPE="application/x-shockwave-flash"
        PLUGINSPAGE="http://www.macromedia.com/shockwave/download/
        index.cgi?P1_Prod_Version=ShockwaveFlash">'); document.write('
        </EMBED>'); document.write(' </OBJECT>'); } else if
        (!(navigator.appName &&
        navigator.appName.indexOf("Netscape")>=0 &&
        navigator.appVersion.indexOf("2.")>=0)){ document.write('<IMG
        SRC=$IS WIDTH=$IW HEIGHT=$IH usemap=$IU BORDER=0>'); } //-->
        </SCRIPT><NOEMBED><IMG SRC=$IS WIDTH=$IW HEIGHT=$IH usemap=$IU
        BORDER=0></NOEMBED><NOSCRIPT><IMG SRC=$IS WIDTH=$IW HEIGHT=$IH
        usemap=$IU BORDER=0></NOSCRIPT>
        </BODY>
        </HTML>
```

# Jedes Banner 5

```
        <HTML DIR=LTR>
        <HEAD>
        <TITLE>$TI</TITLE>
        </HEAD>
        <BODY bgcolor="$BG">

        <!-- URL's used in the movie--> $MU <!-- text used in the
        movie--> $MT <!-- image map --> $IM

        <SCRIPT LANGUAGE=JavaScript>
        <!--
        var plugin = 0;
        if (navigator.mimeTypes && navigator.mimeTypes["application/x-
        shockwave-flash"] && navigator.mimeTypes["application/x-
        shockwave-flash"].enabledPlugin) {
            if (navigator.plugins && navigator.plugins["Shockwave
        Flash"])
                plugin = 1;
        }
        else if (navigator.userAgent &&
        navigator.userAgent.indexOf("MSIE")>=0
            && (navigator.userAgent.indexOf("Windows 95")>=0 ||
        navigator.userAgent.indexOf("Windows 98")>=0 ||
```

```
navigator.userAgent.indexOf("Windows NT")>=0)) {
    document.write('<SCRIPT LANGUAGE=VBScript\> \n');
    document.write('on error resume next \n');
    document.write('plugin = (
IsObject(CreateObject("ShockwaveFlash.ShockwaveFlash.3"))))\n')
;
    document.write('if ( plugin <= 0 ) then plugin = (
IsObject(CreateObject("ShockwaveFlash.ShockwaveFlash.4"))))\n')
;
    document.write('if ( plugin <= 0 ) then plugin = (
IsObject(CreateObject("ShockwaveFlash.ShockwaveFlash.5"))))\n')
;
    document.write('</SCRIPT\> \n'); } if ( plugin ) {
document.write('<OBJECT classid="clsid:D27CDB6E-AE6D-11cf-
96B8-444553540000"');
    document.write('  codebase="http://
download.macromedia.com/pub/shockwave/cabs/flash/
swflash.cab#version=3,0,0,0" ');
    document.write(' ID=$TI WIDTH=$WI HEIGHT=$HE>');
document.write(' $PO '); document.write(' <EMBED $PE ');
    document.write(' swLiveConnect=FALSE WIDTH=$WI
HEIGHT=$HE');
    document.write(' TYPE="application/x-shockwave-flash"
PLUGINSPAGE="http://www.macromedia.com/shockwave/download/
index.cgi?P1_Prod_Version=ShockwaveFlash">'); document.write('
</EMBED>'); document.write(' </OBJECT>'); } else if
(!(navigator.appName &&
navigator.appName.indexOf("Netscape")>=0 &&
navigator.appVersion.indexOf("2.")>=0)){ document.write('<IMG
SRC=$IS WIDTH=$IW HEIGHT=$IH usemap=$IU BORDER=0>'); } //-->
</SCRIPT><NOEMBED><IMG SRC=$IS WIDTH=$IW HEIGHT=$IH usemap=$IU
BORDER=0></NOEMBED><NOSCRIPT><IMG SRC=$IS WIDTH=$IW HEIGHT=$IH
usemap=$IU BORDER=0></NOSCRIPT>
</BODY>
</HTML>
```

# Nur Flash (Standard)

```
<HTML DIR=LTR>
<HEAD>
<TITLE>$TI</TITLE>
</HEAD>
<BODY bgcolor="$BG">

<!-- URL's used in the movie--> $MU <!-- text used in the
movie--> $MT

<OBJECT classid="clsid:D27CDB6E-AE6D-11cf-96B8-444553540000"
 codebase="http://download.macromedia.com/pub/shockwave/cabs/
flash/swflash.cab#version=5,0,0,0"
 WIDTH=$WI HEIGHT=$HE>
 $PO <EMBED $PE WIDTH=$WI HEIGHT=$HE
 TYPE="application/x-shockwave-flash" PLUGINSPAGE="http://
www.macromedia.com/shockwave/download/
index.cgi?P1_Prod_Version=ShockwaveFlash"></EMBED>
</OBJECT>

</BODY>
</HTML>
```

# JavaPlayer

```
<HTML DIR=LTR>
<HEAD>
<TITLE>$TI</TITLE>
</HEAD>
<BODY bgcolor="$BG">

<APPLET CODE=Flash.class ARCHIVE=Flash.jar WIDTH=$WI
HEIGHT=$HE>')
<PARAM NAME=cabbase VALUE="Flash.cab">' $PO
</APPLET>

</BODY>
</HTML>
```

# Flash mit FSCommand

```html
<HTML DIR=LTR>
<HEAD>
<TITLE>$TI</TITLE>
</HEAD>
<BODY bgcolor="$BG">

<SCRIPT LANGUAGE=JavaScript>
<!--
var InternetExplorer = navigator.appName.indexOf("Microsoft")
!= -1;

// Handle all the the FSCommand messages in a Flash movie
function $TI_DoFSCommand(command, args) {
  var $TIObj = InternetExplorer ? $TI : document.$TI;
  //
  // Place your code here...
  //
}

// Hook for Internet Explorer
if (navigator.appName &&
navigator.appName.indexOf("Microsoft") != -1 &&
    navigator.userAgent.indexOf("Windows") != -1 &&
navigator.userAgent.indexOf("Windows 3.1") == -1) {
    document.write('<SCRIPT LANGUAGE=VBScript\> \n');
    document.write('on error resume next \n');
    document.write('Sub $TI_FSCommand(ByVal command, ByVal
args)\n');
    document.write('  call $TI_DoFSCommand(command, args)\n');
    document.write('end sub\n');
    document.write('</SCRIPT\> \n'); } //--&gt;
</SCRIPT>

<!-- URL's used in the movie--> $MU <!-- text used in the
movie--> $MT
<OBJECT classid="clsid:D27CDB6E-AE6D-11cf-96B8-444553540000"
 codebase="http://download.macromedia.com/pub/shockwave/cabs/
flash/swflash.cab#version=5,0,0,0"
 ID=$TI WIDTH=$WI HEIGHT=$HE>
```

```
                $PO <EMBED $PE WIDTH=$WI HEIGHT=$HEswLiveConnect=true
                NAME=$TI
                 TYPE="application/x-shockwave-flash" PLUGINSPAGE="http://
                www.macromedia.com/shockwave/download/
                index.cgi?P1_Prod_Version=ShockwaveFlash"></EMBED>
                </OBJECT>

                </BODY>
                </HTML>
```

# Bildzuordnung

```
                <HTML DIR=LTR>
                <HEAD>
                <TITLE>Image Element and Client Side Image Map</TITLE>
                </HEAD>
                <BODY bgcolor="$BG">

                $IM

                <IMG SRC=$IS usemap=$IU WIDTH=$IW HEIGHT=$IH BORDER=0>

                </BODY>
                </HTML>
```

# QuickTime

```
                HTML DIR=LTR>
                <HEAD>
                <TITLE>$TI</TITLE>
                </HEAD>
                <BODY bgcolor="$BG">

                <!-- URL's used in the movie--> $MU <!-- text used in the
                movie--> $MT

                <EMBED SRC=$QN WIDTH=$QW HEIGHT=$QH BGCOLOR="$BG" BORDER="0"
                PLUGINSPAGE="http://www.apple.com/quicktime/download/"></
                EMBED>
```

```
</BODY>
</HTML>
```

# Benutzerauswahl

```
<HTML DIR=LTR>
<HEAD>
<TITLE>$TI</TITLE>
</HEAD>
<BODY bgcolor="$BG">

<!-- Image Map --> $IM

<SCRIPT LANGUAGE=JavaScript>
<!--
var UseFlash = 0;
if (navigator.mimeTypes && navigator.mimeTypes["application/x-shockwave-flash"] ) {
    // Check for Flash version 5 or greater in Netscape
    var plugin = navigator.mimeTypes["application/x-shockwave-flash"].enabledPlugin;
    if (plugin && parseInt(plugin.description.substring(plugin.description.indexOf(".")-1))>=5)
        UseFlash = 1;
} else if (navigator.appName && navigator.appName.indexOf("Microsoft") != -1 &&
    navigator.userAgent.indexOf("Windows") != -1 &&
navigator.userAgent.indexOf("Windows 3.1") == -1) {
    // Assume any Windows IE except for Windows 3.1 supports the OBJECT tag
    UseFlash = 1;
}

// Allow the cookie to override
if (document.cookie &&
(document.cookie.indexOf("FlashRenderOption=P") >= 0)) {
    UseFlash = 1;
} else if (document.cookie &&
(document.cookie.indexOf("FlashRenderOption=I") >= 0)) {
```

```
      UseFlash = 0;
}

if ( UseFlash ) {
   // Use Flash player
   document.write('&lt;OBJECT classid=&quot;clsid:D27CDB6E-
AE6D-11cf-96B8-444553540000&quot;');
   document.write(' codebase=&quot;http://
download.macromedia.com/pub/shockwave/cabs/flash/
swflash.cab#version=5,0,0,0&quot;');
   document.write(' ID=$TI WIDTH=$WI HEIGHT=$HE&gt;');
   document.write('$PO');
   document.write('&lt;EMBED $PE');
   document.write(' swLiveConnect=FALSE WIDTH=$WI
HEIGHT=$HE');
   document.write(' TYPE=&quot;application/x-shockwave-
flash&quot; PLUGINSPAGE=&quot;http://www.macromedia.com/
shockwave/download/
index.cgi?P1_Prod_Version=ShockwaveFlash&quot;&gt;');
   document.write('&lt;/EMBED&gt;');
   document.write('&lt;/OBJECT&gt;');
} else if (!(navigator.appName &&
navigator.appName.indexOf("Netscape")>=0 &&
navigator.appVersion.indexOf("2.")>=0)) {
   // Netscape 2 will display the IMG tag below so don't
write an extra one
   document.write('&lt;IMG SRC=$IS WIDTH=$IW HEIGHT=$IH
usemap=$IU BORDER=0&gt;');
}
//-->
</SCRIPT>
<NOEMBED><IMG SRC=$IS WIDTH=$IW HEIGHT=$IH usemap=$IU
BORDER=0></NOEMBED>
<NOSCRIPT><IMG SRC=$IS WIDTH=$IW HEIGHT=$IH usemap=$IU
BORDER=0></NOSCRIPT>

<SCRIPT LANGUAGE=JavaScript>
<!--
// Call this function to set the cookie for the media type
function SetCookieType(ctype)
{
```

```
        document.cookie='FlashRenderOption='+ctype+';path=/;'
        if ( navigator.appName.indexOf("Microsoft") != -1 )
            parent.history.go(0);
        else if ( navigator.userAgent.indexOf("Mozilla/2") != -1 )
            parent.location = parent.location;
        else
            parent.location.reload();
    }
    //-->
    </SCRIPT>

    <br>

    <!-- sample links to allow user to set the cookie --> <a
    href='javascript:SetCookieType("")'>Use Automatic Detection</
    a><br> <a href='javascript:SetCookieType("P")'>Use Plug-in</
    a><br> <a href='javascript:SetCookieType("I")'>Use Image</
    a><br>

    </BODY>
    </HTML>
```

# Die Parameter der Vorlagen

In den Vorlagen befinden sich an vielen Stellen Variablen, an deren Stelle die Vorgaben der jeweiligen Angaben aus der Flash-Datei eingetragen werden. Diese Variablen beziehen sich also auf die Angaben, die Sie zum Beispiel für die Größe der Bühne vorgenommen haben ($WI, $HE).

| Vorlagenvariable | Parameter |
|---|---|
| $TT | An dieser Stelle wird der Titel der Datei eingetragen. Er entspricht der Bezeichnung, unter der Sie die Flash-Datei gespeichert haben. |
| $DS | Ab diesem Eintrag beginnt die Beschreibung der Vorlage. |
| $DF | Ab diesem Eintrag endet die Beschreibung der Vorlage. |
| $WI | Breite des Films |
| $HE | Höhe des Films |

**Tabelle D.1:** Vorlagenvariablen erklärt

| Vorlagenvariable | Parameter |
| --- | --- |
| $MO | Film |
| $HA | HTML-Ausrichtung |
| $LO | Wiederholen |
| $PO | Parameter für OBJECT |
| $PE | Parameter für EMBED |
| $PL | Abspielen |
| $QU | Qualität |
| $SCHLÜSSELBILD | Skalieren |
| $SA | SALIGN |
| $WM | WMODE |
| $DE | Geräteschriftart |
| $BG | Hintergrundfarbe |
| $MT | Hier wird der im Film enthaltene Text wiederholt. |
| $MU | An dieser Stelle werden die im Film enthaltenen URLs zusammengefasst und aufgelistet. |
| $IW | Bildbreite (nicht angegebener Bildtyp) |
| $ICH | Bildhöhe (nicht angegebener Bildtyp) |
| $IS | Bilddateiname (nicht angegebener Bildtyp) |
| $IU | Bildzuordnungsname |
| $IM | Position des Bildzuordnungs-Tags |
| $QW | QuickTime-Breite |
| $QH | QuickTime-Höhe |
| $QN | QuickTime-Dateiname |
| $GW | GIF-Breite |
| $GH | GIF-Höhe |
| $GS | GIF-Dateiname |
| $JW | JPEG-Breite |
| $JH | JPEG-Höhe |
| $JN | JPEG-Dateiname |
| $PW | PNG-Breite |
| $PH | PNG-Höhe |
| $PN | PNG-Dateiname |
| $GV | OBJECT-Tag für Generatorvariable |
| $GE | EMBED-Tag für Generatorvariable |

**Tabelle D.1:** Vorlagenvariablen erklärt

# Index

**Symbols**
! 575
- 577
-- 577
!= 576
#Static 656
% 576
&& 576
() 576
* 576
+ 576
++ 576
/ 577
== 577
> 578
>= 578
_alpha 587
_currentframe 587
_droptarget 587
_focusrect 587
_framesloaded 587
_height 588
_highquality 588
_name 588
_quality 588
_rotation 588
_soundbuftime 588
_target 589
_totalframes 516, 589
_url 589
_visible 589
_width 589
_x 590
_xmouse 590
_xscale 590
_ymouse 590
_yscale 590
100_% 394

**A**
Abbildungen 689
Abbremsen 272
abs 595
Absatz 103, 449
Absatzeigenschaften 105
Absolut 526
Abspielen 450
Abspielkopf 194, 255
acos 595
ADPCM 486
AIFF 469
Aktionen 458, 521, 530, 551
   break 552
   call 553
   comment 554
   continue 554
   delete 555
   do while 555
   duplicateMovieClip 556
   else 557
   else if 557
   evaluate 557
   for 558
   for..in 558
   FSCommand 559
   function 559
   getURL 559

goto 559
if 560
ifFrameLoaded 562
include 562
loadMovie 562
loadVariables 563
Löschen 531
on 563
onClipEvent 563
Optionen 527
play 563
print 563
removeMovieClip 564
return 564
set variable 565
setProperty 565
startDrag 570
stop 571
stopAllSounds 571
stopDrag 571
tellTarget 572
toggleHighQuality 572
trace 572
unloadMovie 572
var 572
Verschieben 531
while 573
with 573
Aktiv 323
Aktualisieren 178, 485
Alle anderen ausblenden 241
Alle anderen sperren 240
Alle anordnen 461
Alle Bedienfelder schließen 458
Alle Marken löschen 441
Alle Szenen abspielen 453
Alles 394
Alles bearbeiten 386

Alles einblenden 240
Alles markieren 382
Allgemein 386
Allgemeine Bibliotheken 188, 460
Allgemeine Operatoren 574
allowscale 540
Alpha 163, 566, 631
Alpha-Kanal 631
Als Bibliothek öffnen 355
Als gemeinsame Bibliothek öffnen 355
An Film anpassen 621
An Position einfügen 378
and 578
Animation 251
Animierte GIFs 649
   erstellen 312
   importieren 311
Animierte Schaltflächen 339
Anordnen 441
Anpassen 422, 506
Ansicht 392, 501
Ansichtsebenen 441
Anti-Alias 397
Anti-Alias Text 398
Antialiasing 46
Arbeitsbereich 42, 399
Argumente 539
Array 591
   concat 592
   join 592
   length 592
   new Array 592
   pop 592
   push 592
   reverse 592
   shift 592
   slice 593
   sort 593

splice 593
toString 593
unshift 593
asin 595
atan 595
atan2 595
Auf 321
Ausblenden 479
Ausdruck 546
Ausgabe 459
Ausgerichtet 67, 236
Ausgerichtete Verläufe 131
Ausgewählte Füllungen radieren 135
Ausrichten 103, 306, 403, 448
Ausschneiden 376
Außerhalb loslassen 328, 547
Auswahl aufheben 383
Auswahl bearbeiten 385
Auswählen 52
Auswahlrahmen 52
AVI 647

# B

Bandbreiten-Profiler 498
    Einstellungen 508
    Gesamtgröße 507
    Status 508
Banner 3 618
Banner 4 618
Banner 5 618
Basisaktionen 532
    FSCommand 538
    Get URL 536
    Go To 532
    If Frame Is Loaded 545
    Load Movie 541
    On Mouse Event 546
    Play 535
    Stop 535
    Stop All Sounds 535
    Tell Target 544
    Toggle High Quality 535
    Unload Movie 543
Bearbeiten 177, 375
Bearbeitung 388
Bedienfelder 46, 458
    ausblenden 405
Bedienfelder-Layout speichern 458
Bedienfeldsätze 458
Beenden 375
Befehl 539
Befehle für den Player 539
Begradigen 68, 115, 424
Beispiele 464
Benutzerauswahl 620
Bewegte Schaltflächen 340
Bewegung ausrichten 304
Bewegungs-Tween erstellen 415
Bewegungs-Tweening 262
    Abbremsen 272
    ausrichten 302
    Beschränkungen 274
    Drehen 269
    erstellen 263
    Farbeffekte 276
    Fehler 275
    Skalieren 268
    Synchronisieren 273
    Zusammenfassung 279
Bezeichnung 208
Bibliothek 460
Bibliotheken 45, 151, 167, 220
Bibliotheken anderer Filme 186
Bibliothekenelemente austauschen 188
Bibliothekinhalte 172

Bibliothek-Schaltfläche 220
Bild 409, 418, 545
　einblenden 394
　exportieren 361
Bildaktionen 521
Bildaktionen aktivieren 454
Bilder 195, 444
　ausschneiden 384
　einfügen 384
　entfernen 410
　kopieren 383
Bild-für-Bild-Animationen 261
Bild-für-Bild-Grafik 504
Bildrate 192, 308, 421
Bildschirmschoner 667
Bildzuordnung 620
Bitmap 34, 84, 278, 298, 651
　nachzeichnen 429
Bitmap-Definition 34
Bitmap-Eigenschaften 184
Bit-Tiefe 635
Bitwise Operatoren 579
Blaue Schrift 527
Boolean 580, 593
　new Boolean 593
　toString 593
　valueOf 593
BpS 308
break 552
Buchstabenabstand 448
Bühne 42

## C
call 553
ceil 595
Chr 584

Colors 594
　getRGB 594
　getTransform 594
　new Color 594
　setRGB 594
　setTransform 594
comment 554
concat 592
continue 554
cos 595

## D
Darstellungsmöglichkeiten 211
Darüber 321
Darüberrollen 328, 548
Darüberziehen 329, 548
Date 594
Datei 351
Debugger 460, 512
delete 555
Design 693
Diffus 631
Director 664
do while 555
DragOut 329
DragOver 329
Dreamweaver 663
Drehen 68, 435
Druckempfindlicher Zeichenstift 122
Drucken 374
Drücken 322, 546
Druckvorschau 373
Drücken 327
duplicateMovieClip 556
　Neuer Name 556
　Tiefe 556
Duplizieren 66, 176, 381

DXF 651
Dynamischer Text 92

**E**
E 595
Ebene 43, 227, 408, 419
    als Kontur anzeigen 237
    benennen 231
    erstellen 230
    löschen 230
    verschieben 232
Ebeneneigenschaften 232
Ebenen-Palette 193
Ecken abrunden 427
Eckpunkte ausfüllen 389
Eigenschaft 565, 586
    _alpha 587
    _currentframe 587
    _droptarget 587
    _focusrect 587
    _framesloaded 587
    _height 588
    _highquality 588
    _name 588
    _quality 588
    _rotation 588
    _soundbuftime 588
    _target 589
    _totalframes 589
    _url 589
    _visible 589
    _width 589
    _x 590
    _xmouse 590
    _xscale 590
    _y 590
    _ymouse 590
    _yscale 590

Ein Bild vor 450
Ein Bild zurück 451
Einblenden 234, 478
Einfügen 377, 405
Eingabemodi 521
Einstellungen 386
    für Veröffentlichungen 361
        Flash 606
        HTML 615
        Sounds 491
Einzug 106
Ellipse 109
else 557, 561
else if 557, 561
E-Mail-Formular 678
EMF 650
EPS 650
Ereignis-Sounds 480
Erweitert 164
escape 580
eval 580
evaluate 557
Exakte Cursor 389
exec 540
exp 595
Expertenmodus 524
Export
    AVI 647
Exporteinstellungen 483, 486
Exportieren 644
    Animiertes GIF 649
    Bild 656
    Bitmap 651
    DXF 651
    EMF 650
    EPS 650
    Film 645
    Flash Player 645
    Formate 658

FutureSplash 647
Generator-Vorlage 646
GIF 653
Illustrator 650
JPEG 653
PICT 657
PNG 654
QuickTime 648
Sequenzen 655
WAV 649
Windows Metafile 657

**F**
false 539, 540, 568, 573, 575, 580, 582, 587, 589, 593
Farbeffekte 160
   bei Bitmaps 166
Farbeimer 124
Färben 133
Farben 141, 702
   maximal 632
   optimieren 631
   rastern 630
Farbschwelle 430
Farbton 162
Farbverläufe bearbeiten 147
Farbverläufe entfernen 631
Fehlersuche 453, 504
Fenster 456, 537
Fenstermodus 623
Fett 101
Film 44, 420
   exportieren 360, 645
   testen 451, 497
Film-Explorer 458, 521, 598
Filmsequenz 154, 159

Filmsequenz-Symbole 154
   Sounds 474
Filteroptionen 638
Fireworks 664
Flash 33, 39, 606
   Projektor 642
Flash Developer Center 463
Flash Player 28, 603, 645
Flash-4-Auswahlstil 220
Flash-Ausrichtung 626
Flash-Film 44, 353
Flash-Hilfethemen 463
Flash-Player-Film 354
Flash-Player-Plug-In 29
floor 595
focusrect 566
for 558
for..in 558
Form 426
   erkennen 116
   erweitern 427
Format 422, 604, 658
Formen 136
   erkennen 389
Formerkennung 114, 116
Formmarken 290
   anzeigen 404
   einzeln löschen 294
   hinzufügen 440
   löschen 294
Form-Tweening 280
   Abbremsen 285
   Erstellen 281
   Farbeffekte 295
   Fehler 299
   Linien 297
   Texte 288
   Verteilt 286

Winkelförmig 286
Zusammenfassung 301
Zwischenstufen 286
Freehand 665
Freihand-Optionen 114
Freihand-Werkzeug 113
FSCommand 538, 559, 618
    Argumente 539
    Befehl 539
    Befehle für den Player 539
Führungsebene 236, 241
Füllen 119
fullscreen 539
Füllung sperren 126
Füllung transformieren 127
Füllungen radieren 134
Füllungen-Palette 126
function 559
Funktionen 579
    Boolean 580
    escape 580
    eval 580
    false 580
    getProperty 581
    getTimer 581
    getVersion 581
    int 581
    isFinite 582
    isNaN 582
    maxscroll 582
    newline 582
    Number 582
    parseFloat 582
    parseInt 582
    random 583
    scroll 583
    String 583
    targetPath 583
    true 583
    unescape 583
    updateAfterEvent 583
FutureSplash 647
FutureSplash-Format 355

## G

Gehe zu 392
Gehe zu und abspielen 534
GEMA 688, 689
Generator 643
Generator-Objekte 462
Generator-Vorlage 646
Geöffnete Fenster 462
Get URL 536
    Fenster 537
    Variablen 538
Getönte Bilder 214
getProperty 581
getRGB 594
getTimer 581
getTransform 594
getURL 559
getVersion 581
GIF 38, 629, 653
    Abspielen 630
    Farben optimieren 631
    Farben rastern 630
    Glätten 630
    Größe 629
    Interlaced 630
    Optionen 630
    Palettentypen 632
    Rastern 631
    Transparenz 631
GIF-Animationen 311
Gitternetz 400
Glätten 67, 83, 115, 424, 630
globale 573

Globale Variablen 573
Go To 532
    Gehe zu und abspielen 534
    Szene 532
    Typ 533
GoLive 665
goto 559
Grafik 154, 157
Grafik-Symbol 154
Grafik-Symbole
    Sounds 474
Größe 448
Größen 136
Größenbericht 607
    erstellen 607
Grundeinstellungen 673
Grundfarben 143
Grundsätzliches 228
Grüne Schrift 527
Gruppieren 445
Gruppierung aufheben 446

**H**
Hand-Werkzeug 137
Helligkeit 161
Hervorhebungen 527
    blau 527
    grün 527
    pink 527
    rot 527
Hexadezimalwert 145
hide 597
highquality 567
hight 567
Hilfe 463
Hilfslinien 401
    erstellen 402
    verschieben 403

Hintergrundfarbe 423
Hintergrundmusik 494
Höhe einer Ebene 239
Horizontal spiegeln 439
HSB 144
HTML 615
    Alles anzeigen 626
    Ausrichtung 623
    Genau passend 626
    Kein Rand 626
    optimieren 627
    Skalieren 626
HTML-Ausrichtung 623
    Links 624
    Oben 624
    Rechts 624
    Standard 623
    Unten 625

**I**
if 560
If Frame Is Loaded 545
IfFrameLoaded 515, 562
    Ausdruck 546
    Bild 545
    Szene 545
Illustrator 650, 666
Im Hintergrund malen 119
Imagemap 620
Immer als Rechteck 570
Importieren 358, 486
In Auswahl malen 119
in Schaltflächen umwandeln 338
In Schleife abspielen 453
In Symbol konvertieren 406
include 562
Info 616
Inhalte einfügen 379

Innen malen 120
Innen radieren 135
Installation 27
Instanz 151, 156, 417
    durch andere ersetzen 159
    ersetzen 159
    teilen 166
int 581
isFinite 582
isNaN 582

## J
Java Player 619
join 592
JPEG 38, 612, 632, 653
    Größe 633
    Qualität 634

## K
Kantenschwelle 432
Kennwort 96
Key 330, 594
Kleinste Fläche 431
Klick-Genauigkeit 390
Kommentar 208
Kontextmenü 173, 183, 512
Kontextmenüeinträge 240
Kontrast 703
Konturen 395
Konturfarbe 238
Kopieren 377
Kreisförmige Verläufe 129
Kursiv 101
Kursivschreibung 22
Kurven glätten 389
Kurvenanpassung 431

## L
Ladeanzeige 513
Ladereihenfolge 607
Lasso 77
Lautstärke-Effekte 476
Layout 693
Leeres Schlüsselbild 205, 414
Lektionen 463
Length 584, 592
Lineale 399
Linealeinheit 424
Lineare Verläufe 127
Linie 73
    erkennen 389
    in Füllungen 426
    radieren 134
    verbinden 389
Linienstärken 75
Linientypen 75
Linienvorschau anzeigen 388
LN10 595
LN2 596
Load Movie 541
    Position 542
    URL 541
    Variablen 543
loadMovie 562
loadVariables 563
log 596
LOG10E 596
LOG2E 596
Logische Operatoren 574
Lokale 573
Lokale Variablen 573
Löschen 230, 381, 531
Loslassen 327, 547
Lücken schließen 125
Lupen-Werkzeug 138

## M

Macintosh 24, 27
Macromedia 39
Made with Macromedia 690
Markierungen
    anzeigen 257
Maske 237, 242
maskiert 237
Maskierte Ebenen 248
Maskierung einblenden 242
Maskierungen 243
Maskierungsebenen 243
Math 595
    abs 595
    acos 595
    asin 595
    atan 595
    atan2 595
    ceil 595
    cos 595
    E 595
    exp 595
    floor 595
    LN10 595
    LN2 596
    log 596
    LOG10E 596
    LOG2E 596
    max 596
    min 596
    PI 596
    pow 596
    random 596
    round 596
    sin 596
    sqrt 596
    SQRT1_2 597
    SQRT2 597
    tan 597
Maus zentrieren 571
Mausklick 55
max 596
Maximale Zeichenzahl 97
maxscroll 582
MBChr 585
MBLength 585
MBOrd 585
MBSubstring 584
Mehrfachzuweisungen 330, 550
Menüs 43, 351
Menü-Schaltflächen 343
min 596
Mittelpunkt 271
    bearbeiten 271, 440
Modifizieren 417
Morph-Effekt 253
Morphen 290
Mouse 597
    hide 597
    show 597
MovieClip 597
MP3 469, 488
    Mittel 490
    Optimal 490
    Schnell 490
MP3-Komprimierung 489
Musik 688

## N

Nachzeichnungsaktionen
    übergehen 611
Name 233
name 567

Neu 352
Neue Schriftart 175
Neuer Name 556
Neuerungen 39, 40
Neues Fenster 456
Neues Symbol 406
new Array 592
new Boolean 593
new Color 594
newline 582
Normal 236
    malen 118
    radieren 134
Normaler Modus 523
not 578
Number 582, 597
Numerische Operatoren 574
Nur Flash 617


**O**
Oberfläche 41
Object 598
Objekte 591
    auflisten 505
Öffnen 352
on 563
On Mouse Event 546
    Außerhalb loslassen 547
    Darüberrollen 548
    Darüberziehen 548
    Drücken 546
    Loslassen 547
    Mehrfachzuweisungen 550
    Tastendruck 549
    Wegrollen 548
    Wegziehen 549
onClipEvent 563

Opaque 631
Operatoren 574
Optimieren 424, 508
Optionen 67, 174, 449, 527
or 578


**P**
Palette 46, 632
Palettentyp 632, 637
parseFloat 582
parseInt 582
Pfad 302, 409
    hinzufügen 241
Pfeil-Werkzeug 52
PI 596
PICT 657
Pinke Schrift 527
Pinsel 117
Pinselformen 122
Pinselgrößen 121
Pipette 131
Platzieren
    Sounds 471
Platzierte Sounds 475
Play 535, 563
Plug-In 29
PNG 634, 654
    Bit-Tiefen 635
    Farben maximal 637
    Filteroptionen 638
    Größe 635
    Optionen 636
    Palette 637
    Palettentypen 637
    Rastern 637
Polygon-Lasso 78
pop 592

Position 542
pow 596
Press 327
print 563
Projektor 642
Punkte 526
Punkt-Syntax 526
push 592

## Q
Qualität 504, 622
quality 567
QuickTime 619, 638, 648
    Abspielen 641
    Alpha 639
    Ebene 639
    Größe 639
    Steuerung 641
    Streaming-Sound 639
quit 541

## R
Radierer 133
Rand 96
Ränder 105
    ausblenden 405
random 583, 596
Rastern 631, 637
Raw 490
Real Player 641
Rechteck 110
Rechtliches 688
Reduziert 213
Relativ 526
Release 327
ReleaseOutside 328

removeMovieClip 564
return 564
reverse 592
RGB 143
RollOut 328
RollOver 328
Rollover-Effekt 321
rotation 568
Rote Markierungen 527
round 596
Rückgängig 376

## S
Schaltfläche 155, 158, 317, 339, 674
    Aktiv 323
    Animierte 339
    Auf 321
    Bewegte 340
    Darüber 321
    Drücken 322
    in Schaltflächen 339
    Menü 343
    Zusammenfassung 347
    Zustände 320
Schaltfläche aktivieren 455
Schaltflächen-Symbol 155
    Sounds 474
Schatten 701
Schließen 356
Schlüsselbild 195, 196, 411
    kopieren 202
    löschen 414
    verschieben 197
Schnell 396
Schrägstrich 526
Schrägstrich-Syntax 526
Schreibweisen 22

Schrift 675, 694
Schriftart 99, 447
Schriftarten einbetten 94, 97
Schriftfarbe 100, 700
Schriftgrößen 695
scroll 583
Seite einrichten 369
Selection 598
Senden an 374
Sequenzen 655
Serifen 699
set variable 565
setProperty 565
    Eigenschaft 565
    Wert 569
    Ziel 569
setRGB 594
setTransform 594
shift 592
show 597
showmenu 540
sin 596
Skalieren 68, 433
Skalieren und Drehen 438
Skalierung 393
Skripten 521
Skriptkunde 324
slice 593
SmartSketch-Format 355
Sonderzeichen 628
sort 593
Sortieren 179
Sound 598
soundbuftime 568
Sound-Eigenschaften 185
Sounds 469, 612, 675, 688
    ADPCM 486
    AIFF 469
    Aktualisieren 485
    Ansicht 479
    Ausblenden 479
    Austauschen 475
    deaktivieren 455
    Effekt 478
    Einblenden 478
    Entfernen 475
    Ereignis 480
    Exporteinstellungen 483
    Größenangaben 482
    Importieren 469, 486
    in Symbolen 474
    Lautstärke 476
    Lautstärke-Effekte 476
    Linker Kanal 478
    MP3 469, 488
    platzieren 471
    Raw 490
    Rechter Kanal 478
    Start 480
    Stop 481
    Streaming 481
    Testen 486
    WAV 469
    Wiederholungen 482
Speichern 356
Speichern unter 357
Sperren 235, 443
splice 593
sqrt 596
SQRT1_2 597
SQRT2 597
Standard speichern 424
Standardnamen verwenden 605
startDrag 570
    Immer als Rechteck 570
    Maus zentrieren 571

Start-Ereignis-Sound 480
Statischer Text 91
Stereo 476
Steuerung 449, 500
Stift-Werkzeug 85
Stil 448
Stop 450, 535
stop 571
Stop All Sounds 535
stopAllSounds 481, 493, 571
stopDrag 571
Stop-Ereignis-Sound 481
Streaming 38, 499
    anzeigen 502
Streaming-Grafik 503
Streaming-Sound 480, 481, 639
String 583, 598
Substring 586
suplicateMovieClip
    Ziel 556
swf-Format 603
Symboldefinition(en) 600
Symbole 21, 151, 152, 338
    bearbeiten 385
    duplizieren 160
    erstellen 181
    in Schaltflächen umwandeln 338
Symboleigenschaften 183
Symbolleisten 457
Systeme 518
Systemvoraussetzungen 27
Szene 44, 415, 420, 532, 545, 599
    löschen 416
    testen 453, 498
Szenenanzeige 220, 222
Szenenwechsel-Schaltfläche 221

**T**
tan 597
targetPath 583
Tastendruck 330, 549
Tastenkombinationen 23, 391
Teilen 446
Tell Target 544
    Ziel 544
tellTarget 572
Testen 486
Text 87, 447
Textblöcke duplizieren 108
Texte 675
Texteingabe 94
Textfelder 107
Textoptionen 90
Textrahmen 88
Tiefe 556
Tinte 116
Tintenfass 123
Toggle High Quality 535
toggleHighQuality 572
toString 593
Trace 611
Transformation entfernen 439
Transformieren 433
Transparenz 631
trapallkeys 540
true 583
Tweening 251
    Rechenleistung 309
Tweenings 251
Typ 533
typeof 578

## U

Über Flash 464
Überlappend 461
Umbenennen 180
unescape 583
Unload Movie 543
unshift 593
Unterauswahl-Werkzeug 69
Unterschneiden 101
updateAfterEvent 583
URL 102, 536, 541

## V

valueOf 593
var 572
Variable 97, 108, 538, 543
Variable auflisten 506
Vecta3D 667
Vektor-Definition 35
Vektoren 34
Veraltete Aktionen 529
Vergrößern 393
Vergrößerung 37, 138
Verkleinern 393
Verlauf drehen 128
Verlaufsbreite verändern 131
Verlaufsdurchmesser verändern 130
Verlaufsposition verschieben 129
Veröffentlichen 368, 603
Verschieben 61, 137
Version 614
Vertikal spiegeln 439
Verzerren 63
visible 568
void 578
Vor Import schützen 611

Vorlage 616, 617
   Parameter 621
Vorschau 216
   abspielen 181
   für Veröffentlichungen 365, 510

## W

Warnmeldungen 627
Wasserhahn 136
WAV 469, 649
Web 216 145
Wegrollen 328, 548
Wegziehen 329, 549
Werkzeuge 42, 51, 458
Werkzeuge-Palette 51
Werkzeugspitzen 121
while 573
width 569
Wiederherstellen 358, 376
Wiederholungen 482
Windows 27
Windows Metafile 657
with 573
Word 666
Wortumbruch 96

## X

x 569
XML 529, 598
XMLSocket 529, 598
xscale 569

## Y

y 569
yscale 569

## Z

Zauberstab 81
Zeichen 98, 449
Zeichenabstand 101
Zeichenfolgen Funktionen 584
Zeichenfolgen Operatoren 579
Zeichenfolgenoperatoren 574
Zeichenposition 102
Zeilenabstand 106
Zeilenumbruch 88
Zeit 192
Zeitleiste 43, 191, 398
    andocken 218
Ziel 544, 556, 569
Ziel-Editor 525
Zuletzt bearbeitete Dateien 375
Zurückspulen 450
Zusammenfassung 347
Zusammengesetzte Zuweisung 579
Zustände 320
Zwiebelschalen 211, 253
    2 260
    5 260
    alle 260
    Konturen 256
Zwiebelschalenmodus 253
Zwischenbilder 206, 274

# DAS EINSTEIGERSEMINAR

## macromedia
# Director 8

Christian Wenz
Tobias Hauser

**Der methodische und
ausführliche Einstieg
384 Seiten
Einsteiger-Know-how**

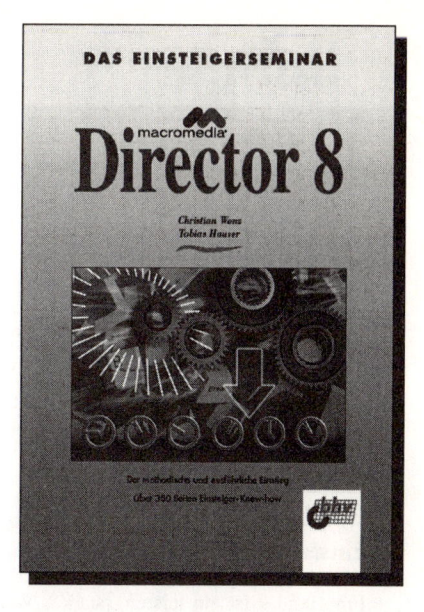

Mit dem Macromedia Director können Sie Multimedia-Projekte perfekt realisieren. Dabei spielt es keine Rolle, ob es sich um Firmenpräsentationen, Werbefilme oder Webseiten für das Internet handelt. So lassen sich die meisten Standardformate von Grafiken und Sounds in Ihre Dokumente einbinden. Richtig attraktiv werden Ihre Webseiten aber erst durch interaktive Benutzerführung und animierte Grafiken, die Sie mit Programmen des Director Multimedia Studios realisieren können. Damit sind Ihrer Fantasie keine Grenzen gesetzt. Das von den erfolgreichen Autoren Christian Wenz und Tobias Hauser konzipierte Einsteigerseminar hilft Ihnen, die grundlegenden Funktionen des Macromedia Director und der Programmiersprache Lingo kennen zu lernen. Darüber hinaus erhalten Sie einen Überblick über die generellen Möglichkeiten, die der Macromedia Director bietet.

**ISBN 3-8287-1119-7**

| | |
|---|---|
| DM | 19,80 |
| öS | 145,00 |
| sFr | 19,00 |

bhv Verlags GmbH • Novesiastraße 60 • 41564 Kaarst • Fax: 0 21 31 / 765-101 • http://www.bhv.net

# DAS EINSTEIGERSEMINAR

## macromedia
# FreeHand 9

Ralf Guttmann
Anja Tönjes

**Der methodische und
ausführliche Einstieg
336 Seiten
Einsteiger-Know-how**

FreeHand 9 ist ein leistungsstarkes Werkzeug für die professionelle Gestaltung von Drucksachen und Bildschirmgrafiken. Einfach zu handhabende Zeichenwerkzeuge und Textbearbeitungs-Funktionen, die kaum Wünsche offen lassen, gehören genauso zum Leistungsumfang wie zahlreiche Hilfsmittel für die effiziente Verwaltung und Produktion. Effekte wie *Schattenwurf, Dreidimensionales Verformen* oder *Perspektive* lassen sich mit FreeHand einfach und schnell realisieren. Die Integration der Flash-Technologie macht es möglich, auch in FreeHand effektvolle Internet-Animationen im Flash-Format zu erstellen. Im vorliegenden Einsteigerseminar werden zunächst die Werkzeuge (Menüleisten, Bildschirmleisten) vorgestellt und dann die Grundfunktionen des Programms erläutert. In weiteren Kapiteln werden Farben, das Zeichnen und die vielfältigen Textfunktionen ausführlich beschrieben und besondere Effekte vorgestellt.

**ISBN 3-8287-1120-0**

| DM | 19,80 |
|---|---|
| öS | 145,00 |
| sFr | 19,00 |